Manual for Design and Construction of
波纹钢埋置式结构
Corrugated Steel Buried Structures
设计施工手册

余顺新　卢　傲　编著

人民交通出版社股份有限公司
China Communications Press Co.,Ltd.

内 容 提 要

本书概括和总结了国内外波纹钢埋置式结构的最新研究成果与应用经验,系统介绍了波纹钢埋置式结构的概念和组成、研究与应用、产品类型与规格、水力设计、结构设计和耐久性设计方法及安装、施工、检查、维护和修复,并提供了设计实例。

本书可作为公路、市政等工程领域波纹钢埋置式结构的生产、设计、施工、维护的技术手册,可供相关技术人员参考使用,也可供行业标准制修订时参考借鉴。

图书在版编目(CIP)数据

波纹钢埋置式结构设计施工手册 / 余顺新,卢傲编著. — 北京 : 人民交通出版社股份有限公司, 2014. 12

ISBN 978-7-114-11939-2

Ⅰ. ①波… Ⅱ. ①余… ②卢… Ⅲ. ①波纹管—钢管结构—桥梁设计—技术手册②波纹管—钢管结构—桥梁施工—技术手册 Ⅳ. ①U448. 36-62

中国版本图书馆 CIP 数据核字(2014)第 304393 号

书　　名: 波纹钢埋置式结构设计施工手册
著 作 者: 余顺新　卢　傲
责任编辑: 李　喆
出版发行: 人民交通出版社股份有限公司
地　　址: (100011)北京市朝阳区安定门外外馆斜街 3 号
网　　址: http://www. ccpress. com. cn
销售电话: (010)59757973
总 经 销: 人民交通出版社股份有限公司发行部
经　　销: 各地新华书店
印　　刷: 北京盛通印刷股份有限公司
开　　本: 787 × 1092　1/16
印　　张: 25. 25
字　　数: 580 千
版　　次: 2014 年 12 月　第 1 版
印　　次: 2014 年 12 月　第 1 次印刷
书　　号: ISBN 978-7-114-11939-2
定　　价: 67. 00 元
(有印刷、装订质量问题的图书由本公司负责调换)

序

波纹钢埋置式结构在欧美国家已经有百余年的悠久历史和成功应用案例，随着材料技术、制造工艺和设计手段的不断发展，人们对这类结构的力学性能、耐久性、设计施工方法和适用条件有了更加深入的认识。

国内外的工程实践证明，波纹钢埋置式结构由于具有良好的变形适应能力，特别适用于常年冻土、膨胀土、软土、湿陷性黄土等不良地质条件、高填方路段及地震地区的公路或铁路涵洞与通道。深波纹和超厚结构板的开发，使得波纹钢埋置式结构的跨越能力进一步提高，国外在桥梁、分离式立交中有着广泛的应用，且具有非常美观的视觉效果。与传统圬工或钢筋混凝土结构相比，波纹钢埋置式结构在受力性能、施工工期、使用寿命、行车舒适性、养护成本、综合造价等方面具有明显优势和可比性，因而可作为公路工程中传统结构形式的替代者。波纹钢埋置式结构横向有一定的刚度，纵向有良好的柔度，在构造上具有优越的灵活性，可广泛用于有弯曲、分岔等特殊需要的市政、水利和人防工程。波纹钢埋置式结构还特别适用于军事、抢险、灾后重建等快修工程及道路改扩建工程中对原有结构的加固、置换、修复或接长。

与欧美国家相比，国内钢结构在公路、市政工程中的应用并不普遍，这可能与我国钢材曾经短缺的历史及材料生产和加工工艺水平相对较低有关。我国公路桥梁以钢筋混凝土结构为主，约占桥梁总数的85%，而钢桥所占比例则不到1%。相比之下，美国钢结构桥梁所占比例达到33%，日本则达到41%。随着国内基础设施建设的快速发展，我国钢产量已多年位居世界第一，2013年达到7.82亿t，超过全球总产量的50%，但多年来，我国钢铁产能的增速始终高于需求的增速。钢铁产能从2004年年底的4.2亿t上升到2012年年底的9.7亿t，同时国内钢铁产能的利用率仅达到72%，远低于合理水平。

与混凝土结构相比，钢结构不仅强度高、自重轻、施工工期短、构造灵活，还具有回收利用率高的特点。在国家大力提倡保护环境、低碳经济、可持续发展的政策背景下，在国内钢材产能过剩、价格低迷的市场环境下，波纹钢埋置式结构在土木工程建设领域有着广阔的应用空间。

他山之石，可以攻玉。本书在总结国内外研究成果和应用经验的基础上，着重介绍了波纹钢埋置式结构的制造工艺、结构构造、设计技术、施工方法，以及在检查、维护和修复方面的最新技术，内容丰富、全面，可作为广大工程技术人员从事波纹钢埋置式结构的设计、制造、施工和维护的技术指南，也可作为从事相关技术研究的机构和大专院校的参考用书。本书结合国内公路行业的技术标准体系，提出了波纹钢埋置式结构的设计施工方法，对于推动公路和市政行业的技术进步具有十分重要的现实意义。本书还介绍了国外波纹钢埋置式结构在其他领域的大量应用，对于促进新技术、新产品的推广应用具有积极的推动作用。

中国工程设计大师

中交第二公路勘察设计研究院有限公司　总工程师

2014 年 4 月

前　言

波纹钢埋置式结构是一种典型的柔性结构，长期以来被公认为具有优异的结构强度，经常用来承受较大的活载和较高的填土。这种结构通过波纹钢薄壁与土壤的相互作用，将结构上部的荷载分散到周围的土体上，从而提高了结构自身的承载力。

波纹钢埋置式结构历史上有记载的应用始于 19 世纪末。1896 年美国交通部率先开展了波纹钢板埋置式通道和涵洞的研究并在公路涵洞中推广应用，1913 年英国第一次在苏格兰爱丁堡近郊修建了采用波纹钢结构板拼装的波纹钢管涵洞，1929 年加拿大在一座煤矿中首次采用了波纹钢管结构。

20 世纪 60 年代开始，美国开展了土与结构相互作用的研究。1960 年犹他州立大学 K. W. Reynold 通过研究提出了环向压力理论，这为波纹钢埋置式结构的设计提供了可靠的理论基础。1967 年，美国钢铁学会（AISI，American Iron and Steel Institute）在《钢制排水产品与公路建设产品手册》（Handbook of steel drainage & highway construction products）第一版中，第一次基于环向压力理论和工作应力设计（Working stress design）原理给出了波纹钢埋置式结构的设计方法。在此期间波纹钢埋置式结构的最大跨径已经达到了 8.16m。

20 世纪 70 年代开始，数值计算和有限元分析方法逐渐在波纹钢埋置式结构的研究和设计中发挥了重要作用，有限元模型从最初的二维平面应变简化模型发展为复杂的三维模型，对材料的模拟也从弹性逐渐过渡到塑性。有限元技术的发展为这类结构的受力分析提供了科学可靠的工具，这一阶段比较有代表性的有限元分析软件有 CANDE（Culvert ANalysis and DEsign）和 SSTIPN（现称为 PIPE5），这些软件经过不断的改进，和 PLAXIS 一起成为埋置式结构重要的分析工具。通过加劲肋和组合结构的应用，此期间波纹钢拱形结构的最大跨径超过了 16m，箱形结构的跨径也达到了 8m。

20 世纪 90 年代，随着制造工艺的发展，深波纹结构板的生产和应用进一步提升了波纹钢埋置式结构的跨越能力，此期间波纹钢圆弧拱桥的最大跨径达到了 24m（加拿大，施工仅用 6 周），箱形结构的最大跨径达到了 16m。

随着波纹钢埋置式结构的不断普及应用，欧美许多国家对这类结构开展了大量的理论研究和试验研究，积累了大量的研究成果和应用经验，不少国家的结构设计规范对这种结构的材料、工艺、耐久性、设计与施工方法、质量控制措施等进行了详细的规定，并不断修正与调整。通过百余年的研究和应用，波纹钢埋置式结构已经成为一种非常成熟的结构形式。

在国内,波纹钢埋置式结构最早在20世纪50年代开始有少量的应用,但由于诸多原因一直未能得到推广。20世纪90年代末,我国逐步开展了公路钢波纹管涵洞的理论和试验研究,通过试验和力学模型分析了波纹钢桥涵的受力性能,发布了产品标准,并在北方冻土地区开始推广应用。然而,国内尚没有支持这类结构设计和施工的技术标准。近年来的一些应用基本上都是参照加拿大CHBDC规范并根据设计单位和制造商对这种结构的认识和经验进行设计和施工,因而未能得以大规模推广。

随着公路建设的快速发展、钢材加工工艺特别是防腐技术的提高,波纹钢埋置式结构以其良好的力学性能及施工简便、适应性强、耐久性好的特点,正逐步在国内公路建设中得到认识和重视。尤其是近年来在国内钢材产能过剩、价格低迷的市场环境下,在国家大力提倡低碳交通、节能环保及推动城镇化建设快速发展的大背景下,波纹钢埋置式结构具有更加优越的性价比和社会效益,在公路、市政等诸多工程领域有着广阔的应用空间。

为推动交通建设的健康发展,促进行业标准的建立和新产品的推广应用,中交第二公路勘察设计研究院有限公司立项开展了波纹钢埋置式结构的技术研究。研究过程中申报了多项发明和实用新型专利,借鉴了美国AASHTO标准、加拿大CHBDC规范和澳大利亚国家标准,并充分考虑国内外标准体系在材料、荷载、制造工艺、施工设备等方面的差异,进行了大量分析计算,编制了《CSPC系列波纹钢管涵洞设计通用图》、《CSPB系列波纹钢板埋置式通道、小桥设计通用图》和《CSBS系列波纹钢埋置式结构产品设计图》,开发了"波纹钢埋置式结构计算软件",形成了一套满足波纹钢埋置式结构设计和施工的成套技术。同时,结合近年来在国内应用的成功经验,正在编制公路波纹钢埋置式桥涵结构设计与施工地方标准和企业标准,对这种结构的设计方法、施工程序、质量控制等进行统一的规定。

本书共分九章,主要内容包括:概述,波纹钢埋置式结构的研究与应用,产品类型与规格,水力设计,结构设计,耐久性设计,安装与施工,检查、维护和修复,设计实例等。本书是对国内外波纹钢埋置式结构最新研究成果和应用经验的概括和总结,可作为公路、市政等工程领域波纹钢埋置式结构的生产、设计、施工、维护的技术手册,也可供相关行业标准制修订时参考借鉴。书中专门提供了设计实例(用带底纹文字表示),以帮助读者更好地理解设计方法。

在课题研究过程中,得到了中交第二公路勘察设计研究院有限公司杨季湘副总经理、邓涛主任的大力支持,感谢课题组成员柯杨博士、王志成、夏飞及张春华等高级工程师的潜心研究。本书在撰写过程中得到中国工程设计大师廖朝华总工的悉心指导,并为本书亲自作序,在此表示深深的谢意。

本书在研究和撰写过程中得到了衡水益通金属制品有限责任公司李恒永、王志宏及河北华虹工程材料有限公司王晓康、衡水奇佳工程材料有限公司曹宁宁等的支持和协助，并提供部分工程资料，在此一并致谢。

本书综合了不同国家对波纹钢埋置式结构相关材料、工艺、产品及设计、施工、检查、维护和修复等方面的技术发展，难免有理解上的不足之处。因编著者水平所限，本书可能尚有不完善之处，欢迎读者批评指正。

中交第二公路勘察设计研究院有限公司

余顺新　卢　傲

2014 年 4 月

目　　录

第1章　概　　述

波纹钢埋置式结构是指将一定厚度（通常为2～12mm）的热轧钢板或钢带按照规定的尺寸经波形轧制和冷弯加工而制成的波纹圆管（管径通常为750～2 500mm）或弧形波纹钢板（跨径大于1 500mm），在现场分节组装（波纹圆管）或分片拼装（波纹钢板），并在周边及拱顶采用结构性回填材料压实，以保证土与结构物相互作用共同承担荷载的桥跨结构（桥梁、涵洞、通道或管道）。

普通平钢板加工成波纹形状后，大大增加了截面惯性矩，因而其承载能力也大幅增加（图1-1）。

a)　　b)

图1-1　波纹钢板与平钢板相比承载力大幅提高

波纹钢埋置式结构是一种具有较高的承载力和较强变形适应能力的地下柔性结构，它通过结构周围土体的弹性约束和变形实现土压力的重新分布，利用土与结构的相互作用来分散上部荷载。拱顶的填土有助于分散地面上的集中荷载（如车轮荷载）。作为一种柔性结构，拱顶填土达到一定厚度时，在竖向荷载作用下，拱顶会发生较大的竖向变形，拱顶上部土体在下沉时受到周围土体的摩阻力作用，在一定程度上减小了结构实际承受的土压力荷载，从而产生有利的土拱作用，这使得波纹钢埋置式结构特别适用于较高的填方。此外，这种结构允许发生较大的均匀沉降，因而对地基承载力要求不高。

相比于传统的刚性埋置式结构（如钢筋混凝土圆管涵、盖板涵等），该结构有其独特的优势，具体表现在以下方面：

（1）产品多样化，适用范围广。充分利用钢材的可再加工能力，采用不同的壁厚、波形（波距×波高）可生产不同形状的产品，满足不同的使用功能和强度要求。同时，可通过弯头、三通等制作成弯曲、分岔结构，适应不同的沟渠线形需要。

（2）对地基要求低，具有较强的变形能力。充分发挥钢材抗拉强度高、抗变形能力强的特点，能够满足软土、膨胀土、湿陷性黄土、多年冻土等不良地质条件下不均匀沉降对结构变形的特殊需求。同时，波纹钢埋置式结构对地基扰动小，对土层的热扰动小，特别适用于北方寒冷冰冻地区。

(3)良好的抗震性能。波纹钢埋置式结构的自重轻，依靠结构的柔性和土与结构的相互作用，可有效减小地震对结构的破坏。用于公路桥涵构造物时，有利于改善软土地基桥涵与路堤交界处的"错台"现象，提高行车的舒适度与安全性。

(4)工厂化生产，有利于降低成本，控制质量。波纹钢埋置式结构通常在工厂集中预制成管节或板片，生产过程不受环境影响，生产效率高、周期短，并可确保加工精度和质量。

(5)运输、安装方便。波纹钢埋置式结构的自重仅为同等条件下钢筋混凝土结构的4% ~ 20%，每片或每节只有50 ~ 800kg，吊装无须采用大型起吊设备。整体波纹钢管可采用套叠方式运输，波纹钢板可采用捆扎运输(图1-2、图1-3)。

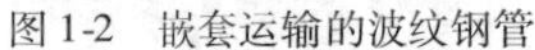
图1-2　嵌套运输的波纹钢管

图1-3　叠置存放的波纹钢板

(6)施工简便，大幅缩短工期。波纹钢埋置式结构采用半成品现场拼装施工，与钢筋混凝土结构相比，工期可缩短70%以上。

(7)低碳环保。减少或舍弃了常规建材，如水泥、黄砂、石子、木材的使用，有利于环境保护。

1.1　基本概念

波纹钢埋置式结构依靠结构与周围土壤之间的相互作用来共同抵抗荷载，因此国外的文献有的称之为"土—钢结构"(Soil-Steel Structures)。为便于阅读和理解，本手册对这类结构有关的常用术语定义如下，部分术语的定义参见图1-4、图1-5。

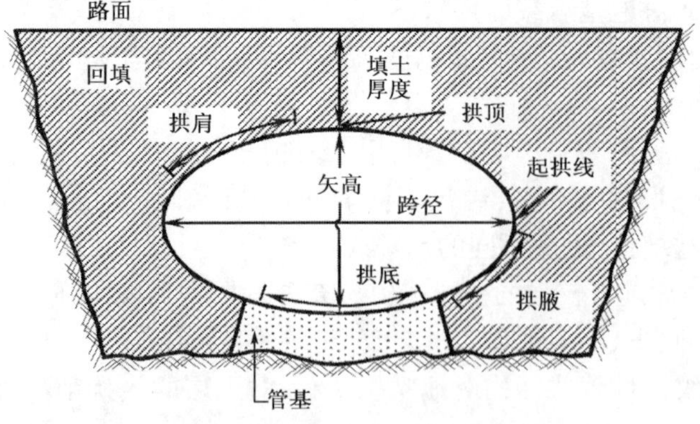

图1-4　埋置式结构典型横断面

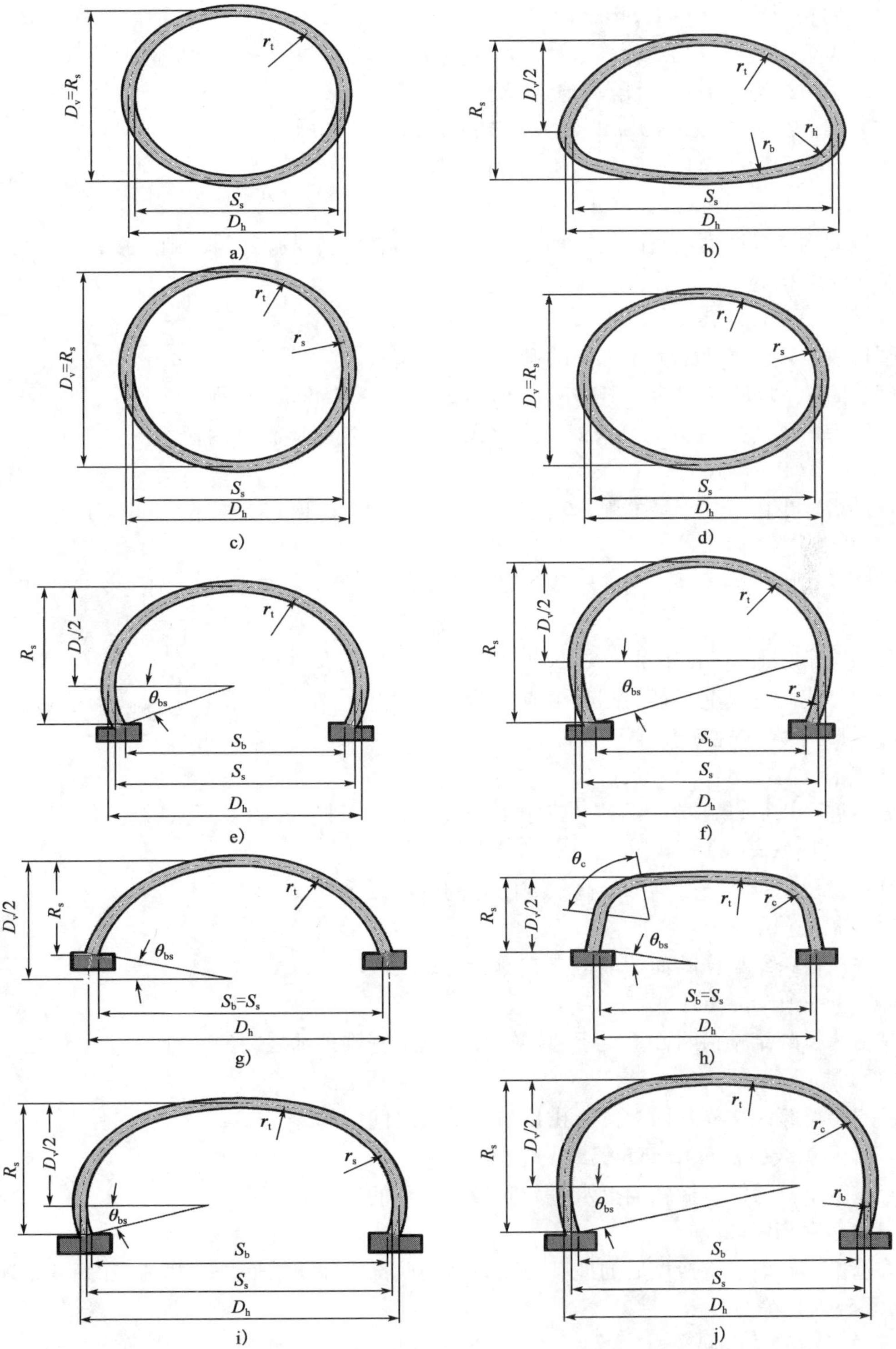

图 1-5　常见波纹钢埋置式结构类型

a) 圆管形；b) 管拱形；c) 竖直椭圆形；d) 水平椭圆形；e) 马蹄形拱；f) 椭圆形拱；g) 圆弧拱；h) 箱形结构；i) 两半径圆弧拱；j) 三半径圆弧拱

(1)埋置式结构(Buried Structures)

埋置式结构指周边及拱顶采用结构性回填材料压实,以保证土与结构物相互作用共同承担荷载的桥跨结构(如桥梁、涵洞、通道或管道)。

(2)闭口结构(Structures with Closed Conduit)

闭口结构指横截面是封闭的结构物,如圆形、椭圆形、梨形等。

(3)开口结构(Structures with Open Conduit)

开口结构指横截面不封闭的结构物,一般为拱式结构,拱脚处与基础连接,如圆弧拱、多圆弧拱及箱形结构等。

(4)圆管(Round Pipe)

圆形或长短轴之比不大于1.1的椭圆形波纹钢管。

(5)水平(竖直)椭圆形管(Horizontally/Vertically Elliptical Pipe)

长轴为水平(竖直)方向且长短轴之比大于1.1的椭圆形波纹钢管。

(6)管拱(Pipe-Arch)

管拱指至少由三种半径的弧形组成且拱底半径大于拱顶和拱侧半径的闭口结构。

(7)圆弧拱(Arch)

圆弧拱指由一种半径的圆弧组成的带基础的开口结构,一般分为半圆拱、小半圆拱和马蹄形拱。

(8)多圆弧拱(Multi Radius Arch)

由两种或两种以上半径的圆弧组成的带基础的开口结构,一般起拱线高于基础顶面。常见有椭圆形拱、两半径拱及三半径拱。

(9)箱形结构(Box Culvert)

截面近乎矩形、拱顶较为平坦(拱顶半径较大)的一种特殊的多圆弧拱。

(10)拱顶(Crown)

拱顶指桥跨结构横断面的最高点或附近的一段区域。

(11)拱底(Invert)

拱底指桥跨结构横断面的最低点或附近的一段区域。

(12)拱腋(Haunch)

拱腋指桥跨结构横断面上位于起拱线与管基或基础顶部之间的部分。

(13)拱肩(Shoulder)

拱肩指桥跨结构横断面上位于拱顶与起拱线之间的部分。

(14)起拱线(Spring Line)

起拱线指桥跨结构横断面上水平方向最外侧点的连线。

(15)管基(Bedding)

管基指天然地基或换填后的地基与闭口结构底部之间与拱底外形相适应的一定厚度的垫层,见第5.6.2节。

(16)基础(Footing)

基础指用来支承开口结构的混凝土(或钢)基脚。

(17)地基(Foundation)

地基指支撑管基或基础的土壤或岩石。

(18)波纹钢板(Corrugated Steel Plate)

波纹钢板指采用热轧钢板,按照规定的尺寸,经过波形轧制及冷弯加工而制成的一种波形板状材料。

(19)螺旋形波纹钢管(Helical Corrugated Steel Pipe)

螺旋形波纹钢管指钢板或钢带经加工制成的螺旋形波纹钢管。

(20)环形波纹钢管(Annular Corrugated Steel Pipe)

环形波纹钢管指钢板或钢带经加工制成的环形波纹钢管。

(21)波纹钢结构板(Corrugated Steel Structural Plate)

波纹钢结构板指经环向加工制成的具有一定曲面的波纹钢板。

(22)波纹钢结构板长度(Length of Corrugated Steel Structural Plate)

波纹钢结构板长度指曲面波纹钢结构板的环向弧长。

(23)波纹钢结构板宽度(Width of Corrugated Steel Structural Plate)

波纹钢结构板宽度指曲面波纹钢结构板的纵向宽度。

(24)波距(Corrugation Pitch)

波距指波纹剖面相邻两个波峰之间的距离。

(25)波高(Corrugation Depth)

波高指波纹剖面波峰与波谷之间的垂直高度。

(26)壁厚(Plate Thickness)

壁厚指波纹剖面的钢板厚度(不含镀锌层)。

(27)深波纹钢结构板(Deep Corrugations)

深波纹钢结构板指波高100mm以上的波纹钢结构板。工程中常用的有380mm×140mm和400mm×150mm波纹剖面,其他如300mm×110mm、500mm×237mm波纹剖面在某些国家和地区也有生产和应用。

(28)浅波纹钢结构板(Shallow Corrugations)

浅波纹钢结构板指波高100mm以下的波纹钢结构板。工程中常用的有150mm×50mm波纹剖面,其他如68mm×13mm、125mm×25mm、200mm×55mm、230mm×64mm波纹剖面在某些国家和地区也有生产和应用。

(29)圆管内径(Inner Diameter)

圆管内径指从波纹钢圆管内量测的波谷之间的内圆直径。

(30)跨径(Span)

跨径指结构安装成形后水平方向对应波谷之间的最大距离。

(31)矢高(Rise)

矢高指结构安装成形后竖向对应波谷之间的最大距离,对于开口截面,指拱顶与拱脚之间的竖向距离。

(32)预拱度(Camber)

预拱度指用来补偿闭口结构管基工后沉降的一种纵断面调节措施。

(33)结构性回填土(Engineered Soil)

波纹钢埋置式结构周围按规定方法分层填筑和压实的，材料特性和级配符合一定要求的回填土，以保证结构稳定性和发挥土—结构相互作用。

(34)结构性回填区(Structural Backfill)

波纹钢埋置式结构周围结构性回填土的包络范围，包括管基。

(35)受控低强度材料 CLSM(Controlled Low Strength Material)

用级配材料、粉煤灰、水泥和水按一定配合比(一般为72%∶8%∶3%∶17%)拌和的可流动填料(Flowable Fill)，其28d抗压强度一般不大于10 MPa，通常采取与湿混凝土类似的方法浇筑并机械振捣压实。CLSM一般仅用于管沟法施工时空间受限的情况下，且不得用作管基，见第5.3.4节。

(36)填土厚度(Depth of Fill 或 Height of Fill)

填土厚度指从结构拱顶波纹剖面中性轴到路面或地面或道砟底面之间的竖向距离，见图1-6。

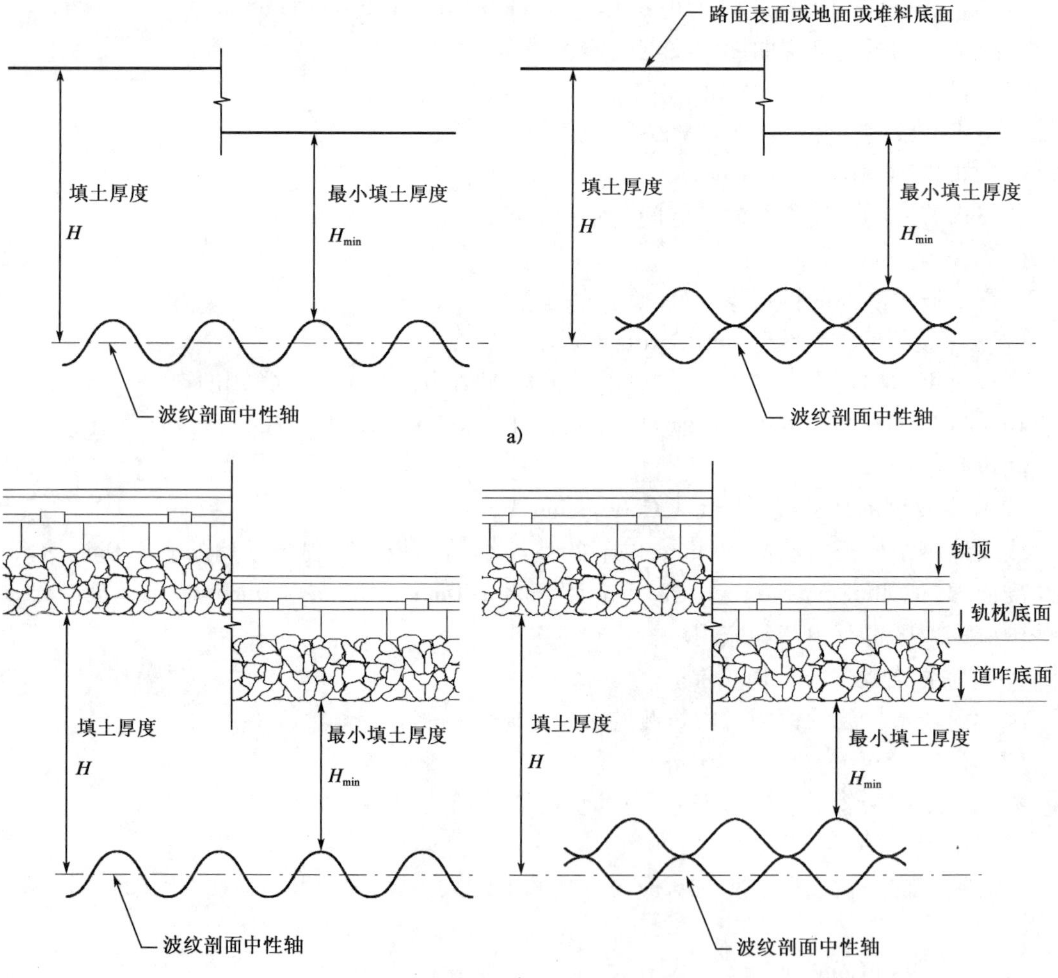

图1-6　填土厚度与最小填土厚度的定义

a)道路或堆料；b)铁路

(37)最小填土厚度(Minimum Depth of Cover 或 Design Cover)

最小填土厚度指从拱顶(波峰)到路面或地面或道砟底面之间的竖向距离的最小值,见图1-6。

(38)环向压力(Circumferential Compressive Force)

环向压力指回填材料和外荷载在结构壁内产生的单位长度上的圆周向压力。

(39)土拱作用(Arching)

土拱作用指埋置式结构之上或周围邻近土体之间发生相对位移时产生的竖向压力的传递。

(40)筑堤法(Embankment Installation)

筑堤法施工指在原有(或开挖后的)开阔地面上安装波纹钢结构并填筑结构性回填和周围路堤。

(41)管沟法(Trench Installation)

管沟法施工指在原有地面开挖管沟,再安装结构并回填。如果结构性回填区周围的天然土壤或管沟壁的强度和刚度小于结构性回填材料的强度和刚度,则认为是筑堤法。

(42)压实(Compaction)

压实是在指定含水率时,通过羊足碾、夯击式压路机、振动设备或人工对土或其他筑路材料施加压力以提高密实度的作业。

(43)设计使用寿命(Design Working Life)

设计使用寿命指结构或构件设计时预计在正常维护但不需大修条件下不失去使用功能的有效使用时间。

(44)耐久性裕度(Durability Allowance)

耐久性裕度指结构耐久性设计时考虑腐蚀、磨蚀等因素需要在结构计算所需的基材厚度基础上增加的额外厚度。

1.2 结 构 特 征

波纹钢埋置式结构用于土建工程时,通常按弹性薄壳理论进行分析研究和设计。因此,其结构构造应满足以下假定:

(1)壳体是均匀、连续的且各向同性。

(2)壳体是线弹性的。

(3)壳体的变形是微小的。

(4)壳体变形前垂直于中轴面的法线段在变形后仍为长度不变的直线,并仍垂直于变形后的中轴面。

(5)假设法向应力很小,远小于其他应力分量,可忽略不计。

(6)中轴面上所有点在变形时不会在中轴面内移动。

土建工程中常见的波纹钢埋置式结构类型与用途见表1-1。

1.2.1 闭口结构

闭口截面波纹钢埋置式结构分为整体式波纹管和拼装式波纹管两种形式。

土建工程中常见的波纹钢埋置式结构 表 1-1

类　型			常用尺寸范围 （跨径×矢高,m）	常 见 用 途
闭口结构	圆形	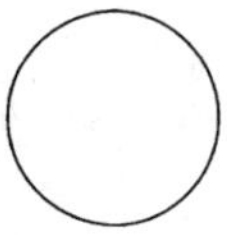	0.75～15.5	涵洞、雨水管、输水管、集料运输通道、车辆和行人通道，特别适用于中等或高填方
	竖直椭圆形	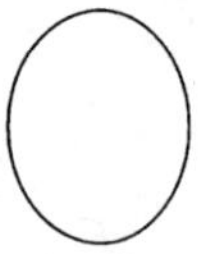	1.4×1.6～7.6×8.4	涵洞、雨水管、输水管、服务通道、维修通道。用于美观需要及回填压实仅达到中等地段
	水平椭圆形	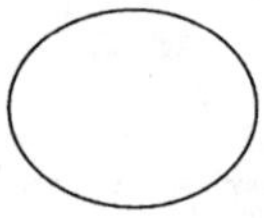	2.2×1.7～4.5×3.4	涵洞、小桥、立体交叉。用于填方较低、水面较宽时，特别适用于软弱地基
		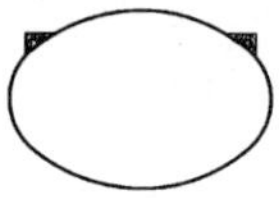	5.9×3.9～11.3×6.7	
	管拱形		1.8×1.4～6.3×4.0	涵洞、雨水管、输水管、地下通道。用于净空受限时，低流量时有水力优势
	倒梨形	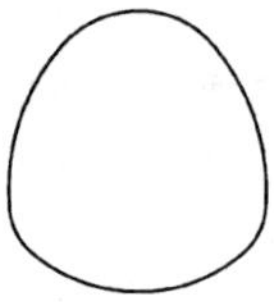	3.7×3.3～6.2×5.4	行人或牲畜通道、车辆通道
	梨形	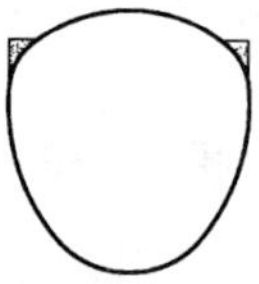	7.2×7.7～9.1×9.5	铁路立体交叉或净空要求较高时
开口结构	圆拱形		1.8×0.6～16.6×8.3	用于美观需要及低净空大跨过水通道
	矮拱形		5.6×2.5～15.4×6.1	用于美观需要及低—宽过水通道
		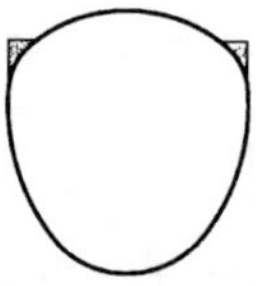	6.1×2.3～13.7×5.7	涵洞、小桥、雨水管、输水管及有美观要求的行人通道

续上表

类型			常用尺寸范围（跨径×矢高，m）	常见用途
开口结构	高拱形		6.1×2.8～10.8×6.1	涵洞、小桥、雨水管及有美观要求的车辆通道
	梨形		7.3×7.1～9.2×7.9	铁路立体交叉或净空要求较高时
	箱涵		2.7×0.8～10.7×4.1	非常低、宽的桥梁、涵洞及输水通道，特别适用于小跨桥梁置换

(1)整体式波纹管：用螺旋带肋钢管、螺旋形波纹钢管或环形波纹钢管管节纵向拼装而成的管形结构物。螺旋带肋钢管和螺旋形波纹钢管可采用工厂咬口方式连接或平行式连接。环形波纹钢管可采用轴向法兰盘连接或采用左右（上下）半圆管节翻边连接。整体式波纹管管节长度由吊装、运输、安装条件确定，一般长度为2～8m，运输条件许可时尽可能采用较长的管节。

(2)拼装式波纹管：用波纹钢结构板在现场采用螺栓连接拼装而成的管形结构物。波纹钢结构板的长度和宽度根据结构尺寸及镀锌、吊装、运输和拼装条件确定。一般来说，对于圆管：1.5m≤直径≤4.0m时，沿圆周分为3片板；4.0m＜直径≤7.0m时，沿圆周分为4片板；7.0m＜直径≤9.0m时，沿圆周分为5片板；直径＞9.0m时，沿圆周分为6片板。对于其他闭口截面，环向分片应考虑拱顶、拱侧和拱底的半径组成。纵向以每10延米的环向接缝不大于7道为宜。波纹钢板纵、环向均须错缝搭接，环向搭接长度不宜小于50mm，纵向搭接长度不宜小于100mm。

1.2.2 开口结构

开口结构由一种或若干种半径的弧形波纹钢结构板拼接而成。波纹钢结构板的分片尺寸应综合考虑开口结构截面的半径组成和吊装、运输和安装条件。

开口结构一般采用混凝土扩大基础，基础混凝土内预埋钢板连接件与波形钢板连接。

1.2.3 进出口构造

地基条件较好时，波纹钢埋置式结构进出口可与普通钢筋混凝土结构一样采用八字墙、一字墙结构或其他竖井构造。此外，根据实际情况还可以采用如下几种形式。

1)削竹式

削竹式洞口是利用波纹钢管洞身延伸并顺应边坡坡率切割而成的一种构造形式，根据洞身尺寸和边坡坡度，可分为完全削竹式、部分削竹式、阶梯式和坡口削竹式4种（图1-7）。削竹式洞口一般用于管径与沟宽基本一致，无须集纳和扩散水流，仅为疏通两侧农田灌溉时的涵洞。

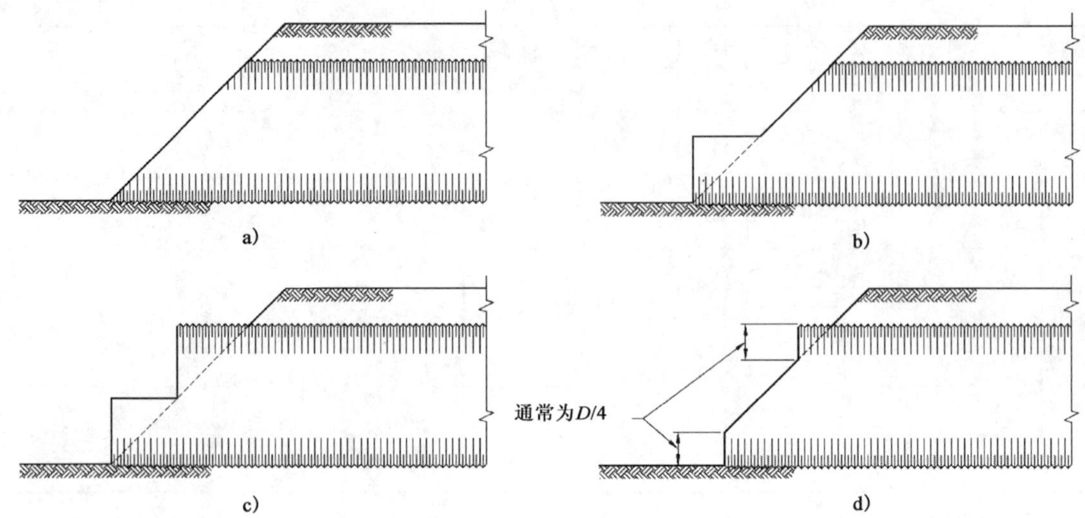

图 1-7　削竹式洞口

a)完全削竹式;b)部分削竹式;c)阶梯式;d)坡口削竹式

削竹式洞口较八字式洞口可省 45% ~85% 的材料,而宣泄能力仅减少 8% ~10%。削竹式洞口适用于流量不大、流速较小的情况。削竹式洞口通常需要采用混凝土领圈进行加固(图 1-8)。流速较大时,应对边坡迎水面进行铺砌加固,并设置隔水墙和趾部锚固措施避免冲刷和上举力。

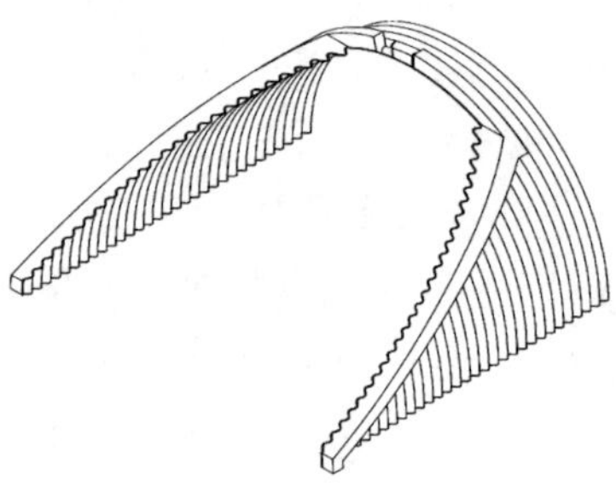

完全削竹式和部分削竹式洞口一般用于较小跨径的涵洞(表 1-2)。坡口削竹式洞口适用于边坡为 3:1、2:1 或更陡的大跨桥涵。边坡坡度比 3:1 更缓的涵洞或非圆管形涵洞一般不宜采用完全削竹式洞口。

图 1-8　混凝土领圈

2)直立式

直立式洞口(图 1-9)是指不对管身做任何切削处理,采用直立式端墙和隔水墙对进出口进行加固。管端底部通常应与端墙进行有效锚固。

完全削竹式和部分削竹式洞口适用条件　　表 1-2

最大直径或跨径(mm)			
钢板厚度(mm)	波纹类型(波距×波高,mm×mm)		
	68×13	75×25 或 125×25	150×50
1.6	1 220	1 980	
2.0	1 370	2 130	
2.8	1 520	2 440	3 960
3.5	1 670	2 740	4 260
4.5	1 820	2 900	4 570
5.5			5 030
6.5			5 330
7.0			5 480

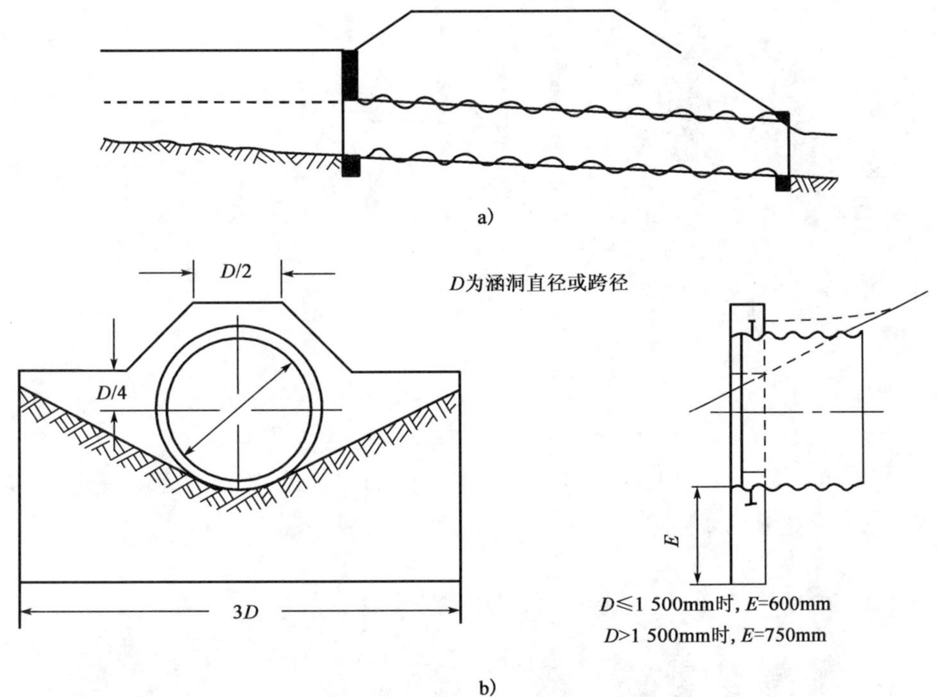

图 1-9 直立式洞口

a)带端墙的直立式洞口;b)端墙构造

3)延长式

延长式洞口(图 1-10)是将涵管适当延长伸出路基边坡以外,不需对边坡进行处理,根据需要对进出口一定范围内进行铺砌,涵管两侧及顶部一定范围内,边坡回填材料宜采用块、片石,以预防水流冲刷危害路基。

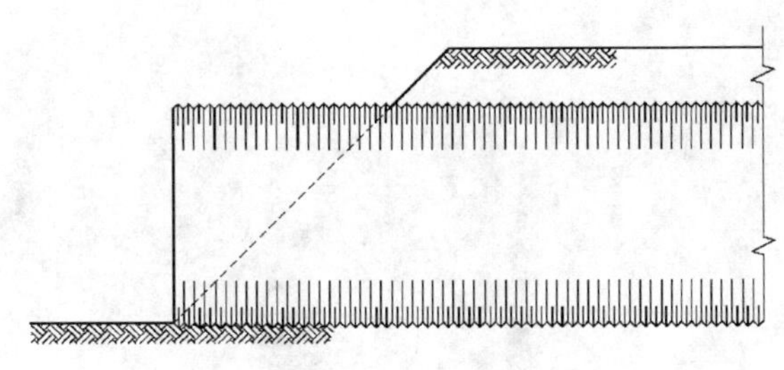

图 1-10 延长式洞口

4)簸箕式

根据洞身尺寸和边坡坡度,在工厂用钢板轧制一定尺寸的簸箕式洞口(图 1-11),端部与直管用螺栓或管箍连接,适用于流速较大的涵洞。

5)喇叭式

喇叭式洞口是在簸箕式洞口基础上改进的一种洞口形式,为钢制构件,侧面钢板向外张开呈喇叭形,由工厂预制,现场与管身用管箍连接。喇叭式洞口适用于各种孔径的圆形或管拱形

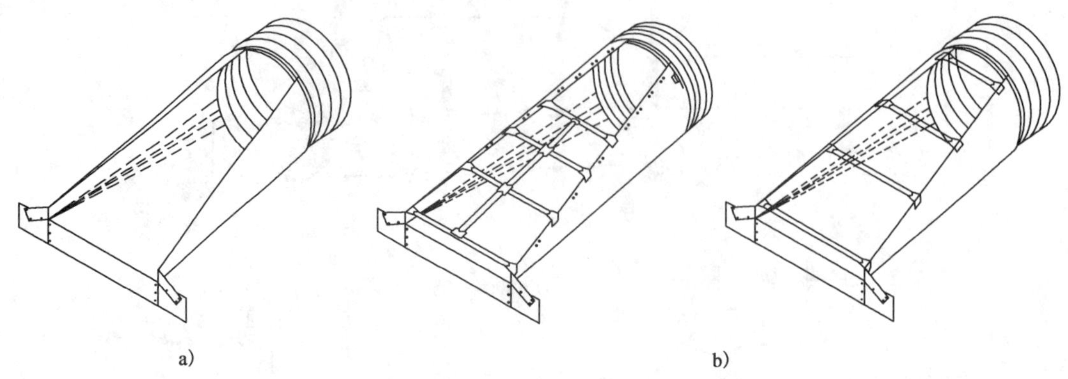

图 1-11　簸箕式洞口

a)普通簸箕式洞口;b)带防堵栅的簸箕式洞口(进水口)

波纹钢管涵洞,可有效地防止进口处的冲刷和出口处的底部冲刷,提高涵洞的过水能力,并具有良好的耐久性和经济性,可替代传统的圬工构造(图 1-12、图 1-13)。

图 1-12　双孔管拱形涵洞喇叭形洞口

图 1-13　喇叭形洞口与管身的拼接

1.2.4　附属构造

通道、涵洞长度超过 100m 时宜参照《公路隧道设计规范》(JTG　D70—2004)设置照明

设施。

河沟纵坡较陡、泥石流地区,或人烟稀少、清淤不便的地区,宜根据地形条件和植被情况在进水口设置防堵栅栏。

冲刷严重的闭口截面结构,应对洞身底部内壁一定范围内设置内衬进行防护处理。

1.3 适用条件

1.3.1 下列情况下一般可优先采用波纹钢埋置式结构

1)公路或铁路桥涵

(1)高填方路段:采用拱涵或盖板涵地基承载力不满足要求,施工质量难以保证且费用较高时。

(2)山区公路:浇筑混凝土使用的原材料缺乏,施工用水困难,或水泥、钢材等材料运输不便时。

(3)不良地质条件:常年冻土、膨胀土、软土、湿陷性黄土等特殊地区,地基不均匀沉降可能对刚性涵洞造成破坏时。

(4)北方地区:受工期影响或季节气候制约,采用混凝土结构难以满足质量及工期要求时。

(5)快修工程:应急抢险、救灾等对工期要求较紧的涵洞通道。

(6)一般公路工程:与同等跨径的常规混凝土管涵、盖板涵和箱涵相比,钢波纹管涵洞通道在受力性能、施工工期、使用寿命、行车舒适性、养护成本、综合造价等具有可比性时。

(7)地震地区:地震烈度较高,钢筋混凝土结构不满足抗震要求或造价较高时。

(8)道路改扩建及加固:旧桥或涵洞的接长、加固或替换。

2)市政工程

(1)市政管线及其他公用设施的敷设、检修通道。

(2)雨水、污水处理和管理系统。

(3)市政园林或建筑边坡的支护。

(4)地下防空设施。

3)矿井或其他工业管道

(1)地下材料运输通道。

(2)通风、逃生、救援通道。

(3)工业仓储。

1.3.2 下列情况下一般不建议采用波纹钢埋置式结构

(1)长期(每年2个月以上)积水的结构。

(2)易于淤塞且与潮湿性材料长期(每年2个月以上)接触的结构。

(3)近海结构(如海岸或入海口附近受海水喷射或溅洒的结构)。

1.3.3 下列情况下使用波纹钢埋置式结构时应进行独立分析或慎重考虑的情形

(1)冲刷严重区域:如果结构位于泥石流堆积扇或排泄砂石流量大、流速高的区段,设计时应进行耐久性分析,重视泥砂或砂石的冲刷及其对结构产生的磨蚀,并采取措施防止洞外冲刷对结构性回填区的影响。

(2)高腐蚀环境下:对于矿区、工业区或沿海地区,使用波纹钢埋置式结构时应充分考虑水或土壤对结构的侵蚀,对耐久性因素、结构的重要性、设计寿命和维护、改建的成本进行综合评估。

(3)超高填方:结构位于超高填方路段时,应适当提高结构的重要性等级和设计寿命,根据土壤条件和施工工艺进行详细的计算分析,确保结构受力安全。

(4)大跨结构:波纹钢埋置式结构跨径大于2.5m时,一般应进行独立计算分析。跨径大于8m,或采用环向加劲肋或纵向推力梁时,建议采用有限元分析方法进行校核。

(5)开口结构:开口结构的受力特征与圆形结构不同,一般应进行独立计算分析。设计时应特别注意基础的不均匀沉降及与附近路堤之间的沉降差,避免负土拱效应的发生。

(6)拼装结构:对于采用波纹钢结构板拼装的埋置式结构,应重视连接的设计尤其是纵向接缝强度的验算。

第2章　波纹钢埋置式结构的研究与应用

波纹钢埋置式结构历史上有记载的应用始于19世纪末。1886年美国的钢材工人J. H. Waston申请了第一个波纹钢管的专利,1892年W. Q. O' Neill购买该专利并创建了第一家工厂专门生产道路用的波纹钢管,这时的产品主要是通过铆钉连接的波纹钢圆管,而且直径都比较小。此后,随着设计理论的不断完善和制造工艺的不断提高,波纹钢管产品在北美和欧洲得到了广泛的应用。1896年美国交通部率先开展了波纹钢板埋置式通道和涵洞的研究并在公路涵洞中推广应用,1913年英国第一次在苏格兰爱丁堡近郊修建了采用波纹钢结构板拼装的波纹钢管涵洞,1929年加拿大在一座煤矿中首次采用了波纹钢管结构。

20世纪60年代开始,美国开展了土与结构相互作用的研究。1960年犹他州立大学K. W. Reynold通过研究提出了环向压力理论,这为波纹钢埋置式结构的设计提供了可靠的理论基础。1967年,美国钢铁学会AISI(American Iron and Steel Institute)在《钢制排水产品与公路建设产品手册》(Handbook of steel drainage & highway construction products)第一版中,第一次基于环向压力理论和工作应力设计(Working stress design)原理给出了波纹钢埋置式结构的设计方法。随着相关研究的不断深入、设计方法的逐步改进和施工经验的长期积累,许多国家的结构设计规范都纳入了波纹钢埋置式结构的设计规定,使得这类结构在世界范围内得到广泛的普及。

目前各国关于波纹钢埋置式结构设计的较为成熟的规范和指导手册如下:

(1)美国AASHTO:LRFD Bridge Design Specifications(2012)。

(2)美国National Corrugated Steel Pipe Association, Corrugated Steel Pipe Design Manual (2008)。

(3)美国ASTM:Standard Practice for Structural Design of Corrugated Steel Pipe, Pipe-Arches, and Arches for Storm and Sanitary Sewers and Other Buried Applications(A 796/A 796M—03)。

(4)美国ASTM:Standard Specification for Corrugated Steel Box Culverts(A 964/A 964M—03)。

(5)美国ASTM:Standard Practice for Structural Design of Reinforcements for Fittings in Factory-Made Corrugated Steel Pipe for Sewers and Other Applications(A 998/A 998M—98)。

(6)美国ASTM:Standard Practice for Life-Cycle Cost Analysis of Corrugated Metal Pipe Used for Culverts, Storm Sewers, and Other Buried Conduits(A 930—03)。

(7)美国AWWA(American Water Works Association):Steel Pipe: A Guide for Design and Installation 第4版(AWWA M11,2013)。

(8)加拿大Canadian Standards Association:Canadian Highway Bridge Design Code(CAN/CSA-S6-06)。

(9)加拿大Canadian Standards Association:Corrugated Steel Pipe Products(CSA G401—07)。

(10)加拿大Corrugated Steel Pipe Institute:Handbook of Steel Drainage & Highway Construction Products(2007)。

(11)澳大利亚与新西兰 Australia/New Zealand Standards:Buried Corrugated Metal Structures Part 1: Design Methods(AS/NZS 2041.1:2011)。

(12)澳大利亚与新西兰 Australia/New Zealand Standards:Buried Corrugated Metal Structures Part 2: Installation(AS/NZS 2041.2:2011)。

(13)澳大利亚与新西兰 Australia/New Zealand Standards:Buried Corrugated Metal Structures Part 4: Helically Formed Sinusoidal Pipes(AS/NZS 2041.4:2010)。

(14)澳大利亚与新西兰 Australia/New Zealand Standards:Buried Corrugated Metal Structures Part 6: Bolted Plate Structures(AS/NZS 2041.6:2010)。

(15)英国 The Highways Agency:Design Manual for Roads and Bridges(BD 12/01),第2卷第2章第6节:Design of Corrugated Steel Buried Structures with Spans Greater than 0.9 Metres and up to 8.0 Metres。

(16)韩国道路公社:波形钢板结构设计与施工指南(2001)。

自波纹钢埋置式结构诞生以来,国内外进行了大量的试验和理论研究。本章着重介绍从这些试验和研究中总结出来的与设计技术有关的一些基本理论、概念和方法,帮助读者更好地理解这类结构的力学性能和破坏模式,从而指导设计和施工。本章还结合国内外大量的应用案例,总结了波纹钢埋置式结构的应用领域。

2.1 理论基础

起初,波纹钢埋置式结构的制造商将不同直径的管对应的壁厚制成表格,设计的任务是选择合适的壁厚,使结构具有合适的刚度以便搬运和安装。后来,人们根据成功的经验不断地加大波纹钢管的填土厚度,进而得出了管径、壁厚与填土厚度之间的关系表格,并不断积累和完善。这些表格一般都由制造商提供,使用成熟后被当时的公路设计规范引用并不断修订。

当时的研究成果对于填土厚度相对较低的公路结构物非常实用,而且从经济的角度来说,较为保守的性能限值也没有太大的影响。但是,随着管径和填土厚度的不断增大,人们开始关注以下的性能限值:①过度的环变形或管道被压扁;②纵缝和螺旋焊缝的强度;③大直径管的环向压应力(管壁压溃或管壁的弹性压曲)。

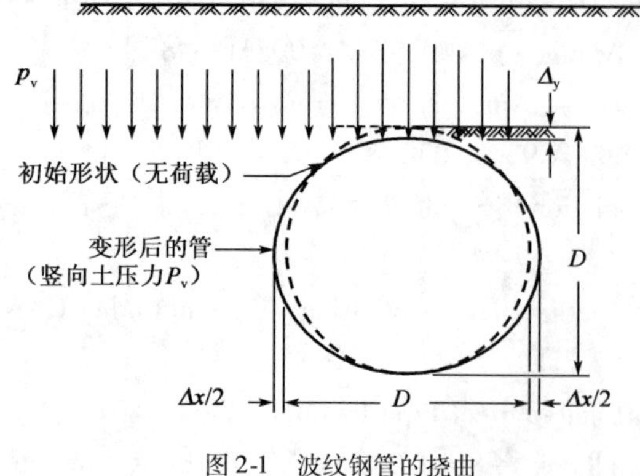

图2-1 波纹钢管的挠曲

随着公路设计与施工方法的发展,较大的涵洞和较高的填土对波纹钢埋置式结构的安全性和经济性提出了更高的要求。经过长期、大量的合作和努力,各国的研究机构提出了不同的理论来简化设计。虽然这些理论各有局限性,但都为各种性能限值的建立和分析做出了贡献。

一种理论是基于环的挠曲 $\Delta y/D$(图2-1)。外部的土壤荷载作用在管上会引起截面(或环)挠曲,使得竖向直径变小,而横向直径变

大。根据环变形理论，设计波纹钢管时，规定了一些容许的环挠度，而实际的环挠度通过一些公式来计算。竖向挠度 Δy 通常比水平变形 Δx 更具有直观的意义，因而最常用。但实际上，对于波纹钢管，Δy 和 Δx 大小相差不大，Δy 略大。

其他理论基于管壁内的环向压应力。规定了极限（或最大容许）压应力 f_c，而管壁内的压应力 S 按下式计算（图 2-2）：

$$S = P_v\left(\frac{D}{2A}\right) \tag{2-1}$$

式中：P_v——管顶处的竖向土压力；

D——管直径或跨径；

A——单位长度管截面的面积。

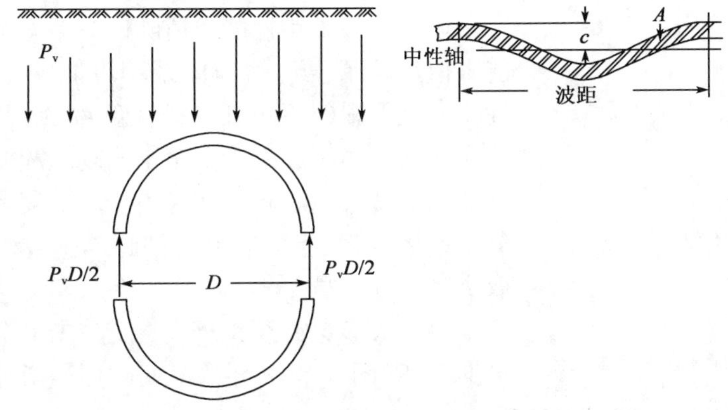

图 2-2　波纹钢管内的环向压力

只有当环截面与土壤的受压性能完全相同时，P_v才能取管顶处的竖向土压力。实际上，由于管的存在，如果土壤比管的可压缩性大或小，都可能会引起压力的集中或分散，这可以通过应力集中系数来考虑。

环向压力法规定，环向压力（推力）$P_vD/2$ 必须小于容许推力，即管单位长度的纵缝强度。这种方法假定管上的竖向土压力为 P_v，且土壤可放射状完全支撑管环。

环向压力理论经过进一步的修订后，除了接缝强度，还增补了管壁破裂和管壁压曲作为性能限值。管壁内的压应力仍然按上式计算，但极限应力 f_c 包含管壁压溃强度（屈服点应力）、压曲强度或接缝强度。这里依然假定土壤与管环具有完全相等的压缩性。但实际上，两者通常并不相等，因此作用于环上的土压力并不就是 P_v，而且还带来了另一个问题：哪一个管壁强度（压溃强度还是压曲强度）是实际控制性能限值。一种极端情况是，如果土壤能抵抗所有的环挠曲，压溃将控制性能限值，即 f_c 应为屈服点应力；另一种极端情况，如果土壤为流体，不能抵抗任何环挠曲，则压曲将控制性能限值。当然，通常土壤的压缩性介于两者之间。

此外，有的方法考虑了管壁承受的弯矩，将管壁内的应力计算公式修订为：

$$S = \frac{P}{A} + \frac{Mc}{I} \tag{2-2}$$

式中：S——总应力；

P——环内推力，其值为 $P = P_v D/2$；

A——单位长度管截面的面积；

M——管壁所受弯矩，其值为 $M \approx EI\left(\frac{1}{R_i} - \frac{1}{R_0}\right)$；

I——单位长度管壁的惯性矩；

c——中性轴到最外边缘距离；

E——管壁材料的弹性模量；

R_i——曲率半径；

R_0——初始半径。

要使用上述公式，必须已知曲率半径 R_i（图 2-3）。管壁应力 S 为最外侧纤维处的应力，达到屈服点时管壁才会被压溃。

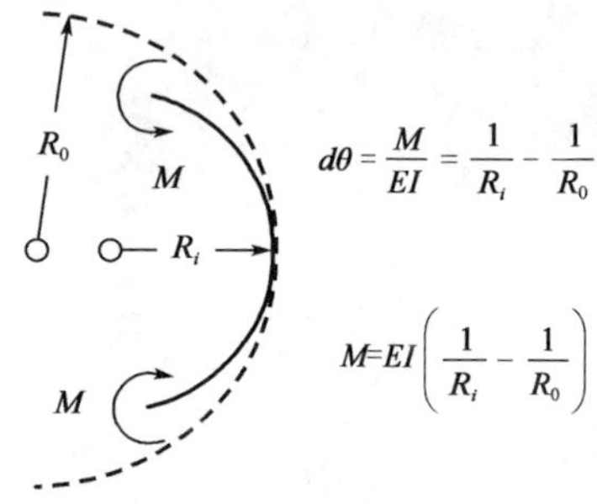

图 2-3　弯矩引起的管环曲率半径变化

设计一般采用性能限值除以一个安全系数来控制。性能限值反映了土与结构体系不再能保持其设计功能的特性。该性能限值不包括最外侧纤维的屈服点应力，也没有包含环的挠曲。如果管上填土出现隆起、凹陷或开裂，这个性能限值就会被超越。如果由于环的变形使得管的流动性低于设计值，性能限值也会被超越。最终性能限值的指定取决于设计人员。

对于大多数波纹钢埋置式结构，性能限值定义为环的早期破坏（图 2-4）。环的早期破坏是指环内出现的某种变形，如果其上的荷载没有因土壤的土拱作用而减轻，管环就会继续变形直至坍塌。这是一种主观上的性能限值，并不意味着坍塌。图 2-4 给出的强度范围可帮助设计人员使用这个性能限值。密实土壤的强度范围超过了钢材的屈服点，这是因为部分竖向土压力由于土拱作用而被两侧的土体承担。设计时要采用一个附加的安全系数。

埋置式波纹钢管的性能限值并非单一现象，而是多种现象的相互作用。例如，性能限值并不单指管壁压溃、管壁压屈、纵缝受剪或管壁挠曲。所有这些因素都会相互影响，并在不同情况下不同程度地关联。如果管环的挠度较大，则管壁的压溃强度就较小，因为有弯曲应力。纵缝的破坏会引起应力集中从而引发管壁压溃。当然，随着管壁压溃的发展，管壁会开始压曲，而纵缝附近的压曲又会引起纵缝破坏。

犹他州立大学的最重要的试验结果示于图 2-4。其纵坐标为表征环压强度 f_c，定义为在性能限值时的表征环向压应力，即：

$$f_c = \frac{PD}{2A} \text{（性能限值时）} \tag{2-3}$$

式中：P——表征竖向土压力，即未埋入管时管顶高度处的计算压力；

D——管的名义直径；

A——单位长度管的管壁面积。

性能限值是环的临界变形，即超过时土与管的相互作用将无法维持。管环的设计可引入熟知的“应力 < 强度”准则，即：

$$\frac{PD}{2A} = \frac{f_c}{N} \tag{2-4}$$

$$P = D_L + L_L \tag{2-5}$$

$$D_L = \gamma H \tag{2-6}$$

式中：P——表征竖向土压力（即未埋入管时管顶高度处的计算压力）；

D_L——管顶以上填土质量；

L_L——管顶高度处由地面活载引起的竖向土压力；

f_c——表征环压强度，可在图2-4中取用；

N——安全系数。

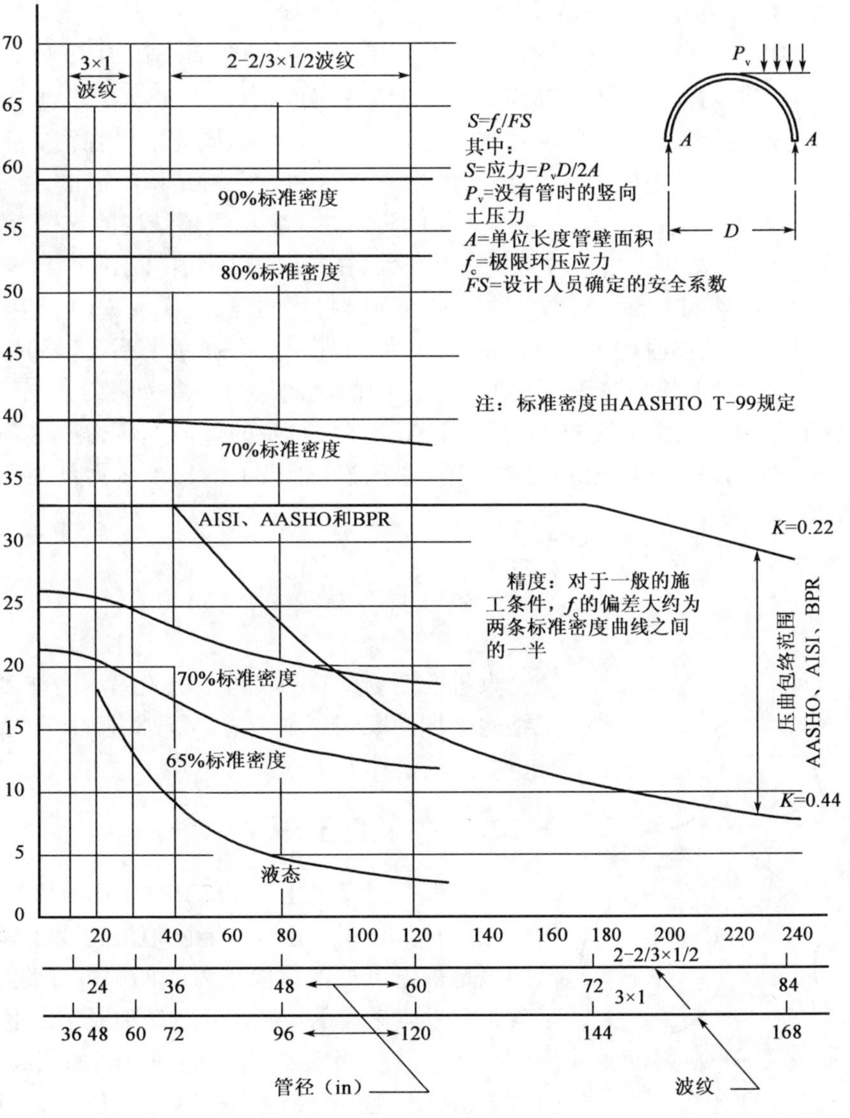

图2-4　不同土壤密度下极限环压应力与直径和波纹之间的关系

图 2-4 标出了极限环压应力，横坐标为环的柔度$(D/r)^2$，更准确地说应该是$(D/r)^2/E$，其中 D 为管径，r 为纵向管壁截面的中心回转半径，E 为管材料的弹性模量。由于通常采用的钢材 E 为常数，因此横坐标可以只采用$(D/r)^2$。在这些试验中，对于给定的波纹剖面，其回转半径也是常数（与壁厚无关），因此对于每个给定的波纹，横坐标可以仅显示管径 D。

在密实土壤中，环的柔度对极限环压应力没有显著影响，这是因为环的挠度很小，环内只存在单纯的压应力（没有弯曲）。性能限值为管壁压溃强度，而与环的柔度无关。但是，如果波高增大，抵抗曲率反转的安全系数要变大。

注意强度包络线随环的柔度增大而向右下端倾斜。这是因为非常柔的环对不均匀土壤密度的敏感性更高。如果填土可以一个颗粒接着一个颗粒填筑，强度包络线就不会下降这么多（特别是在良好压实的土中）。但是，实际具有多态性的填土使得非常柔的环中会出现压力点并进而引起管壁压曲，见图 2-4 中的压曲区。

土壤的压缩性对性能限值有很大的影响。压缩性由平均竖向土压力 P_v 和土壤模量 E' 确定。E' 随土壤密实度增大而增大。试验发现，土壤密实度越大（E' 越大），管壁内的极限环压应力 f_c 就越大。密实土和松散土的 f_c 之比大约为 3∶1。为什么同样的管在密实土中的强度应该大些？虽然 f_c 称之为极限环压应力，但实际上它表示的是土与结构组成的系统的强度而不单指管的强度。如果土壤密实，土对这个系统的贡献在于它提供了结构的支撑，从而提高了系统的强度。另一方面，如果土壤松散且压缩性很大，在竖向压力作用下，随着土壤受压下沉，它会对管产生一个压力集中。此外，土壤的压缩性会引起环的挠曲，在管壁内产生弯曲应力，并在增大水平方向直径的同时增大管壁内的推力，从而进一步削弱整个系统。如果管与土壤同步下沉，那么作用于管上的竖向压力就等同于土中的竖向压力 P_v。如果土是密实的，土的压缩性较小，管的截面面积比土壤减小的多，则管会释放自身的竖向土压力。这等同于土拱效应。如果土壤压实到超过临界孔隙比，则其作用于波纹钢管上的集中压力仅为那些松散土壤中的压力的 20% ~40%。

2.2 破坏模式

大量的现场试验和实验室试验揭示出许多波纹钢埋置式结构破坏的案例。本节总结了常见的一些破坏模式，并分析归纳了破坏的机理。

2.2.1 管壁压溃

对于埋置在紧密压实（大于临界孔隙比）土壤中的管，管壁压溃常常是表示达到性能限值的首要指标。波纹的轻微凹陷是最先可见的危险信号。凹陷并非性能极限，但预示着管壁发生破裂的位置。这种破裂通常发生在拱肩部位。深波纹与浅波纹相比，出现凹陷的时间相同或稍早，但是管壁普遍压溃出现在相等的或稍高的压力下。一般情况下，管壁压溃从波纹凹陷开始，然后发展成折叠现象，见图 2-5。

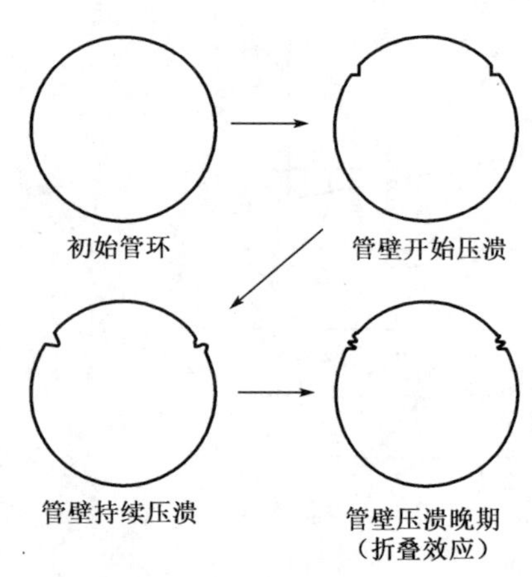

图 2-5 管壁压溃机理

管壁的压溃强度等于屈服点应力乘以单位长度的管壁面积。显然,如果接缝百分之百地有效,而且管环挠度限制为零,则压溃强度将与屈服点应力成正比。而且,对于给定的壁厚,其管壁面积随波纹高度的增加而增加。

犹他州立大学的试验表明,在松散的土中,管环的柔度$(D/r)^2$会影响压溃强度。从图2-4中也可以看出,随着管环柔度的增大,曲线向右逐渐下降。

2.2.2 曲率反转

随着荷载增大,管环的某一段可能有扁平的趋势,然后曲率反转(图2-6)。曲率反转通常有两类:①在极松散的土中(密度小于临界孔隙比),随着土壤受压下沉,管有变成椭圆的趋势,此时在管侧形成较大的弯曲应力。这些应力与环压力组合会引起塑性铰。如果这种变形达到极限,管顶将向下凹陷引起曲率反转,从而在顶部中心形成第三个塑性铰。②另一种类型的反转发生在密实土中,也可称为局部压曲。这种曲率反转通常发生在拱肩部位,也有的发生在下拱腋,而两侧则从未发现过。

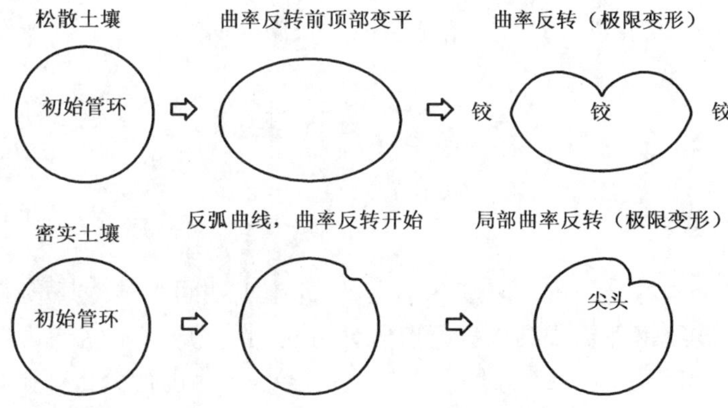

图2-6 曲率反转机理

深波纹结构多趋向于在两侧出现塑性铰而不是曲率反转。对于浅波纹结构,仅在土的压缩性很大时才会在两侧出现塑性铰,因此大多由曲率反转控制。

2.2.3 接缝分离

对于螺旋形卷边接缝,如果开始出现曲率反转,特别是发展到出现尖头时,接缝就可能受到拉力被扯开(图2-7)。显然,冷加工使得接缝邻近的部位因受拉和接缝展开而发生接缝分离。管的拱底部分如果管基不均匀,通常会发生这种现象。

需要指出的是,波峰的凹陷并不是个性能限值,铆接缝或卷边接缝的滑移也不是。这些可以认为是应力消散现象。前面提到的极限变形在现场试验中也不多见,但在实验室试验中可以观察到。

每种设计理论都基于不同的性能限值,而这些性能限值又基于不同的现象。例如,环的挠曲是基于土的压缩性和管环的柔度,而环压理论基于土压力和管壁强度(压溃或压曲)或接缝强度,却通常不包含土的压缩性和环的柔度。

在土荷载作用下,管趋变为椭圆,这时会产生弯曲应力。弯曲应力与环压力组合会引起管壁的压溃,或者更准确地说会出现塑性铰(图2-8)。如果这种变形达到极限,管顶就会向下凹陷出现倒转,最终在管顶中间出现第三个塑性铰。

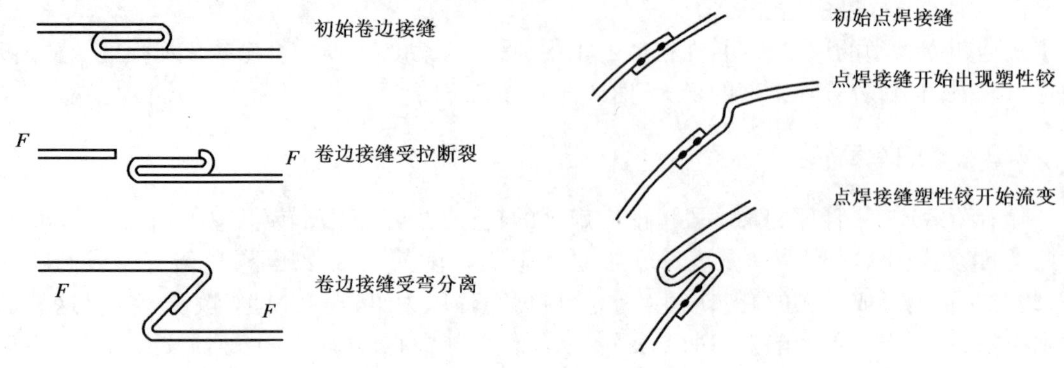

图2-7　卷边接缝分离机理　　图2-8　焊接接缝塑性流变后形成塑性铰机理

在上述性能限值中,影响最大的因素是管壁压溃强度和土壤的压缩性,而环的柔度和纵缝强度的影响较小,其他因素如土的摩擦角影响不大或尚无研究。

2.3　力学性能

2.3.1　平面假定

波纹钢埋置式结构本身的抗弯刚度并不大,因此施工期间为维持其形状,通常需要通过缆索或支柱支撑。对波纹钢埋置式结构进行有限元分析时,一般假定结构为埋置于半无限空间的无限长壳体,这样可将土壤和结构取一个单位长度的切片进行分析(图2-9)。这个假定可使得实际结构复杂的三维特性简化为二维的平面问题,其中垂直于理想化的切片平面的变形假定为零。

1)弯矩效应

对于具有不同曲率半径 r 的一小段理想化的壳体,如果只受径向压力作用,且压力与曲率半径成反比,则该段壳体将不会受弯,即只承受轴向推力,如图2-10所示。

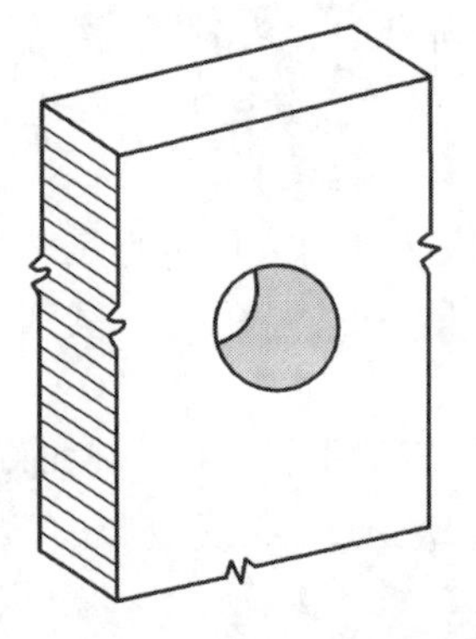

图2-9　波纹钢埋置式结构的横向切片

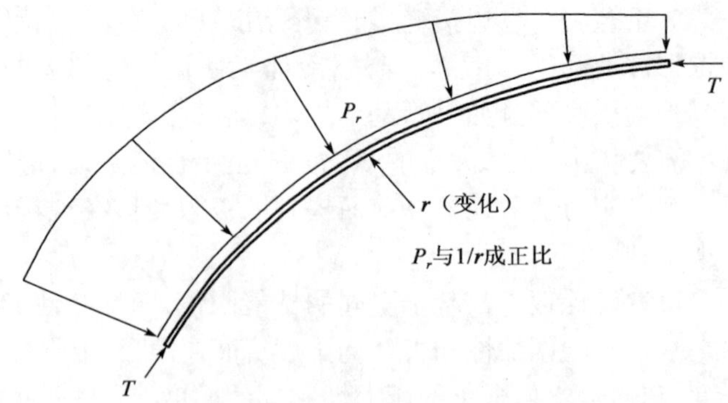

图2-10　承受径向压力和轴向推力的壳体

在实际结构中,作用于金属壳体上的径向压力确实近似于与曲率半径成反比,但不完全精确。同时由于施工期间会有其他一些荷载作用,壳体会承受一些弯矩的作用,通常设计时用壳体的塑性抗弯承载力来控制。

浅波纹结构的抗弯刚度很小,因此浅波纹板在相当小的弯矩作用下就可能会出现塑性铰。塑性铰一般出现在拱顶和拱肩部位(图2-11)。一旦形成塑性铰,随后的荷载作用下,波纹板可视为一个带有若干个铰的环。这个环不允许任何形式的弯矩形成,即使承受的径向压力不与曲率半径成反比。

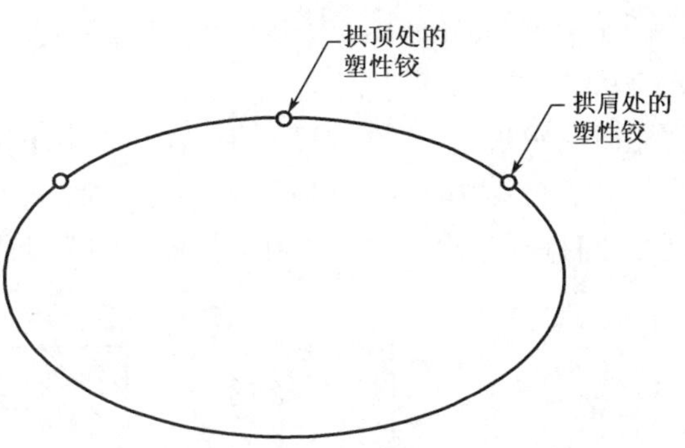

图2-11　施工期间可能出现塑性铰的部位

对于浅波纹钢埋置式结构,如果管壁抗弯刚度很小,设计时通常可忽略弯矩而仅考虑轴向推力。但是,弯矩对结构整体性的影响不可忽略。如果浅波纹结构周边土壤可压缩性很大而不能承受径向压力,壳体内就会因受弯而发生过大的变形。当然,弯矩的发展会受到壳体较小的抗弯刚度和塑性铰的抑制。

必须强调的是,深波纹板具有较大的抗弯刚度,因此对于深波纹结构,板内的弯矩不能忽略。

2)土拱效应

取波纹钢埋置式结构的一个平面切片,其中沿每条水平线上的两个点在土壤重力作用下具有相同的挠度。对于这样的结构,拱顶以上的土柱与邻近土柱之间不会发生荷载的传递,即认为无土拱效应[图2-12a)]。显然,这种情况仅在结构自身与其取代的土体具有相同的荷载—变形关系时才成立。

如果结构所在的土柱比邻近土柱的沉降大,它将对两侧邻近土柱产生一个向下的拉力,从而将自己承受的一部分竖向荷载传递给两侧土柱。这种荷载传递会使得结构实际承受的荷载小于上部土柱的质量。这种情况称为正土拱效应[图2-12b)]。

反之,如果结构两侧土柱的沉降比中间的大,两侧土柱会对中间土柱产生向下的拉力,从而使结构实际承受的荷载大于上部土柱的质量。这种情况称为负土拱效应[图2-12c)]。

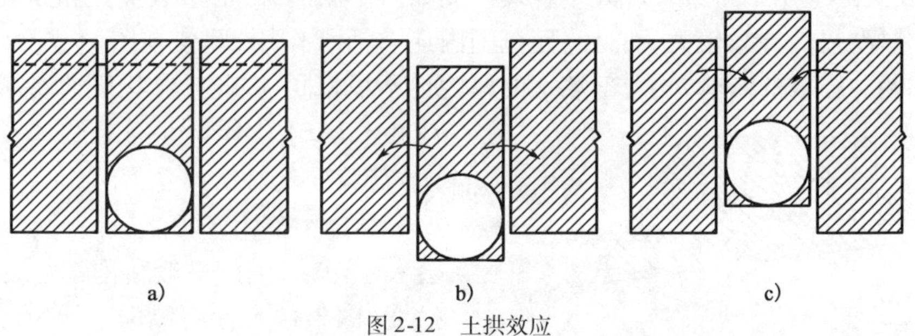

图2-12　土拱效应

a)无土拱效应;b)正土拱效应;c)负土拱效应

正土拱效应和负土拱效应的情况仅仅是一种定性的考量,其大小往往很难求算,因为不同的荷载受土拱效应的影响也不一样。例如,拱顶以上的竖向土压力与起拱线附近的竖向土压力受土拱作用减小的程度不同。此外,拱顶处和起拱线处的轴向推力(沿环向并不恒定)和竖向土压力受土拱作用的影响也不相同。

3)有限元分析

加拿大 Manitobada 大学的 Mufti 教授曾在 1989 年对三种不同类型的波纹钢管进行了有限元分析,以了解其受力性能。

研究发现,对于竖向椭圆形结构,管道下的土压力在拱底处突然增大,然后向两侧迅速减小到低于自由场压力,最后逐渐平稳。而对于圆形和水平椭圆形结构,拱底以下的竖向土压力远小于自由场压力(图 2-13)。这种管底竖向应力的分布对于结构的长期性能非常重要。

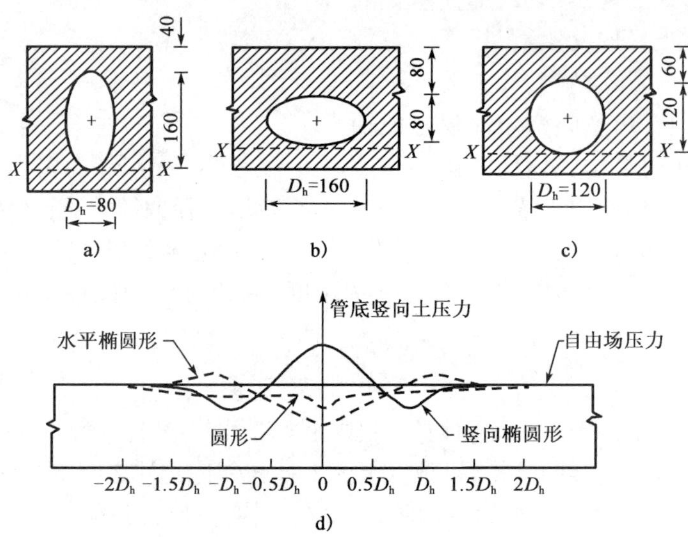

图 2-13　管底土压力的横向分布(尺寸单位:mm)

a)竖向椭圆形;b)水平椭圆形;c)圆形;d)至管中心线的横向距离

2.3.2　纵向效应

前一节的二维理想化平面假定虽然可提供一种简便的手段来研究波纹钢埋置式结构的力学性能,但在实际应用中严格来说并不合理。例如对于涵洞来说,边坡部分和路面范围内结构上部的填土厚度显然差异较大,而且路面范围内还有活载作用,即使在路面范围内的管段,受路面横坡和涵洞纵坡的影响,其上部填土的厚度也不尽相同,因此沿结构纵向所承受的竖向荷载并不均匀。本节讨论沿结构长度方向(纵向)荷载变化对结构受力的影响。

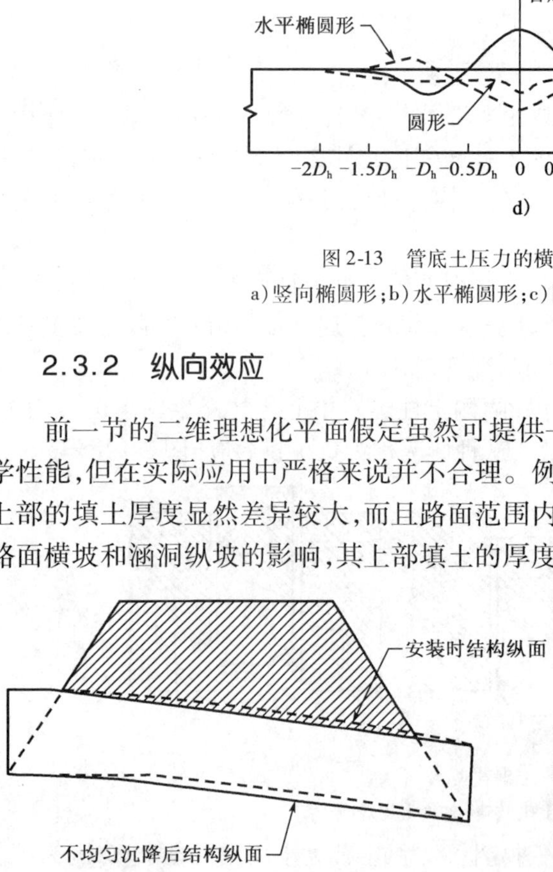

结构中部由于填土较高,其地基沉降往往会大于两端,因此一般结构都会设置一定的预拱度(图 2-14),使得纵向不均匀沉降后结构达到预期的纵坡。

安装时结构纵面

不均匀沉降后结构纵面

图 2-14　结构纵向不均匀沉降

虽然结构中部比两端承受的荷载大,一般设计时不会改变结构沿纵向的波纹尺寸和壁

厚,而是按最大填土厚度控制整个长度结构的设计。忽略沿长度方向不均匀荷载影响的另一个理由是,通常认为带环向波纹的结构在其纵向的抗弯刚度可以忽略。但是,当柔性的结构埋在土壤中时,波纹环的纵向运动会受到土壤的约束,这时结构和自由状态下的柔度是不一样的。因此,如果埋置式结构的纵向抗弯刚度是不可忽略的,那么沿其长度方向的不均匀荷载就不能忽略。

1)纵向土拱效应

如果结构在纵向发生不均匀沉降,那么中段(通常是沉降得多的区段)上的荷载将有一部分传递到两端的土体。这种纵向的荷载传递可视为纵向土拱作用,它与上一节讨论的基于平面假定的土拱效应(为方便起见,这里称为横向土拱效应)完全不同。

关于纵向土拱作用的研究不多,加拿大 Windsor 大学的 Girges, Y. F. 1993 年在论文 Three-dimensional analysis of composite soil-steel structures 中对此有所阐述。

纵向土拱作用的另一个影响是如果结构的拱顶部分用一定间距的横向加劲肋进行了加强,土荷载可以传递到这些加劲肋上(图 2-15),从而减小加劲肋之间壳体承受的荷载。

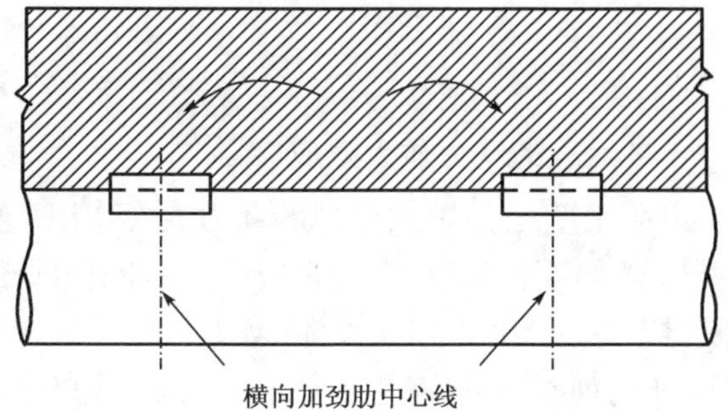

图 2-15　横向加劲肋之间的纵向土拱作用

2)地基沉降效应

结构周围的回填土一般采用良好压实的级配填料,其特性一般不随时间变化,但是结构的地基可能并不具备回填材料的性质。如果地基土的主要成分为黏土,其不仅会在施工期间发生沉降,在结构使用阶段还会继续发生沉降。这些沉降对纵向和横向土拱作用都有影响。

对于波纹钢埋置式结构,地基的不均匀沉降可能发生在纵向,也可能发生在横向。上一节讨论的拱底以下竖向土压力的分布可用来研究横向的不均匀沉降。

对于竖向椭圆形结构,结构范围内管底的竖向土压力远大于邻近部分同一高度处的土压力,显然,这时管底地基的沉降比邻近部分要大,可产生正土拱效应。

与竖向椭圆形结构不同,圆形和水平椭圆形结构管底的竖向土压力比邻近部分相应的土压力小得多,因此地基的长期沉降将会引起负土拱效应。

可见对于竖向椭圆形结构,在与时间无关的回填土中产生负的横向土拱作用的同时,会由于地基随时间变化的沉降而导致正土拱效应。事实上,对于水平椭圆形结构,反过来也成立,即在回填土中产生正土拱效应,而如果结构位于变形随时间显著变化的地基上,也会产生一些负土拱效应。

3)活载分布

1981 年,加拿大 Toronto 大学的兼职教授、JMBT 结构研究室主任 Baidar Bakht 通过三座浅埋式波纹钢结构的现场试验发现,车辆的集中轮载在管壁内的分布十分复杂。在试验车辆作用下,通过管壁的应变片测得的应变计算出的管壁周围的推力见图 2-16。从图中可以看出,管壁周围的推力极不均匀,上半部分承受的推力比远离作用荷载的部分大得多。1982 年,Abdel-

Sayed 和 Bakht 通过计算分析和试验数据总结出了荷载在填土内分布的计算公式。加拿大公路桥梁设计规范(CHBDC,2006)也采用了同一公式。

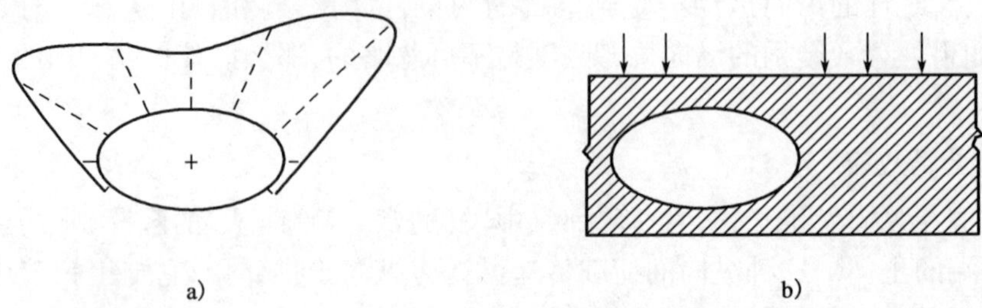

图2-16 管壁内的活载推力

a)试验荷载引起的管壁内推力;b)横断面

4)活载的动力放大效应

在埋置式结构中,活载的动力放大作用主要是由车辆的动力系统与结构之间的相互作用引起的。这种相互作用使得应变—时间曲线不光滑(即使路面非常平整)。路面的不平整会使得车辆上下颠簸从而引起应变—时间曲线不规则,这可以转换为等代的动力荷载增计值DLA(Dynamic Load Allowance)或冲击系数来考虑。Bakht 研究发现,对于单个车辆,DLA 在0.17 ~0.18之间变化。基于这些结果,CHBDC 在第 7.5 章中对 DLA 的取值进行了规定(详见本手册第 5.2.4 节)。

2.4 应用领域

2.4.1 地表排水设施

地表排水设施一般分为:涵洞、雨水管和桥梁三大建筑类型。

1)涵洞

涵洞和雨水管的区别主要在于长度及进水口和出水口的类型。涵洞是一种当明流遇到人为障碍(如道路、堤岸或堤坝)时,作为其延伸和替代的封闭沟渠。涵洞可建成各种形式:圆管涵、管拱涵、拱形涵或箱涵(图2-17 ~ 图2-22)。长度一般不大于60m。在美国和加拿大,自100多年前用于建筑行业以来,波纹钢管就在涵洞应用市场上占据了主导地位。

涵洞也可被归为桥梁的一种。通常,严格的桥梁定义要求结构的板面还应是道路表面,而且是道路的延伸段。波纹钢管、大直径管拱、结构板以及波纹钢箱涵的使用在老化桥梁更换方面发挥了重要作用,而且使得这一传统定义发生改变。

2)雨水管

雨水管是暴雨径流、地表径流和街道径流(不包括生活和工业用水)的收集系统,通常由一系列带人孔的直线管、进水口或布置于直线段接头处的弯管组成。与农村的流域径流相比,雨水的腐蚀性较弱。流经波纹钢管系统的雨水造成的侵蚀比流经涵洞雨水所造成侵蚀要弱得多。

图 2-17　带削竹式洞口的波纹钢管涵洞

图 2-18　带钢板桩端墙的大跨波纹钢箱涵

图 2-19　带延长式洞口的波纹钢管拱涵洞

图 2-20　带直立式洞口的波纹钢管拱涵洞

图 2-21　多跨波纹钢箱涵

图 2-22　带混凝土端墙的大跨波纹钢拱涵

与波纹钢管涵洞一样，波纹钢雨水管也有超过 100 年的使用历史。钢制雨水管的强度、弹性、正接缝以及安装经济性都可通过使用合理的腐蚀设计标准和现成涂层和衬砌得到保证。波纹钢管雨水管也可用于各种尺寸及形状的破旧下水道的修复，将水道面积减至最低。

许多处于发展阶段的社区，为了与住宅、商业及工业的发展相适应面临扩大其雨水管系统的需求。钢制雨水管提供了一个现成的解决方案。其对承包人而言的固有优势以及对注重成本的政府而言的长期经济效益，使得本无法建设的项目能够施工。将波纹钢管纳入项目规范可确保这些社区得到优惠的投标价格、快捷的安装以及一套健全而行之有效的解决方案。

图 2-23　波纹钢管雨水管适用于任何场地

将波纹钢管用作雨水管非常普遍（图 2-23）。本手册在后面的章节中会对产品数据、设计信息及工程考量进行阐述。

3）桥梁

随着钢材强度和制造技术的不断提高，采用较厚的钢板加工深波纹结构板，以及通过改善的设计，可大大提高波纹钢埋置式结构的跨越能力。如20世纪60年代末，美国通过对采用152mm×51mm波纹结构板拼装的结构两侧肩部添加纵向加劲梁，或每隔一定间距添加环形加劲箍，实现了18m的净跨径。自20世纪90年代起，加拿大陆续开发了381mm×140mm和400mm×150mm的深波纹结构板，使得波纹钢埋置式结构的净跨径达到23m以上。目前，国内的波纹钢生产企业已具备这类规格的深波纹结构板的加工能力，而且壁厚最大可达14mm，这使得使用波纹钢板建造25m以上跨径的桥梁成为可能，而且能适用于更大的填土高度（图2-24～图2-27）。

图2-24　深波纹结构板矮拱形小桥

图2-25　多跨波纹钢拱桥

2.4.2　通道

1）地下通道

地下通道的主要用途是保护人类，特别是被迫跨越障碍区（如：铁轨、街道或公路）的学生。家畜和野生动物均能因地下通道的使用而受益。大型农场和牧场往往被公路或铁路分隔，迫使家畜和本地野生动物进行反复的危险穿越。开口结构或倒梨形闭口结构通常最适合

用于为行人、动物、自行车和其他小型车辆提供通道(图2-28～图2-30)。

图2-26　人行小桥

图2-27　波纹钢拱桥(Alberta,Canada,跨径24m)

图2-28　行人和高尔夫球车地下通道

图2-29　行人、动物和小型车辆地下通道

a)

b)

图2-30　人行和动物通道

安全并非唯一优势,如果商业、企业或机构被繁忙的街道或铁路分隔,结构板地下通道通常是最方便、直接和经济的通道。

2)分离式立交

大跨深波纹结构可用作公路和铁路交通的立体交叉。例如,县级公路和地方公路可以设置在高速公路的下方,采用波纹钢埋置式结构,通常比修建桥梁的成本低(图2-31～图2-34)。

图 2-31　铁路下穿公路立体交叉

图 2-32　施工中的电气化铁路立体交叉

图 2-33　铁路上跨公路分离式立交

图 2-34　铁路人行天桥

3）隧道

大跨深波纹结构可广泛用于浅埋式隧道、明挖施工的隧道及棚洞，不仅施工简便快捷，而且美观，并具有良好的抗震性能。在山区公路中还可替代高边坡挡墙，提供更安全、经济的走廊通道（图 2-35 ~ 图 2-39）。

图 2-35　波纹钢高拱形双孔隧道（带混凝土领圈和端墙）

图 2-36　隧道内的照明系统

4）公用设施管道

输水管线、蒸汽管线、油气管线、下水管或电力电缆通常在建筑物之间或路堤或其他地面障碍物下方穿过。市政规划设计时，通常将这些管线统一归置于地下管道内，以防止遭受外荷载的冲击、大气侵蚀、极端温度和人为破坏（图 2-40、图 2-41）。

波纹钢管为公用设施管道提供了一个良好的解决方案。波纹钢管道有助于减小因地面沉降、地下水、地震、局部塌方等造成的管线设施的损坏。同等条件下,波纹钢管可提供更大的内部空间,从而为检查和维修提供了更好的通道。通风、照明、支架、吊架或缓冲基础可以很容易地安装。

图2-37　圆拱形波纹钢棚洞

图2-38　山区公路中作为高边坡挡墙的替代方案

图2-39　隧道上方恢复植被利于环保和动物通行

图2-40　波纹钢公用设施管道

图2-41　利用波纹钢结构板保护重要的工业管道

5)材料输送通道

矿井、施工工地或电站通常可采用波纹钢管作为输送矿石、矿渣、集料和其他材料的地下通道。结构内部可根据需要设置输送带、护栏、爬梯、人行道和通风、照明装置(图2-42)。

2.4.3　雨水管理系统

城市化的持续扩张需要新的排水概念,以提供高效而安全的雨水径流处理方式。国内大多数城市现有的雨水排水系统均不能处理流量高峰时期出现的额外流量。如果没有良好的雨水管理工具，例如储水和蓄水系统，则可能出现严重的洪水灾害。

1）储水系统

如果雨水径流没有相应的设施（桥梁、涵洞）来排放，则储水系统就是一个较好的解决方案。储水系统的目的是将雨水收集和存储起来，然后将其以可控速度渗透到土中。该系统还可以通过渗漏对地下水资源和雨水渗透进行优化处理。将均匀打孔的波纹钢管用于回灌井和线性管，是处理多余雨水的一种极具成本效率的方式（图2-43）。

图2-42　集料输送通道和人行通道

图2-43　开孔的波纹钢管用于雨水管理和质量控制

2）蓄水系统

如果暴雨径流有排放出口，但洪峰期间因下游使用受到限制而产生多余流量，则可以使用蓄水系统，将雨水临时蓄积在波纹钢储罐中最为经济和可靠。在流量高峰期蓄积雨水，然后系统地将其释放至下游排水设施中。在城市排水系统设计中，通常要求径流流量的平衡，使用波纹钢贮水和蓄水系统可根据地形条件和流量需要灵活配置（图2-44、图2-45）。

图2-44　多排波纹钢管储罐

图2-45　波纹钢管储罐四周可用钢板桩支护

蓄水系统通常安装在停车场、街道或公园的地下，以提高使用效率，节约开发成本。

3）片流排水

在公路交叉口、中央分隔带、路肩处进行截水片流排水是公路排水设计中的重要因素。例如，在阳光照射路面和路肩时，弯道路肩高侧的积雪融化，雪融水径流流回并穿过道路，夜晚温度降低时会结冰，从而导致交通危险和重复性维修问题的出现（图2-46）。

处理许多片流和路面排水问题经济而有效的解决方案是采用连续的纵向开槽的排水波纹钢管。顶部的窄槽可拦截径流，管道作为雨水排水系统的一部分将径流排走。片流排水系统

包括相应的入水口、径流管及格栅(图2-47、图2-48)。

a)

b)

图2-46　公路中央分隔带排水

a)

b)

图2-47　市政街道片流排水

4)地下排水系统

地下排水系统用于地下水的控制,而非地表水和雨水排水。

地下排水系统是一种实用而经济的方法,用于稳固各种建筑工地:保持地基和结构基础坚实,不进行湿挖方,防止冻胀,防止填挖斜坡塌方,保持休闲区干燥并降低挡土墙背后的回填饱和度。

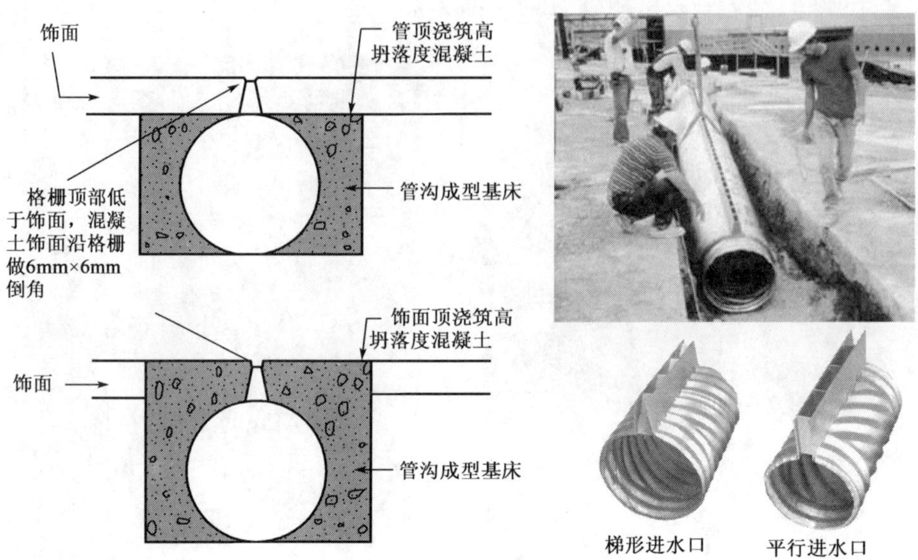

图 2-48　片流排水管的安装

土木工程师认为土壤是用于建设基础工程、挡土墙回填、路堤、道路、高速公路和渠道的分割区段的工程建筑材料。应对土壤基本特性、地下水和地下排水系统对土壤的影响加以关注。

根据一些研究和经验，能够认识到许多土壤和地下水问题，并通过地下排水系统管道加以解决。对于更为困难的情况，必须咨询土壤工程师和实验室。

2.4.4　其他应用

1) 桥涵置换或抢修

各级公路、铁路上修建的桥梁和涵洞经过一段时间的运营后，往往出现不同程度的缺陷。一些年代久远的桥涵构造物往往达不到现行的荷载标准而需要加固或维修，公路改扩建项目中往往需要对原有桥梁进行加宽，或对原有涵洞、通道进行接长。利用波纹钢结构（波纹钢管、结构板管、管拱、拱结构及波纹钢箱涵）对原有涵洞、通道和中小跨径的桥梁进行更换、加宽或重建，不仅可大量节省工程造价，还有利于将来进一步扩建或拆除（图 2-49 ~ 图 2-54）。

图 2-49　采用波纹钢拱替换/加宽原有桥梁

图 2-50　采用波纹钢管拱加宽原有小桥

此外，对于因自然灾害（如地震、洪水等）或军事需要而抢修的道路或堤坝，波纹钢埋置式结构以其良好的承载能力和抗震性能及施工简便快捷而独具优势。对于上跨公路或铁路的分

离式立交,采用波纹钢结构板拱形或箱形结构,可最大限度地减少对现有交通的影响,甚至可完全不中断交通(图2-55)。

图2-51 采用波纹钢管替换损坏的盖板涵洞

图2-52 采用波纹钢管替换原有拱涵

图2-53 采用波纹钢箱涵替换/加宽原有桥梁

图2-54 采用波纹钢管拱替换原波纹钢管拱涵洞

a)

b)

图2-55 波纹钢拱形结构施工基本不影响原有交通

2)桥墩加固与防护

对于一些因超过服务年限的旧桥桥墩,或因流冰、船撞等受到损伤的桥墩,或由于各种原因需要提高承载力的桥墩,可在不中断交通的情况下,在原有桥墩外围利用波纹钢板(必要时还可增加角钢和钢筋)组合成沉箱,内部填充混凝土进行加固(图2-56、图2-57)。

波纹钢板因其良好的消能特性被广泛用于公路防撞护栏,同样也可用于有防撞要求的桥墩周围,充分发挥其施工快捷、抗冲击能力强、耐腐蚀的特点。

图 2-56　加拿大 La Have River 上用波纹钢管加固的桥墩

图 2-57　波纹钢板桥墩防撞岛

3）堤坝防护

土壤侵蚀是一种常见的具有破坏性的力量，对许多项目现场产生了困扰。它会在道路、路堑边坡和堤岸上形成难看的沟渠，还会在侧沟形成凿痕，使涵洞填满泥砂，处理起来很麻烦，成本也较高。

防止侵蚀有三种基本方式。第一种是进行表面处理，包括铺砌、抛石或种植耐侵蚀的草皮、葡萄藤或其他植物。第二种是通过沟渠消能槛降低水的流速。第三种方式是通过进水口对水进行拦截，并将其引入波纹钢水道、管溢洪道、地下输水道或雨水道。较大的水流可通过钢护板、码头或挡土墙进行控制（图 2-58）。

a)

b)

图 2-58　带防渗漏辊环的波纹钢管溢洪道

波纹钢管配合各种管箍可自由接长，配合各种弯头可自由弯曲以顺应不同地形，配合各种三通或四通实现分岔，并可随意增设检查井或其他装置，通过镀锌、覆膜或其他涂层可增强耐腐蚀能力，具有极强的灵活性，符合各种土壤的需求，为解决侵蚀问题提供最为可靠的手段。

土质水坝、堤坝及许多其他类型的堤岸通常需要配置用于拦截或积滞水流的涵洞或排水口。水坝和堤坝积滞水流并最终需要排水和溢洪结构。这些位置的土壤条件几乎都不理想，因此，需要牢固的弹性管道，以防止周围土壤分离、沉降和渗透。波纹钢管非常有优势，可满足水坝和堤坝的耐久性和结构需要。

4）基础结构

波纹钢管在基础应用中具有多种用途，例如可以在桥墩、建筑基础和塔结构中用作套箱。虽然这些结构具有不同的用途或施工方法，波纹钢管为上述所有应用提供相似的成本/利益优势（图2-59、图2-60）。

图2-59　波纹钢管用于风力发电机基础

图2-60　波纹钢板用作波纹钢箱涵基础

波纹钢管套箱的主要优势是对桥墩浇筑过程中混凝土的成本控制。通常使用的直径为0.5～3.6m，长度为2～23m。除了深水桥墩外，其他基础可优先选用波纹钢管。

5）支护结构

美国和加拿大采用波纹钢板作为支护结构比较普遍，可广泛应用于谷坊、截水墙、隔水墙、翼墙、护岸、管沟支撑、消能槛、防波堤及其他低矮挡墙。一些专业波纹钢制造企业开发了多种支挡结构产品和施工机械，使得这类结构的施工异常快捷。

（1）护岸墙

波纹钢板护岸墙是用制作成一定形状、相互嵌套拼装的波纹钢板直接插入土壤中，利用波纹钢板的抗弯刚度抵抗土压力的一种支护结构，可用于沟渠、河岸、湖岸或其他低矮边坡的支护，也可用于管沟、基坑施工时的临时支撑（图2-61、图2-62）。

图2-61　波纹钢板护岸墙板片

图2-62　波纹钢板护岸墙的机械化施工

波纹钢板护岸墙自重轻，因而运输成本极低；施工一般采用小型打桩机打（压）入地基，施工进度快，无须重型施工设备；根据不同的地质条件和边坡高度，可设计不同的截面形状和长度，还可以采用不同的扣接方式。此外，波纹钢板护岸墙还具有良好的抗震性能（图2-63）。

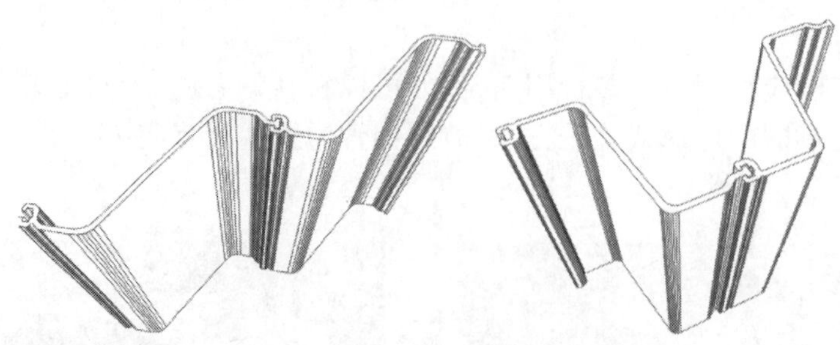

图 2-63　波纹钢板护岸墙板片的拼接

(2)锚碇墙

波纹钢锚碇墙是利用波纹钢板片作为支护面,并用拉杆或拉索通过水泥砂浆或树脂等锚固在岩石内,或末端采用木质、钢制或混凝土锚碇锚固在土壤中(图 2-64)。

与传统的圬工或钢筋混凝土挡土墙相比,波纹钢锚碇墙具有独特的经济性和美观价值:它具有最大的强度/质量比,设计灵活,施工简便,在淡水应用中具有良好的耐久性,经过特别的设计,还可以做成不同的造型,并使得加劲装置尽量隐蔽,从而达到良好的视觉效果(图 2-65)。

图 2-64　公园湖岸的波纹钢锚碇墙

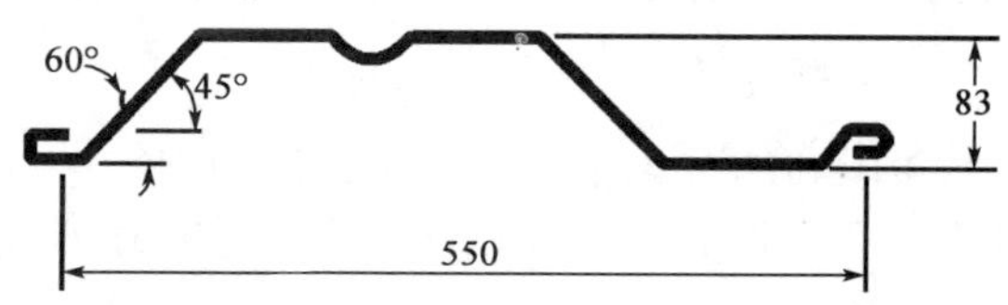

图 2-65　锚碇墙常用的波纹钢板典型断面(尺寸单位:mm)

(3)隔仓式挡土墙

波纹钢隔仓式挡土墙是用波纹钢板拼装而成的一种四周闭合的箱形结构,内部填充土壤,通过土与结构之间的相互作用达到重力式挡土墙类似的支挡作用。由于这种独特的设计允许结构承受一定量的不可预见的地面运动,60 多年来,这种结构被公认为一种经济有效的挡土墙。波纹钢隔仓式挡土墙可用于公路或铁路路基边坡的支护、滑坡的治理、防治桥台下面的侵蚀或充当桥台的翼墙,也可用于码头的泊位,还可用于军事或工业爆破的掩体(图 2-66、图 2-67)。

图 2-66　拼装中的波纹钢隔仓式挡土墙

图 2-67　混凝土面板轻松滑下就位

此外，还可以对波纹钢隔仓式挡土墙进行改进，使用钢筋混凝土面板替换钢纵梁以取得更好的美观效果。施工时钢筋混凝土面板沿竖向钢梁滑下，相邻面板之间采用砂浆勾缝。

6）通风管道

矿业、工业与建筑工程需要不同级别的通风设备，以避免毒气、过热、潮湿、灰尘和潜在的爆炸带来健康危害。通风管道或风机管道是连接风机室与新鲜空气隧道或通风井入口的管道。波纹钢管由于其较高的强度/质量比，可广泛用于这一领域，且易于改建，具有良好的灵活性（图2-68）。

图2-68　施工中的矿井通风管道

7）竖井、仓库及庇护所

竖井是进行地下开挖（如矿井、隧道施工）时用来输送材料的垂直通道，也是送气通风口。截面通常呈方形、长方形或圆形，以圆形居多。大小随用途不同，有时可达15m，深度通常可达20m。

波纹钢管或由波纹钢板拼装而成的管型结构可作为竖井构造的一种经济可靠的方案，它不仅节约了安装成本，更重要的是能提供一个安全的工作环境。

建筑项目和电站材料场中可使用由重型弯曲波纹钢板建造的储存仓（图2-69、图2-70）。

图2-69　波纹钢管竖井

图2-70　波纹钢板储仓

在沙漠等常常遭受暴风、沙尘的地区，或一些酷热或酷寒地区，可利用波纹钢结构修建地下庇护所，为人和动物提供临时躲避极端天气的地方，这在北美地区比较普遍。波纹钢生产企业可为用户提供标准化的庇护所设计方案和成套产品（图2-71、图2-72）。波纹钢埋置式结构还可用于城市防空洞。

2.4.5　非埋置式应用

1）防撞护栏

国内波纹钢在公路上最普遍的用途是作为防撞护栏，其具有抗冲击能力强、线形适应性好、安装便利等特点。国内有许多成熟的生产企业，也有相应的设计标准和产品标准（图2-73）。

图 2-71　深波纹结构板地下仓库

图 2-72　带有楼梯、门和遮盖的波纹钢避风洞

a)

b)

图 2-73　公路波形梁护栏

2）建筑屋顶

波纹钢板除了具有良好的受力性能外，还有美观的视觉效果。建筑上常用来作为工厂厂房、车站等的屋顶，也可用于轨道交通或站台的顶棚（图 2-74）。

a)

b)

图 2-74　大跨厂房屋顶

3）桥梁腹板

波纹钢腹板箱梁桥是 20 世纪 80 年代出现的一种新型桥梁，它具有自重轻、强度高、纵向刚度小的特点，可以减少下部结构的工程量，降低工程总造价（图 2-75）。一般认为波纹钢腹板有以下优势：

（1）利用波纹板替换混凝土腹板，使得主梁自重大大减轻。

（2）波纹钢腹板箱梁的纵向刚度几乎为零，可使预应力有效地加载于混凝土翼缘板上，从而提高了预应力的使用效率。

(3)上下翼缘板不受相互约束,收缩、徐变影响小。

(4)体外预应力承受活载,换索方便。

(5)波纹钢腹板的强度较高,可以避免箱梁的腹板开裂病害。

波纹钢腹板桥梁在国外(如法国和日本)比较流行(图2-76)。国内对波纹钢腹板桥梁的性能和设计方法有比较深入的研究,设计技术和施工工艺也比较成熟(图2-77~图2-79)。

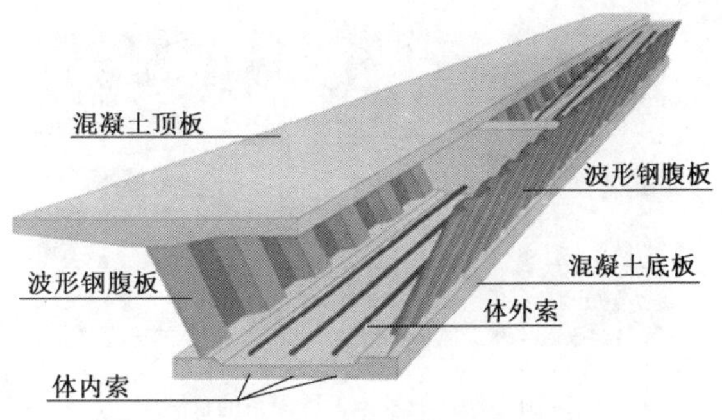

图2-75 波纹钢腹板预应力混凝土箱梁构造

图2-76 法国Maup're桥(主跨53m)

图2-77 河南大广高速卫河大桥

图2-78 波纹钢腹板简支箱梁桥

图2-79 波纹钢腹板连续刚构桥

4)桥面系

目前,国内桥梁中通常采用的桥面系有钢筋混凝土桥面板、钢与混凝土叠合桥面板、钢桥面板上加沥青混凝土铺装三种结构形式。钢筋混凝土桥面板由于自重较大,使得结构恒载偏大,造成桥梁承载能力的浪费;钢与混凝土叠合桥面板由于结合面受力复杂,整体性能差,而且公路行业尚没有组合桥梁的设计规范,设计分析较困难;钢桥面板上加沥青混凝土铺装这种形式虽然自重较轻,但由于热稳定性差、刚度太小,容易在温度和重载作用下产生局部过量变形,影响行车舒适性,同时由于对铺装性能要求高,造成经济性下降(图2-80、图2-81)。

波纹钢板桥面系是将波纹钢板(垂直于纵梁)通过螺栓拼接或焊接,并用螺栓与纵梁固定,波纹钢板凹处用混凝土或沥青混凝土灌筑填平,其上再均匀摊铺2~5cm厚桥面铺装,形成桥面系构造。这种桥面系具有自重轻、强度高、刚度大、厚度小、安装快捷、适应性强的特点,可适用于悬索桥、斜拉桥、系杆拱桥、钢箱梁桥等以钢结构为承重结构的桥面,也可用于普通混凝土桥及旧桥桥面的更换,并具有良好的耐久性和经济性,波纹钢桥面系构造示意见图2-82。

图 2-80　波纹钢板桥面系的拼装

图 2-81　桥面铺装的施工

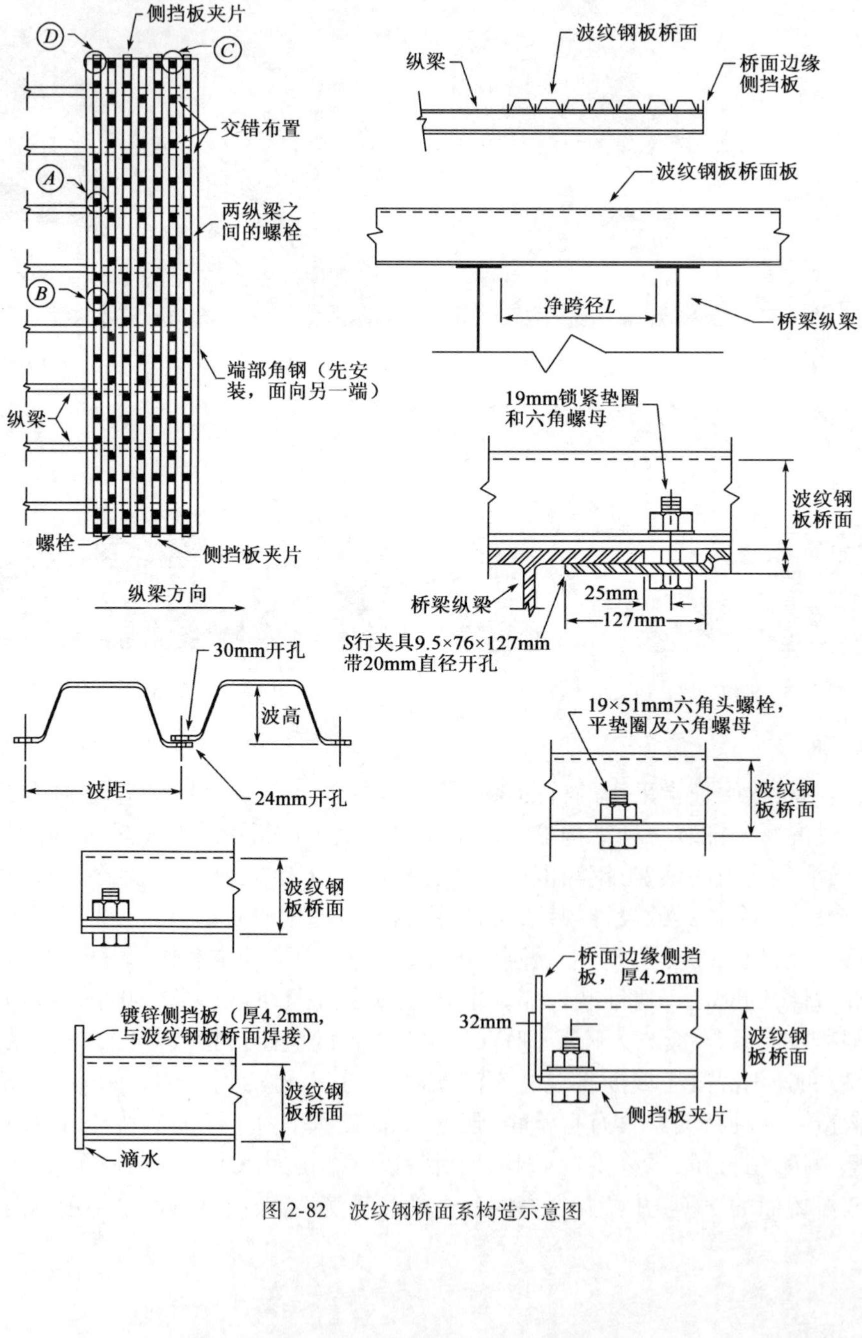

侧挡板夹片
D
C
交错布置
A
两纵梁之间的螺栓
B
端部角钢（先安装，面向另一端）
纵梁
螺栓
侧挡板夹片
纵梁方向

30mm开孔
波高
波距
24mm开孔

波纹钢板桥面

镀锌侧挡板（厚4.2mm，与波纹钢板桥面焊接）
波纹钢板桥面
滴水

波纹钢板桥面
纵梁
桥面边缘侧挡板

波纹钢板桥面板
净跨径L
桥梁纵梁

19mm锁紧垫圈和六角螺母
波纹钢板桥面
桥梁纵梁
25mm
127mm
S行夹具9.5×76×127mm带20mm直径开孔

19×51mm六角头螺栓，平垫圈及六角螺母
波纹钢板桥面

桥面边缘侧挡板，厚4.2mm
32mm
波纹钢板桥面
侧挡板夹片

图 2-82　波纹钢桥面系构造示意图

5）料场

波纹钢板用作施工工地的临时料场，具有安装和拆卸方便，可重复使用性强的特点。

6）架空管线

架空管线在市政和工业建筑中有广泛的应用，至少包括两类结构。第一类为裸露下水管，如重力水管线和辅助隧道或桥梁。第二类为用于通风或流通的空气和多种气体的管道（图2-83、图2-84）。

图2-83　波纹钢拱形料场

图2-84　跨越沟渠的架空管线

混凝土集料必须在混合前予以加热或冷却，以获得合乎要求的混凝土工作性能和凝固性能。插入集料堆的波纹钢管通常被用作热管道，通过管壁进行快速的热传递。此外，充分的结构强度和完整的利用性都是有利的。

波纹钢管也可用于烟雾排放的热歧管、管道和烟囱。在排放具有腐蚀性的烟雾时，应涂装保护性涂层。

第3章　产品类型与规格

经过一个多世纪的发展,波纹钢埋置式结构优越的性能在国内外土木工程领域得到了广泛的认同。在欧美等发达国家制造商和行业主管部门的推动下,这类结构的研究和应用也不断成熟,不少国家成立了专门的学会组织,编制了完备的设计、施工标准和产品标准。

本章主要介绍国内外应用较为成熟的波纹钢埋置式结构产品。

3.1　截面形状与特性

3.1.1　截面形状

1)普通波纹剖面

通常波纹钢埋置式结构的波纹剖面由多个圆弧通过切线相连接构成,一般通过波距、波高与半径进行描述。波距是波纹剖面上相邻波纹的波峰到波峰之间的距离,波高是波峰到波谷之间的高度,以钢板厚度中心线起算。波纹截面通过其波距和波高命名为"波距×波高"。普通波纹剖面大样见图3-1,常用的普通波纹剖面尺寸规格见图3-2和表3-1。

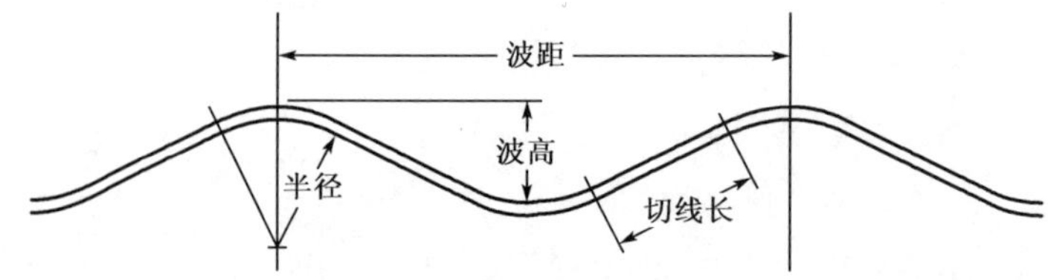

图3-1　普通波纹剖面

普通波纹剖面的规格　　表3-1

用　途	波距×波高(mm×mm)	壁厚(mm)
螺旋形波纹钢管	38×6.5	1.3~2.0
	68×13	2.0~4.0
	75×25	2.0~4.0
	125×25	2.0~5.0
环形波纹钢管	68×13	2.0~4.0
	75×25	2.0~4.5
	125×25	2.0~5.0
	150×50	2.0~6.5
	200×55	3.0~6.5

续上表

用　　途	波距×波高(mm×mm)	壁厚(mm)
波纹钢结构板	125×25	3.0～5.0
	150×50	3.0～6.5
	200×55	3.0～10.0
	300×110	3.0～10.0
	380×140	3.0～10.0
	400×150	3.0～10.0

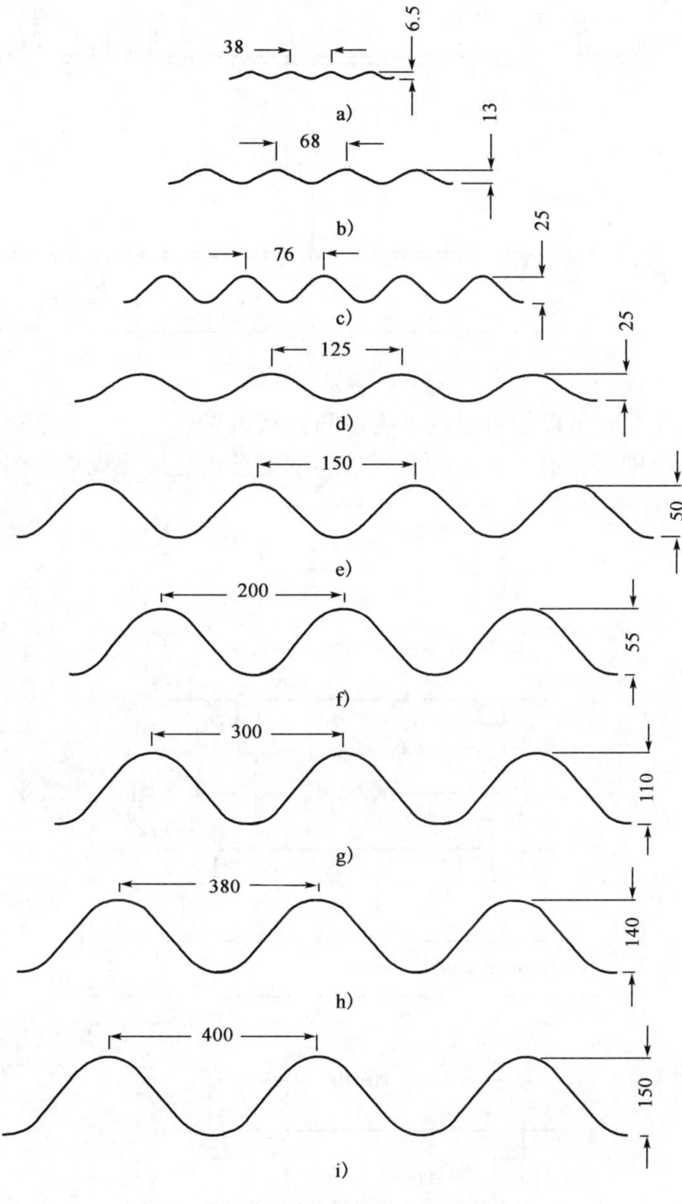

图3-2　常用普通波纹剖面尺寸(尺寸单位:mm)

普通波纹剖面最为常用。例如通过铆接或电阻点焊制作成有环形接缝的整体管,或绕制成具有卷边接缝的螺旋形整体管,或加工成一定弧度的结构板,在现场通过高强螺栓拼装成闭口管形或开口拱形结构。

2)螺旋带肋剖面

用于卷边接缝管的另一种"波纹"为螺旋带肋剖面,其开发于 20 世纪 80 年代中期,管壁通过使用两个平壁区域之间的矩形成型肋,螺旋成型,螺旋带肋剖面通常用"肋宽 × 肋高 × 间距"来描述(图 3-3)。

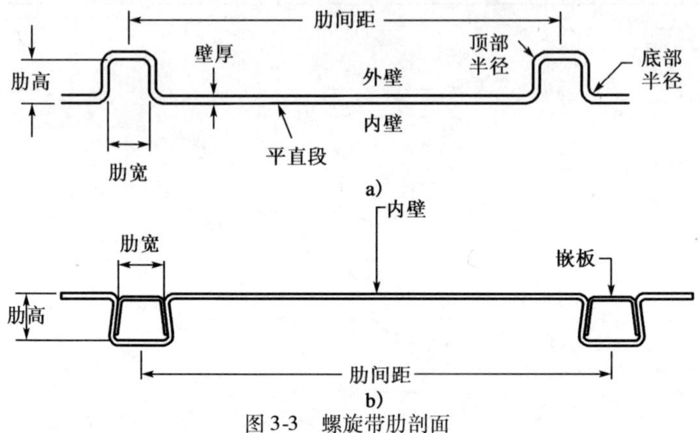

图 3-3　螺旋带肋剖面

这一独特的剖面配置可以使管道流动特性与光滑内壁管道系统的流动特性基本相同,特别适合于直径不大的排水管道。常用的螺旋带肋剖面形状与尺寸规格见图 3-4。

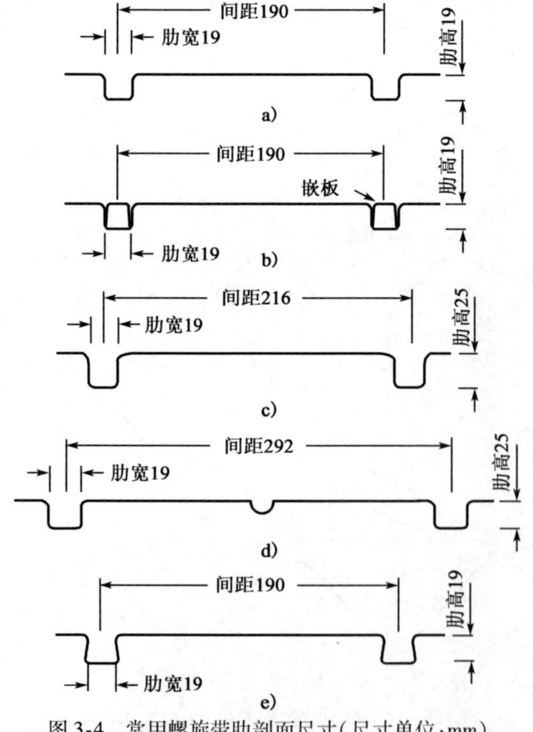

图 3-4　常用螺旋带肋剖面尺寸(尺寸单位:mm)

3.1.2　截面特性

波纹剖面的截面特性是通过设计尺寸由数学计算推导得出的。通常由于制造误差的影响,设计尺寸与实际产品尺寸之间有细微的差异。美国钢铁协会(AISI)的研究表明,在弹性范围内弯曲和挠度的破坏荷载可以通过计算截面特性来进行准确预测。截面特性包括面积 A、惯性矩 l、截面模量 S 以及回转半径 r。各种波纹剖面的截面特性见表 3-2 ~ 表 3-15。

波纹剖面的截面特性[38mm×6.5mm(螺旋形)]　　表 3-2

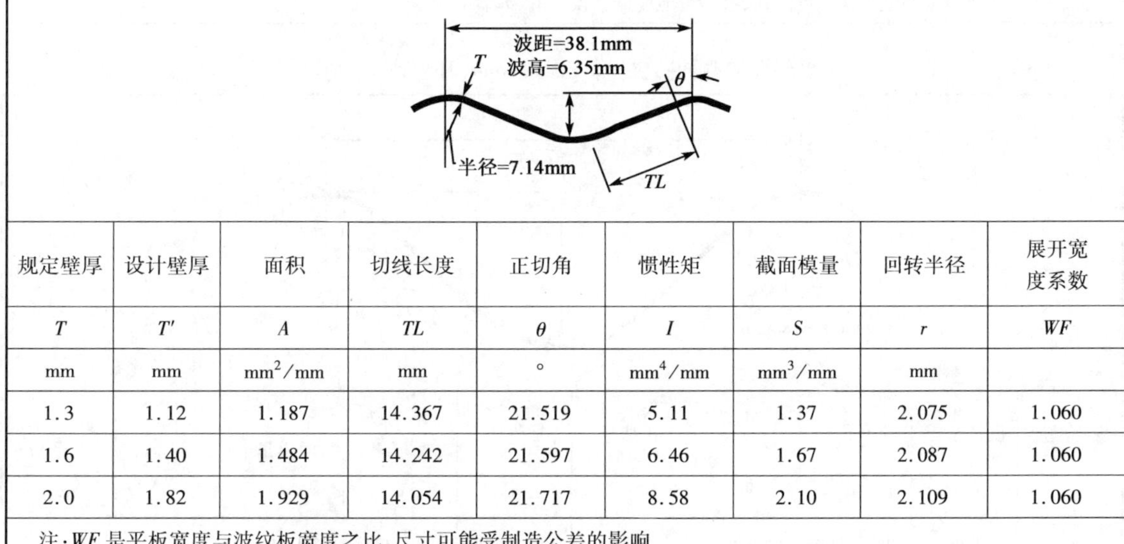

规定壁厚	设计壁厚	面积	切线长度	正切角	惯性矩	截面模量	回转半径	展开宽度系数
T	T'	A	TL	θ	I	S	r	WF
mm	mm	mm^2/mm	mm	°	mm^4/mm	mm^3/mm	mm	
1.3	1.12	1.187	14.367	21.519	5.11	1.37	2.075	1.060
1.6	1.40	1.484	14.242	21.597	6.46	1.67	2.087	1.060
2.0	1.82	1.929	14.054	21.717	8.58	2.10	2.109	1.060

注:WF 是平板宽度与波纹板宽度之比,尺寸可能受制造公差的影响

波纹剖面的截面特性[68mm×13mm(环形或螺旋形)]　　表 3-3

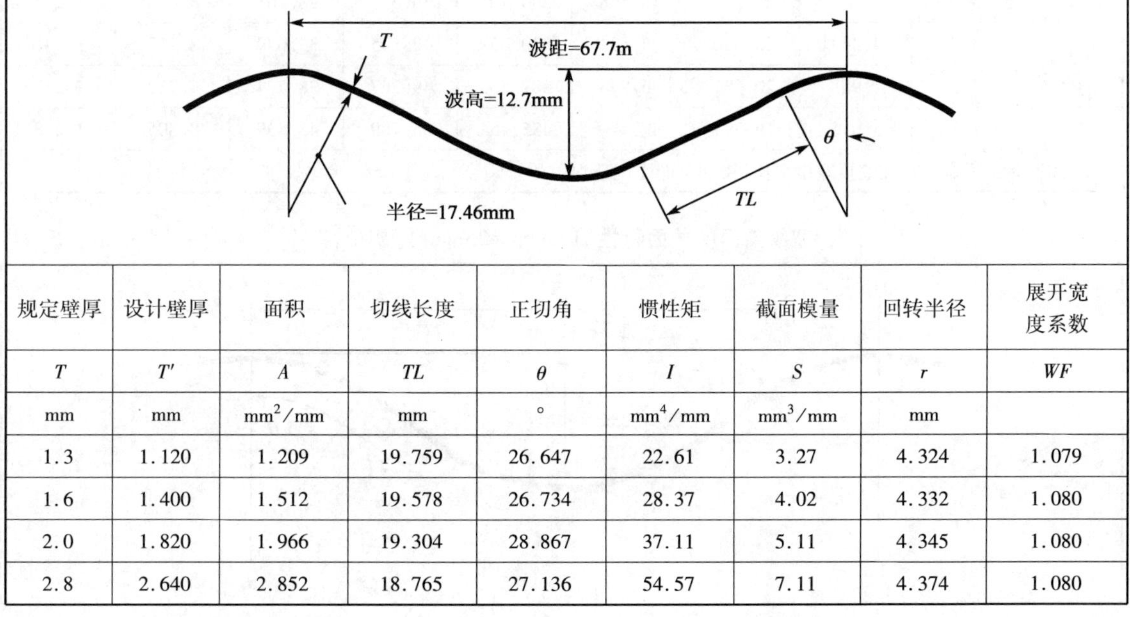

规定壁厚	设计壁厚	面积	切线长度	正切角	惯性矩	截面模量	回转半径	展开宽度系数
T	T'	A	TL	θ	I	S	r	WF
mm	mm	mm^2/mm	mm	°	mm^4/mm	mm^3/mm	mm	
1.3	1.120	1.209	19.759	26.647	22.61	3.27	4.324	1.079
1.6	1.400	1.512	19.578	26.734	28.37	4.02	4.332	1.080
2.0	1.820	1.966	19.304	28.867	37.11	5.11	4.345	1.080
2.8	2.640	2.852	18.765	27.136	54.57	7.11	4.374	1.080

续上表

规定壁厚	设计壁厚	面积	切线长度	正切角	惯性矩	截面模量	回转半径	展开宽度系数
T	*T'*	*A*	*TL*	*θ*	*I*	*S*	*r*	*WF*
mm	mm	mm^2/mm	mm	°	mm^4/mm	mm^3/mm	mm	
3.5	3.350	3.621	18.269	27.381	70.16	8.74	4.402	1.081
4.2	4.080	4.411	17.755	27.643	86.71	10.33	4.433	1.081
注:*WF* 是平板宽度与波纹板宽度之比,尺寸可能受制造误差的影响								

波纹剖面的截面特性[75mm×25mm(环形或螺旋形)] 表 3-4

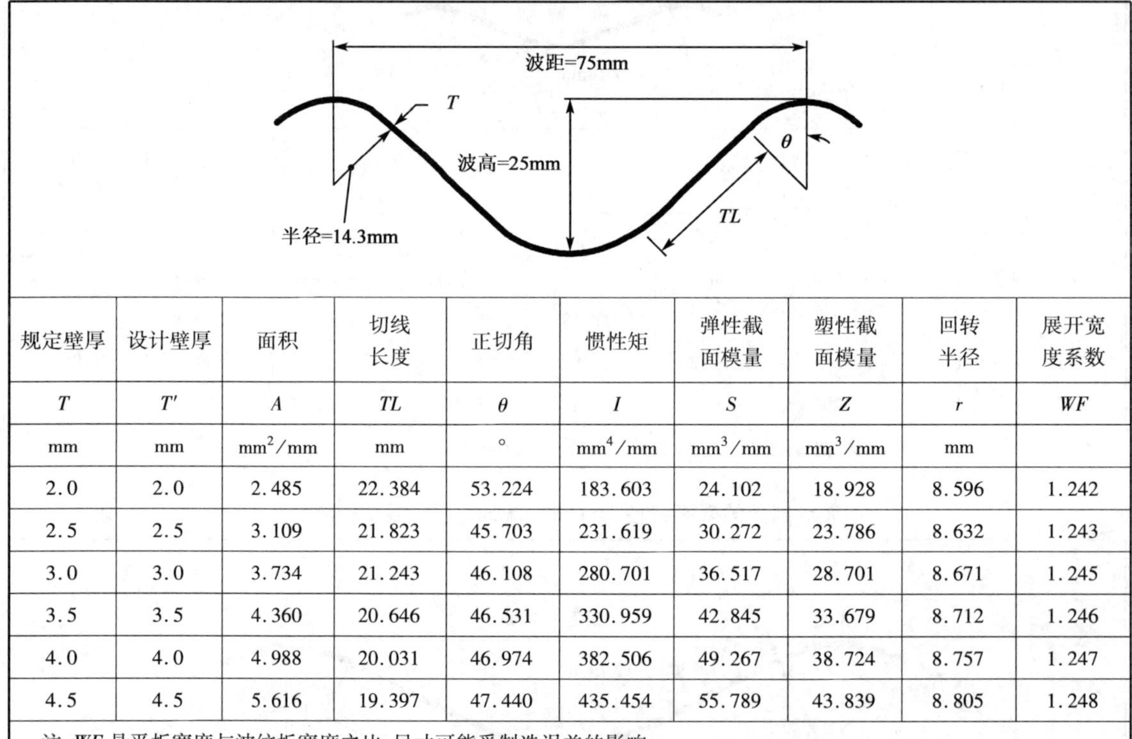

规定壁厚	设计壁厚	面积	切线长度	正切角	惯性矩	弹性截面模量	塑性截面模量	回转半径	展开宽度系数
T	*T'*	*A*	*TL*	*θ*	*I*	*S*	*Z*	*r*	*WF*
mm	mm	mm^2/mm	mm	°	mm^4/mm	mm^3/mm	mm^3/mm	mm	
2.0	2.0	2.485	22.384	53.224	183.603	24.102	18.928	8.596	1.242
2.5	2.5	3.109	21.823	45.703	231.619	30.272	23.786	8.632	1.243
3.0	3.0	3.734	21.243	46.108	280.701	36.517	28.701	8.671	1.245
3.5	3.5	4.360	20.646	46.531	330.959	42.845	33.679	8.712	1.246
4.0	4.0	4.988	20.031	46.974	382.506	49.267	38.724	8.757	1.247
4.5	4.5	5.616	19.397	47.440	435.454	55.789	43.839	8.805	1.248
注:*WF* 是平板宽度与波纹板宽度之比,尺寸可能受制造误差的影响									

波纹剖面的截面特性[125mm×25mm(螺旋形)] 表 3-5

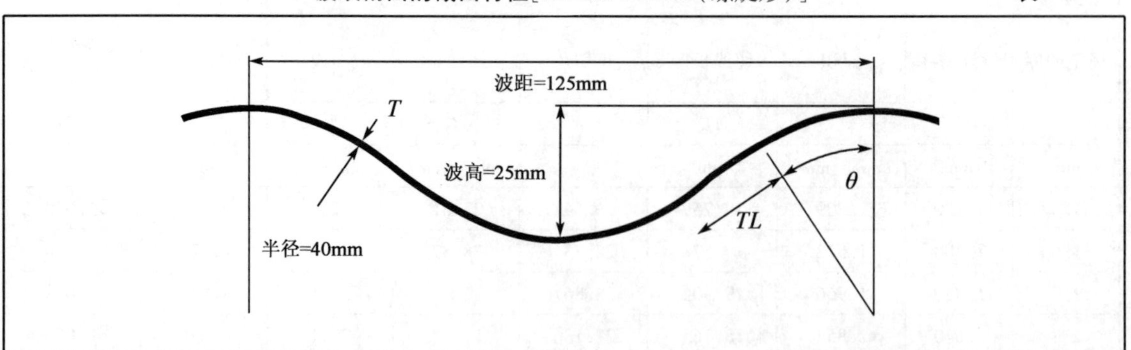

续上表

规定壁厚	设计壁厚	面积	切线长度	正切角	惯性矩	弹性截面模量	塑性截面模量	回转半径	展开宽度系数
T	*T'*	*A*	*TL*	*θ*	*I*	*S*	*Z*	*r*	*WF*
mm	mm	mm^2/mm	mm	°	mm^4/mm	mm^3/mm	mm^3/mm	mm	
2.0	2.0	2.195	20.767	33.424	174.095	21.764	17.560	8.905	1.098
2.5	2.5	2.745	20.156	33.657	218.786	27.281	22.012	8.928	1.098
3.0	3.0	3.294	19.526	33.901	264.107	32.842	26.493	8.954	1.098
3.5	3.5	3.845	18.875	34.156	310.141	38.454	31.007	8.982	1.098
4.0	4.0	4.395	18.200	34.425	356.969	44.124	35.555	9.012	1.099
4.5	4.5	4.946	17.500	34.708	404.675	49.858	40.140	9.046	1.099
5.0	5.0	5.496	16.771	35.008	453.341	55.664	44.765	9.082	1.099
注:*WF* 是平板宽度与波纹板宽度之比,尺寸可能受制造误差的影响									

波纹剖面的截面特性[150mm×50mm(结构板)]　　表3-6

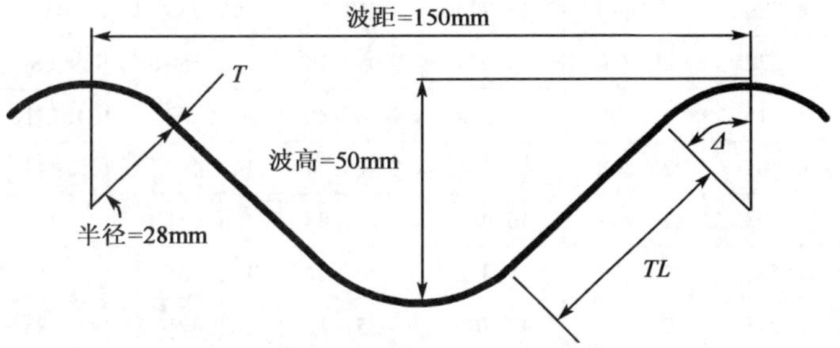

规定壁厚	设计壁厚	面积	切线长度	正切角	惯性矩	弹性截面模量	塑性截面模量	回转半径	展开宽度系数
T	*T'*	*A*	*TL*	*Q*	*I*	*S*	*Z*	*r*	*WF*
mm	mm	mm^2/mm	mm	°	mm^4/mm	mm^3/mm	mm^3/mm	mm	
3.0	3.0	3.720	47.170	44.515	1 084.736	71.779	56.223	17.075	1.240
3.5	3.5	4.342	46.637	44.691	1 270.786	83.918	65.755	17.107	1.241
4.0	4.0	4.965	46.098	44.870	1 458.630	96.119	75.339	17.141	1.241
4.5	4.5	5.588	45.552	45.053	1 648.376	108.387	84.976	17.176	1.242
5.0	5.0	6.211	45.000	45.240	1 840.134	120.725	94.669	17.213	1.242
5.5	5.5	6.835	44.441	45.430	2 034.014	133.140	104.420	17.251	1.243
6.0	6.0	7.460	43.875	45.624	2 230.128	145.633	114.231	17.290	1.243
6.5	6.5	8.085	43.301	45.823	2 428.585	158.211	124.104	17.332	1.244
注:*WF* 是平板宽度与波纹板宽度之比,尺寸可能受制造误差的影响									

波纹剖面的截面特性[200mm×55mm(结构板)] 表 3-7

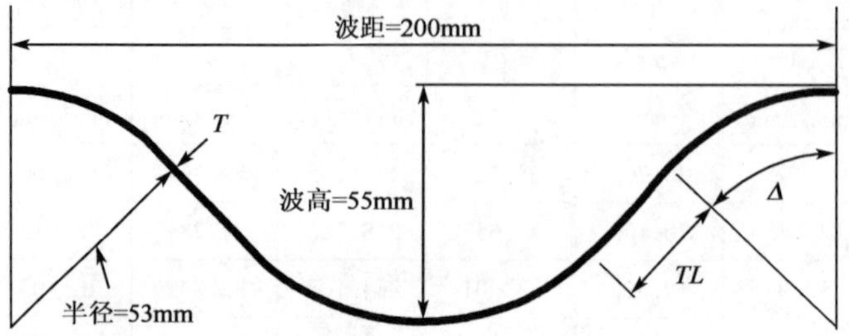

波距=200mm
波高=55mm
半径=53mm
T
TL
Δ

规定壁厚	设计壁厚	面积	切线长度	正切角	惯性矩	弹性截面模量	塑性截面模量	回转半径	展开宽度系数
T	*T′*	*A*	*TL*	*Q*	*I*	*S*	*Z*	*r*	*WF*
mm	mm	mm^2/mm	mm	°	mm^4/mm	mm^3/mm	mm^3/mm	mm	
3.0	3.0	3.544	32.171	45.187	1 356.36	77.096	62.351	19.563	1.181
3.5	3.5	4.136	31.305	45.455	1 587.02	90.069	72.879	19.588	1.182
4.0	4.0	4.729	30.414	45.734	1 819.24	103.085	83.451	19.614	1.182
4.5	4.5	5.322	29.496	46.024	2 053.14	116.150	94.068	19.642	1.183
5.0	5.0	5.915	28.548	46.328	2 288.80	129.267	104.731	19.671	1.183
5.5	5.5	6.509	27.568	46.646	2 526.34	142.439	115.443	19.701	1.183
6.0	6.0	7.103	26.552	46.980	2 765.85	155.671	126.205	19.733	1.184
6.5	6.5	7.698	25.495	47.332	3 007.42	168.965	137.019	19.765	1.184
7.0	7.00	8.293	24.393	47.705	3 251.17	182.325	147.886	19.799	1.185
8.0	8.00	9.486	22.023	48.526	3 745.58	209.259	169.790	19.871	1.186
9.0	9.00	10.681	19.365	49.478	4 249.89	236.500	191.929	19.948	1.187
10.0	10.0	11.878	16.279	50.628	4 764.91	264.079	214.321	20.029	1.188

注:*WF* 是平板宽度与波纹板宽度之比,尺寸可能受制造误差的影响

波纹剖面的截面特性[300mm×110mm(结构板)] 表 3-8

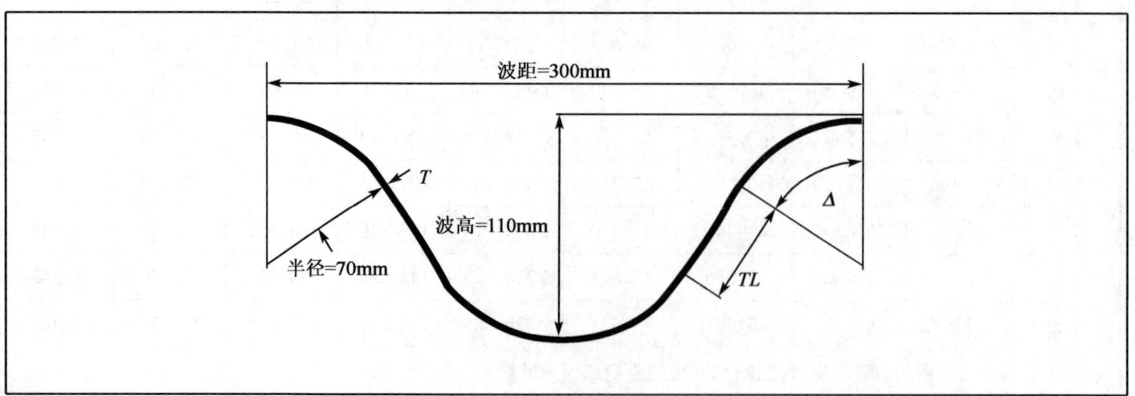

续上表

规定壁厚	设计壁厚	面积	切线长度	正切角	惯性矩	弹性截面模量	塑性截面模量	回转半径	展开宽度系数
T	T′	A	TL	Q	I	S	Z	r	WF
mm	mm	mm^2/mm	mm	°	mm^4/mm	mm^3/mm	mm^3/mm	mm	
3.0	3.00	3.926	56.036	56.194	5 912.68	169.787	136.710	38.809	1.309
3.5	3.50	4.582	55.045	56.424	6 910.21	198.251	159.702	38.835	1.309
4.0	4.00	5.238	54.037	56.660	7 911.51	226.768	182.757	38.863	1.310
4.5	4.50	5.895	53.009	56.902	8 916.71	255.339	205.876	38.890	1.310
5.0	5.00	6.553	51.962	57.151	9 925.92	283.970	229.059	38.919	1.311
5.5	5.50	7.211	50.892	57.407	10 939.27	312.660	252.309	38.948	1.311
6.0	6.00	7.870	49.800	57.670	11 956.88	341.413	275.626	38.978	1.312
6.5	6.50	8.530	48.683	57.942	12 978.87	370.231	299.011	39.008	1.312
7.0	7.00	9.189	47.540	58.223	14 005.36	399.116	322.467	39.039	1.313
8.0	8.00	10.511	45.166	58.813	16 072.34	457.098	369.593	39.103	1.314
9.0	9.00	11.836	42.662	59.448	18 158.81	515.376	417.015	39.170	1.315
10.0	10.0	13.163	13.163	60.137	20 265.75	573.971	464.744	39.238	1.316
注:*WF* 是平板宽度与波纹板宽度之比,尺寸可能受制造误差的影响									

波纹剖面的截面特性[380mm×140mm(深波纹结构板)]　　表 3-9

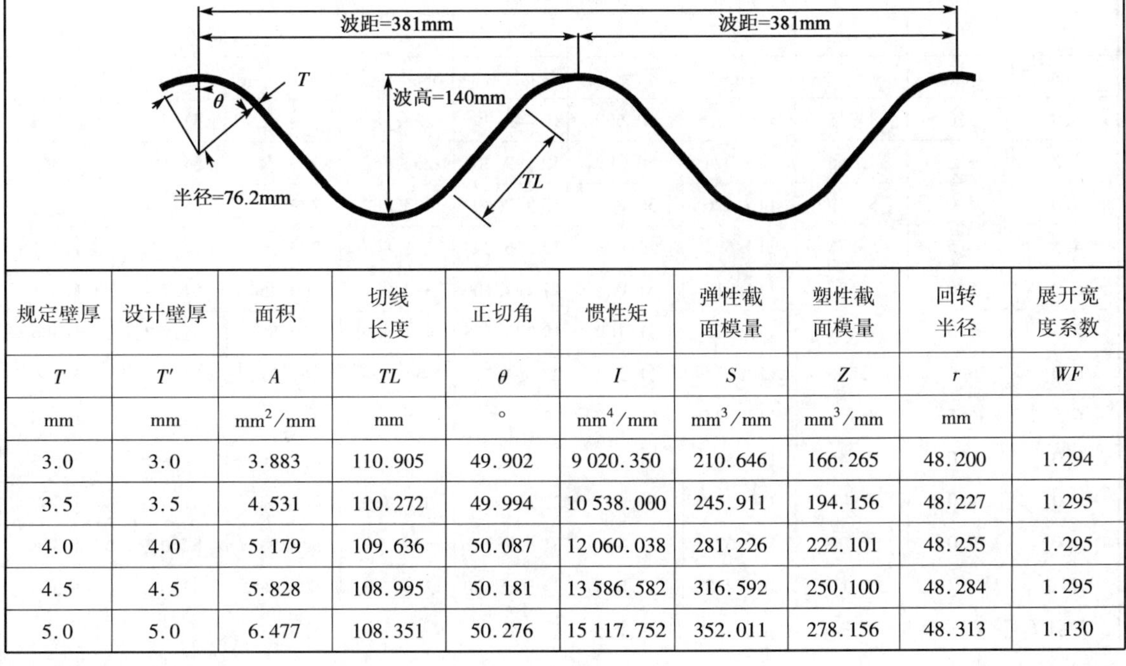

规定壁厚	设计壁厚	面积	切线长度	正切角	惯性矩	弹性截面模量	塑性截面模量	回转半径	展开宽度系数
T	T′	A	TL	θ	I	S	Z	r	WF
mm	mm	mm^2/mm	mm	°	mm^4/mm	mm^3/mm	mm^3/mm	mm	
3.0	3.0	3.883	110.905	49.902	9 020.350	210.646	166.265	48.200	1.294
3.5	3.5	4.531	110.272	49.994	10 538.000	245.911	194.156	48.227	1.295
4.0	4.0	5.179	109.636	50.087	12 060.038	281.226	222.101	48.255	1.295
4.5	4.5	5.828	108.995	50.181	13 586.582	316.592	250.100	48.284	1.295
5.0	5.0	6.477	108.351	50.276	15 117.752	352.011	278.156	48.313	1.130

续上表

规定壁厚	设计壁厚	面积	切线长度	正切角	惯性矩	弹性截面模量	塑性截面模量	回转半径	展开宽度系数
T	*T′*	*A*	*TL*	*θ*	*I*	*S*	*Z*	*r*	*WF*
mm	mm	mm^2/mm	mm	°	mm^4/mm	mm^3/mm	mm^3/mm	mm	
5.5	5.5	7.126	107.703	50.372	16 653.665	387.486	306.267	48.343	1.296
6.0	6.0	7.776	107.051	50.469	18 194.441	423.016	334.435	48.373	1.296
6.5	6.5	8.425	106.396	50.567	19 740.198	458.605	362.662	48.404	1.296
7.0	7.0	9.076	105.736	50.665	21 291.056	494.255	390.947	48.435	1.297
8.0	8.0	10.377	104.403	50.866	24 408.550	565.740	447.698	48.500	1.297
9.0	9.0	11.679	103.053	51.070	27 547.880	637.485	504.696	48.567	1.298
10.0	10.0	12.983	101.686	51.279	30 710.006	709.507	561.944	48.636	1.298
注:*WF* 是平板宽度与波纹板宽度之比,尺寸可能受制造误差的影响									

波纹剖面的截面特性[400mm×150mm(深波纹结构板)]　　表 3-10

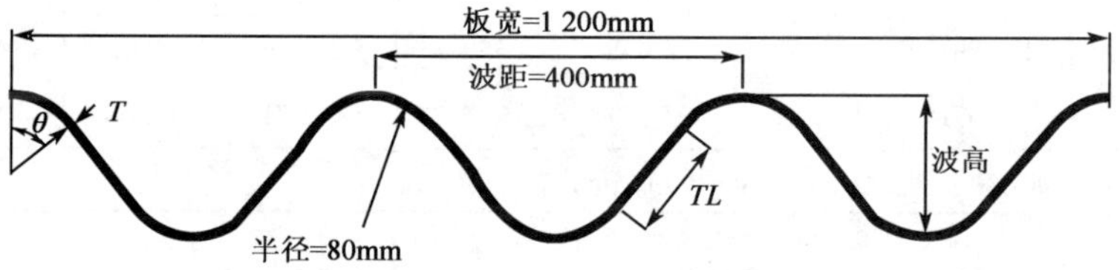

规定壁厚	设计壁厚	面积	切线长度	正切角	惯性矩	弹性截面模量	塑性截面模量	回转半径	展开宽度系数
T	*T′*	*A*	*TL*	*θ*	*I*	*S*	*Z*	*r*	*WF*
mm	mm	mm^2/mm	mm	°	mm^4/mm	mm^3/mm	mm^3/mm	mm	
3.0	3.0	3.913	116.619	50.699	10 443.299	227.487	179.625	51.663	1.304
3.5	3.5	4.566	115.974	50.789	12 199.461	265.562	209.748	51.690	1.305
4.0	4.0	5.219	115.326	50.881	13 960.403	303.688	239.927	51.718	1.305
4.5	4.5	5.873	114.673	50.973	15 726.244	341.867	270.162	51.747	1.305
5.0	5.0	6.527	114.018	51.066	17 497.106	380.098	300.454	51.776	1.305
5.5	5.5	7.181	113.358	51.160	19 273.108	418.386	330.803	51.806	1.306
6.0	6.0	7.836	112.694	51.254	21 054.371	456.730	361.211	51.836	1.306
6.5	6.5	8.491	112.027	51.350	22 841.016	495.133	391.679	51.867	1.306
7.0	7.0	9.146	111.355	51.446	24 633.163	533.595	422.207	51.898	1.307
8.0	8.0	10.457	110.000	51.642	28 234.450	610.710	483.445	51.962	1.307
9.0	9.0	11.769	108.628	51.842	31 859.201	688.083	544.935	52.029	1.308
10.0	10.0	13.083	107.238	52.045	35 508.390	765.732	606.680	52.097	1.308
注:*WF* 是平板宽度与波纹板宽度之比,尺寸可能受制造误差的影响									

波纹剖面的截面特性[19mm×19mm×190mm(螺旋形)]　　表 3-11

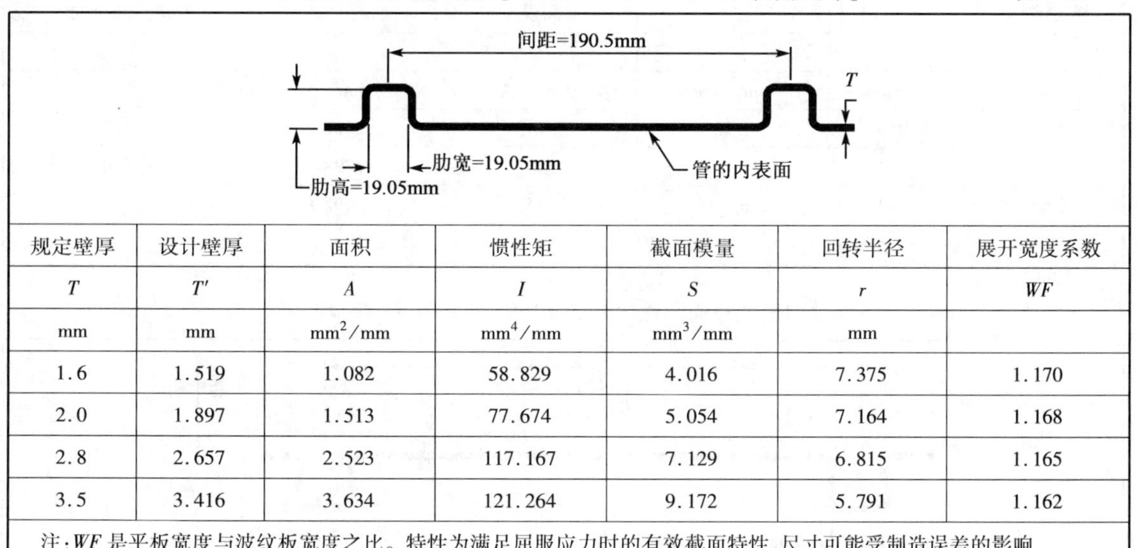

规定壁厚	设计壁厚	面积	惯性矩	截面模量	回转半径	展开宽度系数
T	T'	A	I	S	r	WF
mm	mm	mm^2/mm	mm^4/mm	mm^3/mm	mm	
1.6	1.519	1.082	58.829	4.016	7.375	1.170
2.0	1.897	1.513	77.674	5.054	7.164	1.168
2.8	2.657	2.523	117.167	7.129	6.815	1.165
3.5	3.416	3.634	121.264	9.172	5.791	1.162

注:WF 是平板宽度与波纹板宽度之比。特性为满足屈服应力时的有效截面特性,尺寸可能受制造误差的影响

波纹剖面的截面特性[19mm×25mm×292mm(螺旋形)]　　表 3-12

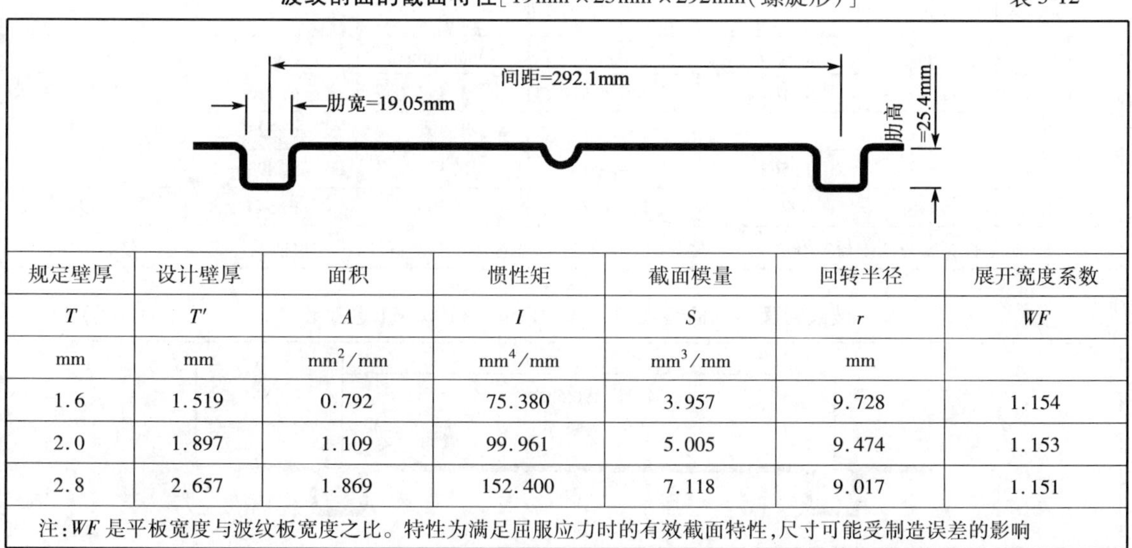

规定壁厚	设计壁厚	面积	惯性矩	截面模量	回转半径	展开宽度系数
T	T'	A	I	S	r	WF
mm	mm	mm^2/mm	mm^4/mm	mm^3/mm	mm	
1.6	1.519	0.792	75.380	3.957	9.728	1.154
2.0	1.897	1.109	99.961	5.005	9.474	1.153
2.8	2.657	1.869	152.400	7.118	9.017	1.151

注:WF 是平板宽度与波纹板宽度之比。特性为满足屈服应力时的有效截面特性,尺寸可能受制造误差的影响

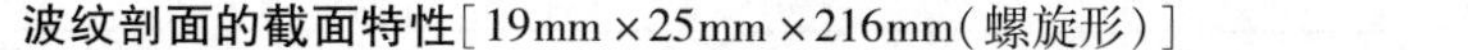

波纹剖面的截面特性[19mm×25mm×216mm(螺旋形)]　　表 3-13

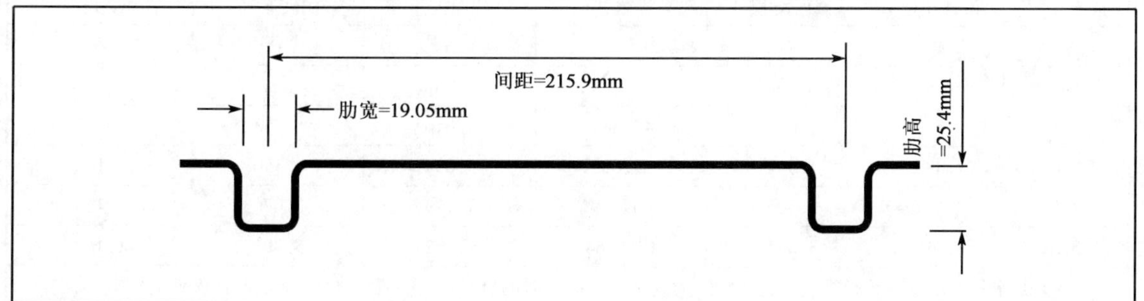

续上表

规定壁厚	截面面积	惯性矩	截面模量	回转半径	展开宽度系数
T	A	I	S	r	WF
mm	mm^2/mm	mm^4/mm	mm^3/mm	mm	
1.6	1.056	98.322	5.145	9.627	1.199
2.0	1.469	129.458	6.505	9.398	1.198
2.8	2.432	196.645	9.242	8.992	1.944
注:*WF* 是平板宽度与波纹板宽度之比。特性为满足屈服应力时的有效截面特性,尺寸可能受制造误差的影响					

波纹剖面的截面特性[19mm×19mm×190mm(螺旋形)]　　表 3-14

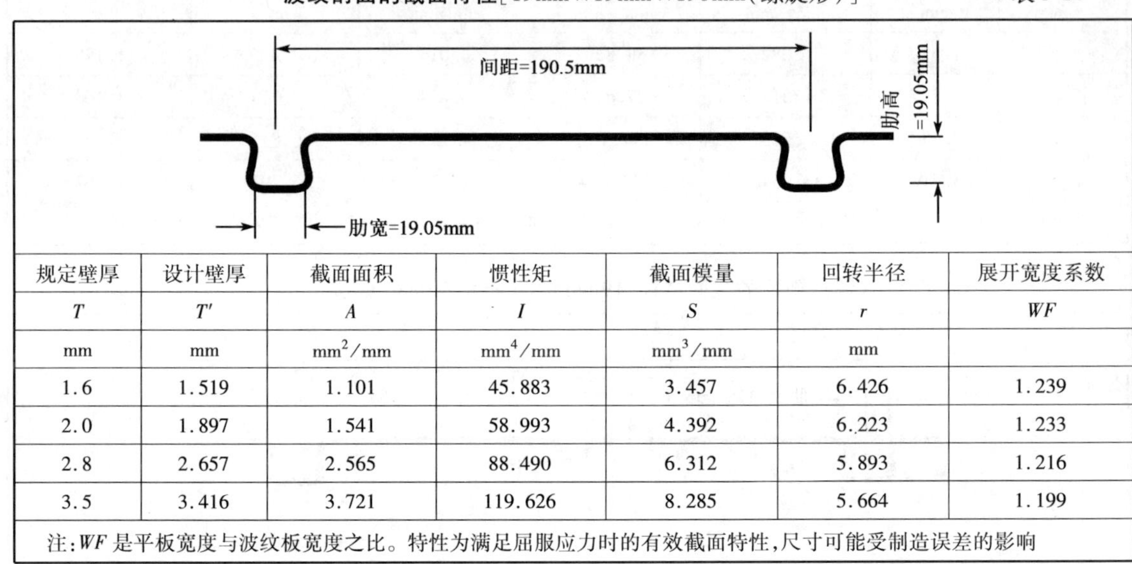

规定壁厚	设计壁厚	截面面积	惯性矩	截面模量	回转半径	展开宽度系数
T	T'	A	I	S	r	WF
mm	mm	mm^2/mm	mm^4/mm	mm^3/mm	mm	
1.6	1.519	1.101	45.883	3.457	6.426	1.239
2.0	1.897	1.541	58.993	4.392	6.223	1.233
2.8	2.657	2.565	88.490	6.312	5.893	1.216
3.5	3.416	3.721	119.626	8.285	5.664	1.199
注:*WF* 是平板宽度与波纹板宽度之比。特性为满足屈服应力时的有效截面特性,尺寸可能受制造误差的影响						

波纹剖面的截面特性[19mm×19mm×190mm(螺旋形)]　　表 3-15

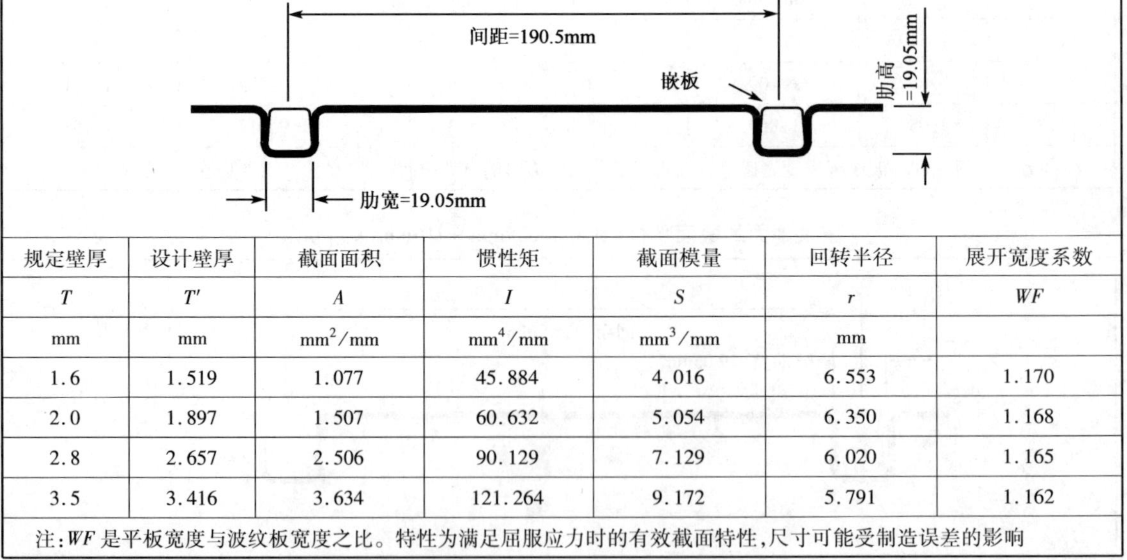

规定壁厚	设计壁厚	截面面积	惯性矩	截面模量	回转半径	展开宽度系数
T	T'	A	I	S	r	WF
mm	mm	mm^2/mm	mm^4/mm	mm^3/mm	mm	
1.6	1.519	1.077	45.884	4.016	6.553	1.170
2.0	1.897	1.507	60.632	5.054	6.350	1.168
2.8	2.657	2.506	90.129	7.129	6.020	1.165
3.5	3.416	3.634	121.264	9.172	5.791	1.162
注:*WF* 是平板宽度与波纹板宽度之比。特性为满足屈服应力时的有效截面特性,尺寸可能受制造误差的影响						

3.2 波纹钢整体管

波纹钢整体管是指直接在工厂加工生产的整体管节，根据波纹形状可分为螺旋带肋钢管和波纹钢管两类，截面形状一般有圆形和管拱形。本节主要介绍常用的整体式波纹钢管管节产品。

3.2.1 螺旋带肋钢管

螺旋带肋钢管由带金属涂层或聚合物涂层的连续钢带通过滚轧成型生产线形成外部的肋片和边缘，再将轧制型材通过螺旋形成管，边缘通过卷边接缝连接(图 3-5)。这种管内壁较为光滑，水力特性较好。常用的剖面尺寸及截面特性见表 3-11 ~ 表 3-15。表 3-16 列出了螺旋带肋钢管的尺寸规格和搬运质量。

图 3-5 螺旋带肋钢管

螺旋带肋钢管尺寸规格与搬运质量[19mm × 19mm × 190mm、19mm × 25mm × 292mm(波纹)] 表 3-16

内径(mm)	壁厚(mm)	搬运质量(kg/m)		
		镀锌涂层	全沥青涂层	全沥青涂层且底板铺砌
455	1.6	22.3	28.3	29.8
	2.0	26.8	32.7	34.2
535	1.6	25.3	31.3	32.7
	2.0	31.3	37.2	38.7
	2.8	43.2	49.1	49.1
610	1.6	28.3	35.7	37.2
	2.0	35.7	43.2	47.6
	2.8	53.6	61.0	62.5
760	1.6	35.7	44.6	47.6
	2.0	44.6	53.6	56.6
	2.8	62.5	71.4	74.4
915	1.6	43.2	53.6	56.6
	2.0	53.6	64.0	67.0
	2.8	74.4	84.8	87.8
1 065	1.6	49.1	61.0	64.0
	2.0	62.5	74.4	77.4
	2.8	86.3	98.2	89.3
1 220	1.6	56.6	71.4	74.4
	2.0	71.4	86.3	89.3
	2.8	98.2	113.1	116.1

续上表

内径(mm)	壁厚(mm)	搬运质量(kg/m)		
		镀锌涂层	全沥青涂层	全沥青涂层且底板铺砌
1 370	1.6	64.0	80.4	83.3
	2.0	80.4	96.7	99.7
	2.8	111.6	128.0	131.0
1 525	1.6	71.4	89.3	92.3
	2.0	89.3	107.1	110.1
	2.8	123.5	141.4	144.4
	3.5	147.3*	165.2*	—
1 675	1.6**	78.9	98.2	101.2
	2.0	98.2	117.6	120.5
	2.8	135.4	154.8	157.7
	3.5	162.2*	180.1*	—
1 830	1.6	—	—	—
	2.0	107.1	128.0	132.4
	2.8	147.3	168.2	172.6
	3.5	177.1*	197.9*	
1 980	2.0	116.1	138.4	142.9
	2.8	160.7	171.1	175.6
	3.5	192.0*	214.3*	—
2 135	2.0**	105.7	150.3	154.8
	2.8	172.6	197.9	202.4
	3.5	206.9*	232.2*	—
2 290	2.8	184.5	212.8	218.8
	3.5	221.7*	250.0*	—
2 440	2.8	196.4	226.2	232.2
	3.5	235.1*	264.9*	—
2 590	2.8	209.8	242.6	248.5
	3.5	250.0*	282.8*	—
2 745	2.8**	223.2	256.0	261.9
	3.5	260.4*	293.2*	—
2 895	3.5	291.7	325.9	331.9
3 050	3.5	306.6	342.3	349.7

注:1. 本表仅适用于卷边接缝螺旋带肋钢管,搬运质量会随加工方法的变化而变化。对于其他涂层或内衬,搬运质量可采用内插计算。

2. —表示表中没有给出的数据,通常不推荐使用,或无法制造。

3. * 仅适用于 19mm×19mm×190mm 的波纹。

4. ** 仅适用于 19mm×25mm×292mm 的波纹

3.2.2 波纹钢管

波纹钢管根据成管形式的不同,可分为螺旋形波纹钢管和环形波纹钢管两种(图3-6)。

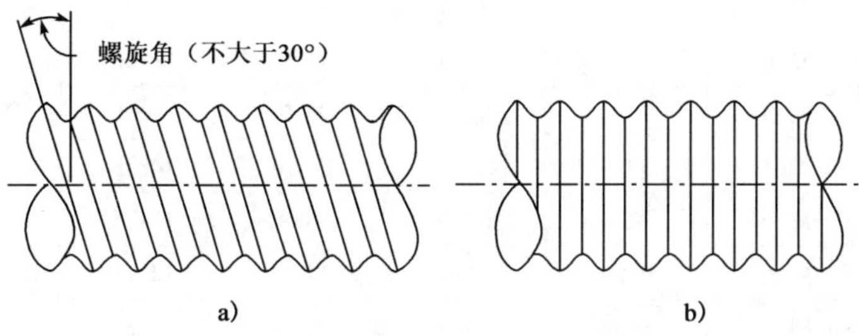

图3-6 螺旋形波纹钢管和环形波纹钢管
a)螺旋形波纹钢管;b)环形波纹钢管

螺旋形波纹钢管的加工方式与螺旋带肋钢管类似,但采用的是普通波纹剖面而不是螺旋带肋剖面。

环形波纹钢管是波纹呈闭合圆环状的管形壳体,波与波之间由圆环波纹串联而成。环形波纹钢管由无缝管材或焊接管材加工成形。受加工方式制约,较之螺旋形波纹钢管,其单管长度通常较短。

表3-17、表3-18列出了常用不同波纹剖面的波纹钢管的尺寸规格与搬运质量。

波纹钢管尺寸规格与搬运质量[68mm×13mm(普通波纹)]　　表3-17

内径(mm)	壁厚(mm)	搬运质量(kg/m)						
		金属涂层	聚合物涂层	全沥青涂层	沥青涂层底板铺砌	沥青涂层完整铺砌	钢内衬	混凝土内衬
305	1.6	14.9	14.9	17.9	22.3	—	—	—
	2.0	17.9	17.9	20.8	25.3	—	—	—
380	1.6	17.9	19.3	22.3	26.8	41.7	—	—
	2.0	22.3	23.8	26.8	31.3	46.1	—	—
455	1.6	22.3	23.8	28.3	32.7	50.6	—	—
	2.0	26.8	28.3	32.7	37.2	55.1	—	—
535	1.6	25.3	26.8	31.3	38.7	58.0	—	—
	2.0	31.3	32.7	37.2	44.6	64.0	—	—
610	1.6	28.3	29.8	35.7	44.6	67.0	44.6	96.7
	2.0	35.7	37.2	43.2	52.1	74.4	56.6	102.7
	2.8	49.1	50.6	56.6	65.5	87.8	69.9	114.6
760	1.6	35.7	37.2	44.6	53.6	81.8	62.5	122.0
	2.0	44.6	46.1	53.6	62.5	89.3	71.4	129.5
	2.8	61.0	62.5	69.9	78.9	107.1	87.8	142.9

续上表

内径(mm)	壁厚(mm)	搬运质量(kg/m)						
		金属涂层	聚合物涂层	全沥青涂层	沥青涂层底板铺砌	沥青涂层完整铺砌	钢内衬	混凝土内衬
915	1.6	43.2	44.6	53.6	65.5	96.7	75.9	145.8
	2.0	53.6	55.1	64.0	75.9	111.6	86.3	154.8
	2.8	72.9	74.4	83.3	95.2	133.9	105.7	172.6
	3.5	92.3	93.8	102.7	114.6	148.8	125.0	189.0
1 065	1.6	50.6	53.6	62.5	75.9	114.6	89.3	169.7
	2.0	62.5	65.5	74.4	87.8	126.5	101.2	180.1
	2.8	84.8	87.8	96.7	110.1	156.3	122.0	200.9
	3.5	107.1	110.1	119.1	132.4	171.1	145.8	221.7
1 220	1.6	56.6	59.5	71.4	84.8	126.5	99.7	190.5
	2.0	71.4	74.4	86.3	99.7	141.4	114.6	205.4
	2.8	96.7	99.7	111.6	125.0	178.6	139.9	229.2
	3.5	122.0	125.0	136.9	150.3	193.5	165.2	253.0
	4.3	148.8	—	163.7	177.1	230.7	—	276.8
1 370	2.0	80.4	83.3	96.7	113.1	156.3	129.5	232.2
	2.8	108.6	111.6	125.0	141.4	193.5	157.7	257.5
	3.5	136.9	139.9	153.3	214.3	230.7	186.0	284.2
	4.3	166.7	—	183.0	199.4	260.4	—	—
1 525	2.8	120.5	123.5	136.9	157.7	208.3	174.1	285.7
	3.5	153.3	156.3	169.7	190.5	267.9	206.9	315.5
	4.3	184.5	—	200.9	221.7	282.8	—	345.3
1 675	2.8	132.4	135.4	150.3	174.1	238.1	192.0	314.0
	3.5	168.2	171.1	186.0	209.8	267.9	227.7	346.7
	4.3	203.9	—	221.7	245.5	312.5	—	379.5
1 830	3.5	183.0	187.5	203.9	229.2	312.5	248.5	378.0
	4.3	221.7	—	242.6	267.9	351.2	—	413.7
1 980	4.3	239.6	—	263.4	288.7	386.9	—	449.4
2 135	4.3	257.5	—	282.8	309.5	401.8	—	483.7

注:1. 本表仅适用于卷边接缝施工,搬运质量会随加工方法的变化而变化。对于其他涂层或内衬,搬运质量可采用内插计算。

2. "—"表示表中没有给出的数据,通常不推荐使用,或无法制造

波纹钢管尺寸规格与搬运质量[75mm×25mm 或 125mm×25mm(普通波纹)]　表 3-18

内径(mm)	壁厚(mm)	搬运质量(kg/m)						
		金属涂层	聚合物涂层	全沥青涂层	沥青涂层底板铺砌	沥青涂层完整铺砌	钢内衬	混凝土内衬
1 220	1.6	65.5	68.5	80.4	105.7	174.1	110.1	—
	2.0	80.4	83.3	95.2	120.5	189.0	125.0	—
	2.8	110.1	113.1	125.0	150.3	218.8	154.8	—
	3.5	139.9	142.9	154.8	180.1	248.5	186.0	—
	4.3	169.7	—	184.5	209.8	278.3	—	—
1 370	1.6	74.4	77.4	98.2	125.0	205.4	125.0	293.2
	2.0	90.8	93.8	114.6	141.4	221.7	141.4	308.0
	2.8	123.5	126.5	148.8	175.6	254.5	175.6	336.3
	3.5	157.7	160.7	183.0	208.3	288.7	208.3	364.6
	4.3	192.0	—	217.3	242.6	322.9	—	392.9
1 525	1.6	81.8	84.8	108.6	138.4	227.7	138.4	324.4
	2.0	99.7	102.7	128.0	156.3	245.5	156.3	340.8
	2.8	136.9	139.9	163.7	193.5	282.8	193.5	373.5
	3.5	175.6	178.6	202.4	232.2	321.4	232.2	404.8
	4.3	212.8	—	239.6	269.4	358.6	—	436.0
1 675	1.6	89.3	93.8	119.1	151.8	250.0	151.8	357.2
	2.0	110.1	114.6	139.9	172.6	269.4	172.6	375.0
	2.8	150.3	154.8	180.1	212.8	309.5	215.8	410.7
	3.5	192.0	196.4	221.7	254.5	351.2	256.0	445.0
	4.3	233.6	—	263.4	296.1	392.9	—	479.2
1 830	1.6	98.2	102.7	131.0	165.2	272.3	166.7	389.9
	2.0	120.5	125.0	151.8	187.5	293.2	189.0	409.2
	2.8	163.7	168.2	196.4	232.2	337.8	233.6	447.9
	3.5	208.3	212.8	241.1	276.8	382.5	278.3	485.1
	4.3	254.5	—	287.2	322.9	428.6	—	522.3
1 980	1.6	105.7	110.1	141.4	180.1	294.7	178.6	—
	2.0	129.5	133.9	165.2	203.9	318.5	202.4	443.5
	2.8	177.1	181.6	212.8	251.5	366.1	250.0	485.1
	3.5	226.2	230.7	261.9	300.6	415.2	300.6	525.3
	4.3	275.3	—	311.0	349.7	464.3	—	565.5

续上表

内径(mm)	壁厚(mm)	搬运质量(kg/m)						
		金属涂层	聚合物涂层	全沥青涂层	沥青涂层底板铺砌	沥青涂层完整铺砌	钢内衬	混凝土内衬
2 135	1.6	114.6	119.1	151.8	193.5	317.0	193.5	—
	2.0	139.9	144.4	177.1	218.8	342.3	218.8	477.7
	2.8	190.5	194.9	229.2	270.8	392.9	269.4	522.3
	3.5	244.1	248.5	281.3	322.9	446.4	324.4	564.0
	4.3	296.1	—	333.3	376.5	498.5	—	608.7
2 285	1.6	122.0	128.0	162.2	208.3	339.3	206.9	—
	2.0	148.8	154.8	189.0	235.1	366.1	233.6	—
	2.8	203.9	209.8	244.1	290.2	421.1	288.7	559.5
	3.5	260.4	266.4	300.6	346.7	477.7	346.7	604.2
	4.3	317.0	—	357.2	403.3	534.2	—	651.8
2 440	1.6	129.5	135.4	172.6	221.7	360.1	220.2	—
	2.0	159.2	165.2	202.4	251.5	389.9	250.0	—
	2.8	218.8	224.7	261.9	311.0	449.4	309.5	596.8
	3.5	279.8	285.7	322.9	372.0	510.4	370.6	644.4
	4.3	339.3	—	382.5	431.6	570.0	—	695.0
2 590	1.6	138.4	144.4	184.5	235.1	383.9	235.1	—
	2.0	169.7	175.6	215.8	266.4	415.2	266.4	—
	2.8	230.7	236.6	281.3	327.4	476.2	330.4	634.0
	3.5	294.7	300.6	340.8	391.4	540.2	392.9	684.6
	4.3	358.6	—	404.8	455.4	604.2	—	738.1
2 745	2.0	178.6	184.5	227.7	279.8	439.0	281.3	—
	2.8	245.5	251.5	294.7	346.7	506.0	349.7	—
	3.5	314.0	320.0	363.1	415.2	574.4	415.2	724.7
	4.3	381.0	—	430.1	482.2	641.4	—	781.3
2 895	2.0	189.0	196.4	241.1	296.1	464.3	297.6	—
	2.8	258.9	266.4	311.0	366.1	534.2	369.1	—
	3.5	330.4	337.8	382.5	437.5	605.7	439.0	764.9
	4.3	403.3	—	455.4	510.4	678.6	—	824.4
3 050	2.8	272.3	279.8	327.4	385.4	562.5	386.9	—
	3.5	348.2	355.7	403.3	461.3	638.4	462.8	805.1
	4.3	422.6	—	477.7	535.7	712.8	—	867.6

续上表

内径(mm)	壁厚(mm)	搬运质量(kg/m)						
		金属涂层	聚合物涂层	全沥青涂层	沥青涂层底板铺砌	沥青涂层完整铺砌	钢内衬	混凝土内衬
3 200	2.8	290.2	297.6	346.7	407.8	595.3	410.7	—
	3.5	367.6	375.0	424.1	485.1	672.6	486.6	—
	4.3	445.0	—	501.5	562.5	750.0	—	—
3 355	2.8	303.6	311.0	363.1	427.1	623.5	430.1	—
	3.5	385.4	392.9	445.0	509.0	705.4	510.4	—
	4.3	467.3	—	526.8	590.8	787.2	—	—
3 505	2.8	317.0	325.9	379.5	446.4	651.8	446.4	—
	3.5	401.8	410.7	464.3	531.3	736.6	531.3	—
	4.3	488.1	—	550.6	617.6	823.0	—	—
3 660	3.5	419.7	428.6	485.1	555.1	769.4	555.1	—
	4.3	511.9	—	577.4	647.3	861.6	—	—
3 810	3.5	437.5	446.4	506.0	578.9	800.6	578.9	—
	4.3	532.8	—	601.2	674.1	895.9	—	—
3 960	3.5	455.4	464.3	526.8	604.2	833.4	602.7	—
	4.3	555.1	—	626.5	703.9	933.1	—	—

注:1. 本表仅适用于卷边接缝施工,搬运质量会随加工方法的变化而变化。对于其他涂层或内衬,搬运质量可采用内插计算。钢内衬只适用于75mm×25mm波纹。125mm×25mm波纹钢管的质量比本表中用于带金属涂层的钢管的质量约轻12%。

2. "—"表示表中没有给出的数据,通常不推荐使用,或无法制造

3.2.3 管拱

管拱属于一种异型管(图3-7)。与圆管相比,其底部较为平坦,因而相同过水面积条件下,其跨径比圆管直径大,而矢高比圆管直径小。因此这种结构比较适合于低宽水道,或净空受限制的涵洞或地下通道,流量较小时,比圆管更具有水力优势。各种管拱尺寸规格见表3-19~表3-21。

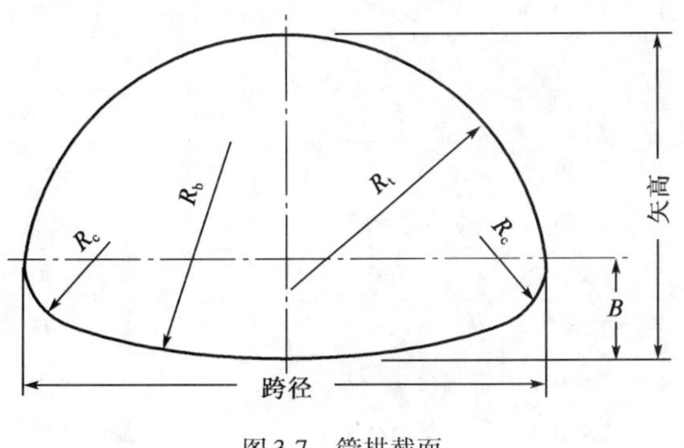

图3-7 管拱截面

管拱一般通过圆管重塑成型(整体管拱),或用不同半径的结构板通过铆接或栓接拼装成形。本节介绍几种常见的整体管拱,这类结构一般跨径不大,由于加工制造成本较高,在国内应用较少。用结构板拼装的管拱参见本书第3.3节。

管拱尺寸规格[68mm×13mm(普通波纹)] 表3-19

当量直径	设计		过水面积	尺寸			
	跨径	矢高		B	R_c	R_t	R_b
mm	mm	mm	m^2	mm	mm	mm	mm
380	430	330	0.102 2	105	90	220	650
455	535	380	0.148 6	125	105	275	840
535	610	455	0.204 4	140	125	300	880
610	710	510	0.269 4	165	140	355	1 075
760	890	610	0.418 1	205	175	455	1 400
915	1 065	735	0.603 9	250	210	545	1 680
1 065	1 245	840	0.826 8	290	245	640	1 960
1 220	1 450	965	1.077 7	330	280	725	2 240
1 370	1 625	1 090	1.365 7	370	315	820	2 520
1 525	1 805	1 195	1.681 5	410	350	910	2 800
1 675	1 955	1 320	2.034 6	455	385	1 000	3 080
1 830	2 110	1 450	2.415 5	495	420	1 090	3 360

管拱尺寸规格[75mm×25mm或125mm×25mm(普通波纹)] 表3-20

当量直径	设计		过水面积	尺寸			
	跨径	矢高		B	R_c	R_t	R_b
mm	mm	mm	m^2	mm	mm	mm	mm
1 220	1 345	1 040	1.087	385	260	715	1 865
1 370	1 485	1 230	1.449 3	520	475	745	1 300
1 525	1 650	1 370	1.793	580	525	830	1 430
1 675	1 840	1 480	2.155 4	640	580	935	1 620
1 830	2 005	1 590	2.545 5	605	530	1 005	2 100
1 980	2 195	1 710	2.982 2	655	575	1 100	2 345
2 135	2 375	1 820	3.437 4	705	620	1 195	2 545
2 285	2 580	1 930	3.939 1	755	665	1 300	2 835
2 440	2 755	2 045	4.459 3	805	705	1 395	3 055
2 590	2 960	2 155	5.035 3	855	750	1 510	3 345
2 745	3 135	2 265	5.620 6	905	795	1 605	3 550
2 895	3 325	2 380	6.261 7	955	840	1 710	3 800
3 050	3 520	2 490	6.921 3	1 005	885	1 820	4 125

续上表

当量直径	设计		过水面积	尺寸			
	跨径	矢高		B	R_c	R_t	R_b
mm	mm	mm	m^2	mm	mm	mm	mm
3 200	3 710	2 590	7.525 1	1 040	915	1 930	4 370
3 355	3 885	2 720	8.268 4	1 090	965	2 030	4 570
3 505	4 040	2 870	9.104 5	1 145	1 015	2 085	4 675
3 660	4 190	3 010	9.940 6	1 195	1 040	2 160	4 825

管拱尺寸规格(螺旋带肋波纹)　　表 3-21

当量直径	设计		过水面积	尺寸			
	跨径	矢高		B	R_c	R_t	R_b
mm	mm	mm	m^2	mm	mm	mm	mm
455	510	405	0.157 9	130	125	260	700
535	585	485	0.213 7	150	135	295	870
610	685	535	0.278 7	170	145	345	1 040
760	840	660	0.436 6	220	180	420	1 305
915	1 015	785	0.622 5	265	215	515	1 590
1 065	1 170	915	0.854 7	315	250	590	1 855
1 220	1 345	1 040	1.124 1	355	285	675	2 120
1 370	1 525	1 170	1.449 3	520	475	745	1 300
1 525	1 675	1 295	1.793	580	525	830	1 430
1 675	1 855	1 395	2.155 4	640	580	935	1 620
1 830	2 055	1 500	2.545 5	605	530	1 005	2 100
1 980	2 210	1 600	2.982 2	655	575	1 100	2 345
2 135	2 415	1 700	3.437 4	705	620	1 195	2 545
2 285	2 615	1 805	3.939 1	755	665	1 300	2 835
2 440	2 845	1 905	4.459 3	805	705	1 395	3 055
2 590	2 970	2 005	5.035 3	855	750	1 510	3 345

管拱的搬运质量与相应当量直径的圆管相同。

3.2.4　端部管节

波纹钢整体管一般在工厂加工为标准长度的管节,根据结构物的总长度用端部管节来调节长度的配置。端部管节是指洞口附近的管节,根据洞口形式一般可分为坡口削竹式、完全削竹式和直立式三类(图 3-8)。端部管节与中部管节之间的连接采用中部管节之间同样的连接形式。端部管节和中部管节一样由工厂预制,并采用同样的涂层处理。常用的端部管节尺寸见表 3-22。

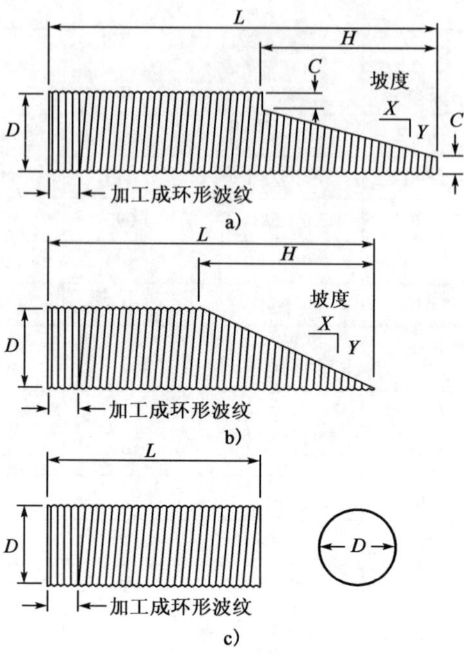

图 3-8　端部管节

a)坡口削竹式;b)完全削竹式;c)直立式

端部管节尺寸规格

表 3-22

直径 D (mm)	削竹坡度 $X:Y=2:1$		削竹坡度 $X:Y=3:1$		削竹坡度 $X:Y=4:1$		L_{max} (m)
	C(mm)	H(mm)	C(mm)	H(mm)	C(mm)	H(mm)	
300	75	300	75	450	75	600	6
400	75	500	75	750	100	800	6
500	75	700	125	750	125	1 000	6
600	125	700	125	1 050	125	1 400	6
700	150	800	150	1 200	150	1 600	6
750	150	900	135	1 440	175	1 600	6
800	150	1 000	150	1 450	175	1 800	6
900	150	1 200	150	1 800	200	2 000	6
1 000	150	1 400	200	1 800	225	2 200	6
1 050	150	1 500	200	1 950	250	2 200	6
1 200	150	1 800	225	2 250	275	2 600	6
1 400	200	2 000	250	2 700	300	3 200	6
1 500	200	2 200	250	3 000	300	3 600	6
1 600	200	2 400	250	3 300	300	4 000	6
1 800	300	2 400	300	3 600	300	4 800	6

续上表

直径 D (mm)	削竹坡度 $X:Y=2:1$		削竹坡度 $X:Y=3:1$		削竹坡度 $X:Y=4:1$		L_{max} (m)
	C(mm)	H(mm)	C(mm)	H(mm)	C(mm)	H(mm)	
2 000	300	2 800	400	3 600			8
2 200	300	3 200	500	3 600			8
2 400	400	3 200	500	4 200			8
2 700	400	3 800	600	4 500			10
3 000	500	4 000					10
3 300	500	4 600					10

3.3 波纹钢结构板

出于经济性和运输、安装的考虑,波纹钢整体管(圆管或管拱)一般跨径不宜太大。工程应用中,整体管一般仅用于2m以内的圆管或管拱。对于跨径较大的埋置式结构,以及开口截面或非圆形截面的埋置式结构,通常采用分片加工的一种或多种半径的弧形波纹钢板通过螺栓连接,构成所需的截面形状。这类结构统称为波纹钢结构板类结构。

3.3.1 浅波纹板

通常将波高100mm以下的结构板称为浅波纹板。工程中应用最多的是150mm×50mm波纹剖面,其他如68mm×13mm、125mm×25mm、200mm×55mm、230mm×64mm波纹剖面在某些国家和地区也有生产和应用。本节简要介绍68mm×13mm和125mm×25mm结构板,重点介绍150mm×50mm结构板的构造和应用。

1)68mm×13mm结构板

68mm×13mm波纹剖面大多用于直径(或跨径)2 000mm以下的整体管(或管拱),见图3-9、图3-10。

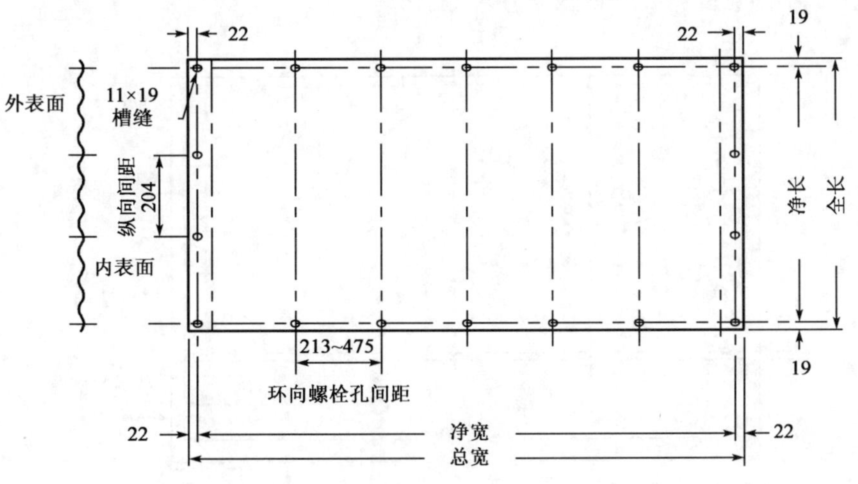

图3-9 68mm×13mm波纹钢板展开图(尺寸单位:mm)

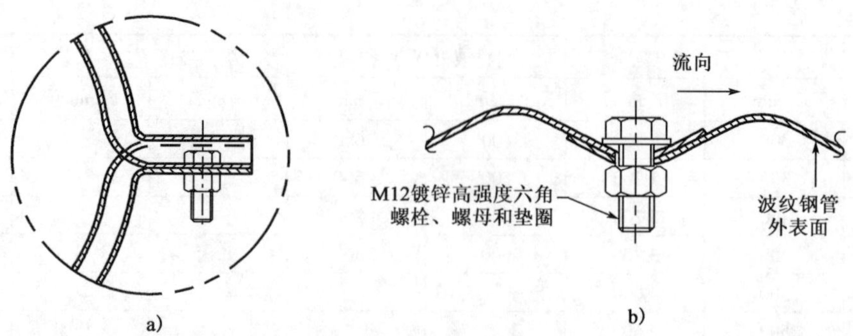

图 3-10 68mm×13mm 波纹钢板接缝构造图

a)纵向接缝;b)环向接缝

采用 68mm×13mm 结构板分片拼装埋置式结构时,每片板的净长一般不大于 2 000mm,且须是纵向螺栓间距(一般为 3 个波距即 204mm)的倍数;净宽根据环向分片情况确定(圆管一般等分为 3 片,管拱分为不等宽的 4 片)。环向螺栓间距不大于 480mm,一般可取 213 ~475mm。

2)125mm×25mm 结构板

125mm×25mm 波纹结构板一般可用于分片拼装直径(或跨径)3 000mm 以下的圆管(或管拱),见图 3-11、图 3-12。

125mm×25mm 波纹结构板纵向接缝处每个波峰和波谷都必须有一个螺栓,即纵向螺栓间距为 62.5mm。每片 125mm×25mm 波纹结构板的净长一般不大于 2 000mm,且须是纵向螺栓间距的倍数;净宽根据环向分片情况确定(圆管一般等分为 3 片,管拱分为不等宽的 4 片)。环向螺栓间距一般可取 314mm。

3)150mm×50mm 结构板

工厂制造的结构板一般按三种标准长度(沿结构长度方向)加工,参见图 3-13。

板宽指沿圆弧方向的弧长,一般用标称周向螺栓间距 N(=244mm)来描述。例如,5N 板净宽为 5 个周向螺栓孔间距即 1 220mm,而 8N 板的净宽则为 8 个周向螺栓孔间距即1 952mm。表 3-23 列出了不同宽度的波纹钢板展开尺寸。

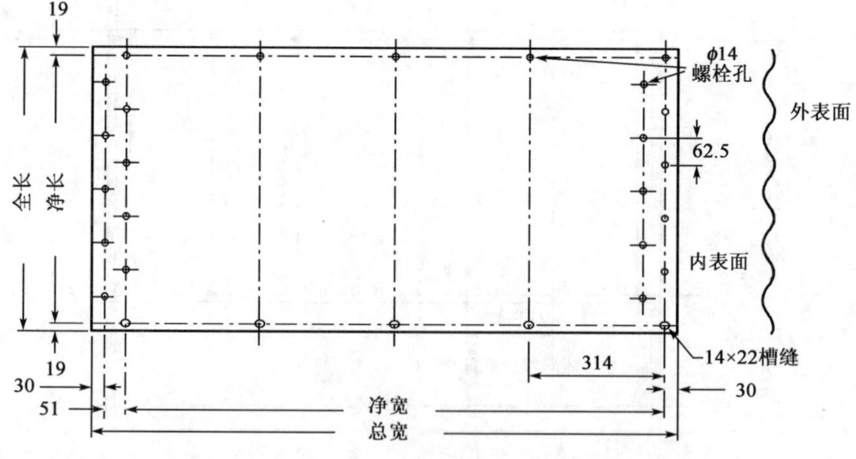

图 3-11 125mm×25mm 波纹钢板展开图(尺寸单位:mm)

流向
波纹钢管
外表面
M12或M16镀锌高强度
六角螺栓、螺母和垫圈
环向接缝

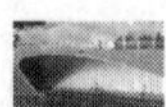

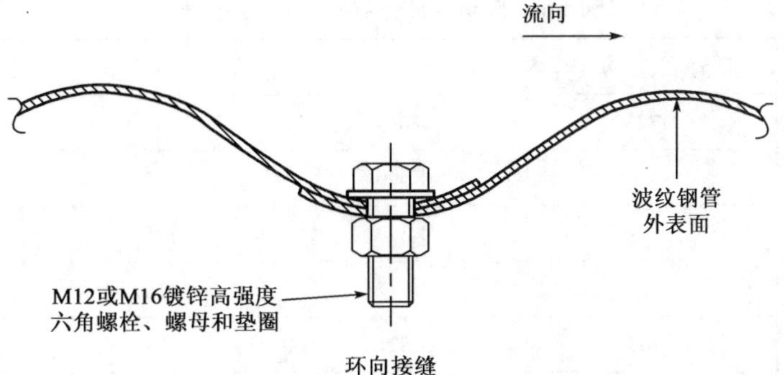

图 3-12　125mm × 25mm 波纹钢板接缝构造图

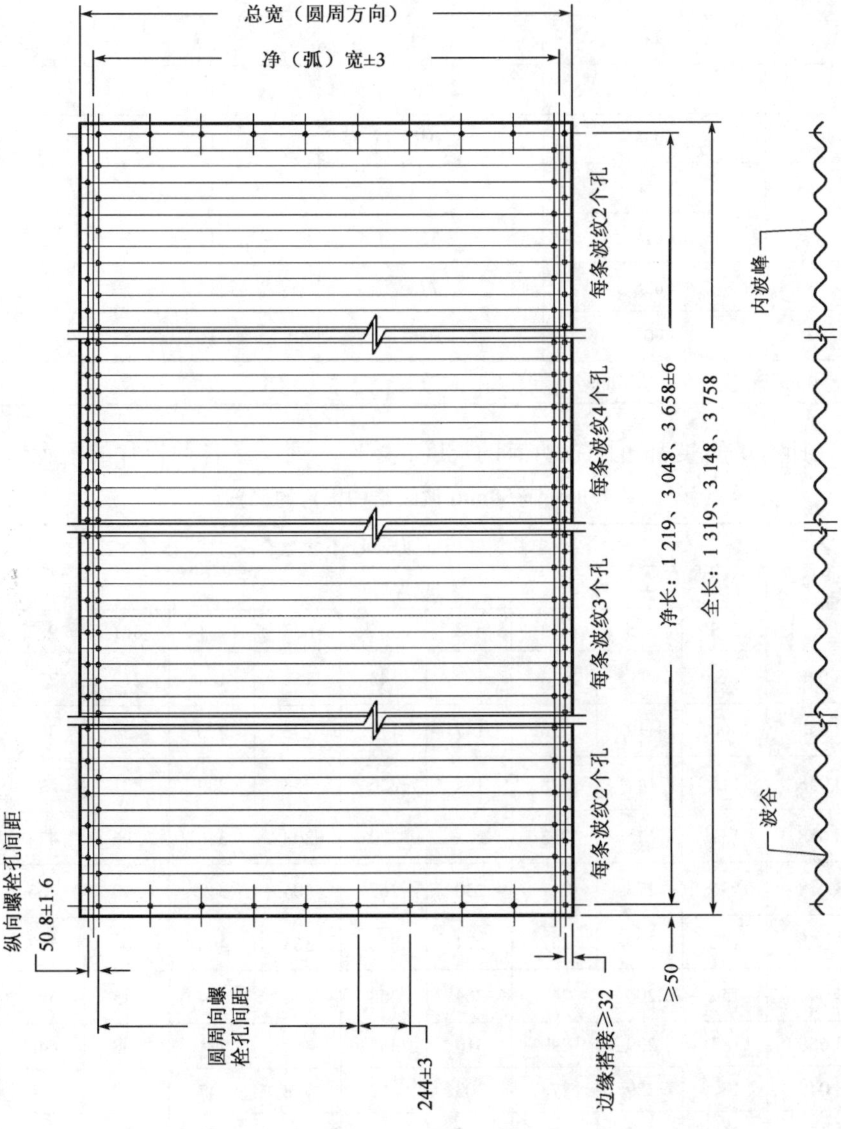

总宽（圆周方向）
净（弧）宽±3
每条波纹2个孔
每条波纹4个孔
每条波纹3个孔
每条波纹2个孔
净长：1 219、3 048、3 658±6
全长：1 319、3 148、3 758
内波峰
波谷
纵向螺栓孔间距
50.8±1.6
圆周向螺
栓孔间距
244±3
边缘搭接≥32
≥50

图 3-13　150mm × 50mm 波纹钢板展开图(尺寸单位：mm)

150mm×50mm 波纹结构板的展开宽度 表 3-23

标称板宽代号	净宽(mm)	全宽(mm)	螺栓间距个数	螺栓孔个数
3N	732	846	3	4
4N	975	1 090	4	5
5N	1 219	1 334	5	6
6N	1 463	1 577	6	7
7N	1 707	1 821	7	8
8N	1 951	2 065	8	9
9N	2 195	2 309	9	10
10N	2 438	2 553	10	11
11N	2 682	2 797	11	12
12N	2 926	3 040	12	13
13N	3 170	3 284	13	14
14N	3 414	3 528	14	15
15N	3 658	3 772	15	16
16N	3 901	4 016	16	17
N=标称244mm(理论上是243.84mm)				

注意不是所有的宽度都可配置所有的长度,表3-24列举了各种板片的配置情况。

150mm×50mm 波纹结构板片的配置 表 3-24

标称板宽	净长(mm)	单片镀锌板近似质量(不含螺栓,kg)									每片板装配螺栓个数
		壁厚(mm)									
		2.8	3.5	4.3	4.8	5.5	6.3	7.1	8.1	9.7	
3N	3 048	73	93	113	123	143	164	184	212	254	42
3N	3 658	88	112	136	147	172	196	220	254	303	50
5N	3 048	115	147	178	194	226	258	289	331	396	44
5N	3 658	137	175	213	232	270	308	346	396	473	52
6N	3 048	136	173	211	230	267	304	342	390	465	45
6N	3 658	162	207	252	274	319	363	408	466	557	53
7N	3 048	156	200	243	264	308	351	394	445	538	46
7N	3 658	187	239	290	316	367	419	471	538	643	54
8N	3 048	180	229	278	303	352	398	447			47
8N	3 658	215	274	332	362	420	476	533			55

续上表

标称板宽	净长 (mm)	单片镀锌板近似质量(不含螺栓,kg) 壁厚(mm)									每片板装配螺栓个数
		2.8	3.5	4.3	4.8	5.5	6.3	7.1	8.1	9.7	
9N	3 048	195	249	302	337	392	447	503			48
9N	3 658	235	298	362	405	471	537	603			56
3N	1 219	33	41	50	55	64	73	83			18
4N	1 219	42	53	64	71	83	94	106			19
5N	1 219	51	65	79	87	101	115	130			20
6N	1 219	61	77	93	103	119	136	153			21
7N	1 219	70	88	107	118	137	157	176			22
8N	1 219	79	100	122	134	156	178	200			23
9N	1 219	88	112	136	150	174	199	224			24
10N	1 219	98	123	150	166	192	220	247			25
11N	1 219	107	135	164	181	210	240	270			26
12N	1 219	117	147	179	197	229	261	294			27
13N	1 219	126	159	193	213	247	282	304			28
14N	1 219	135	171	207	229	265	303	341			29
15N	1 219	144	182	221	244	284	324	364			30
16N	1 219	154	194	235	260	302	345	388			31

板的尺寸规格应综合考虑板片的配置和车间的加工能力(包括镀锌池大小)选用,壁厚则根据填土厚度和荷载计算确定。板的截面特性见本书第3.1.2节。

以上尺寸规格和配置仅供参考,不同厂家可能生产不同的规格产品。

结构板通过配套的螺栓、螺母和垫圈可组装成各种不同的形状,包括圆形、管拱、圆弧拱、水平椭圆形、矮拱、高拱、梨形、地下通道及竖向椭圆形。表3-25~表3-33列出了不同形状埋置式结构的基本信息。

波纹钢结构板圆管尺寸配置[150mm×50mm(波纹剖面)] 表3-25

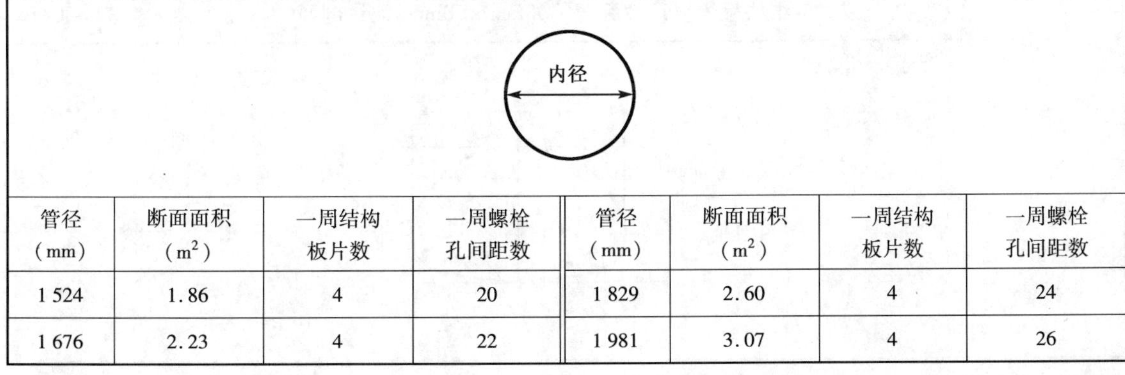

管径 (mm)	断面面积 (m^2)	一周结构板片数	一周螺栓孔间距数	管径 (mm)	断面面积 (m^2)	一周结构板片数	一周螺栓孔间距数
1 524	1.86	4	20	1 829	2.60	4	24
1 676	2.23	4	22	1 981	3.07	4	26

续上表

管径(mm)	断面面积(m^2)	一周结构板片数	一周螺栓孔间距数	管径(mm)	断面面积(m^2)	一周结构板片数	一周螺栓孔间距数
2 134	3.53	4	28	5 182	21.09	10	68
2 286	4.09	6	30	5 334	22.39	10	70
2 438	4.65	6	32	5 486	23.60	12	72
2 591	5.30	6	34	5 639	24.99	12	74
2 743	5.95	6	36	5 791	26.38	12	76
2 896	6.60	6	38	5 944	27.78	12	78
3 048	7.34	6	40	6 096	29.17	12	80
3 200	8.08	6	42	6 248	30.66	12	82
3 353	8.83	8	44	6 401	32.14	12	84
3 505	9.66	8	46	6 553	33.72	14	86
3 658	10.50	8	48	6 706	35.30	14	88
3 810	11.43	8	50	6 858	36.98	14	90
3 962	12.36	8	52	7 010	38.55	14	92
4 115	13.29	8	54	7 163	40.32	14	94
4 267	14.31	8	56	7 315	41.99	14	96
4 420	15.33	10	58	7 468	43.66	14	98
4 572	16.44	10	60	7 620	45.62	16	100
4 724	17.56	10	62	7 772	47.38	16	102
4 877	18.67	10	64	7 925	49.24	16	104
5 029	19.88	10	66				

波纹钢结构板管拱尺寸配置[150mm×50mm(波纹剖面)]　　表 3-26

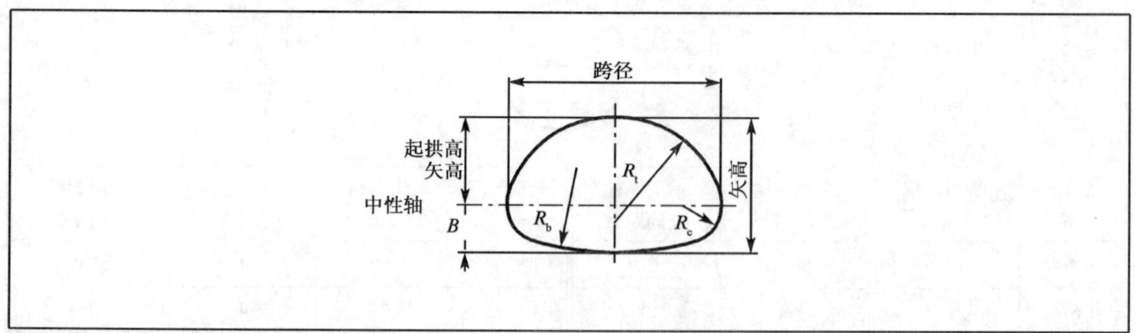

续上表

跨径(mm)	矢高(mm)	断面面积(m^2)	尺寸(mm)				一周螺栓孔间距个数			
			B	R_t	R_c	R_b	顶部	每个侧角	底部	总计
2 060	1 520	2.49	700	1 130	660	1 875	9	5	5	24
2 240	1 630	2.90	680	1 205	660	3 370	11	5	5	26
2 440	1 750	3.36	730	1 305	685	2 995	12	5	6	28
2 590	1 880	3.87	735	1 355	710	4 420	14	5	6	30
2 690	2 080	4.49	815	1 380	785	4 050	16	5	6	32
3 100	1 980	4.83	790	1 695	685	3 850	15	5	9	34
3 400	2 010	5.28	840	2 000	660	3 510	15	5	11	36
3 730	2 290	6.61	900	2 055	710	4 045	18	5	12	40
3 890	2 690	8.29	915	1 975	815	6 015	23	5	11	44
4 370	2 870	9.76	1 035	2 265	815	4 895	24	5	14	48
4 720	3 070	11.38	1 015	2 425	815	6 430	27	5	15	52
5 050	3 330	13.24	1 040	2 570	840	7 430	30	5	16	56
5 490	3 530	15.10	1 095	2 790	840	7 575	32	5	18	60
5 890	3 710	17.07	1 150	3 020	840	7 755	34	5	20	64
6 250	3 910	19.18	1 120	3 175	840	9 630	37	5	21	68
7 040	4 060	22.48	1 660	4 090	1 370	9 650	31	11	21	74
7 620	4 240	25.27	1 750	4 570	1 370	9 650	33	11	24	79

波纹钢结构板圆弧拱尺寸配置[150mm×50mm(波纹剖面)] 表3-27

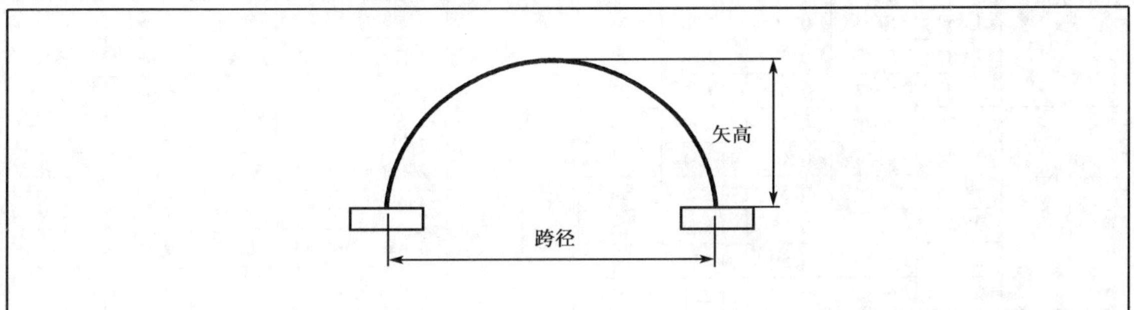

续上表

跨径（mm）	矢高（mm）	断面面积（m²）	矢跨比	半径（mm）	一周螺栓孔间距数
1 524	546	0.60	0.36		8
	673	0.79	0.44		9
	800	0.98	0.49		10
	914	1.15	0.6	762	11
1 829	546	0.70	0.3	1 041	9
	699	0.93	0.38	953	10
	965	1.39	0.53	914	12
	1 067	1.62	0.59	914	13
2 134	711	1.11	0.34	1 143	11
	864	1.39	0.4	1 092	12
	1 118	1.86	0.52	1 067	14
	1 245	2.15	0.58	1 067	15
	1 346	2.39	0.63	1 067	16
2 438	889	1.58	0.37	1 295	13
	1 016	1.86	0.42	1 232	14
	1 270	2.42	0.52	1 219	16
	1 397	2.76	0.57	1 219	17
	1 499	3.04	0.62	1 219	18
2 743	889	1.72	0.32	1 499	14
	1 181	2.46	0.43	1 372	16
	1 435	3.07	0.52	1 372	18
	1 549	3.45	0.57	1 372	19
	1 676	3.76	0.61	1 372	20
3 048	1 054	2.32	0.35	1 626	16
	1 346	3.16	0.44	1 537	18
	1 600	3.81	0.52	1 524	20
	1 702	4.21	0.56	1 524	21
	1 829	4.56	0.6	1 524	22
	1 930	4.91	0.64	1 524	23
3 353	1 067	2.55	0.32	1 854	17
	1 359	3.44	0.41	1 715	19
	1 753	4.65	0.52	1 676	22
	1 854	5.04	0.56	1 676	23
	1 981	5.43	0.59	1 676	24
	2 108	5.83	0.63	1 676	25
3 658	1 232	3.25	0.34	1 969	19
	1 524	4.18	0.42	1 854	21
	1 905	5.48	0.52	1 829	24
	2 032	5.96	0.55	1 829	25
	2 134	6.39	0.59	1 829	26
	2 261	6.81	0.62	1 829	27

跨径（mm）	矢高（mm）	断面面积（m²）	矢跨比	半径（mm）	一周螺栓孔间距个数
3 962	1 245	3.53	0.32	2 197	20
	1 549	4.55	0.39	2 045	22
	2 057	6.50	0.52	1 981	26
	2 184	6.95	0.55	1 981	27
	2 286	7.41	0.58	1 981	28
	2 413	7.88	0.61	1 981	29
4 267	1 410	4.37	0.33	2 311	22
	1 702	5.39	0.4	2 184	24
	2 210	7.43	0.52	2 134	28
	2 337	8.01	0.55	2 134	29
	2 464	8.52	0.58	2 134	30
	2 692	9.50	0.63	2 134	32
4 572	1 410	4.65	0.31	2 565	23
	1 727	5.76	0.38	2 362	25
	2 007	6.97	0.44	2 311	27
	2 362	8.55	0.52	2 286	30
	2 489	9.15	0.55	2 286	31
	2 616	9.70	0.57	2 286	32
	2 845	10.76	0.62	2 286	34
4 877	1 575	5.57	0.32	2 667	25
	2 159	7.99	0.45	2 464	29
	2 515	9.75	0.52	2 438	32
	2 642	10.37	0.54	2 438	33
	2 896	11.52	0.59	2 438	35
	2 997	12.09	0.62	2 438	36
5 182	1 588	5.85	0.31	2 921	26
	2 184	8.55	0.42	2 616	30
	2 692	11.06	0.52	2 591	34
	2 794	11.66	0.54	2 591	35
	3 048	12.89	0.59	2 591	37
	3 277	14.07	0.63	2 591	39
5 486	1 753	6.97	0.32	3 023	28
	2 337	9.66	0.43	2 769	32
	2 718	11.71	0.5	2743	35
	2 972	13.03	0.54	2 743	37
	3 200	14.33	0.58	2 743	39
	3 429	15.60	0.63	2 743	41

波纹钢结构板水平椭圆尺寸配置[150mm×50mm(波纹剖面)] 表3-28

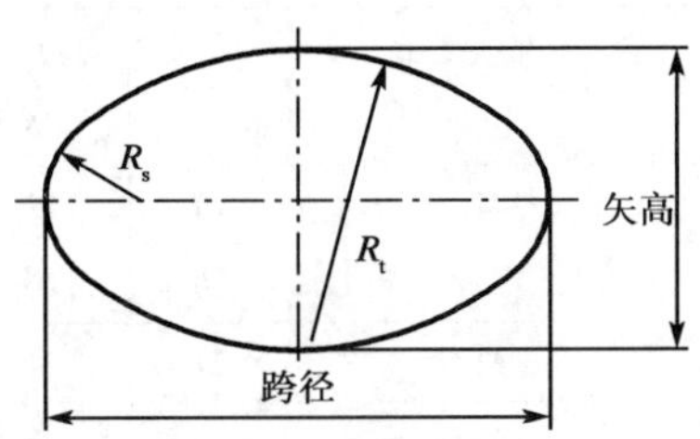

跨径(mm)	矢高(mm)	断面面积(m^2)	一周螺栓孔间距个数			顶部 R_t(mm)	侧面 R_s(mm)
			顶部或底部	每侧	总计		
1 630	1 350	1.74	5	5	20	970	610
2 130	1 420	2.41	6	6	24	1 710	610
2 540	1 630	3.24	9	5	28	1 770	610
2 790	1 630	3.57	9	6	30	2 340	640
2 900	1 930	4.36	11	5	32	1 850	690
3 200	2 260	5.64	12	6	36	1 990	840
3 680	2 440	6.85	15	5	40	2 260	760
3 760	2 260	6.62	14	6	40	2 630	760
4 420	2 790	9.78	15	9	48	3 200	1 070
4 826	3 429	12.86	18	9	54	2 972	1 283
5 156	3 683	14.87	18	11	58	3 289	1 448
5 283	3 531	14.59	18	11	58	3 607	1 359
5 715	3 988	18.08	18	14	64	3 924	1 664
6 120	3 960	18.77	23	10	66	3 985	1 370
6 230	3 840	18.40	24	9	66	4 165	1 220
6 460	3 910	19.42	25	9	68	4 345	1 220
6 680	3 990	20.49	26	9	70	4 520	1 245
7 010	4 290	23.15	27	10	74	4 700	1 370
7 470	4 470	25.49	29	10	78	5 030	1 370
7 950	5 540	34.25	29	15	88	5 030	2 085
8 280	5 820	37.59	30	16	92	5 025	2 210
8 560	5 210	34.28	33	12	90	5 740	1 650
8 970	6 070	42.23	33	16	98	5 740	2 210
9 220	5 460	38.55	36	12	96	6 275	1 650

续上表

跨径 (mm)	矢高 (mm)	断面面积 (m^2)	一周螺栓孔间距个数			顶部 R_t (mm)	侧面 R_s (mm)
			顶部或底部	每侧	总计		
10 110	6 120	47.57	39	14	106	6 780	1 930
10 640	6 500	53.29	41	15	112	7 135	2 085
10 970	6 810	57.51	42	16	116	7 315	2 210
11 250	7 800	68.25	41	21	124	7 135	2 920
11 580	8 100	72.93	42	22	128	7 315	3 050
11 790	8 510	78.31	42	24	132	7 315	3 325

波纹钢结构板竖向椭圆尺寸配置[150mm×50mm(波纹剖面)] 表 3-29

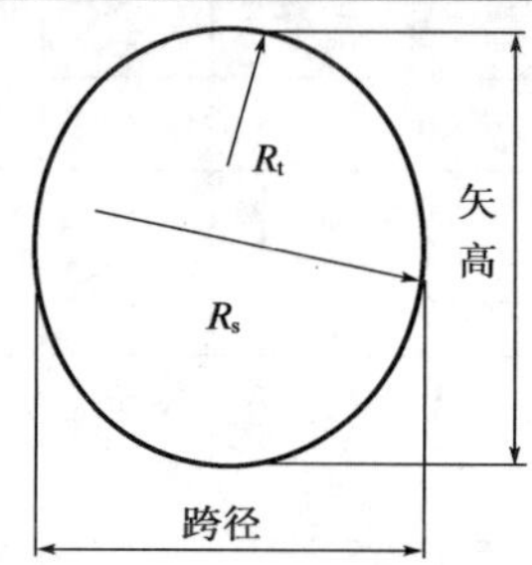

跨径 (mm)	矢高 (mm)	断面面积 (m^2)	一周螺栓孔间距个数			顶部 R_t (mm)	侧面 R_s (mm)
			每侧	顶部或底部	总计		
2 310	2 570	4.63	10	6	32	1 045	1 350
2 460	2 740	5.24	11	6	34	1 100	1 430
2 620	2 900	5.89	9	9	36	1 220	1 565
2 920	3 230	7.30	14	6	40	1 265	1 675
3 200	3 560	8.86	16	6	44	1 370	1 840
3 580	3 890	10.57	18	6	48	1 470	2 005
3 810	4 220	12.42	17	9	52	1 690	2 200
4 140	4 570	14.41	19	9	56	1 800	2 360
4 340	4 830	16.60	12	18	60	2 090	2 720
4 650	5 160	18.92	14	18	64	2 220	2 855
4 950	5 460	21.38	14	20	68	2 370	3 065
5 260	5 820	23.99	18	18	72	2 470	3 150
5 540	6 120	26.75	18	20	76	2 620	3 355
5 840	6 450	29.67	19	21	80	2 760	3 530
6 120	6 780	32.74	21	21	84	2 885	3 680

波纹钢结构板矮拱尺寸配置[150mm×50mm(波纹剖面)]　　表3-30

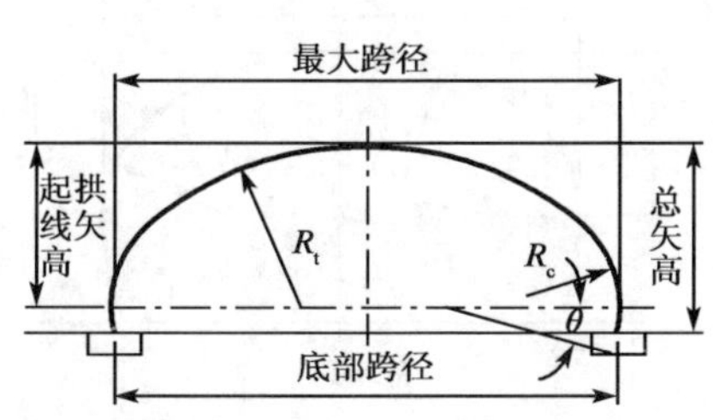

最大跨径(mm)	底部跨径(mm)	总矢高(mm)	断面面积(m^2)	一周螺栓孔间距数			顶部R_t(mm)	侧面R_c(mm)	起拱线矢高(mm)	返回角θ(°)
				顶部	侧面	总计				
5 920	5 820	2 080	9.75	23	5	33	3 990	1 090	1 780	15.6
6 120	6 050	2 290	11.18	23	6	35	3 990	1 370	1 980	12.4
6 550	6 500	2 360	12.39	25	6	37	4 345	1 370	2 055	12.4
6 780	6 730	2 410	13.01	26	6	38	4 520	1 370	2 110	12.4
7 010	6 930	2 440	13.64	27	6	39	4 700	1 370	2 160	12.4
7 240	7 160	2 490	14.29	28	6	40	4 875	1 370	2 185	12.4
7 470	7 390	2 540	14.94	29	6	41	5 030	1 370	2 235	12.4
7 670	7 620	2 570	15.62	30	6	42	5 205	1 370	2 260	12.4
7 900	7 850	2 620	16.30	31	6	43	5 385	1 370	2 310	12.4
8 310	8 150	3 280	22.04	31	9	49	5 385	1 930	2 745	16.1
8 760	8 610	3 350	23.74	33	9	51	5 740	1 930	2 820	16.1
9 420	9 270	3 480	26.39	36	9	54	6 275	1 930	2 945	16.1
9 630	9 500	3 680	28.69	36	10	56	6 275	2 210	3 150	14.0
9 860	9 730	3 730	29.64	37	10	57	6 425	2 210	3 200	14.0
10 080	9 930	3 780	30.61	38	10	58	6 605	2 210	3 250	14.0
10 110	9 960	3 610	29.15	39	9	57	6 780	1 930	3 075	16.1
10 490	10 390	4 040	34.09	39	11	61	6 780	2 490	3 505	12.5
10 540	10 410	3 680	31.06	41	9	59	7 135	1 930	3 150	16.1
10 770	10 570	3 730	32.03	42	9	60	7 315	1 930	3 200	16.1
11 560	11 460	4 780	44.30	41	14	69	7 135	3 325	4 215	9.4
11 790	11 680	4 800	45.51	42	14	70	7 315	3 325	4 260	9.4

波纹钢结构板高拱尺寸配置[150mm×50mm(波纹剖面)] 表 3-31

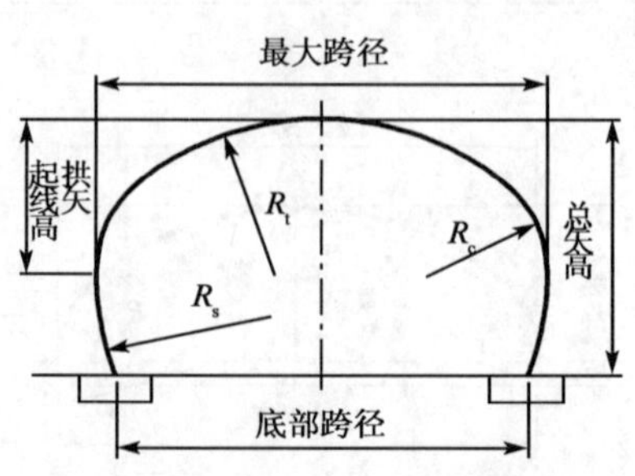

最大跨径(mm)	底部跨径(mm)	总矢高(mm)	断面面积(m^2)	一周螺栓孔间距个数				顶部R_t(mm)	上侧R_c(mm)	下侧R_s(mm)	起拱线矢高(mm)
				顶部	上侧	下侧	总计				
6 300	5 740	3 680	19.85	23	6	6	47	3 990	1 650	3 985	2 200
6 550	6 050	3 560	19.93	25	5	6	47	4 345	1 370	4 345	2 070
6 780	6 270	3 610	20.85	26	5	6	48	4 520	1 370	4 520	2 110
7 010	6 530	3 660	21.78	27	5	6	49	4 700	1 370	4 700	2 150
7 240	6 760	3 680	22.71	28	5	6	50	4 875	1 370	4 875	2 190
7 670	7 230	3 740	24.61	30	5	6	52	5 205	1 370	5 205	2 270
7 870	6 920	4 655	31.56	30	6	9	60	5 205	1 650	5 205	2 490
8 100	7 190	4 650	32.78	31	6	9	61	5 385	1 650	5 385	2 520
8 560	7 500	5 020	36.92	33	6	10	65	5 740	1 650	5 740	2 610
8 590	7 750	4 630	34.09	34	5	9	62	5 920	1 370	5 920	2 440
9 220	8 420	4 920	39.00	36	6	9	66	6 275	1 650	6 275	2 730
9 450	8 670	4 970	40.25	37	6	9	67	6 425	1 650	6 425	2 770
9 680	8 740	5 260	43.55	38	6	10	70	6 605	1 650	6 605	2 810
9 910	8 990	5 280	44.91	39	6	10	71	6 780	1 650	6 780	2 850
10 360	9 500	5 380	47.67	41	6	10	73	7 135	1 650	7 135	2 930
10 360	9 140	5 830	51.86	41	6	12	77	7 135	1 650	7 135	2 930
10 570	9 730	5 440	49.07	42	6	10	74	7 315	1 650	7 315	2 980
10 590	9 390	5 870	53.39	42	6	12	78	7 315	1 650	7 315	2 980
11 350	10 130	6 910	67.08	41	11	12	87	7 135	3 050	7 135	4 000
11 580	10 390	6 930	68.86	42	11	12	88	7 315	3 050	7 315	4 000

波纹钢结构板倒梨形尺寸配置[150mm×50mm(波纹剖面)]　　表3-32

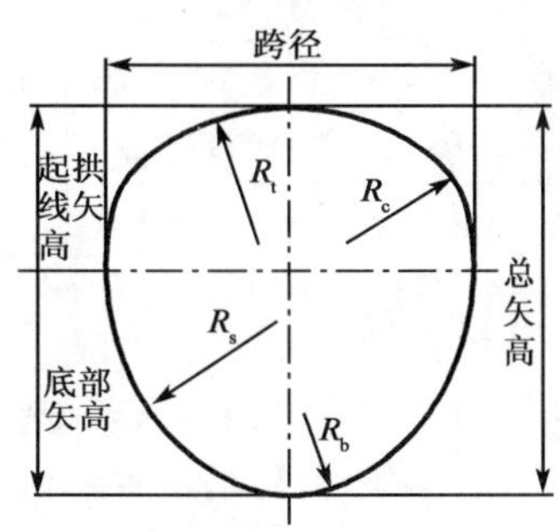

跨径(mm)	总矢高(mm)	底部矢高(mm)	断面面积(m^2)	一周螺栓孔间距个数					底部 R_b (mm)	侧面 R_s (mm)	边角 R_c (mm)	顶部 R_t (mm)
				顶部	边角	侧面	底部	总计				
7 210	7 820	4 550	44.69	25	5	24	15	98	2 720	5 055	1 905	4 470
7 320	8 530	4 880	48.87	27	5	24	18	103	2 770	5 790	2 440	3 960
7 570	8 430	5 100	50.54	27	5	25	18	105	2 820	5 995	1 755	4 850
8 100	8 610	5 460	54.91	28	5	30	12	110	2 440	6 095	1 475	6 275
8 360	8 230	5 510	53.70	30	6	26	16	110	2 920	6 200	1 395	6 070
8 560	8 480	5 130	57.97	27	8	22	25	112	3 710	5 790	2 210	6 225

波纹钢结构板梨形尺寸配置[150mm×50mm(波纹剖面)]　　表3-33

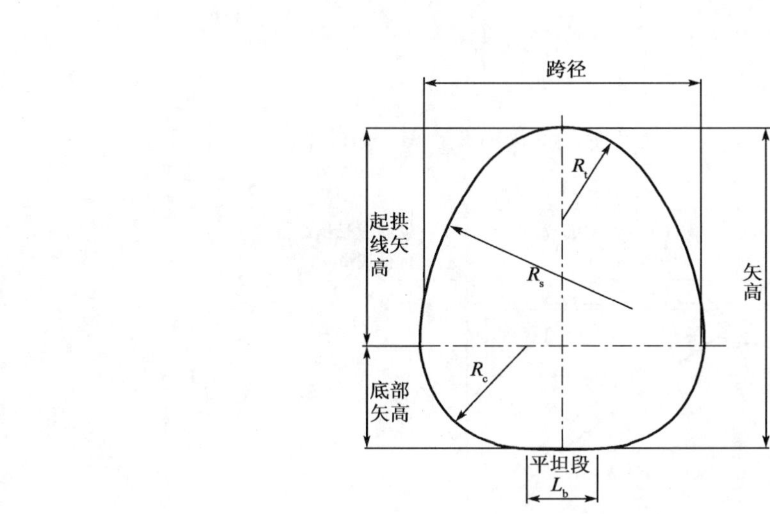

跨径(mm)	矢高(mm)	底部矢高(mm)	一周螺栓孔间距个数					R_t (mm)	R_s (mm)	R_c (mm)	L_b (mm)
			总计	顶部	侧面	底部	边角				
1 755	1 995	700	26	7	5	3	3	750	1 980	485	730
1 780	2 250	790	28	7	6	3	3	725	2 490	490	730

续上表

跨径（mm）	矢高（mm）	底部矢高（mm）	一周螺栓孔间距个数					R_t（mm）	R_s（mm）	R_c（mm）	L_b（mm）
			总计	顶部	侧面	底部	边角				
1 780	2 360	825	29	8	6	3	3	760	3 125	485	730
1 790	2 490	900	30	7	7	3	3	710	2 920	495	730

4）带推力梁的 150mm×50mm 结构板

随着跨径的增大，浅波纹结构板埋置式结构的安装和施工过程中对形状的控制难度也会增大。对于大跨非圆形截面的埋置式结构，尤其是水平椭圆形或矮拱结构，起拱线以上的拱侧回填土往往难以压实，无法给结构提供良好支撑，因而限制了结构的跨越能力。

推力梁是对称设置在波纹钢埋置式结构上拱腋外侧（一般在 3/4 矢高附近，见图 3-14）的钢筋混凝土梁（一般采用 C30 混凝土），通常在结构安装完成后或回填至一定高度后现浇施工，并通过预埋螺栓与主体结构紧密连接。图 3-15 给出了典型的推力梁构造。

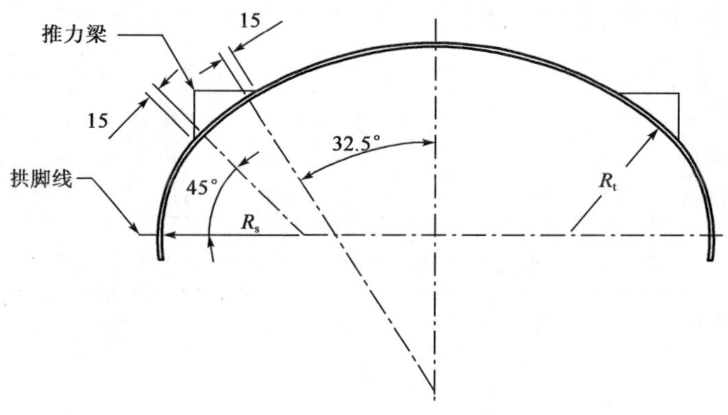

图 3-14　推力梁的尺寸与位置（尺寸单位：cm）

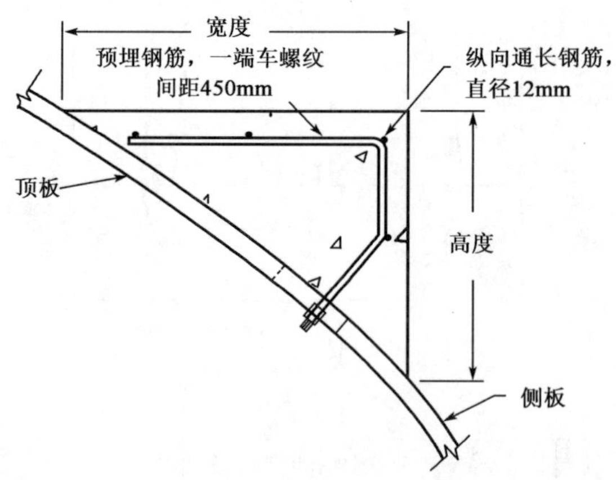

图 3-15　典型的推力梁构造

推力梁构造提供了一个竖直的平面，因而使得上拱腋部分的回填土更容易压实，并能将拱身的水平推力均匀、有效地传递到侧面填土。同时，对于比较平坦的拱形或水平椭圆形结构，

推力梁可作为拱腋的纵向加劲肋，可减小拱顶填土引起的局部变形。

推力梁一般用于非圆形截面。表 3-34 ~ 表 3-38 列举了带推力梁的 150mm × 50mm 结构板用于不同类型埋置式结构的尺寸构造。

波纹钢结构板矮拱形尺寸配置[带推力梁的 150mm × 50mm(波纹剖面)]　　表 3-34

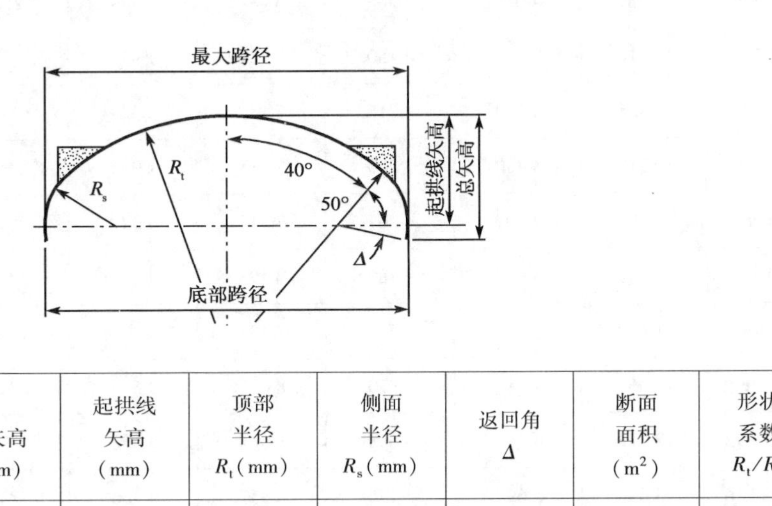

最大跨径(mm)	底部跨径(mm)	总矢高(mm)	起拱线矢高(mm)	顶部半径 R_t(mm)	侧面半径 R_s(mm)	返回角 Δ	断面面积(m^2)	形状系数 R_t/R_s
5 918	5 842	2 057	1 778	3 988	1 092	15°36′	9.75	3.6
6 121	6 045	2 286	1 981	3 988	1 372	12°28′	11.15	2.91
6 553	6 502	2 362	2 057	4 343	1 372	12°28′	12.36	3.13
6 782	6 731	2 413	2 108	4 521	1 372	12°28′	13.01	3.25
7 010	6 934	2 464	2 159	4 699	1 372	12°28′	13.66	3.38
7 239	7 163	2 489	2 184	4 877	1 372	12°28′	14.31	3.5
7 468	7 391	2 515	2 235	5 029	1 372	12°28′	14.96	3.63
7 671	7 620	2 565	2 261	5 207	1 372	12°28′	15.61	3.75
7 899	7 849	2 616	2 311	5 385	1 372	12°28′	16.35	3.88
8 306	8 255	3 048	2 743	5 385	1 930	8°55′	20.16	2.77
8 560	8 509	2 896	2 616	5 740	1 651	10°24′	19.70	3.48
8 763	8 712	3 124	2 819	5 740	1 930	8°55′	21.74	2.95
8 788	8 738	2 946	2 642	5 918	1 651	10°24′	20.44	3.54
9 220	9 169	3 023	2 718	6 274	1 651	10°24′	22.02	3.76
9 423	9 373	3 251	2 946	6 274	1 930	8°55′	24.25	3.22
9 627	9 500	3 683	3 150	6 274	2 210	14°03′	28.71	2.82
9 449	9 398	3 073	2 769	6 426	1 651	10°24′	22.85	3.85
9 855	9 728	3 734	3 200	6 426	2 210	14°03′	29.64	2.89
9 677	9 627	3 099	2 819	6 604	1 651	10°24′	23.69	3.96
10 084	9 931	3 785	3 251	6 604	2 210	14°03′	30.66	2.97
10 109	10 058	3 378	3 073	6 782	1 930	8°55′	26.85	3.49

续上表

最大跨径(mm)	底部跨径(mm)	总矢高(mm)	起拱线矢高(mm)	顶部半径R_t(mm)	侧面半径R_s(mm)	返回角Δ	断面面积(m^2)	形状系数R_t/R_s
10 490	10 389	4 039	3 505	6 782	2 489	12°29′	34.10	2.71
10 541	10 516	3 454	3 150	7 137	1 930	8°55′	28.61	3.67
11 557	11 455	4 750	4 216	7 137	3 327	9°22′	44.31	2.14
10 770	10 719	3 480	3 200	7 315	1 930	8°55′	29.54	3.76
11 786	11 684	4 801	4 267	7 315	3 327	9°22′	45.52	2.28
11 532	11 506	3 937	3 785	7 493	2 667	3°10′	35.58	2.81
11 989	11 989	4 369	4 293	7 493	3 302	1°25′	40.97	2.27
*12 090	12 065	4 089	3 810	8 001	2 515	6°22′	38.74	3.18
*12 878	12 878	4 699	4 648	8 001	3 632	0°36′	47.38	2.2
*13 716	13 640	5 690	5 156	8 357	4 166	7°30′	62.71	2
**6 299	6 299	1 905	1 867	4 521	1 270	1°56′	9.38	3.56
**6 909	6 909	2 032	1 918	5 080	1 194	5°43′	11.06	4.26
**7 442	7 442	2 108	2 057	5 486	1 270	2°05′	12.08	4.32
**7 468	7 468	2 286	2 248	5 029	1 397	1°32′	13.19	3.61
**7 925	7 925	2 362	2 324	5 385	1 397	1°32′	14.40	3.86
**8 382	8 382	2 438	2 413	5 740	1 397	1°32′	15.70	4.11
**9 068	9 068	2 565	2 540	6 274	1 422	0°38′	17.74	4.4
**9 373	9 373	2 769	2 616	6 934	1 651	5°32′	20.44	4.2
**9 474	9 474	2 819	2 781	6 426	1 676	1°17′	20.53	3.84
**9 931	9 931	2 921	2 870	6 782	1 676	1°17′	22.11	4.05
**10 363	10 363	2 997	2 946	7 137	1 676	1°17′	23.69	4.26
**10 846	10 846	3 073	3 048	7 493	1 702	0°32′	25.36	4.4
**11 024	11 024	3 277	3 251	7 493	1 956	1°07′	27.78	3.83

注：* 表示拱顶须设置加劲环，参见本书第 3.3.3 节波纹板箱涵。

** 表示这类尺寸的矮拱形状系数较大(非常平坦)，拱顶填土高度一般不宜大于 2.4m，且采用级配良好的粗砂、砂砾、碎石土或水泥稳定砂

波纹钢结构板高拱形尺寸配置[带推力梁的 150mm×50mm(波纹剖面)]　　表 3-35

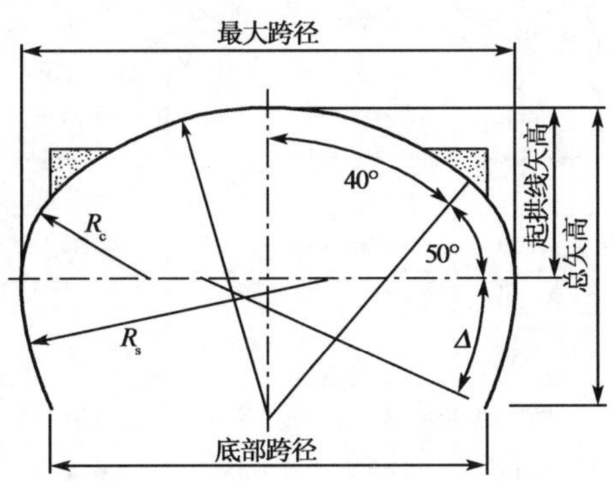

最大跨径(mm)	底部跨径(mm)	总矢高(mm)	起拱线矢高(mm)	顶部半径 R_t(mm)	上侧半径 R_c(mm)	下侧半径 R_s(mm)	返回角 Δ	断面面积(m^2)	形状系数 R_t/R_s
6 121	5 969	2 769	1 981	3 988	1 372	3 988	11°18′	14.12	2.91
6 299	5 740	3 683	2 210	3 988	1 651	3 988	21°44′	19.88	2.4
6 553	6 045	3 556	2 057	4 343	1 372	4 343	20°0′	19.97	3.13
6 782	6 274	3 607	2 108	4 521	1 372	4 521	19°13′	20.81	3.25
6 960	6 045	4 420	2 489	4 343	1 930	4 343	26°24′	26.38	2.24
6 985	6 629	3 581	2 337	4 521	1 651	4 521	16°09′	21.18	2.73
6 985	6 121	4 267	2 311	4 521	1 651	4 521	25°23′	25.55	2.71
7 010	6 528	3 632	2 159	4 699	1 372	4 699	18°31′	21.74	3.38
7 214	6 858	3 607	2 362	4 699	1 651	4 699	15°33′	22.11	2.84
7 239	6 756	3 683	2 184	4 877	1 372	4 877	17°51′	22.67	3.5
7 417	6 579	4 521	2 565	4 699	1 930	4 699	24°26′	28.71	2.41
7 442	7 112	3 658	2 413	4 877	1 651	4 877	14°57′	23.04	2.95
7 468	6 680	4 191	2 235	5 029	1 372	5 029	22°45′	26.76	3.63
7 671	7 087	3 988	2 261	5 207	1 372	5 207	19°20′	26.29	3.75
7 849	7 544	3 912	2 667	5 029	1 930	5 029	14°29′	26.01	2.61
7 849	7 061	4 597	2 667	5 029	1 930	5 029	22°45′	31.03	2.59
7 899	7 341	4 039	2 311	5 385	1 372	5 385	18°42′	27.31	3.88
8 077	7 772	3 962	2 692	5 207	1 930	5 207	13°59′	26.94	2.7
8 077	7 315	4 648	2 692	5 207	1 930	5 207	22°0′	32.24	2.68
8 306	8 001	4 013	2 743	5 385	1 930	5 385	13°32′	27.96	2.79
8 306	7 569	4 699	2 743	5 385	1 930	5 385	21°17′	33.45	2.77
8 357	7 823	4 115	2 388	5 740	1 372	5740	17°34′	29.45	4.13
8 585	7 899	4 394	2 438	5 918	1 372	5 918	19°24′	32.33	4.25
8 763	8 484	4 089	2 819	5 740	1 930	5740	12°43′	30.01	2.97
8 966	8 255	5 004	3 023	5 740	2 210	5 740	20°0′	38.28	2.58
9 169	8 915	4 343	3 073	5 918	2 210	5 918	12°21′	33.45	2.68
9 169	8 153	5 486	3 073	5 918	2 210	5 918	24°07′	43.29	2.66

续上表

最大跨径(mm)	底部跨径(mm)	总矢高(mm)	起拱线矢高(mm)	顶部半径 R_t(mm)	上侧半径 R_c(mm)	下侧半径 R_s(mm)	返回角 Δ	断面面积(m^2)	形状系数 R_t/R_s
9 220	8 585	4 699	2 718	6 274	1 651	6 274	18°20′	37.07	3.75
9 449	8 839	4 750	2 769	6 426	1 651	6 426	17°50′	38.28	3.85
9 627	9 271	4 648	3 150	6 274	2 210	6 274	13°51′	37.90	2.83
9 627	8 661	5 588	3 150	6 274	2 210	6 274	22°46′	46.08	2.82
9 652	8 712	5 410	2 997	6 426	1 930	6 426	22°09′	44.87	3.31
9 677	8 738	5 232	2 819	6 604	1 651	6 604	21°34′	43.57	3.96
9 855	9 500	4 699	3 200	6 426	2 210	6 426	13°31′	39.02	2.91
*9 855	8 509	6 071	3 200	6 426	2 210	6 426	26°29′	51.38	2.89
9 906	8 992	5 283	2 845	6 782	1 651	6 782	21°01′	44.97	4.06
*10 084	8 763	6 121	3 251	6 604	2 210	6 604	25°47′	52.95	2.97
*10 312	9 017	6 172	3 277	6 782	2 210	6 782	25°07′	54.53	3.05
10 363	9 500	5 385	2 946	7 137	1 651	7 137	20°0′	47.66	4.27
10 465	10 135	5 182	3 658	6 604	2 769	6 604	13°09′	45.52	2.39
*10 541	9 322	6 045	3 150	7 137	1 930	7 137	23°54′	54.81	3.67
10 566	9 728	5 410	2 972	7 315	1 651	7 315	19°31′	49.05	4.38
10 693	10 363	5 207	3 708	6 782	2 769	6 782	12°49′	46.82	2.45
*10 770	9 576	6 096	3 200	7 315	1 930	7 315	23°20′	56.39	3.76
11 151	10 820	5 283	3 785	7 137	2 769	7 137	12°11′	49.52	2.58
11 379	11 049	5 334	3 835	7 315	2 769	7 315	11°54′	50.82	2.64

注：* 施工时应特别注意形状控制

波纹钢结构板梨形尺寸配置[带推力梁的 150mm×50mm(波纹剖面)]　　表 3-36

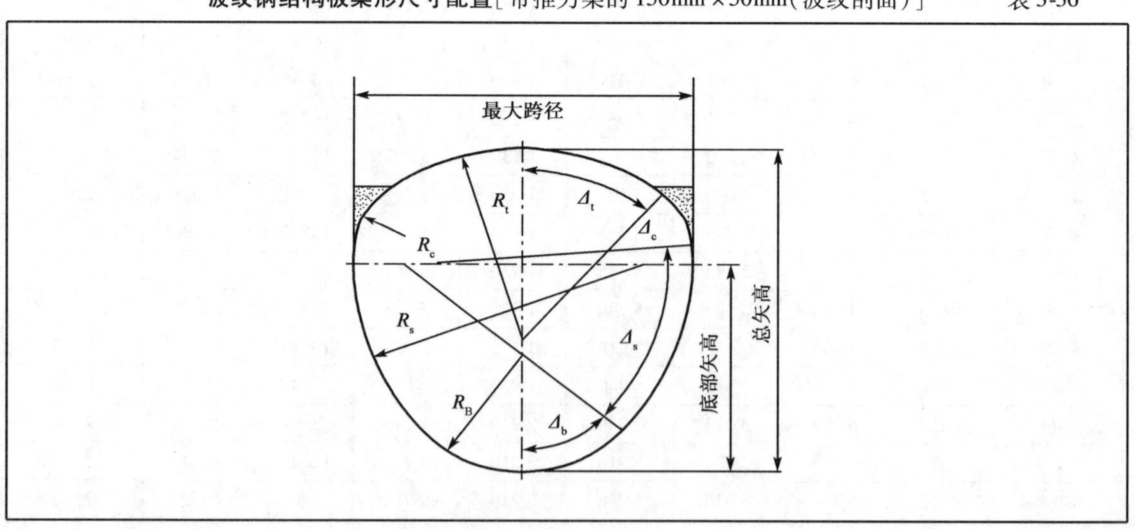

续上表

最大跨径(mm)	总矢高(mm)	底部矢高(mm)	R_t(mm)	Δ_t	R_c(mm)	Δ_c	R_s(mm)	Δ_s	R_b(mm)	Δ_b	断面面积(m^2)
7 214	7 747	4 521	4 521	38°25′	1 854	37°10′	5 029	66°24′	2 743	38°1′	44.31
7 315	7 874	4 597	4 928	31°2′	2 134	45°18′	5 283	57°50′	3 023	45°50′	46.17
7 671	7 950	4 902	4 826	38°53′	2 108	45°50′	5 715	48°39′	3 124	46°38′	48.03
7 569	8 433	5 105	4 851	38°41′	1 753	39°17′	6 020	57°46′	2 819	44°16′	50.54
8 103	8 636	5 512	6 375	30°34′	1 448	47°25′	6 147	67°47′	2 413	34°14′	55.09
8 382	8 433	5 486	6 071	34°22′	1 676	49°16′	6 172	58°31′	2 921	37°51′	55.37
8 560	8 458	5 105	6 223	30°11′	2 210	50°0′	5 740	53°16′	3 734	46°33′	57.97
8 687	9 347	5 994	5 537	40°11′	2 134	45°18′	7 391	45°13′	3 378	49°18′	64.01
9 144	9 042	6 121	6 655	33°28′	2 007	55°0′	7 366	43°29′	3 607	48°3′	64.85
9 119	9 525	6 096	5 867	40°18′	2 134	45°18′	7 417	45°04′	3 658	49°20′	68.56

波纹钢结构板梨形拱尺寸配置[带推力梁的 150mm×50mm(波纹剖面)] 表 3-37

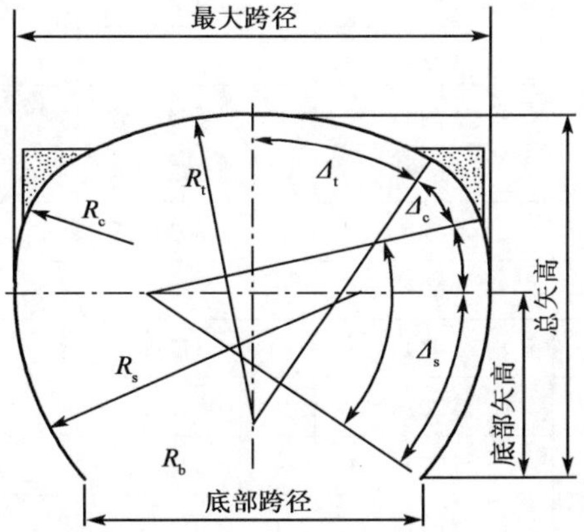

最大跨径(mm)	底部跨径(mm)	总矢高(mm)	底部矢高(mm)	R_t(mm)	Δ_t	R_c(mm)	Δ_c	R_s(mm)	Δ_s	断面面积(m^2)
7 290	4 928	7 112	3 607	4 521	38°25′	1 854	37°10′	6 096	50°47′	44.59
8 026	5 613	7 544	3 632	4 699	38°27′	2 591	37°23′	6 096	50°47′	51.93
8 306	5 410	7 772	4 166	6 096	30°49′	1 829	45°13′	6 706	52°24′	56.02
9 017	6 553	7 595	3 861	6 706	30°6′	2 057	46°57′	6 706	48°15′	59.92
9 246	6 579	7 874	4 013	6 706	31°8′	2 134	45°18′	6 706	50°20′	63.45

波纹钢结构板水平椭圆形尺寸配置[带推力梁的150mm×50mm(波纹剖面)]　表3-38

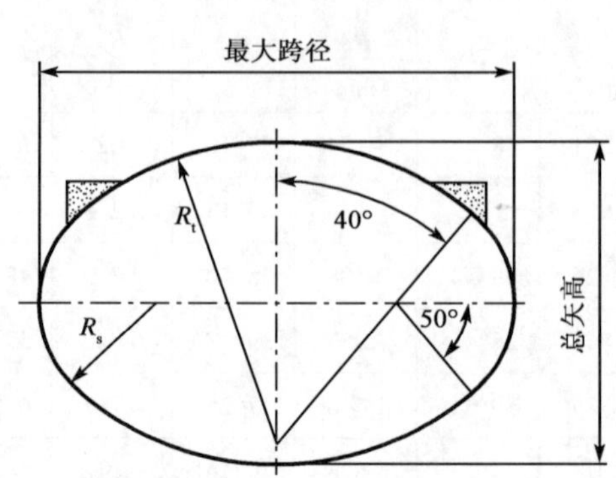

最大跨径(mm)	总矢高(mm)	顶部半径 R_t(mm)	侧面半径 R_s(mm)	断面面积(m^2)	形状系数 R_t/R_s
5 893	3 886	3 810	1 372	17.74	2.78
6 121	3 962	3 988	1 372	18.77	2.90
6 147	3 632	4 166	1 092	17.00	3.81
6 350	3 708	4 343	1 092	18.02	3.97
6 401	4 623	3 988	1 803	23.04	2.21
6 680	3 988	4 521	1 245	20.53	3.63
6 858	4 775	4 343	1 803	25.46	2.40
7 010	4 293	4 699	1 372	23.13	3.42
7 087	4 851	4 521	1 803	26.76	2.50
7 417	5 156	4 699	1 930	29.73	2.43
7 468	4 470	5 029	1 372	25.46	3.66
7 671	4 547	5 207	1 372	26.66	3.79
7 747	5 105	5 029	1 803	30.66	2.79
7 950	5 537	5 029	2 083	34.28	2.42
8 001	4 826	5 385	1 524	29.73	3.53
8 230	4 928	5 563	1 524	31.03	3.65
8 280	5 817	5 207	2 210	37.63	2.35
8 509	5 918	5 385	2 210	39.11	2.43
8 560	5 207	5 740	1 651	34.28	3.47
8 788	5 309	5 918	1 651	35.67	3.58
8 966	6 071	5 740	2 210	42.27	2.59
9 169	6 147	5 918	2 210	43.85	2.67
9 220	5 461	6 274	1 651	38.55	3.75

续上表

最大跨径（mm）	总矢高（mm）	顶部半径 R_t（mm）	侧面半径 R_s（mm）	断面面积（m^2）	形状系数 R_t/R_s
9 500	6 452	6 096	2 362	47.66	2.58
9 550	5 766	6 426	1 803	42.18	3.56
9 779	5 842	6 604	1 803	43.76	3.66
9 830	6 756	6 274	2 489	51.56	2.52
10 058	6 833	6 426	2 489	53.33	2.58
10 109	6 121	6 782	1 930	47.57	3.51
10 389	7 112	6 604	2 642	57.51	2.50
10 541	6 299	7 137	1 930	50.91	3.69
10 643	6 502	7 137	2 083	53.33	3.42
10 693	7 417	6 782	2 769	61.78	2.44
10 973	6 807	7 315	2 210	57.51	3.31
11 328	6 756	7 671	2 083	58.62	3.68

3.3.2 深波纹板

通常将波高100mm以上的结构板称为深波纹板。工程中应用最多的是380mm×140mm和400mm×150mm的波纹剖面，其他如300mm×110mm、500mm×237mm的波纹剖面在某些国家和地区也有生产和应用。本节重点介绍380mm×140mm和400mm×150mm结构板的构造和应用。

1）380mm×140mm结构板

工厂制造的结构板一般按762mm标准净长度（沿结构长度方向，不包括边缘搭接）加工，参见图3-16。板宽指沿圆弧方向的弧长，一般用标称周向螺栓间距 S（=406.4mm）来描述。例如，5S板净宽为5个周向螺栓孔间距即2 032mm。

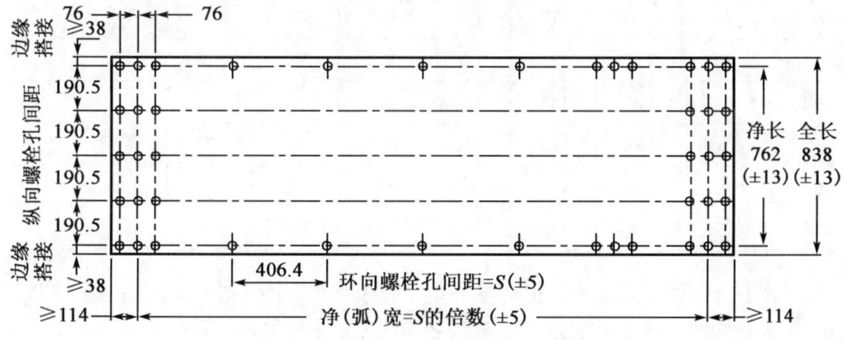

图3-16 380mm×140mm波纹结构板展开图（尺寸单位：mm）

表3-39列出了不同宽度的波纹钢板展开尺寸。

380mm×140mm 波纹结构板的展开宽度 表3-39

标称板宽代号	净宽(mm)	全宽(mm)	螺栓间距个数	螺栓孔个数
1*S*	406	634	1	2
2*S*	813	1 041	2	3
3*S*	1 219	1 447	3	4
4*S*	1 626	1 854	4	5
5*S*	2 032	2 260	5	6
6*S*	2 438	2 666	6	7
7*S*	2 845	3 073	7	8
8*S*	3 251	3 479	8	9
9*S*	3 658	3 886	9	10
10*S*	4 064	4 292	10	11
11*S*	4 470	4 698	11	12
12*S*	4 876	5 105	12	13
S=标称406mm(理论上是406.4mm)				

表3-40列出了380mm×140mm结构板的配置。

380mm×140mm 波纹结构板片配置 表3-40

标称板宽	净长(mm)	单片镀锌板近似质量(不含螺栓,kg)									每片板装配螺栓个数
		壁厚(mm)									
		2.8	3.5	4.3	4.8	5.5	6.3	7.1	8.1	9.7	
1*S*	762	15	20	24	27	32	37	42			14
2*S*	762	25	33	40	44	53	60	68			15
3*S*	762	35	46	55	62	73	83	94			16
4*S*	762	45	59	71	79	94	107	121			17
5*S*	762	55	72	86	96	114	130	147			18
6*S*	762	64	85	102	113	134	153	173			19
7*S*	762	74	98	117	131	155	177	200			20
8*S*	762	84	111	133	148	175	200	226			21
9*S*	762	94	124	148	165	196	223	252			22
10*S*	762	104	137	164	182	216	247	279			23
11*S*	762	113	150	179	200	236	270	305			24
12*S*	762	126	162	194	216	256	293	331			25

板的尺寸规格应综合考虑板片的配置和车间的加工能力(包括镀锌池大小)选用,壁厚则根据填土厚度和荷载计算确定。板的截面特性见第3.1.2节。

以上尺寸规格和配置仅供参考,不同厂家可能生产不同的规格产品。

与浅波纹结构板一样，380mm × 140mm 波纹结构板通过配套的螺栓、螺母和垫圈也可组装成各种不同的形状。表 3-41 ~ 表 3-43 列出了这种结构板组装的常用形状埋置式结构的基本信息。

波纹钢结构板圆管尺寸配置［380mm × 140mm（波纹剖面）］　　表 3-41

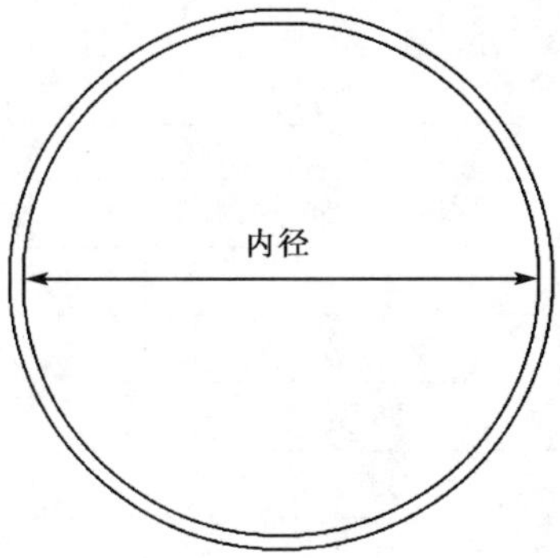

内径

内径（mm）	一周螺栓孔间距个数	断面面积（m^2）	内径（mm）	一周螺栓孔间距个数	断面面积（m^2）
8 380	66	55.37	11 130	86	97.20
8 450	66	57.20	11 225	88	99.31
8 635	68	58.90	11 380	88	101.70
8 790	68	60.70	11 480	90	103.96
8 915	70	62.43	11 630	90	106.30
9 040	70	64.20	12 015	94	113.43
9 170	72	66.15	12 170	94	116.30
9 320	72	68.30	12 520	98	123.47
9 425	74	69.86	12 680	98	126.30
9 580	74	72.00	13 055	102	133.87
9 675	76	73.77	13 180	102	136.50
9 830	76	75.90	13 565	106	144.65
9 930	78	77.76	13 720	106	147.80
10 080	78	79.90	14 070	110	155.89
10 185	80	81.85	14 220	110	158.90
10 340	80	84.00	14 605	114	167.60
10 465	82	86.03	14 760	114	171.10
10 620	82	88.50	15 115	118	179.67
10 720	84	90.39	15 270	118	183.00
10 870	84	92.80	15 620	122	192.22
10 975	86	94.76	15 770	122	195.40

波纹钢结构板圆弧拱尺寸配置[380mm×140mm(波纹剖面)] 表3-42

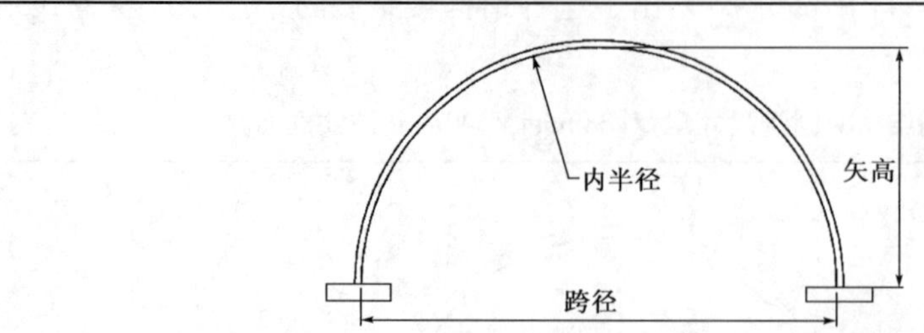

跨径(mm)	矢高(mm)	一周螺栓孔间距个数	断面面积*(m^2)	内半径(mm)
6 990	3 495	27	19.19	3 495
7 250	3 625	28	20.64	3 625
7 510	3 755	29	22.14	3 755
7 640	3 820	30	23.70	3 885
8 030	4 015	31	25.29	4 015
8 290	4 140	32	26.95	4 145
8 550	4 270	33	28.66	4 275
8 800	4 400	34	30.42	4 400
9 060	4 530	35	32.24	4 530
9 320	4 660	36	34.10	4 660
9 580	4 790	37	36.02	4 790
9 840	4 920	38	38.00	4 920
10 100	5 045	39	40.02	5 050
10 360	5 175	40	42.10	5 180
10 620	5 305	41	44.23	5 310
10 870	5 435	42	46.41	5 435
11 130	5 565	43	48.65	5 565
11 390	5 695	44	50.94	5 695
11 650	5 825	45	53.28	5 825
11 910	5 955	46	55.67	5 955
12 170	6 080	47	58.12	6 085
12 430	6 210	48	60.61	6 215
12 690	6 340	49	63.17	6 345
12 940	6 470	50	65.76	6 470
13 200	6 600	51	68.42	6 600
13 460	6 730	52	71.13	6 730
13 720	6 860	53	73.89	6 860
13 980	6 985	54	76.71	6 990

续上表

跨径(mm)	矢高(mm)	一周螺栓孔间距个数	断面面积*(m²)	内半径(mm)
14 240	7 115	55	79.57	7 120
14 500	7 245	56	82.49	7 250
14 760	7 375	57	85.46	7 380
15 010	7 505	58	88.49	7 505
15 270	7 635	59	91.56	7 635
15 530	7 765	60	94.69	7 765
15 790	7 895	61	97.88	7 895
16 050	8 025	62	101.10	8 025
16 310	8 150	63	104.39	8 155
16 570	8 280	64	107.74	8 285
16 830	8 410	65	111.11	8415
17 220	8 610	66	114.56	8 540
17 290	8 670	67	118.06	8 670
17 600	8 800	68	121.62	8 800
17 860	8 930	69	125.22	8 930
18 110	9 068	70	128.86	9 068
19 150	9 575	74	155.80	9 575
20 195	10 085	78	159.98	10 085
20 700	10 365	80	168.34	10 365
21 210	10 615	82	176.79	10 615
22 250	11 125	86	194.54	11 125
22 760	11 380	88	203.55	11 380
24 005	12 040	93	227.43	12 040
24 995	12 500	96	245.36	12 500
注:* 表示基础顶面上方、拱腹下方的断面面积				

波纹钢结构板多圆弧拱尺寸配置[380mm×140mm(波纹剖面)]　　表3-43

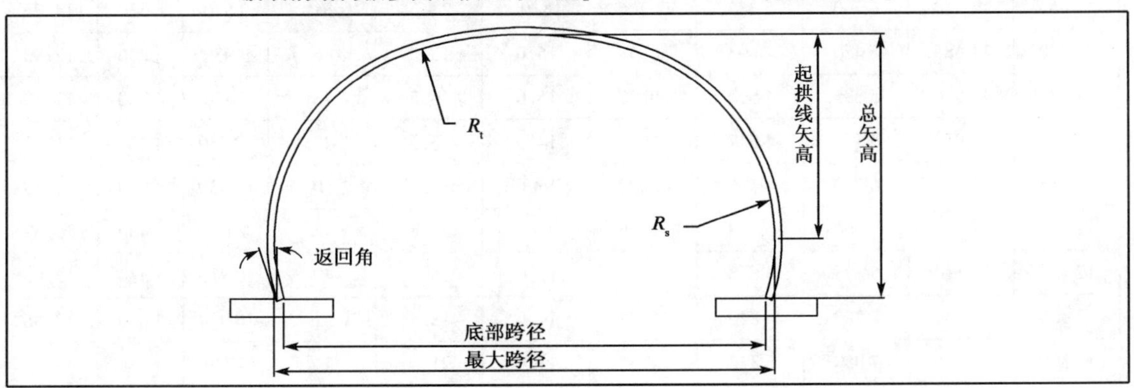

续上表

最大跨径	底部跨径	总矢高	起拱线矢高	断面面积	一周螺栓孔间距个数			顶部 R_t	侧面 R_s	偏转角
					顶部	侧面（×2）	总计			
mm	mm	mm	mm	m^2				mm	mm	°
9 190	9 170	4 585	4 275	34.11	7.0	14.5	36	5 730	4 230	4.09
9 165	8 865	5 380	4 257	41.10	5.0	17.5	40	6 530	4 230	15.10
9 340	9 160	5 290	4 282	41.35	7.0	16.5	40	6 330	4 230	13.60
9 420	9 385	4 690	4 294	35.94	8.0	14.5	37	6 030	4 230	5.31
9 720	9 690	4 795	4 408	37.85	9.0	14.5	38	6 130	4 330	5.12
9 760	9 475	5 595	4 479	45.48	7.0	17.5	42	6 530	4 430	14.35
10 085	10 015	5 070	4 513	41.84	9.0	15.5	40	6 730	4 430	7.06
10 060	9 540	5 790	4 325	49.28	9.0	17.5	44	7 630	4 230	19.89
10 400	10 385	4 655	4 349	39.66	10.0	14.5	39	8 230	4 230	4.07
10 400	10 005	5 990	4 659	51.99	12.0	16.5	45	6 330	4 530	16.77
10 485	10 335	5 275	4 467	45.92	11.0	15.5	42	7 430	4 330	10.59
10 680	10 215	6 075	4 646	54.20	15.0	15.5	46	6 430	4 430	18.52
10 690	10 675	4 770	4 470	41.72	11.0	14.5	40	8 130	4 330	3.84
10 700	10 485	5 355	4 401	47.94	12.0	15.5	43	7 930	4 230	12.92
10 985	10 745	5 440	4 431	50.01	13.0	15.5	44	8 230	4 230	13.69
11 000	10 920	5 030	4 431	45.86	13.0	14.5	42	8 330	4 230	8.06
11 000	10 650	6 385	4 833	58.86	15.0	16.5	48	6 630	4 630	19.20
11 225	11 130	5 140	4 497	48.04	12.0	15.5	43	9 330	4 330	8.37
11 240	10 620	6 495	4 835	61.12	18.0	15.5	49	6 630	4 530	21.16
11 300	10 990	5 680	4 430	54.41	13.0	16.5	46	9 430	4 230	16.80
11 535	10 945	6 548	4 903	63.75	13.0	18.5	50	7 930	4 730	20.02
11 580	11 500	5 230	4 622	50.28	13.0	15.5	44	9 330	4 430	7.76
11 600	11 200	5 760	4 461	56.69	14.0	16.5	47	9 630	4 230	17.67
11 865	11 510	6 760	5 387	67.06	8.0	21.5	51	8 530	5 330	14.75
11 900	11 685	5 450	4 493	54.58	15.0	15.5	46	9 930	4 230	12.92
11 900	11 510	5 885	4 590	59.22	15.0	16.5	48	9 430	4 330	17.19
12 140	11 950	5 575	4 647	57.05	14.0	16.5	47	10 730	4 430	11.92
12 155	11 580	6 140	4 585	63.72	15.0	17.5	50	10 430	4 330	20.73
12 160	11 700	7 060	5 488	72.06	8.0	22.5	53	9 130	5 430	16.57
12 455	12 110	5 835	4 618	61.65	16.0	16.5	49	10 730	4 330	16.05
12 500	12 050	6 280	4 840	66.73	14.0	18.5	51	10 930	4 630	17.86
12 500	11 935	7 050	5 347	74.57	11.0	21.5	54	9 730	5 230	18.76

续上表

最大跨径	底部跨径	总矢高	起拱线矢高	断面面积	一周螺栓孔间距个数			顶部 R_t	侧面 R_s	偏转角
					顶部	侧面（×2）	总计			
mm	mm	mm	mm	m^2				mm	mm	°
12 770	12 535	5 960	4 899	64.53	13.0	18.5	50	12 930	4 730	12.75
12 800	12 360	6 395	4 967	69.48	15.0	18.5	52	10 730	4 730	17.28
12 800	12 110	7 335	5 445	79.79	11.0	22.5	56	10 430	5 330	20.43
13 090	12 870	6 120	5 096	67.30	16.0	17.5	51	10 630	4 830	19.25
13 100	12 715	6 505	5 127	72.33	14.0	19.5	53	11 630	4 930	11.90
13 105	12 570	7 525	5 787	83.20	8.0	24.5	57	11 530	5 730	16.05
13 330	12 890	6 310	4 890	71.90	16.0	18.5	53	12 730	4 630	17.51
13 330	12 965	6 660	5 293	75.21	13.0	20.5	54	12 330	5 130	17.60
13 330	12 610	7 580	5 641	85.62	11.0	23.5	58	11 130	5 530	15.26
13 640	13 020	6 320	4 711	73.90	19.0	17.5	54	12 630	4 330	20.31
13 625	13 370	6 855	5 662	78.49	12.0	21.5	55	11 830	5 530	21.51
13 705	13 270	7 805	6 183	89.69	8.0	25.5	59	11 130	6 130	12.30
13 940	13 410	7 015	5 377	83.33	16.0	20.5	57	12 130	5 130	17.61
13 950	13 505	6 490	5 055	77.39	18.0	18.5	55	12 630	4 730	15.14
13 995	13 970	4 877		54.88			47	9 931	3 429	0
13 995	13 868	6 553		75.91			54	9 931	5 436	0
13 995	13 640	7 010		83.57			57	9 931	4 521	10.9
14 100	13 550	8 030	5 213	95.54	10.0	25.5	61	11 430	6 130	18.32
14 205	13 755	6 660	5 193	80.34	19.0	18.5	56	12 030	4 830	16.95
14 267	13 755	7 125	5 506	86.37	17.0	20.5	58	11 930	5 230	17.79
14 300	13 815	8 250	6 492	98.90	9.0	26.5	62	10 730	6 430	15.64
14 503	14 427	5 156		59.87			49	9 931	3 429	8.0
14 540	14 185	6 780	5 438	83.60	18.0	19.5	57	12 730	5 130	14.95
14 575	13 975	8 260	5 763	101.68	12.0	25.5	63	11 130	6 230	17.76
14 560	14 140	7 280	6 346	89.77	16.0	21.5	59	12 230	5 530	15.71
14 808	14 361	6 938	5 463	86.41	23.0	17.5	58	10 930	4 930	17.15
14 840	14 495	7 490	6 080	93.26	17.0	21.5	60	11 030	5 830	13.79
14 860	14 085	8 555	6 386	107.66	14.0	25.5	65	10 930	6 230	20.10
15 011	14 961	5 232		62.15			50	9 931	3 429	6.2
15 011	14 783	7 010		87.32			58	9 931	5 436	11.6
15 011	14 656	7 341		92.89			60	9 931	4 724	10.6
15 110	14 330	8 690	6 504	111.12	15.0	25.5	66	10 730	6 330	19.97
15 155	14 915	7 085	5 919	90.14	18.0	20.5	59	12 330	5 630	11.79

续上表

最大跨径	底部跨径	总矢高	起拱线矢高	断面面积	一周螺栓孔间距个数			顶部 R_t	侧面 R_s	偏转角
					顶部	侧面（×2）	总计			
mm	mm	mm	mm	m^2				mm	mm	°
15 205	14 885	7 580	6 205	96.49	18.0	21.5	61	11 130	5 930	13.24
15 494	15 443	5 512		67.55			52	9 931	3 429	7.5
16 002	15 951	4 928		64.47			52	13 919	3 429	7.5
16 002	15 875	6 655		89.41			59	13 919	5 436	8.9
16 002	15 545	7 976		111.10			66	13 919	4 928	10.4
16 535	16 408	5 156		69.78			54	13 919	3 429	9.5
16 993	16 942	5 232		72.02			55	13 919	3 429	8.2
16 993	16 916	6 731		94.96			61	13 919	5 436	7.6
16 993	16 459	8 484		124.97			70	13 919	5 131	11.1
17 501	17 450	5 283		74.29			56	13 919	3 429	6.8
18 009	17 932	5537		80.14			58	13 919	3 429	8.7
18 009	17 882	7 010		104.16			64	13 919	5 436	8.3
18 491	18 440	5 613		82.59			59	13 919	3 429	7.1
18 999	18 923	5 893		88.82			61	13 919	3 429	8.8
18 999	18 923	7 087		110.10			66	13 919	5 436	6.7
19 507	19 456	5 969		91.45			62	13 919	3 429	7.1
19 990	19 914	6 248		98.10			64	13 919	3 429	8.6
19 990	19 914	7 417		120.17			69	13 919	5 436	7
20 498	20 447	6 350		100.94			65	13 919	3 429	6.6
21 006	20 879	8 458		144.32			75	13 919	6 426	7.4
21 488	21 438	6 934		115.24			69	13 919	3 429	8.8
21 996	21 920	5 918		104.19			68	18 923	3 429	8.6
21 996	21 895	8 153		149.31			77	18 923	6 426	7.7
22 504	22 377	6 172		11.17			70	18 923	3 429	10.5
22 987	22 885	6 960		129.53			74	18 923	4 420	8.9
22 987	22 835	8 915		170.67			82	18 923	6 934	8.9
23 470	23 419	7 010		132.54			75	18 923	4 420	7.8
24 003	23 876	7 264		140.34			77	18 923	4 420	9.3
24 003	23 876	8 992		178.19			84	18 923	6 934	7.8
24 511	24 384	7 315		143.54			78	18 923	4 420	8.1
24 994	24 943	7 391		146.79			79	18 923	4 420	6.9
24 994	24 841	9 296		190.75			87	18 923	6 934	8.2
25 502	25 400	7 671		155.09			81	18 923	4 420	8.2

2)400mm × 150mm 结构板

工厂制造的结构板一般按 1 200mm 标准净长度(沿结构长度方向,不包括边缘搭接)加工,见图 3-17。

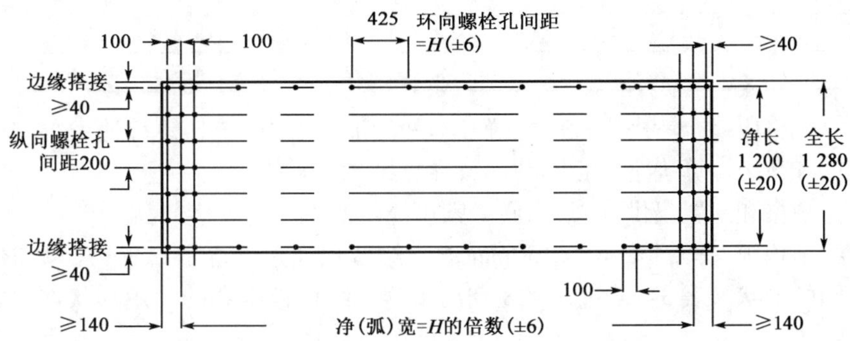

图 3-17 400mm × 150mm 波纹结构板展开图(尺寸单位:mm)

板宽(沿圆弧方向的弧长)一般用标称周向螺栓间距 H(= 425mm)来描述。例如,$9H$ 板净宽为 9 个周向螺栓孔间距即 3 825mm。表 3-44 列出了不同宽度的波纹钢板展开尺寸。

400mm × 150mm 波纹结构板的展开宽度 表 3-44

标称板宽代号	净宽(mm)	全宽(mm)	螺栓间距个数	螺栓孔个数
3H	1 275	1 555	3	4
4H	1 700	1 980	4	5
5H	2 125	2 405	5	6
6H	2 550	2 830	6	7
7H	2 975	3 255	7	8
8H	3 400	3 680	8	9
9H	3 825	4 105	9	10
10H	4 250	4 530	10	11
H = 标称 425mm				

表 3-45 列出了 400mm × 150mm 结构板的配置。

400mm × 150mm 波纹结构板片的配置 表 3-45

标称板宽	净长(mm)	单片镀锌板近似质量(不含螺栓,kg)								每片板装配螺栓个数
		壁厚(mm)								
		3.0	3.5	4.0	4.3	5.0	6.0	7.0	8.0	
3H	1 200	57.2	67.8	78.4		99.8	121.0	141.2		22
4H	1 200	72.8	86.3	99.8	108.4	127.0	154.1	179.8	204.6	23
5H	1 200	88.5	104.9	121.2	132.0	154.3	187.1	218.4	248.6	24
6H	1 200	104.1	123.4	142.7	155.1	181.6	220.2	257.0	292.6	25
7H	1 200	119.7	141.9	164.1	178.7	208.8	253.3	295.6	336.6	26
8H	1 200	135.4	160.5	185.5	201.8	236.1	286.3	334.2	380.6	27

续上表

标称板宽	净长(mm)	单片镀锌板近似质量(不含螺栓,kg)								每片板装配螺栓个数
		壁厚(mm)								
		3.0	3.5	4.0	4.3	5.0	6.0	7.0	8.0	
9*H*	1 200	151.0	179.0	206.9	225.0	263.4	319.4	372.8	424.6	28
10*H*	1 200				248.6	292.1	354.3	413.2	468.6	29

板的尺寸规格应综合考虑板片的配置和车间的加工能力(包括镀锌池大小)选用,壁厚则根据填土厚度和荷载计算确定。板的截面特性见第3.1.2节。

以上尺寸规格和配置仅供参考,不同厂家可能生产不同的规格产品。

与浅波纹结构板一样,400mm×150mm波纹结构板通过配套的螺栓、螺母和垫圈也可组装成各种不同的形状。表3-46~表3-48列出了这种结构板组装的常用形状埋置式结构的基本信息。

波纹钢结构板圆管尺寸配置[400mm×150mm(波纹剖面)]　　表3-46

内径

内径(mm)	一周螺栓孔间距个数	断面面积(m^2)	内径(mm)	一周螺栓孔间距个数	断面面积(m^2)
6 070	46	28.99	10 135	76	80.64
6 350	48	31.59	10 390	78	85.01
6 605	50	34.37	10 670	80	89.47
6 885	52	37.25	10 950	82	94.02
7 165	54	40.23	11 230	84	98.76
7 415	56	43.29	11 480	86	103.59
7 700	58	46.54	11 760	88	108.51
7 975	60	49.89	12 015	90	113.62
8 230	62	53.33	12 295	92	118.73
8 510	64	56.86	12 575	94	124.03
8 790	66	60.57	12 830	96	129.41
9 040	68	64.29	13 105	98	134.9
9 320	70	68.19	13 385	100	140.56
9 600	72	72.28	13 640	102	146.32
9 855	74	76.37	13 920	104	152.18

续上表

内径（mm）	一周螺栓孔间距个数	断面面积（m^2）	内径（mm）	一周螺栓孔间距个数	断面面积（m^2）
14 200	106	158.12	15 265	114	183.2
14 455	108	164.25	15 545	116	189.71
14 730	110	170.38	15 825	118	196.4
15 010	112	176.7			

波纹钢结构板圆弧拱尺寸配置［400mm×150mm（波纹剖面）］ 表3-47

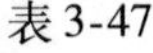

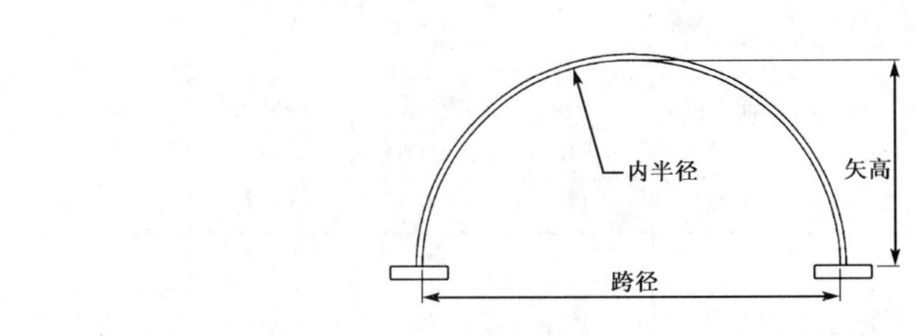

跨径（mm）	矢高（mm）	一周螺栓孔间距个数	断面面积（m^2）	内半径（mm）
8 000	3 905	29	24.36	4 000
8 500	4 185	31	27.82	4 250
9 000	4 465	33	31.51	4 500
9 500	4 750	35	35.43	4 750
10 000	5 030	37	39.57	5 000
10 500	5 310	39	43.95	5 250
11 000	5 595	41	48.55	5 500
11 500	5 665	42	50.97	5 750
12 000	5 950	44	55.93	6 000
12 500	6 230	46	61.11	6 250
13 000	6 510	48	66.52	6 500
13 500	6 795	50	72.16	6 750
14 000	7 075	52	78.03	7 000
14 500	7 360	54	84.13	7 250
15 000	7 430	55	87.30	7 500
15 500	7 710	57	93.75	7 750
16 000	7 995	59	100.43	8 000

波纹钢结构板多圆弧拱尺寸配置[400mm×150mm(波纹剖面)] 表3-48

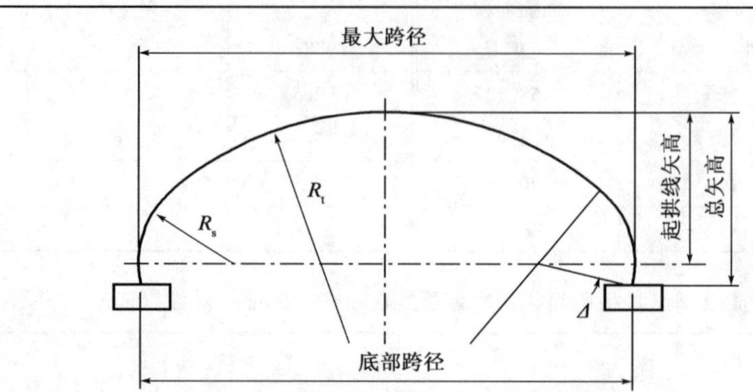

最大跨径(mm)	矢高(mm)	底部跨径(mm)	断面面积(m^2)	一周螺栓孔间距个数		拱顶 R_t(mm)	侧面 R_s(mm)
				拱顶	每侧		
6 198	2 794	6 172	13.88	12	5	3 607	2 210
6 579	2 845	6 553	15.12	13	5	3 912	2 210
6 960	2 921	6 934	16.39	14	5	4 191	2 210
7 747	3 073	7 696	19.05	16	5	4 801	2 210
8 128	3 150	8 103	20.43	17	5	5 105	2 210
8 407	3 531	8 357	23.87	17	6	5 105	2 591
8 509	3 226	8 484	21.85	18	5	5 410	2 210
9 093	3 988	9 017	29.20	18	7	5 410	2 997
8 915	3 302	8 865	23.32	19	5	5 690	2 210
9 296	3 378	9 271	24.82	20	5	5 994	2 210
9 957	3 810	9 931	30.40	21	6	6 299	2 591
10 363	3 886	10 312	32.13	22	6	6 604	2 591
10 490	3 581	10 465	29.52	23	5	6 960	2 210
11 074	4 343	10 998	38.36	23	7	6 960	2 997
10 871	3 632	10 846	31.17	24	5	7 239	2 210
11 455	4 394	11 405	40.31	24	7	7 239	2 997
11 278	3 708	11 227	32.86	25	5	7 544	2 210
11 836	4 470	11 786	42.30	25	7	7 544	2 997
12 217	4 547	12 167	44.33	26	7	7 849	2 997
12 979	5 004	12 929	51.68	27	8	8 153	3 505
13 360	5 055	13 310	53.93	28	8	8 458	3 505
13 741	5 131	13 691	56.22	29	8	8 738	3 505

续上表

最大跨径（mm）	矢高（mm）	底部跨径（mm）	断面面积（m^2）	一周螺栓孔间距个数		拱顶 R_t（mm）	侧面 R_s（mm）
				拱顶	每侧		
14 148	5 207	14 097	58.56	30	8	9 042	3 505
14 808	5 664	14 757	66.96	31	9	9 347	3 912
15 215	5 740	15 138	69.52	32	9	9 652	3 912
15 596	5 817	15 519	72.11	33	9	9 957	3 912
16 154	6 579	16 078	85.28	33	11	9 957	4 699

3.3.3　波纹板箱涵

波纹钢结构板箱涵是一个近似矩形的三面无底的低宽箱形结构，可由标准的浅波纹结构板（一般为150mm×50mm 波纹剖面）或深波纹结构板制造，跨径可达15m。这类结构一般用于低、宽水道，或净空受限制的通道或分离式立交（图3-18）。

图3-18　波纹钢结构板箱涵

由于波纹钢结构板箱涵顶部非常平坦，拱肩半径相对较小，因此通常需要在拱顶或拱腋上添加加劲肋板（图3-19），形成组合截面，以增强结构的抗弯承载能力。

箱涵的基础可采用传统的混凝土基础并预埋槽钢与侧板连接，也可采用波纹钢基础。参见第3.3.4节。

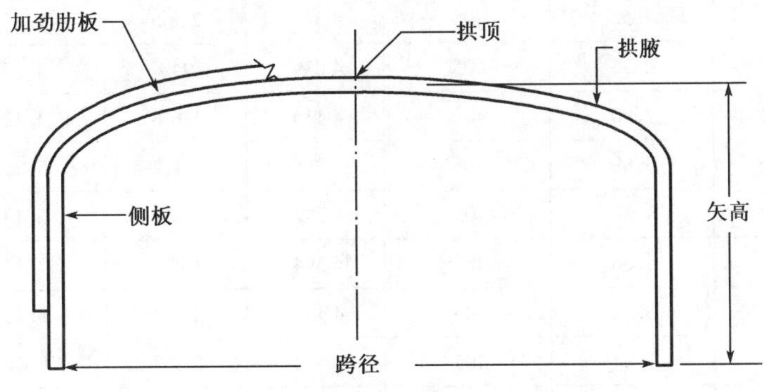

图3-19　波纹钢结构板箱涵典型断面

波纹钢结构板箱涵适用的拱顶填土高度为300～1 500mm。超出此范围时，则不可视为土与结构相互作用的埋置式结构，而应按钢结构设计。

表3-49～表3-53列出了代表性的参考尺寸，设计时应针对具体的项目情况进行详细计算。

1)150mm × 50mm 结构板箱涵

根据受力的需要,150mm × 50mm 波纹钢结构板箱涵的加劲肋可设计为不同的形式。图 3-20 示出了三种加固方式,设计时应通过计算确定所需的片数和间距。

波纹钢结构板箱涵尺寸配置(150mm × 50mm 波纹剖面) 表 3-49

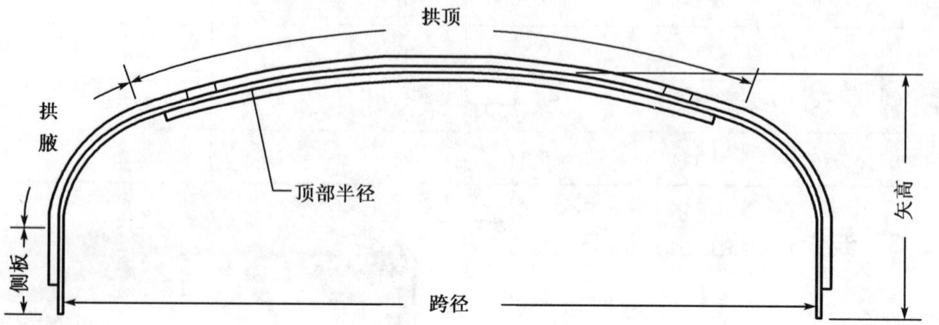

公称尺寸		断面面积	最小填土高度	公称尺寸		断面面积	最小填土高度
跨径	矢高			跨径	矢高		
mm	mm	m^2	mm	mm	mm	m^2	mm
2 946	787	1.88	405	3 810	889	2.84	405
3 073	1 016	2.59	405	3 912	1 143	3.77	405
3 226	1 270	3.34	405	4 013	1 372	4.72	405
3 353	1 499	4.11	405	4 115	1 626	5.70	427
3 480	1 727	4.92	405	4 216	1 854	6.71	427
3 607	1 956	5.75	405	4 318	2 083	7.72	427
3 734	2 210	6.61	405	4 420	2 337	8.77	457
3 861	2 438	7.52	405	4 521	2 565	9.85	457
3 175	813	2.15	405	4 039	940	3.15	405
3 302	1 041	2.90	405	4 115	1 168	4.12	427
3 404	1 295	3.69	405	4 216	1 422	5.12	427
3 531	1 524	4.50	405	4 293	1 651	6.13	427
3 658	1 753	5.36	405	4 394	1 880	7.17	427
3 785	2 007	6.22	405	4 496	2 134	8.25	457
3 912	2 235	7.14	405	4 572	2 362	9.34	457
4 039	2 489	7.91	405	4 674	2 616	10.23	457
3 378	838	2.33	405	4 242	965	3.40	427
3 505	1 067	3.16	405	4 318	1 194	4.45	427
3 607	1 321	4.00	405	4 420	1 448	5.49	457
3 734	1 549	4.88	405	4 496	1 676	6.57	457

续上表

公称尺寸		断面面积	最小填土高度	公称尺寸		断面面积	最小填土高度
跨径	矢高			跨径	矢高		
mm	mm	m^2	mm	mm	mm	m^2	mm
3 835	1 778	5.79	405	4 572	1 930	7.66	457
3 962	2 032	6.72	405	4 674	2 159	8.78	457
4 089	2 261	7.67	405	4 750	2 413	9.92	488
4 191	2 489	8.66	427	4 826	2 642	11.07	488
3 607	864	2.60	405	4 445	991	3.73	457
3 708	1 118	3.47	405	4 521	1 245	4.81	457
3 810	1 346	4.37	405	4 597	1 473	5.91	457
3 912	1 575	5.30	405	4 674	1 727	7.02	457
4 039	1 829	6.23	405	4 750	1 956	8.18	488
4 140	2 057	7.21	427	4 826	2 210	9.32	488
4 242	2 286	8.19	427	4 902	2 438	10.50	488
4 343	2 540	9.06	427	4 978	2 692	11.43	488
4 648	1 041	4.02	457	5 486	1 194	5.46	549
4 724	1 270	5.19	488	5 512	1 448	6.81	549
4 801	1 524	6.33	488	5 563	1 702	8.17	549
4 877	1 753	7.50	488	5 588	1 930	9.54	549
4 928	2 007	8.66	488	5 639	2 184	10.90	579
5 004	2 235	9.89	518	5 664	2 413	12.29	579
5 080	2 489	11.12	518	5 715	2 667	13.68	579
5 131	2 718	12.36	488	5 740	2 896	15.09	579
4 877	1 067	4.38	488	5 690	1 245	5.89	579
4 928	1 321	5.56	488	5 715	1 499	7.28	579
4 978	1 549	6.76	518	5 740	1 727	8.68	579
5 055	1 803	7.97	518	5 766	1 981	10.08	579
5 105	2 057	9.21	518	5 817	2 235	11.48	579
5 182	2 286	10.44	518	5 842	2 464	12.90	579
5 232	2 540	11.71	518	5 867	2 718	14.33	579
5 309	2 769	12.73	518	5 893	2 946	15.42	579
5 080	1 118	4.71	518	5 893	1 295	6.29	579
5 131	1 372	5.96	518	5 918	1 549	7.74	579
5 182	1 600	7.21	518	5 944	1 778	9.19	610
5 232	1 854	8.48	518	5 944	2 032	10.65	610
5 283	2 083	9.76	518	5 969	2 261	11.76	610

续上表

公称尺寸		断面面积	最小填土高度	公称尺寸		断面面积	最小填土高度
跨径	矢高			跨径	矢高		
mm	mm	m^2	mm	mm	mm	m^2	mm
5 334	2 337	11.06	549	5 994	2 515	13.58	610
5 385	2 565	12.37	549	6 020	2 769	15.05	610
5 436	2 819	13.69	549	6 045	2 997	16.54	610
5 184	1 168	5.11	518	6 299	1 397	7.20	640
5 334	1 397	6.39	549	6 299	1 651	8.74	640
5 359	1 651	7.69	549	6 299	1 880	10.28	640
5 410	1 880	8.99	549	6 299	2 134	11.84	640
5 461	2 134	10.32	549	6 325	2 388	13.31	640
5 512	2 362	11.65	549	6 325	2 616	14.93	640
5 563	2 616	12.99	549	6 325	2 870	16.48	640
5 613	2 845	14.05	549	6 325	3 099	18.04	640

注:1.拱顶最大填土高度为1 500mm。
2.如果采用内拱肋,水道面积减少5%。
3.本表数据仅供参考,设计时必须进行详细计算

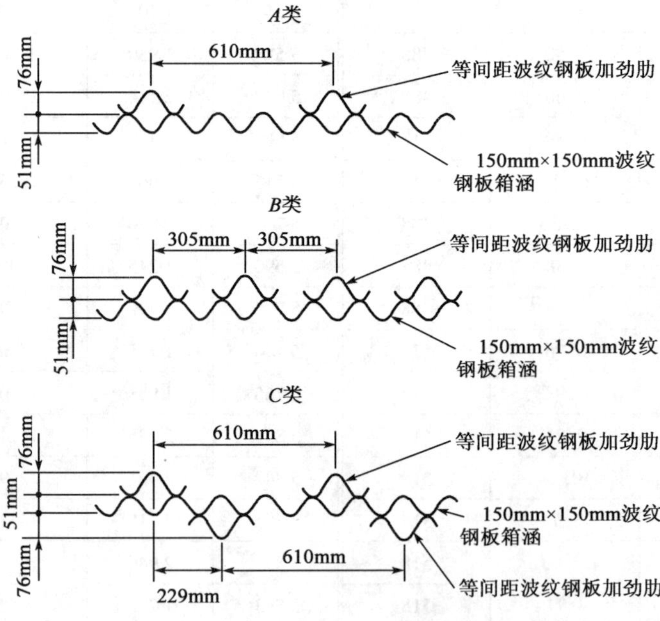

图3-20 150mm×50mm波纹钢结构板箱涵加劲肋板

2)380mm×140mm结构板箱涵

380mm×140mm波纹钢结构板箱涵一般采用图3-21所示的加劲肋形式,设计时应通过计算确定所需的片数和间距。380mm×140mm结构板箱涵常用的加劲肋板展开图见图3-22。

波纹钢结构板箱涵尺寸配置[380mm×140mm(波纹剖面)]　　表 3-50

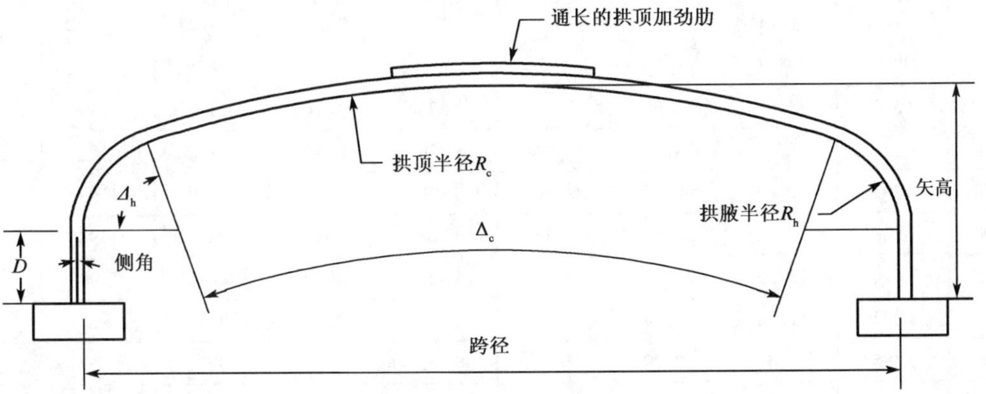

跨径 (mm)	矢高 (mm)	断面面积 (m^2)	冠角 Δ_c (°)	腋角 Δ_h (°)	拱顶半径 R_c (mm)	拱腋半径 R_h (mm)	侧高 D (mm)	侧角 (°)	一周螺栓孔间距个数(*S)
3 170	1 180	3.12	7.35	72.36	8 820	1 016	407	14.00	11
3 550	1 420	4.33	9.97	75.04	8 820	1 016	559	10.00	13
3 840	1 465	4.94	12.59	77.72	8 820	1 016	509	6.31	14
3 965	2 210	7.35	9.97	72.36	8 820	1 016	1 423	12.98	17
3 865	1 260	4.18	12.59	72.36	8 820	1 016	407	10.36	13
4 105	1 860	6.56	12.59	72.36	8 820	1 016	1 017	11.67	16
4 210	1 310	4.76	15.21	72.36	8 820	1 016	407	9.05	14
4 735	1 960	8.16	17.83	72.36	8 820	1 016	1 017	9.05	18
4 550	1 360	5.36	17.83	72.36	8 820	1 016	407	7.74	15
4 890	1 610	6.97	20.45	75.02	8 820	1 016	559	5.06	17
4 860	2 365	10.09	17.83	72.36	8 820	1 016	1 423	9.05	20
5 155	2 420	11.06	20.45	72.36	8 820	1 016	1 423	7.74	21
5 215	1 670	7.72	23.07	75.02	8 820	1 016	559	3.75	18
5 360	2 075	9.89	23.07	72.36	8 820	1 016	1 017	6.43	20
5 320	1 440	6.62	23.57	69.69	8 820	1 016	419	8.53	17
5 445	2 480	12.07	23.07	72.36	8 820	1 016	1 423	6.43	22
5 655	1 505	7.33	26.19	69.69	8 820	1 016	419	7.22	18
5 955	2 645	14.23	27.66	72.36	8 820	1 016	1 473	3.81	24
6 130	1 495	7.83	30.28	72.36	8 820	1 016	254	2.50	19
6 165	1 900	10.33	30.28	72.36	8 820	1 016	660	2.50	21
6 235	2 715	15.36	30.28	72.36	8 820	1 016	1 473	2.50	25
6 320	1 645	8.91	31.43	69.69	8 820	1 016	419	4.60	20
6 480	1 975	11.25	32.90	72.36	8 820	1 016	660	1.19	22

续上表

跨径 (mm)	矢高 (mm)	断面面积 (m^2)	冠角 Δ_c (°)	腋角 Δ_h (°)	拱顶半径 R_c (mm)	拱腋半径 R_h (mm)	侧高 D (mm)	侧角 (°)	一周螺栓孔间距个数(*S)
6 495	2 380	13.89	32.90	72.36	8 820	1 016	1 067	1.19	24
6 645	1 720	9.77	34.05	69.69	8 820	1 016	419	3.29	21
6 970	1 795	10.67	36.67	69.69	8 820	1 016	419	1.98	22
7 000	2 200	13.50	36.67	69.69	8 820	1 016	825	1.98	24
7 025	2 610	16.35	36.67	69.69	8 820	1 016	1 232	1.98	26
7 290	1 875	11.62	39.29	69.69	8 820	1 016	419	0.67	23
7 300	2 285	14.58	39.29	69.69	8 820	1 016	825	0.67	25
7 310	2 690	17.56	39.29	69.69	8 820	1 016	1 232	0.67	27
7 315	3 095	20.52	39.29	69.69	8 820	1 016	1 638	0.67	29
7 405	1 680	10.21	39.29	58.98	8 820	1 016	419	11.38	22
7 800	1 965	12.71	41.91	58.98	8 820	1 016	622	10.07	24
7 945	2 370	15.87	41.91	58.98	8 820	1 016	1 029	10.07	26
8 575	1 920	13.90	36.45	69.69	11 430	1 016	419	2.09	26
8 605	2 325	17.38	36.45	69.69	11 430	1 016	825	2.09	28
8 635	2 735	20.89	36.45	69.69	11 430	1 016	1 232	2.09	30
9 145	1 940	14.64	39.48	64.32	11 430	1 016	419	5.94	27
9 225	2 345	18.35	39.48	64.32	11 430	1 016	825	5.94	29
9 310	2 750	22.10	39.48	64.32	11 430	1 016	1 232	5.94	31
9 810	2 105	16.92	43.53	64.32	11 430	1 016	419	3.92	29
9 865	2 510	20.90	43.53	64.32	11 430	1 016	825	3.92	31
9 920	2 920	24.92	43.53	64.32	11 430	1 016	1 232	3.92	33
10 460	2 285	19.43	47.58	64.32	11 430	1 016	419	1.89	31
10 485	2 690	23.68	47.58	64.32	11 430	1 016	825	1.89	33
10 515	3 100	27.95	47.58	64.32	11 430	1 016	1 232	1.89	35
10 895	2 355	20.59	50.09	61.64	11 430	1 016	419	3.32	32
10 940	2 760	25.02	50.09	61.64	11 430	1 016	825	3.32	34
10 990	3 165	29.47	50.09	61.64	11 430	1 016	1 232	3.32	36
11 645	2 530	23.31	54.67	58.96	11 430	1 016	419	3.71	34
11 700	2 935	28.04	54.67	58.96	11 430	1 016	825	3.71	36
11 750	3 345	32.81	54.67	58.96	11 430	1 016	1 232	3.71	38
12 270	2 745	26.46	58.72	58.96	11 430	1 016	419	1.68	36
12 290	3 150	31.45	58.72	58.96	11 430	1 016	825	1.68	38
12 315	3 555	36.45	58.72	58.96	11 430	1 016	1 232	1.68	40

续上表

跨径 (mm)	矢高 (mm)	断面面积 (m^2)	冠角 Δ_c (°)	腋角 Δ_h (°)	拱顶半径 R_c (mm)	拱腋半径 R_h (mm)	侧高 D (mm)	侧角 (°)	一周螺栓孔间距个数(*S)
13 030	2 820	30.72			16 431	1 453		1.56	39
13 055	3 225	36.02			16 431	1 453		1.56	41
14 100	3 050	35.61			16 431	1 453		1.28	42
14 120	3 480	41.34			16 431	1 453		1.28	44
15 010	3 175	38.38			16 431	1 453		1.25	44
15 035	3 580	44.48			16 431	1 453		1.25	46
15 570	3 835	49.46			16 431	1 453		1.25	48
15 750	3 990	52.12			16 431	1 453		1.25	50
注：螺栓孔间距 S = 406.4mm									

加劲肋间距1 520mm（每4个波距）

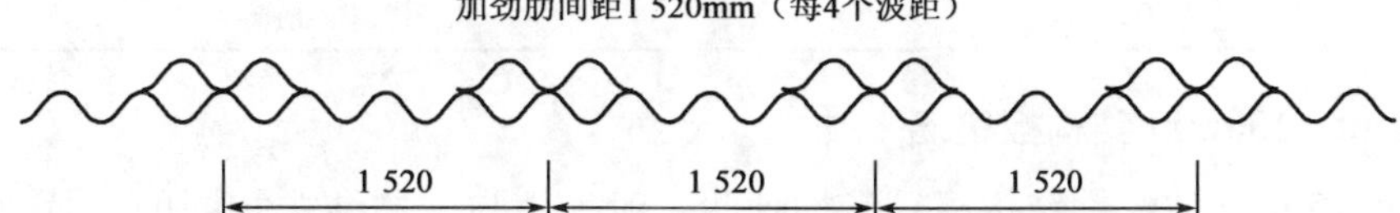

加劲肋间距1 140mm（每3个波距）

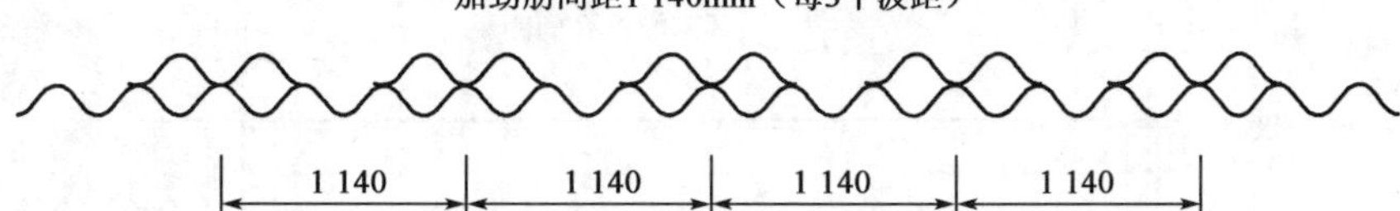

加劲肋间距760mm（通长）

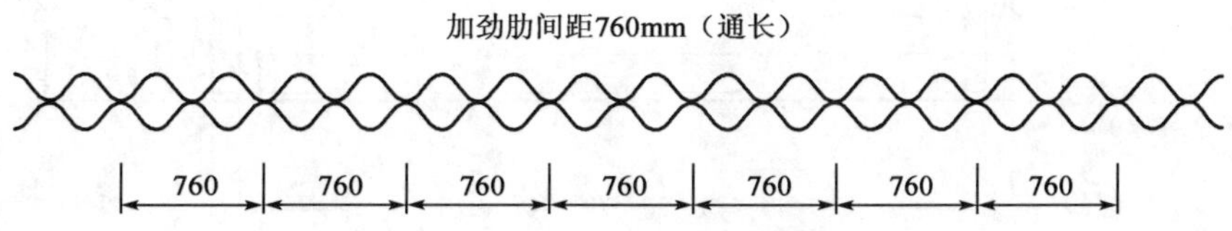

图 3-21　380mm × 140mm 波纹钢结构板箱涵加劲肋板

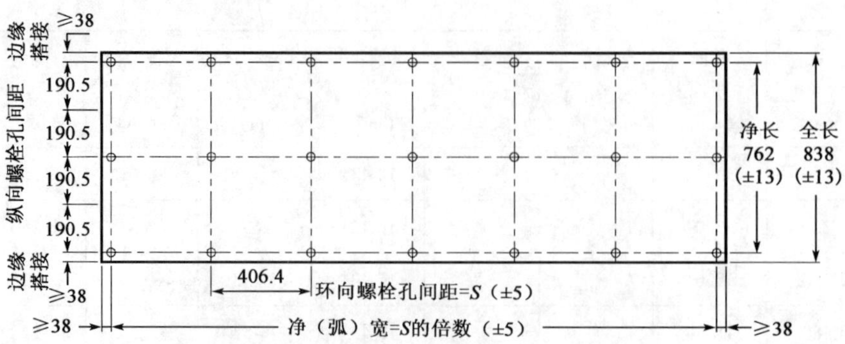

图 3-22　380mm × 140mm 结构板箱涵加劲肋板展开图

380mm × 140mm 波纹结构板箱涵加劲肋板的展开宽度　　表 3-51

标称板宽代号	净宽(mm)	全宽(mm)	螺栓间距个数	螺栓孔个数
1*S*	406	482	1	2
2*S*	813	889	2	3
3*S*	1 219	1 295	3	4
4*S*	1 626	1 702	4	5
5*S*	2 032	2 108	5	6
6*S*	2 438	2 514	6	7
7*S*	2 845	2 921	7	8
8*S*	3 251	3 327	8	9
9*S*	3 658	3 734	9	10
10*S*	4 064	4 140	10	11
11*S*	4 470	4 546	11	12
12*S*	4 876	4 952	12	13
S = 标称 406mm(理论上是 406.4mm)				

3）400mm × 150mm 结构板箱涵

400mm × 150mm 波纹钢结构板箱涵加劲肋一般采用与主体结构相同的板片，设计时应通过计算确定所需的片数和间距(图 3-23)。

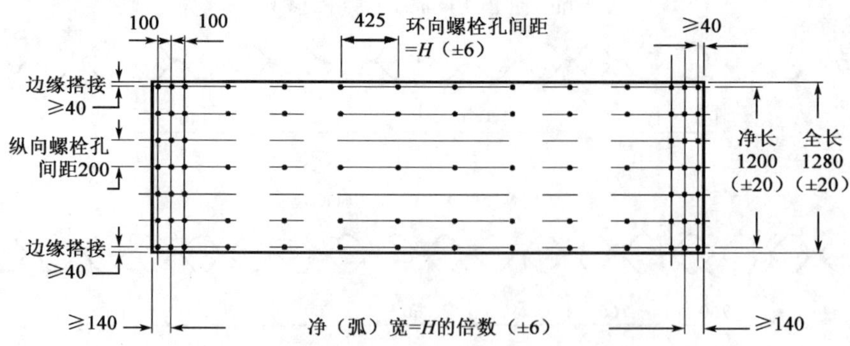

图 3-23　400mm × 150mm 结构板箱涵加劲肋板展开图

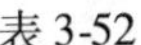

波纹钢结构板箱涵尺寸配置[400mm×150mm(波纹剖面)] 表 3-52

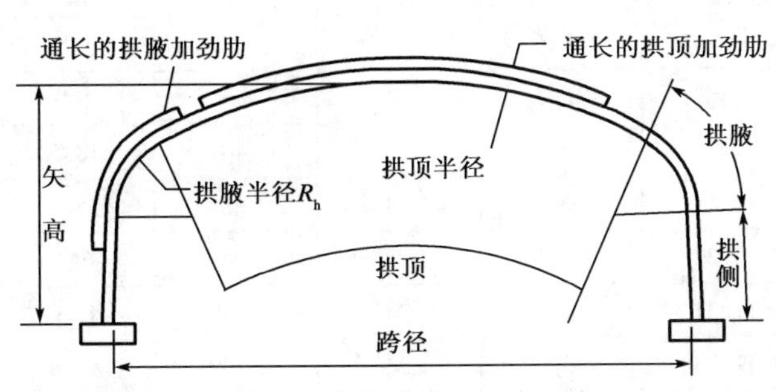

跨距	矢高	断面面积	拱顶半径 R_c	拱腋半径 R_h	拱侧半径 R_s	螺栓孔间距个数		
						拱顶	拱腋	拱侧
mm	mm	m^2	mm	mm	mm	H^*	H^*	H^*
3 988	1 219	3.94	4 064	1 245	4 064	5.2	3.2	0.2
4 039	1 397	4.71	4 293	1 245	4 293	5.2	3.7	0.2
4 496	1 397	5.29	5 918	1 245	5 918	6.0	3.8	0.2
5 004	1 397	5.85	6 934	1 245	6 934	7.2	3.7	0.2
5 512	1 397	5.78	4 674	1 245	4 674	9.0	2.8	0.2
3 810	1 499	4.81	4 115	1 245	4 115	4.4	3.8	0.5
4 293	1 499	5.44	5 156	1 245	5 156	5.6	3.8	0.4
4 801	1 499	6.04	5 715	1 245	5 715	7.0	3.7	0.3
4 089	1 600	5.55	4 572	1 245	4 572	5.1	3.7	0.75
5 207	1 600	6.84	4 953	1 245	4 953	8.7	3.3	0.35
6 096	1 600	4.85	7 264	1 245	7 264	10.4	3.6	0.2
4 597	1 803	7.16	5 842	1 245	5 842	6.2	3.8	1.1
5 207	1 803	7.93	5 461	1 245	5 461	8.2	3.4	1.0
5 791	1 803	8.62	5 436	1 245	5 436	10.3	3.2	0.65
6 807	1 803	10.00	6 858	1 245	6 858	12.7	3.3	0.35
4 242	2 007	7.31	4 826	1 245	4 826	5.1	3.5	1.95
4 902	2 007	8.21	4 343	1 245	4 343	7.5	2.9	1.85
5 512	2 007	9.00	4 089	1 245	4 089	10.6	2.7	1.0
6 096	2 007	9.56	4 445	1 245	4 445	12.6	2.7	0.5
6 502	2 007	10.56	5 410	1 245	5 410	12.8	3.0	0.6
7 290	2 007	12.16	7 493	1 245	7 493	14	3.5	0.5
4 496	2 210	8.30	4 597	1 245	4 597	5.2	3.0	2.9
5 004	2 210	9.25	4 140	1 245	4 140	7.9	2.7	2.35
5 207	2 210	10.08	7 112	1 245	7 112	7.4	3.7	2.1

续上表

跨距	矢高	断面面积	拱顶半径 R_c	拱腋半径 R_h	拱侧半径 R_s	螺栓孔间距个数		
						拱顶	拱腋	拱侧
mm	mm	m^2	mm	mm	mm	H^*	H^*	H^*
7 010	2 210	12.79	6 401	1 245	6 401	13.5	3.1	1.15
7 595	2 210	13.61	6 680	1 245	6 680	15.3	3.0	0.85
4 902	2 388	10.22	6 045	1 245	6 045	6.3	3.4	2.95
5 512	2 388	11.31	5 410	1 245	5 410	8.5	3.0	2.75
6 096	2 388	12.33	5 309	1 245	5 309	10.8	2.8	2.3
6 604	2 388	13.27	5 537	1 245	5 537	12.8	2.9	1.7
7 112	2 388	14.23	6 248	1 245	6 248	13.9	3.0	1.55
7 747	2 388	15.17	6 452	1 245	6 452	15.9	2.8	1.25
5 994	2 591	13.55	6 706	1 245	6 706	9.4	3.2	3.1
7 010	2 591	15.73	7 417	1 245	7 417	12.5	3.2	2.55
7 290	2 591	15.73	5 867	1 245	5 867	14.8	2.7	1.9
6 096	2 794	14.79	6 655	1 245	6 655	9.5	3.1	3.65
6 706	2 794	16.11	7 391	1 245	7 391	10.7	3.0	3.65
7 620	2 794	18.37	7 569	1 245	7 569	14.4	3.1	2.7
6 807	2 997	17.56	6 045	1 245	6 045	12.1	2.7	3.75
7 391	2 997	18.87	6 985	1 245	6 985	13	2.7	3.8
7 772	2 997	20.03	7 214	1 245	7 214	14.9	2.9	3.15
8 001	2 007	12.80	7 468	1 245	7 468	16.2	3.2	0.2
8 738	2 007	14.43	10 160	1 245	10 160	17.2	3.6	0.3
8 001	2 184	14.48	7 849	1 245	7 849	15.8	3.2	0.9
8 992	2 210	16.15	9 322	1 245	9 322	18.1	3.2	0.75
10 008	2 210	17.70	10 643	1 245	10 643	20.6	3.3	0.4
8 509	2 413	17.14	9 195	1 245	9 195	16.4	3.2	1.6
9 500	2 388	18.90	10 490	1 245	10 490	19	3.3	1.2
10 998	2 413	21.46	12 116	1 245	12 116	23	3.5	0.5
8 509	2 591	18.87	9 195	1 245	9 195	16.5	3.3	1.95
10 008	2 591	20.60	8 560	1 245	8 560	21.6	2.8	0.9
11 506	2 591	23.32	10 439	1 245	10 439	25.2	3.0	0.4
8 001	2 794	19.50	8 763	1 245	8 763	15.1	3.3	2.65
10 008	2 794	22.73	8 890	1 245	8 890	21.1	2.8	1.65
10 998	2 794	24.77	10 211	1 245	10 211	23.5	2.9	1.35
11 989	2 794	26.69	11 278	1 245	11 278	26.2	3.1	0.8
8 001	2 997	21.15	9 982	1 245	9 982	14.4	3.4	3.4

续上表

跨距	矢高	断面面积	拱顶半径 R_c	拱腋半径 R_h	拱侧半径 R_s	螺栓孔间距个数		
						拱顶	拱腋	拱侧
mm	mm	m^2	mm	mm	mm	H^*	H^*	H^*
8 992	2 997	22.54	8 255	1 245	8 255	17.7	2.7	2.95
10 008	2 997	24.87	9 296	1 245	9 296	20.5	2.8	2.45
10 998	2 997	27.12	10 617	1 245	10 617	23	2.9	2.1
11 989	2 997	29.30	11 811	1 245	11 811	25.6	3.0	1.7
8 992	3 200	24.41	9 017	1 245	9 017	16.9	2.8	3.75
10 008	3 200	26.88	9 449	1 245	9 449	20.5	2.9	2.85
10 998	3 200	29.34	10 643	1 245	10 643	23.1	3.0	2.45
11 989	3 200	31.73	11 811	1 245	11 811	25.7	3.1	2.05
10 033	3 404	28.99	9 728	1 245	9 728	20.2	2.9	3.5
10 998	3 404	31.69	11 201	1 245	11 201	22.5	3.0	3.25
11 989	3 404	34.26	12 141	1 245	12 141	25.4	3.1	2.7
11 049	3 607	33.95	11 125	1 245	11 125	22.7	3.0	3.65
11 989	3 607	35.34	10 414	1 245	10 414	25.8	2.6	3.0
11 506	3 785	36.34	10 008	1 245	10 008	24.3	2.6	3.75
12 497	3 785	39.28	11 252	1 245	11 252	26.8	2.7	3.4
注：螺栓孔间距 $H=425$mm								

400mm×150mm 波纹结构板箱涵加劲肋板的展开宽度　　表 3-53

标称板宽代号	净宽(mm)	全宽(mm)	螺栓间距个数	螺栓孔个数
3H	1 275	1 555	3	4
4H	1 700	1 980	4	5
5H	2 125	2 405	5	6
6H	2 550	2 830	6	7
7H	2 975	3 255	7	8
8H	3 400	3 680	8	9
9H	3 825	4 105	9	10
10H	4 250	4 530	10	11
注：H＝标称 425mm				

3.3.4　开口结构的基础

对于波纹钢埋置式开口结构，例如各种形状的拱和箱涵，根据现场地质情况，通常可与其他桥涵结构一样采用混凝土基础，也可采用钢基础。

本节介绍结构板与基础的几种常见的连接形式，供设计时选用。基础的设计详见第 5 章。

1)混凝土基础

混凝土基础在波纹钢埋置式开口结构中最为常见,一般为条形扩大基础或带条形桩帽的桩基础。拱脚处的波纹钢板与基础之间通过槽口灌浆固定,或通过与预埋槽钢用螺栓连接(图 3-24)。

图 3-25 ~ 图 3-29 示出了几种连接形式的概念设计。

图 3-24　波纹钢板与混凝土基础之间通过槽口灌浆固定

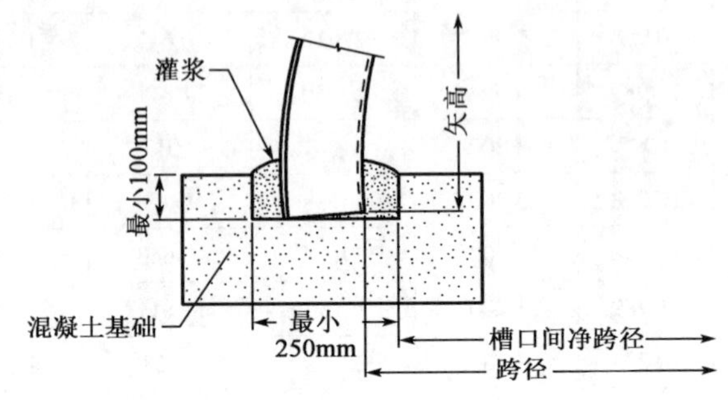

图 3-25　灌浆连接

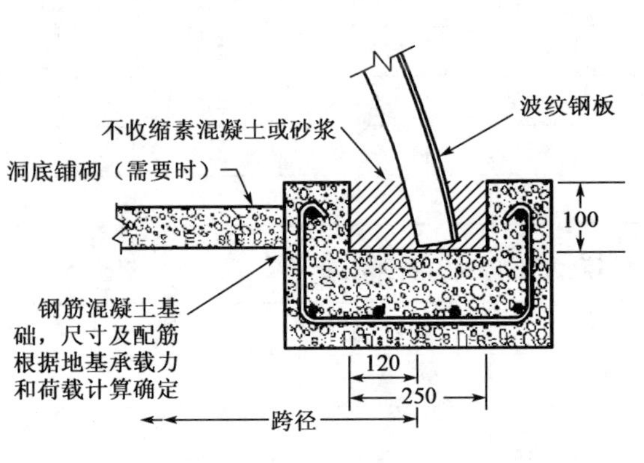

图 3-26　灌浆连接概念设计

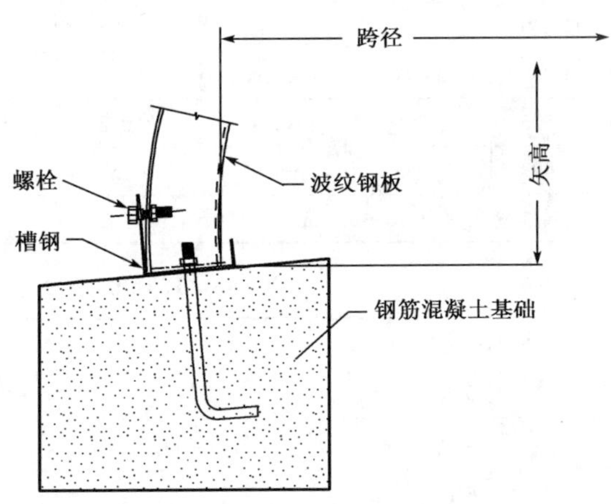

图 3-27　螺栓连接

不平衡槽钢是波纹钢板与基础连接的关键部件。用于浅波纹板与基础连接时,槽钢壁厚不应小于 4.2mm,用于深波纹板与基础连接时,槽钢壁厚不应小于 5mm。槽钢与混凝土基础之间通过锚筋或地脚螺栓连接,其间距不大于 460mm。不平衡槽钢与波纹钢板一样须进行热镀锌处理。图 3-30 ~ 图 3-32 分别给出了用于 150mm × 50mm、380mm × 140mm 和 400mm × 150mm 结构板开口结构的槽钢尺寸和螺栓孔布置情况。

2)波纹钢板基础

对工期要求严格或混凝土制备困难时,也可直接采用波纹钢板作为开口结构的基础。波纹钢基础自重轻,制作、安装方便快捷,特别适合于承载力较低的地基。对于侵蚀性土壤或水流条件,波纹钢基础及其安装部件都要进行镀锌处理。

波纹钢基础可以是分离式的,也可以将两侧拱脚连接成一个整体箱形。现场条件允许时,

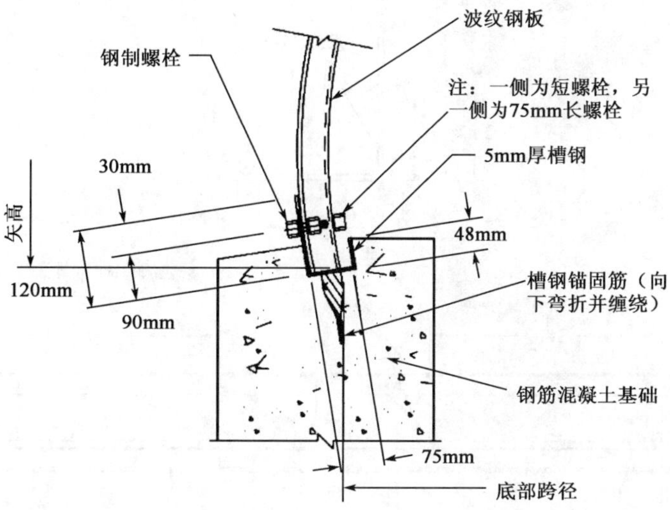

图 3-28　螺栓连接概念设计（适用于 150mm × 50mm 结构板开口结构）

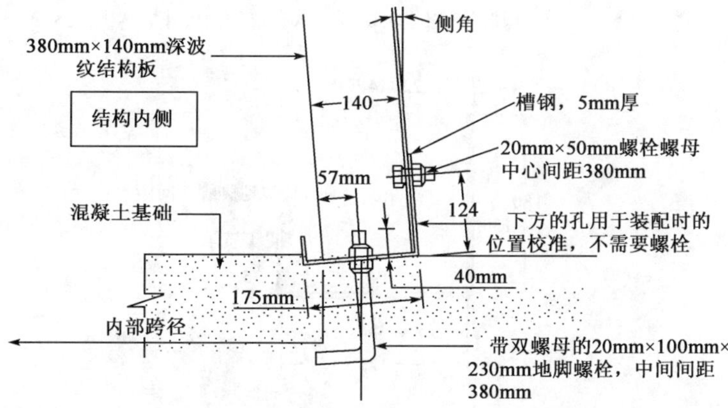

图 3-29　螺栓连接概念设计（适用于 380mm × 140mm 结构板开口结构）

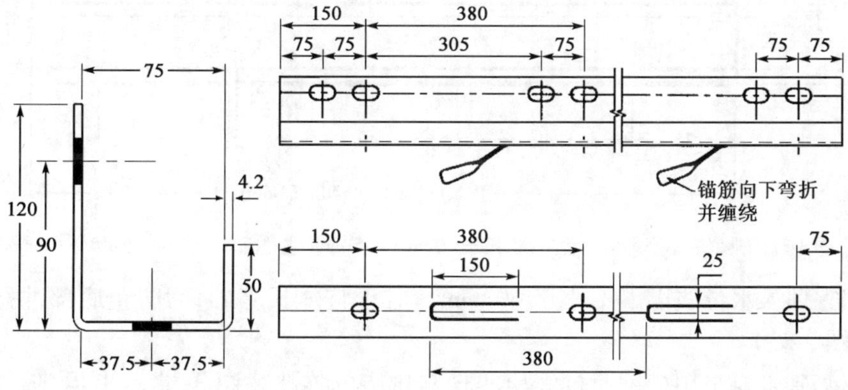

图 3-30　典型的不平衡槽钢构造（适用于 150mm × 50mm 结构板开口结构，尺寸单位：mm）

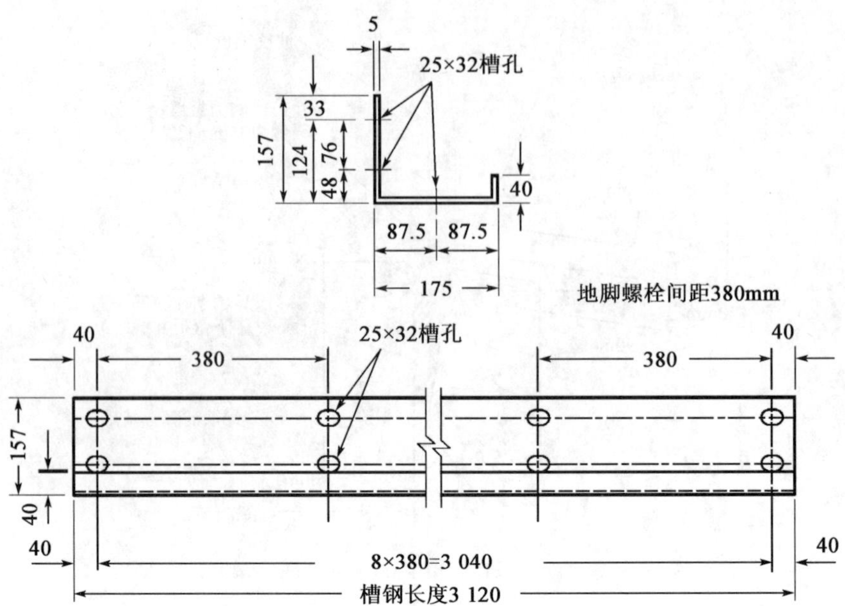

图 3-31　典型的不平衡槽钢构造(适用于 380mm × 140mm 结构板开口结构,尺寸单位:mm)

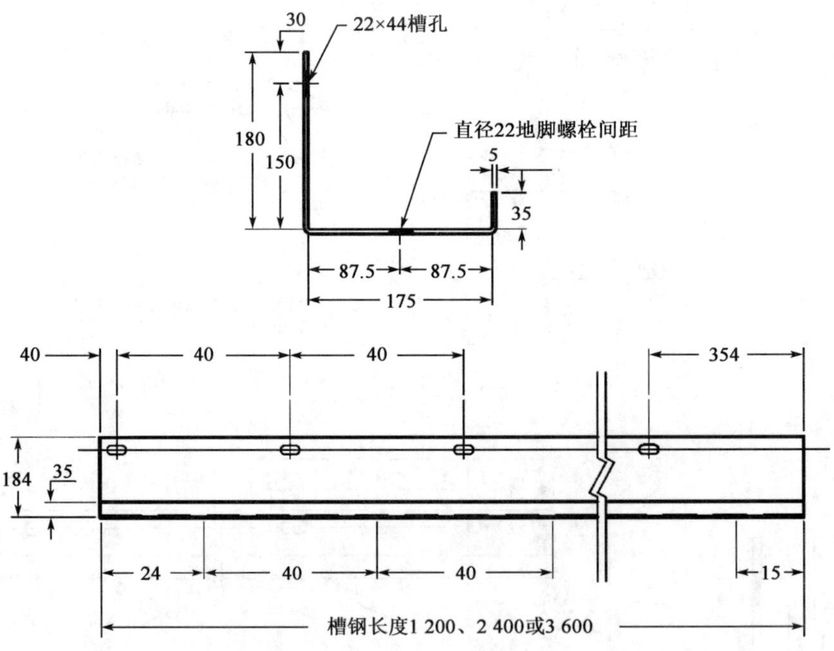

图 3-32　典型的不平衡槽钢构造(适用于 400mm × 150mm 结构板开口结构,尺寸单位:mm)

分离式基础宜埋入水位线以下不小于 600mm。对于整体式基础,为防止底部冲刷,洞口宜设置隔水墙(图 3-33)。

波纹钢基础也要采用槽钢通过螺栓实现与拱脚的连接。图 3-34 示出了典型的波纹钢基础连接构造。

a)

b)

图 3-33 整体式波纹钢基础和分离式波纹钢基础

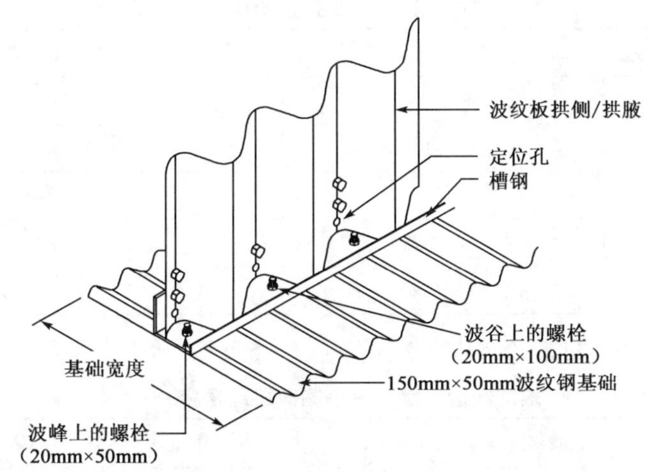

图 3-34 典型的波纹钢基础构造

3.4 接缝与连接系统

3.4.1 接缝

接缝的类型取决于产品及其制造方法,大多数工厂制造的波纹钢管为螺旋管,其接缝可以是连续的螺旋形卷边接缝,也可以是连续的螺旋形焊缝。对于环形波纹钢管(整体式或分片拼装),根据生产设备的能力和设计规格,其接缝可以是铆接缝也可以是点焊接缝。与波纹钢管相比,波纹钢板埋置式结构一般采用环形波纹且现场栓接,因此有纵向螺栓接缝和圆周向螺栓接缝。

1)卷边接缝

卷边接缝是波纹钢管最常见的一种接缝形式。用来加工成钢管的钢带边缘 180°折叠成如图 3-35 所示的形状,相邻钢带相互锁紧,形成紧密连接。

在 180°折叠或搭接区域以外表面上不得有明显的滚压凹痕,以免引起接缝开裂或接触不紧密。180°折叠区域内外表面应光滑,折叠内部不得出现棱角。

预留位置是为相邻 180°折叠钢带预留的偏置距离,从接触点起算,不小于壁厚。折叠内部间隙宽度应大致相等,一般不大于壁厚的 1.5 倍,且不小于壁厚的一半。搭接部分的最小长度见表 3-54。

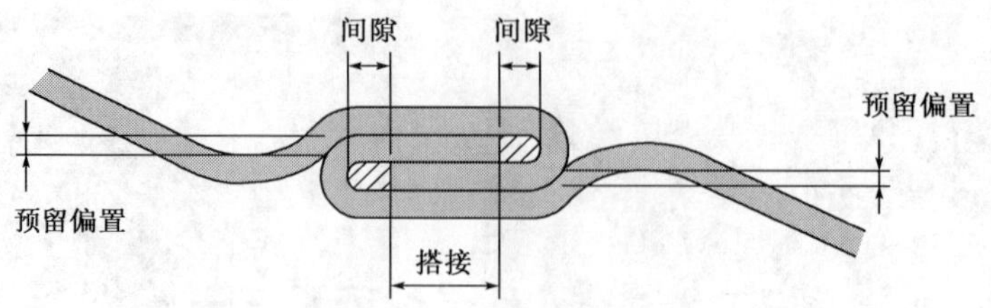

图3-36 卷边接缝的理想断面

卷边接缝的最小搭接长度 表3-54

波纹剖面(mm)		最小搭接长度(mm)
普通波纹	38×6.5	4.0
	68×13	6.5
	75×25	8.0
	125×25	8.0
螺旋带肋波纹	190×19×19	6.5

卷边接缝的强度一般通过试验确定,最小值见表3-55。

螺旋卷边接缝管最小侧向接缝强度 表3-55

波纹管壁厚(mm)	最小侧向接缝强度(N/mm)	波纹管壁厚(mm)	最小侧向接缝强度(N/mm)
1.0	36	2.8	136
1.3	51	3.0	149
1.6	65	3.5	182
2.0	88	4.0	218
2.5	117	4.3	234

2)铆接缝

铆接缝一般用于环形波纹钢管。常用铆钉的形状和规格分别见图3-36和表3-56。不同尺寸波纹钢管使用的铆钉直径和长度见表3-57。

常用铆钉尺寸规格(mm) 表3-56

直径	长度	L_1	L_2	L_3	D_1	D_2	D_3
8	16	15.7~16.3	4.6~5.0	1.7~2.3	13.4~14.2	7.8~8.1	6.3~6.5
10	16	15.6~16.4	5.7~6.2	2.0~2.9	16.7~17.7	9.7~10.1	8.1~8.4
10	20	19.6~20.4	5.7~6.2	2.0~2.9	16.7~17.7	9.7~10.1	8.1~8.4
10	25	24.6~25.4	5.7~6.2	2.0~2.9	16.7~17.7	9.7~10.1	8.1~8.4
12	20	19.5~20.5	6.9~7.4	2.5~3.5	20.0~21.2	11.7~12.1	9.7~10.1
12	25	24.5~25.5	6.9~7.4	2.5~3.5	20.0~21.2	11.7~12.1	9.7~10.1

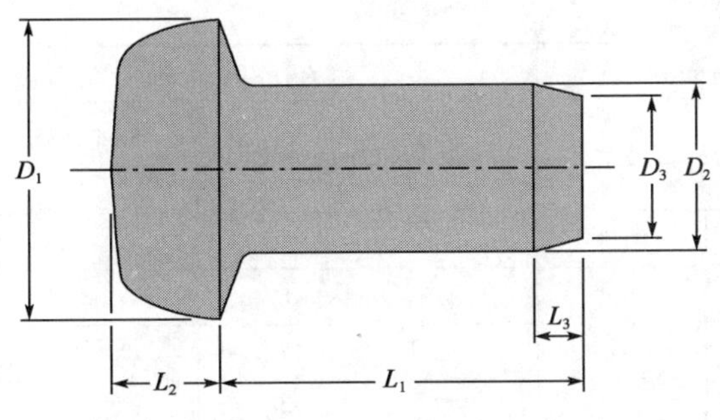

图 3-36　常用铆钉大样

铆钉直径与最小长度　　表 3-57

壁　厚 (mm)	铆钉直径(mm)		铆钉最小长度(mm)
	68mm × 13mm 波纹	75mm × 25mm 和 125mm × 25mm 波纹	
1.0	8	—	16
1.3	8	—	16
1.6	8	10	16
2.0	8	10	16
2.8	10	12	20
3.5	10	12	20 *
4.3	10	12	25

注：* 铆接三块板时最小厚度为 25mm

纵向接缝：直径 1 000mm 以内的钢管，纵向接缝通常设一排铆钉；若直径更大，则使用两排铆钉。两排铆钉的中心间距应不小于三倍铆钉直径。铆钉头通常位于波纹外侧波谷内，如果管内壁有内衬，则应设置在波纹外侧波峰处。纵向接缝处铆钉中心至波纹板边缘的距离应不小于 2 倍铆钉直径。纵向接缝的最小搭接长度和接缝强度分别见表 3-58、表 3-59。

纵向接缝最小搭接长度　　表 3-58

直径(mm)	波高(mm)	铆钉排数	纵向接缝最小搭接长度(mm)
300 ~ 500	13	1	40
600 ~ 1 000	13	1	50
≥1 200	13、25	2	75

铆接或点焊波纹钢管的纵向接缝强度(kN/m)　　表 3-59

壁厚 (mm)	直径 8mm 铆钉		直径 10mm 铆钉			直径 12mm 铆钉
	68mm × 13mm 波纹		68mm × 13mm 波纹		75mm × 25mm 和 125mm × 25mm 波纹	75mm × 25mm 和 125mm × 25mm 波纹
	一排	两排	一排	两排	两排	两排
1.6	236	274			387	
2.0	261	401			499	

续上表

壁厚(mm)	直径8mm铆钉		直径10mm铆钉			直径12mm铆钉
	68mm×13mm 波纹		68mm×13mm 波纹		75mm×25mm 和 125mm×25mm 波纹	75mm×25mm 和 125mm×25mm 波纹
	一排	两排	一排	两排	两排	两排
2.8			341	682		769
3.5			356	712		921
4.3			372	746		1 023

注:本表数据仅供参考。

环向接缝:圆周向铆钉中心间距一般不大于150mm(直径300mm的管除外,其环向一般使用6个铆钉)。环向接缝处最小搭接长度为30mm。

3)点焊接缝

搭接接头采用电阻点焊可达到相当于铆接缝的强度(表3-59)。点焊消除了铆钉头,使得管道内部更光滑,且更有利于外部连接管箍的定位。

焊接材料采用的型号应符合《金属材料熔焊质量要求》(GB/T 12467.1—2009)的要求,焊接材料的质量应符合《焊接材料质量管理规程》(JB/T 3223—1996)的要求。

4)螺栓接缝

对于波纹钢板埋置式结构,一般采用性能指标符合《钢结构用高强度大六角头螺栓、大六角螺母、垫圈技术条件》(GB/T 1231—20061)要求的高强度热镀锌六角螺栓、螺母和垫圈来进行现场装配。螺栓材料采用40Cr,且应符合《合金结构钢》(GB/T 3077—1999)的要求。螺母材料采用45号钢,且应符合《碳素钢结构》(GB/T 700—2006)的要求。通常,直径(跨径)大于2m时宜采用M20×40~M20×60规格,直径小于2m时可采用M16×L50规格。通常使用动力扳钳紧固螺栓,对于小型结构也可使用简易的手动扳手。

表3-60列出了拼装结构板纵向螺栓接缝的极限强度。

栓接结构板纵向接缝的极限强度(kN/m) 表3-60

规定厚度(mm)	150mm×50mm 波纹				380mm×140mm 波纹		400mm×150mm 波纹	
	2螺栓(波纹)	3螺栓(波纹)	4螺栓(波纹)	直径(mm)	6螺栓(波纹)	直径(mm)	6螺栓(波纹)	直径(mm)
2.8	613			19				
3.0	745			19				
3.6	905			19	963	19		
4.0	1 120			19			1 190	19
4.3	1 182			19	1 270	19		
4.8	1 357			19	1 489	19		
5.0	1 470	1 650		19			1 734	19
5.5	1 634			19	1 853	19		

续上表

规定厚度（mm）	150mm×50mm 波纹				380mm×140mm 波纹		400mm×150mm 波纹	
	2 螺栓（波纹）	3 螺栓（波纹）	4 螺栓（波纹）	直径（mm）	6 螺栓（波纹）	直径（mm）	6 螺栓（波纹）	直径（mm）
6.0	1 840	2 135		19			2 061	19
6.3	1 926			19	1 926/2 320	19/22		
7.0	2 100	2 626	2 830	19	2 101/2 583	19/22	2 236/2 683	19/22
8.0			3 430	22			2 236/2 683	19/22
9.7			4 159	22				

注：1. 本表基于满足美国材料与试验协会规范 ASTM A-449 的高强度热镀锌螺栓。

2. 每波纹螺栓个数指一个波距内波峰和波谷中的螺栓数量总和。

为保证结构的强度和刚度，采用波纹钢板拼装的埋置式结构，在加工能力和运输、吊装设备允许条件下，环向分片以接缝最少为原则，即尽量使用最大的环向板宽。对于非圆形结构，不同半径的部位分为不同的板片。板片应错缝拼装（图 3-37）。

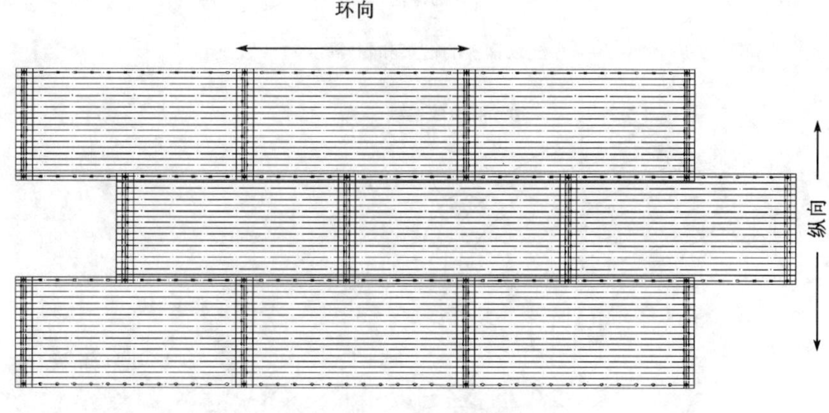

图 3-37 波纹钢板错缝拼装

板片的拼接和螺栓孔的布置还应考虑内部视觉效果。图 3-38、图 3-39 给出了典型的管拱、拱形结构和箱涵的结构板搭接形式和螺栓孔的布置方式。

3.4.2 连接系统

1) 管箍

管箍是最常见的波纹钢管连接件，一般为带状钢箍，用来连接不同长度的波纹钢管管节、维持纵向线形、防止管体分离和填料渗透（图 3-40）。

螺旋形波纹钢管用管箍连接时，管节端部通常需要加工成环形波纹（图 3-41）。

管箍和法兰的材料一般采用 Q235 或 Q275 碳素结构钢，其性能应符合《碳素钢结构》（GB/T 700—2006）要求。

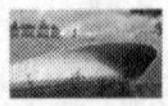

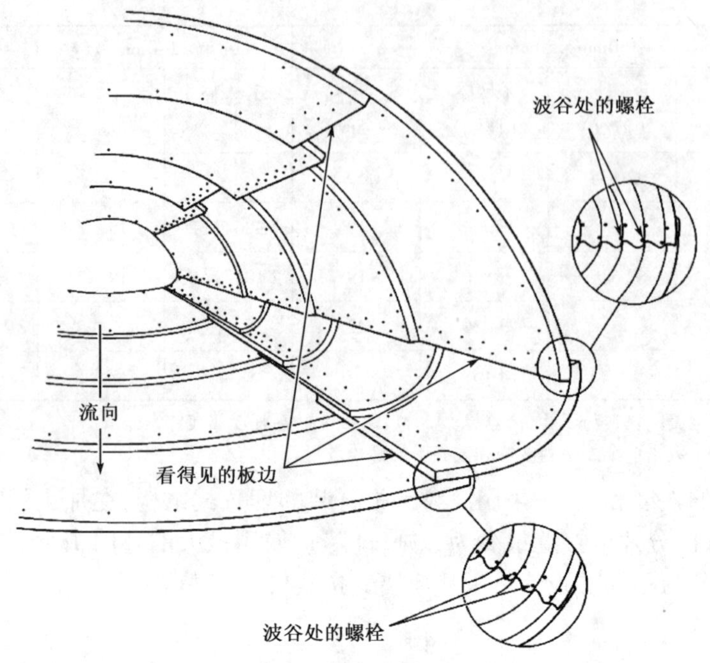

图 3-38　波纹钢板的搭接和螺栓孔布置(管拱)

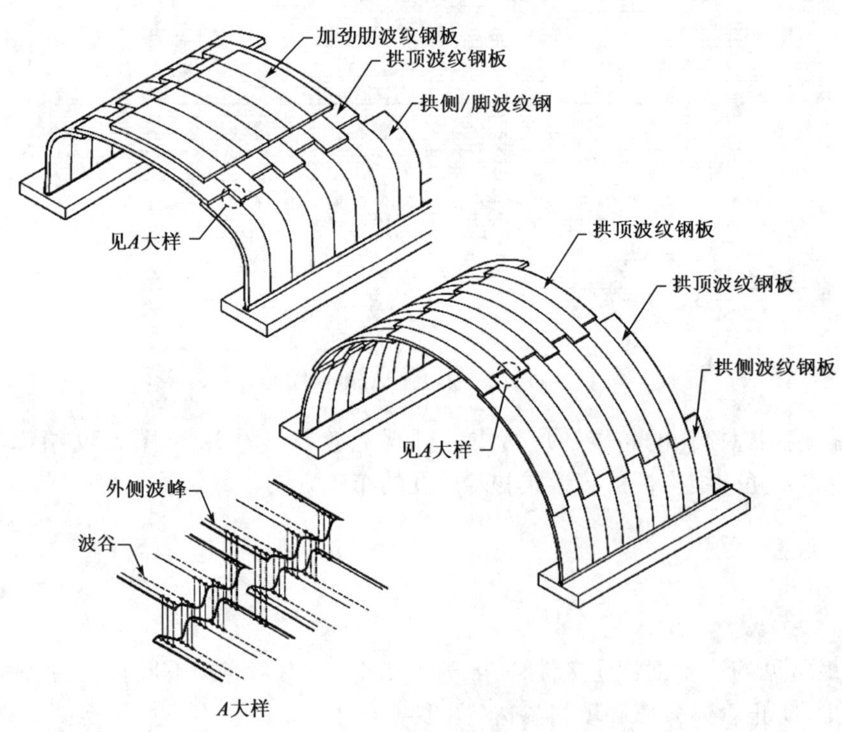

图 3-39　波纹钢板的搭接和螺栓孔布置(拱和箱涵)

根据连接管端的类型和用途,管箍一般有以下几种类型(图 3-42):

(1)浅凹形管箍:一般用于螺旋形波纹钢管或环形波纹钢管之间的连接,螺旋形钢管管端

应加工成环形。

(2)波纹管箍:通常用于整体或铆接的环形波纹钢管或端部加工成环形的螺旋钢管,环向一般为一片,对于较大直径或其他形状(如管拱等),也可分段成两片或三片(即使用两组或三组连接件)。

(3)半波纹管箍:与波纹管箍类似,也适用于整体或铆接的环形波纹钢管或端部加工成环形的螺旋钢管。

(4)平直管箍:通常用于较小直径的圆管(如下水管)的连接,适用于环形或螺旋形波纹钢管,环向一般为一片。

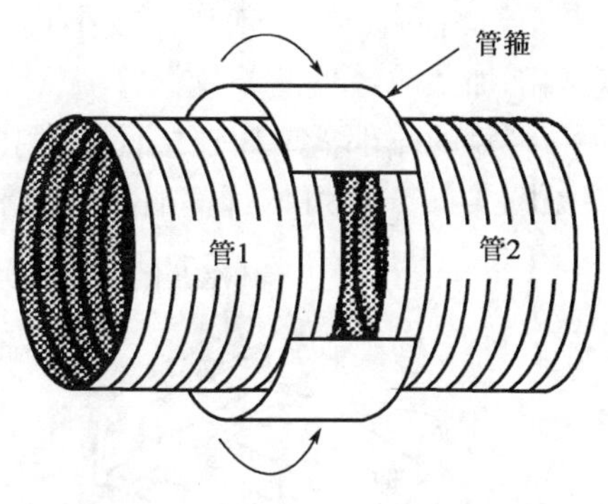

图3-40 典型管箍连接件示意图

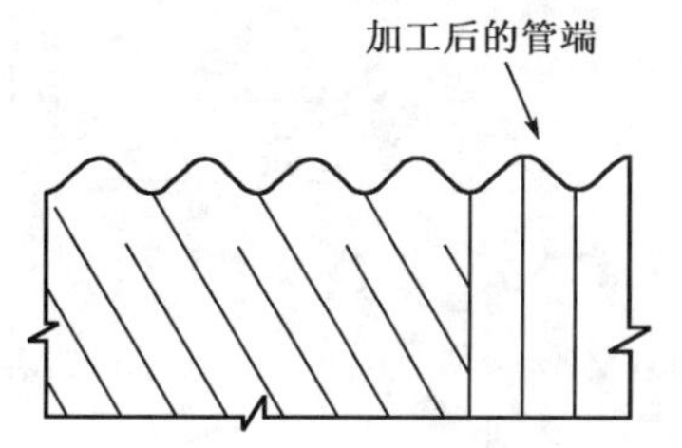

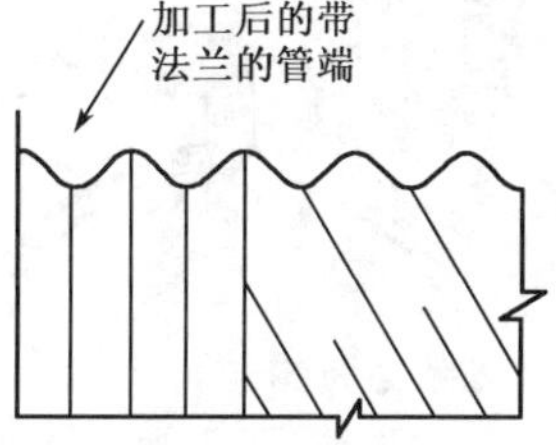

图3-41 螺旋波纹管的环形螺纹管口

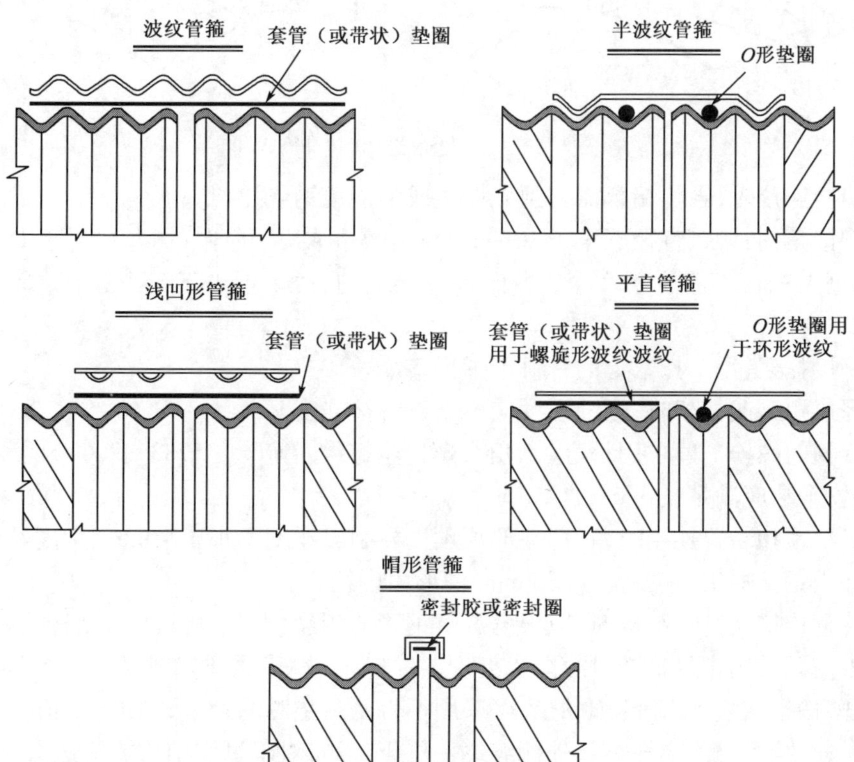

图3-42 常用波纹钢管管箍类型

（5）帽形管箍：一般用于较小直径且对水密性要求不高的圆管连接，适用于带法兰的环形或端部加工成环形的波纹钢管。

管箍的端部需要用连接件或锁扣装置紧固连接，以实现对管端的夹持。常用的管箍连接件见图3-43。也可将管箍端部直接翻边，形成带法兰的一体式管箍。

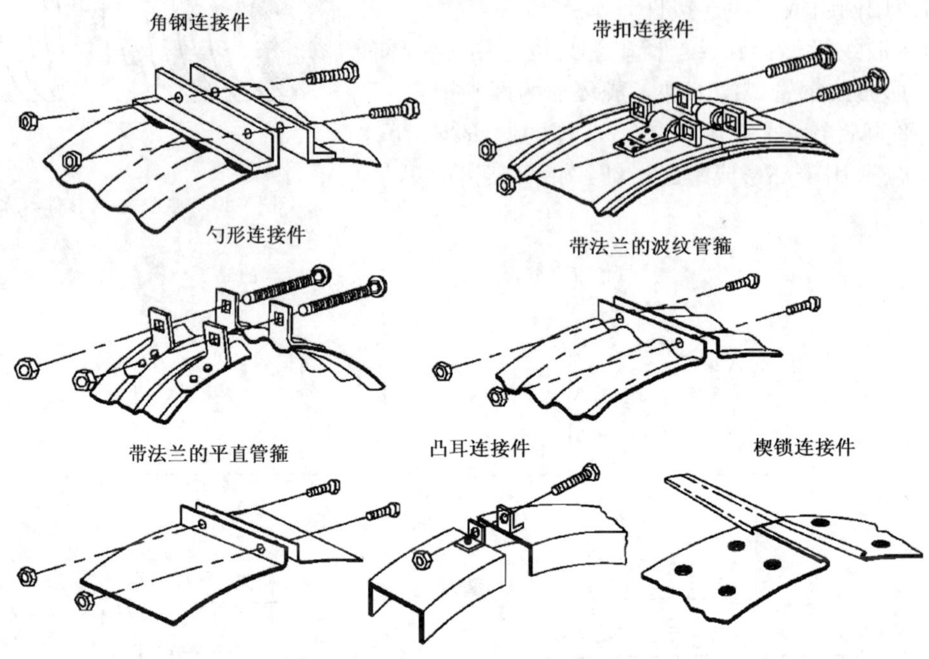

图3-43　常用波纹钢管管箍连接件

采用螺栓连接时，管箍端部需要预先焊接或铆接角钢或托架。

对于铆接角钢，铆钉直径不小于10mm。铆钉数量取决于管箍的宽度，对于180mm宽的管箍，每个角钢上的铆钉不少于2个；对于300mm宽的管箍，不少于3个；对于600mm宽的管箍，不少于5个。

对于铆接托架，每个托架上的铆钉不少于2个。

采用焊接角钢或托架时，焊缝强度应不小于铆接强度。

连接管箍的螺栓一般采用符合《六角头螺栓全螺纹》（GB/T 5783—2000）的M12×150六角螺栓，螺栓个数应满足表3-62的要求。

采用楔形锁扣装置连接时，管箍端部须预先卷制成宽度不小于10mm、角度约45°的卷边。楔锁连接件用钢板加工，壁厚不小于2mm，楔形角度约5°。

采用管箍连接波纹钢结构时，应根据波纹钢管的用途（是否用于过水结构）及周围土壤情况考虑是否需要采用密封垫圈进行防水处理。一般来说，普通埋置式结构如果周围填土为粗砂、砂砾或塑性指数大于12的细黏土，可采用不带密封垫圈的管箍；如果周围填土含有粒径非常小的材料，套接管箍前应在钢管外侧缠绕一层土工布；对于过水结构或输送有害污染物质的结构，或地下水位较高时，建议使用合成橡胶密封垫圈；对于储罐、压力式涵洞或防水要求较高的结构，应采用特殊的水密性管箍，并通过制造商和实验室检验。除非有特别规定，一般要求

漏损率不大于18.5。图3-44是常见的几种垫圈形式。

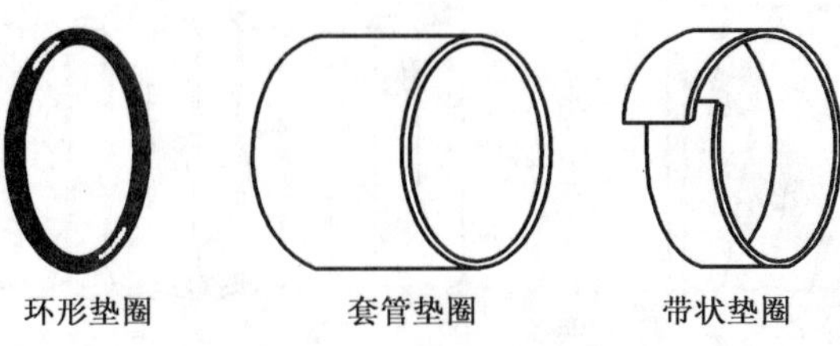

图3-44　标准波纹钢管密封垫圈

表3-61列出了管箍的标准类型,包括有关与各种类型管箍配合使用的连接装置、垫圈类型及管端类型的信息。

波纹钢管管箍用途　　表3-61

管箍类型	横截面	紧固方法			垫圈			配用的管端类型		
		角钢	带扣	楔锁	环形垫圈	套管垫圈	带状垫圈	环形	螺旋形	
									未加工	加工
浅凹形管箍		×	×	×	×	×	×	×		×
波纹管箍		×	×	×		×	×	×		×
半波纹管箍		×	×	×	×			×		×
平直管箍		×	×	×	×	×	×	×	×	×
帽形管箍		×	×			×	×	×		×

管箍不仅要实现管件的紧密连接,还必须具有足够的强度和耐久性。各种管箍的适用范围和规格见表3-62。

波纹钢管管箍最小尺寸　　表3-62

管箍类型	管直径(mm)	壁厚(mm)	最小宽度(mm)	螺栓个数	浅凹个数	
					最小排数	每排最小个数*
平直管箍	100~600	1.3	140	2	—	—
波纹管箍和半波纹管箍	300~600	1.3	180	2	—	—
	700~1 600	1.6	300	2	—	—
	>1 600	1.6	300或600	3或5	—	—
浅凹形管箍	300~600	1.3	300	2	4	6
	700~1 200	1.6	300	2	4	7
	>1 200	1.6	600	3	4	8

注:* 对于75mm×25mm波纹剖面,每排浅凹至少6个。

管箍及所有连接件都必须进行镀锌处理。

2)特殊连接件

在特殊条件下(例如:高压、极大的分离力、在现有管道中穿管、顶管或管上钻孔及垂直高差较大的进水口等),可设计各种特殊的连接件。图3-45示意了几种特殊连接件的构造。

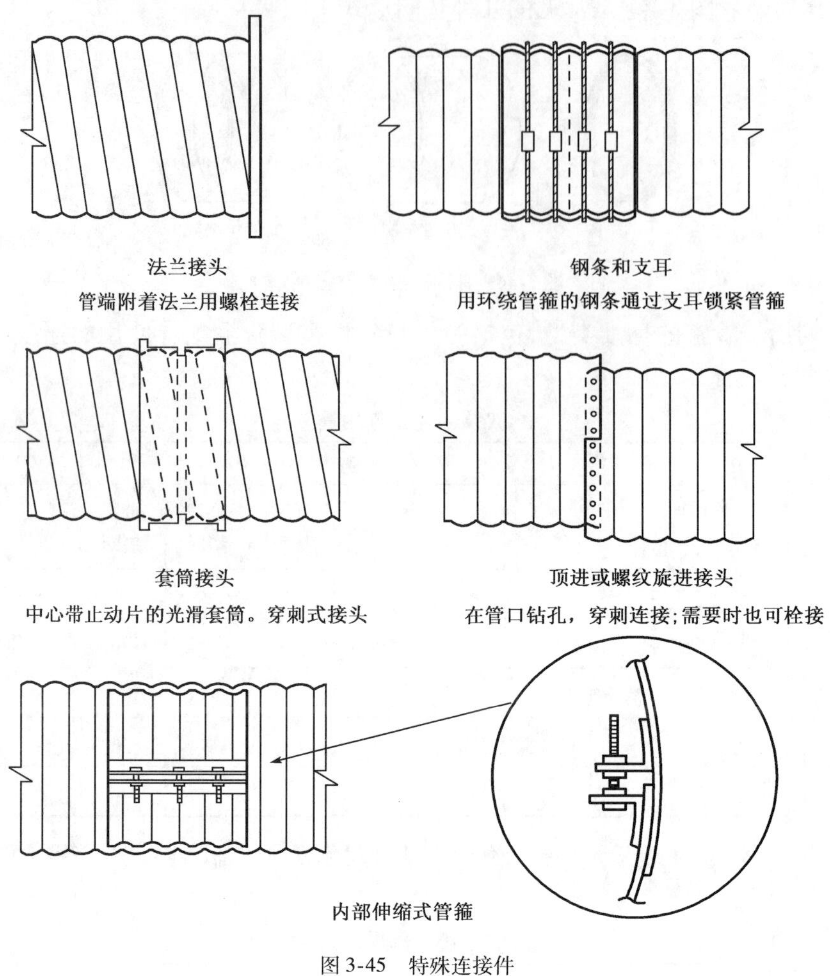

图 3-45　特殊连接件

3.5　配　　件

波纹钢管可通过与各种配件组装，便捷、经济地实现弯曲和分岔，以适应不同的应用。在车间将波纹钢管或波纹钢板按规定尺寸切割成一定形状，然后焊接成不同规格的配件，经检验合格后进行镀锌处理（镀锌质量要求与主管相同）。工厂加工的配件一般适用于直径（或等效直径）不大于 2 400mm 的圆管（或管拱）的连接。通常，这些配件应在车间进行试组装和栓接，以确保所有部件互相匹配。合格的部件应进行清楚标记以便现场正确安装。

大跨结构板结构需要弯曲和分岔时，应通过精密的几何计算确定弯曲和分岔部位异形波纹钢板的尺寸，并进行连接设计。填土较高时，还必须进行有限元分析。异形波纹钢板精确下料和冲孔后，应在工厂进行试拼装，并与主管结构板同样进行镀锌处理。异形波纹钢板之间通常不建议采用焊接，确实需要焊接时，应进行涂层修补。建议在适当位置（如与主管连接处）采用环向加劲肋。

常用的波纹钢管配件参见图 3-46。

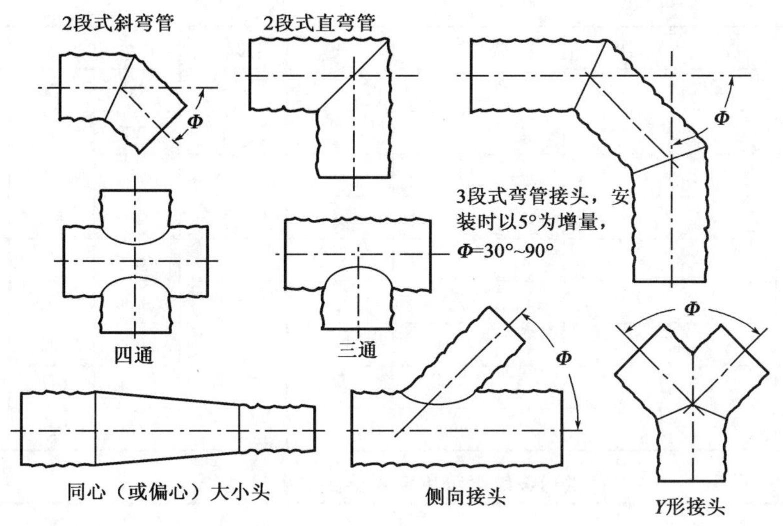

图3-46　波纹钢管配件

3.5.1　弯管接头

波纹钢圆管和管拱用弯管接头的最小尺寸分别见表3-63、表3-64。

圆形波纹钢管用弯管接头最小尺寸(mm)　　表3-63

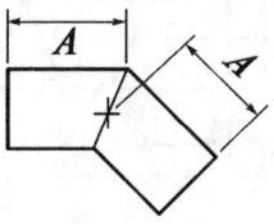 2 段式			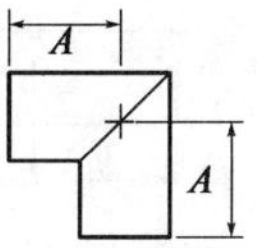 2 段式			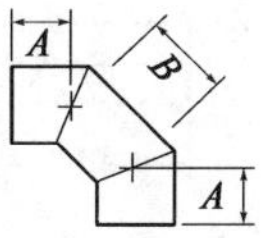 3 段式			
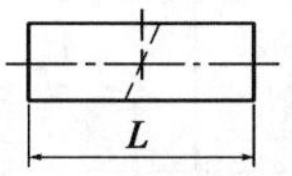 10°～45°弯管接头			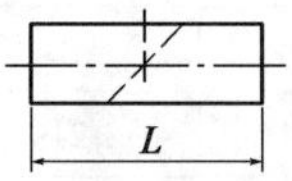 46°～90°弯管接头			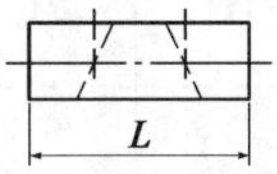 46°～90°弯管接头			
管径	*A*	总长	管径	*A*	总长	管径	A	B	总长
150～600	300	600	150～250	300	600	150	200	200	600
700～1 400	600	1200	300～800	600	1 200	200	185	230	600
1 600～2 400	900	1 800	900～1 200	900	1 800	250	175	250	600
			1 400～1 600	1 200	2 400	300	460	280	1 200
			1 800～2 400	1 500	3 000	400	450	300	1 200
						500	425	350	1 200
						600	410	380	1 200
						700	400	400	1 200
						800	360	480	1 200

续上表

管径	*A*	总长	管径	*A*	总长	管径	A	B	总长
						900	600	600	1 800
						1 000	610	580	1 800
						1 200	570	660	1 800
						1 400	750	900	2 400
						1 600	780	840	2 400
						1 800	750	900	2 400
						2 000	1 000	1 000	3 000
						2 200	950	1 100	3 000
						2 400	925	1 150	3 000

管拱形波纹钢管用弯管接头最小尺寸(mm) 表 3-64

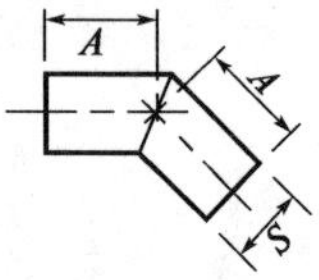

A S A
2 段式

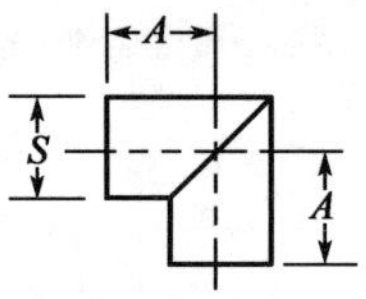

A S A
2 段式

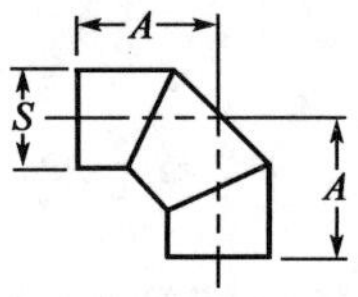

A S A
3 段式

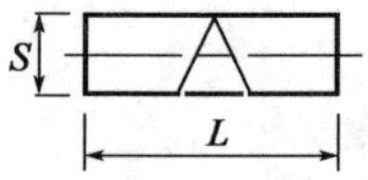

S L
10°～45°弯管接头

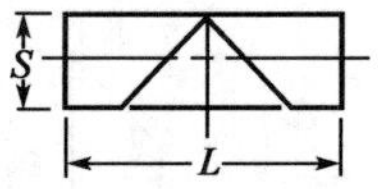

S L
50°～90°弯管接头

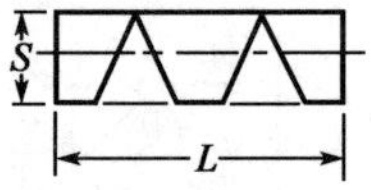

S L
90°弯管接头

等效圆管直径	跨径 *S*	矢高 *R*	2 段式斜弯管接头		2 段式直弯管接头		3 段式直弯管接头	
			A	*L*	*A*	*L*	*A*	*L*
380	432	330	508	1 219	686	1 829	787	1 829
455	533	381	508	1 219	635	1 829	762	1 829
535	610	457	483	1 219	610	1 829	737	1 829
610	711	508	457	1 219	864	2 438	711	1 829
760	889	610	406	1 219	762	2 438	965	2 438
915	1 067	737	686	1 829	965	3 048	889	2 438
1 065	1 245	838	635	1 829	889	3 048	1 143	3 048
1 220	1 448	965	610	1 829	1 092	3 658	1 067	3 048
1 370	1 626	1 092	864	2 438	1 321	4 267	1 321	3 658
1 525	1 803	1 194	838	2 438	1 524	4 877	1 575	4 267
1 675	1 956	1 321	1 092	3 048	1 422	4 877	1 524	4 267
1 830	2 108	1 448	1 067	3 048	1 422	5 486	1 778	4 877

注:*L* 为安装所需的总净长。

3.5.2 分岔接头

波纹钢管用三通、四通、侧向接头和 Y 形接头(圆管)见表 3-65。

圆形波纹钢管用分岔接头最小尺寸(mm) 表 3-65

主管直径	三通			四通			45°侧向接头				45°*Y*形接头	
	接头直径等于或小于主管直径										相同直径	
	A	*B*	*TL*	*A*	*B*	*TL*	*A*	*B*	*C*	*TL*	*A*	*TL*
150	600	300	900	600	300	1 200	900	600	300	1 500	300	900
200	600	300	900	600	300	1 200	900	600	300	1 500	300	900
250	600	300	900	600	300	1 200	900	600	300	1 500	300	900
300	800	400	1 200	1 200	600	2 400	1 200	600	400	1 800	600	1 800
400	1 200	600	1 800	1 200	600	2 400	1 200	900	400	2 100	600	1 800
500	1 200	600	1 800	1 200	600	2 400	1 500	900	450	2 400	600	1 800
600	1 200	600	1 800	1 200	600	2 400	1 500	900	500	2 400	600	1 800
700	1 200	600	1 800	1 200	600	2 400	1 800	1 200	600	3 000	600	1 800
800	1 800	900	2 700	1 800	900	3 600	2 400	1 500	660	3 900	900	2 700
900	1 800	900	2 700	1 800	900	3 600	2 400	1 500	660	3 900	900	2 700
1 000	1 800	9 00	2 700	1 800	900	3 600	2 400	1500	760	3 900	900	2 700
1 200	1 800	900	2 700	1 800	900	3 600	3 000	1 800	810	4 800	900	2 700
1 400	2 400	1200	3 600	2 400	1 200	4 800	3 600	2 100	1 100	5 700	1 200	3 600
1 600	2 400	1 200	3 600	2 400	1 200	4 800	3 600	2 400	1 200	6 000	1 200	3 600
1 800	3 000	1 500	4 500	3 000	1 500	6 000	4 200	2 700	1 250	6 900	1 500	4 500
2 000	3 000	1 500	4 500	3 000	1 500	6 000	4 800	3 000	1 400	7 800	1 500	4 500
2 200	3 000	1 800	4 500	3 000	1 500	6 000	4 800	3 300	1 500	8 100	1 500	4 500
2 400	3 000	1 800	5 400	3 600	1 800	7 200	4 800	3 300	1 550	8 100	1 800	5 400

注:*TL* 为制造配件所需的总净长。

3.5.3 鞍形接头

鞍形接头用来连接支管和主管(图 3-47)。主管铺设后,使用鞍形接头可实现精确连接;在旧管线上采用鞍形接头可有效形成新连接。采用鞍形接头几乎可以将任何类型的管道连接到波纹钢管主管上,见图 3-48。

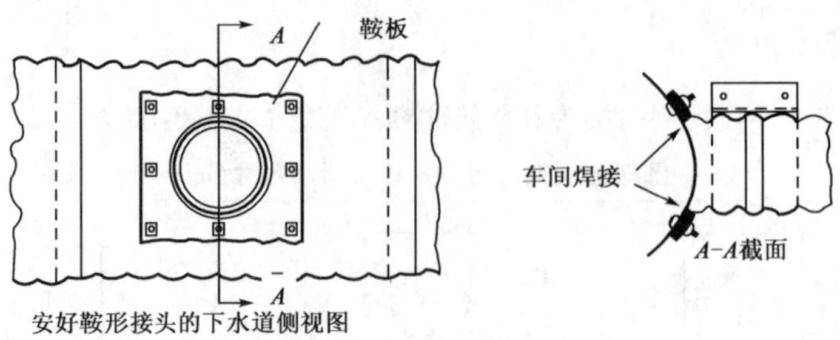

图 3-47　鞍形接头

3.5.4　人孔和集水井

人孔和集水井是波纹钢管中常见的构造，一般可分为两种类型：立管式和竖井式。

立管式人孔较为简单，且十分经济有效，仅适用于直径 900mm 以上的主干管道。对于直径较小的波纹钢管，如下水道，可以使用直径较大的波纹钢管竖井作为人孔。但是，当竖井直径大于 900mm 时，必须使用异径管部件使得井口与井口盖相适应。图 3-49 示出了典型的异径管部件。

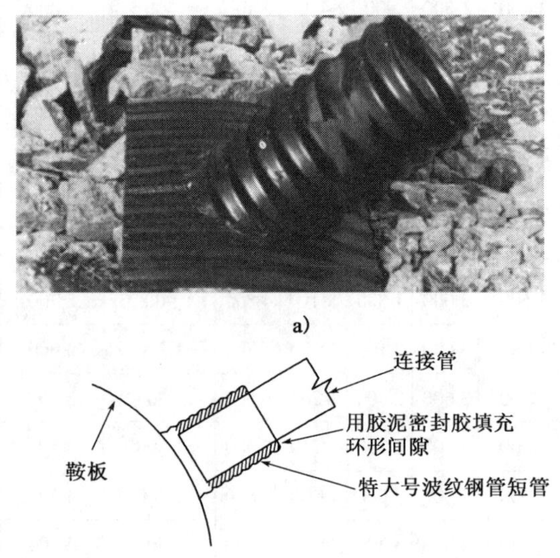

图 3-48　鞍形接头的通用连接详图

a）用于连接室内旁管或集水井引入管的典型预制波纹钢管鞍形支管配件；b）鞍形接头的通用连接示意图

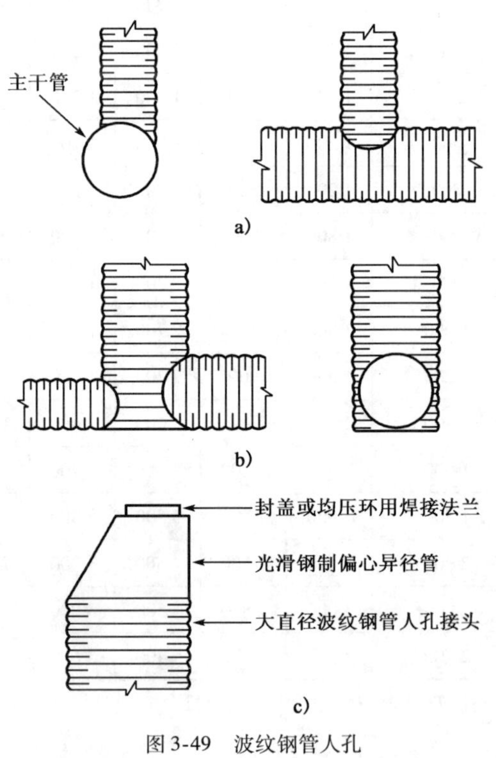

图 3-49　波纹钢管人孔

a）竖井式人孔；b）立管式人孔；c）异径管部件

较大直径的人孔或大直径主干管道和波纹钢管立管之间的连接需要进行加固。图 3-50 示出了一种典型的集水井构造。

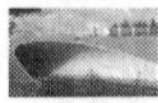

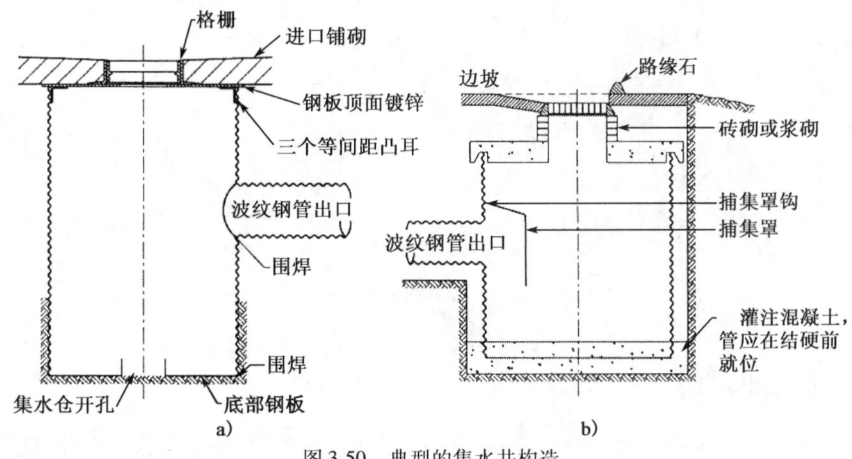

图 3-50 典型的集水井构造

3.6 端部构造

波纹钢埋置式结构用于涵洞、通道、分离式立交或桥梁时，往往需要对端部进行必要的处理。如闭口涵洞需要防止进水口的冲刷、出水口底蚀，且应顺应水流，提高水力效率；用于通道、分离式立交或桥梁时，还有美观需要。

传统的圬工洞口(例如混凝土八字墙、一字墙等)虽然也可用于波纹钢管涵洞，但由于洞口相对于洞身沉降较大，容易造成管口变形。这里列举一些适用于波纹钢埋置式结构的轻型端部构造。

3.6.1 钢板桩矮端墙和隔水墙

在管端将相互咬口连接的波纹钢板打入土中，并根据管身底部的外形进行现场切割，上端在适当高度处(一般大约在截面形心附近)用不平衡槽钢封口。这类端部构造适用于采用直立式或削竹式洞口的大孔径波纹钢管(圆管或管拱)涵洞，用作防渗墙和矮端墙或隔水墙(图 3-51、图 3-52)。管底以下的板桩深度应至少大于冲刷深度，且一般不小于 900mm。

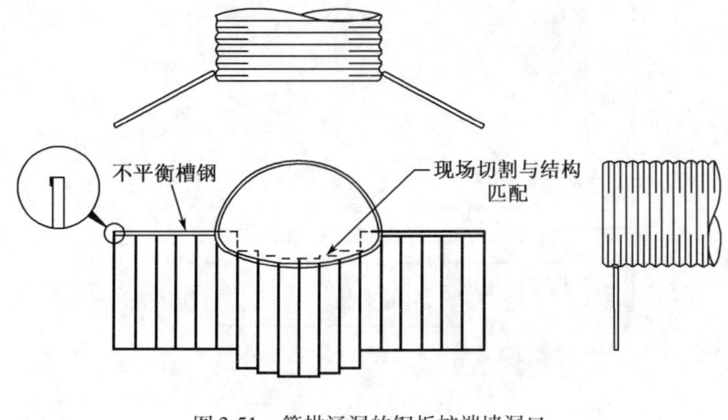

图 3-51 管拱涵洞的钢板桩端墙洞口

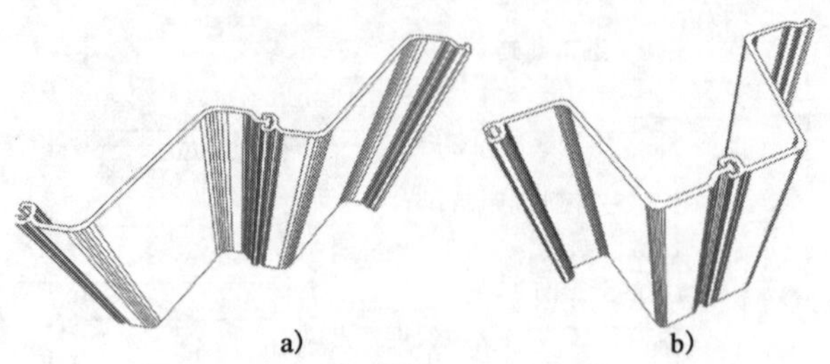

图 3-52　常见的波纹钢板桩板片构造

3.6.2　预制钢洞口

预制钢洞口一般采用钢板由工厂加工制造，与波纹钢管形状参数、涵洞斜交角度、边坡坡率相适配，出厂前经镀锌处理，现场通过管箍与管身连接。预制钢洞口与管身一样属于柔性结构，自重较轻，易于装配，施工简便快捷。而且，需要接长或改建时，这种洞口可完全回收利用。

管身采用 68mm × 13mm 波纹剖面时，预制钢洞口适用于直径 300 ~ 2 400mm 之间的圆形波纹钢管和跨径 × 矢高 = 560mm × 420mm ~ 1 880mm × 1 260mm 之间的管拱形波纹钢管。管身采用 75mm × 25mm 或 125mm × 25mm 波纹剖面时，也适用于跨径 × 矢高 = 1 350mm × 1 040mm ~ 3 605mm × 2 310mm 之间的管拱形波纹钢管。图 3-53 和表 3-66 ~ 表 3-68 给出了常用预制钢洞口的建议尺寸。

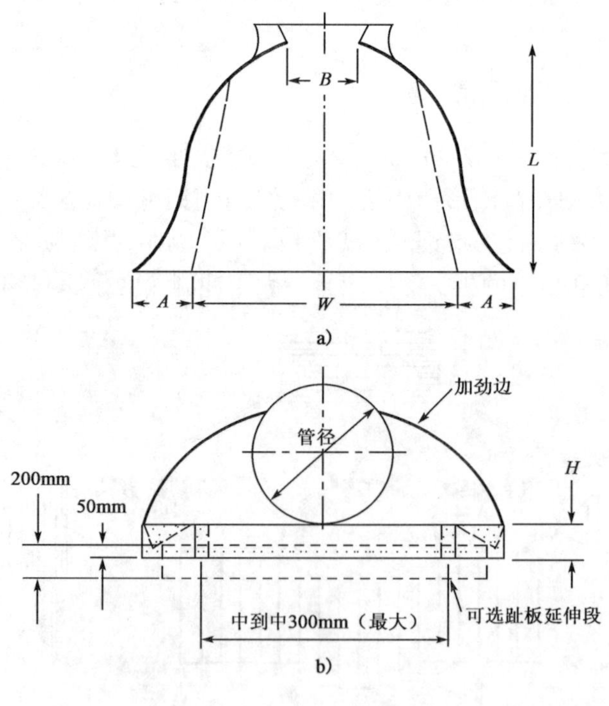

图　3-53

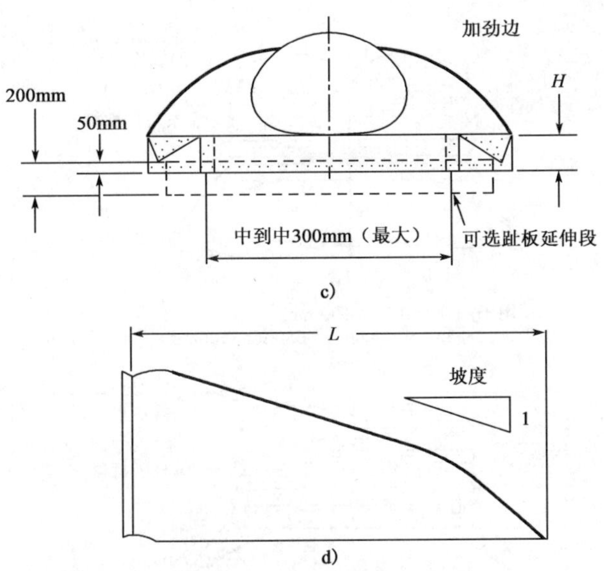

图 3-53　预制钢洞口尺寸大样

a）平面图；b）立面图—圆形；c）立面图—管拱；d）典型截面

圆管镀锌钢洞口的尺寸［68mm×13mm（波纹剖面）］　　表 3-66

管径（mm）	镀锌钢洞口钢板厚度（mm）	近似尺寸（mm）					近似坡度	洞口组装块数
		A Min	*B* Max	*H* Min	*L* ±50	*W* Min		
300	1.6	125	150	150	535	560	2.25	1
400	1.6	150	200	150	660	710	2.25	1
500	1.6	200	300	150	915	1 015	2.125	1
600	1.6	225	330	150	1 040	1 170	2.125	1
800	2.0	280	405	200	1 295	1 400	2.125	1
900	2.0	330	485	230	1 525	1 780	2.0	2
1 000	2.8	380	635	295	1 750	2 085	2.125	2
1 200	2.8	430	740	305	1 980	2 235	2.0	2
1 400	2.8	430	840	305	2 135	2 540	2.0	2
1 600	2.8/3.5	430	915	305	2 210	2 845	1.875	3
1 800	2.8/3.5	430	1 120	305	2 210	3 050	1.5	3
2 000	2.8/3.5	430	1 220	305	2 210	3 300	1.375	3
2 200	2.8/3.5	430	1 320	305	2 210	3 455	1.333	3
2 400	2.8/3.5	430	1 475	305	2 210	3 660	1.125	3

注：1. 洞口由 3 块钢板组装时，侧板厚度为 2.8mm，底板厚度为 3.5mm。

2. 1 600mm 及更大尺寸的波纹钢管，洞口侧板边缘应用镀锌加劲角钢进行加劲。角钢应通过镀锌螺母和螺栓与侧板连接。

3. 镀锌趾板作为一种可选附件，其厚度与底板厚度一致

管身尺寸较小时，预制钢洞口加工成整体结构。管身尺寸较大时，为运输和安装方便，可加工成 2～3 块，现场通过镀锌铆钉或螺栓紧密连接。

预制钢洞口一般采用管箍与主管连接。图 3-54 示出了几种常见的连接形式及适用范围。

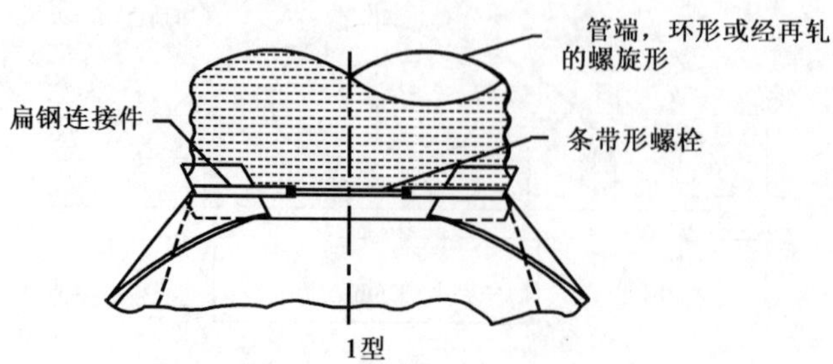

适用于圆管尺寸300~600mm;
管拱尺寸560mm×420mm~680mm×500mm。

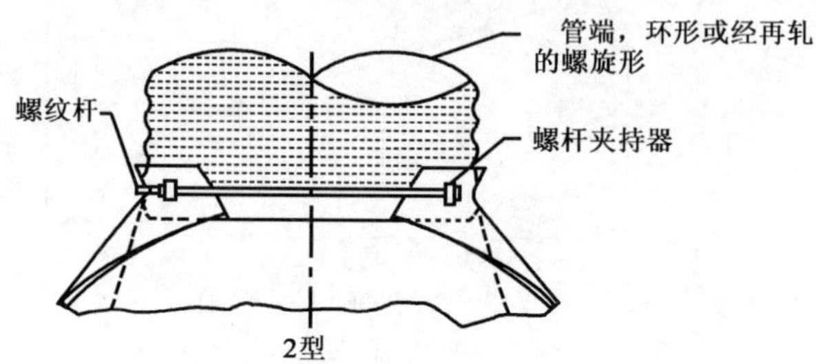

适用于圆管尺寸800mm和900mm;
管拱尺寸910mm×660mm~1390mm×970mm。

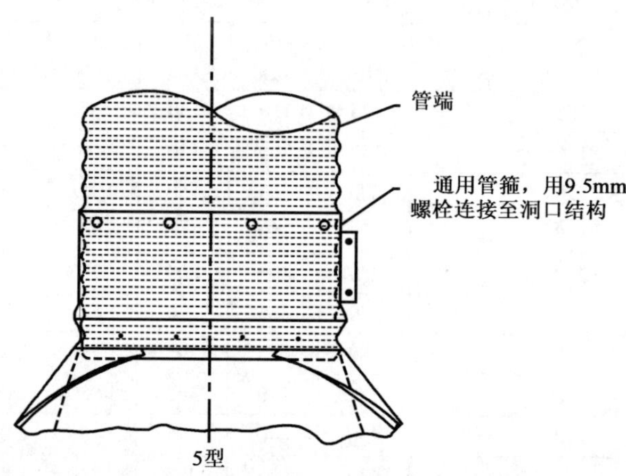

适用于所示所有圆管和管拱的尺寸。
（1型和2型连接建议用于具有环形波纹端的较小尺寸管道）

图 3-54 洞口与管身之间的连接

管拱镀锌钢洞口的尺寸[68mm×13mm(波纹剖面)] 表 3-67

跨径×矢高 (mm×mm)	镀锌钢洞口 钢板厚度 (mm)	近似尺寸(mm)					近似坡度	管体组 装块数
		A Min	*B* Max	*H* Min	*L* ±50	*W* Min		
560×420	1.6	150	280	150	610	865	2.0	1
680×500	1.6	180	405	150	810	1 170	2.0	1
910×660	2.0	230	405	150	990	1 475	1.875	1

续上表

跨径×矢高（mm×mm）	镀锌钢洞口钢板厚度（mm）	近似尺寸(mm)					近似坡度	管体组装块数
		A Min	*B* Max	*H* Min	*L* ±50	*W* Min		
1 030×740	2.0	280	460	180	1 170	1 855	1.875	1
1 150×820	2.8	305	535	230	1 345	2 080	1.75	2
1 390×970	2.8	405	660	305	1 575	2 235	1.875	2
1 630×1 120	2.8	430	760	305	1 755	2 540	1.875	2
1 880×1 260	2.8/3.5	430	915	305	1 955	3 150	1.625	3

注：1. 洞口由3块钢板组装时，侧板厚度为2.8mm，底板厚度为3.5mm。
2. 尺寸为1 880mm×1 260mm的管拱，洞口侧板边缘应用镀锌加劲角钢进行加劲。角钢应通过镀锌螺母和螺栓与侧板连接。
3. 镀锌趾板作为一种可选附件，其厚度与底板厚度一致

管拱镀锌钢洞口的尺寸[75mm×25mm与125mm×25mm(波纹剖面)]　　表3-68

跨径×矢高（mm×mm）	镀锌钢洞口钢板厚度（mm）	近似尺寸(mm)					近似坡度	管体组装块数
		A Min	*B* Max	*H* Min	*L* ±50	*W* Min		
1 350×1 040	2.8	430	660	305	1 600	2 235	1.75	2
1 525×1 170	2.8	430	915	305	1 780	2 540	1.875	2
1 675×1 295	2.8	430	915	305	1 955	2 845	1.75	2
1 855×1 400	2.8	430	915	305	1 955	3 150	1.5	3
2 055×1 500	2.8	430	1 120	305	1 955	3 455	1.625	3
2 210×1 600	2.8	430	1 120	305	1 955	3 455	1.5	3
2 415×1 700	2.8	430	1 120	305	2 210	4 065	1.5	3
2 615×1 800	2.8	430	1 120	305	2 210	4 370	1.3	3
2 845×1 905	2.8	430	1 120	305	2 210	4 370	1.25	3
2 970×2 005	2.8	510	1 575	305	2 210	3 910	1.5	3
3 250×2 110	2.8	510	1 725	305	2 210	4 470	1.5	3
3 480×2 210	2.8	510	1 855	305	2 540	4 930	1.5	3
3 605×2 310	2.8	510	1 905	305	2 490	5 180	1.5	3

注：1. 尺寸为1 855mm×1 400mm及以上的管拱，洞口侧板边缘应用镀锌加劲角钢进行加劲。角钢应通过镀锌螺母和螺栓与侧板连接。
2. 镀锌趾板作为一种可选附件，其厚度与底板厚度一致

3.6.3 混凝土领圈

对于由结构板拼装而成的波纹钢拱形结构(通常用于通道、分离式立交或桥梁),其端部一般可设计为平头式、斜切式和坡口式几种类型。为受力和美观需要,这类结构的端部一般应采用混凝土领圈进行加固和修饰(图3-55)。

领圈一般为现浇钢筋混凝土结构,与波纹钢板上预埋的螺栓浇筑在一起。图3-56示出了混凝土领圈的构造和细部尺寸。

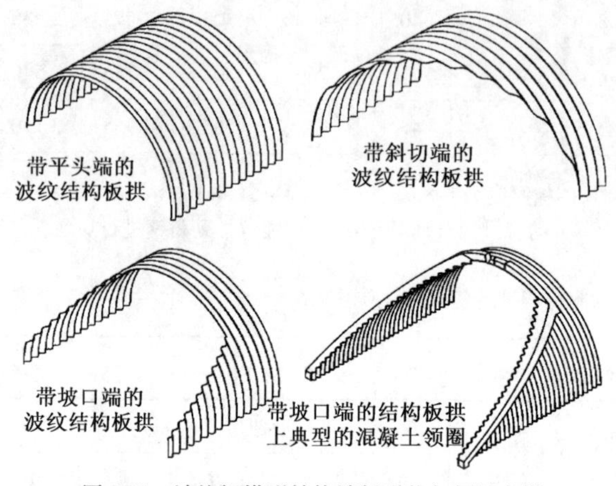

图3-55　波纹钢拱形结构端部形状与领圈大样

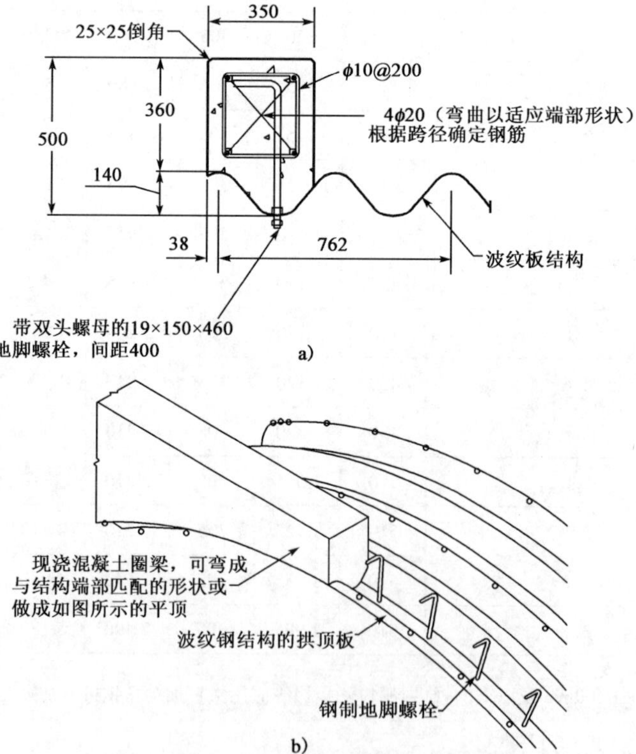

图3-56　混凝土领圈的构造和细部尺寸(尺寸单位:mm)

3.6.4 预制混凝土洞口

为进一步加快施工进度，简化施工程序，可以根据洞身形状和尺寸，将混凝土洞口构造分块预制成标准化构件（图 3-57），现场拼装连接。

在土压力作用下，端墙和翼墙可视为挡土墙。为减小结构尺寸和吊装质量，可仿照加筋土挡墙的原理，在端墙和翼墙背后设置锚钩，用锚索锚固在背后的回填土中（图 3-58）。端墙高度一般以其顶面高出洞身拱顶 600mm（或最小填土厚度要求）以上为宜。翼墙与端墙之间一般成 90°、135°或 180°夹角，上端的坡度顺应路堤边坡。翼墙与端墙之间的夹缝用预制的衬板（放在背面）和滤布遮挡（图 3-59），以防填土渗漏。

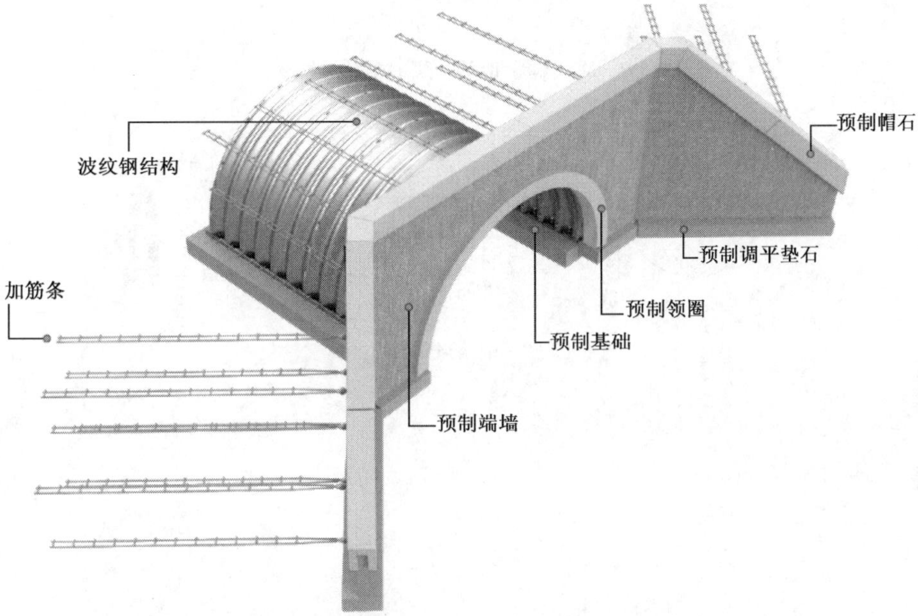

波纹钢结构
预制帽石
预制调平垫石
加筋条
预制领圈
预制基础
预制端墙

a)

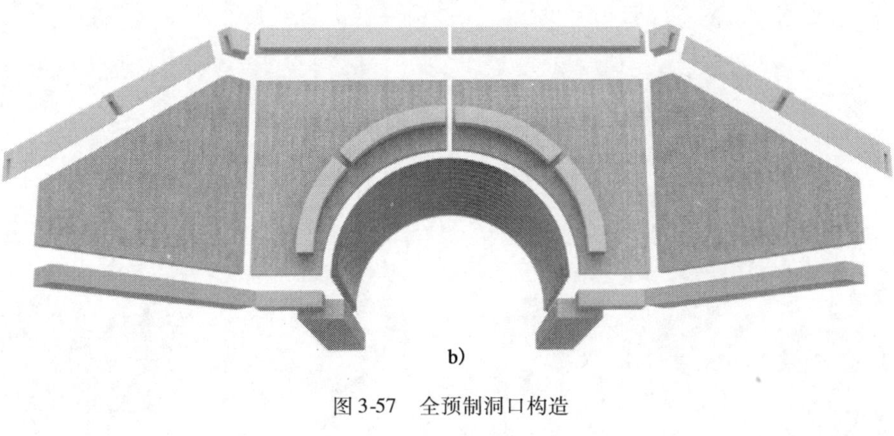

b)

图 3-57 全预制洞口构造

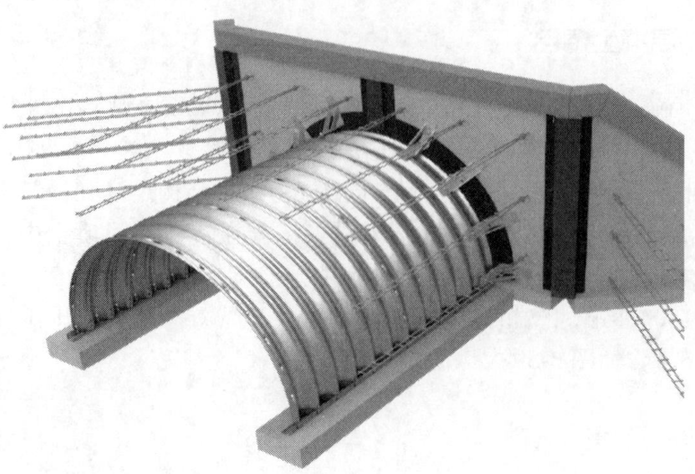

图 3-58　端墙和翼墙背后的锚钩和锚索

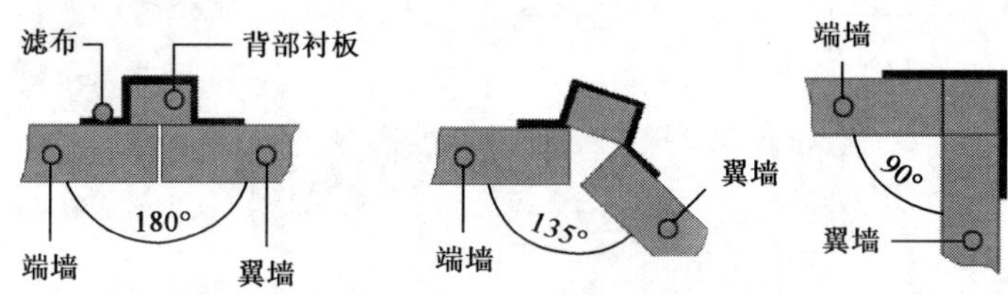

图 3-59　端墙与翼墙的拼装

第4章 水力设计

地形、土壤和气候并不是一成不变的,因此,波纹钢埋置式过水结构(如雨水管、涵洞、小桥等)应根据每个特定现场的合理的足够的数据进行个性化设计。本章结合国内外有关波纹钢结构和水力学的研究成果,系统介绍波纹钢埋置式过水结构的水力设计方法。

公路涵洞、小桥的布设、勘测及水力水文计算方法和要求应符合《公路涵洞设计细则》(JTG/T D65-04—2007),并参考本章进行水力设计。

4.1 明渠水力学

在设计涵洞、雨水管及其他过水结构之前,应考虑沟渠、边沟、急流槽、中央分隔带洼地及其他通向结构的明渠的水力设计。计算降雨和径流后,应设计选择合适的渠道以处理洪峰流量,并尽可能减少侵蚀、方便养护并降低对交通的危害。

AASHTO 绿皮书《公路与城市道路几何设计导则》中规定:“渠道深度应足以清除雨水,使路基免受浸泡。容许水深(尤其在平坦的渠道护坡上)取决于土壤特性。在空旷的野外,最好选择5:1 或6:1 的渠道边坡,以减少积雪。”

4.1.1 切齐(Chezy)公式

切齐公式是明渠流量计算的最基本的水力公式,适用于明渠中的流体为恒定均匀流或恒定缓变流的情况。公式表述为:

$$Q = AV = Ac\sqrt{RS} \tag{4-1}$$

式中:Q——流量(m^3/s);

A——水流面积(m^2);

V——平均流速(m/s);

c——切齐系数,取决于过水表面($m^{1/2}/s$);

R——水力半径(m),$R = \frac{A}{WP}$;

WP——湿周(过水断面上水与沟渠表面接触的周界线长度,m);

S——边坡坡度(m/m)。

4.1.2 曼宁(Manning)公式

曼宁给出了切齐公式中切齐系数的计算公式:

$$c = \frac{R^{1/6}}{n} \tag{4-2}$$

式中：n——曼宁系数(表4-1、表4-2)。

人工渠道的曼宁系数 表4-1

渠道类型与描述	n
1. 浆砌或整体渠道：	
(1)混凝土——抹光表面	0.013
(2)混凝土——浮镘表面	0.015
(3)混凝土——未修整表面	0.017
(4)喷浆——截面良好	0.019
(5)砾石沟底，侧面为	
①混凝土	0.020
②乱石浆砌	0.023
③干砌毛石或抛石	0.033
2. 开挖或疏浚土沟：	
(1)顺直、均匀	
①整洁，新近完工	0.018
②整洁，风化后	0.022
③砾石，截面均匀，整洁	0.025
④有矮草，极少杂草	0.027
(2)迂缓弯曲	
①无植被	0.025
②草地，部分野草	0.030
③浓密的杂草，深水渠道	0.035
④沟底为土，侧面为碎石	0.030
⑤石沟底，河岸有杂草	0.035
⑥卵石沟底，侧面整洁	0.040
3. 未维护的渠道，野草及未割灌木：	
(1)浓密的杂草，与水齐平	0.080
(2)沟底整洁，侧面有矮灌木	0.050
(3)同上，高水位	0.070
(4)浓密灌木，高水位	0.100

天然河道的曼宁系数(高水位时水面宽度小于30m) 表4-2

渠道类型与描述	n
1. 相当规则断面	
(1)一些草和野草，几乎无灌木	0.030～0.035
(2)野草生长茂密，水流深度大大高于杂草高度	0.035～0.05
(3)一些野草，河岸上灌木稀疏	0.035～0.05
(4)一些野草，河岸上灌木浓密	0.05～0.07
(5)一些野草，河岸上柳树浓密	0.06～0.08

续上表

渠道类型与描述	n
(6)渠道内有树木,高水位时树枝浸没	上述数值增大 0.01 ~ 0.02
2. 不规则断面,有水塘、轻微蜿蜒的河道	上述数值增大 0.01 ~ 0.02
3. 山涧,渠道中无植被,河岸通常陡峭,高水位时沿岸树木和灌木浸没:	
(1)河底为砾石、卵石和少量巨砾	0.04 ~ 0.05
(2)河底为卵石、带巨砾	0.05 ~ 0.07

完整的曼宁公式为:

$$V = \frac{R^{2/3}S^{1/2}}{n} \tag{4-3}$$

此公式与切齐方程合并得出下面的公式:

$$Q = \frac{AR^{2/3}S^{1/2}}{n} \tag{4-4}$$

有些计算方法将渠道截面特性统一为一个系数 K(称作输送系数),即:

$$K = \frac{AR^{2/3}}{n} \tag{4-5}$$

则:

$$Q = KS^{1/2} \tag{4-6}$$

假定渠道笔直畅通且水质清洁、流动均匀往往不切实际。如果在足够巨砾内渠道断面、粗糙度和坡度基本恒定不变,则可认为符合均匀流条件,这时曼宁公式得出的结果比较可靠。

4.1.3 图表法

工程中常用下述的诺谟图(图 4-1)来计算明渠的流量。下面通过一个实例说明诺谟图的用法。

[例题 1]

已知:有一顺直的等截面梯形土渠,底宽为 0.6m,边坡为 1:1,纵坡为 0.003m/m,正常水深为 0.3m。

求:流速和流量。

解:

(1)根据表 4-1,对于普通土中的开挖渠道,$n=0.022$。

(2)横截面面积 $A=0.3\times(0.6+1\times0.3)=0.27(\mathrm{m}^2)$。

(3)湿周 $WP=0.6+2\times0.3\times(12+1)^{1/2}=1.449(\mathrm{m})$。

(4)水力半径 $R=0.27/1.449=0.186(\mathrm{m})$。

(5)使用图 4-1 所示的诺谟图,在标尺上通过数值为 $S=0.003$ 和 $n=0.02$ 的点画一条直线,在直线与转折线相交的地方做标记。

(6)通过转折线上的标记点与水力半径为 0.186m 的点连成直线。

(7)在速度标尺上读取流速 $V=0.80\mathrm{m/s}$。

(8)流量 $Q=0.27\times0.80=0.216(\mathrm{m^3/s})$。

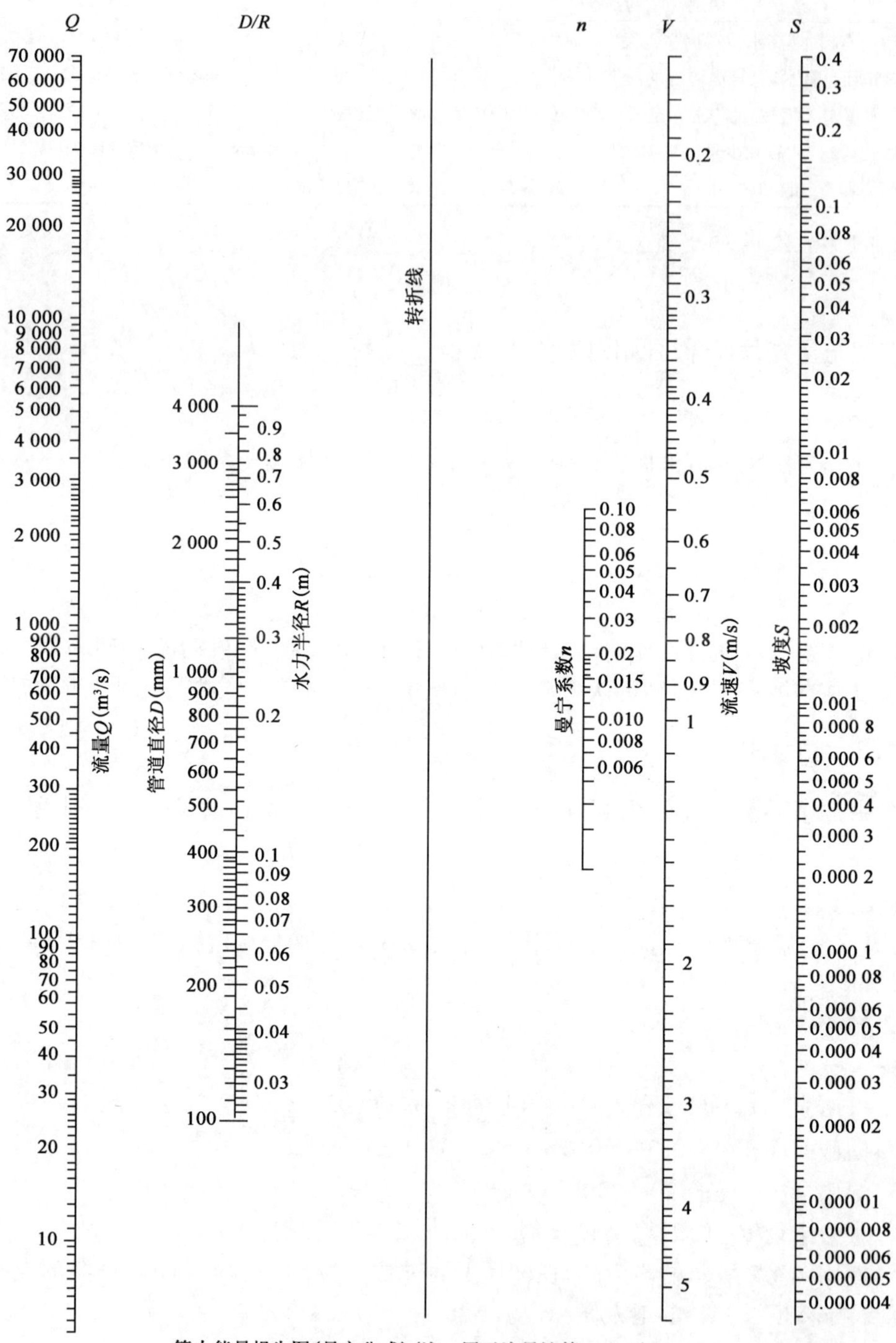

管内能量损失图(曼宁公式)(注：用于流量计算，H_L=S)

图4-1　曼宁公式的诺谟图

图4-2提供了一种计算指定底宽、渠道纵坡、边坡、n 值的梯形渠道不同深度时容许流量的方法。对于一个给定的排水项目,这些变量为已知的,或可以使用已知的现场参数通过反复试算得出,这样就可以计算出流量 Q。

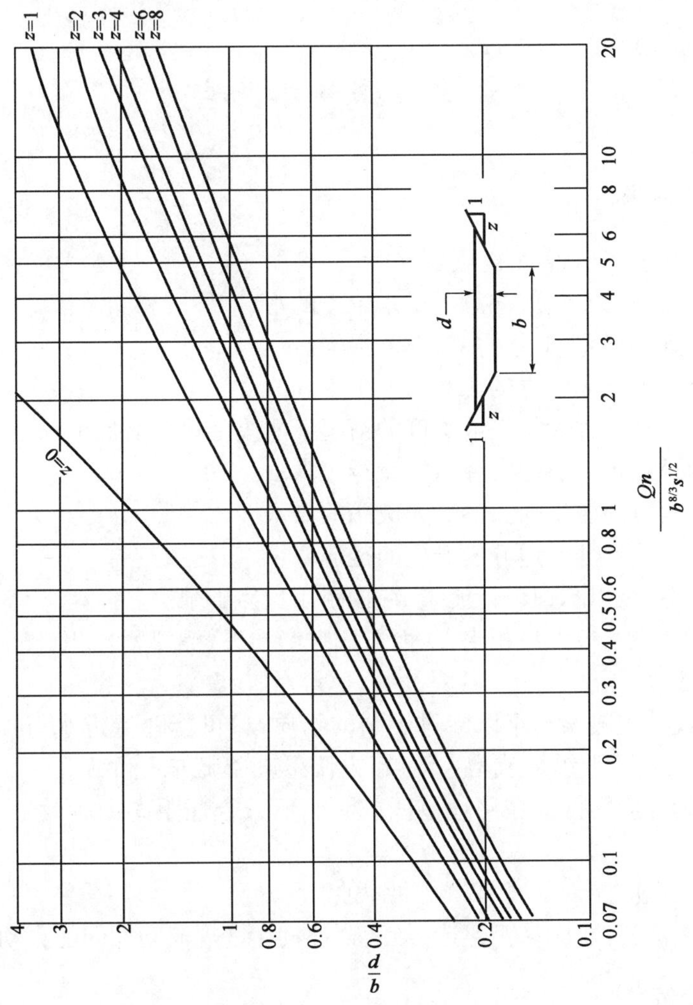

图4-2 梯形明渠的容许流量

下面通过实例说明图4-2的用法。

[例题2]

已知:有一人工梯形渠,底宽 $b=6.1\text{m}$,边坡为2∶1($z=2$),曼宁系数 $n=0.030$(表4-1中草地或野草、无灌木的情况下),渠道纵坡 $S=0.002\text{m/m}$,洪水位时深宽比 $d/b=0.6$。

求:水流深度 d 及流量 Q。

解:

水流深度 $d=0.6\times6.1=3.66\text{m}$

查图4-2得:$\frac{Qn}{b^{8/3}S^{1/2}}=\frac{Q\times0.030}{(6.1)^{8/3}\times(0.002)^{1/2}}=0.62$

则：$Q = 114.8\mathrm{m^3/s}$

如果设计结果不符合要求，则调整渠道参数，反复进行设计计算。

4.2 涵洞水力学

4.2.1 一般要求

涵洞的水力设计一般应满足以下要求：

(1)涵洞进水口和出水口应注意不同水位下的水、推移质和漂浮物。

(2)应避免引起不必要的或过多的财产损失。

(3)应避免结构上方和下方的流线谱发生不利改变。

(4)设计应确保在无太大损失或难度的情况下能改善将来的河道和公路。

(5)设计应保证在填方引起沉降后能运行正常。

(6)应避免成为可能滋生蚊虫的令人厌恶的滞水塘。

(7)设计应能适应预期土地开发产生的径流增量。

(8)应易于建造，足以承担设计流量，结构耐用且易于维护。

(9)设计应避免进水口大量积水，从而造成财产损失、漂浮物累积、涵洞堵塞、填方渗透或上游碎屑有害残留物。

(10)进水口设计应隔离出难以穿过涵洞的物质，尽可能降低进水口损失，采用可行的临近流速，必要时可使用过渡纵坡或增大纵坡，方便渠道径流进入涵洞。

(11)出水口设计应能保证在用地范围或涵洞下方合理距离内有效地重新形成可接受的非侵蚀性沟渠。

(12)出水口设计应能抵抗底部冲刷和冲蚀。

(13)如果使用消能池，应易于建造、经济合理且在常规流动期间能自动清淤。

4.2.2 水流条件

这里的涵洞指波纹钢圆管和管拱，整个涵洞洞身的横截面保持均匀。

涵洞水流条件主要有两种类型：

1)进水口控制

进水口控制的涵洞水流具有浅水、高速流动(归类为超临界流速)的特征。进水口控制流量发生在涵洞洞身的输水能力比进水口可承受的流量大时。控制截面在进水口附近，下游管道和水流对通过涵洞的总流量无影响。

进水口控制下，影响涵洞的首要因素为：①洞身的横截面积；②进水口布置或尺寸；③水头高程或进水口上游积水量(图 4-3)。洞身坡度也影响进水口控制下的流量，但影响很小，可以忽略不计。

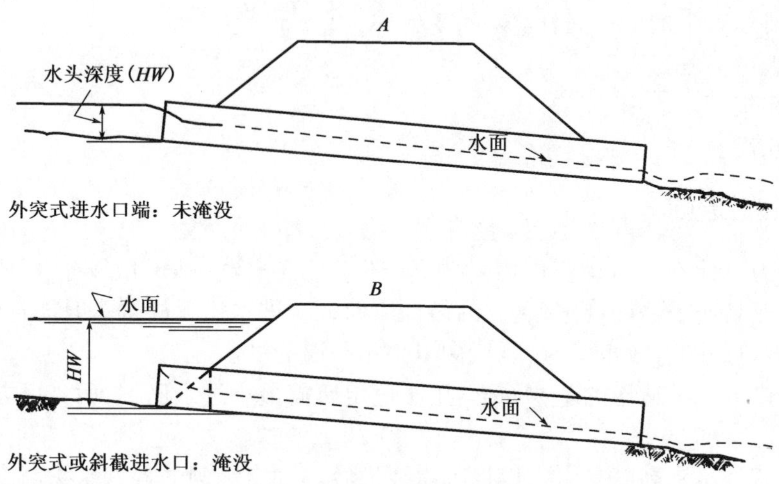

图4-3 进水口控制稳定流

2)出水口控制

涵洞出水口控制水流具有相对较深、低速流动(归类为亚临界流速)的特征。出水口控制流量发生于涵洞洞身输水能力小于进水口承受的流量时,控制截面在出水口附近。

除进水口控制所考虑的因素外,出水口控制还必须考虑下列因素(图4-4):

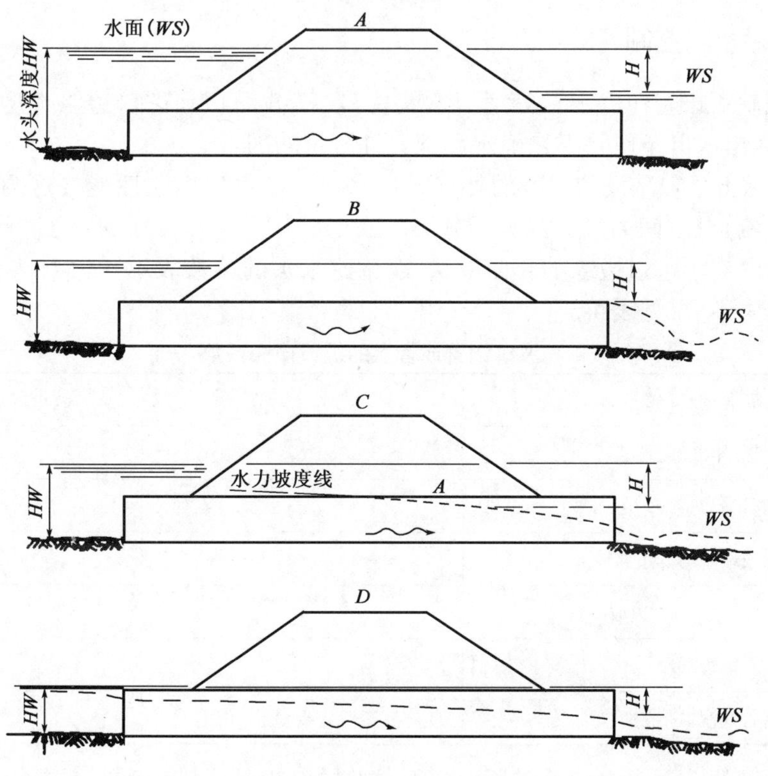

图4-4 出水口控制稳定流

(1)出口排水渠中的尾水高程。

(2)洞身坡度。

(3)洞身粗糙度。

(4)洞身长度。

4.2.3 设计原则

涵洞的水力设计不单纯是流体力学问题,还应结合实践,确保现场条件下的性能满足要求。加利福尼亚高速公路局规定:涵洞的设计应保证在进水口无静水头时能宣泄10年一遇的洪水,利用进水口处的有效水头时,能抵御100年一遇的洪水。

该方法提供了一种适用的基本原理,用于确定所需最小过水面积,而且可方便地用计算机程序实现。

进水口的容许水头高度是水力设计的重要内容。确定涵洞的容许水头高度时应考虑:

(1)漫溢堤岸的风险及对人类生命造成的威胁。

(2)路堤浸透对道路造成的潜在危害及冻融造成的路面毁坏。

(3)交通中断。

(4)对相邻或上游财产或河道的破坏,或泛滥对环境的影响。

(5)泄洪速度可导致冲刷和侵蚀。

(6)推移质的沉积或退水时淤积。

4.2.4 进水口控制涵洞水力计算

进水口控制意味着在进水口处通过水头深度、横截面积和进口边缘类型控制排流能力。粗糙度、长度和出水口条件并不是确定涵洞容许流量的因素。

图4-3中示出了未淹没和淹没的外突式进水口。进水口控制性能按这两个区域(未淹没水流和淹没水流)及之间的过渡区进行分类。

进口损失取决于进口边缘的几何形状,以流速水头的分数表示。模型试验研究得出了各类进水口的损失系数,见表4-3。

波纹钢管或管拱的进口损失系数 表4-3

涵洞进水口端	进水口类型	进口损失系数 k_e
自填方伸出(无端墙)	1	0.9
斜截(斜切)以适应填方边坡	2	0.7
端墙或端墙与方边翼墙	3	0.5
预制钢洞口,与填方边坡一致	4	0.5
圆边端墙	5	0.2
削竹式洞口带领圈	6	0.25

进水口控制的涵洞水力计算采用由模型试验总结出的诺谟图进行(图4-5~图4-11)。这些诺谟图适用于波纹钢圆管、管拱,也适用于拱形涵洞。

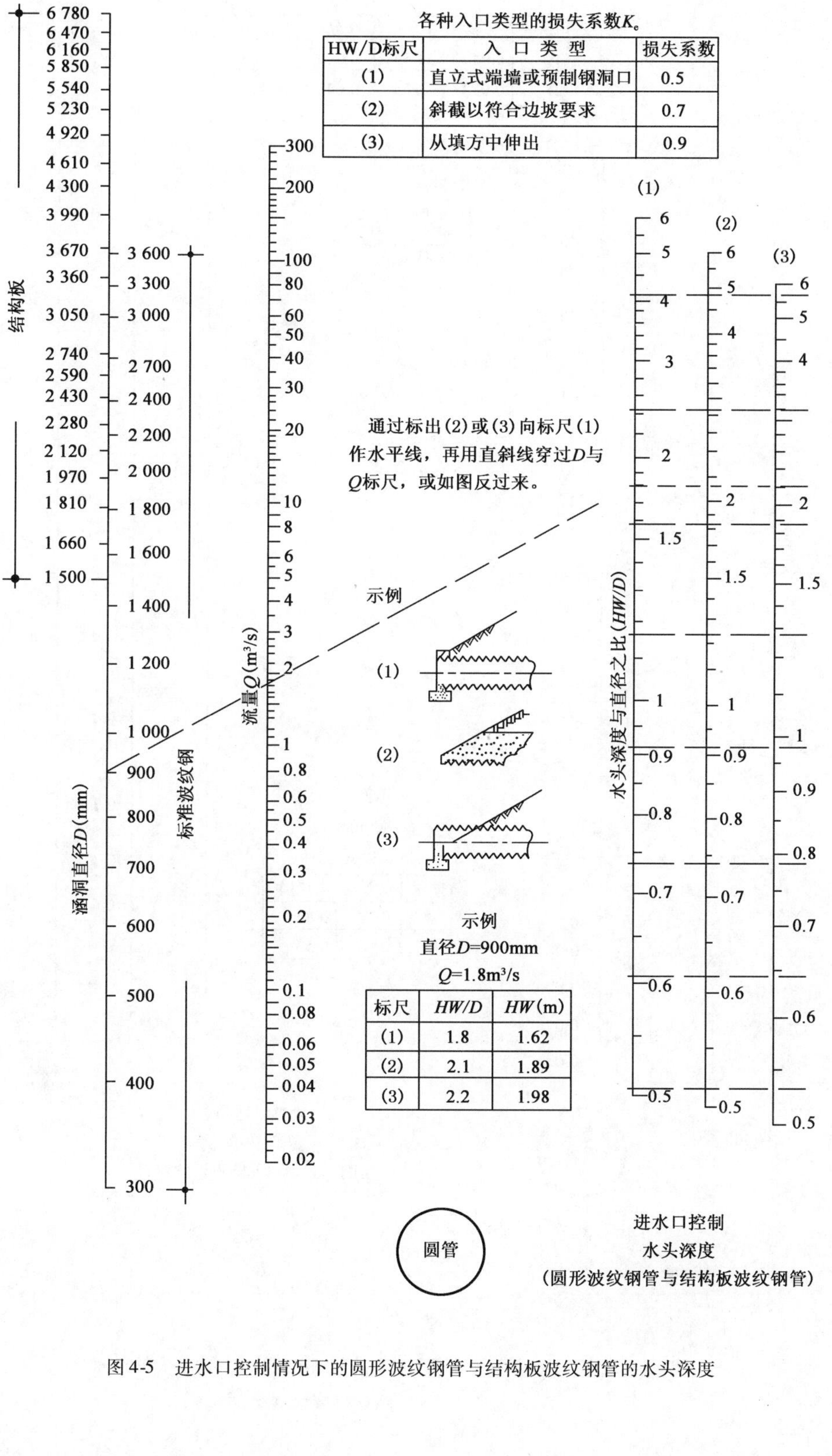

各种入口类型的损失系数K_e

HW/D标尺	入口类型	损失系数
(1)	直立式端墙或预制钢洞口	0.5
(2)	斜截以符合边坡要求	0.7
(3)	从填方中伸出	0.9

标尺	HW/D	HW(m)
(1)	1.8	1.62
(2)	2.1	1.89
(3)	2.2	1.98

图 4-5 进水口控制情况下的圆形波纹钢管与结构板波纹钢管的水头深度

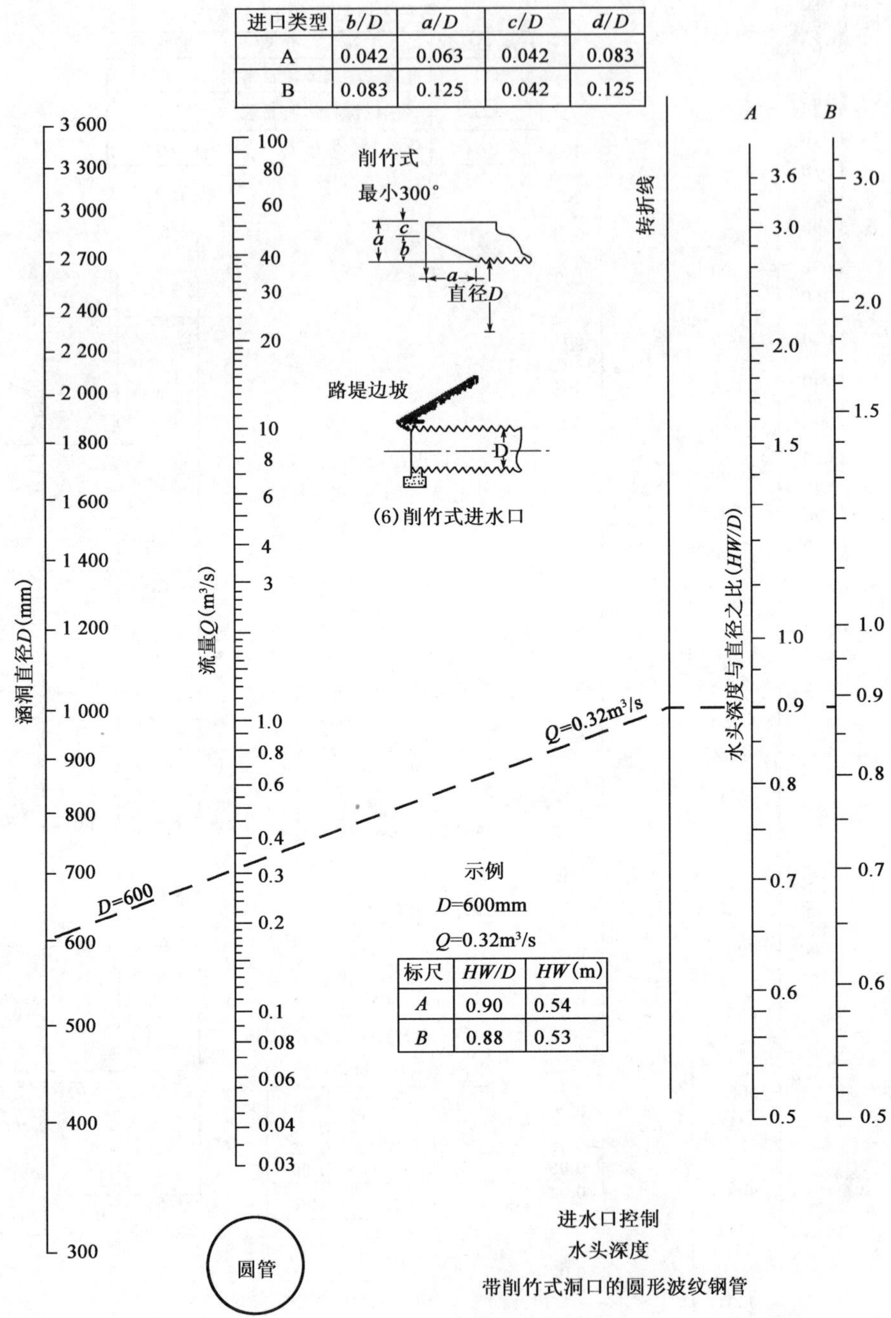

图4-6　进水口控制情况下带削竹式洞口的圆形波纹钢管的水头深度

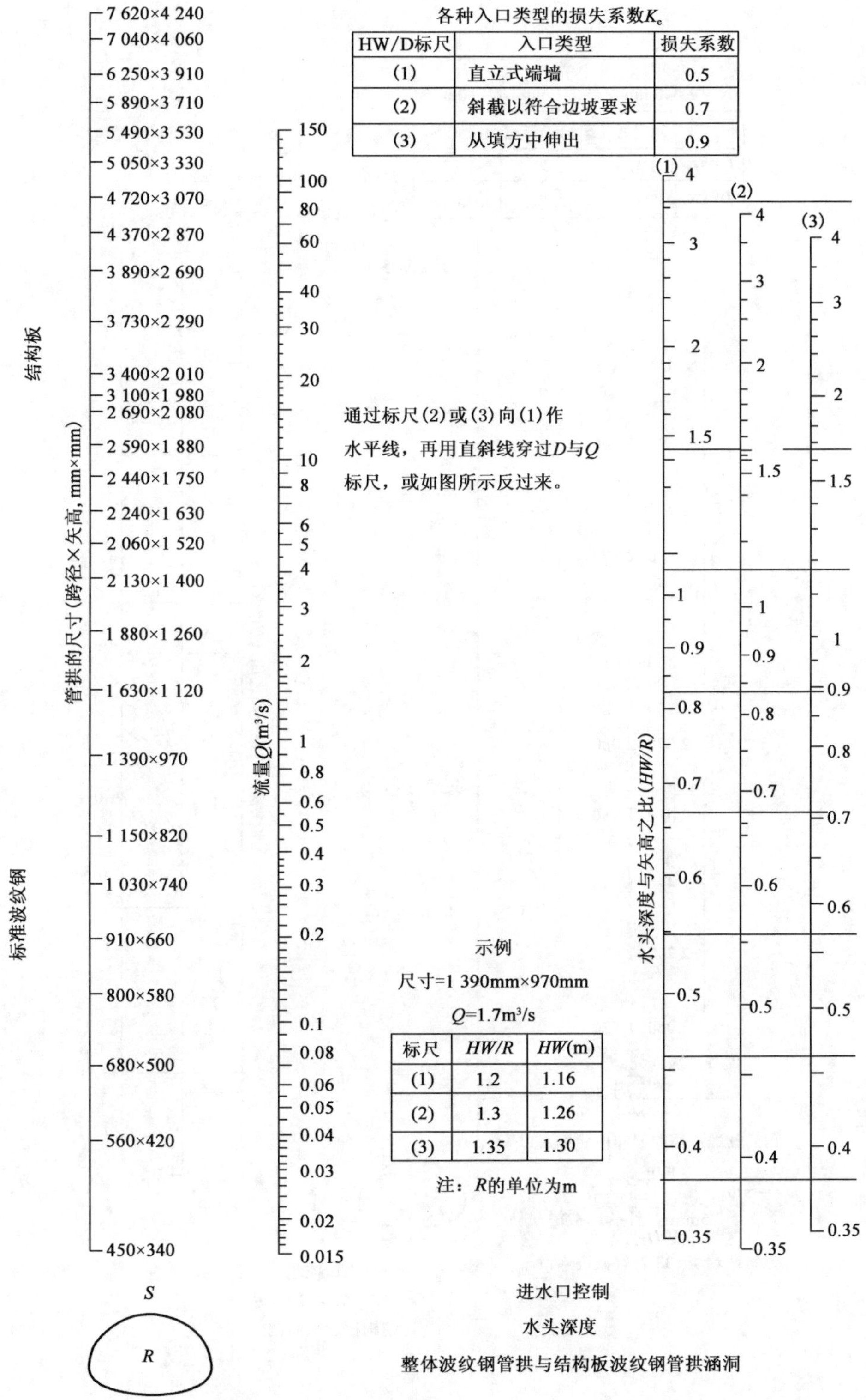

各种入口类型的损失系数K_e

HW/D标尺	入口类型	损失系数
(1)	直立式端墙	0.5
(2)	斜截以符合边坡要求	0.7
(3)	从填方中伸出	0.9

结构板

管拱的尺寸(跨径×矢高, mm×mm)

7 620×4 240
7 040×4 060
6 250×3 910
5 890×3 710
5 490×3 530
5 050×3 330
4 720×3 070
4 370×2 870
3 890×2 690
3 730×2 290
3 400×2 010
3 100×1 980
2 690×2 080
2 590×1 880
2 440×1 750
2 240×1 630
2 060×1 520
2 130×1 400
1 880×1 260
1 630×1 120
1 390×970
1 150×820
1 030×740
910×660
800×580
680×500
560×420
450×340

标准波纹钢

流量Q(m³/s)

150
100
80
60
40
30
20
10
8
6
5
4
3
2
1
0.8
0.6
0.5
0.4
0.3
0.2
0.1
0.08
0.06
0.05
0.04
0.03
0.02
0.015

通过标尺(2)或(3)向(1)作水平线，再用直斜线穿过D与Q标尺，或如图所示反过来。

水头深度与矢高之比(HW/R)

(1)
4
3
2
1.5
1
0.9
0.8
0.7
0.6
0.5
0.4
0.35

(2)
4
3
2
1.5
1
0.9
0.8
0.7
0.6
0.5
0.4
0.35

(3)
4
3
2
1.5
1
0.9
0.8
0.7
0.6
0.5
0.4
0.35

示例

尺寸=1 390mm×970mm

Q=1.7m³/s

标尺	HW/R	HW(m)
(1)	1.2	1.16
(2)	1.3	1.26
(3)	1.35	1.30

注：R的单位为m

S

R

进水口控制

水头深度

整体波纹钢管拱与结构板波纹钢管拱涵洞

图 4-7 进水口控制情况下的波纹钢与结构板波纹钢管拱的水头深度

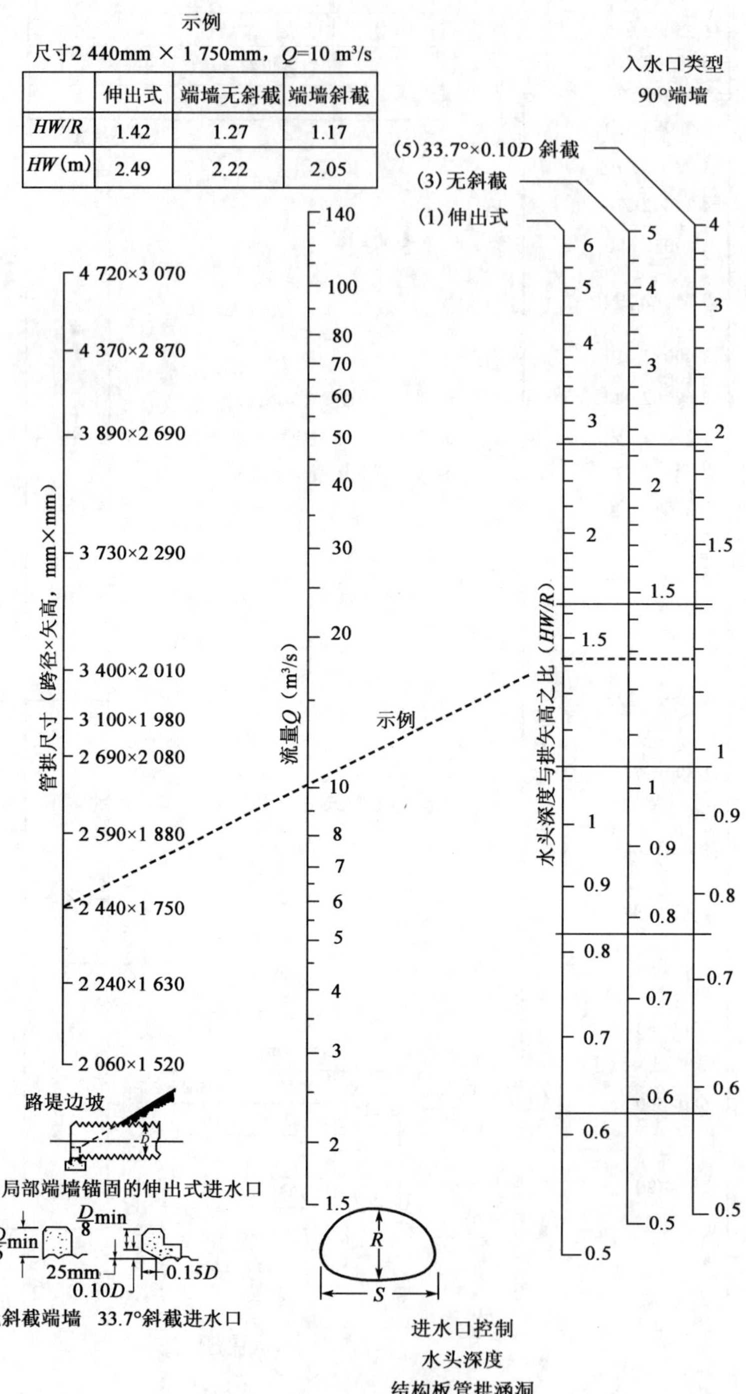

图 4-8　进水口控制情况下的结构板波纹钢管拱的水头深度(尺寸不超过 4 720mm × 3 070mm)

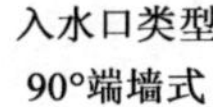

示例

尺寸5 050mm×3 330mm，Q=63 m³/s

	伸出式	端墙无斜截	端墙斜截
HW/R	1.64	1.45	1.32
HW(m)	5.46	4.83	4.40

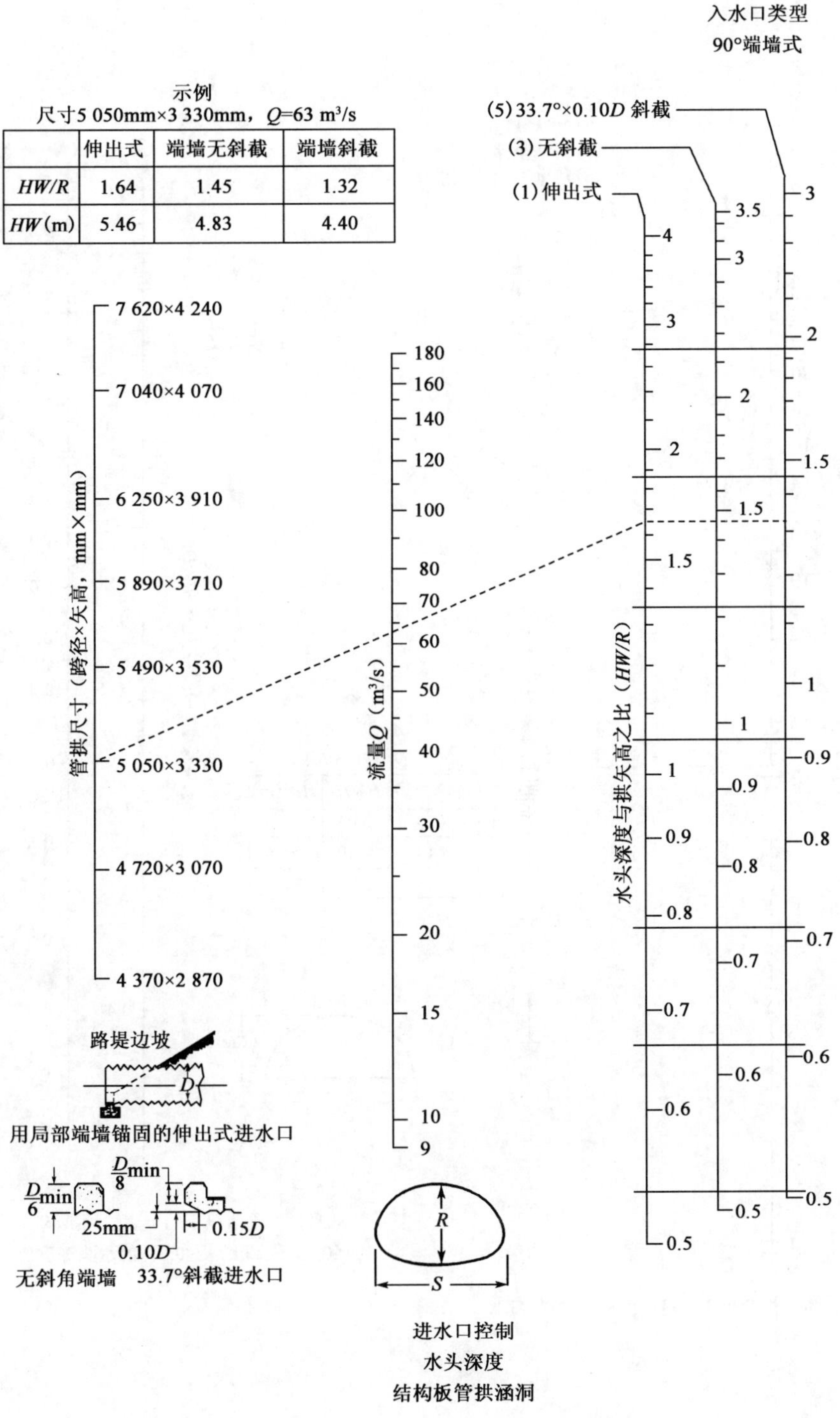

图4-9 进水口控制情况下的结构板波纹钢管拱的水头深度(尺寸4 370mm×2 870mm和以上)

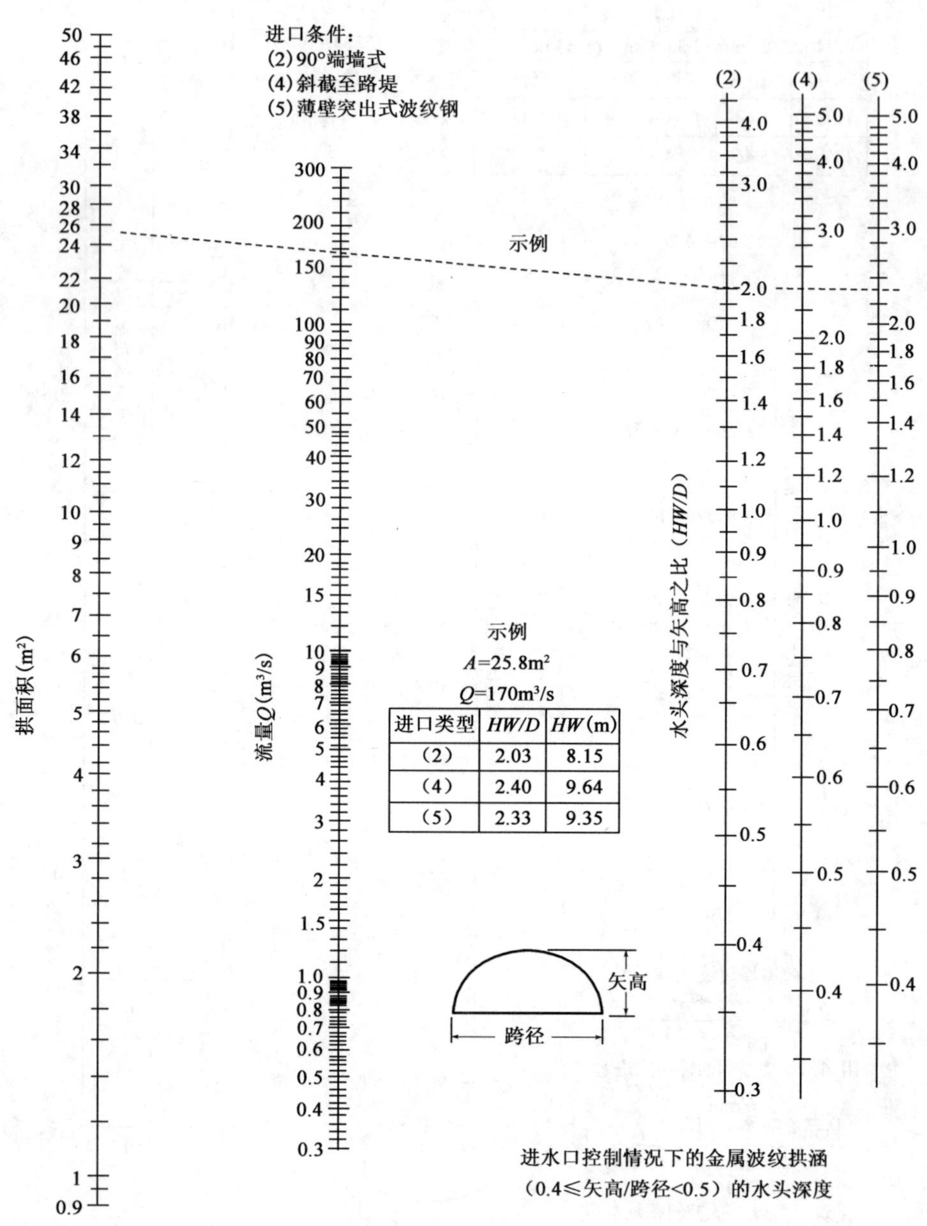

进口类型	HW/D	HW(m)
(2)	2.03	8.15
(4)	2.40	9.64
(5)	2.33	9.35

图 4-10　进水口控制情况下的结构板波纹钢拱(0.4≤矢高/跨径 < 0.5)的水头深度

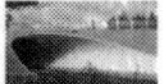

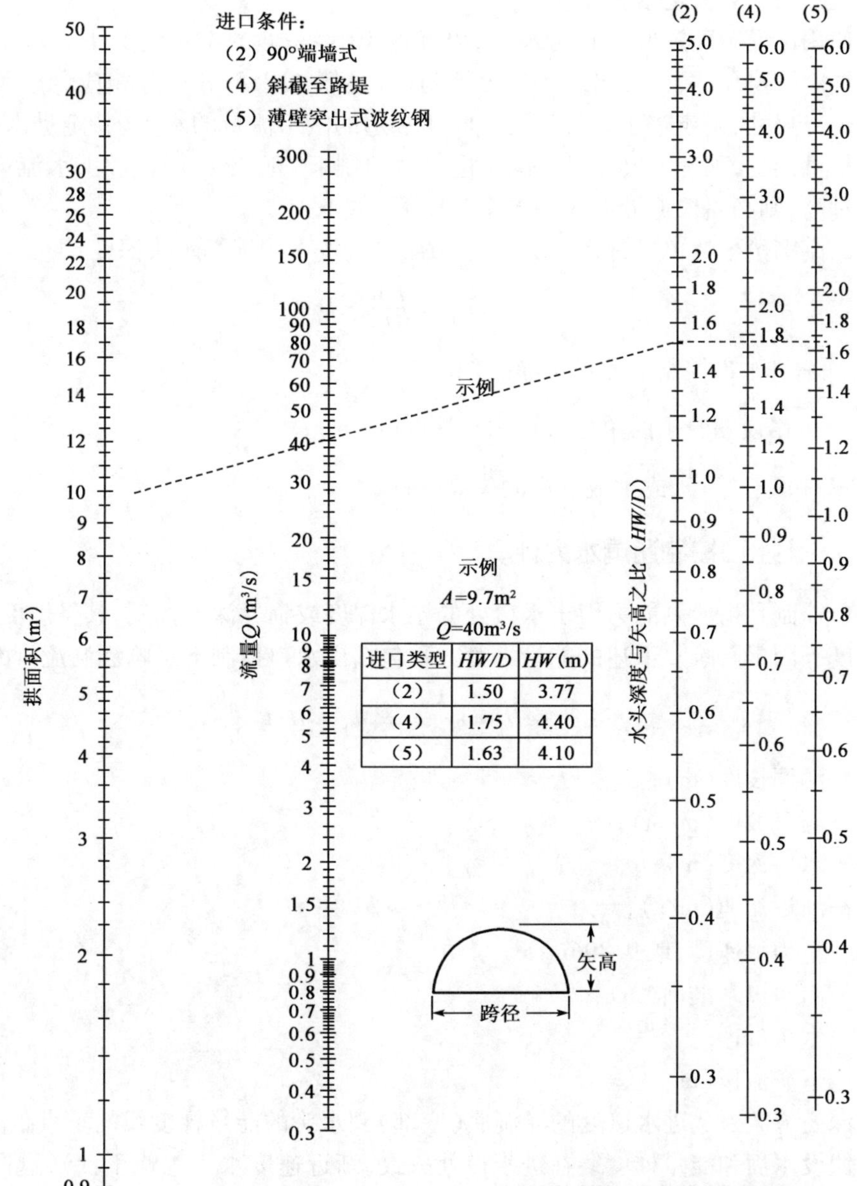

进口条件：
（2）90°端墙式
（4）斜截至路堤
（5）薄壁突出式波纹钢
拱面积(m²)
流量Q(m³/s)
水头深度与矢高之比（HW/D）
(2)
(4)
(5)
示例
示例
A=9.7m²
Q=40m³/s
矢高
跨径

进口类型	HW/D	HW(m)
(2)	1.50	3.77
(4)	1.75	4.40
(5)	1.63	4.10

进水口控制情况下的波纹钢拱涵洞（0.5≤矢高/跨径）的水头深度

选自凯泽铝业化学公司提供材料的诺谟图

图4-11　进水口控制情况下的波纹钢拱涵洞(0.5≤矢高/跨径)的水头深度

诺谟图中，水头深度 HW 为从进水口处的涵洞底（底部）到水头的能量梯度线的垂直距离。因此其包括了渐近流速水头。流速水头相对较小，通常可以忽略不计。因而得出的水头深度比较保守，实际水头深度稍微低于计算值。如果水头深度要求更精确，则用诺谟图得出的水头深度应减去渐近流速水头。

首先使用诺谟图确定所需管身尺寸，以确保 10 年一遇的洪水情况下进水口处无水头形成。一旦选定管身尺寸，检查出水口是否控制（详见第 4.2.5 节），并相应调整尺寸。然后采用选定的管身尺寸，确定进水口控制下 100 年一遇的洪水流量的水头（特定进水口条件）。如果该水头量可接受，则选定尺寸可以满足进水口控制下 100 年一遇设计洪水流量的要求。如果该水头过高，则必须根据最大容许水头选择更大的尺寸。

根据诺谟图给出的单位直径水头深度（HW/D），按下式计算水头深度：

$$HW_i = \frac{HW}{D} \cdot D \tag{4-7}$$

式中：HW_i——进水口控制下的水头深度（m）；

$\frac{HW}{D}$——诺谟图给出的单位直径水头深度（m/m）；

D——圆管管径，或拱或管拱的矢高（m）。

4.2.5 出水口控制涵洞水力计算

出水口控制是指泄洪能力由出水口处的尾水深度或临界深度控制，其受坡度、壁面粗糙度和涵洞长度等因素影响。下述的能量平衡方程包括出水口控制下影响涵洞流量的各种变量：

$$LS_0 + HW + \frac{V_1^2}{2g} = h_0 + H + \frac{V_2^2}{2g} \tag{4-8}$$

式中：L——涵洞长度（m）；

S_0——洞身坡度（m/m）；

HW——水头深度（m）；

V_1——渐近流速（m/s）；

g——重力加速度，取 9.806m/s^2；

h_0——出水口基准面（m）；

H——水头（m）；

V_2——下游流速（m/s）。

水头深度 HW 为从进水口处的涵洞底（底部）到水头的能量梯度线的垂直距离。

通常假设水面和能量梯度线在进水口处一致（渐近速度水头忽略不计），这同样适用于下游速度水头。这种情况下，忽略上述方程式中渐近速度水头和下游速度水头项，方程式变为：

$$LS_0 + HW = h_0 + H \tag{4-9}$$

因此水头深度为：

$$HW = h_0 + H - LS_0 \tag{4-10}$$

给定流量通过出水口控制的涵洞所需的水头或能量（图 4-12 ~ 图 4-14）由进水口损失、摩擦损失和出口损失组成。

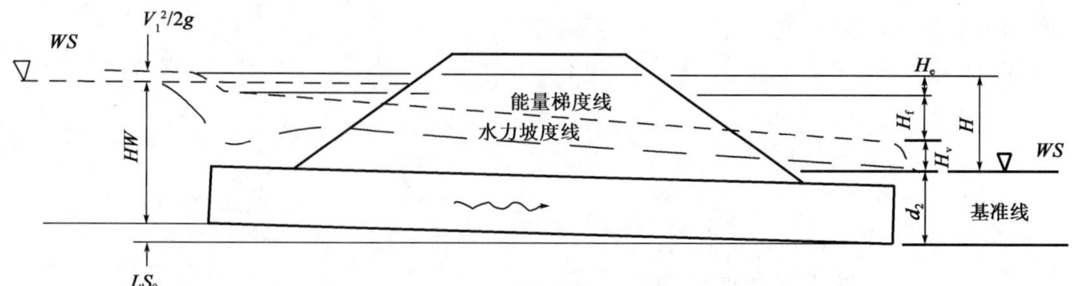

图4-12 能量梯度线和水力坡度线间的差异

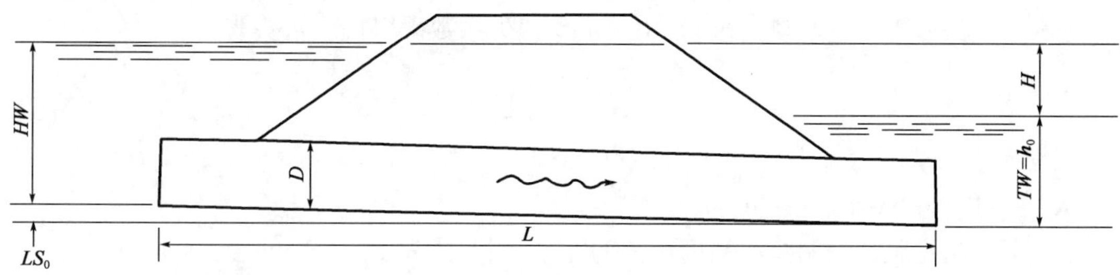

图4-13 水头深度和高位尾水的关系

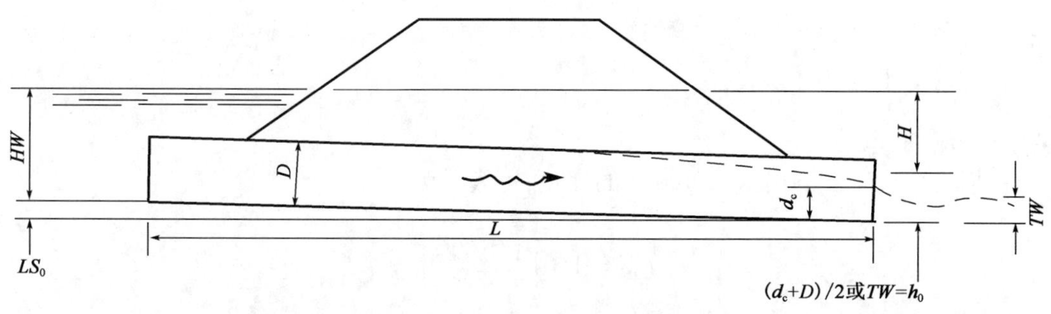

图4-14 水头深度和低位尾水的关系

该能量用下式表示：

$$H = H_e + H_f + H_0$$

式中：H_e——进水口损失(m)；

H_f——摩擦损失(m)；

H_0——出口损失(m)。

如果沿涵洞长度在涵洞壁上附着一些垂直的细管，则在水压作用下，细管中的水会上涨一定的高度，将这些细管中的水位高程连成线，就称为水力坡度或水力坡度线（有时称为压力线）（图4-12）。满流时，能量梯度线和水力坡度线在整个长度上相平行，除非进水口发生流量缩减或增大。能量梯度线和水力坡度线之间的差称为速度水头。这说明速度水头在进水口损失、摩擦损失和出口损失表达式中是一个普通变量。

速度水头用下式表示：

$$H_V = \frac{V^2}{2g} \tag{4-11}$$

式中：H_V——速度水头(m)；

V——洞身中的平均流速(m/s)，$V = Q/A$；

Q——设计流量(m^3/s)；

A——涵洞横截面积(m^2)。

进水口损失取决于进水口的形状，用进水口损失系数乘以速度水头表示：

$$H_e = K_e \frac{V^2}{2g} \tag{4-12}$$

式中：K_e——进口损失系数(表4-3)。

摩擦损失指克服涵洞洞身粗糙度所需的能量，用下式表示：

$$H_f = \frac{2gn^2L}{R^{1.33}} \cdot \frac{V^2}{2g} \tag{4-13}$$

式中：n——曼宁系数(表4-4、表4-5)；

R——水力半径(m)，$R = \frac{A}{WP}$；

WP——湿周(m)。

出口损失取决于涵洞出水口处流速的变化，可表示为：

$$H_0 = 1.0\left[\frac{V^2}{2g} - \frac{V_2^2}{2g}\right] \tag{4-14}$$

如前所述，通常忽略下游速度水头，这时上述表达式就变成了速度水头的方程式：

$$H_0 = H_V = \frac{V^2}{2g} \tag{4-15}$$

代入水头方程式，可得到(满流量条件下)：

$$H = \left\{K_e + \frac{2gn^2L}{R^{1.33}} + 1\right\}\frac{V^2}{2g} \tag{4-16}$$

根据该方程可绘制诺谟图(图4-15～图4-22)以简化计算。注意这些诺谟图提供了水头，而进水口控制诺谟图则提供的是水头深度。利用水头通过求解前述 HW 方程式来计算水头深度(包含 h_0 和 LS_0 项)。

波纹钢管和螺旋带肋钢管的曼宁系数 n 表4-4

铺砌情况	环形 68mm×13mm 所有直径	螺旋形								
		38mm×6.5mm		68mm×13mm						
		200	250	300	400	500	600	900	1 200	≥1 400
未铺砌	0.024						0.016	0.018	0.02	0.021
25%铺砌	0.021	0.012	0.011	0.013	0.014	0.015	0.014	0.017	0.02	0.019
完全铺砌	0.012						0.012	0.012	0.012	0.012
铺砌情况	环形 75mm×25mm 所有直径	螺旋形－75mm×25mm								
		1 200	1 400	1 600	1 800	2 000	≥2 200			
未铺砌	0.027	0.023	0.023	0.024	0.025	0.026	0.027			
25%铺砌	0.023	0.020	0.020	0.021	0.022	0.022	0.023			
完全铺砌	0.012	0.012	0.012	0.012	0.012	0.012	0.012			
铺砌情况	环形 125mm×25mm 所有直径	螺旋形－125mm×25mm								
		1 400	1 600	1 800	≥2 000					
未铺砌	0.025	0.022	0.023	0.024	0.025					
25%铺砌	0.022	0.019	0.020	0.021	0.022					
完全铺砌	0.012	0.012	0.012	0.012	0.012					
螺旋带肋钢管(各种直径):曼宁系数 $n=0.013$										

150mm×50mm 波纹结构板管的曼宁系数 n 值 表4-5

铺砌情况	直径(mm)			
	1 500	2 120	3 050	4 610
平坦－未铺砌	0.033	0.032	0.03	0.028
25%铺砌	0.028	0.027	0.026	0.024

该方程是根据满流量情况(图4-4中的 A 所示)推导的,但也适用于图4-4中 B 所示的流量条件。

对于图4-4中 C 和图4-4中 D 所示的未满流量的情况,则需要进行壅水计算。壅水计算从下游水面开始,向上游延伸到涵洞进水口和源头水面。下游水面则基于临界水深或尾水深度两者中较大者。

壅水计算可能烦冗而费时,但已经找到了对未满流量情况进行分析的近似方法。壅水计算表明:对于图4-4中 C 所示的流量情况,满流量水力坡度线的下游延伸线在临界水深与涵洞顶之间的中点处与涵洞出口的横截面相交,见图4-14。这样,从该基准点开始按满流条件下的水力坡度线延伸至涵洞进水口,就作为未满流的水力坡度线。水力坡度线的坡度是满流量摩擦比降：

$$S_n = \frac{H_f}{L} = \left\{\frac{2gn^2}{R^{1.33}}\right\}\frac{V^2}{2g} \tag{4-17}$$

如果尾水水位超过了上述的基准点，则尾水深度取代该基准点被用作满流量水力坡度线的下游起始点。

进水口处水力坡度线的高度加上进水口损失便可计算出水头深度。

当涵洞至少有一部分长度属于满流量时，如图 4-4 中 C 所示，该近似法所得结果最为精确。如果涵洞整体长度内都未出现满流量，如图 4-4 中 D 所示，则流水深度越小，所得结果的精确度越低。一般而言，当水头深度度大约为结构高度的 3/4 时，所得结果是可以接受的。水头深度值更小时，必须进行壅水计算。

该近似法可结合出水口控制诺谟图使用。这时，水头与该基准点高度相加即为水头深度。

对于按进水口控制选择的管尺寸，采用图 4-15 ~ 图 4-22 所示的诺谟图确定水头损失 H，然后代入以下方程式，以确定出水口控制下的水头深度。如果按出水口控制计算的深度大于按进水口控制计算的深度，那么出水口条件控制涵洞的水力设计，取较高的水头深度。

$$HW_0 = h_0 + H - LS_0 \tag{4-18}$$

式中：HW_0——出水口控制下的水头深度（m）；

h_0——出水口基面，取尾水深度 TW 和$\frac{(d_c + D)}{2}$两者的较大值（m）；

H——水头，用诺谟图求算（m）；

L——涵洞长度（m）；

S_0——涵洞底坡（m/m）；

TW——涵洞出水口渠道的水流深度（m）；

d_c——临界深度（图 4-23 ~ 图 4-26，m）；

D——管径，或者拱或管拱的矢高（m）。

每张诺谟图都给出了其依据的壁面粗糙系数（曼宁系数 n）。对于其他的 n 值，使用校正长度 L'替代实际涵洞长度，再用诺谟图求解。校正长度按下式计算：

$$L' = L\left(\frac{n'}{n}\right)^2 \tag{4-19}$$

式中：L'——用于诺谟图的校正长度（m）；

L——实际长度（m）；

n'——曼宁系数 n 的实际值；

n——作为诺谟图依据的曼宁系数 n 的值。

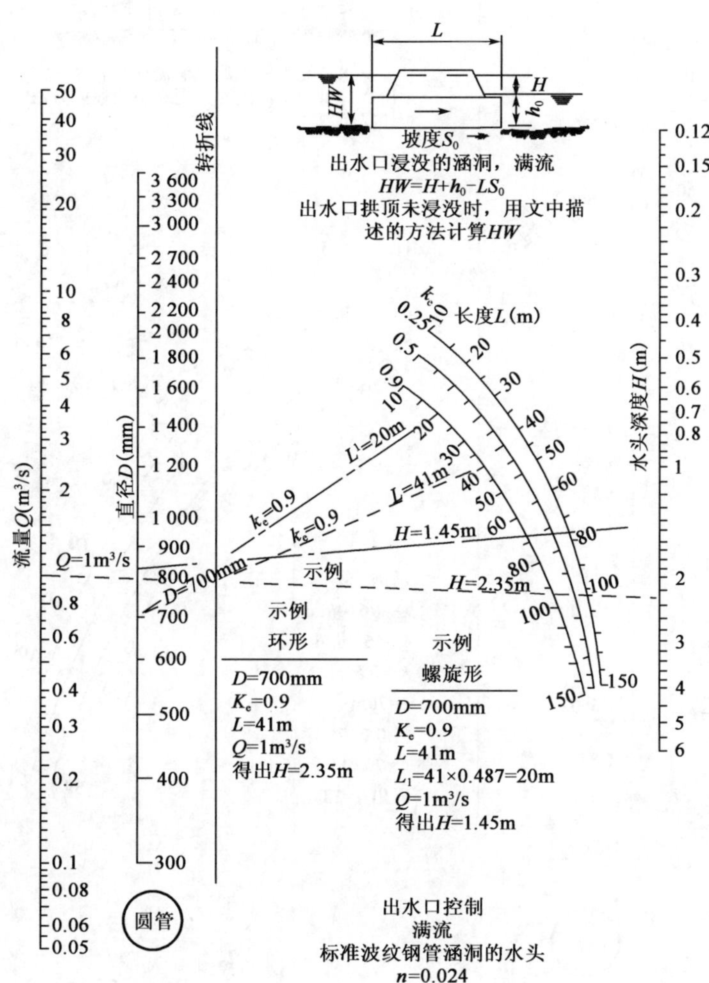

图 4-15 出水口控制情况下的圆形波纹钢管满流的水头

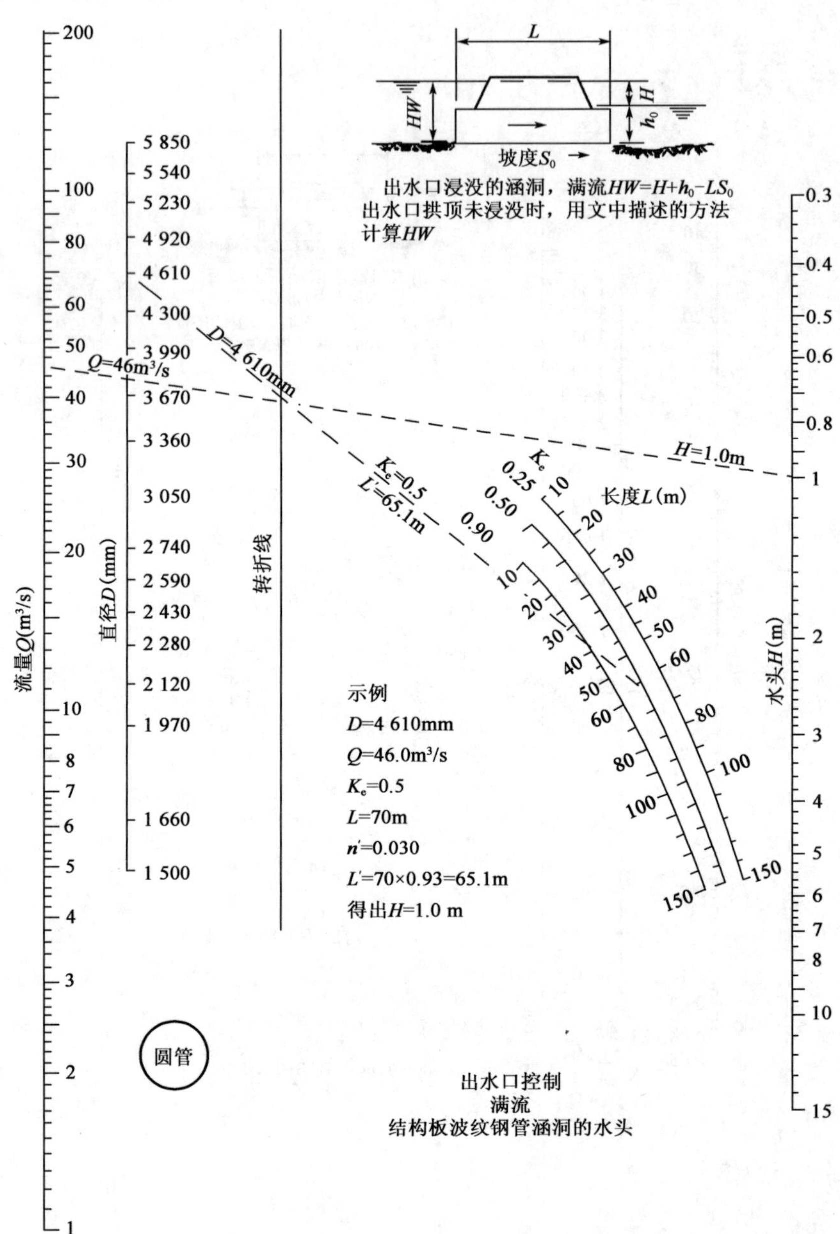

图 4-16　出水口控制情况下的圆形结构板波纹钢管满流的水头

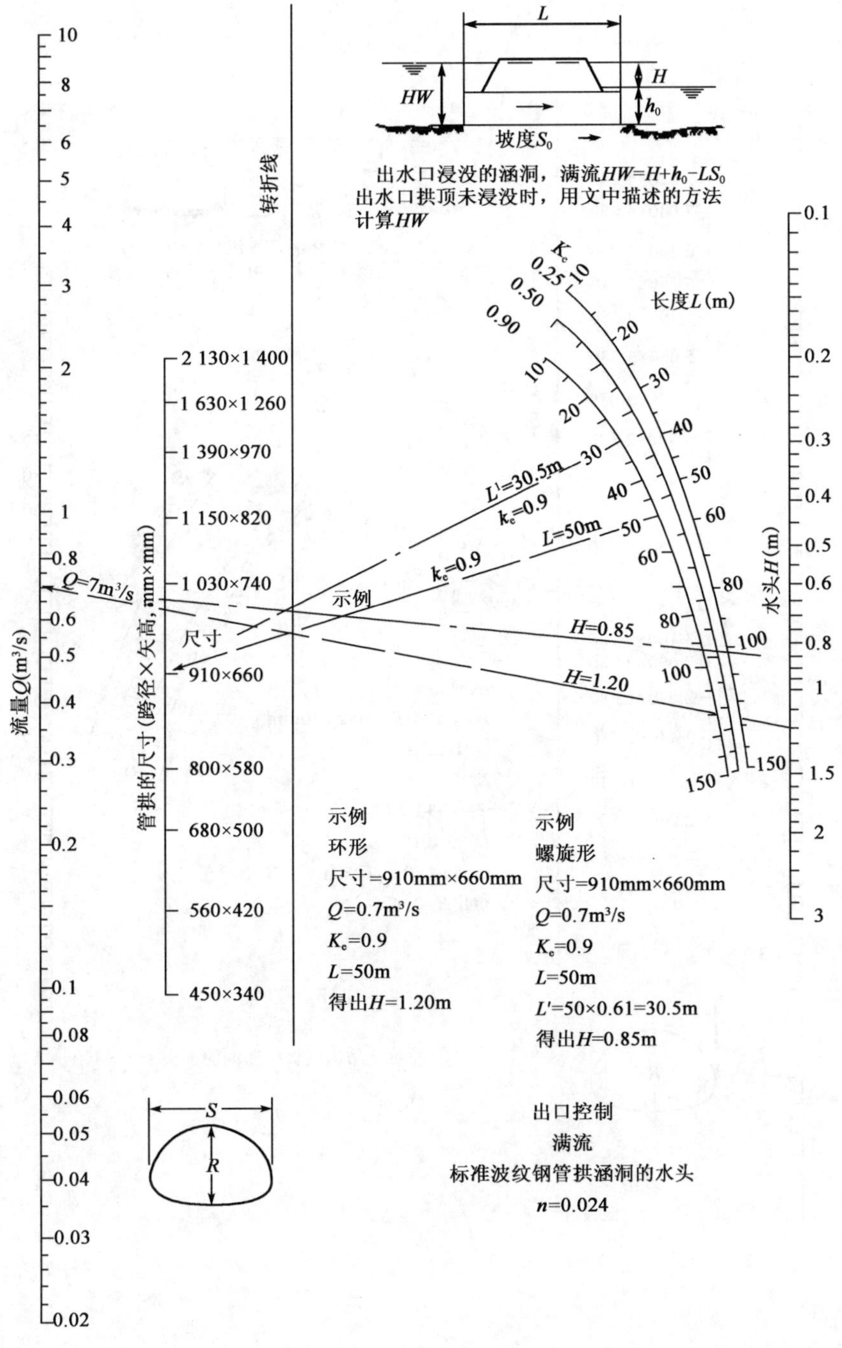

L
H
HW
h_0
坡度S_0

出水口浸没的涵洞，满流$HW=H+h_0-LS_0$
出水口拱顶未浸没时，用文中描述的方法计算HW

转折线

流量Q(m³/s)
10
8
6
5
4
3
2
1
0.8
0.6
0.5
0.4
0.3
0.2
0.1
0.08
0.06
0.05
0.04
0.03
0.02

管拱的尺寸(跨径×矢高，mm×mm)
2 130×1 400
1 630×1 260
1 390×970
1 150×820
1 030×740
910×660
800×580
680×500
560×420
450×340

K_e
0.25
0.50
0.90

长度L(m)
10
20
30
40
50
60
80
100
150

水头H(m)
0.1
0.2
0.3
0.4
0.5
0.6
0.8
1
1.5
2
3

Q=7m³/s
尺寸
示例
L'=30.5m
k_e=0.9
L=50m
k_e=0.9
H=0.85
H=1.20

示例
环形
尺寸=910mm×660mm
Q=0.7m³/s
K_e=0.9
L=50m
得出H=1.20m

示例
螺旋形
尺寸=910mm×660mm
Q=0.7m³/s
K_e=0.9
L=50m
L'=50×0.61=30.5m
得出H=0.85m

S
R

出口控制
满流
标准波纹钢管拱涵洞的水头
n=0.024

图 4-17　出水口控制下的波纹钢管拱满流的水头

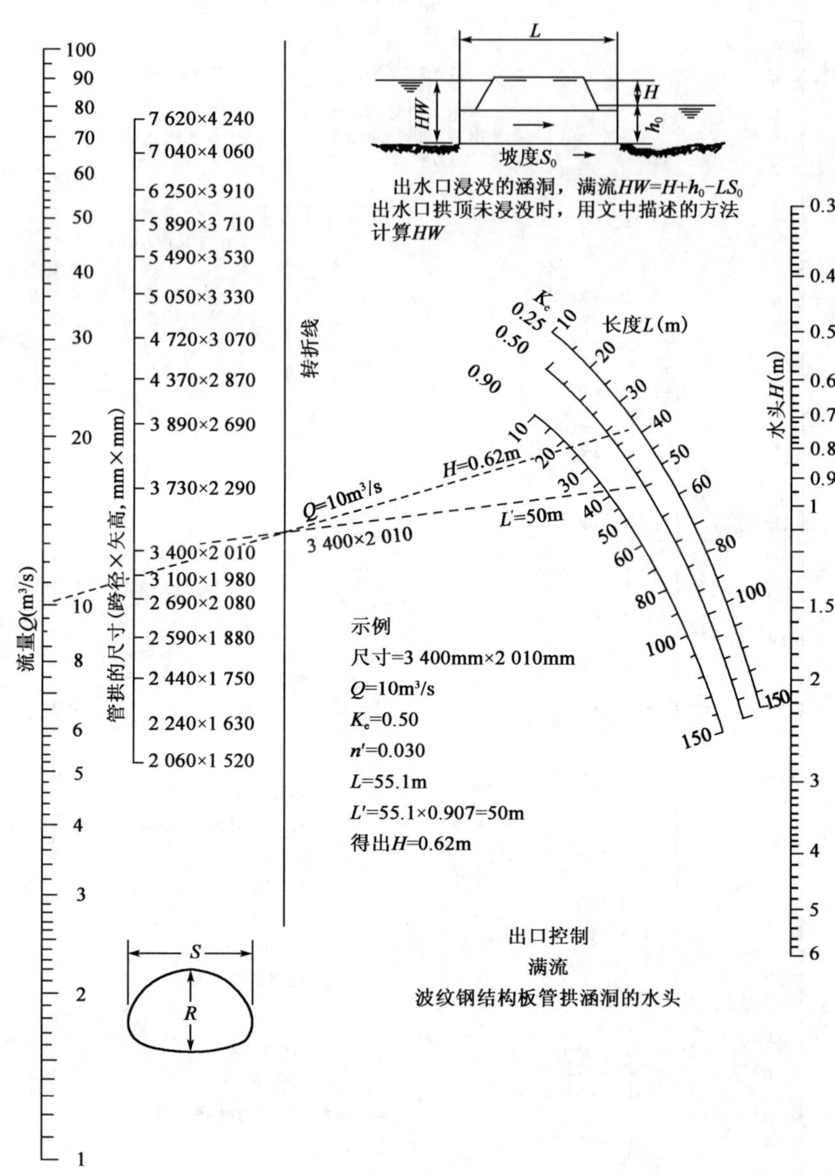

图 4-18　出水口控制下的结构板波纹钢管拱满流的水头

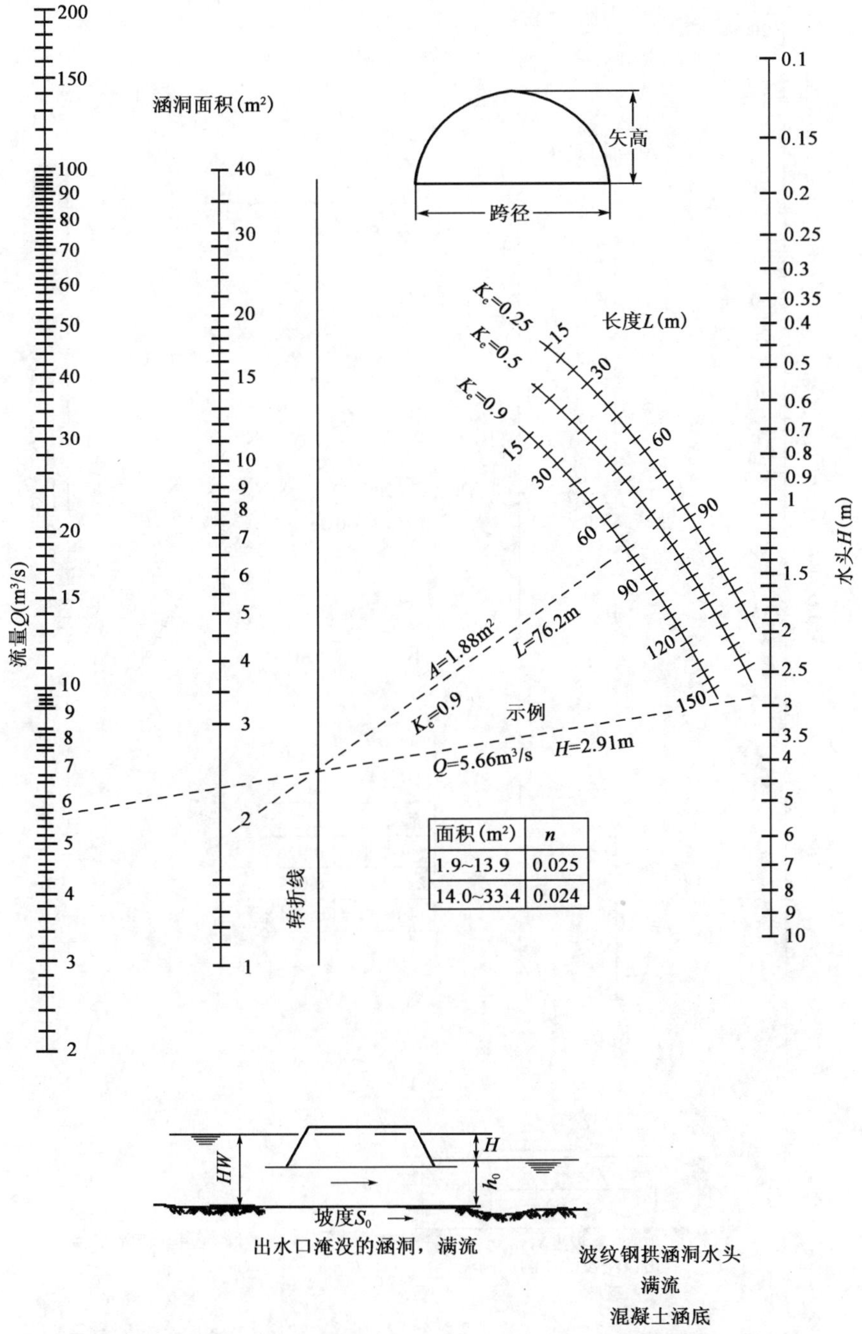

面积(m²)	n
1.9~13.9	0.025
14.0~33.4	0.024

图4-19 出水口控制下满流的波纹钢结构板拱(混凝土涵底,0.4≤矢高/跨径<0.5)的水头

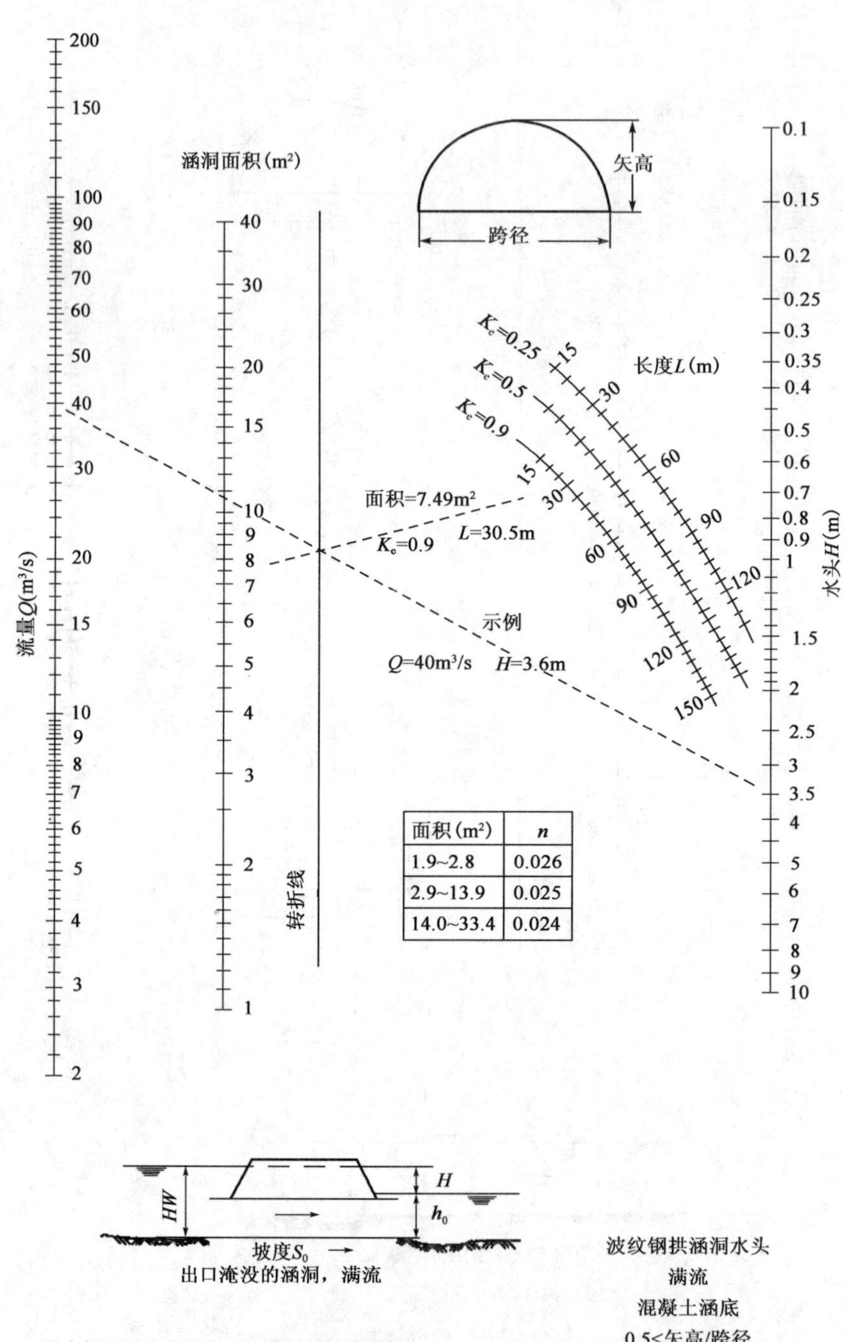

面积(m²)	n
1.9~2.8	0.026
2.9~13.9	0.025
14.0~33.4	0.024

图4-20 出水口控制下满流的波纹钢结构板拱(混凝土涵底，0.5≤矢高/跨径)的水头

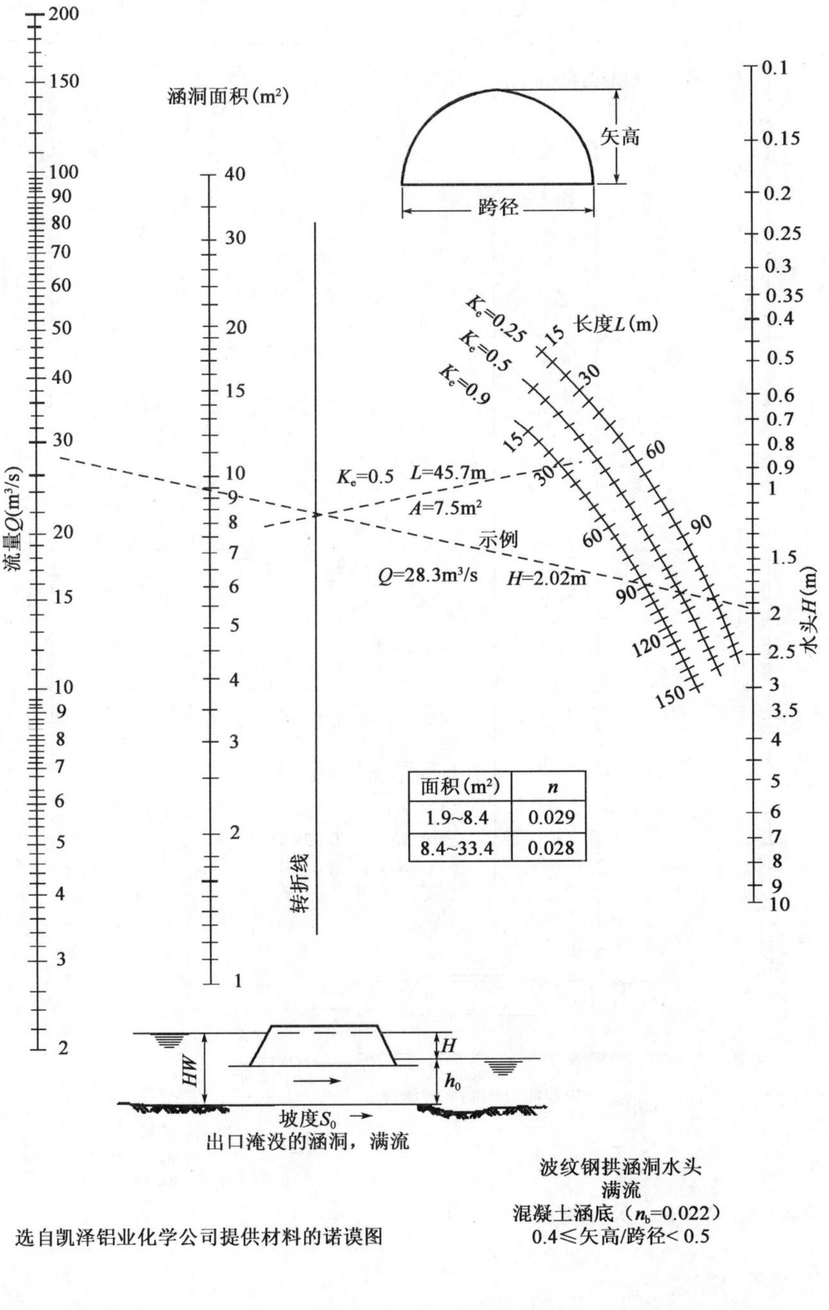

流量Q(m³/s)

涵洞面积(m²)

转折线

矢高

跨径

K_e=0.25

K_e=0.5

K_e=0.9

长度L(m)

水头H(m)

K_e=0.5 L=45.7m

A=7.5m²

示例

Q=28.3m³/s H=2.02m

面积(m²)	n
1.9~8.4	0.029
8.4~33.4	0.028

HW H h_0

坡度S_0

出口淹没的涵洞，满流

波纹钢拱涵洞水头

满流

混凝土涵底（n_b=0.022）

0.4≤矢高/跨径< 0.5

选自凯泽铝业化学公司提供材料的诺谟图

图4-21 出水口控制下满流的波纹钢结构板拱(混凝土涵底,0.4≤矢高/跨径 < 0.5)的水头

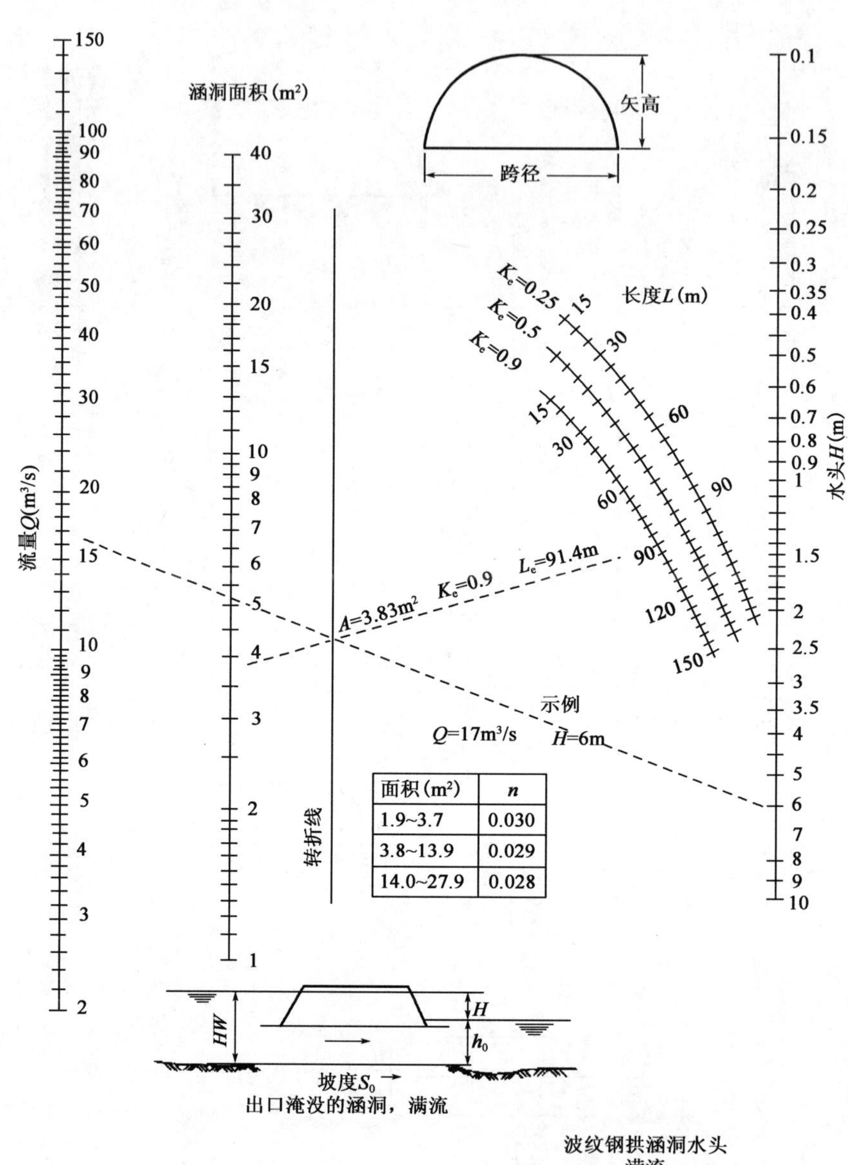

面积(m²)	n
1.9~3.7	0.030
3.8~13.9	0.029
14.0~27.9	0.028

图 4-22　出水口控制下满流的波纹钢结构板拱(土涵底,0.5≤矢高/跨径)的水头

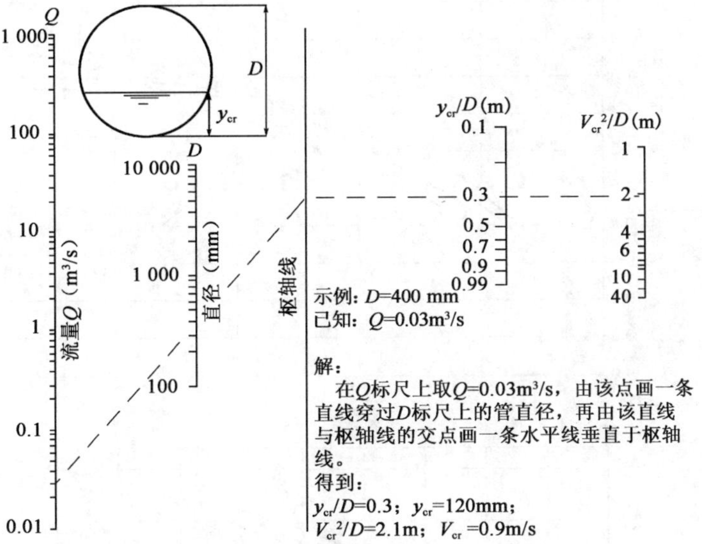

图 4-23　波纹钢圆管与波纹钢结构板圆管的临界深度

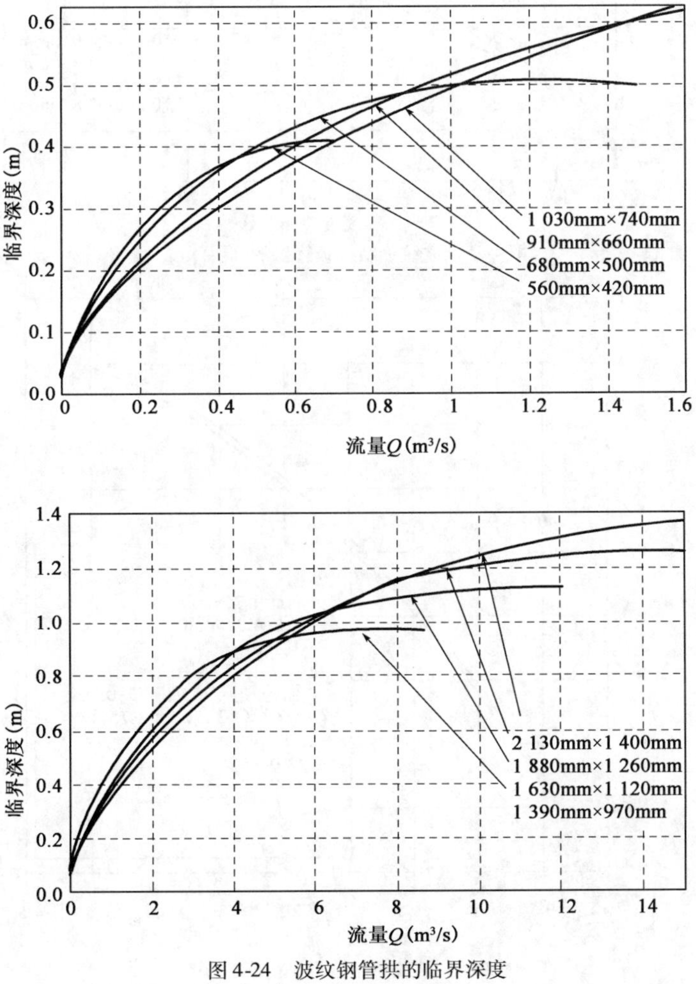

图 4-24　波纹钢管拱的临界深度

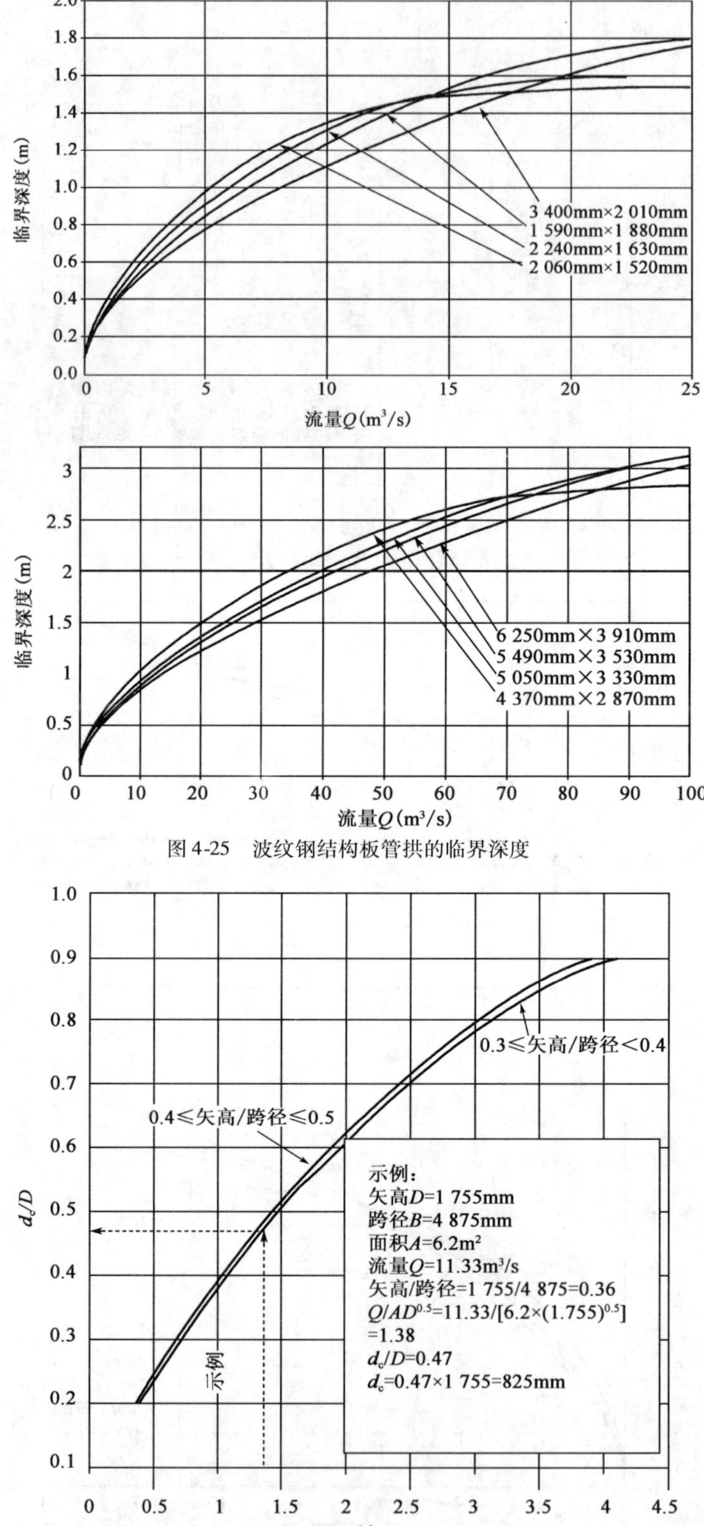

图 4-25 波纹钢结构板管拱的临界深度

图 4-26 波纹钢结构板拱的临界深度

为了方便起见，将表 4-4 中部分未铺砌标准波纹钢管和表 4-5 中未铺砌的结构板管和管拱的曼宁系数 n 值（即公式中的 n'）结合诺谟图依据的 n 值计算出相应的长度调节系数，分别列于表 4-6、表 4-7。

波纹钢管的长度调节系数 表 4-6

管径或跨径(mm)	用于螺旋形波纹的粗糙系数 n	长度调节系数 $\left(\frac{n'}{n}\right)^2$
300	0.013	0.29
600	0.016	0.44
900	0.018	0.56
1 200	0.02	0.7
≥1 400	0.021	0.77
注：表 4-4 中其他类型和直径的管可类似求得		

150mm × 50mm 波纹结构板管的长度调节系数 表 4-7

管径(mm)	粗糙度系数		长度调节系数 $\left(\frac{n'}{n}\right)^2$
	诺谟图依据的 n	实际 n'	
1 500	0.032 8	0.033	1.00
2 120	0.032 0	0.032	1.00
3 050	0.031 1	0.030	0.93
4 920	0.030 2	0.028	0.86
管拱尺寸(mm × mm)	粗糙度系数		长度调节系数 $\left(\frac{n'}{n}\right)^2$
	诺谟图依据的 n	实际 n'	
2 060 × 1 520	0.032 7	0.033	1.00
2 590 × 1 880	0.032 1	0.032	1.00
3 400 × 2 010	0.031 5	0.030	0.91
5 050 × 3 330	0.030 6	0.028	0.84

根据需要的进水口条件使用适当的进水口损失曲线。各种进水口配置的损失系数 k_e 的典型值见表 4-3。

如果出水口控制涵洞的过水能力，而且水头超过最大允许值，可选择尺寸更大的管，以使水头深度满足要求。在这种情况下，应考虑使用较低粗糙系数的波纹钢结构。较小尺寸的铺砌管、螺旋形管或螺旋带肋管可能符合要求。

4.3 大跨结构水力学

大跨结构通常指跨越洪水渠道的小桥。最常见的大跨过水结构形状包括水平椭圆形、矮拱与高拱。此类型的结构几乎不允许进水口有积水。最大水头通常在结构拱顶以下，即水面与结构拱顶之间通常有一些自由空间。这个情况完全不同于普通涵洞。

本节给出进出水口控制条件下给定流量通过大跨结构时水头深度的计算方法。

4.3.1 进水口控制

大部分大跨结构的水力设计由进水口控制。使用图4-27可轻松计算最典型进水口条件下三种标准形状大跨结构的水头深度。图4-29根据下面介绍的两个公式(用于未淹没与淹没进水口)并基于表4-8中的进水口类型1绘制。曲线的精确度在图表可以辨识的程度范围内。根据设计流量与结构跨径和矢高,曲线给出了水头深度与行近流速水头与结构矢高的纵坡修正之间的比率。水头深度通过从比率与结构矢高的乘积中减去速度水头与纵坡修正来确定。

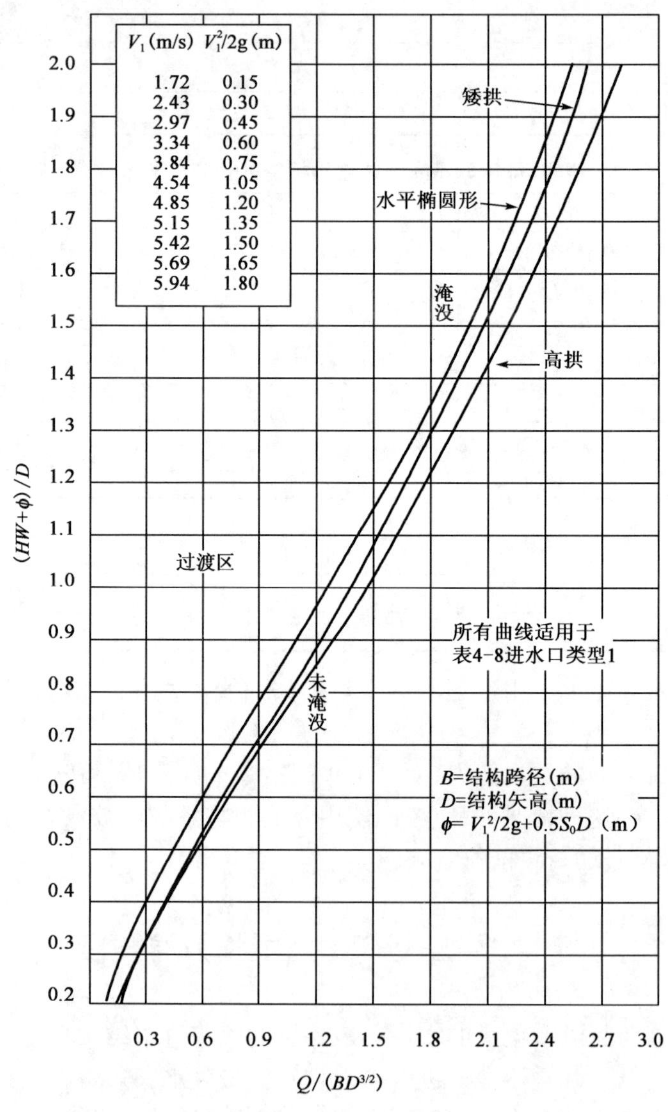

图4-27 进水口控制下的大跨波纹钢结构的水头深度

按下式计算进水口控制下的大跨结构水头深度：

对于未淹没进水口：

$$HW = H_c + H_e - 0.5S_0D - \frac{V_1^2}{2g} \tag{4-20}$$

对于淹没进水口：

$$HW = k_dD\frac{Q}{AD^{1/2}} + k_qD - 0.5S_0D - \frac{V_1^2}{2g} \tag{4-21}$$

式中：HW——从底拱到水面的水头深度(m)；

H_c——临界水头(m)；

H_e——临界水头以上的水头增量(m)；

S_0——结构的纵坡(m/m)；

D——结构的矢高(m)；

V_1——行近流速(m/s)；

g——重力加速度，取9.806m/s^2；

k_d、k_p——进水口损失系数(表4-8)；

Q——设计流量(m^3/s)；

A——结构的全断面端部面积(m^2)。

大跨结构的进水口损失系数 表4-8

进水口类型	增强系数					$\frac{Q}{AD^{1/2}}$	
	k_d	k_p	k	j	k_e	未淹没(最大值)	淹没(最小值)
1	0.1243	0.69	0.0272	2	0.5	1.82	2.1
2	0.0984	0.74	0.0079	2.5	0.2	1.82	2.32

注：1. 进水口类型1：直立式端墙、带混凝土领圈的削竹式洞口。

2. 进水口类型2：端墙上有斜切边缘的直立或削竹式洞口。

计算$\frac{Q}{AD^{1/2}}$的值并参考表4-8确定流动条件(淹没或未淹没)。如果水流条件在淹没与不淹没之间的过渡区，可以通过插值得到合理的近似值。

临界水头等于设计流量下结构内临界深度加上该流量时的速度水头：

$$H_c = d_c + \frac{V_c^2}{2g} \tag{4-22}$$

式中：d_c——临界深度(m)；

V_c——临界流速(m/s)。

临界深度可通过表4-9～表4-11内插计算。

结构板水平椭圆形的水力数据 表 4-9

跨径 (mm)	矢高 (mm)	满流数据				流量 $Q(m^3/s)$，当临界深度 =					
		面积 (m^2)	WP (m)	R (m)	$AR^{2/3}$ ($m^{8/3}$)	0.4D	0.5D	0.6D	0.7D	0.8D	0.9D
1 630	1 350	1.74	4.717	0.369	0.895	1.255	1.996	2.821	3.792	4.973	6.704
2 130	1 420	2.41	5.692	0.425	1.362	1.799	2.859	4.011	5.352	6.956	9.288
2 900	1 930	4.36	7.643	0.570	2.997	3.782	5.928	8.434	11.407	15.172	20.59
3 200	2 260	5.64	8.618	0.654	4.249	5.295	8.299	11.796	15.94	21.151	28.681
3 680	2 440	6.85	9.593	0.714	5.472	6.620	10.364	14.819	20.177	26.934	36.467
4 420	2 790	9.78	11.544	0.847	8.755	10.244	16.101	22.756	30.568	40.178	54.775
4 953	3 251	12.86	13.007	0.988	12.756	14.838	23.255	33.051	44.661	59.252	80.344
5 156	3 683	14.87	13.983	1.063	15.488	17.795	27.966	39.627	53.381	70.401	95.65
5 715	3 988	18.08	15.446	1.170	20.074	22.585	35.67	50.336	67.541	88.457	119.91
6 230	3 840	18.4	15.938	1.155	20.255	22.326	35.004	49.902	67.657	90.356	122.69
6 680	3 990	20.49	16.909	1.212	23.292	25.340	39.743	56.725	77.022	103.01	139.87
7 010	4 290	23.15	17.884	1.294	27.489	29.710	46.584	66.421	90.070	120.31	163.36
7 470	4 470	25.49	18.859	1.351	31.151	33.271	52.183	74.483	101.13	135.27	183.67
7 950	5 540	34.25	21.298	1.608	47.009	50.168	78.689	111.73	150.82	199.87	271.35
8 280	5 820	37.59	22.273	1.687	53.27	56.526	88.678	125.87	169.87	224.93	305.36
8 970	6 070	42.23	23.736	1.779	62.002	64.763	101.541	144.28	194.90	258.70	351.26
10 110	6 120	47.57	25.687	1.852	71.739	72.906	114.321	163.07	221.24	295.69	401.48
10 640	6 500	53.29	27.15	1.963	83.546	84.182	131.991	188.22	255.28	341.05	463.09
11 250	7 800	68.25	30.076	2.269	117.84	118.66	186.121	264.29	356.79	472.92	642.06
11 790	8 510	78.31	32.027	2.445	142.12	142.45	223.601	317.20	427.82	565.47	767.49

结构板矮拱的水力数据 表 4-10

跨径 (mm)	矢高 (mm)	满流数据				流量 $Q(m^3/s)$，当临界深度 =					
		面积 (m^2)	WP (m)	R (m)	$AR^{2/3}$ ($m^{8/3}$)	0.4D	0.5D	0.6D	0.7D	0.8D	0.9D
6 120	2 290	11.18	14.608	0.765	9.351	12.490	18.699	31.558	40.739	51.808	67.973
5 920	2 080	9.75	13.901	0.701	7.693	9.964	15.085	26.384	34.024	43.237	56.703
6 550	2 360	12.39	15.544	0.797	10.65	14.606	21.714	35.771	46.139	58.642	76.911
6 780	2 410	13.01	16.013	0.812	11.323	15.722	23.305	37.985	48.974	62.228	81.600
7 010	2 440	13.64	16.481	0.827	12.017	16.878	24.953	40.27	51.901	65.928	86.438
7 240	2 490	14.29	16.949	0.843	12.752	18.074	26.659	42.628	54.919	69.743	91.426
7 470	2 540	14.94	17.418	0.858	13.489	19.311	28.422	45.06	58.03	73.675	96.565
7 670	2 570	15.62	17.886	0.873	14.267	20.588	30.245	47.565	61.234	77.724	101.85
7 900	2 620	16.3	18.354	0.888	15.058	21.906	32.127	50.144	64.532	81.891	107.30
8 310	3 280	22.04	20.13	1.094	23.400	33.827	49.09	66.715	95.236	121.28	159.27
8 760	3 350	23.74	21.067	1.127	25.709	37.437	54.205	80.649	104.26	132.72	174.24
9 420	3 480	26.39	22.472	1.174	29.368	43.197	62.369	91.84	118.61	150.89	198.01

续上表

跨径(mm)	矢高(mm)	满流数据				流量 $Q(m^3/s)$,当临界深度 =					
		面积(m^2)	WP(m)	R(m)	$AR^{2/3}$($m^{8/3}$)	0.4D	0.5D	0.6D	0.7D	0.8D	0.9D
9 630	3 680	28.69	23.179	1.237	33.06	48.759	70.211	94.988	132.35	168.42	221.06
9 860	3 730	29.64	23.647	1.253	34.449	50.928	73.281	106.62	137.73	175.24	229.99
10 080	3 780	30.61	24.116	1.269	35.878	53.145	76.420	110.91	143.23	182.21	239.10
10 110	3 610	29.15	23.874	1.221	33.300	49.377	71.137	103.81	133.95	170.30	223.39
10 490	4 040	34.09	25.288	1.348	41.599	61.795	88.615	119.53	164.48	209.26	274.62
10 540	3 680	31.06	24.814	1.251	36.061	53.736	77.326	112.23	144.74	183.93	241.22
11 560	4 780	44.3	28.325	1.564	59.688	89.104	127.071	170.48	230.88	293.77	385.53
10 770	3 730	32.03	25.282	1.266	37.484	55.988	80.526	116.58	150.3	190.96	250.41
11 790	4 800	45.51	28.793	1.58	61.737	92.194	131.430	176.31	238.49	303.43	398.19

结构板高拱的水力数据 表 4-11

跨径(mm)	矢高(mm)	满流数据				流量 $Q(m^3/s)$,当临界深度 =					
		面积(m^2)	WP(m)	R(m)	$AR^{2/3}$($m^{8/3}$)	0.4D	0.5D	0.6D	0.7D	0.8D	0.9D
6 300	3 680	20.34	17.558	1.158	22.429	26.746	37.644	44.668	56.453	69.591	84.429
6 550	3 560	20.46	17.878	1.144	22.379	24.665	34.666	40.15	50.502	61.991	74.81
6 780	3 610	21.36	18.359	1.163	23.622	26.004	36.533	42.028	52.888	64.935	78.382
7 010	3 660	22.28	18.839	1.182	24.907	27.389	38.465	43.973	55.360	67.991	82.093
7 240	3 680	23.21	19.318	1.201	26.224	28.821	40.463	45.987	57.920	71.155	85.945
7 670	3 740	25.09	20.273	1.238	28.927	31.828	44.661	50.224	63.311	77.829	94.086
7 870	4 655	32.98	22.23	1.484	42.908	41.100	57.882	76.634	86.947	105.881	126.90
8 100	4 650	34.17	22.718	1.504	44.854	42.896	60.383	79.911	90.075	109.731	131.54
8 560	5 020	38.74	24.118	1.606	53.128	47.769	67.261	89.035	112.931	122.791	146.64
8 590	4 630	35.51	23.524	1.509	46.717	41.377	58.155	76.855	97.333	103.061	123.00
9 220	4 920	40.28	25.135	1.602	55.148	52.619	73.941	97.696	107.091	130.731	156.93
9 450	4 970	41.53	25.615	1.621	57.308	54.719	76.871	101.541	110.781	135.291	162.46
9 680	5 260	45.25	26.537	1.705	64.58	58.103	81.67	107.931	136.701	144.891	173.35
9 910	5 280	46.58	27.017	1.724	66.971	60.327	84.774	112.011	141.831	149.681	179.15
10 360	5 380	49.28	27.976	1.761	71.864	64.938	91.21	120.461	131.081	159.631	191.21
10 360	5 830	54.58	28.864	1.891	83.463	67.355	94.744	125.301	158.811	195.081	203.3
11 350	6 910	69.09	32.061	2.155	115.26	121.36	171.01	205.531	259.301	319.271	386.82
10 570	5 440	50.65	28.454	1.780	74.392	67.326	94.545	124.841	135.251	164.801	197.49
10 590	5 870	56.07	29.346	1.910	86.315	69.778	98.125	129.741	164.391	176.331	209.47
11 580	6 930	70.85	32.554	2.176	118.970	124.780	175.780	210.350	265.380	326.700	395.74

临界流速可通过设计流量除以与临界深度对应的水流面积来计算。水流面积可用临界深度与结构矢高之比(百分比)由图 4-28 ~ 图 4-30 确定。水流面积为图中比例值与结构全断面面积的乘积。临界流速为:

$$V_c = \frac{Q}{A_c} \tag{4-23}$$

式中：A_c——与临界深度对应的水流面积（m^2）。

临界深度的精度可以使用临界流的基本公式进行检查：

$$Q_c = \sqrt{\frac{gA_c^3}{T_c}} \tag{4-24}$$

式中：T_c——临界深度时的水面宽度（m）。

临界水头以上水头的增量为：

$$H_e = kD\left(\frac{Q}{AD^{1/2}}\right)^j \tag{4-25}$$

式中：k,j——与进水口类型有关的系数（表4-8）。

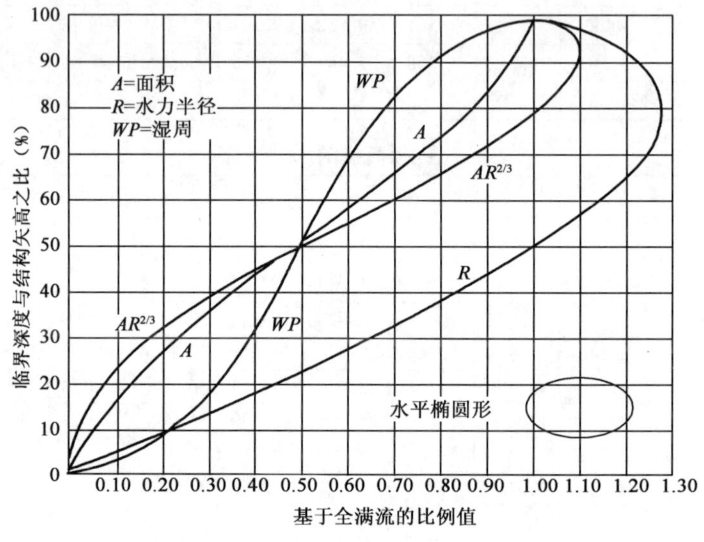

图4-28 大跨水平椭圆形的水力性质

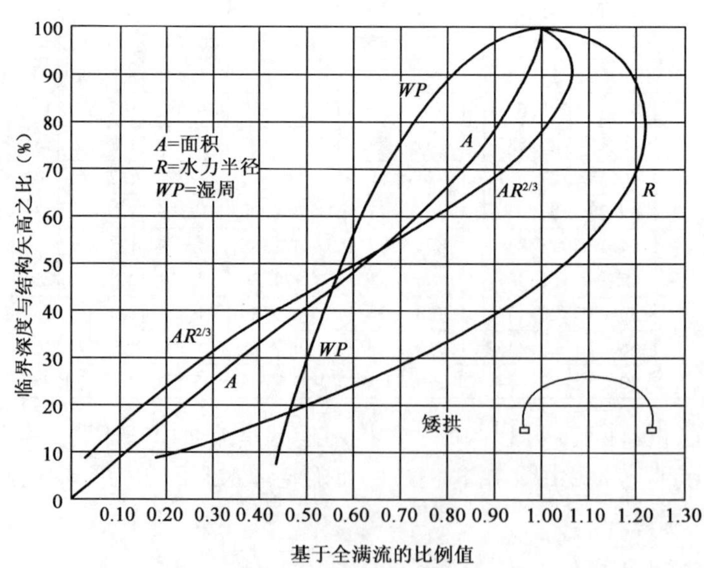

图4-29 大跨矮拱的水力性质

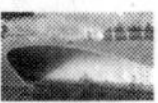

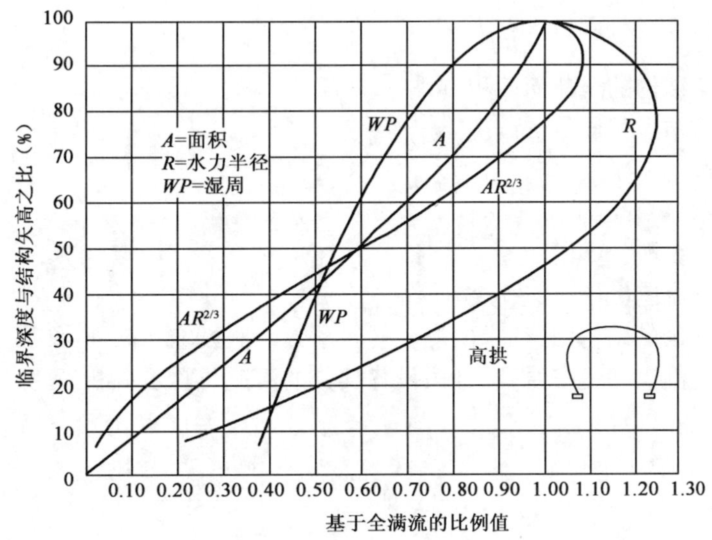

图 4-30 大跨高拱的水力性质

4.3.2 出水口控制

1) 自由水面

当水头深度小于(k_e 为与进水口类型有关的进水口损失系数，见表 4-8)时，大跨结构内会出现贯穿全长或接近全长的自由水面，如图 4-4 中 D 所示(可能是最常见的水流条件)。

在这种情况下，如果需要精确计算，水头深度必须通过壅水分析确定。在结构的上游与下游分别建立基准点 d_1 与 d_2，壅水分析通过从下游点开始移动至上游点来确定水面轮廓。壅水分析必须考虑下游点与结构出水口端之间的渠道几何形状、出水口损失、结构内部水流几何形状变化、进水口损失以及结构进水口端与上游点之间的状况。

表 4-9 ~ 表 4-11 以及图 4-28 ~ 图 4-30 给出了大跨结构的水力性质。进水口损失系数见表 4-8。这些类型结构的出水口损失通常非常小，常忽略不计。

本手册不对壅水分析进行深入讨论。

2) 满流

当水头深度大于时，会出现满流现象(图 4-4 中的 A ~ 图 4-4 中的 C)。当存在满流或几乎满流时，水头深度由下式计算：

$$HW = \left(k_e + \frac{2gn^2L}{R^{4/3}} + 1\right)\frac{V^2}{2g} + h_0 - LS_0 - \frac{V_1^{\ 2}}{2g} \tag{4-26}$$

式中：HW——水头深度(m)；

k_e——进水口损失系数(表 4-8)；

g——重力加速度，取 9.806m/s^2；

n——曼宁系数(表 4-5)；

L——大跨结构长度(m)；

R——水力半径(m),$R = \frac{A}{WP}$;

A——大跨结构的全断面面积(m^2);

WP——大跨结构的周长(m);

V——流速(m/s);

h_0——出水口基准(m);

S_0——结构纵坡(m/m);

V_1——行近流速(m/s)。

对于拱或有铺砌的结构,必须求出复合曼宁系数。假设输水断面可以分解为若干部分,每一部分具有相应的湿周与曼宁系数,且假设各部分的流速与总水流断面的平均速度相等,则组合曼宁系数 n 按下式计算:

$$n = \left[\frac{\sum_{i=1}^{G}(p_i n_i^{\ 1.5})}{p}\right]^{0.67} \tag{4-27}$$

式中:n——加权的曼宁系数;

G——周长中不同粗糙度的个数;

p_i——受第 i 种材料影响的湿周(m);

n_i——第 i 种材料的曼宁系数;

p——总湿周(m)。

对于拱,用于计算水力半径的湿周应包含天然渠道以上结构的那部分与天然渠道本身。

对于图 4-4 中 A 与图 4-4 中 B 所示的水流条件,当尾水深度等于或大于结构矢高时:

$$h_0 = TW \tag{4-28}$$

对于图 4-4 中 C 所示的水流条件,当尾水深度小于结构矢高时:

$$h_0 = \frac{d_c + D}{2} \text{或} TW(\text{取较大者}) \tag{4-29}$$

流速 V 由设计流量除以全断面面积确定。

公式中的其他项参见之前的讨论。

4.3.3 方法总结

大跨结构的水力计算方法归纳如下:

步骤 1:收集关于设计的所有可用信息。这包含设计流量、结构长度与纵坡、容许的水头高程或深度、渠道的平均流速与最大洪水流速、拟订的进水口类型与结构形状。

步骤 2:选择初始结构尺寸。可以任意选择,或根据最大容许流速进行估算。最小结构端部面积由设计流量除以最大容许流速确定。几何约束也可能影响对初始结构尺寸的选择,如需要跨越渠道的最小结构跨径。

步骤 3:利用图 4-27 与设计参数得到 $HW+\phi$ 的值,从而求得水头深度 HW。必要时,可利用进水口控制公式更精确地计算水头深度。

步骤 4:计算出的水头深度与容许水头深度对比。如果计算出的水头深度大于容许值,重新选择较大的结构并重复步骤 3。如果计算出的水头深度小于容许值,就作为进水口控制下

选定结构的水头深度。

步骤5:计算。如果此值大于容许水头深度,利用壅水曲线方法确定结构范围内的水面线与水头深度。如果此值等于或小于容许水头深度,应利用满流公式确定水头深度。求得的水头深度即为出水口控制下选择的结构的水头深度。

步骤6:比较进水口与出水口控制的水头深度并使用较大者。如果最终的水头深度大于容许值,应重新选择较大尺寸或不同形状的结构并重复此过程。如果水头深度明显小于容许值,可选择较小的尺寸并重复此过程,以获得较经济的结构尺寸。

4.4 地下排水

4.4.1 自由水

地下水可能蓄积于地下水库,或者在透水材料的缝隙间流动,如渗入或渗透不透水土层之间的缝隙,或者以泉水的形式汇集。

自由水在重力作用下移动,它可能由渗入路面裂缝或沿着道路边缘进入地面的雨水组成。它可能是从较高含水层渗透到较低含水层的地下水,或者是在开挖时从含水层冒出的地下水。

渗入路面裂缝的水在春季尤其明显,雨后不久其余路面变干时还可见到。经过的车辆碾过路面上的裂缝或接缝时会挤出一部分,有时还混合了路基土。这些水是有害的,因为它可能在路面上冻结,引发交通事故,还可能影响路基稳定。

4.4.2 地下径流计算

通常,地下水的总量等于从地表渗透到地下的水量减去蒸发损失的水量与植物用掉的水量。地形,汇水区的面积、形状与坡度,以及土层的特性与坡度,是影响地下水总量与地下径流量的因素。

通过挖掘沟渠或探坑可确定地下水的存在与潜在流量。特别是用截水沟穿过渗流区以拦截地下水并使水流转向时(图4-31),此方法尤其有帮助。

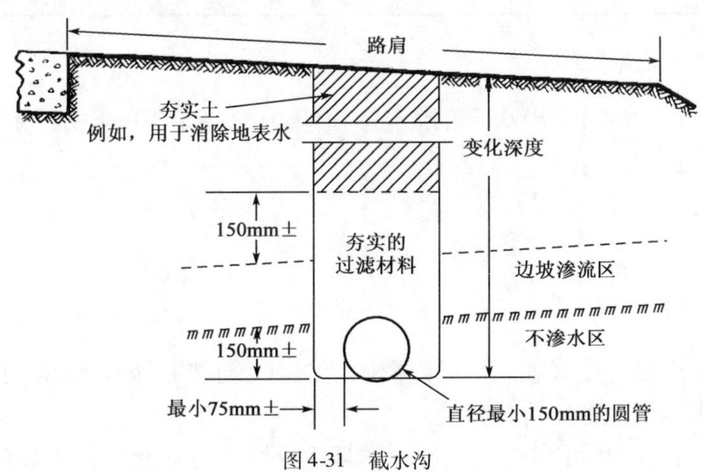

图4-31 截水沟

确定地下排水管的正确尺寸通常只能采取间接的方法,以下方法适用于平原地区。对于非平原地区,可能需要结合个人判断与本地经验。

普通耕种土壤的径流量一般由农业工程试验站确定,大约为 24h 内 10mm。对于有强降雨或土壤渗透性更大的地区,可能更大到 20mm 或 25mm。以每 24h 径流深度表达的径流需要转换为 $m^3/s/ha$ 以便进行设计流量计算。表 4-12 提供了转换表。

设计流量可用下式计算:

$$Q = CA \tag{4-30}$$

式中:Q——流量或要求的过水能力(m^3/s);

C——地下径流系数($m^3/s/ha$);

A——待排水的面积(ha)。

各种土壤渗透性类型的地下径流常量 表 4-12

土壤渗透性类型	24h 径流深度(mm)	每侧水量($m^3/s/ha \times 10^{-4}$),常量 C
慢速到中速	2	2.32
	4	4.63
	6	6.94
中速	8	9.26
	10	11.57
	12	13.9
	14	16.2
中速到快速	16	18.5
	18	20.8
	20	23.1
	22	25.5
	24	27.8
	26	30.1
	28	32.5
	30	34.7

[例题 3]

假设一中心间距 15m、长 180m 的排水沟,24h 内径流量 10mm(径流系数 $C = 11.57 \times 10^{-4}$),设计流量为:

$$Q = (11.57 \times 10^{-4}) \times \frac{180 \times 15}{10^4} = 3.12 \times 10^{-4}(m^3/s)$$

4.4.3 管尺寸

管尺寸可以运用曼宁公式或利用诺谟图确定。对于标准地下排水管,可以采用大约 150m 长、直径 150mm 的穿孔钢管开始试算。

对于地下排水管线,尽可能使用 0.15% 的最小纵坡。通常允许使用较为平坦的纵坡以实现自由出流,但是较陡的纵坡有利于自动清淤。

4.4.4 土工布

近年来,已经有使用土工布或滤布替代级配集料过滤器的趋势。它们被用作过滤器,以允许自由水流进入地下排水管网但防止细粒的侵蚀性土壤或易堵塞的细集料进入系统;同时作为分离器,阻止土壤在周围的管沟壁与可渗透的管沟回填料之间的移动。

与用于级配过滤器的优质集料相比,土工布在实用性和成本方面均有优势。很多情况下,它们与级配集料过滤器一起使用,作为防止土壤移动的附加预防措施。

过滤织物可广泛用于各种各样的类型与材料。土工布可作为编织物或非织物产品使用。与此用途相关的性能包括:渗透性、抗拉强度、孔隙尺寸、等代开口尺寸(EOS)、击穿强度、耐碱性或耐酸性、抗冻融性、破裂强度与紫外线辐射稳定性。

选择土工布时,要切记其目的是用作分离器或分离器与过滤器。对于分离与过滤,选择过滤布的主要参数是等代或有效开口尺寸(EOS)。织物 EOS 的选择必须考虑其将分离的土壤材料的粒度分布与性质以及期望的系统渗透性。用于分离与过滤的织物的 EOS 通常为150 ~ 200mm。

利用过滤织物作为分离器/过滤器的过滤沟渠设计的典型断面如图 4-32 所示。

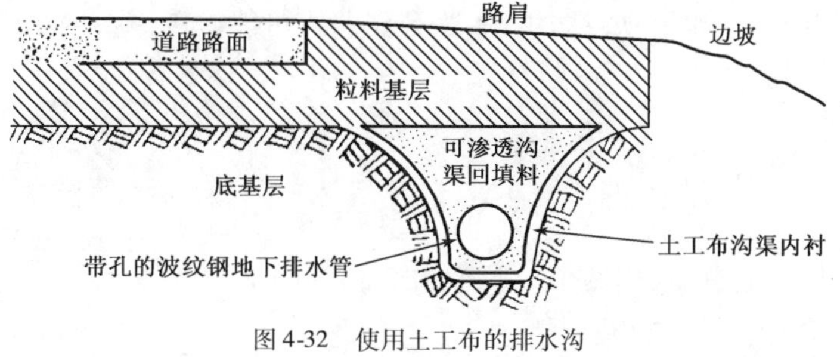

图 4-32 使用土工布的排水沟

4.5 特殊水力现象

水力设计除了要考虑安全排泄设计流量外,还要关注一些可能与结构和路堤的完整性有关的水力现象。

4.5.1 上举力

涵洞进水口端的上举力由可能在高水位时作用于进水口端的各种水力因素引起,包括:

(1)漩涡和涡流:会引起冲刷,冲刷反过来又会侵蚀进水口的基础并破坏支撑涵洞的路堤边坡。

(2)碎片堵塞:会加剧正常水流的收缩,在进水口内部生成较大的滞留空气空间,产生使进水口上举的浮力。

(3)进水口内部的低气压:与外部的流动力或水压力相结合,可能引起斜交的或削竹式进水口的向内挠曲,堵塞水流并产生上举力。

浮力类的破坏可以通过涵洞进水口的结构锚固来预防。锚固应同时伸入涵洞下方与侧面的路堤中。对于斜交涵洞或削竹式洞口,斜切处理的端部应用钩头螺栓锚固到边坡防护中。

4.5.2 管涌

管涌是由于涵洞进水口端淹没和路堤中较高的孔隙压力引起的一种水力现象。进水口的静水压力将促使水沿着涵洞洞身外侧渗流或渗入路堤。沿涵洞管壁的渗流会引起填料(通常是细集料)的流失,从而逐渐掏空填料中的砂层,引起涵洞和(或)路堤下挫。

如果回填料与路堤材料有可能发生管涌,涵洞端部应进行密封处理。

4.5.3 渗水孔

通常,涵洞设计中不需要渗水孔。对于较长的压力式涵洞,如水库下方的泄洪涵洞,可能需要设计独立的子排水系统,以释放路堤的孔隙压力并控制渗流,一种方式就是采用洞身带孔眼的涵洞。

4.5.4 防渗墙

在涵洞洞身周围可以有规律地按一定间隔安装竖直的隔水墙,以阻止并预防沿涵洞外壁的渗流。防渗墙常用于小型土坝或防洪堤,当公路路堤可能被用作蓄洪坝或临时水库时,应考虑设置防渗墙。

4.5.5 多管涵洞

对于低宽水道,设计应使水快速通过,且无积水、不淹没上游土地。在这种情况下,可以采用单个拱形、管拱形涵洞,或采用两个或多个圆管,见图 4-33。

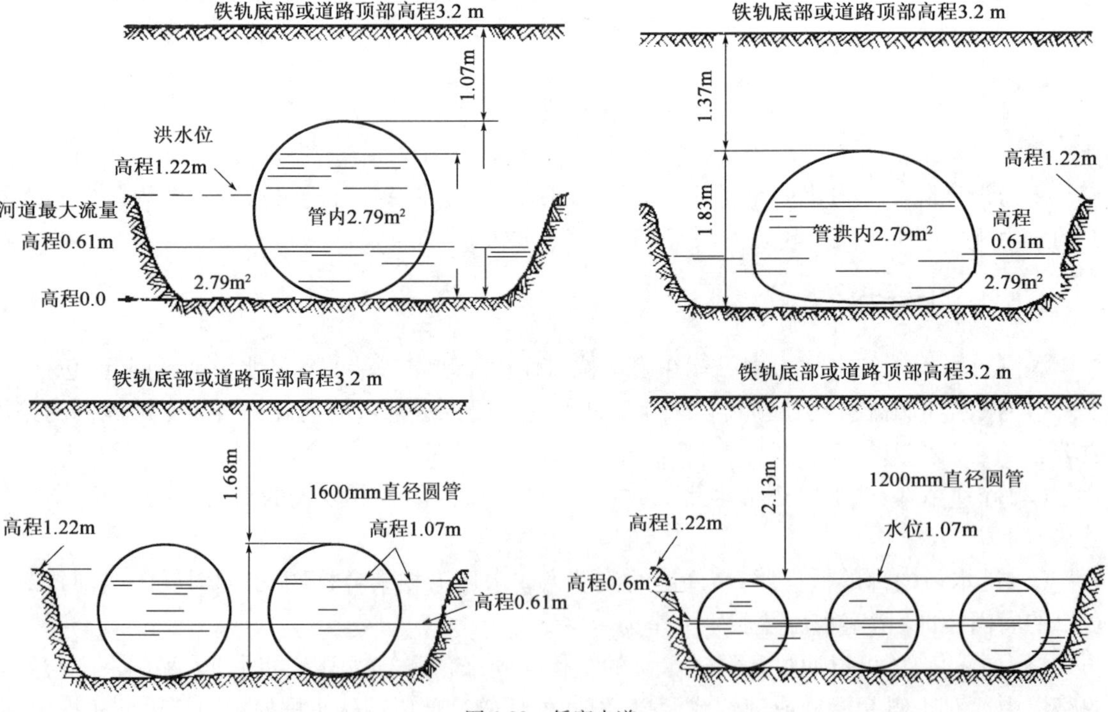

图 4-33 低宽水道

第5章 结构设计

波纹钢埋置式结构是一种典型的柔性结构，长期以来被公认为具有优异的结构强度来承受较大的活载和较高的填土。这种结构通过波纹钢薄壁与土壤的相互作用，将结构上部的荷载分散到周围的土体上，从而提高了结构自身的承载力。

本章首先简要介绍土与结构相互作用的基本原理及土压力计算方法的演变，然后介绍国外应用较为成熟的几种结构设计方法，再结合国内规范及波纹钢埋置式结构的研究成果和应用经验，系统阐述国内波纹钢埋置式结构设计的方法。

5.1 土与结构相互作用

柔性的波纹钢埋置式结构与土之间的受力与变形是相互联系、相互影响的。土既是荷载也是荷载的受体，埋置式结构的存在引起了土压力的重分布，同时土也影响埋置式结构的受力状况。因此，波纹钢埋置式结构的设计必须考虑土与结构之间的相互作用。

一般来讲，地下结构所受荷载主要包括恒载（竖向土压力）和活载（地面上的移动荷载，如汽车、火车等）。影响地下结构所受竖向土压力的因素主要有结构刚度、地基土的物理特征（重度、变形模量、内摩擦角）、地下结构的几何形状以及填土高度等。

由于埋置式结构与其周围的土壤的刚度不同，拱顶以上的土柱与两侧土柱的沉降不一致，因而两者之间产生摩擦力，结构所受的竖向土压力不再等于其上的土柱重量。对于刚性埋置式结构（如钢筋混凝土涵管）来说，其两侧土壤比结构本身的可压缩性大，两侧土柱对拱顶土柱产生向下的摩擦力，因此刚性结构所受竖向土压力将大于结构上的土柱重量；而对于柔性的波纹钢埋置式结构，则产生向上的摩擦力，因此波纹钢埋置式结构所受的竖向土压力要小于其上的土柱重量。

5.1.1 竖向土压力计算方法

国内外关于埋置式结构竖向土压力计算方法的研究大致可归纳成以下几种：

1）土柱法

该方法依据布西奈斯克理论，直接取结构上方填土的自重作为竖向土压力。这种方法计算简单，但忽略了结构与两侧土体刚度的差异导致的土体沉降引起的土压力的重分布。对于刚性管涵，计算结果会偏小；而对于柔性结构，计算结果会偏大。目前我国公路规范仍采用此方法。

2）Marston-Spangler 法

马斯顿法初次揭示了埋置式结构不同的施工方法（如隧道式、筑堤式及管沟式）引起的管周土压力分布的不同。马斯顿土压力理论的基本出发点就是从极限平衡条件出发,考虑结构与其两侧相应高度内填土压缩性不同而引起沉降变形差所形成的附加土压力,对土与结构相互作用对结构周围荷载分布的研究具有开创性。

3)普氏卸荷拱法

卸荷拱理论认为:当填土达到一定高度时,管顶上方土体将形成一个能卸荷的抛物线形"自然拱",拱线以上的土压力不会传递给管涵,而管涵只承受拱线以下应力状态被破坏了的土体压力,只包括了卸力拱以内的土体。这种方法只适用于隧道式管涵。由于隧道式施工的管涵,在原状土体中掘进成孔,这种施工方法,仅破坏孔洞周围局部范围的土体应力,超出这个范围的土体呈自平衡状态。因此,作用于管顶的土压力将小于管上土柱的重量,起到了卸载的作用。而对于上埋式管涵,这种卸载条件并不成立,这种方法也就不适用。原铁道部及水利部都曾因误套用"卸荷拱"理论造成很多上埋式管涵及水工廊道的工程事故。根据原铁道部的调查,按照卸荷拱理论设计的在铜王、包兰、兰新和鹰夏四线所统计的163道管涵中,发生破裂的占56.4%。在河北王块水库的泄洪洞和北京密云水库的坝底廊道中也发现了大量的破裂。

4)等沉面理论

等沉面理论的基本原理是:由于路基填土中结构的弹性模量比填土的变形模量大得多,外土柱相对于内土柱产生沉降差,从而对内土柱产生向下的摩阻力,使作用于结构物上的土压力大于土柱自重压力,但内外土柱间的沉降差在结构物以上一定高度处等于零,该处的填土面称为等沉面。等沉面理论提出了结构物上土压力集中系数大于1的基本概念,得到了国内外许多学者的认可,在国外得到了广泛应用。

5)压力系数法

压力集中系数法中管顶土压力的计算是通过拱顶以上土柱重量乘以一个经验系数K值计算而得,K值的取定或来源于工程经验,或基于有限元计算结果,它将土与结构的相互作用对管顶土压力的影响都归于压力系数K,尽管概念模糊,但易于为设计人员所接受,广泛用于各国的设计规范中。

各国规范为了简化设计,普遍采用压力集中系数法,现将各国规范的设计公式与系数汇总如表5-1所示。

各国规范土压力的计算公式与系数 表5-1

规范	竖向土压力	侧向土压力	系　数	说　明
中国公路规范	γH	$\lambda\gamma H$	$\lambda=\tan^2(45-\frac{\varphi}{2})$	未考虑结构刚度及埋深对土压力的影响
中国铁路规范	$K\gamma H$	$\xi\gamma H$	$K=1.04\sim1.5$(根据H/D查表); $\xi=0.25$或0.35;经久压实的路堤: $K=1,\xi=0.25$	不区分柔性结构与刚性结构
美国AISI规范	柔性管: $H\geqslant D$时:$K\gamma H$; $H<D$时:γH	—	$K=0.65\sim0.85$ (根据压实度查图)	环压理论,考虑柔性管的土拱作用

续上表

规范	竖向土压力	侧向土压力	系　数	说　明
美国 AASHTO 规范	柔性管：γH； 刚性管：$F\gamma H$	—	筑堤法： $F=1+0.2\dfrac{H}{D}$； 管沟法： $F=\dfrac{C_d B_d^2}{HD}$	荷载系数：柔性管为 1.95，刚性管为 1.30（我国规范为 1.2）
加拿大 CHBDC 规范	柔性管： $(1.0-0.1C_s)$ $A_f\gamma(H+0.107D)$； 刚性管： $\lambda_v\gamma H$	刚性管： $\lambda_h\gamma H$	$C_s=\dfrac{E_s D}{EA}$； A_f 根据 H/D 和矢跨比查图； $\lambda_v=1.35\sim1.45$； $\lambda_h=0.30\sim0.45$	通过 C_s 和 A_f 考虑了结构刚度和埋深的影响

5.1.2 环向压力理论

环向压力理论是 20 世纪 60 年代初美国犹他州立大学 K. W. Reynold 博士在美国钢铁协会（AISI）的赞助下研究、发展并完善的一种设计方法。该理论认为：在深埋的地下圆弧形结构中，结构周围土压力分布的不均匀性对管壁推力的大小和分布的影响很小。对于柔性的波纹钢埋置式结构，竖向荷载（恒载+活载）使管壁发生变形，挤压两侧土体，回填土体受到挤压后形成被动土压力。随着变形增大，土体与管壁承担的荷载重新分布，使管壁周围的土压力趋于均匀环压状态。1967 年 AISI 在其出版的《钢制排水产品与公路建设产品手册》中根据环向压力理论和容许应力法给出了波纹钢埋置式结构的设计方法。结构受力分析时认为环向压力是一致的，管壁应具有足够强度来承担这种径向压力，计算简图如图 5-1 所示。

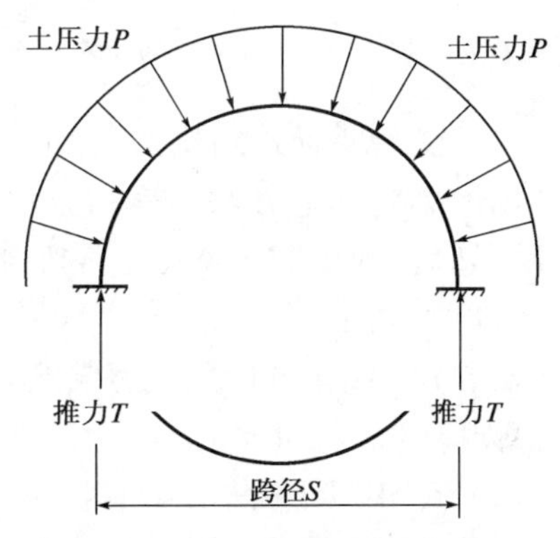

图 5-1　环向压力理论计算简图

由于环向压力理论忽略了管壁中弯矩的作用，认为结构的破坏完全是管壁材料的屈服所致，这对于深埋的小直径管涵是适用的，然而当覆土变薄，跨度变大时，弯矩的作用与塑性铰的形成就变成一个不可忽视的因素了。这时按照环向压力理论计算出的只是极限承载力的上限。因此，后来的 AASHTO 规范和加拿大 CHBDC 规范把弯矩作用与塑性铰形成导致的结构破坏放在结构屈曲破坏中考虑，并结合极限状态法做了进一步的修订。

5.1.3 结构性回填区的概念

结构性回填区是指埋置式结构周围通过土与结构相互作用对结构受力性能有决定性影响的空间范围，一般用拱侧最小填土宽度、拱顶最小填土厚度来控制，对于闭口结构，可能还包括管基的最小厚度。不同国家的规范对结构性回填区范围的规定略有不同。

波纹钢埋置式结构作为一种柔性结构，必须依靠土与结构之间的相互作用来共同抵抗外荷载并维持截面形状,因此结构性回填区不同于普通路堤(图5-2),正确选用结构性回填材料及填筑方法(包括分层、压实及各阶段施工设备的控制等)尤为重要。

图5-2 结构性回填区的填料与填筑方法与普通路基不同

必须强调的是,结构性回填设计是波纹钢埋置式结构设计的重要组成部分。

5.2 国外结构设计方法

波纹钢埋置式结构的设计方法逐渐从半经验的马斯顿—斯潘格勒法与环向压力理论演化为更精细的方法,该方法通过压曲或失稳来识别受压破坏。弯矩与塑性铰通常被忽略,尽管目前的《加拿大公路桥涵设计规范》(CHBDC)对施工期间弯矩与轴向推力的组合给出了规定。

本节介绍国外应用较为成熟的几种设计方法,包括美国的AISI法、AASHTO法和加拿大的CHBDC法。

传统的AISI法基于容许应力法和环向压力理论,一般适用于直径或跨径等于或小于3m的埋置式结构设计。当填土厚度大于跨径时,AISI法可采用弯拱系数K修正环压法中管壁的推力,并提供弹性与非弹性屈曲应力的计算结果。

对于直径或跨径大于3 m的结构,可使用AASHTO法或CHBDC法,也可以继续使用AISI法。采用AISI法设计的结构最大跨径已达7.7m。只要不超过最大柔度系数,跨径超过3m的结构设计都可采用AISI法。AASHTO法和CHBDC法提供了更新的方法以确定推力与弯矩抗力,并基于极限状态设计而不是工作应力或工作荷载设计。

5.2.1 AISI法

1967年,美国钢铁学会AISI(American Iron and Steel Institute)发布了《钢制排水产品与公路建设产品手册》(《Handbook of steel drainage & highway construction products》)第一版,该手册基于容许应力法给出了波纹钢埋置式结构的设计方法。其基本原理是在按预期的水力梯度确定波纹钢管直径(或管拱尺寸)后进行结构设计,确定波形和波纹钢板的壁厚,以确保安装后具有足够的强度和刚度抵抗活载和恒载。

1)设计荷载

作用于埋置式结构上的荷载包括:

(1)恒载

恒载是指埋置式结构以上填土及地面结构物的自重,设计时仅考虑结构两侧起拱线范围内拱顶以上土柱的自重。土柱作用在拱顶水平面上的压力为:

$$DL = \gamma H \tag{5-1}$$

式中:DL——恒载压力(kPa);

γ——土的重度(kN/m^3);

H——拱顶以上的填土厚度(m)。

(2)活载

活载是指作用于地面上的移动荷载(包含冲击荷载),它通过土壤分布到结构上。AISI针对AASHTO的标准公路荷载(H-20和H-25)和标准铁路荷载(AREA E80)给出了不同填土厚度时作用在拱顶的活载压力LL(表5-2)。

AISI规定的公路和铁路活载压力LL(含冲击力) 表5-2

标准公路活载			标准铁路活载	
填土厚度(m)	活载压力LL(kPa)		填土厚度(m)	活载压力LL(kPa)
	H-20	H-25		E-80
0.3	86.2	107.8	0.61	181.9
0.61	38.3	47.9	1.52	114.9
0.91	28.7	35.9	2.44	76.6
1.22	19.2	24.0	3.05	52.7
1.52	12.0	15.0	3.66	38.3
1.83	9.6	12.0	4.57	28.7
2.13	8.4	10.5	6.1	14.4
2.44	4.8	6.0	9.14	4.8
2.75	—	5.0	>9.14	—

注:1.活载压力根据ASTM传统方法通过土壤进行分布,考虑冲击力。
2.活载压力小于5kPa时,可只考虑恒载。

活载压力随着填土厚度的增加而减小,而恒载压力与填土厚度呈线性关系。如图5-3、图5-4所示,恒载与H-20的组合压力在填土1.5m时最小,恒载与E-80的组合压力在填土3.8m时最小。

2)内力计算

(1)设计压力

AISI用荷载系数K考虑土与结构之间的相互作用。对于标准普氏密度为85%的土壤,$K=0.86$;对于标准普氏密度为90%的土壤,$K=0.75$;对于标准普氏密度为95%的土壤,$K=$

0.65。图 5-5 示出了 AASHTO T-99 规定的土壤压实度与荷载系数 K 之间的关系。当填土厚度小于波纹钢埋置式结构的直径或跨径时，取 $K=1.0$。

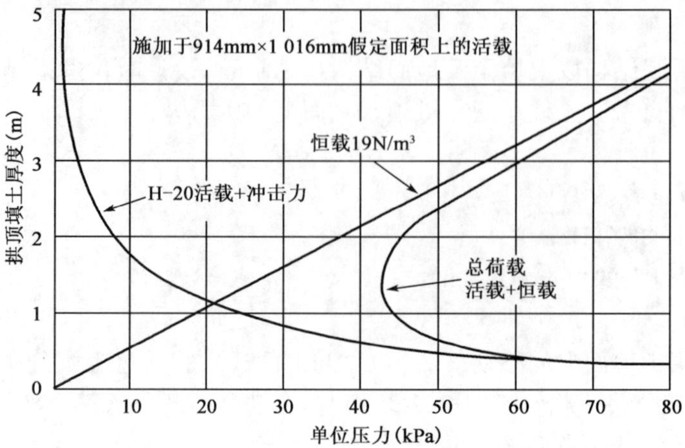

图 5-3 H-20 公路活载与恒载的组合

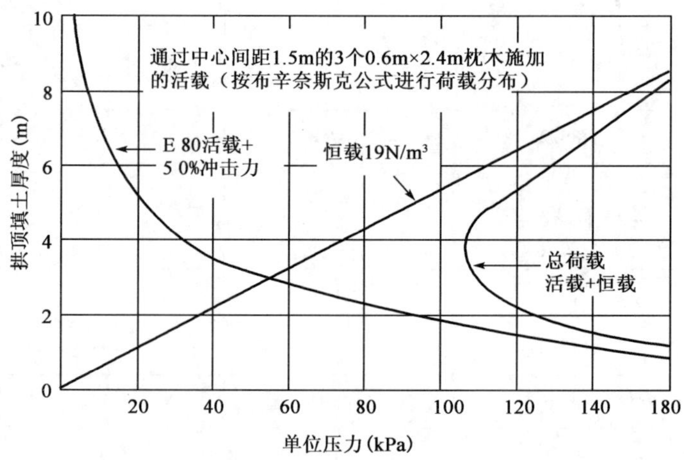

图 5-4 E-80 铁路活载与恒载的组合

作用于埋置式结构上的设计压力 P_v 为：

$$\begin{cases} P_v = K(DL + LL), H \geqslant S \text{时} \\ P_v = (DL + LL), H < S \text{时} \end{cases} \tag{5-2}$$

式中：P_v——设计压力(kPa)；

K——荷载系数；

DL——恒载(kPa)；

LL——活载(kPa)；

H——填土厚度(m)；

S——跨径或直径(m)。

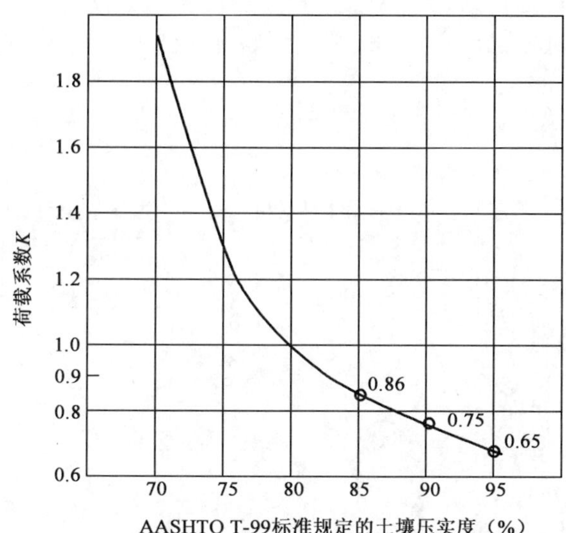

图5-5 压实到指示密度的回填料的波纹钢管荷载系数

(2)环压力

对于圆形波纹钢管,管壁中的压力(称作环压力)等于作用于管壁的径向压力乘以圆管半径:

$$C = P_v R \tag{5-3}$$

对于顶拱接近半圆弧的埋置式结构,则用跨径的一半代替半径:

$$C = P_v \frac{S}{2} \tag{5-4}$$

式中:C——环压力(kN/m);

P_v——设计压力(kPa);

R——圆管半径(m);

S——跨径或直径(m)。

3)管壁强度验算

管壁抗压强度按式(5-5)验算:

$$f \leqslant f_c \tag{5-5}$$

式中:f——管壁压应力(kPa);

f_c——管壁容许压应力(kPa)。

(1)管壁压应力

环压力作用下管壁的压应力按式计(5-6)算:

$$f = \frac{C}{A} \tag{5-6}$$

式中:f——管壁压应力(kPa);

C——环压力(kN/m);

A——管壁面积(mm^2/m)。

(2)管壁极限压应力

管壁的极限压应力f_b通过式(5-7)表达,其分别代表三个性能区:第一个为管壁压溃或屈服区,f_b取规定的钢材屈服强度;第二个代表屈服与环屈曲的过渡区;第三个代表环屈曲区。

$$\begin{cases} f_b = f_y = 230, \dfrac{D}{r} < 294 \text{时} \\ f_b = 279.6 - (574.3 \times 10^{-6})\left(\dfrac{D}{r}\right)^2, 294 \leqslant \dfrac{D}{r} \leqslant 500 \text{时} \\ f_b = \dfrac{34 \times 10^6}{\left(\dfrac{D}{r}\right)^2}, \dfrac{D}{r} > 500 \text{时} \end{cases} \tag{5-7}$$

式中:f_b——极限压应力(MPa);

f_y——屈服强度(MPa);

D——直径或跨径(mm);

r——管壁的回转半径(mm)。

图5-6示出了屈服强度为230MPa的波纹钢埋置式结构回填压实到85%标准普氏密度时的极限压应力f_b。

(3)管壁容许压应力

管壁极限压应力除以安全系数2得到管壁容许应力f_c:

$$f_c = \frac{f_b}{2} \tag{5-8}$$

4)管身刚度验算

(1)施工阶段的刚度

AISI根据经验建立了无须特殊形状控制措施的便于运输和安装的最低管身刚度要求,并用柔度系数FF来表示:

$$FF = \frac{D^2}{EI} \tag{5-9}$$

式中:E——弹性模量($E = 200 \times 10^3$ MPa);

D——直径或跨径(mm);

I——管壁的惯性矩(mm^4/mm)。

柔度系数FF可限制不同波形和壁厚的波纹钢埋置式结构的尺寸大小。

对于普通圆形波纹钢管,建议FF最大容许值如下:

①68mm×13mm波纹:$FF \leqslant 0.245$ mm/N。

②125mm×25mm波纹:$FF \leqslant 0.188$mm/N。

③76mm×25mm波纹:$FF \leqslant 0.188$mm/N。

④152mm×51mm波纹:$FF \leqslant 0.114$mm/N。

对于管拱与拱形波纹钢埋置式结构,FF最大容许值可适当放大:

①管拱:$FF \leqslant 1.5 \times$等代直径圆管的FF。

②拱:$FF \leqslant 1.3 \times$等代直径圆管的FF。

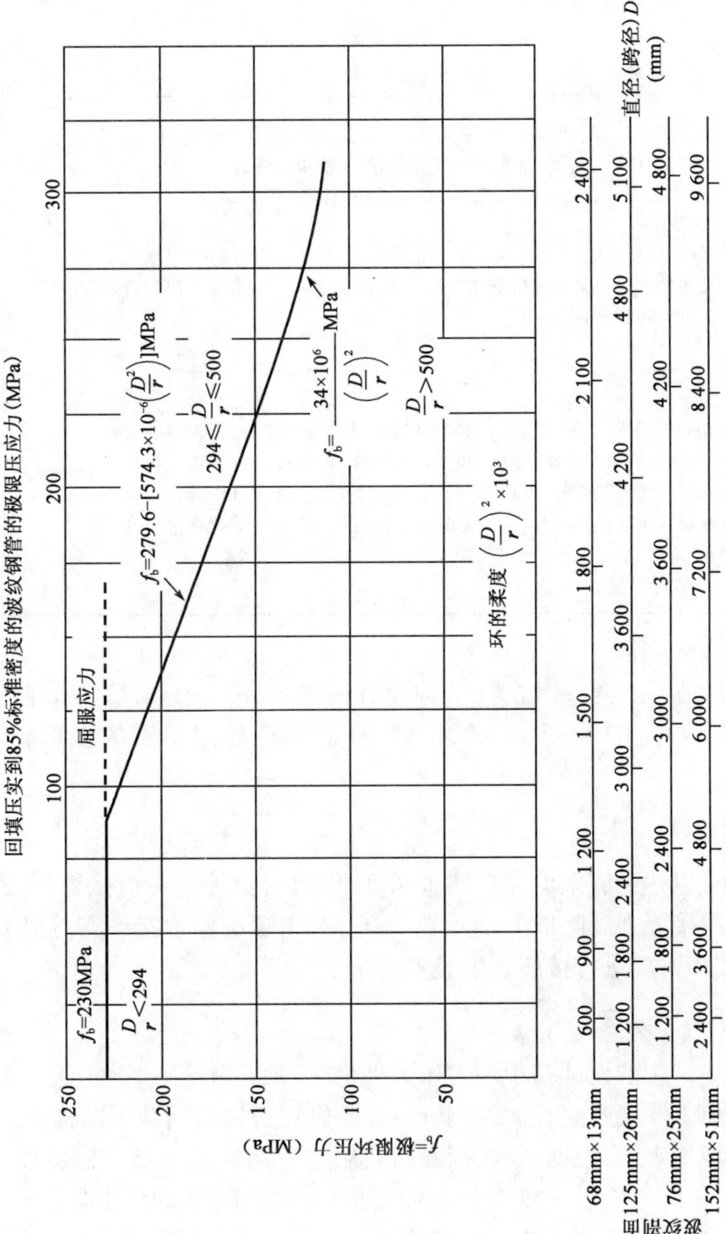

图5-6 波纹钢管管壁的极限压应力

对于螺旋带肋钢管，根据不同的安装条件、波纹剖面和壁厚，柔度系数规定如表 5-3 所示。

螺旋带肋管的最大容许柔度系数[19mm × 19mm × 190mm(波纹剖面)]　　表 5-3

安装条件	描　　述	柔度系数 FF(mm/N)		
		壁厚(mm)		
		1.6	2.0	2.8
Ⅰ类	路堤或填方条件。安装应符合 ASTMA798 要求。通常不推荐使用 ML 与 CL 填料。不应使用引起过大挠度、畸变或损坏的压实设备或方法	0.175	0.192	0.219
Ⅱ类	沟渠类条件。通过人工压实，或小型走行设备或水密法加振动来完成压实。填料要求与Ⅰ类相同。应特别注意适当的增填厚度。可能需要控制含水率与均匀的回填级配以易于压实	0.212	0.232	0.266
Ⅲ类	与Ⅱ类相同的要求。除此之外，填料限于仅需少量或无须压实的清洁非塑性材料(GP、SP)，或限于最大塑性指数(PI)为 10 的级配良好的颗粒材料(GW、SW、GM、SM、GC 或 SC 级别)。最大松散增填厚度应为 200mm。可能需要特别注意含水率以易于压实。也可采用掺土水泥或水泥渣代替选定的颗粒材料	0.296	0.324	0.371

(2)使用阶段的挠度

虽然环向挠度确实发生，但在管结构设计时通常不考虑。试验和现场应用表明，如果颗粒回填土压实到规定的压实度的 90% 时，在总荷载作用下管的变形将不影响管的整体强度。

5)接缝强度验算

大多数管缝可以达到管壁的完全屈服强度，但也有例外。考虑接缝强度的容许环压力为第 3.4.1 节的极限接缝强度除以安全系数 2.0。对于螺旋卷边接缝与连续焊接缝管，由于不具有纵接缝，所以不需要进行接缝强度验算。

6)最大、最小填土厚度

波纹钢埋置式结构的设计基于环向压力理论，拱顶必须有一定的填土厚度使得车轮荷载得以分布。最小填土厚度建立在波纹钢管行业与管理机构对活载下结构性能的长期观察的基础上。通过这些现场观察，根据形状、荷载与波纹尺寸制定最小填土厚度要求。通常，对于公路荷载，可采用结构跨径除以 6 或 8，对于铁路荷载，可采用跨径除以 4。

对于不同形状、不同尺寸的埋置式结构，适用的最大填土高度与采用的钢材(屈服强度、弹性模量)、波形(波距 × 波高)、壁厚、接缝形式、填料类型及施工方法等有关。特定结构的最大填土高度可按前述方法反算求出。

这里给出根据 AISI 法计算的各种波纹钢埋置式结构的最大、最小填土厚度(表 5-4 ~ 表 5-15)。

螺旋形或环形波纹钢管最大最小填土厚度[68mm×13mm(波形)] 表5-4

内径(mm)	最小填土厚度(mm)		最大填土厚度(m)					
			壁厚(mm)					
	公路活载	铁路活载	1.3	1.6	2.0	2.8	3.5	4.2
300	300	300	54	67	88			
400	300	300	41	51	67			
500	300	300	33	41	53	78		
600	300	300	27	34	45	65		
700	300	300		29	38	56		
800	300	300		26	34	49		
900	300	300		23	30	43	55	
1 000	300	300		21	27	39	50	61
1 200	300	300			22	33	42	51
1 400	300	500				26	34	41
1 600	300	500				21	27	33
1 800	300	500					22	27
2 000	300	500						21

注:粗实线上方管道尺寸的柔度系数(*FF*)不超过0.245mm/N。

螺旋形或环形波纹钢管最大最小填土厚度[76mm×25mm(波形)] 表5-5

内径(mm)	最小填土厚度(mm)		最大填土厚度(m)				
			壁厚(mm)				
	公路活载	铁路活载	1.6	2.0	2.8	3.5	4.2
1200	300	500	19	25	37		
1 400	300	500	17	22	32	41	
1 600	300	500	15	16	28	36	44
1 800	300	500	13	17	25	32	39
2 000	300	500	12	15	22	28	35
2 200	300	700	10	14	20	26	32
2 400	300	700		13	19	24	29
2 700	500	700		11	16	20	25
3 000	500	1 000			13	17	21
3 300	500	1 000			11	14	18
3 600	500	1 000				12	15

注:粗实线上方管道尺寸的柔度系数(*FF*)不超过0.188mm/N。

螺旋形波纹钢管最大最小填土厚度[125mm×25mm(波形)] 表5-6

内径(mm)	最小填土厚度(mm)		最大填土厚度(m)				
	公路活载	铁路活载	壁厚(mm)				
			1.6	2.0	2.8	3.5	4.2
1 200	300	500	17	23	33		
1 400	300	500	15	19	28	36	44
1 600	300	500	13	17	25	32	39
1 800	300	500	11	15	22	28	34
2 000	300	500	10	13	20	25	31
2 200	300	700	9	12	18	23	28
2 400	300	700	8	11	16	21	26
2 700	500	700		10	15	19	23
3 000	500	1 000			12	16	19
3 300	500	1 000			10	13	16
3 600	500	1 000				11	14

注:粗实线上方管道尺寸的柔度系数(*FF*)不超过0.188mm/N。

波纹钢管拱最大最小填土厚度[68mm×13mm(波形,公路荷载)] 表5-7

跨径×矢高(mm×mm)	最小填土厚度(mm)	最小壁厚(mm)	抵抗以下角压力的最大填土厚度(m)		
			200kPa	300kPa	400kPa
560×420	300	1.6	4.8	7.4	9.9
680×500	300	1.6	5.0	7.6	10.1
800×580	300	1.6	4.9	7.4	9.9
910×660	300	1.6	4.9	7.5	10.0
1 030×740	300	1.6	4.8	7.3	9.7
1 150×820	300	1.6	4.7	7.2	9.6
1 390×970	300	1.6	4.6	7.1	9.5
1 630×1 120	300	2.0	4.6	7.0	9.4
1 880×1 260	300	2.8	4.5	6.8	9.2
2 130×1400	300	3.5	4.4	6.8	9.1

波纹钢管拱最大最小填土厚度[76mm×25mm和125mm×25mm(波形,公路荷载)] 表5-8

跨径×矢高(mm×mm)	最小填土厚度(mm)	最小壁厚(mm)		抵抗以下角压力的最大填土厚度(m)		
		76×25	125×25	200kPa	300kPa	400kPa
1 330×1 030	300	2	2	5.2	7.9	10.5
1 550×1 200	300	2	2	5.2	7.9	10.5
1 780×1 360	300	2	2	5.2	7.9	10.6
2 010×1 530	300	2	2	5.1	7.8	10.4

续上表

跨径×矢高(mm×mm)	最小填土厚度(mm)	最小壁厚(mm)		抵抗以下角压力的最大填土厚度(m)		
		76×25	125×25	200kPa	300kPa	400kPa
2 230×1 700	300	2	2	5.4	8.1	10.9
2 500×1 830	350	2	2	5.3	8	10.7
2 800×1 950	350	2	2	5.2	7.9	10.6

波纹钢管拱最大最小填土厚度[68mm×13mm(波形,铁路荷载)] 表5-9

跨径×矢高(mm×mm)	最小壁厚(mm)			
	填土厚度范围(m)			
	0.6~0.9m	0.9~1.5m	1.5~2.4m	2.4~4.6m
560×420	2.8	2.0	2.0	2.0
680×500	2.8	2.8	2.0	2.0
800×580	3.5	2.8	2.8	2.8
910×660		3.5	2.8	2.8
1 030×740		3.5	3.5	2.8
1 150×820			3.5	3.5
1 390×970				3.5

波纹钢结构板圆管最大最小填土厚度[150mm×50mm(波形)] 表5-10

内径(mm)	一周螺栓孔间距个数	最小填土厚度(mm)		最大填土厚度(m)				
		公路荷载	铁路荷载	壁厚(mm)				
				3.0	4.0	5.0	6.0	7.0
1 500	20N	300	500	31	43	55	67	79
1 660	22N	300	500	28	39	50	61	71
1 810	24N	300	500	26	36	46	56	65
1 970	26N	300	500	24	33	42	51	60
2 120	28N	300	500	22	31	39	48	56
2 280	30N	300	500	21	29	37	45	52
2 430	32N	500	500	19	27	34	42	49
2 590	34N	500	700	18	25	32	39	46
2 740	36N	500	700	17	24	31	37	43
3 050	40N	500	700	15	21	27	33	39
3 360	44N	500	700	14.5	19	25	30	35
3 670	48N	500	1 000	13	18	23	28	32
3 990	52N	700	1000	12	16.5	21	25	30
4 300	56N	700	1 000	11	15.5	19.5	24	28

续上表

内径(mm)	一周螺栓孔间距个数	最小填土厚度(mm)		最大填土厚度(m)				
		公路荷载	铁路荷载	壁厚(mm)				
				3.0	4.0	5.0	6.0	7.0
4 610	60N	700	1 000	10.5	14.5	18.5	22	26
4 920	64N	700	1 000	9.5	13.5	17	21	24.5
5 230	68N	700	1 250	9	12	15.5	19	22.5
5 540	72N	700	1 250		11	14.5	17.5	20.5
5 850	76N	1 000	1 250		10.5	13	16	19
6 160	80N	1 000	1 250			12	15	17.5
6 470	84N	1 000	1 500			11	13.5	16
6 780	88N	1 000	1 500			10	12.5	14.5
7 090	92N	1 000	1 500				11.5	13.5
7 400	96N	1 000	1 500				10.5	12
7 710	100N	1 000	1 500					11
8 020	104N	1 000	1 500					10

注:粗实线上方管道尺寸的挠度系数(*FF*)不超过0.114mm/N。

波纹钢结构板管拱最大最小填土厚度[150mm×50mm(波形,公路荷载)]　　表5-11

跨径×矢高(mm×mm)	最小填土厚度(mm)	最小壁厚(mm)	不同角压力下的最大填土厚度(m)			
			100kPa	200kPa	300kPa	400kPa
2 050×1 520	300	3.0	2.9	6.0	9.1	12.2
2 240×1 630	300	3.0	2.7	5.6	8.6	11.5
2 440×1 750	350	3.0	2.5	5.4	8.2	11.0
2 590×1 880	350	3.0	2.5	5.4	8.2	11.0
2 690×2 080	350	3.0	2.8	5.9	8.9	11.9
3 100×1 980	400	3.0	1.9	4.1	6.3	8.4
3 400×2 010	450	3.0	1.4	3.3	5.1	6.9
3 730×2 290	500	3.0	1.5	3.5	5.3	7.2
3 890×2 690	500	3.0	1.9	4.2	6.4	8.6
4 370×2 870	550	3.0	1.6	3.6	5.6	7.5
4 720×3 070	600	3.0	1.5	3.4	5.2	7.0
5 050×3 330	650	3.0	1.5	3.3	5.0	6.8
5 490×3 530	700	3.0	1.3	3.0	4.6	6.2
5 890×3 710	750	3.0	1.2	2.8	4.3	5.8
6 250×3 910	800	4.0	1.1	2.6	4.1	5.5

波纹钢结构板拱形结构最大最小填土厚度[150mm×50mm(波形,公路荷载)] 表5-12

内部尺寸		最小填土厚度(mm)	最大填土厚度(m)				
			壁厚(mm)				
跨径(mm)	半径(mm)		3.0	4.0	5.0	6.0	7.0
1 520	760	300	23	32	41	50	58
1830	930	300	19	27	34	41	48
	910	300	19	27	34	41	48
2130	1090	300	17	23	29	36	42
	1070	300	17	23	29	36	42
2 440	1 230	500	14	20	26	31	36
	1 220	500	14	20	26	31	36
2 740	1 400	500	13	18	23	28	32
	1370	500	13	18	23	28	32
3 050	1 540	500	11	16	20	25	29
	1 520	500	11	16	20	25	29
3 350	1 710	500	10.5	14	18	23	26
	1 680	500	10.5	14	19	23	27
3 660	1 850	500	9.5	13	17	21	24
	1 830	500	9.5	13	17	21	24
3 960	2 010	500	9	12	16	19	22
	1 980	500	9	12	16	19	22
4 270	2 160	700	8.5	11	15	18	21
	2 130	700	8.5	11	15	18	21
4 570	2 340	700	7.5	10	13	16	19
	2 290	700	7.5	10	14	17	19
4 880	2 480	700		10	13	15	18
	2 440	700		10	13	15	18
5 180	2 620	700		9	12	14	17
	2 590	700		9	12	14	17
5 490	2 820	700		8	10	13	15
	2 740	700		8.5	11	13	15
	2 950	1 000			10	12	14
5 790	2 900	1 000			10	12	14
6 100	3 100	1 000			9	11	13
	3 050	1 000			9	11	13

注:0.3≤矢跨比(R/S)≤0.5。R/S>0.5的结构板拱采用圆管表或1.39×表列值。

波纹钢结构板拱形结构最大最小填土厚度[150mm×50mm(波形,铁路荷载)] 表 5-13

内部尺寸		最小填土厚度(mm)	最大填土厚度(m)				
			壁厚(mm)				
跨径(mm)	半径(mm)		3.0	4.0	5.0	6.0	7.0
1 520	760	500	24	34	43	52	61
1 830	930	500	20	27	35	42	49
	910	500	20	28	36	43	51
2 130	1 090	500	17	23	30	36	42
	1 070	500	17	24	30	37	43
2 440	1 230	500	15	21	26	32	37
	1 220	500	15	21	27	32	38
2 740	1 400	700	13	18	23	28	33
	1 370	700	14	19	24	29	34
3 050	1 540	700	12	17	21	26	30
	1 520	700	12	17	21	26	30
3 350	1 710	700	11	15	19	23	27
	1 680	700	11	15	19	23	27
3 660	1 850	1 000	10	14	18	21	25
	1 830	1 000	10	14	18	22	25
3 960	2 010	1 000	9	13	16	20	23
	1 980	1 000	9.5	13	16	20	23
4 270	2 160	1 000	8	12	15	18	21
	2 130	1 000	8.5	12	15	18	22
4 570	2 340	1 000	7	11	14	17	20
	2 290	1 000	7.5	11	14	17	20
4 880	2 480	1 000		10	13	16	19
	2 440	1 000		10	13	16	19
5 180	2 620	1 250		9.5	12	15	17
	2 590	1 250		9.5	12	15	17
5 490	2 820	1 250		8.0	11	13	15
	2 740	1 250		8.5	11	14	16
5 790	2 950	1 250			10	12	14
	2 900	1 250			10	13	15
6 100	3 100	1 250			9.5	11	13
	3 050	1 250			9.5	12	14

注:0.3≤矢跨比(R/S)≤0.5。R/S>0.5 的结构板拱采用圆管表或 1.39×表列值。

螺旋带肋波纹钢圆管最大最小填土厚度[19mm×19mm×190mm(波纹,公路荷载)] 表5-14

直径（mm）	最小填土厚度（mm）	最大填土厚度(m)		
		壁厚(mm)		
		1.6	2.0	2.8
450	300	22.7	33.6	
525	300	19.4	28.8	50.6
600	300	17.0	25.2	44.3
750	300	13.6	20.2	35.4
900	300	11.3	16.8	29.5
1 050	300	9.7	14.4	25.3
1 200	300	8.5*	12.6	22.1
1 350	350	7.5*	11.2	19.7
1 500	400	6.8*	10.1*	17.7
1 650	450		9.1*	16.1
1 800	450		8.4*	14.7
2 100	550			12.6*
2 400	600			11.0*

注:* 表示应特别注意回填材料和压实方法。

螺旋带肋波纹钢管拱最大最小填土厚度[19mm×19mm×190mm(波纹,公路荷载)] 表5-15

跨径（mm）	矢高（mm）	等代直径（mm）	最小填土厚度（mm）	角压力最大为200kPa时的最大填土厚度(m)		
				壁厚(mm)		
				1.6	2.0	2.8
500	410	450	300	4.0	4.0	
580	490	525	300	5.2	5.2	5.2
680	540	600	300	5.2	5.2	5.2
830	660	750	300	5.2	5.2	5.2
1 010	790	900	300	4.4	4.4	4.4
1 160	920	1 050	300	5.1	5.1	5.1
1 340	1 050	1 200	300		4.4	4.4
1 520	1 200	1 350	340		5.3*	5.3
1 670	1 300	1 500	380		5.1*	5.1
1 850	1 400	1 650	410		4.7*	4.7

注:* 表示应特别注意回填材料和压实方法。

表5-4～表5-15所列数据基于以下假定:

①填料类型与土壤参数。

a. 级配良好的砾石或砂砾。

b. 设计压实度=85%标准普氏压实度。

c. 安装压实度 =90% 标准普氏压实度。

d. 重度 =19kN/m³。

e. 割线模量 =6MPa。f. $K=0.86(H\geqslant 0)$。

②钢材:屈服强度 230MPa。

③活载:考虑冲击力。

④填土厚度为管顶波纹面的中性轴到柔性路面底部的高度。柔性路面底部的轮压面积为 914mm ×1 016m。

⑤建议施工前进行地基查勘,以确保足够的地基支撑,尤其是高填方。

⑥表列壁厚为仅针对结构设计强度的可允许最小值,未考虑可能会影响使用寿命的异常现场条件或异常环境条件等其他设计因素。

⑦表列数值仅作为参考。对于大型或重要项目应进行独立的设计计算。

表 5-4 ~ 表 5-15 给出的最小填土厚度主要针对的是运营期间的活载。施工期间,当施工设备(往往重于设计采用的交通荷载)将在埋置式结构上行驶或接近时,应提供附加填土以免对管道造成损坏。重型施工荷载的最小容许填土厚度应通过结构设计计算或参考表 5-16 确定。

重型施工设备所需的最小填土厚度 表 5-16

直径或跨径(mm)	最小填土厚度(mm)			
	施工设备的轴重(t)			
	8 ~ 22	22 ~ 34	34 ~ 50	50 ~ 68
300 ~ 1 050	600	760	900	900
1 200 ~ 1 830	900	900	1 050	1 200
1 980 ~ 3 050	900	1 050	1 200	1 200
3 200 ~ 3 660	1 050	1 200	1 370	1 370

7) 对管拱和拱的特殊考虑

(1)管拱

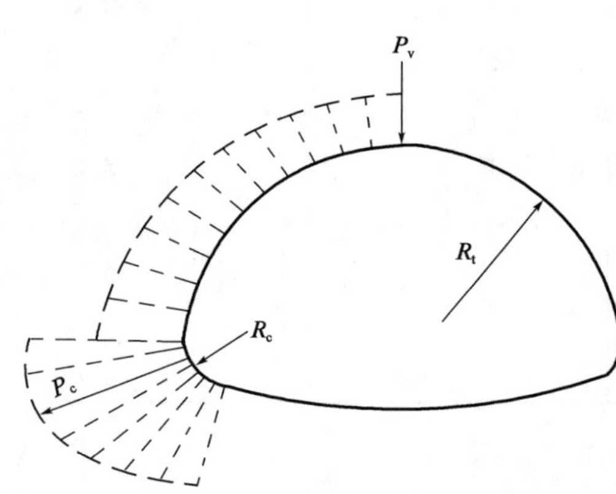

图 5-7 管拱的径向压力随着半径变化并在拐角处最大

管拱的下拱腋处会产生径向的角压力 P_c(图 5-7),通常大于拱顶的竖向压力 P_v。因此,对于管拱结构,往往要验算下拱腋处地基的承载力。一般情况下,建议 P_c 不大于 300kPa。

角压力可按下述方法计算。

忽略管壁的抗弯强度和压力的纵向分布,可认为环压力 C 在结构周围任一点都相同。由前述的关系式,垂直于管壁的压力应与半径成反比。基于此,角压力 P_c 可按式(5-10)计算:

$$P_c = \frac{R_t}{R_c}P_v = \frac{R_t}{R_c}(LL + DL) \tag{5-10}$$

式中:P_c——管拱下拱腋作用于土壤的角压力(kPa);

R_t——拱冠半径(mm);

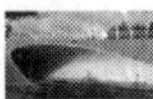

R_c——下拱腋半径(mm);

LL——活载压力(kPa);

DL——恒载压力(kPa)。

但是,对于不是均匀分布于整个管长的活载(比如车轮荷载),此关系式过于保守。与活载产生于管拱顶部的环压力沿周向向下间接传递到下拱腋区域一样,其沿管长也将进行分布。因此,将活载压力传递到土壤的下拱腋区域的长度远大于最初施加活载压力的管长。因此,角压力的计算修正如下:

$$P_c = \frac{R_t}{R_c}(C_l LL + DL) \tag{5-11}$$

式中:C_l——纵向活载分布系数。

本方法可用于计算管拱的最大填土厚度。式(5-11)中活载不考虑冲击力,因为冲击荷载在结构上施加荷载的点与下拱腋区域之间会逐步消散,而且与短时间的冲击荷载相反,支承破坏是长时期的渐进破坏。但是,设计管壁时应采用包括冲击力的活载压力(不用 C_l 系数修正)。

下面介绍纵向活载分布系数 C_l 的计算方法。

①H-20 与 H-25 活载。

通常,H-20 与 H-25 活载的活载压力计算时假定路面厚度为 300mm,车轮荷载宽 914mm、长 1 016mm,并以 0.875:1(水平:垂直)在填料中分布。换言之,指定深度处的活载压力作用面积为路面上的轮压面积加上 1.75 倍填土厚度的附加长度和宽度。

图 5-8 示出了车轮荷载在管拱上的分布。1 016mm 宽度区域以下填土厚度 h 处的压力在结构顶部的分布长度 L_1 范围内分布。该压力产生的管壁应力也纵向分布。传递车轮荷载的下拱腋长度为 L_2。反作用长度包括从结构顶部到下拱腋的弧长(可近似等于与管拱跨径相同直径的圆管周长的四分之一)的 1.75 倍的增量,即 1.75 × π × 跨径/4 = 1.37 × 跨径。当 L_2 超过 1 829mm 时,单个车轮荷载的反作用长度会发生重叠。当填土厚度超过 765mm 时,顶部的压力区域为 L_1 + 1 829,反作用长度为 L_2。

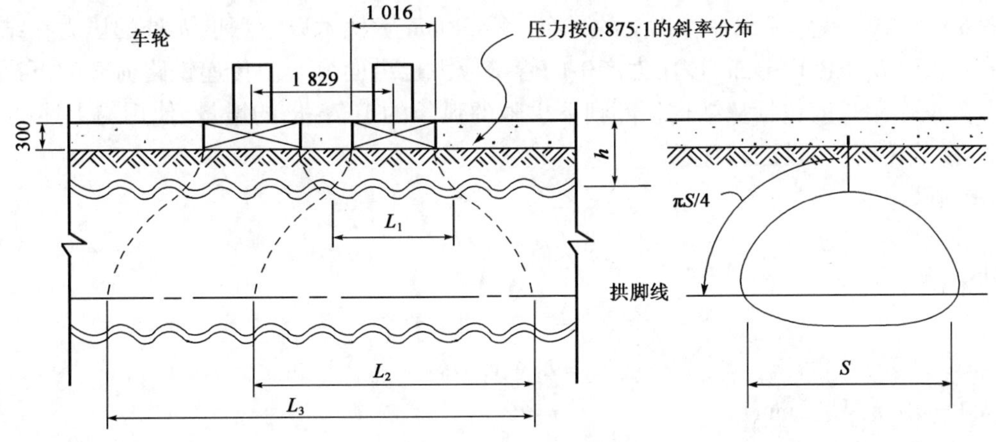

图 5-8 H-20 与 H-25 活载在管拱下拱腋处支承压力的纵向分布(尺寸单位:mm)

因此 C_l 的值为：

$$\begin{cases} C_l = L_1/L_2, \text{当 } L_2 \leqslant 1\,829\text{mm 时} \\ C_l = 2L_1/L_3, \text{当 } L_2 > 1\,829\text{mm 且 } h \leqslant 765\text{mm 时} \\ C_l = (L_1 + 1\,829)/L_3, \text{当 } L_2 > 1\,829\text{mm 且 } h > 765\text{mm 时} \end{cases} \tag{5-12}$$

其中：

$$L_1 = 1\,016 + 1.75(h - 300)$$

$$L_2 = L_1 + 1.37s$$

$$L_3 = L_2 + 1\,829$$

式中：h——填土厚度（mm）；

s——跨径（mm）。

表 5-2 给出了考虑冲击力时 H-20 与 H-25 公路荷载的活载压力，表 5-17 给出了 H-20 与 H-25 公路荷载不计冲击力时的活载压力 LL。

公路荷载的活载压力 LL（不计冲击力） 表 5-17

填土厚度（m）	活载压力 LL（kPa）		填土厚度（m）	活载压力 LL（kPa）	
	H-20	H-25		H-20	H-25
0.30	77	96	2.00	8	10
0.50	56	75	2.25	6	8
0.75	34	46	2.50	5	6
1.00	25	31	2.75	—	5
1.25	17	22	3.00	—	—
1.50	13	16	3.50	—	—
1.75	10	12	4.00	—	—

②E-80 铁路活载。

通常，铁路活载的活载压力计算假定通过宽 610mm、长 2 438mm 的枕木支承区域施加荷载，荷载以 0.875∶1（水平∶垂直）在填料中分布。换言之，指定深度处的压力面积为地面荷载区域的长度与宽度加上 1.75 倍填土厚度的附加长度或宽度。

图 5-9 示出了铁路荷载在管拱上的分布。2 438mm 宽枕木以下深度 h 处的压力在结构顶部的分布长度 L_1 范围内分布，该压力产生的管壁应力也纵向分布。传递铁路荷载的下拱腋长度为 L_2。反作用长度包括从结构顶部到下拱腋的弧长的 1.75 倍的增量，使用与上述的 H-20 与 H-25 活载相同的弧长近似值。

C_l 的值为：

$$C_l = L_1/L_2 \tag{5-13}$$

其中：

$$L_1 = 2\,438 + 1.75h$$

$$L_2 = L_1 + 1.37s$$

式中：h——填土厚度（mm）；

s——跨径（mm）。

上述讨论基于单轨布置，也可适用于多轨布置时考虑压力区域重叠的情况。

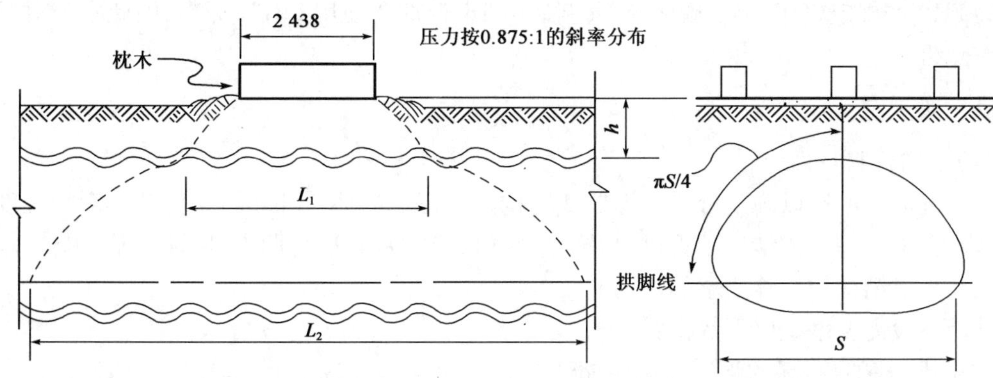

图5-9 铁路荷载在管拱下拱腋处支承压力的纵向分布(尺寸单位:mm)

表5-2给出了考虑冲击力时铁路活载E-80的活载压力,表列数值应除以1.5以去除冲击力。

(2)拱

对于满足最小容许高跨比0.3的波纹钢结构板拱结构(相当于仰角124°的拱),可采用与圆形结构板管相同的设计方法。

拱的设计还需要注意两点:

①地基的刚度。对于波纹钢拱形埋置式结构,通常不建议使用桩基础以防止拱的沉降。当结构在拱基础上受到约束或基础建立在刚性地基上时,必须考虑柱形屈曲的影响。

研究表明,小于半圆(高跨比小于0.5)的拱的极限抗压强度小于等代直径圆管的极限抗压强度。因此一般采用$0.375f_b$的容许应力,而不是$0.5f_b$。

对于不良地基,必须考虑换填。基础设计应提供容许的均匀纵向沉降。允许拱的沉降将防止它受到可能的邻边填料固结引起的下拉力。允许基础沉降可产生有利的土拱作用,从而减轻拱上荷载,因而可使用较低的安全系数。

②基础下土壤的承载力、基底高程(埋深)及基础反力的方向。反力值即拱中的推力。基础对拱的反力可认为在其与基础的连接点沿切线方向作用于板。基础应设置在最大预计冲刷线以下的适当深度,或设置底板或其他适当措施以防冲刷。

5.2.2 AASHTO法

美国各州公路和运输工作者协会AASHTO(American Association of State Highway and Transportation Officials)基于极限状态法和土与结构相互作用原理,在《AASHTO LRFD桥梁设计规范》(《AASHTO LRFD Bridge Design Specifications》)中专门给出了埋置式结构(刚性结构和柔性结构)的结构特性和设计要求,并随着版本的更新不断进行了修订。本节介绍2012版《AASHTO LRFD桥梁设计规范》中波纹钢埋置式结构(包括整体管、结构板管、大跨径结构板、结构板箱等)的设计方法。

需要说明的是,AASHTO的另一本规范《AASHTO公路桥梁设计标准规范》(《AASHTO Standard Specifications for Highway Bridges》)也包含波纹钢埋置式结构的设计规定,但采用的是与AISI类似的工作应力法WSD(Working Stress Design),与LRFD规范有所不同。美国联邦公路局 FHWA 规定 2007 年以后所有新建桥梁的设计都要使用 LRFD 标准,因此本节对标准规范不作介绍。

1)一般规定

(1)土和材料特性

应进行地下勘探以确定可能对埋置式结构造成影响的地质和环境条件及其影响程度。对于由基础支承的埋置式结构和管拱以及大直径管,应对基础进行调查,以评估基础材料承受外加荷载和满足结构的位移要求的能力。

设计一般需要掌握以下数据:

①地基(基础)材料的强度和可压缩性。

②土壤和地表水的化学特征,如 pH 值、电阻系数和地表水的硫酸盐含量等。

③水文情况,如流量和流速、最大宽度、容许水力深度和潜在冲刷性。

④附近埋置式结构性能和状况调查。

结构性回填区的填料应符合以下要求(详见 AASHTO M-145):

①对于标准柔性管:A-1、A-2 或 A-3(GW、GP、SW、SP、GM、SM、SC、GC)。

②对于波纹钢箱形结构和填土厚度小于 3 600mm 的大跨结构:A-1、A-2-4、A-2-5 或 A-3(GW、GP、SW、SP、GM、SM、SC、GC)。

③对于填土厚度不小于 3 600mm 的大跨结构:A-1 或 A-3(GW、GP、SW、SP、GM、SM)。

④对于深波纹钢结构板结构:A-1、A-2-4、A-2-5 或 A-3(ASTM D2487)(GW、GP、SW、SP、GM、SM、SC、GC),并考虑制造符合厂家要求。

柔性埋置式结构的管壁应力对土与结构的相对刚度非常敏感,其压曲稳定性取决于土壤刚度。在选择结构性回填材料时,宜按以下顺序优先选择靠前的材料:

①级配良好的尖角砂石和砾石。

②级配良好的无尖角砂石和砾石。

③可流动材料,如水泥—土—粉煤灰混合料,其密度和强度均较低,仅用于管沟法施工。

④粒径均匀的砂石或砾石,前提是要确保铺筑密实稳定,但需要掺土或采用土工织物过滤器以防止细集料的迁移。

⑤低塑性含黏土砂或砾石。

⑥稳定土,仅在对材料特性很熟悉的工程师的监督下才能使用。

用于波纹管和管拱的钢材应符合 AASHTO M-36(ASTM A-760M)的要求。用于结构板管、管拱、拱和箱形结构的钢材应满足 AASHTO M-167(ASTM A-761M)的要求。对于螺旋带肋和普通波纹钢埋置式结构,设计采用的最小抗拉强度 $f_u = 310$MPa,最小屈服强度 $f_y = 228$MPa,弹性模量 $E_m = 200\ 000$MPa。对于深波纹钢结构板结构,设计采用的最小抗拉强度 $f_u = 380$MPa,最小屈服强度 $f_y = 304$MPa,弹性模量 $E_m = 200\ 000$MPa。

(2)波纹形状与截面特性

常用于波纹钢埋置式结构的波纹形状与截面特性见表 5-18 ~ 表 5-24。

波纹钢管截面特性 表 5-18

波纹剖面 (mm × mm)	壁厚 (mm)	面积 A (mm^2/mm)	回转半径 r (mm)	惯性矩 I (mm^4/mm)
36 × 6.35	0.71	0.64	—	—
	0.86	0.80	—	—
	1.0	0.97	2.07	4.15
	1.3	1.29	2.09	5.64
	1.6	1.61	2.11	7.19
	2.0	2.01	2.15	9.29
	2.8	2.82	2.23	14.00
	3.5	3.63	2.33	19.80
	4.3	4.45	2.46	26.80
68 × 13	1.02	0.98	4.32	18.40
	1.32	1.31	4.34	24.60
	1.63	1.64	4.35	31.00
	2.01	2.05	4.37	39.20
	2.77	2.87	4.42	56.10
	3.51	3.69	4.49	74.30
	4.27	4.52	4.56	93.80
75 × 25	1.63	1.88	8.68	142.00
	2.01	2.33	8.70	178.00
	2.77	3.33	8.76	254.00
	3.51	4.25	8.82	331.00
	4.27	5.17	8.89	411.00
125 × 25	1.63	1.68	9.29	145.00
	2.01	2.10	9.30	182.00
	2.77	2.94	9.34	256.00
	3.51	3.79	9.38	333.00
	4.27	4.63	9.43	411.00

螺旋带肋波纹钢管截面特性 表 5-19

波纹剖面(mm × mm × mm)	壁厚(mm)	面积 A (mm²/mm)	回转半径 r (mm)	惯性矩 I (mm⁴/mm)
19 × 19 × 190	1.63	1.08	6.65	46.2
	2.01	1.51	6.35	60.6
	2.77	2.52	6.02	90.7
	3.51	3.63	5.79	121.8
20 × 26 × 292	1.63	0.79	9.73	75.1
	2.01	1.11	9.47	99.6
	2.77	1.87	9.02	152

波纹钢结构板截面特性[150mm × 50mm(波形)] 表 5-20

壁厚(mm)	面积 A (mm^2/mm)	回转半径 r (mm)	惯性矩 I (mm^4/mm)
2.79	3.294	17.3	990
3.56	4.240	17.4	1 280
4.32	5.184	17.4	1 580
4.78	5.798	17.5	1 770
5.54	6.771	17.5	2 080
6.32	7.726	17.6	2 400
7.11	8.719	17.7	2 720
8.08	9.887	17.7	3 115
9.65	11.881	17.9	3 800

深波纹钢结构板截面特性[380mm × 140mm(波形)] 表 5-21

壁厚(mm)	面积 A (mm^2/mm)	回转半径 r (mm)	惯性矩 I (mm^4/mm)
3.56	4.784	49.48	11 700
4.32	5.846	49.50	14 338
4.78	6.536	49.53	16 043
5.54	7.628	49.58	18 747
6.32	8.716	49.61	21 434
7.11	9.87	49.63	24 122

铆接或点焊连接波纹钢管的最小纵向接缝强度 表 5-22

	厚度(mm)	铆钉尺寸(mm)	单铆 (N/mm)	双铆(N/mm)
68mm×13mm 波纹钢管	1.63	7.94	244	315
	2.01	7.94	266	435
	2.77	9.53	342	683
	3.51	9.53	358	715
	4.27	9.53	374	749
75mm×25mm 波纹钢管	1.63	9.53	—	419
	2.01	9.53	—	521
	2.77	11.1	—	774
	3.51	11.1	—	930
	4.27	11.1	—	1 030

栓接波纹钢结构板的最小纵向接缝强度[150mm×50mm(波形)] 表 5-23

厚度(mm)	螺栓直径(mm)	2 螺栓/波距(N/mm)	3 螺栓/波距(N/mm)	4 螺栓/波距(N/mm)
2.77	19.1	628	—	—
3.51	19.1	905	—	—
4.27	19.1	1 180	—	—
4.78	19.1	1 360	—	—
5.54	19.1	1 640	—	—
6.32	19.1	1 930	—	—
7.11	19.1	2 100	2 630	2 830
8.08	22.2	—	—	3 430
9.65	22.2	—	—	4 160

栓接深波纹钢结构板的最小纵向接缝强度[380mm×140mm(波形)] 表 5-24

厚度(mm)	螺栓直径(mm)	6 螺栓/波距(N/mm)
3.56	19.1	963
4.32	19.1	1 269
4.78	19.1	1 488
5.54	19.1	1 852
6.32	19.1/22.2	2 100/2 319
7.11	19.1/22.2	2 100/2 581

(3)极限状态与抗力系数

波纹钢埋置式结构应进行如下极限状态设计(表 5-25)。强度荷载组合Ⅲ和Ⅳ以及极端极限状态和疲劳一般不控制设计。

极限状态设计　表5-25

极限状态	作用组合	设计验算
承载能力极限状态	强度荷载组合Ⅰ和Ⅱ	壁面积
		压曲破坏
		施工阶段柔度
		接缝破坏
		弯压破坏(仅箱形结构和深波纹结构)
正常使用极限状态	使用荷载组合Ⅰ	变形

埋置式结构及其基础应按极限状态法进行设计。极限状态应满足：

$$\sum \eta_i Y_i Q_i \leqslant R_r \tag{5-14a}$$

式中：Y_i——荷载系数，参见 AASHTO 规范表3.4.1-1；

Q_i——荷载效应；

R_r——乘以系数的抗力；

η_i——荷载修正系数，按下式计算：

$$\eta_i = \eta_D \eta_R \eta_I \geqslant 0.95 \tag{5-14b}$$

式中：η_D——延性系数。对于强度极限状态，$\eta_D = 0.95$；对于使用极限状态，$\eta_D = 1.0$；

η_R——超静定系数。在强度极限状态下，填土为静定的，$\eta_R = 1.05$，活载和动力荷载为超静定的，$\eta_R = 0.95$；对于使用极限状态，$\eta_R = 1.0$；

η_I——重要性系数，一般取1.0。

对每种适用的极限状态，乘以系数的抗力 R_r 应按式(5-15)计算：

$$R_r = \phi R_n \tag{5-15}$$

式中：ϕ——抗力系数(表5-26)；

R_n——公称抗力。

埋置式结构的抗力系数　表5-26

结构类型		抗力系数
金属管、拱和管拱结构	有锁口卷边缝或全焊缝的螺旋管：最小壁面积和压屈	1.00
	带点焊、铆接或栓接缝的环形管： (1)最小壁面积和压屈； (2)最小纵缝强度； (3)管拱基础的承载力	1.00 0.67 参见 AASHTO 第10章
	结构板管： (1)最小壁面积和压屈； (2)最小纵缝强度； (3)管拱基础的承载力	1.00 0.67 参见 AASHTO 第10章

续上表

结构类型		抗力系数
大跨结构板及隧道衬砌板结构	(1)最小壁面积; (2)最小纵缝强度; (3)基础的承载力	0.67 0.67 参见 AASHTO 第10章
结构板箱形结构	(1)塑性弯矩强度; (2)基础的承载力	1.00 参见 AASHTO 第10章
深波纹钢结构板结构	(1)最小壁面积和压屈,ϕ_b; (2)塑性铰,ϕ_h; (3)土壤,ϕ_s	0.70 0.90 0.90

(4)作用与作用组合

对于波纹钢埋置式结构,由于填土的保护作用,外界的风荷载、温度荷载、车辆的制动力、离心力、撞击力一般对结构没有影响,设计时可不考虑;与填土恒载相比,钢结构的自重、行人活载、冰荷载等影响很小,设计时可予以忽略;仅在埋置式结构穿过活动断层的情况下才考虑地震荷载,一般设计可不考虑。

波纹钢埋置式结构的设计应考虑的作用主要有:水平和竖向土压力、路面荷载、活载和冲击效应。针对不同的施工条件或场地条件,还可能需要考虑土的超载、活载的超载、施工临时荷载、下拉荷载和外部静水压力。当埋置式结构的底拱在设计水位以下时,还应考虑浮力荷载。

波纹钢埋置式结构的设计应考虑的作用组合及荷载系数见表5-27。

作用组合与荷载系数 表5-27

荷载组合	永久作用(恒载)	短暂作用(活载)	水荷载	沉降
强度极限状态Ⅰ	γ_p	1.75	1.00	1.00
强度极限状态Ⅱ	γ_p	1.35	1.00	1.00
使用极限状态Ⅰ	1.00	1.00	1.00	1.00

表中的永久作用(恒载)主要包括:

①*EV*——填土恒载产生的竖向压力。

②*EH*——水平土压力荷载。

③*ES*——土的超载。

④*DD*——下拉荷载。

⑤*DC*——构件和非结构性附件的恒载。

⑥*DW*——路面和公共设施的恒载。

表中永久作用的荷载系数 γ_p 按表5-28取用,对于竖向土压力,应使用表中的最大荷载系数。

永久作用的荷载系数 γ_p　　表 5-28

荷载类型		荷载系数 γ_p	
		最大值	最小值
DC:构件及附件		S1.25	0.90
DD:下拉荷载	桩,α Tomlinson 法	1.40	0.25
	桩,λ 法	1.05	0.30
	钻孔桩,O' Neil 和 Reese(1999)法	1.25	0.35
DW:路面及公共设施		1.50	0.65
EH:水平土压力	主动土压力	1.50	0.90
	静止土压力	1.35	0.90
EV:竖向土压力	波纹钢埋置式结构(结构板箱涵除外)	1.95	0.90
	波纹钢结构板箱涵	1.50	0.90
ES:土的超载		1.50	0.75

表中短暂作用(活载)主要包括:

①*LL*——车辆活载。

②*IM*——车辆的动力荷载增计值。

③*LS*——活载产生的超载。

④*PL*——人群活载。

对于波纹钢埋置式结构,车辆活载 *LL* 主要考虑设计货车和设计双轴车两种。设计货车的轴重、轴距和轮距按图 5-10 规定取值,设计双轴车应包括一对 110kN 的轴,轴距 1 200mm,横向轮距 1 800mm。

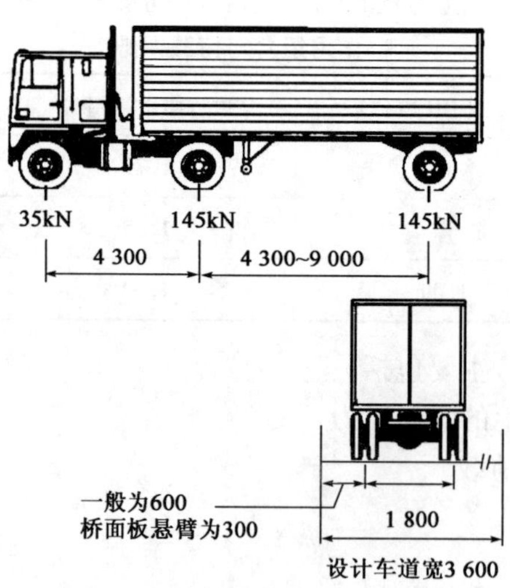

图 5-10　设计货车(尺寸单位:mm)

对于波纹钢埋置式结构,车辆的动力荷载增计值 *IM*(%)按式(5-16)计算:

$$IM = 33(1.0 - 4.1 \times 10^{-4} D_E) \geqslant 0\% \tag{5-16}$$

式中：D_E——最小填土厚度(mm)。

满足最小填土厚度要求[见第5.2.2节1)第(5)条]时，车轮荷载应按以下规定在填方中进行扩散：

①轮胎着地面积为宽510mm、长250mm的矩形。

②深度h处的作用面积：对于级配良好的粒状回填土，长度和宽度分别为轮胎着地长度和宽度$+1.15h$；其他情况则分别为轮胎着地长度和宽度$+h$。

③多个车轮重叠的情况下，总荷载应均布在该重叠面积上。

④对于单跨涵洞，如果填土高度大于2 400mm，而且超过跨径，则活载的效应可忽略不计；对于多跨涵洞，如果填土高度超过两端墙面间的距离，活载效应可忽略不计。

⑤横向布置多车道汽车荷载时，应按表5-29进行折减。

多车道折减系数 表5-29

加载车道数	多车道折减系数 m	加载车道数	多车道折减系数 m
1	1.2	3	0.85
2	1.0	>3	0.65

(5)最小填土厚度

对于符合第5.2.2节1)第(1)条要求的压实良好的填料，不同类型的波纹钢埋置式结构的填土厚度(从拱顶至刚性路面顶部或柔性路面底部的竖向距离)应不小于表5-30、表5-31的规定。

最小填土厚度 表5-30

类型	最小填土厚度
波纹钢管	$S/8$，且≥300mm
螺旋带肋钢管	$S/4$，且≥300mm
结构板管结构	$S/8$，且≥300mm
大跨波纹钢结构板管结构	参见表5-31
深波纹钢结构板结构	见第5.2.2节4)第(3)条
波纹钢结构板箱形结构	430mm

注：S为波纹钢管直径或跨径。

大跨波纹钢结构板管结构最小填土厚度(mm) 表5-31

壁厚(mm)	顶拱半径(mm)				
	≤4 500	4 500~5 200	5 200~6 100	6 100~7 000	7 000~7 600
2.82	750	—	—	—	—
3.56	750	900	—	—	—
4.32	750	900	900	—	—
4.78	750	900	900	—	—
5.54	600	750	750	900	—
6.32	600	600	750	900	1 200
7.11	600	600	750	900	1 200

(6)最小填土宽度

根据现场条件,波纹钢埋置式结构一般采用以下两种施工方法:

①筑堤法

筑堤法施工是指在原有开阔地面上安装波纹钢结构并填筑路堤。填土宽度应足以确保埋置式结构的侧向约束,最小填土宽度可按表5-32采用。

筑堤法施工最小填土宽度 表5-32

直径 S(mm)	最小填土宽度(mm)
$S<600$	S
$760 \leqslant S \leqslant 3\,600$	600
$S>3\,600$	1 500

②管沟法

管沟法施工是指在原有地面开挖管沟,再安装结构并回填。最小管沟宽度应确保管与管沟壁之间有足够的工作空间,以保证填土的顺利铺筑和压实。应关注管沟壁的稳定性,对于较陡的管沟壁,也可采用支撑。

管沟宽度一般应不小于最大管径+400mm或1.5×管径+300mm。采用较小的压实设备时,在确保达到填筑和压实要求的前提下,也可适当采用较窄的管沟。

对于在岩石或承载力较高的土壤中开挖的管沟,管沟宽度可减小到压实要求的最低限值。这种情况下,如采用可流动材料[参见第(1)条"土和材料特性"],管每侧的管沟宽度可减小到150mm。

(7)多管之间的最小距离

多管之间的间距应能保证拱腋以下及结构之间回填土的顺利铺筑和压实。多管之间的最小距离见表5-33。采用可流动填料时,表列最小间距可适当减小。

多管之间的最小距离 表5-33

圆管	直径 D(mm)	多管之间的最小距离(mm)
	<600	300
	600~1 800	$D/2$
	>1 800	900
管拱	跨径 S(mm)	多管之间的最小间距(mm)
	<900	300
	900~2 700	$S/3$
	2 700~4 800	900
拱	跨径 S(mm)	多管之间的最小间距(mm)
	所有跨径	600

设计时应尽可能减小回填施工时多道密集的结构之间的不平衡荷载。分层填筑时应尽可能使每层回填土在并列的结构两侧和顶部保持水平。设计时应充分考虑路基边坡对承受不平衡荷载作用的柔性结构的稳定性影响。

(8)柔度限值与施工刚度

波纹钢管和结构板的柔度不应超过表5-34的规定值。螺旋带肋波纹钢管和管拱的柔度应不超过表5-35值。

波纹钢管和结构板的最大柔度 表5-34

	波高(mm)	柔度(mm/N)
整体波纹钢管	6.35	0.25
	12.7	0.25
	25.4	0.19
波纹钢结构板(150mm×50mm波纹剖面)	类型	柔度(mm/N)
	管	0.11
	管拱	0.17
	拱	0.17

螺旋带肋波纹钢管和管拱的最大柔度 表5-35

施工方法	波纹尺寸(mm×mm×mm)	柔度(mm/N)
筑堤法	19×19×190	$0.049I^{1/3}$
	19×25×290	$0.031I^{1/3}$
管沟法	19×19×190	$0.059I^{1/3}$
	19×25×290	$0.037I^{1/3}$

注:I为截面惯性矩,见第5.2.2节1)中第(2)条。

(9)沉降

波纹钢埋置式结构正常使用极限状态应考虑以下潜在的沉降:

①沿长度方向的纵向不均匀沉降

应根据《AASHTO LRFD桥梁设计规范》第10.6.2.4条的规定计算埋置式结构纵向不均匀沉降。承受纵向不均匀沉降的管和涵洞应按《AASHTO LRFD桥梁施工规范》第26和27章的要求安装可靠的接头以抵抗断接力。

②结构与回填土之间的不均匀沉降

对于拱结构,如果其与两侧填土之间可能发生不均匀沉降,应将基础设计成能与回填土共同沉降,以减小下拉力。

带有底拱的闭口结构不应放置于比邻近两侧填土沉降小的地基上,且应设置一层均匀、松散压实的粒状材料垫层。

③基础的沉降

基础设计应可提供均匀的纵向和横向沉降。基础沉降应足够大,以防因邻近填土沉降而引起下拉力,但前提是其总沉降不影响结构的功能。对于不良地基,应考虑挖除全部或部分不良材料,并用合适的材料更换。波纹钢管拱结构、大跨拱结构及箱形结构不应支撑在与临近侧填土相比相对较硬的地基上。不建议使用较大的扩大基础或桩基础来防止结构沉降。

基础设计参见《AASHTO LRFD桥梁设计规范》第10.6款。

拱脚设计时应考虑基础埋深的影响。基础反力应取为作用在拱与基础连接点处拱的切线方向，并且等于基础处拱的推力。

④伸出路堤边坡的斜交结构的不平衡荷载

对于与路线方向斜交且穿过路堤填土的埋置式结构，设计应考虑非对称荷载对结构截面的影响。端墙设计中如果忽略横向不平衡力，将会导致端墙及临近结构破坏。

由于确定受不平衡荷载影响的结构上实际的荷载分布比较复杂，这个问题一般可用数值法模拟，或采用下面的近似方法。

分析宽度为1.0mm的涵洞条，其承受不平衡的土压力，涵洞条受限于垂直于涵洞中心线的平面。参考图5-11推导力F。对于半完工的涵洞条，可以假定涵洞条是受支撑的。端墙应设计成框架，承受涵洞条的反力V_L和$H_L\cos\alpha$以及作用于拱冠的集中力F。

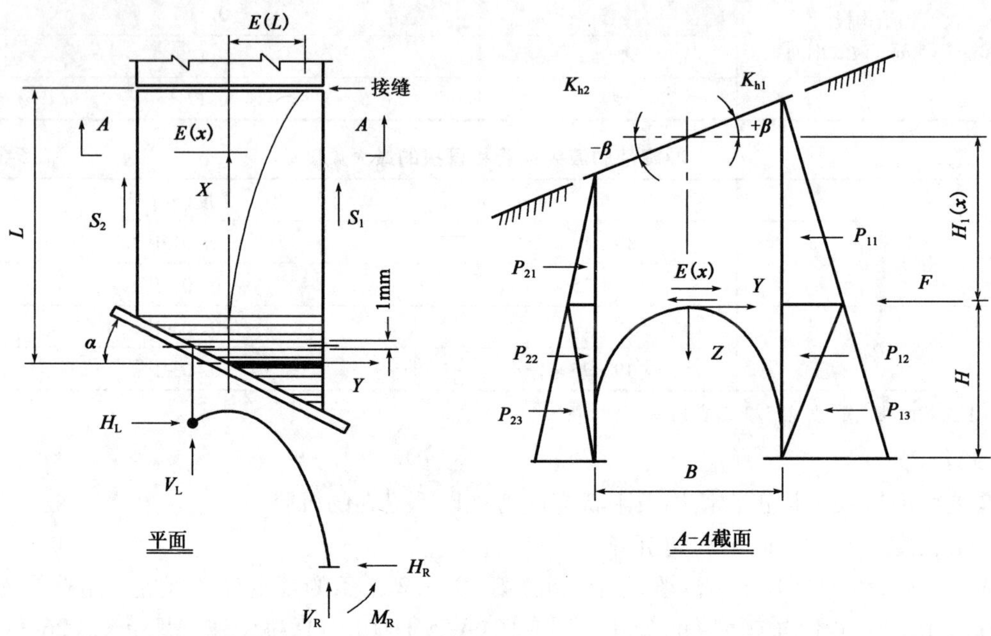

图5-11　作用于涵洞上的力——近似分析

不平衡分布荷载可由式(5-17)计算：

$$E(x) = (P_{11} - P_{21}) + \frac{2}{3}(P_{12} - P_{22}) + \frac{1}{3}(P_{13} - P_{23}) \tag{5-17}$$

其中：

$$P_{11} = \frac{1}{2}K_{h1}\left[H_{1(x)} + \frac{B}{2}\tan\beta\right]^2$$

$$P_{21} = \frac{1}{2}K_{h2}\left[H_{1(x)} - \frac{B}{2}\tan\beta\right]^2$$

$$P_{12} = \frac{1}{2}K_{h1}H\left[H_{1(x)} + \frac{B}{2}\tan\beta\right]$$

$$P_{22} = \frac{1}{2}K_{h2}H\left(H_{1(x)} - \frac{B}{2}\tan\beta\right)$$

$$P_{13} = \frac{1}{2}K_{h1}H\left(H + H_{1(x)} + \frac{B}{2}\tan\beta\right)$$

$$P_{23} = \frac{1}{2}K_{h2}H\left(H + H_{1(x)} - \frac{B}{2}\tan\beta\right)$$

将压力代入式(5-17),得到:

$$E(x) = A_2x^2 + A_1x + A_0 \tag{5-18}$$

其中:

$$A_2 = \frac{1}{2}\left(\frac{H_{1(L)}}{L}\right)^2(K_{h1} - K_{h2})$$

$$A_1 = \frac{1}{2}\left(\frac{H_{1(L)}}{L}\right)[B(K_{h1} + K_{h2})\tan\beta + H(K_{h1} - K_{h2})]$$

$$A_0 = \frac{1}{24}[(3B^2\tan^2\beta + 4H^2)(K_{h1} - K_{h2}) + 6HB(K_{h1} + K_{h2})\tan\beta]$$

不平衡分布荷载 $E(x)$ 的支撑力:

$$F = \frac{1}{6}L\sec\alpha(2A_2L^2 + 3A_1L + 6A_0)$$

$$S_1 = -\frac{1}{12}\frac{L}{B}[A_2L^2(3L - 2B\tan\alpha) + A_1L(4L - 3B\tan\alpha) + 6A_0(L - B\tan\alpha)]$$

$$S_2 = \frac{1}{12}\frac{L}{B}[A_2L^2(3L + 2B\tan\alpha) + A_1L(4L + 3B\tan\alpha) + 6A_0(L + B\tan\alpha)]$$

K_h 的值见图5-12。

(10)端部处理

当结构内出现回水时,出水端的压力流会导致无充分覆盖层的管节上拔,而且高速水流会导致对土的冲刷,此时应特别注意端部防护。一般可将管端锚固在混凝土端墙中,或埋置在具有足够重量以抵抗上拔力的抛石护坡中,并在出口区域用抛石护坡或混凝土铺砌以防止冲刷。

对于与公路斜交且延伸出路堤填土以外的柔性涵洞,端部应处理成歪斜状(图5-13),以保证管两侧的荷载对称,或者端墙应设计成能支承斜切端的全部推力。图5-12中,端部路堤做歪斜处理以便设置一字端墙,歪斜路堤的最小宽度 d' 取涵洞矢高与填土高之和的1.5倍,或涵洞跨径的3倍(取较小值)。

对于柔性结构,建议对进口和出口端部进行加固,加固方法包括采用钢筋混凝土或结构钢领圈、采用拉索锚定、采用八字墙或在底拱高程以下设置截水墙。

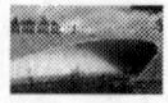

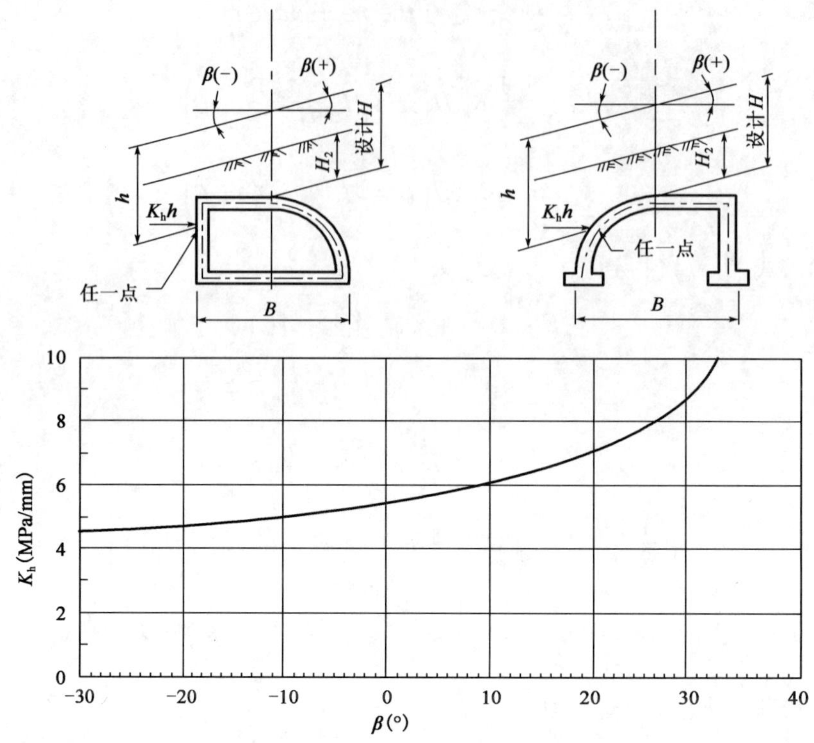

图 5-12　侧向土压力与边坡之间的关系

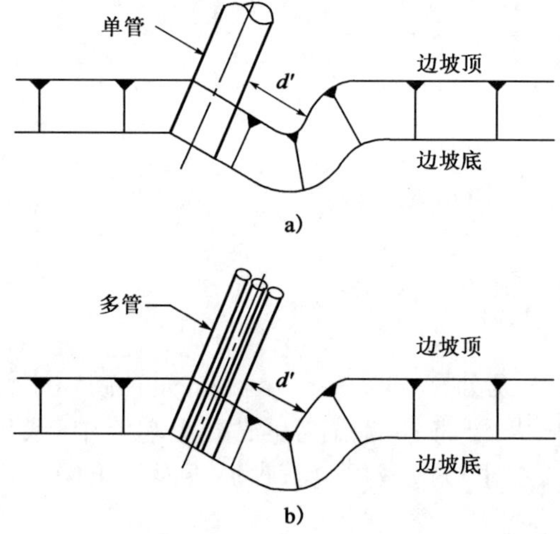

图 5-13　斜交涵洞的端部处理

a）单管结构的端部处理；b）多管结构的端部处理

（11）冲刷、磨蚀与腐蚀

埋置式结构的设计应确保结构任意部位均不会由于冲刷而产生位移。

需要考虑冲刷时，翼墙应伸出足够远以保护结构周围的结构性回填。对位于易受冲刷的沉积层上的结构，应设置截水墙或防冲幕，并延伸至预期最大冲刷深度以下，或对底拱进行铺砌。结构基础应置于最大预期冲刷深度以下不少于600mm处。

应考虑由于腐蚀和磨蚀造成结构抗力的降低。

如果设计由安装期间的柔度系数控制，则可降低或不考虑腐蚀和（或）磨蚀防护要求，前提是腐蚀或磨蚀后的结构在使用寿命期间还能对荷载提供足够的抗力。

2）波纹钢管、管拱和拱结构

本节介绍通过铆接、焊接或卷边接缝制造的环形或螺旋形波纹钢管与管拱，环形波纹钢结构板以及通过螺栓连接拼装的管、管拱和拱结构（半径不大于 4 000mm）的设计。结构板拱的

矢跨比不小于0.3。

波纹钢管、管拱和拱结构应验算强度极限状态下的管壁面积、压曲强度，对于有纵向接缝的结构板结构，还应验算接缝强度。

(1)管壁推力

单位长度管壁所受的乘有系数的推力为：

$$T_{\mathrm{L}} = P_{\mathrm{L}}\left(\frac{S}{2}\right) \tag{5-19}$$

式中：T_{L}——单位长度的乘有系数推力(N/mm)；

S——跨径(mm)；

P_{L}——乘有系数的管顶压力，为结构拱顶的乘系数的土压力与乘系数的活载分布压力之和(MPa)。

(2)管壁抗力

不考虑压屈时单位长度管壁的乘有系数的轴向抗力为：

$$R_{\mathrm{n}} = \phi f_{\mathrm{y}} A \tag{5-20}$$

式中：A——管壁面积(mm²/mm)；

f_{y}——波纹钢屈服强度(MPa)；

ϕ——抗力系数[见5.2.2节1)中的第(3)条]。

(3)压曲抗力

按式(5-20)计算的管壁面积应作压屈验算。若$f_{\mathrm{cr}} < f_{\mathrm{y}}$，则用$f_{\mathrm{cr}}$代替$f_{\mathrm{y}}$，重新计算$A$。

若

$$S < \left(\frac{r}{k}\right)\sqrt{\frac{24E_{\mathrm{m}}}{f_{\mathrm{u}}}},\qquad 则 f_{\mathrm{cr}} = f_{\mathrm{u}} - \frac{\left(\frac{f_{\mathrm{u}}kS}{r}\right)^2}{48E_{\mathrm{m}}} \tag{5-21}$$

若

$$S < \left(\frac{r}{k}\right)\sqrt{\frac{24E_{\mathrm{m}}}{f_{\mathrm{u}}}},\qquad 则 f_{\mathrm{cr}} = \frac{12E_{\mathrm{m}}}{\left(\frac{kS}{r}\right)^2} \tag{5-22}$$

式中：S——管直径或板结构跨径(mm)；

E_{m}——土的弹性模量(MPa)；

f_{cr}——波纹钢抗拉强度(MPa)；

r——波纹的回转半径(mm)；

k——土的刚度系数，取0.22。

(4)接缝强度

对于有纵向接缝的管，接缝的乘系数的抗力应不小于管壁中乘系数的推力。铆接、焊接或栓接波纹钢管及结构板的极限纵缝强度见第5.2.2节1)中的第(2)条。

(5)施工柔度

波纹钢管或管拱吊装、运输过程中的柔度按式(5-23)计算，且不得大于第5.2.2节1)中的第(8)条规定的最大柔度。

$$FF = \frac{S^2}{E_m I} \tag{5-23}$$

式中：S——管直径或管拱跨径(mm)；

E_m——土的弹性模量(MPa)；

I——波纹钢截面惯性矩(mm^4/mm)。

(6)结构板结构的加劲肋

对于波纹钢结构板结构，可通过在拱冠增加周向加劲肋提高其刚度和抗弯能力。加劲肋应对称设置，从结构一侧的四分之一点以下开始跨越拱冠至结构另一侧的对应点。

加劲肋可以是：

①在顶拱两边与波纹钢板连接的纵向结构加劲梁(钢或钢筋混凝土结构，或两者的组合结构)。

②依结构形状加工的加劲肋，弯曲到结构板的曲率，固定在结构板上以确保与波纹板共同作用，必要时按一定间隔设置。

(7)管拱的角隅回填

波纹钢管拱的角隅部分回填土的设计应考虑角隅压力，其值为拱推力除以角隅半径。管拱角隅处的回填土的承载力应不小于角隅压力。可采用级配良好并压实至比普通密度更高的结构性回填土。

3)大跨波纹钢结构板结构

对于图5-14所示形状的结构，如果拱冠、拱侧或底拱的曲率半径大于4000mm，或需要设置加劲肋的结构板管或拱，则认为是大跨波纹钢结构板结构，其设计除遵循第5.2.2节第2)部分规定外，还必须满足本节要求。

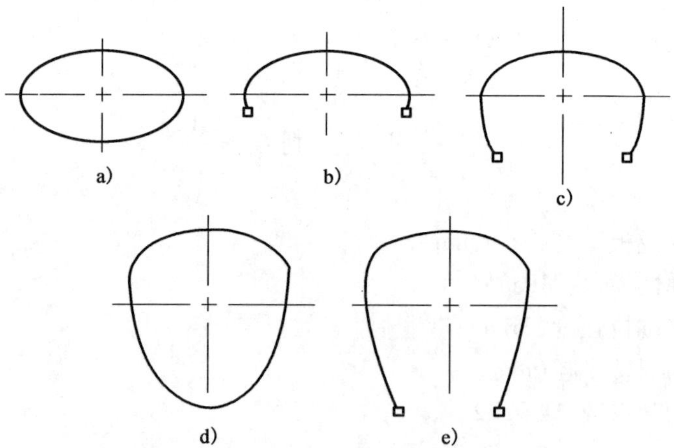

图5-14　大跨波纹钢结构板结构

a)水平椭圆形；b)矮拱形；c)高拱形；d)倒梨形；e)梨形拱

波纹钢结构板箱形结构不认为是大跨波纹钢结构板结构，其设计要求见第5.2.2节中5)。

(1)截面尺寸与填土厚度要求

大跨波纹钢结构板结构的截面特性见第5.2.2节1)中第(2)条,此外其尺寸还应满足表5-36的要求。

大跨波纹钢结构板结构的截面尺寸要求 表5-36

拱顶最小壁厚(mm)					
拱顶半径(mm)	≤4 500	4 500 ~ 5 200	5 200 ~ 6 100	6 100 ~ 7 000	7 000 ~ 7 600
150mm × 50mm 波纹钢结构板拱顶最小壁厚(mm)	2.82	3.56	4.32	5.54	6.32
几何尺寸要求					
(1)结构板最大半径:7 600mm。 (2)拱顶最大中心角:80.0°。 (3)拱顶半径与拱侧半径的最小比值:2.0。 (4)拱顶半径与拱侧半径的最大比值:5.0					

不采用加劲肋的情况下,大跨波纹钢结构板结构的最小填土厚度应满足表5-37要求。

大跨波纹钢结构板结构的最小填土厚度(无加劲肋)(单位:mm) 表5-37

壁厚(mm)	拱顶半径(mm)				
	≤4 500	4 500 ~ 5 200	5 200 ~ 6 100	6 100 ~ 7 000	7 000 ~ 7 600
2.82	750	—	—	—	—
3.56	750	900	—	—	—
4.32	750	900	900	—	—
4.78	750	900	900	—	—
5.54	600	750	750	900	-
6.32	600	600	750	900	1 200
7.11	600	600	750	900	1 200

若采用加劲肋,表5-37所列最小填土厚度可适当降低,但板的壁厚不得小于最小壁厚,且肋和板的截面惯性矩不得小于与该填土厚度相应的较厚的未加劲板的截面惯性矩。采用加劲肋并使用较小的填土厚度时,需要特殊设计。

除非得到业主的认可,否则不得采用本节未涵盖的尺寸。

(2)形状控制

第5.2.2节2)第(3)条"压曲抗力"和第5.2.2节2)第(5)条"施工柔度"的要求不适用于大跨波纹钢结构板结构。

(3)管壁推力、抗力及接缝强度

管壁的乘有系数的推力应按第5.2.2节2)第(1)条的公式确定,其中 S 值应由2倍拱顶半径替代。管壁抗力和接缝强度的计算分别与第5.2.2.节2)第(2)条和5.2.2.节2)第(4)条相同。

(4)拱结构的基础设计

拱结构的基础应根据采用的基础类型、功能要求和设计寿命按《AASHTO LRFD 桥梁设计规范》第10章进行设计,并满足第5.2.2节3)第(6)条的沉降要求。基础反力按式(5-24)~式(5-28)计算:

$$R_V = (V_{DL} + V_3)\cos\Delta \tag{5-24}$$

$$R_H = (V_{DL} + V_{LL})\sin\Delta \tag{5-25}$$

$$V_{DL} = \frac{g[H_2(S) - A_T]\gamma_s}{2\times10^9} \tag{5-26}$$

$$V_{LL} = \frac{n(A_L)}{(2\,400 + 2H_1)} \tag{5-27}$$

$$n = \text{int}(2H_1/L_w + 2) \leqslant \text{邻近车道数} \tag{5-28}$$

式中:R_V——基础反力的竖向分力(N/mm);

R_H——基础反力的水平分力(N/mm);

Δ——结构的回转角(°);

A_L——轴载(N),为可同时置于结构上的所有轴荷载的50%,即设计货车车轴为145 000N,设计串联轴对为220 000N,E80铁路荷载为720 000N;

A_T——起拱线以上结构顶部的面积(mm^2);

H_1——基础顶面到路面的填土高度(mm);

L_w——车道宽度(mm);

γ_s——土壤密度(kg/m^3);

g——重力加速度(m/s^2);

S——跨径(mm)。

应按第5.2.2节中1)的第(4)条进行活载分布(图5-15)。

(5)结构性回填设计

结构性回填设计应限制施工期间埋置式结构的形状变化,控制正常使用极限状态下的挠度变形。

结构两侧的结构性回填宽度应足以限制每侧的水平压应变不大于跨径的1%。

大跨波纹钢结构板结构采用筑堤法施工时,结构性回填宽度应不小于1 800mm,且不小于:

$$d = \frac{300T}{P_{Brg}} - R_c \tag{5-29}$$

式中:d——与结构相邻的最小回填宽度(mm);

P_{Brg}——限制管沟壁或路堤的压应变的容许支承压力(MPa);

R_c——结构的下拱腋半径(mm);

T——恒载与活载共同作用下的管壁推力(N/mm)。

采用管沟法施工时,距下拱腋d_1处沿径向作用于管沟壁的压力P_1(图5-16)可按式(5-30)计算。

$$P_1 = \frac{T}{R_c + d_1} \tag{5-30}$$

式中：P_1——距离下拱腋 d_1 处来自结构的水平压力（MPa）；

d_1——计算点至结构的距离（mm）；

R_c——结构的下拱腋半径（mm）；

T——恒载与活载共同作用下的管壁推力（N/mm）。

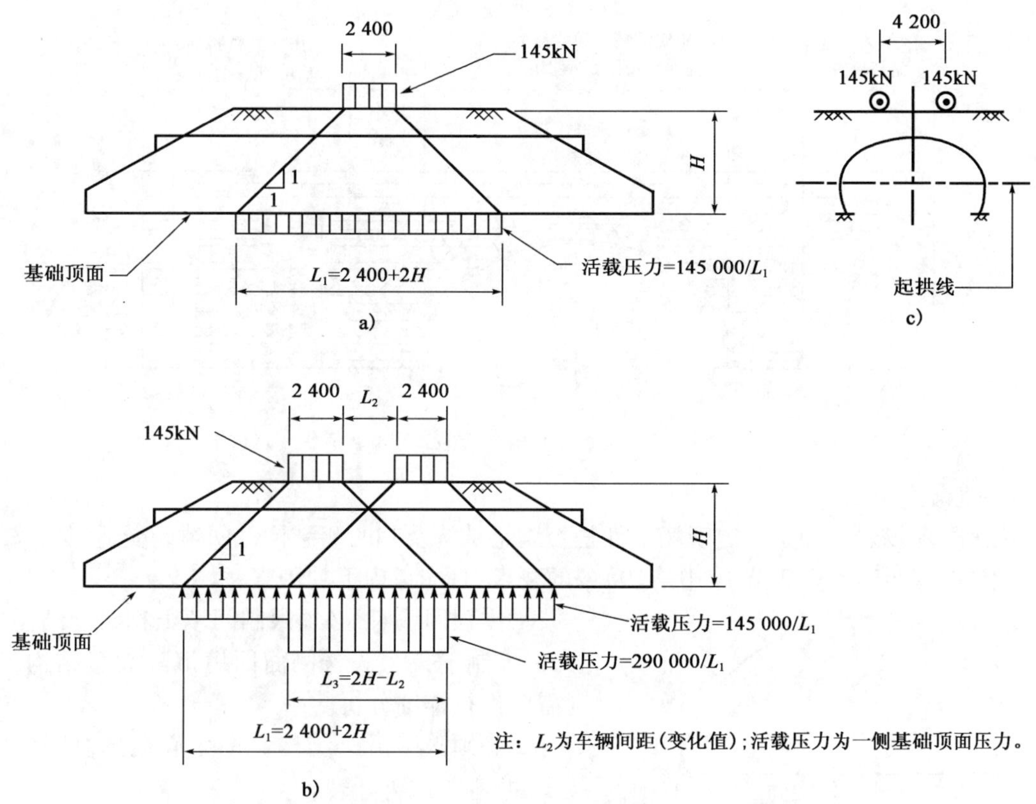

图5-15 设计货车轮载作用下拱结构的基础反力（尺寸单位：mm）

a）侧视图（单车道）；b）侧视图（双车道，荷载重叠）；c）端部视图

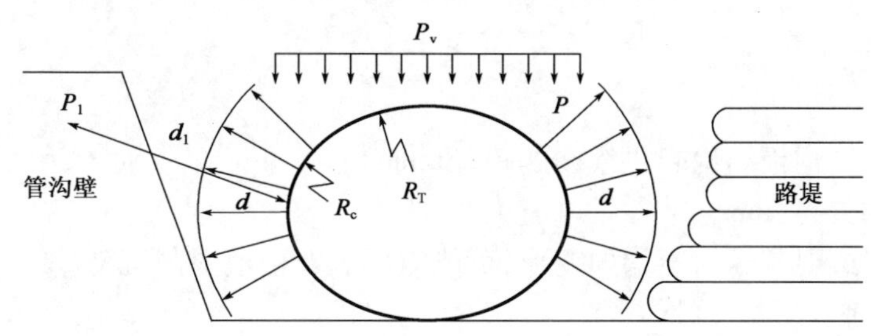

图5-16 径向压力图

d-最小结构性回填宽度；R_T-结构的拱冠半径；R_c-结构的下拱腋半径；P_v-拱冠处恒载与活载压力之后之和

结构性回填区的高度范围：自埋置式结构基础顶面至拱顶以上一定厚度范围内为结构性回填区，该厚度可取以下的较小值：

①最小填土高度。

②拱顶至路面或底基层底部距离。

③拱顶至减载板底部距离。

图5-17示出了典型的结构性回填区及其影响范围。

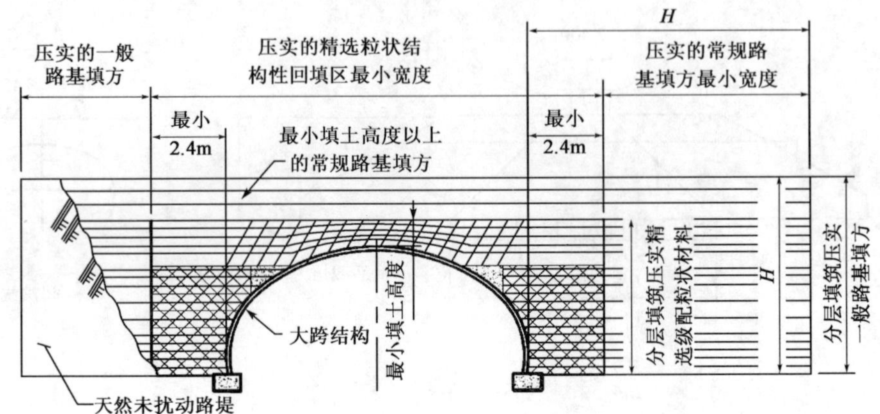

图5-17　典型的结构性回填区和影响范围

(6)地基沉降

应进行现场岩土勘察确定现场条件是否满足结构及其两侧结构性回填区受适当支撑的要求。设计应满足第5.2.2节1)中第(9)条的要求,且应考虑下列因素:

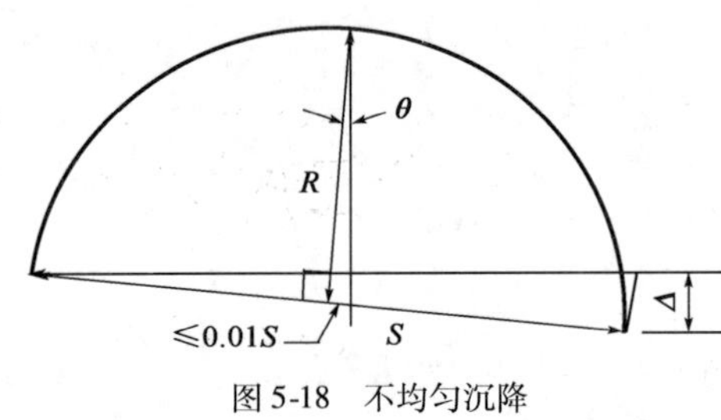

图5-18　不均匀沉降

①拱顶回填时,必须限制回填土相对于结构的沉降,以控制下拉力。若侧面回填沉降大于结构沉降,则需要进行详细分析。

②必须限制沿拱结构纵向中心线的沉降以维持坡度,并避免拱脚开裂。

结构两侧起拱线处的不均匀沉降Δ(图5-18)应满足:

$$\Delta \leqslant \frac{0.01S^2}{R} \tag{5-31}$$

式中:S——大跨结构板结构起拱线间的跨径(mm);

R——结构矢高(mm)。

为保护路面或限制纵向不均匀变形,可能需要更严格地限制沉降。

(7)端部处理与平衡支撑

①端部处理

端部处理设计应确保结构端部获得适当的支撑,同时保护结构免受冲刷、水力上拔的影响及冲蚀力引起的回填土流失。端部处理设计应视为结构设计的一部分。

图5-19给出了大跨波纹钢结构板结构常用的端部类型及匹配边坡、河岸等的方法。当选择的端墙类型有美学要求和水力考虑时,结构设计必须确保有足够的结构强度并防止冲蚀。

水力考虑可能要求设置翼墙。

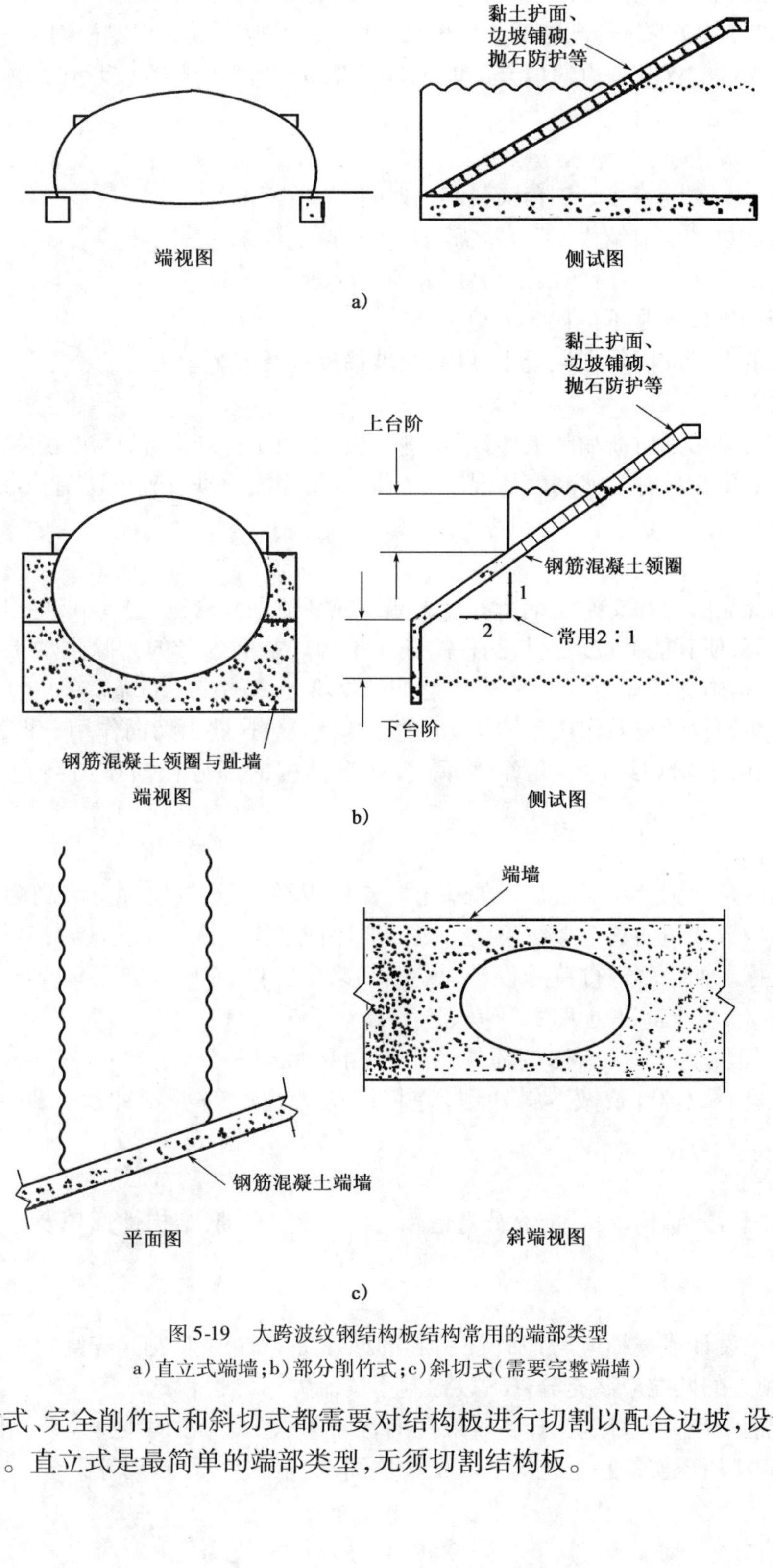

图5-19 大跨波纹钢结构板结构常用的端部类型

a)直立式端墙;b)部分削竹式;c)斜切式(需要完整端墙)

部分削竹式、完全削竹式和斜切式都需要对结构板进行切割以配合边坡,设计时应考虑其对结构的影响。直立式是最简单的端部类型,无须切割结构板。

a. 部分削竹式。

部分削竹式一般切割角板(拱腋部位的结构板),梨形和高拱形还可能切割侧板,拱顶结构板一般不切割,以支撑靠近端墙的结构侧面,底拱板不得切割。切割沿对角进行,剩余部分作为悬臂式挡土墙支撑其旁边的填方边坡。其顶部须有适当的刚性支承作为顶部条形横梁且限制其长度。

部分削竹式应注意:

a)上台阶矢高应大于或等于顶弧矢高,即拱顶的板不得切割。

b)对于有底拱的闭口结构,下台阶需满足上台阶的要求。

c)对于拱形结构,下台阶的最小高度为150mm。

d)切割板的坡度通常不得比3:1更平坦。

e)切割板的上沿应固定在混凝土领圈、边坡铺砌或类似装置上。

b. 完全削竹式。

完全削竹式除切割角板和侧板外,还切割顶板,仅用于特殊设计。切割边缘需要提供附加的刚性支撑。通常在具有足够刚度的混凝土领圈浇筑完成后进行现场切割。带有底拱的闭口结构应按部分削竹式要求设置下台阶。

c. 斜切式。

斜切式端部应固定和支撑于钢筋混凝土端墙或其他刚性构造上。端墙应自结构拱顶向上延伸足够的距离,使其能抵抗来自切割板的环压推力。端墙承受的力除主动土压力和活载压力外,还包括结构施加的径向压力的分力,参见5.2.2节3)中第(5)条。

环压推力沿波纹圆周向作用于结构。在板的斜切端,这些力切向作用于板,必须通过端墙来抵抗。此外,由于斜切结构不与端墙垂直,来自结构的部分径向压力会垂直作用于端墙背面。

②平衡支撑。

柔性结构的抗弯强度相对较低。如果土壤支撑不平衡,结构实际上表现为挡土墙。过度失衡会导致结构形状扭曲甚至最终失败。设计要保证结构两侧的土壤能够提供相对平衡且垂直于结构的支撑。如果不进行特殊设计,填土高度不大于3 000mm时,垂直于结构的边坡坡度不应大于10%,填土高度更大时不应大于15%。

当结构与路堤斜交时,结构端部的两个对角区域得不到充分的支撑。边坡填土应按第5.2.2节1)中第(10)条做歪斜处理,并将结构旁边的路堤延伸适当距离以保持支撑平衡。

(8)水力保护

对于过水埋置式结构,设计应充分考虑水力对结构、基础、结构性回填及结构影响区内其他填料的影响。

①回填保护

回填级配的设计或选择应考虑管涌引起的回填完整性的损失。若使用了易于管涌的材料,结构和回填土的两端应该充分密封以控制土壤流失和(或)渗透。

回填的管涌和流失一直是选择特定级配的首要考虑要素。回填区两端可用一个压实的黏土盖实现密封,或用压实的黏土盖与混凝土边坡铺砌、浆砌片石、端墙等组合。

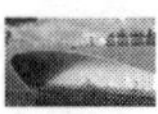

②隔水墙(趾墙)

所有带底拱的闭口水力结构都必须设置上游或下游隔水墙,底拱板应采用螺栓与隔水墙固定,通常使用19mm螺栓,中心间距不大于500mm。

隔水墙应有足够深度,以限制水力渗透从而控制上拔力和冲刷。

③上拔力

带全底拱的水工结构,如果管内设计水位可能迅速下降,应考虑水的上拔力。回填中的水位高于管道中的水位时,设计应给出方法限制最终的水力梯度,以免底拱压曲或结构漂浮。底拱压屈可按第5.2.2节2)中第(3)条的规定计算,结构跨径取底拱半径的两倍。

结构板结构并非防水结构,允许有穿过结构缝、螺栓孔及其他不连续处的渗进和渗出。需要考虑上拔力时,设计通常用适当的隔水墙和其他方式进行密封,防止水流进结构回填。

④冲刷

冲刷设计应满足第5.2.2节1)中第(11)条的要求。遇到易冲蚀土壤时,可采用常规防冲刷方法来满足这些要求。

使用适当的隔水墙时,带全底拱的结构可不考虑基础的冲刷。对于拱,可采用钢筋混凝土铺砌、抛石、浆砌片石等防止冲刷。

不应使用深基础(如桩基础或沉箱),除非经过特殊设计考虑了不均匀沉降和桩帽以下的冲刷使得结构性回填无法得到支撑。

(9)混凝土减载板

混凝土减载板可用于减小大跨结构的弯矩。

混凝土减载板长度应至少比跨径大600mm。减载板应布置在受车辆荷载作用的宽度范围内,其厚度可按5.2.2节5)中第(7)条的规定确定。

4)深波纹钢结构板结构

本节介绍波高大于127mm的深波纹钢结构板埋置式结构的设计。这类结构设计除应满足大跨波纹钢结构板结构设计要求外,还必须进行抗弯和压曲验算。

深波纹钢结构板埋置式结构可设计成多种外形。前述柔度系数的规定及矢跨比0.3的限制不适用于这类结构。此外,加劲肋一般不用于这类结构。

(1)结构板要求

用于制造深波纹钢结构板结构的板材应符合AASHTO M 167M/M 167的要求。如果采用加劲肋,加劲肋应在回填之前用螺栓与结构板连接,螺栓间距不大于400mm。截面特性参见第5.2.2节1)中第(2)条。

(2)结构性回填宽度

①拱顶半径与拱腋半径之比≤5

拱顶半径与拱腋半径之比≤5的深波纹钢结构板埋置式结构的结构性回填区应延伸至拱顶以上至少最小填土厚度范围内。结构起拱线两侧结构性回填宽度应满足以下条件(S为跨径):

a. 管沟法施工(天然土壤刚度不小于工程土壤刚度):≥2 400mm。

b. 管沟法施工(天然土壤刚度小于工程土壤刚度):≥max(S/3,3 000mm)且≤5 100mm。

c. 筑堤法施工：≥max(S/3,3 000mm) 且≤5 100mm。

d. 且不应小于土与结构相互作用分析计算要求。

②拱顶半径与拱腋半径之比>5

拱顶半径与拱腋半径之比>5的深波纹钢结构板埋置式结构的结构性回填区应延伸至拱顶以上至少最小填土厚度范围内。结构起拱线两侧结构性回填宽度应满足以下条件(S为跨径)：

a. 跨径≤7 700mm，填土厚度≤1 500mm：≥1 000mm。

b. 跨径≤7 700mm，填土厚度≥1 500mm：≥max(S/5,1 500mm)且≤5 100mm。

c. 跨径≥7 700mm，任意填土厚度：≥max(S/5,1 500mm)且≤5 100mm。

d. 且不应小于土与结构相互作用分析计算要求。

(3)最小填土厚度

对于深波纹钢结构板结构，最小填土厚度H_D应取大跨结构板结构基于拱顶半径和壁厚确定的最小填土厚度(第5.2.2节1)中第(5)条，但不大于1 500mm。对于拱顶半径与拱腋半径之比>5的深波纹结构，跨径≤7 700mm时，最小填土厚度应取450mm，跨径>7 700mm时，最小填土厚度为600mm。最小填土厚度不应小于土与结构相互作用分析的要求。

(4)结构分析

应采用有限元方法对深波纹钢结构板结构进行分析，计算出用于设计的推力和弯矩。分析时应同时考虑结构板与土壤的强度和刚度，并考虑结构和土壤的恒载、活载及其他荷载的所有可能的组合。由土壤恒载引起的用于壁抗力、屈曲和接缝强度验算的起拱线推力应不小于按5.2.2节2)中第(2)条计算的土荷载推力的1.3倍。

(5)推力与弯矩的组合

施工各阶段推力与弯矩的组合效应应满足式(5-32)的要求：

$$\left(\frac{T_f}{R_t}\right)^2 + \left|\frac{M_u}{M_n}\right| \leq 1.0 \tag{5-32}$$

式中：T_f——乘系数的推力；

R_t——乘系数的推力抗力，$R_t = \phi_h F_y A$；

M_u——乘系数的弯矩；

M_n——乘系数的弯矩抗力，$M_n = \phi_h M_p$；

M_p——截面的塑性抗弯承载力。

(6)整体屈曲

最后施工阶段管壁的推力应不大于结构的名义屈曲抗力，按式(5-33)计算：

$$R_b = 1.2\phi_b C_n (E_p I_p)^{1/3} (\phi_s M_s K_b)^{2/3} R_h \tag{5-33}$$

式中：R_b——引起屈曲的管壁内轴力；

ϕ_b——屈曲抗力系数；

C_n——考虑非线性效应的校准系数，取值为0.55；

E_p——管壁材料的弹性模量；

I_p——单位长度管壁的惯性矩；

ϕ_s——土壤抗力系数，取值为0.9；

M_s——回填土的切线模量，见表5-38；

K_b——$K_b = \dfrac{(1-2\upsilon)}{(1-\upsilon^2)}$；

υ——土壤的泊松比；

R_h——回填尺寸修正系数，$R_h = \dfrac{11.4}{11+S/H}$；

S——跨径；

H——拱顶以上填土厚度。

表5-38中P_{sp}为起拱线处的土棱柱静压力。土壤类型用"类型—压实度"表示，土壤分类与ASTM D2487和AASHTO M145的对应关系见表5-39。

基于土壤类型和压实条件的回填土切线模量 M_s 表5-38

P_{sp} (kPa)	Sn-100 (MPa)	Sn-95 (MPa)	Sn-90 (MPa)	Sn-85 (MPa)	Si-95 (MPa)	Si-90 (MPa)	Si-85 (MPa)	Cl-95 (MPa)	Cl-90 (MPa)	Cl-85 (MPa)
6.895	16.203	13.790	8.791	3.241	9.756	4.619	2.482	3.654	1.758	0.896
34.474	23.787	17.926	10.342	3.585	11.514	5.102	2.689	4.309	2.206	1.207
68.948	28.958	20.684	11.204	3.930	12.204	5.171	2.758	4.757	2.448	1.379
137.895	37.921	23.787	12.411	4.482	12.962	5.447	2.965	5.102	2.723	1.586
275.790	51.711	29.303	14.479	5.688	14.410	6.205	3.516	5.619	3.172	1.965
413.685	64.121	34.474	17.237	6.895				6.171	3.620	2.379

ASTM与AASHTO土壤类型对应关系 表5-39

土壤类型	ASTM D2487	AASHTO M145
Sn （砂、砂砾、砾石，SW）	SW，SP，GW，GP 含不大于12%细屑的砂和砾石	A1，A3
Si （砂质淤泥，ML）	GM，SM，ML及含量不超过20%的通过200号（75μm）筛分的GC、SC	A-2-4，A-2-5，A4
Cl （淤泥质黏土，CL）	CL，MH，GC，SC及含量超过20%的通过200号（75μm）筛分的GC、SC	A-2-6，A-2-7，A5，A6

（7）接缝强度

纵向接缝应错开设置。

深波纹结构板的纵向接缝除应按第5.2.2节2）中第（2）条验算外，纵向接缝处的乘系数的弯矩抗力应不小于乘系数的作用弯矩，且不小于以下的最大值：

①构件乘系数的弯矩抗力的75%。

②乘系数的作用弯矩与构件的乘系数的弯矩抗力的平均值。

接缝的弯矩抗力一般通过试验或厂家提供的产品标准得到。

5）波纹钢结构板箱形结构

波纹钢结构板箱形结构是一种近似矩形的波纹钢板—肋组合结构，顶部相对平坦，一般作为涵洞用于填土不高的低宽水道。其较低的填土厚度和奇特的形状要求特殊的设计方法。这类结构需要较大的抗弯能力，通常由抗弯控制设计，而推力效应几乎可以忽略。

本节介绍填土厚度在 430 ~ 1 500mm 的波纹钢结构板箱形结构的设计。第 5.2.2 节 2）和 5.2.2 节 3）的规定不适用于波纹钢结构板箱形结构。

加劲肋可提高结构板的抗弯承载力。加劲肋应采用与结构板同样的材料（参考 AASHTO M 167 或 ASTM A 761M），并加工成与结构板尺寸相匹配。加劲肋应通过高强螺栓与结构板连接，以发挥组合截面的塑性挠曲抗力。肋间距在拱顶处应不超过 600mm，拱腋处不超过 1 370mm。

（1）作用与作用组合

活载参见第 5.2.2 节 1）第（4）条。

这里给出的设计方法采用重度为 $19kN/m^3$ 的回填土。

（2）极限状态计算

对于波纹钢结构板箱形结构，填土设计和铺筑要求能满意地限制结构的挠曲，因此设计不需要考虑正常使用极限状态要求。设计文件应要求监控施工程序，以确保回填铺筑和压实过程中不出现严重变形。

波纹钢结构板箱形结构应按第 5.2.2 节 1）第（3）条及本节规定进行强度极限状态验算。对符合几何尺寸要求的箱形结构进行的有限元分析表明，抗弯要求控制设计，不必考虑推力与弯矩的组合。

波纹钢结构板箱形结构的挠曲抗力应采用结构板和加劲肋的屈服强度计算。计算值用于设计前必须通过代表性的挠曲试验验证。加劲肋拼接处应发挥其塑性抗弯承载力。

（3）几何尺寸要求

本节讨论的设计方法基于符合以下尺寸要求（图 5-20 和表 5-40）的波纹钢结构板箱形结构。

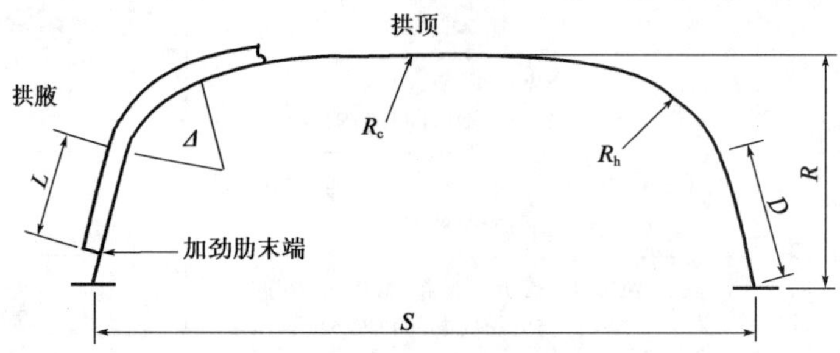

图 5-20　波纹钢箱形结构尺寸大样

波纹钢箱形结构尺寸要求　　表 5-40

尺　寸	跨径 S(mm)	
	2 670≤S≤7 750	7 770≤S≤10 970
矢高 R(mm)	760≤R≤3 200	1 700≤R≤4 270
拱顶半径 R_c(mm)	R_c≤7 560	R_c≤8 030
拱腋半径 R_h(mm)	R_h≥760	R_h≥1 120
拱腋包含角 Δ(mm)	50°≤Δ≤70°	48°≤Δ≤68°
拱腿长度 D(mm)	120≤D≤1 800	120≤D≤1 800
拱腿最小加劲肋长度 L (mm)	480mm 或（D − 75）mm 中较小者，或加劲肋末端距混凝土基础顶部 75mm 以内	710mm 或（D − 75）mm 中较小者，或加劲肋末端距混凝土基础顶部 75mm 以内

(4)作用弯矩

未乘系数的恒载对拱顶和拱腋产生的弯矩 M_{dl} 按式(5-34)、式(5-35)计算:

①$S\leqslant7\,750$mm 时:

$$M_{dl}=10^{7}\times\gamma_{s}\{[0.0053-7.87\times10^{-7}(S-3\,660)]S^{3}+0.053(H-427)S^{2}\}\tag{5-34}$$

②7 770mm≤S≤10 970mm,$R_{c}=7\,925$mm,$R_{h}=1\,140$mm,$\Delta=49.16°$时:

$$M_{dl}=10^{7}\times\gamma_{s}\left\{\begin{aligned}&S^{3}[0.00194-0.0002(S-7\,920)(H-330)]+\\&(H-427)[0.053S^{2}+0.6(S-7\,920)^{2}]\end{aligned}\right\}\tag{5-35}$$

③7 770mm≤S≤10 970mm 的其他尺寸时,应通过有限元建模考虑土与结构相互作用计算。

式中:M_{dl}——恒载对拱顶和拱腋产生的弯矩之和(N·mm/mm);

S——跨径(mm);

γ_{s}——土的密度(kN/m^{3});

H——填土厚度(mm)。

未乘系数的活载对拱顶和拱腋产生的弯矩按式(5-36)计算:

$$M_{ll}=C_{ll}K_{1}\frac{S}{300K_{2}}\tag{5-36}$$

式中:M_{ll}——活载对拱顶和拱腋产生的弯矩之和(N·mm/mm);

C_{ll}——调整后的活载(N),$C_{ll}=C_{1}C_{2}A_{L}$;

A_{L}——一个车轴组的全部轮载(N);

C_{1}——单个车轴取1.0,串联车轴取$0.5+S/15\,000\leqslant1.0$;

C_{2}——设计车轴上车轮个数调节系数,见表5-41;

K_{1}——按式(5-37)、式(5-38)计算;

K_{2}——按式(5-39)、式(5-40)计算。

单轴车轮个数调节系数 C_2 表5-41

每个名义车轴组车轮个数	填土厚度(mm)			
	400	600	900	1500
2(单轴双轮,如145kN的车轴包含2个72.5kN的车轮)	1.18	1.21	1.24	1.02
4(单轴4轮,如145kN的车轴两侧各有1个36kN的车轮;或双轴双轮,如两个110kN的串联轴各有1个55kN的车轮)	1.00	1.00	1.00	1.00
8(双轴,每轴两端各带一对车轮)	0.63	0.70	0.82	0.93

$2\,400\leqslant S<6\,000$ 时:

$$K_{1}=\frac{0.08}{\left(\frac{H}{S}\right)^{0.2}}\tag{5-37}$$

$6\,000\leqslant S\leqslant8\,000$ 时:

$$K_{1}=\frac{0.08-6.6\times10^{-6}(S-6\,000)}{\left(\frac{H}{S}\right)^{0.2}}\tag{5-38}$$

$400 \leqslant H < 900$ 时：

$$K_2 = 5.8 \times 10^{-6}H^2 - 0.0013H + 5.05 \tag{5-39}$$

$900 \leqslant H \leqslant 1500$ 时：

$$K_2 = 0.0062H + 3 \tag{5-40}$$

除非另有规定，应采用单轴 4 轮的设计货车，或双轴 4 轮的设计双轴车。参见第 5.2.2 节 1）第（4）条。

（5）塑性弯矩抗力

拱冠的塑性弯矩抗力 M_{pc} 和拱腋的塑性弯矩抗力 M_{ph} 应满足以下要求：

$$M_{pc} \geqslant C_H P_c (M_{dlu} + M_{llu}) \tag{5-41}$$

$$M_{ph} \geqslant C_H (1.0 - P_c)(M_{dlu} + R_h M_{llu}) \tag{5-42}$$

式中：C_H——拱冠填土系数，按下式计算：

420mm ≤ 拱冠填土厚度 $H <$ 1 000mm 时：$C_H = 1.15 - \left(\frac{H-420}{4200}\right)$；

拱冠填土厚度 $H \geqslant$ 1 000mm 时：$C_H = 1.0$。

P_c——拱冠承担的弯矩占总弯矩的比值容许范围，按表 5-42 采用；

R_h——拱腋弯矩折减系数容许值，按表 5-43 采用；

M_{dlu}——乘系数的恒载弯矩［荷载系数参见第 5.2.2 节 1）第（4）条］；

M_{llu}——乘系数的活载弯矩（活载系数取 2.0）。

拱冠承担的弯矩占总弯矩的比值容许范围 P_c 表 5-42

	跨径（mm）	P_c 容许范围
跨径 ≤ 7 750mm	< 3 000	0.55 ~ 0.70
	3 000 ~ 4 500	0.50 ~ 0.70
	4 500 ~ 6 000	0.45 ~ 0.70
	6 000 ~ 7 750	0.45 ~ 0.60
7 770 ≤ 跨径 ≤ 10 970	填土厚度（mm）	P_c 容许范围
	420 ~ 760	0.55 ~ 0.65
	760 ~ 1 200	0.45 ~ 0.55
	1 200 ~ 1 500	0.35 ~ 0.55

设计中用拱冠弯矩比例系数 P_c 来确定拱冠与拱掖之间的弯矩分布，P_c 代表拱冠可承受的总弯矩比例，随拱冠和拱掖构件的相对抗弯能力而变化。

拱腋弯矩折减系数 R_h 容许值 表 5-43

	填土厚度（mm）	R_h
跨径 ≤ 7 750mm	420	0.66
	600	0.74
	900	0.87
	1 200 ~ 1 500	1.00
7 770 ≤ 跨径 ≤ 10 970	所有	1.00

(6)基础反力

波纹钢结构板箱形结构的基础反力按下式确定：

$$V = \gamma_s\left(\frac{HS}{2.0} + \frac{S^2}{40.0}\right) \times 10^{-6} + \frac{A_L}{2\,440 + 2(H + R)} \tag{5-43}$$

式中：V——未乘系数的基础反力(N/mm)；

γ_s——回填土密度(kN/m³)；

H——拱冠填土厚度(mm)；

R——矢高(mm)；

S——跨径(mm)；

A_L——总轴载(N)。

(7)混凝土减载板

混凝土减载板可用来降低波纹钢结构板箱形结构的弯矩(图5-21)。减载板不得与拱顶接触,以避免通过减载板施加到拱冠的荷载的集中。减载板与拱顶之间的最小净空为25～75mm。

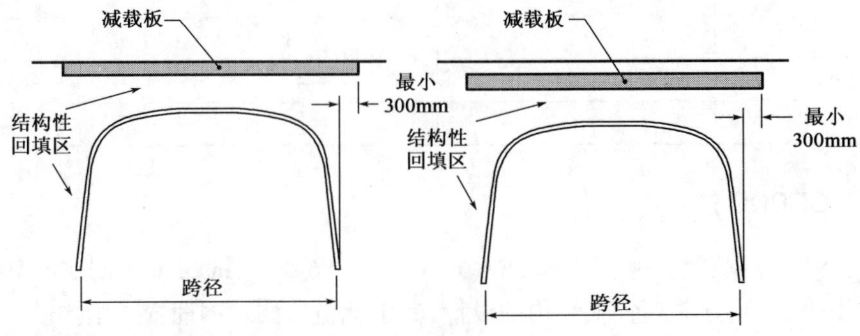

图5-21 设混凝土减载板的波纹钢结构板箱形结构

混凝土减载板长度应至少比跨径大600mm,并延伸至两侧拱腋外不小于300mm。减载板应布置在受车辆荷载作用的宽度范围内。

钢筋混凝土减载板厚度应按下式确定：

$$t = t_b R_{AL} R_c R_f \tag{5-44}$$

式中：t——混凝土减载板最小厚度(mm)；

t_b——基本板厚(mm),见表5-44；

R_{AL}——轴载修正系数,见表5-45；

R_c——混凝土强度修正系数,见表5-46；

R_f——对跨径小于8 000mm的箱形结构取1.2。

基本板厚 t_b（mm） 表 5-44

减载板下土壤类型	相对压实度（AASHTO 标准最大干密度百分比，%）		
	100	95	90
	基本板厚（mm）		
GW、GP、SW、SP 或 SM	190	200	220
SM-SC 或 SC	200	220	230
ML 或 CL	220	230	240

轴载修正系数 R_{AL} 表 5-45

等价单轴重（kN）	R_{AL}	等价单轴重（kN）	R_{AL}
45	0.60	178	1.05
90	0.80	200	1.10
135	0.97	222	1.15
142	1.00		

混凝土强度修正系数 R_c 表 5-46

混凝土抗压强度 f'_c（MPa）	R_c	混凝土抗压强度 f'_c（MPa）	R_c
21	1.19	34	1.01
24	1.15	38	0.97
28	1.10	41	0.94
31	1.05		

5.2.3 CHBDC 法

加拿大公路桥梁设计规范 CHBDC（CAN/CSA-S6-06 Canadian Highway Bridge Design Code）专门用一章来阐述了埋置式结构的设计，其中就包括波纹钢埋置式结构。

CHBDC 法与 AISI 法较为相似，但 CHBDC 法基于极限状态理论，而 AISI 法基于传统的工作应力或工作荷载设计方法。

CHBDC 法通过推力计算活载在填料中的分布，其与结构壁的轴向和抗弯刚度相对于土壤刚度之间的关系有关。CHBDC 对施工过程中的弯矩与轴力组合进行强度计算，代替 AISI 进行的挠度系数检查。CHBDC 还针对抗震设计和疲劳抗力额外给出了相应的方法。此外，CHBDC 在《AASHTO 公路桥梁标准规范》的基础上，还对金属箱形结构设计的一系列条款进行了修订。

1）一般规定

（1）结构性回填范围

单管土壤—金属结构在不同的施工条件下每侧起拱线以外的最小填土宽度应满足表5-47 的规定，拱冠以上最小填土厚度参见第 5.2.3 节 2）第（1）条。

对于多管土壤—金属结构，结构性回填区应包括最外侧结构外侧起拱线以外按单管结构考虑的最小填土宽度之间的整个宽度范围，最高的拱冠以上最小填土厚度参见第 5.2.3 节 2）第（1）条。多管结构之间的最小间距参见第 5.2.3 节 1）第（6）条规定。

单管土壤—金属结构横向最小填土宽度　表 5-47

回填条件	起拱线外侧最小横向宽度(m)
管沟式施工,天然土壤相当于或优于结构性回填材料	2.0 或 $D_h/2$,取小值
管沟式施工,天然土壤性能低于结构性回填材料	5.0 或 $D_h/2$,取小值,但不小于矢高与 $D_v/2$ 之间的较小值
筑堤法施工	5.0 或 $D_h/2$,取小值,但不小于矢高与 $D_v/2$ 之间的较小值

注:D_h、D_v的定义参见图 5-22。

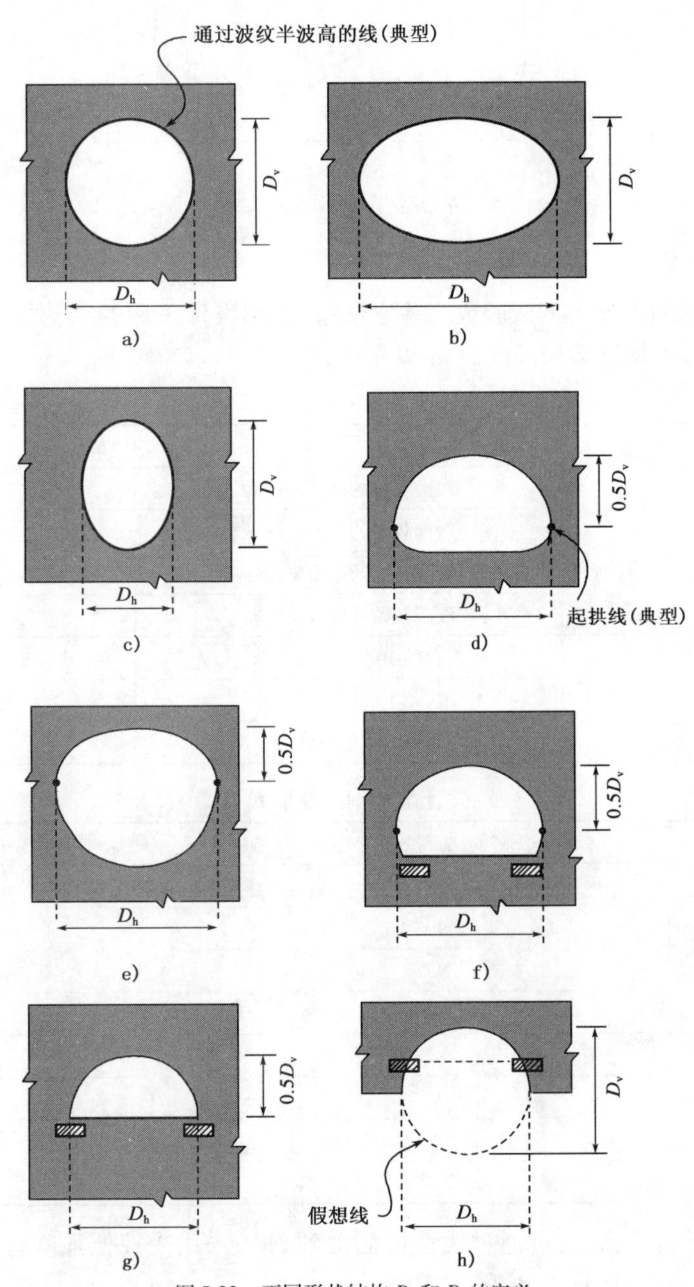

图 5-22　不同形状结构 D_h 和 D_v 的定义

a)圆管;b)水平椭圆管;c)竖椭圆管;d)管拱;e)梨形管;f)凹拱;g)半圆形拱;h)部分拱

金属箱形结构的结构性回填区范围参见图 5-23。

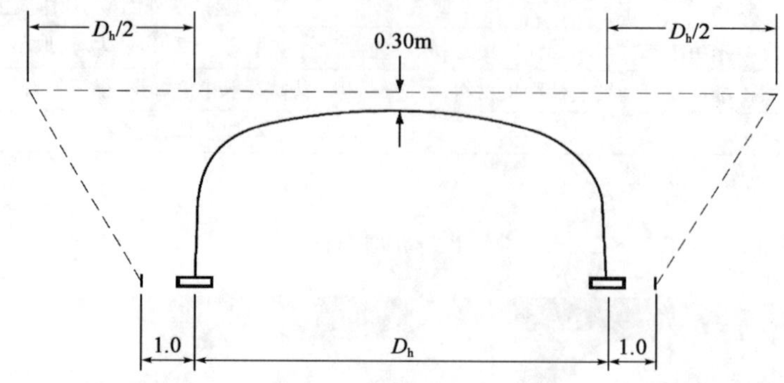

图 5-23　金属箱形结构的结构性回填区(尺寸单位:m)

(2)土壤的材料特性

除非经过公认的现场土工试验或实验室试验,否则设计采用的结构性回填材料必须符合表 5-48 的分类,材料特性必须满足表 5-49 的要求。

土 壤 分 类　　表 5-48

类　型	粒　径	描　　述	统一分类符号(按 ASTM D 2487)
Ⅰ	粗	级配良好的砾石或砂砾	GW
		级配较差的砾石或砂砾	GP
		级配良好的砂或砾质砂	SW
		级配较差的砂或砾质砂	SP
Ⅱ	中等	含黏土的砾石或砂砾	GC
		含黏土的砂或砾质砂	SC
		粉砂或粉质砾砂	SM

土壤的割线模量 E_s　　表 5-49

类　型	标准普氏密度(%,按 ASTM D 698)	割线模量 E_s(MPa)
Ⅰ	85	6
	90	12
	95	24
	100	30
Ⅱ	85	3
	90	6
	95	12
	100	15

对于其他标准普氏密度,可通过线性内插得到 E_s。采用受控低强度材料(CLSM)作为填料时,如果没有试验资料,其 E_s 可取 30MPa。

波纹钢管、波纹钢板(浅波纹和深波纹)及相关部件应符合 CSA G401 的材料和工艺要求。

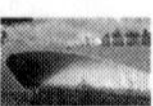

(3)极限状态设计

波纹钢埋置式结构必须根据承载能力极限状态(ULS)、正常使用极限状态(SLS)和疲劳极限状态(FLS)的一般类别对特定的极限状态进行验算(表5-50)。

指定的极限状态　　表5-50

极 限 状 态	结　　构	极限状态设计
ULS	土壤—金属结构	受压破坏
		施工过程中出现塑性铰
		连接破坏
	金属箱形结构	顶拱中出现塑性铰
		连接破坏
SLS	土壤—金属结构	施工过程中的变形
	金属箱形结构	施工过程中的变形
FLS	土壤—金属结构	不适用
	金属箱形结构	管壁中的应力范围

(4)荷载系数

计算乘有系数的荷载时采用的荷载系数为:

①恒载:$\alpha_{DL}=1.25$;

②活载:$\alpha_{LL}=1.70$。

1991年版《安大略省公路桥梁设计规范》采用的活载系数是1.40,而CHBDC则把活载系数增加到了1.70,同时降低了设计车辆(CL-W)的轴载。

活载冲击系数(DLA)取决于填土厚度H。对于土壤—金属结构,DLA指定为:填土厚度0m时为0.4,填土厚度1.5m时线性减少至0.1;填土厚度大于1.5m后DLA恒为0.1。也可表示为下面的公式:

$$\mathrm{DLA}=0.4-0.2H\geqslant 0.1 \tag{5-45}$$

对于金属箱形结构,式(5-45)适用于跨径小于3.6m的结构;若跨径大于3.6m,则0.4需改为0.3,而上式相应变为:

$$\mathrm{DLA}=0.3-0.15H\geqslant 0.1 \tag{5-46}$$

(5)材料抗力系数

表5-51所列的材料抗力系数ϕ可用于计算土壤—金属和金属箱形结构壁的乘有系数的抗力。

材 料 抗 力 系 数　　表5-51

结 构 类 型	抗力的组成	材料抗力系数
浅波纹土壤—金属结构	抗压强度	$\phi_t=0.80$
	施工过程中的塑性铰	$\phi_{hc}=0.90$
	纵缝强度	$\phi_j=0.70$

续上表

结构类型	抗力的组成	材料抗力系数
深波纹土壤—金属结构	抗压强度	$\phi_t = 0.80$
	塑性铰	$\phi_h = 0.85$
	施工过程中的塑性铰	$\phi_{hc} = 0.90$
	纵缝强度	$\phi_j = 0.70$
金属箱形结构	抗压强度	$\phi_t = 0.90$
	塑性铰	$\phi_h = 0.90$
	纵缝强度	$\phi_j = 0.70$

(6)多管最小间距

对于浅波纹多结构设施，两个相邻结构之间的最小净间距不能小于1 000mm或最大跨径的1/10。两个或多个结构之间的最小净间距还应足以保证施工(尤其是土壤的铺筑和压实)的顺利开展。在间距受限的情况下，可使用受控低强度材料(CLSM)代替压实土壤。也可采用现浇混凝土或砂浆。如果使用CLSM或其他胶结料，设计应考虑材料未干时结构的上举力。

对于深波纹土壤—金属结构，两个相邻管道之间的最小净间距应为1 000mm。

2)土壤—金属结构

土壤—金属结构设计包括以下各项：

①检查最小填土厚度；

②计算恒载推力；

③计算活载推力；

④计算地震推力(若需要)；

⑤计算乘有系数的总推力；

⑥计算抗压应力；

⑦计算壁的抗压强度；

⑧检查施工过程中的壁强度要求；

⑨检查已完工深波纹结构的壁强度；

⑩检查接缝强度；

⑪检查相邻各板之间的厚度差；

⑫检查各板的曲率半径；

⑬管拱的地基处理。

(1)最小填土厚度

按CHBDC法设计的土壤—金属结构，其最小填土厚度为下列各值中的最大值：

$$H_{min} = \max\left\{0.6, \frac{D_h}{6}\left(\frac{D_h}{D_v}\right)^{1/2}, 0.4\left(\frac{D_h}{D_v}\right)^2\right\} \tag{5-47}$$

式中：H_{min}——最小填土厚度(m)；

D_h——结构的水平尺寸(有效跨径)(m)；

D_v——结构的竖向尺寸(有效矢高)(m)。

对于深波纹土壤—金属结构，其最小填土厚度取 1.5m 或相同尺寸的浅波纹结构最小填土厚度两者的较小值。

最小填土厚度的目的是确保壁内因活载作用产生的弯矩限制在设计可忽略不计的范围之内，且不会产生任何安全问题。同时也是为了防止在施加较大的表面荷载时土壤—金属结构上方或某侧出现土楔等隆起。无法满足最小填土厚度要求时，应进行特殊设计（图 5-24），如在结构顶部加加劲肋，使用减载板、加筋土，或使用深波纹结构板。

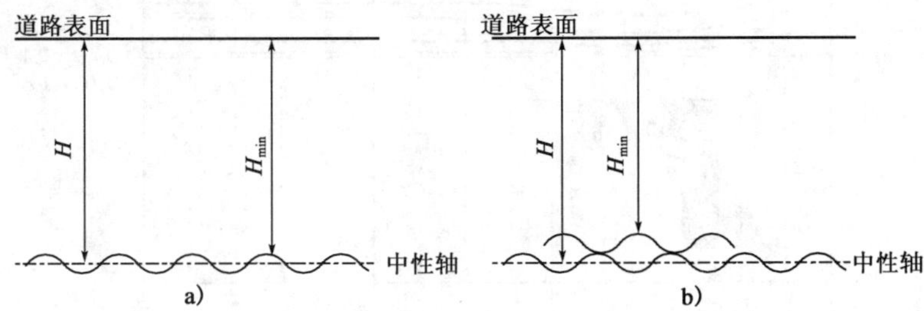

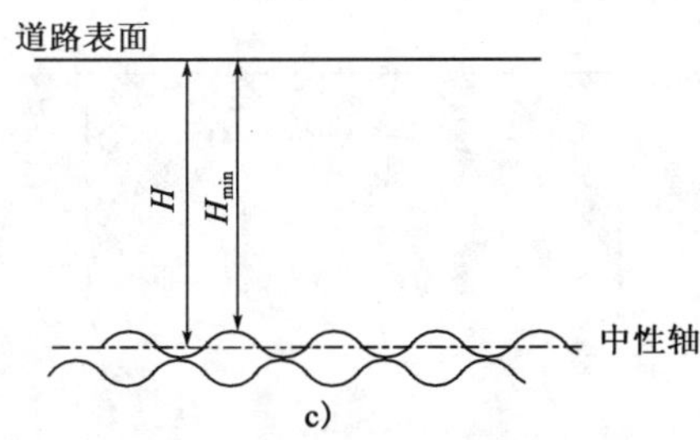

图 5-24 土壤—金属结构和金属箱形结构的填土厚度

a）单层波纹板；b）用波纹板或其他加劲肋部分加劲的单层波纹板；c）连续加劲的双层波纹板

（2）恒载推力

填土荷载（恒载）产生的恒载推力计算如下：

$$T_D = 0.5(1.0 - 0.1C_S)A_f W \tag{5-48}$$

式中：T_D——恒载推力（kN/m）；

A_f——计算壁上恒载产生的推力时采用的拱系数，见图 5-25。当 $H/D_h < 0.2$ 时，可外插，前提是 H 不小于规定的最小填土厚度；

C_S——轴向刚度参数；

W——结构上方土柱与路面的重量（kN/m），见图 5-26。

轴向刚度参数 C_S 计算如下：

$$C_S = 1\,000 E_S D_v / EA \tag{5-49}$$

式中：E_S——土壤刚度的割线模量（MPa），见表 5-49；

D_v——结构的竖向尺寸（有效矢高，m），见图 5-21；

E——结构金属的弹性模量（MPa）；

A——波纹剖面的横截面积（mm^2/mm）。

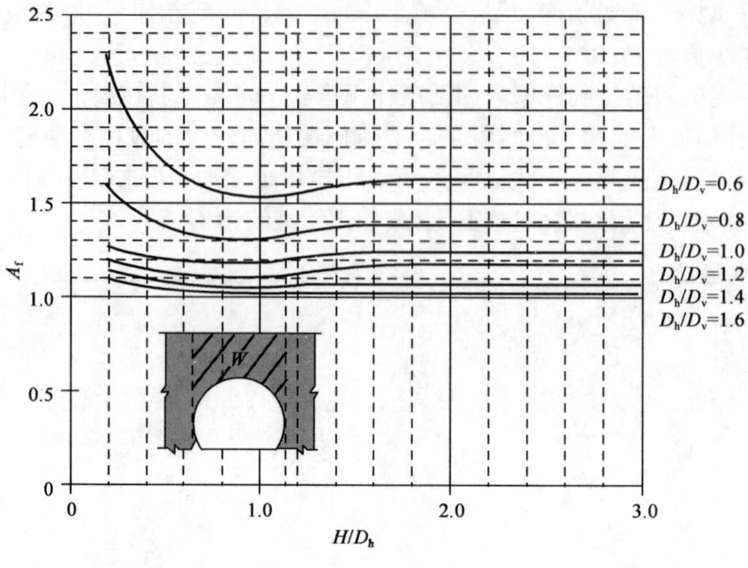

图 5-25　拱系数 A_f

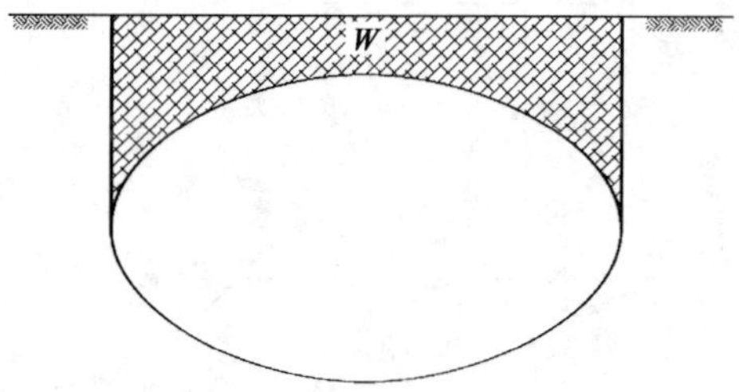

图 5-26　计算 W 时采用的面积

(3)活载推力

结构周围的活载推力按下式计算：

$$T_L = \min\begin{cases}0.5D_h\sigma_L m_f \\ 0.5l_t\sigma_L m_f\end{cases} \tag{5-50}$$

式中：T_L——未乘系数的活载产生的活载推力(kN/m)；

D_h——结构的水平尺寸(有效跨径,m),见图 5-22；

l_t——车辆最外侧轴(包括轮压宽度)之间的距离 $+2H$；

H——填土厚度(m)；

σ_L——未乘系数的活载在填料中分布到结构拱冠(顶部)的均布压力(kPa)；

m_f——多车道荷载的折减系数;单车道和双车道的折减系数分别为 1.0 或 0.9(多车道荷载不控制设计)。

设计车辆活载及其布置方式参见图 5-27。设计车辆轮载的轮胎压痕尺寸为 250mm(长)×600mm(宽)。

需要注意的是,安大略省采用的车辆荷载(CL-625-ONT)略有不同,其第二和第三个轴的轴载均为 140kN,而不是 125kN。

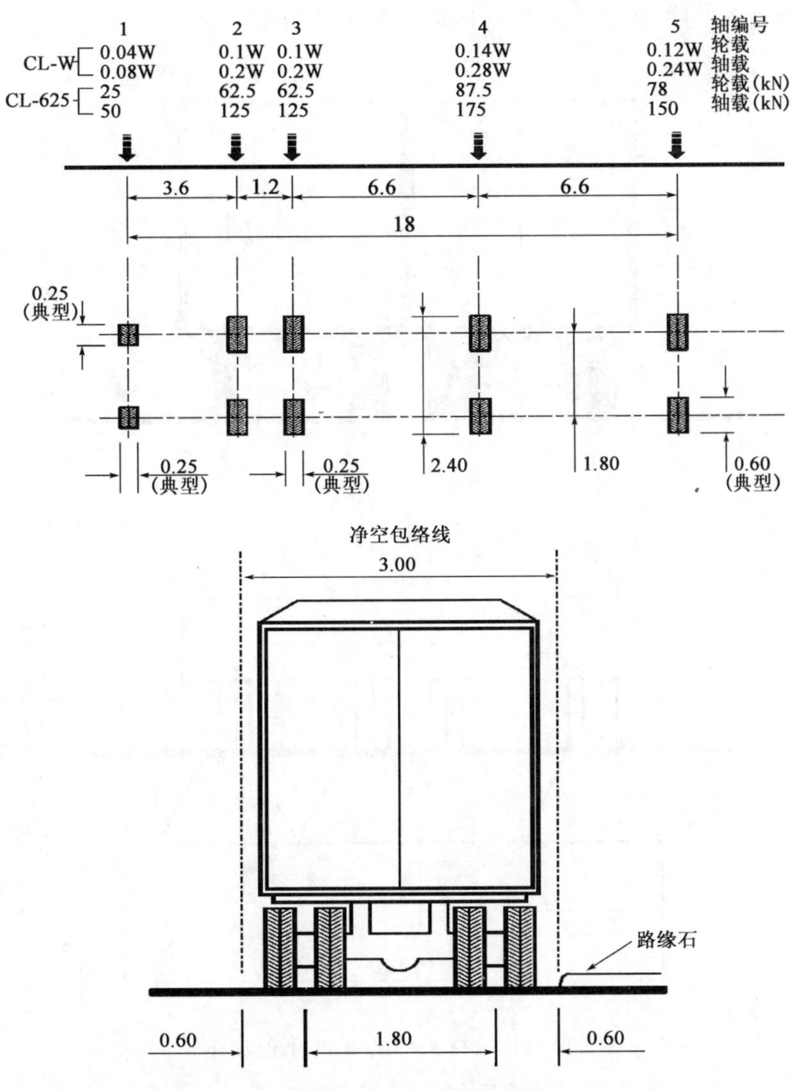

图 5-27　CHBDC 的设计卡车 CL-625(尺寸单位:mm)

为了获得最大的荷载效应,相邻车辆采用图 5-28 所示的布置方式。

按以下方法可得到 $\sigma_L m_f$ 的最大值:

①在跨径长度范围内,在管道上方路面上布置可产生最大总荷载的尽可能多的 CL-W 卡车;

②沿填土向下以 1:1 的横向坡比、2:1 的纵向坡比(竖向:水平向)将矩形轮载分布到拱顶;

③假定①中的总轮载均匀分布于②中得到单个长方形区域,得到等代的均布压力 σ_L;

④用得出的压力乘以多车道荷载折减系数。

$\sigma_L m_f$ 可理解为拱顶的有效静活载压力。由于该压力的值仅与填土厚度有关,因此可用图 5-29表示(包含 DLA)。表 5-52 给出了考虑和忽略活载冲击系数时指定填土厚度的有效压力值。从图 5-29 可以看出,填土厚度大于 4.5m 时,拱顶的有效活载压力都小于 5kPa。该值小于未乘系数的活载与恒载之和的5%，因此常常可忽略不计。

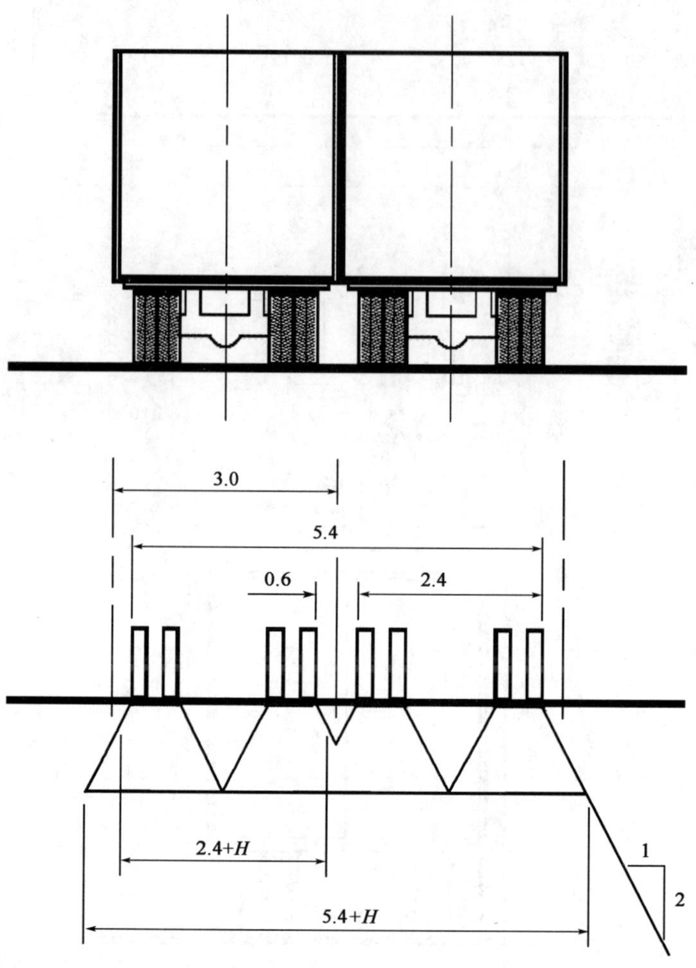

图5-28　相邻车辆荷载的布置(尺寸单位:mm)

活载压力随填土厚度的变化　　表5-52

填土厚度(m)	CL-625 活载压力(kPa)	
	忽略冲击力	考虑冲击力
0.30	45	61
0.50	35	46
0.75	27	34
1.00	21	26
1.25	17	20
1.50	15	16
1.75	13	14
2.00	11	12
2.25	10	11

续上表

填土厚度(m)	CL-625 活载压力(kPa)	
	忽略冲击力	考虑冲击力
2.50	9	10
2.75	8	9
3.00	7	8
3.50	6	7
4.00	5	6
4.50	<5	5

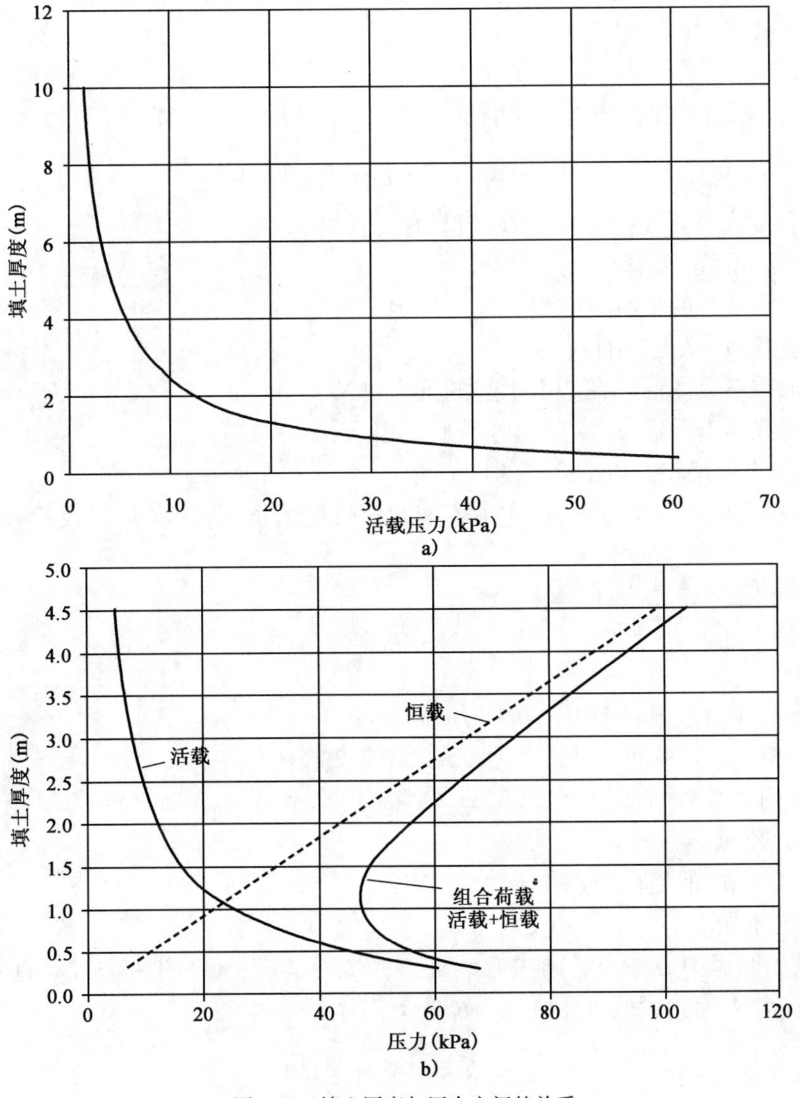

图 5-29 填土厚度与压力之间的关系

(4)地震推力

设计埋置式结构时应考虑与50年内超越概率为10%的地震相关的惯性力。地震加速度比的垂直分量A_V是水平地面加速度比A_H的2/3。

地震荷载引起的附加推力T_E计算如下:

$$T_E = T_D A_V \tag{5-51}$$

式中:T_E——地震荷载在土壤—金属结构壁中引起的推力(kN/m);

T_D——未乘系数的恒载在结构壁中引起的推力(kN/m);

A_V——地震荷载的垂直加速度比,为水平加速度比A_H的2/3,无量纲。

考虑地震效应的乘系数的总推力T_f按下式计算:

$$T_f = \alpha_D T_D + T_E = (\alpha_D + A_V) T_D \tag{5-52}$$

式中:T_f——乘有系数的荷载(包括地震荷载)在结构壁内引起的推力(kN/m);

α_D——恒载系数(无量纲)。

(5)总推力

乘系数的活载和恒载在壁内引起的推力T_f(kN/m)按下式计算:

$$T_f = \alpha_D T_D + \alpha_L T_L(1 + \mathrm{DLA}) \tag{5-53}$$

式中:T_f——乘系数的荷载在结构壁内引起的推力(kN/m);

α_D——恒载系数(无量纲);

T_D——未乘系数的恒载在壁内引起的推力(kN/m);

α_L——活载系数(无量纲);

T_L——未乘系数的活载在壁内引起的推力(kN/m);

DLA——活载冲击系数,用活载的分数形式表示。

(6)承载能力极限状态(ULS)下的压应力

承载能力极限状态(ULS)下,压应力不能超过管壁的抗压强度(乘系数的破坏压应力)。

$$\sigma \leqslant f_b \tag{5-54}$$

$$\sigma = \frac{T_f}{A} \tag{5-55}$$

式中:σ——承载能力极限状态下的压应力(MPa);

f_b——管壁的抗压强度(MPa),见第5.2.3节2)第(7)条;

T_f——壁内乘系数的推力[5.2.3节2)第(4)条和5.2.3节2)第(5)条中的最大值](kN/m);

A——波纹剖面的横截面积(mm^2/mm)。

(7)管壁抗压强度

用通过拱顶圆弧中心并与竖向中心线成夹角θ_0(单位:rad)的两条对称直线将管壁划分为上下两部分,分别验算管壁抗压强度。θ_0按下式计算:

$$\theta_0 = 1.6 + 0.2\lg\left(\frac{EI}{E_m R_c^3}\right) \tag{5-56}$$

管壁抗压强度按下式计算：

$R \leqslant R_e$ 时：

$$f_b = \phi_t F_m \left[F_y - \frac{(F_y KR)^2}{12Er^2\rho} \right] \tag{5-57}$$

$R > R_e$ 时：

$$f_b = \frac{3\phi_t \rho F_m E}{\left(\frac{KR}{r}\right)^2} \tag{5-58}$$

其中：

①结构壁侧面和下半部分的 E_m 等于 E_S，而结构壁上半部分则应按下式计算：

$$E_m = E_s \left\{ 1 - \left(\frac{R_c}{R_c + 1\,000(H + H')} \right)^2 \right\} \tag{5-59}$$

②除矢跨比小于 0.4 的圆弧拱之外，所有结构壁上半部分的 λ 都应按下式计算：

$$\lambda = 1.22 \left[1.0 + 1.6 \left(\frac{EI}{E_m R_c^{\ 3}} \right)^{1/4} \right] \tag{5-60}$$

任何其他情况下的 λ 都为 1.22。

③K、ρ、R_e 均按下列各式计算：

$$K = \lambda \left(\frac{EI}{E_m R^3} \right)^{1/4} \tag{5-61}$$

$$\rho = \left(1\,000 \frac{H + H'}{R_c} \right)^{1/2} \leqslant 1.0 \tag{5-62}$$

$$R_e = \frac{r}{K} \left(\frac{6E\rho}{F_y} \right)^{1/2} \tag{5-63}$$

④对所有单管结构，$F_m = 1.0$；多管结构的 F_m 计算如下：

$$F_m = \left(0.85 + \frac{0.3S}{D_h} \right) \leqslant 1.0 \tag{5-64}$$

式中：D_h——多结构情况下，最大结构的水平尺寸（有效跨径，m），参见图 5-22；

E——结构金属的弹性模量（MPa）；

E_m——土壤刚度的修正模量（MPa）；

E_s——土壤刚度的割线模量（MPa），见表 5-49；

F_m——用于修正多管结构壁强度的折减系数；

F_y——结构壁的冷弯屈服强度（MPa）；

H——填土厚度（m）；

H'——拱冠与起拱线之间垂直距离的一半（m）；

I——波纹剖面的惯性矩(mm^4/mm);

K——结构壁与相邻土壤之间的相对刚度系数;

R——在横截面中由波纹中性轴起算的管壁曲率半径(mm);

R_c——结构拱冠或顶部的 R(mm);

R_e——当量半径(mm);

r——波纹剖面的回转半径(mm);

S——相邻结构之间的最小横向净间距(m);

λ——计算 K 时采用的系数;

ρ——结构壁内压曲应力折减系数;

ϕ_t——土壤—金属结构抗压强度的抗力系数,取值为 0.8。

(8)施工阶段的强度要求

在任何施工阶段,由未乘系数的恒载和指定施工设备产生的未乘系数的活载共同引起的弯矩和轴向推力的组合效应,都不能超过乘系数的截面塑性抗弯承载力。组合弯矩和轴向推力计算如下:

$$\left(\frac{P}{P_{pf}}\right)^2 + \left|\frac{M}{M_{pf}}\right| \leqslant 1.0 \tag{5-65}$$

其中:

$$P = T_D + T_C(H_c < \text{最小填土厚度时,假定} P = 0) \tag{5-66}$$

$$P_{pf} = \phi_{hc} A F_y \tag{5-67}$$

$\left|\frac{M}{M_{pf}}\right|$为比值 M/M_{pf} 的绝对值。

$$M = M_1 + M_B + M_C \tag{5-68}$$

$$M_{pf} = \phi_{hc} M_p \tag{5-69}$$

$$M_1 = k_{M1} R_B \gamma D_h^3 \tag{5-70}$$

$$M_B = -k_{M2} R_B \gamma D_h^2 H_c \tag{5-71}$$

$$M_C = k_{M3} R_L D_h L_c \tag{5-72}$$

$N_F \leqslant 5\,000$ 时:

$$k_{M1} = 0.004\,6 - 0.001\,0 \lg N_F \tag{5-73}$$

$N_F > 5\,000$ 时:

$$k_{M1} = 0.000\,9 \tag{5-74}$$

$N_F \leqslant 5\,000$ 时:

$$k_{M2} = 0.018 - 0.004 \lg N_F \tag{5-75}$$

$N_F > 5\,000$ 时:

$$k_{M2} = 0.003\,2 \tag{5-76}$$

$N_F \leqslant 100\,000$ 时：

$$k_{M3} = 0.120 - 0.018 \lg N_F \tag{5-77}$$

$N_F > 100\,000$ 时：

$$k_{M3} = 0.030 \tag{5-78}$$

$0.2 \leqslant \frac{D_v}{2D_h} \leqslant 0.35$ 时：

$$R_B = 0.67 + 0.87\left[\left(\frac{D_v}{2D_h}\right) - 0.2\right] \tag{5-79}$$

$0.35 < \frac{D_v}{2D_h} \leqslant 0.5$ 时：

$$R_B = 0.80 + 1.33\left[\left(\frac{D_v}{2D_h}\right) - 0.35\right] \tag{5-80}$$

$\frac{D_v}{2D_h} > 0.5$ 时：

$$R_B = \frac{D_v}{D_h} \tag{5-81}$$

$$R_L = \frac{[0.265 - 0.053 \lg N_F]}{\left(\frac{H_c}{D_h}\right)^{0.75}} \leqslant 1.0 \tag{5-82}$$

$$N_F = \frac{E_S\,(1\,000 D_h)^3}{EI} \tag{5-83}$$

$$L_c = \frac{A_c}{k_4} \tag{5-84}$$

式中： A——波纹剖面的横截面积(mm^2/mm)；

A_c——施工过程中结构上方使用的施工设备轴荷载(kN)；

D_h、D_v——结构横截面的跨径和有效矢高(mm)，见图5-22；

E——金属弹性模量(MPa)；

E_S——土壤刚度的割线模量(MPa)，见表5-49；

F_y——结构壁的冷弯屈服强度(MPa)；

H_c——施工阶段填土厚度(m)；

I——波纹截面关于中性轴的惯性矩(mm^4/mm)；

k_{M1}、k_{M2}、k_{M3}——用于计算施工阶段弯矩的系数；

k_4——用于计算施工荷载产生的活载弯矩的系数(m)，见表5-53；

L_c——施工荷载的等代线荷载(kN/m)；

M——未乘系数的弯矩(kN·m/m)；

M_1——填土至拱冠高度时的弯矩(kN·m/m)；

M_B——拱冠上方 H_c 高度填土产生的弯矩(kN·m/m)；

M_C——施工活载产生的弯矩(kN·m/m)；

M_p——未乘系数的塑性抗弯承载力(kN·m/m)；

M_{pf}——乘系数的塑性抗弯承载力(kN·m/m);

N_F——用于计算施工阶段弯矩的弹性系数;

P——未乘系数的推力(kN/m);

P_{pf}——乘系数的抗压强度(kN/m);

R_B、R_L——用于计算施工阶段弯矩的参数;

T_c——施工活载产生的附加推力(kN/m);

T_D——未乘系数的恒载所产生的推力(kN/m);

γ——土壤的重度(kN/m³);

ϕ_{hc}——形成塑料铰的抗力系数,取值为0.90。

计算等代线荷载时采用的系数 k_4 值(m) 表5-53

填土厚度(m)	每轴2轮	每轴4轮	每轴8轮
0.3	1.3	1.5	2.6
0.6	1.6	2	2.8
0.9	2.1	2.7	3.2
1.5	3.7	3.8	4.1
2.1	4.4	4.4	4.5
3.0	4.9	4.9	4.9

(9)深波纹结构的管壁强度

对于深波纹土壤—金属结构,需进行额外检查,要求承载能力极限状态下,弯矩和轴向推力的组合效应不能超过截面乘系数的塑性抗弯承载力。组合弯矩和轴向推力计算如下:

$$\left(\frac{T_f}{P_{pf}}\right)^2 + \left|\frac{M_f}{M_{pf}}\right| \leqslant 1.0 \tag{5-85}$$

其中:

截面乘系数的抗压强度:

$$P_{pf} = \phi_h A F_y \tag{5-86}$$

截面乘系数的塑性抗弯承载力:

$$M_{pf} = \phi_h M_p \tag{5-87}$$

乘系数的荷载的最大推力:T_f计算同前。

乘系数的荷载引起的最大弯矩:

$$M_f = |\alpha_D M_1 + \alpha_D M_D| + \alpha_L M_L(1 + \mathrm{DLA}) \tag{5-88}$$

式中:$M_1 = k_{M1} R_B \gamma D_h^3$;

$M_D = -k_{M2} R_B \gamma D_h^2 H_e$,其中 H_e取 H 和 $D_h/2$ 中较小者;

$M_L = k_{M3} R_U D_h A_L / k_4$;

$R_U = \dfrac{0.265 - 0.053\lg N_F}{(H/D_h)^{0.75}} \leqslant 1.0$。

其中,k_{M1}、k_{M2}、k_{M3}和 R_B计算与5.2.3节2)第(8)条相同,A_L为CL-W卡车第二个轴的重量,k_4见表5-53。$H>3.0$m时,k_4应取4.9m。

(10)接缝强度

乘系数的纵向接缝强度应不小于总推力。用公式可表示为:

$$\phi_j S_s \geqslant T_f \tag{5-89}$$

式中:ϕ_j——连接的抗力系数,取值为0.70;

S_s——纵向连接的轴向强度(kN/m);

T_f——乘系数的荷载所产生的最大推力(kN/m)。

接缝强度 S_s 可通过实验得出,或参考经批准的测试数据或出版标准。常用剖面的波纹钢结构板结构的极限纵向接缝强度见表5-54~表5-56。

152mm×51mm 栓接结构板极限纵接缝强度(kN/m) 表5-54

规定厚度(mm)	每波纹的螺栓个数			螺栓直径(mm)
	2	3	4	
3	745			19
4	1 120			19
5	1 470	1 650		19
6	1 840	2 135		19
7	2 100	2 660	3 200	19

注:每波纹的螺栓个数指一个波距内波峰和波谷中的螺栓数量总和。

381mm×140mm 栓接结构板极限纵接缝强度(kN/m) 表5-55

规定厚度(mm)	每波纹6个螺栓		螺栓直径(mm)
	S_s	S_m	
3.53	905	咨询制造商	19
4.27	1 182		19
4.79	1 357		19
5.54	1 634		19
6.32	1 926		19
7.11	2 101		19
备注	根据 ASTM A796	专利设计值	

400mm×150mm 栓接结构板极限纵接缝强度(kN/m) 表5-56

规定厚度(mm)	螺栓直径(mm)	接缝抗压强度* S_s(每波纹6个螺栓)
4	19	1 191
5	19	1 735
6	19	2 063
7	19	2 238
8	19	2 238
7	22	2 688
8	22	2 688

注:* 代表专利设计值。

(11)板之间的最大厚度差

较薄的板厚度小于3.1mm时,搭接板的厚度差不能超过1mm;较薄的板厚度在3.1mm和3.5mm之间时,搭接板的厚度差不能超过1.5mm;较薄的板厚度超过3.5mm时,对搭接板的厚度差不作限制。

(12)曲率半径

无论在哪个位置,管壁的曲率半径R都不能小于$0.2R_c$(R_c为顶板半径)。纵向连接处配对板的半径比率不能大于8。

(13)管拱的地基处理

对于管拱,拱腋以下的地基应按以下要求处理:

①对于密实至非常密实的非黏性地基以及硬至坚硬的黏性地基,不需要处理;

②对于软弱至中硬的黏性地基,应按图5-30所示进行处理;

③对于松散至压实的非黏性地基,应按图5-30所示进行处理,或通过现场压实处理。

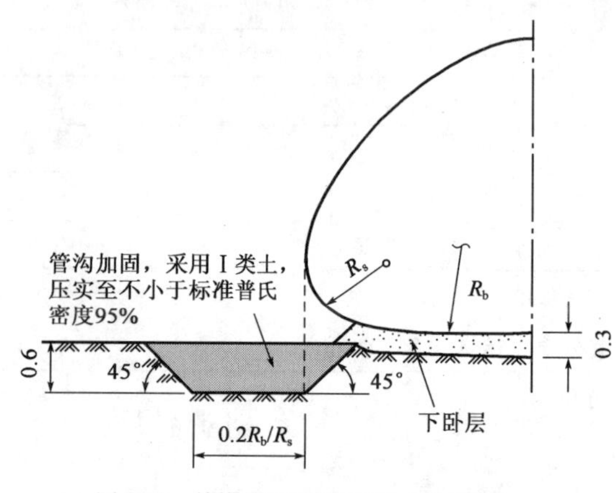

图5-30 管拱的地基加固(尺寸单位:m)

3)金属箱形结构

金属箱形结构与土壤—金属结构存在很大区别。金属箱形结构设计包括以下各项:

①检查尺寸要求;

②计算恒载弯矩;

③计算活载弯矩;

④计算拱冠和拱腋弯矩;

⑤计算地震弯矩(若需要);

⑥计算承载能力极限状态下的抗弯承载力;

⑦检查疲劳抗力;

⑧检查接缝强度;

⑨检查基础反力;

⑩检查施工阶段的变形。

(1)尺寸要求

考虑到土壤—结构的相互作用,设计金属箱形结构(其尺寸术语见图5-31)时,其尺寸应符合表5-57的规定,最小填土厚度为0.3m,最大填土厚度为1.5m。对于不符合这些要求的金属箱形结构,应进行特殊设计,可采用非线性土壤结构相互作用程序(NLSSIP)或其他可被接受的替代方法进行分析。

金属箱形结构的尺寸限制 表5-57

尺寸	最小	最大
矢高R(m)	0.8	3.2
跨径D_h(m)	2.7	8.0
填土厚度H(m)	0.3	1.5

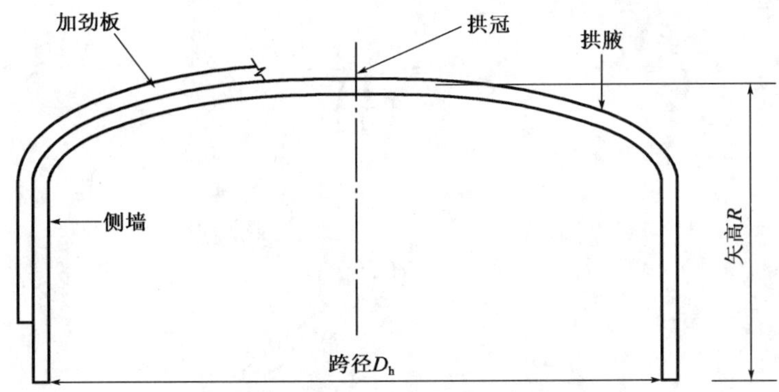

图5-31 金属箱形结构尺寸术语

对于金属箱形结构，结构性回填的最小区域应符合图5-23规定。

(2)恒载弯矩

拱冠和拱腋中由恒载产生的弯矩 M_{cD} 和 M_{hD} 可表示为 M_D 的分数形式。用等式表示如下：

$$M_D = k_1 \gamma D_h^3 + k_2 \gamma \left[H - \left(0.3 + \frac{d_c}{2\,000} \right) \right] D_h^2 \tag{5-90}$$

$$M_{cD} = \kappa M_D \tag{5-91}$$

$$M_{hD} = (1 - \kappa) M_D \tag{5-92}$$

其中：

$$k_1 = 0.005\,3 - 0.000\,24(3.28D_h - 12) \tag{5-93}$$

$$k_2 = 0.053 \tag{5-94}$$

$$\kappa = 0.70 - 0.032\,8D_h \tag{5-95}$$

式中：M_D——拱冠和拱腋中由恒载产生的弯矩之和(kN·m/m)；

k_1、k_2——用于计算恒载弯矩的系数；

γ——土壤的重度(kN/m^3)；

D_h——结构横截面的跨径尺寸(m)，见图5-22；

H——填土厚度(m)；

M_{cD}——拱冠中由恒载产生的弯矩(kN·m/m)；

κ——用于计算拱冠和拱腋弯矩的拱冠弯矩系数；

M_{hD}——拱腋中由恒载产生的弯矩(kN·m/m)；

d_c——波纹高度(mm)。

(3)活载弯矩

拱冠和拱腋中由活载产生的弯矩 M_{cL} 和 M_{hL} 表示为 M_L 的分数形式。用等式表示如下：

$$M_L = C_1 k_3 L_L D_h \tag{5-96}$$

$$M_{cL} = \kappa M_L \tag{5-97}$$

$$M_{hL} = (1 - \kappa) k_R M_L \tag{5-98}$$

其中：

$D_h \leqslant 6.0$m 时：

$$k_3 = \frac{0.08}{\left(\frac{H}{D_h}\right)^{0.2}} \tag{5-99}$$

$6\text{m} < D_h < 8\text{m}$ 时：

$$k_3 = \frac{0.08 - 0.002(3.28D_h - 20)}{\left(\frac{H}{D_h}\right)^{0.2}} \tag{5-100}$$

$$L_L = \frac{A_L}{k_4} \tag{5-101}$$

$$k_R = 0.425H + 0.48 \leqslant 1.0 \tag{5-102}$$

$$C_1 = \begin{cases} 1.0, \text{单轴} \\ 0.5 + \dfrac{D_h}{15.24} \leqslant 1.0, \text{多轴} \end{cases} \tag{5-103}$$

式中：A_L——$D_h < 3.6$m 时 CHBDC 卡车单轴的重量或 $D_h \geqslant 3.6$m 时 CHBDC 卡车两个距离很近的轴的重量（kN）；

D_h——结构横截面的跨径尺寸（m），见图 5-22；

H——填土厚度（m）；

k_R——金属箱形结构拱腋弯矩折减系数；

k_3、k_4——用于计算活载弯矩的系数（k_4 参见表 5-53）；

L_L——活载的等代线荷载（kN/m）；

M_L——拱冠和拱腋中由活载产生的弯矩之和（kN · m/m）；

M_{cL}——拱冠中由活载产生的弯矩（kN · m/m）；

M_{hL}——拱腋中由活载产生的弯矩（kN · m/m）；

κ——用于计算拱冠和拱腋弯矩的拱冠弯矩系数[见第 5.2.3 节 3）第（2）条]。

（4）乘系数的拱冠和拱腋的弯矩

乘系数的拱冠和拱腋的弯矩 M_{cf} 和 M_{hf} 是由乘系数的恒载和活载引起的，可按下式计算：

$$M_{cf} = \alpha_D M_{cD} + \alpha_L M_{cL}(1 + \text{DLA}) \tag{5-104}$$

$$M_{hf} = \alpha_D M_{hD} + \alpha_L M_{hL}(1 + \text{DLA}) \tag{5-105}$$

式中：M_{cf}——乘系数的拱冠总弯矩（kN · m/m）；

M_{cD}——恒载引起的拱冠弯矩（kN · m/m）；

M_{cL}——活载引起的拱冠弯矩（kN · m/m）；

M_{hf}——乘系数的拱腋总弯矩（kN · m/m）；

M_{hD}——恒载引起的拱腋弯矩（kN · m/m）；

M_{hL}——活载引起的拱腋弯矩（kN · m/m）；

DLA——活载冲击系数，表示为活载的一个分数形式[见第 5.2.3 节 1）第（4）条“荷载系数”]；

α_D——恒载系数；

α_L——活载系数。

(5)地震弯矩

对于金属箱形结构,地震引起的附加弯矩 M_E 可表示为:

$$M_E = M_D A_V \tag{5-106}$$

$$A_V = \frac{2}{3} A_H \tag{5-107}$$

式中:M_E——地震荷载引起的附加弯矩(kN·m/m);

M_D——拱冠和拱腋中由恒载产生的弯矩之和(kN·m/m);

A_V——地震荷载的垂直加速度比(无量纲);

A_H——地震荷载的水平加速度比(无量纲)。

考虑地震效应的乘系数的总弯矩可表示为:

$$M_{cf} = \kappa(\alpha_D M_D + M_E) \tag{5-108}$$

$$M_{hf} = (1 - \kappa)(\alpha_D M_D + M_E) \tag{5-109}$$

式中:M_{cf}——乘系数的拱冠总弯矩(kN·m/m);

κ——用于计算拱冠和拱腋弯矩的拱冠弯矩系数[见第5.2.3节3)第(2)条];

α_D——恒载系数;

M_{hf}——乘系数的拱腋总弯矩(kN·m/m)。

(6)承载能力极限状态下的抗弯承载力

在承载能力极限状态下,乘系数的拱冠总弯矩 M_{cf} 和乘系数的拱腋总弯矩 M_{hf} 都不能超过乘系数的塑性抗弯承载力 M_{pf}。

$$M_{cf} \leqslant M_{pf}$$

$$M_{hf} \leqslant M_{pf}$$

M_{cf} 值和 M_{hf} 值取第5.2.3节3)第(4)条和第(5)条的最大值。

乘系数的塑性抗弯承载力按下式计算:

$$M_{pf} = \phi_h M_p \tag{5-110}$$

式中:M_{pf}——乘系数的塑性抗弯承载力(kN·m/m);

ϕ_h——塑性铰抗力系数,取值为0.9;

M_p——未乘系数的截面塑性抗弯承载力(kN·m/m)。

(7)疲劳抗力

拱冠附近和拱腋弯矩最大的区域内均不能设置螺栓接缝。对于跨径大于8.0m的结构,应验算螺栓接缝的疲劳抗力。

仅根据活载计算得出的应力幅不应超过疲劳应力幅 F_{sr}。确定应力幅时必须考虑活载弯矩的极值引起的应力。波纹板和连接的 F_{sr} 值均应按 CAN/CSA-S6 第10.17节确定。其中,波纹板的应力幅采用A类,连接的应力幅采用E类。

(8)接缝强度

对于仅按抗弯设计的金属箱形结构,纵向接缝乘系数的抗弯承载力 $\phi_j S_M$ 应不小于 M_{cf} 或 M_{hf}(接缝位置)。对于按轴向推力和弯矩设计的箱形结构,纵向接缝乘系数的轴向强度 $\phi_j S_S$ 不应小于 T_f。强度 S_M 和 S_S 可通过试验得出或参考出版标准。用公式可表示为:

$$\phi_j S_M \geqslant M_{cf}, M_{hf} \tag{5-111}$$

$$\phi_j S_S \geqslant T_f \tag{5-112}$$

式中：S_M——纵向接缝的抗弯承载力（kN·m/m）；

M_{cf}、M_{hf}——乘系数的拱冠和拱腋弯矩，见第5.2.3节3）第（4）条；

S_S——纵向接缝的轴向强度（kN/m），见第5.2.3节2）第（10）条；

T_f——乘系数的荷载产生的最大推力（kN/m）；

ϕ_j——连接的抗力系数，取值为0.70。

承载能力极限状态下，连接按下面两者中的较大值进行设计：

①连接处乘系数的荷载所产生的弯矩；

②构件乘系数的抗力（$\phi_h M_p$）的75%。

（9）基础反力

箱形结构的基础反力可按下式计算：

$$V = \gamma\left(\frac{HD_h}{2} + \frac{D_h^2}{40}\right) + \frac{A_L}{2.4 + 2(H + R)} \tag{5-113}$$

式中：V——沿箱形结构直立侧墙方向作用的反力（kN/m）；

γ——土壤重度（kN/m^3）；

H——填土厚度（m）；

D_h——最大跨径（m）；

A_L——轴载（kN）；

R——箱形结构的矢高（m）。

基础反力的竖直和水平分量可按下式计算：

$$V_V = V\cos\theta \tag{5-114}$$

$$V_H = V\sin\theta \tag{5-115}$$

式中：V_V——竖直基础反力（kN/m）；

θ——侧墙和竖直面之间的夹角（°）；

V_H——水平基础反力（kN/m）。

（10）施工阶段的变形

拱冠在施工阶段向上或向下的变形不得大于跨径的1%。

5.3 材 料

在国内，波纹钢埋置式结构最早在20世纪50年代开始有少量的应用，但由于诸多原因一直未能得到推广。20世纪90年代末，我国逐步开展了公路钢波纹管涵洞的理论研究和试验研究，并在北方冻土地区开始推广应用。随着公路建设的快速发展、钢材加工工艺特别是防腐技术的提高，波纹钢埋置式结构以其良好的力学性能及施工简便、适应性强、耐久性好的特点，正逐步在国内公路建设中发挥着重要作用。尤其是近年来在国内钢材产能过剩、价格低迷的市场环境下，在国家大力提倡低碳交通、节能环保及推动城镇化建设快速发展的大背景下，波纹钢埋置式结构具有更加优越的性价比和社会效益，在公路、市政等诸多领域有着广阔的应用空间。

如前所述,波纹钢埋置式结构是一种非常成熟的结构形式,在国外有着百余年的应用历史和大量的研究成果,不少国家的公路桥梁设计规范中都包含了这种结构。然而,国内尚没有支持这类结构设计和施工的技术标准。近年来的一些应用基本上都是参照加拿大 CHBDC 规范,并根据设计单位和制造商对这种结构的认识和经验进行设计和施工。

本章自本节开始,在借鉴美国 AASHTO 标准和加拿大 CHBDC 规范的基础上,考虑国内外标准体系在材料、荷载、制造工艺、施工设备等方面的差异,结合近年来在国内应用的经验,介绍国内波纹钢埋置式结构(不包括箱形结构)的设计方法。

由于箱形结构受力较为复杂,对现场条件、尺寸限制、制造工艺、安装方法、施工过程等均有严格的要求,因此建议一般不采用这种结构形式。如果因地形或其他要求必须采用这种结构,设计可参考 5.2.2 节和 5.2.3 节介绍的国外方法并进行有限元分析,施工时必须严密监控结构的变形。

5.3.1 主体结构材料

波纹钢埋置式结构一般采用碳素结构钢热轧钢板或钢带冷加工制造,基材性能应符合《碳素结构钢》(GB/T 700—2006)要求。螺旋形或环形整体波纹钢管一般可采用 Q195 以上牌号钢材,浅波纹结构板一般可采用 Q235 以上牌号钢材,深波纹结构板通常要求采用 Q345 牌号钢材。基材的尺寸、外形、重量及允许偏差应符合《热轧钢板和钢带的尺寸、外形、重量及允许偏差》(GB/T 709—2006)的规定。

采用普通碳素结构钢或低合金钢生产的波纹钢埋置式结构,出厂前和安装后都必须进行防腐处理,参见第 6.3 节"涂层与内衬"。

波纹钢埋置式结构也可采用耐候钢,其力学性能应不低于上述要求。

5.3.2 连接件材料

波纹钢埋置式结构采用高强度六角螺栓、螺母和垫圈连接时,其性能指标应符合《钢结构用高强度大六角头螺栓、大六角螺母、垫圈技术条件》(GB/T 1231—2006)的要求。螺栓材料采用 40Cr,且应符合《合金结构钢》(GB 3077—1999)的要求。螺母材料采用 45 号钢,且应符合《碳素结构钢》(GB/T 700—2006)的要求。

管箍、法兰盘的材料采用 Q235 或 Q275 碳素结构钢时,其性能应符合《碳素结构钢》(GB/T 700—2006)的要求。法兰盘用角钢尺寸、重量及允许偏差应符合《热轧型钢》(GB/T 706—2008)的规定。

波纹钢埋置式结构连接件通常应进行热浸镀锌处理,其质量要求参见第 6.3.1 节 1)"镀锌涂层"。

5.3.3 结构性回填材料

结构性回填材料宜优先采用砾类土、砂类土,或采用砾石、碎石与细粒土的混合料;当细粒土的成分为黏性土或粉土时,所掺入的石料体积应占总体积的 2/3 以上。

结构性回填材料应具有良好的透水性,并不得含有腐蚀性化学物质。结构性回填材料的工程力学特性应通过现场试验或实验室试验取得,没有试验数据时,可按以下规定采用。

（1）适合用作结构性回填材料的土壤按表5-58进行分类。

结构性回填材料的分类 表5-58

类型	粒径	描　述	与 ASTM D 2487 对应的土壤类别
Ⅰ	粗	级配良好的砾石或砂砾，少量或不含细粒土	GW
		级配较差的砾石或砂砾，少量或不含细粒土	GP
		级配良好的砂或砾质砂，少量或不含细粒土	SW
		级配较差的砂或砾质砂，少量或不含细粒土	SP
Ⅱ	中等	粉质土砾，砾石—砂—淤泥混合料	GM
		粉砂或粉质砾砂，砂—淤泥混合料	SM
		含黏土的砾石或砂砾，砾石—砂—黏土混合料	GC
		含黏土的砂或砾质砂，砂—黏土混合料	SC

（2）不同类型结构性回填材料的弹性模量与其承受的竖向应力和压实度有关，可按表5-59线性内插取值。表中竖向应力可按下式计算：

$$\sigma_v = \frac{\gamma_s(H + H')}{1\,000}$$

式中：γ_s——结构性回填材料的重度（kN/m^3），按表5-60取用；

H——拱顶以上结构性回填厚度（mm）；

H'——拱顶与起拱线之间竖向距离的一半（mm）。

结构性回填材料的弹性模量 E_s（MPa） 表5-59

类型	标准普氏压实度（%）	竖向应力 σ_v（kPa）					
		7	35	70	140	280	420
Ⅰ	85	3.2	3.6	3.9	4.5	5.7	6.9
	90	8.8	10.3	11.2	12.4	14.5	17.2
	95	13.8	17.9	20.7	23.8	29.3	34.5
	100	16.2	23.8	29.0	37.9	51.7	64.1
Ⅱ	85	2.5	2.7	2.8	3.0	3.5	4.8
	90	4.6	5.1	5.2	5.4	6.2	7.7
	95	9.8	11.5	12.2	13.0	14.4	16.4

（3）结构性回填材料的重度按表5-60取用。

结构性回填材料的重度 表5-60

种　类	重度（kN/m^3）
粗粒土（颗粒状）	22
碎石土	22
细粒砂土	20

5.3.4 可流动填料

可流动填料是指用级配材料、粉煤灰、水泥和水按一定配比拌和的一种混合料，也称为受

控低强度材料 CLSM(Controlled Low Strength Material)。其28d抗压强度一般为0.6～3.0 MPa,弹性模量为25～100MPa,通常采取与混凝土类似的方法浇筑并机械振捣密实。

CLSM的可流动性对于能否在结构拱腋周围提供足够的支撑非常重要。一般来说,建议采用级配材料：粉煤灰：水泥：水=72%：8%：3%：17%(按质量)的配合比进行拌和,可达到160～200mm的坍落度。必要时,级配材料可尽量采用圆粒状集料而不用角砾,这样可提高流动性。

集料的级配可按以下规定控制:

(1)筛孔大小19mm:筛分率100%。

(2)筛孔大小0.075mm:筛分率0～10%。

CLSM的强度受水泥和粉煤灰的含量控制。按上述配比拌和的填料可达到相当于级配结构性回填材料压实到85%～95%时的弹性模量。设计时也可采用更高强度的可流动填料以提供更强的拱腋支撑,比如CSPI建议采用7～10MPa的28d抗压强度和30MPa的弹性模量,但也要考虑后期开挖的可能性。

如果结构顶部以上需要较厚的可流动填料,设计时应考虑施工期间土拱效应的减小,并留有足够的安全储备。

5.4 主体结构设计

5.4.1 一般规定

1)极限状态

波纹钢埋置式结构应进行如下极限状态设计(表5-61)。

极限状态设计 表5-61

极限状态	设计验算
承载能力极限状态	结构受压破坏
	施工阶段出现塑性铰
	运营阶段出现塑性铰(深波纹结构)
	连接破坏
正常使用极限状态	施工阶段的变形

2)作用

(1)恒载

作用在结构上的恒载包括结构上部填土的重量和路面(或轨枕与道砟)的自重,填土较高时,路面也可忽略不计。拱上填土每延米的重量W(kN/m)按下式计算:

$$W = \gamma_s A_w \tag{5-116}$$

式中:γ_s——结构性回填材料的重度(kN/m^3),按表5-60取用;

A_w——起拱线以上的填土面积(m^2),参见图5-26。

如果结构上部填土的地面还有堆料或其他永久荷载，还应作为附加恒载考虑其竖向作用（图5-32）。附加恒载 W_p（kN/m）按下式计算：

$$W_p = \gamma_p h_p D_h \tag{5-117}$$

式中：γ_p——堆料或其他恒载的平均重度（kN/m^3）；

h_p——堆料或其他恒载的平均高度（m）；

D_h——结构跨径（m）。

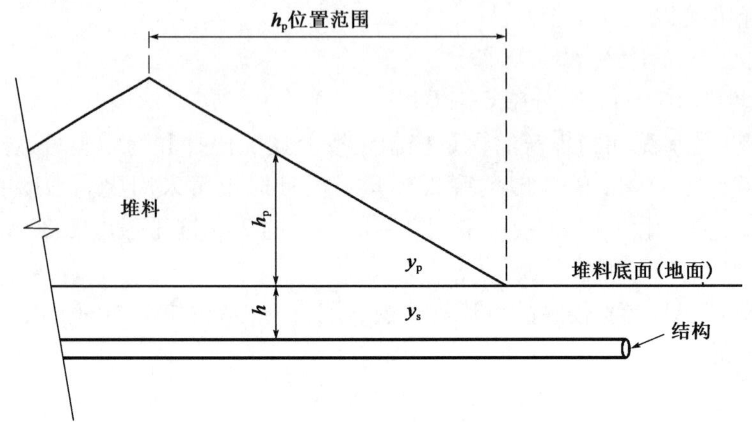

图5-32　地面上的附加恒载

注：堆料荷载的最大设计压力一般位于堆料达到最大高度处。

(2)公路荷载

波纹钢埋置式结构用于公路桥涵、通道或分离式立交时，活载按本节考虑。

①车辆荷载图式

波纹钢埋置式结构的设计汽车荷载应采用图5-33所示的车辆荷载图式。

②汽车荷载的布置

在波纹钢埋置式结构的跨径范围内，布置尽可能多的车轴以产生最大的活载。横向布置多车道汽车荷载时，应按《公路桥涵通用设计规范》（JTG D60—2004）进行多车道折减。

③汽车荷载的扩散

在波纹钢埋置式结构拱顶至路面高度范围内，应考虑车轮荷载的扩散（图5-34、图5-35），扩散方法是：

路线纵向：自车轮着地长度外缘沿深度以1∶1（深度∶长度）角度扩散；

路线横向：自车轮着地宽度外缘沿深度以2∶1（深度∶宽度）角度扩散；

波纹钢埋置式结构满足最小填土厚度和回填材料要求时，可认为车轮荷载沿深度扩散后均匀作用于结构顶部。

④汽车荷载冲击系数。

车辆冲击放大系数采用下式计算：

$$\mu = 0.4(1.0 - 0.5H) \tag{5-118}$$

式中：H——填土厚度（m），大于2m时，可不考虑冲击影响。

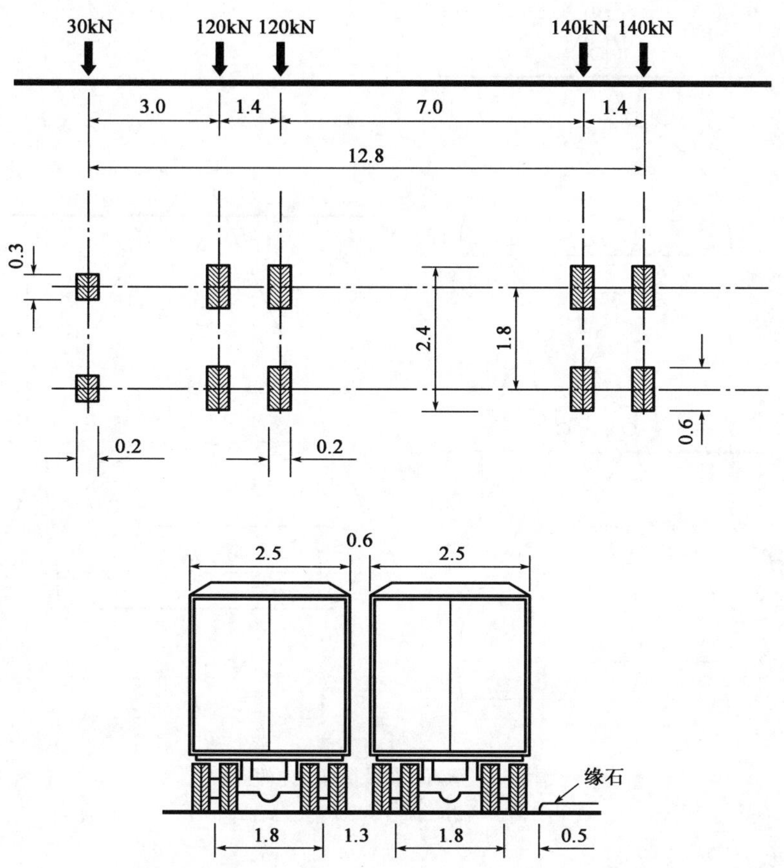

图5-33 汽车荷载计算图式(尺寸单位:m)

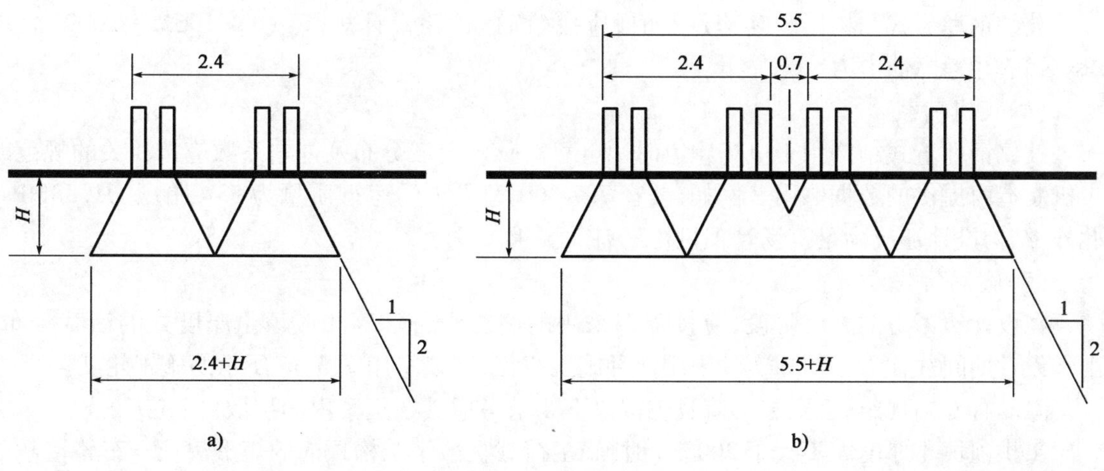

图5-34 汽车荷载的横向扩散(尺寸单位:m)

a)单车道;b)双车道

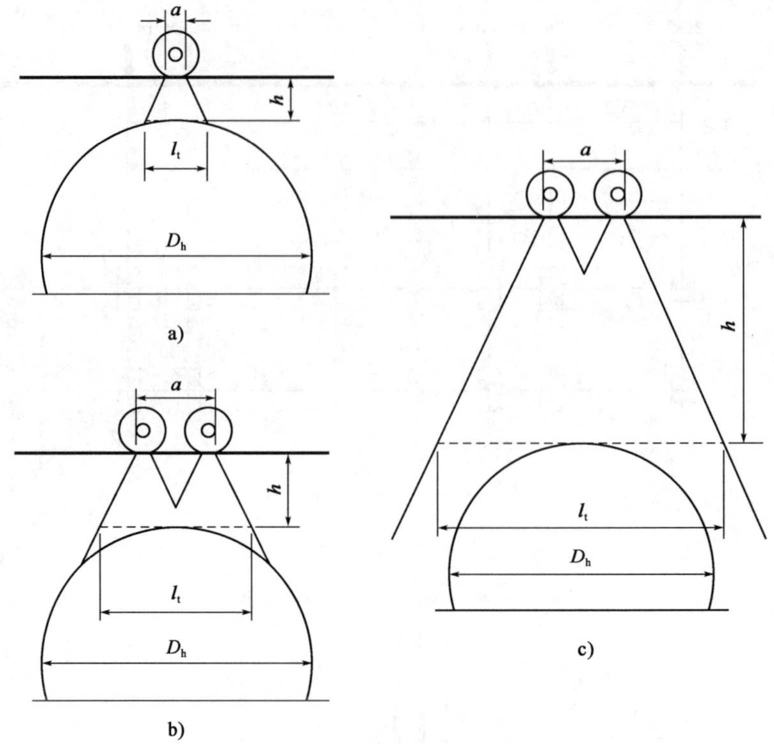

图 5-35　车辆荷载沿行车方向的扩散

a）单轴，$l_t < D_h$；b）双轴，$l_t < D_h$；c）双轴，$l_t > D_h$

（3）铁路荷载

波纹钢埋置式结构用于铁路桥涵、通道或铁路上跨分离式立交时，应按《铁路桥涵设计基本规范》（TB 1 0002.1—2005）考虑"中—活载"列车荷载、冲击力及扩散方法。

波纹钢埋置式结构用于高速铁路时，应按《高速铁路设计规范》（TB 10621—2009）采用 ZK 活载，并考虑冲击力。

（4）飞机荷载

波纹钢埋置式结构用于机场跑道时，其设计荷载、荷载分布及冲击系数应按相关的规范或飞机制造商提供的数据取用。例如，波音 737-300 型飞机的运行质量为 53t，胎压为1.38MPa。此外，结构设计还应满足机场管理机构的有关要求。

（5）施工荷载

在设计所考虑的施工阶段，应按预期采用的施工设备计算相应填土厚度处的活载分布。由于设计期间往往无法预知实际采用何种施工机械，建议采用图 5-36 所示的施工轮载。

除非有专门规定，否则施工荷载应按以下要求考虑其在土壤内的扩散（图 5-37）：

①拱顶填土厚度 h 不大于 200mm 时：施工荷载扩散至结构顶面的矩形边长 = 车轮接触面矩形边长 $+0.5h$；

②拱顶填土厚度 h 大于 200mm 时［图 5-37a）］：施工荷载扩散至结构顶面的矩形边长 = 车轮接触面矩形边长 $+100\text{mm}+1.2(h-200)$；

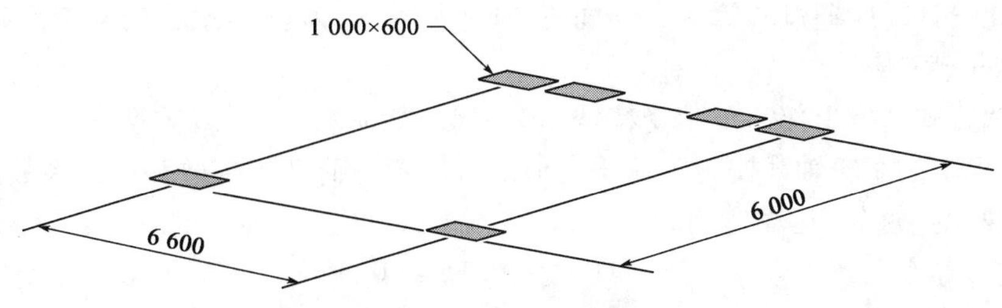

图5-36 重型施工车辆轮载(尺寸单位:mm)

③多个车轮扩散面积重叠时[图5-37b)],可认为车轮总荷载在总扩散面积上均匀分布;

④对于单跨结构,填土厚度大于2.5m并大于结构跨径时,可不计施工荷载;对于多跨结构,填土厚度大于最外侧起拱线之间距离时,可不计施工荷载。

施工荷载按下式考虑冲击系数:

①对于未铺沥青的(临时)运输道路:$\mu=1.0-0.45h\geqslant0.1$;

②对于铺沥青面层的运输道路:$\mu=0.4-0.15h\geqslant0.1$。

其中:h 为拱顶填土厚度(波纹剖面中性轴至地面或路面的竖向距离,单位为m。

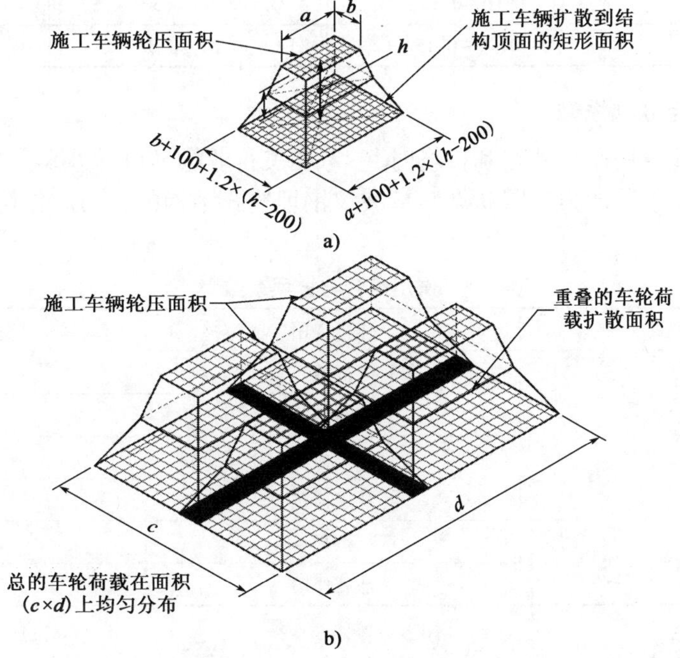

图5-37 施工轮载在填土内的扩散

a)填土厚度大于200mm时;b)多个车轮荷载扩散面积重叠时

注意:对于采用重型施工设备进行压实的波纹钢埋置式结构,施工荷载可能会控制设计。粗糙不平、未经维护的运输道路可能使得施工期间的车轮荷载比运营阶段产生更大的冲击力。如果承受施工荷载时拱顶没有足够的填土厚度,则拱顶可能在较小的荷载作用下就会率先出现压曲。因此设计时应通过验算规定不同阶段(不同填土厚度时)最大的施工荷载。

(6)特殊车辆荷载

波纹钢埋置式结构上部需要承受特殊车辆荷载(如矿料、渣土或重型货物运输车辆等)作用时,应采用规定的车轮轴载按施工荷载类似的方法考虑荷载的扩散和冲击系数,但对于未铺沥青、维护良好的(永久)运输道路,其冲击系数按下式确定:

$$\mu = 0.4 - 0.1h \geqslant 0.3 \tag{5-119}$$

(7)地震作用

直径或跨径不大于3.6m的波纹钢埋置式结构可不考虑地震作用。

抗震设防烈度≥7度地区的波纹钢埋置式结构应进行抗震设计,一般可只考虑竖向地震作用。地震作用引起的波纹钢埋置式结构的环向压力按下式计算:

$$E_v = R_0 \delta W \tag{5-120}$$

式中:R_0——竖向地震作用与水平地震作用比值,取值为0.7;

δ——地震动水平加速度峰值系数,取值可参考表5-62;

W——拱上填土每延米的质量(kN/m)。

抗震设防烈度和水平向设计基本地震动加速度峰值 表5-62

抗震设防烈度	7	8	9
A_H	0.10~0.15g	0.20~0.30g	0.40g
δ	0.10~0.15	0.20~0.30	0.40

3)作用组合与分项系数

波纹钢埋置式结构用于铁路和机场时,参考相关行业标准设计。

结构设计中按承载能力极限状态验算波纹钢埋置式结构的内力。作用效用组合方式与分项系数见表5-63。

作用组合与分项系数 表5-63

组合方式	作用	分项系数
基本组合	恒载	1.2
	公路荷载	1.4
	施工荷载	2.0
	特殊荷载	1.5
偶然组合	恒载	1.2
	地震作用	1.0

4)材料抗力系数

计算乘系数的抗力时,采用表5-64规定的材料抗力系数。

5.4.2 内力计算

1)一般规定

对于承载能力极限状态下的基本组合,由恒载和活载引起的闭口截面和拱形截面波纹钢

埋置式结构的环向内力 T_{fb}(kN/m)采用下式计算(对于符合最小填土厚度要求的埋置式结构不考虑活载的冲击力):

$$T_{fb} = \alpha_D T_D + \alpha_L T_L \tag{5-121}$$

材料抗力系数　　表5-64

结构类型	抗力验算	材料抗力系数
波纹钢管、管拱 浅波纹结构板结构	抗压强度	$\phi_t = 0.80$
	施工阶段的塑性铰	$\phi_{hc} = 0.90$
	接缝强度	$\phi_j = 0.70$
深波纹结构板结构	抗压强度	$\phi_t = 0.80$
	运营阶段的塑性铰	$\phi_h = 0.85$
	施工阶段的塑性铰	$\phi_{hc} = 0.90$
	接缝强度	$\phi_j = 0.70$

对于承载能力极限状态下的偶然组合,由恒载和地震荷载引起的闭口截面和拱形截面波纹钢埋置式结构的环向内力 T_{fo}(kN/m)采用下式计算:

$$T_{fo} = \alpha_D T_D + \alpha_E E_V \tag{5-122}$$

承载能力极限状态下由恒载和活载引起的波纹钢埋置式结构的环向内力 T_f(kN/m)按下式计算:

$$T_f = \max(T_{fb}, T_{fo}) \tag{5-123}$$

式中:T_f——承载能力极限状态下由恒载和活载引起的波纹钢埋置式结构的环向内力(kN/m);

α_D——恒载分项系数,根据结构的应用领域按相应行业标准采用(如公路桥涵取1.2);

α_L——活载分项系数,根据结构的应用领域按相应行业标准采用(如公路桥涵取1.4);

α_E——地震荷载分项系数,根据结构的应用领域按相应行业标准采用(如公路桥涵取1.0);

T_D——恒载引起的波纹钢埋置式结构环向压力(kN/m);

T_L——活载引起的波纹钢埋置式结构环向压力(kN/m);

E_V——地震荷载引起的波纹钢埋置式结构环向压力(kN/m),见第5.4.1节2)第(7)条。

2)恒载内力

(1)结构上填土和路面恒载产生的波纹钢埋置式结构环向压力应按下式计算:

$$T_D = 0.5(1.0 - 0.1C_s)A_f W \tag{5-124}$$

(2)如果地面有堆料或其他永久荷载,结构上部填土与附加恒载共同产生的波纹钢埋置式结构环向压力应按下式计算:

$$T_D = 0.5(1.0 - 0.1C_s)A_f W + 0.5A_p W_p \tag{5-125}$$

式中:A_f——考虑结构起拱效应的土压力增大系数,可按表5-65选用;

A_p——附加恒载影响系数,一般取1.0;

W——拱上填土每延米的质量(kN/m);

W_p——附加恒载(kN/m);

C_s——考虑回填土性质与结构尺寸的轴向刚度系数,按下式计算:

$$C_s = \frac{1\,000 E_s D_v}{EA} \tag{5-126}$$

式中：E_s——回填土的弹性模量（MPa），见表 5-59；

E——波纹钢埋置式结构的弹性模量（MPa）；

A——单位长度的波纹钢埋置式结构截面积（mm^2/mm）；

D_h、D_v——波纹钢埋置式结构的有效跨径和有效矢高（m），见图 5-22 的定义。

A_f 系数取值表　　　　表 5-65

H/D_h	D_h/D_v					
	≤0.6	0.8	1.0	1.2	1.4	≥1.6
0.0	3.23	1.95	1.33	1.26	1.21	1.16
0.05	3.00	1.84	1.31	1.25	1.19	1.14
0.1	2.70	1.74	1.30	1.23	1.18	1.12
0.2	2.25	1.60	1.26	1.20	1.14	1.10
0.4	1.82	1.41	1.22	1.15	1.10	1.05
0.6	1.65	1.35	1.20	1.12	1.07	1.03
0.8	1.55	1.31	1.19	1.11	1.05	1.02
1.0	1.53	1.31	1.18	1.10	1.04	1.02
1.2	1.55	1.33	1.20	1.12	1.07	1.02
1.4	1.59	1.38	1.22	1.15	1.08	1.02
1.6	1.60	1.39	1.24	1.17	1.08	1.02
1.8	1.61	1.40	1.25	1.18	1.08	1.02
≥2.0	1.62	1.40	1.25	1.18	1.08	1.02

注：H 和 D_h/D_v 不能通过查表得到时，通过线性内插取值。

3）活载内力

汽车荷载、特殊车辆荷载、施工荷载等活载产生的波纹钢埋置式结构环向压力按下式计算（参见图 5-35）：

$$T_L = \min(0.5D_h\sigma_L m_f, 0.5l_t\sigma_L m_f) \tag{5-127}$$

式中：D_h——波纹钢埋置式结构的有效跨径（m）；

m_f——多车道折减系数，汽车荷载按《公路桥涵设计通用规范》（JTG D60—2004）取值，其他活载取 1.0；

σ_L——活载扩散到拱顶的压力（kPa），按下式计算：

$$\sigma_L = \frac{A_L(1+\mu)}{wl_t}$$

式中：A_L——跨径长度范围内布置的设计车辆荷载总轴重（kN）；

w、l_t——沿车轮宽度和长度方向扩散后的尺寸（m）。

5.4.3 抗压强度验算

承载能力极限状态下波纹钢埋置式结构管壁的轴向压应力 σ 应满足下式：

$$\sigma = \frac{T_f}{A} \leqslant \min(f_y, f_b) \tag{5-128}$$

式中：T_f——承载能力极限状态下波纹钢埋置式结构的环向内力；

A——单位长度的波纹钢埋置式结构截面积（mm^2/mm），对于采用螺栓拼装的波纹钢板，应扣除螺栓孔截面面积；

f_y——波纹钢埋置式结构基材的屈服应力（MPa）；

f_b——波纹钢埋置式结构基材的临界屈曲应力（MPa）。

为计算f_b，将波纹钢埋置式结构截面用通过拱顶圆弧中心并与竖向中心线成夹角θ_0（单位：rad）的两条对称直线划分为上下两部分，分别计算其临界屈曲应力。θ_0按下式计算：

$$\theta_0 = 1.6 + 0.2\lg\left(\frac{EI}{E_m R_c^3}\right) \tag{5-129}$$

式中：E——波纹钢埋置式结构基材的弹性模量（MPa）；

I——波纹钢埋置式结构每延米截面惯性矩（mm^4/mm），对于采用螺栓拼装的波纹钢板，应扣除螺栓孔截面；

R_c——拱顶处的曲率半径（mm）；

E_m——回填土弹性模量的修正值，对于结构的下半部分，取E_s；上半部分按下式计算：

$$E_m = E_s\left\{1 - \left[\frac{R_c}{R_c + 1\,000(H + H')}\right]^2\right\} \tag{5-130}$$

式中：E_s——回填土的弹性模量（MPa），见表5-59；

H——填土厚度（m）；

H'——拱顶与起拱线之间垂直距离的一半（m）。

针对以上划分的上下两部分中不同部位的曲率半径R，分别按下式计算其临界屈曲应力：

$$\left.\begin{aligned} f_b &= \phi_t F_m\left[f_y - \frac{f_y^2}{12E\rho}\left(\frac{KR}{r}\right)^2\right] \quad (R \leqslant R_e) \\ f_b &= \frac{3\phi_t \rho F_m E}{\left(\frac{KR}{r}\right)^2} \quad (R > R_e) \end{aligned}\right\} \tag{5-131}$$

式中：R——计算部位的曲率半径（mm），自波纹面中性轴处计算；

ϕ_t——波纹钢埋置式结构材料受压时的抗力系数，见表5-64；

F_m——多跨结构屈曲应力折减系数，对于单跨结构，或计算深波纹结构的上半部分时，取1.0，对于多跨结构，按下式计算：

$$F_m = 0.85 + \frac{0.3S}{D_h} \leqslant 1.0 \tag{5-132}$$

S——多跨结构之间的最小横向间距（m）；

D_h——最大跨结构的有效跨径（m）；

f_y——波纹钢埋置式结构材料的屈服强度（MPa）；

R_e——等效半径（mm），$R_e = \frac{r}{K}\left(\frac{6E\rho}{f_y}\right)^{1/2}$；

r——波纹面的回转半径（mm）；

K——表示结构与周围土体相对刚度的系数，$K=\lambda\left(\frac{EI}{E_{m}R^{3}}\right)^{1/4}$；

ρ——屈曲折减系数，$\rho=\left(1\,000\,\frac{H+H'}{R_{c}}\right)^{0.5}\leqslant1.0$；

λ——计算 K 的一个系数，对于除矢跨比小于0.4的圆形拱结构之外的所有结构的上半部分，$\lambda=1.22\left[1.0+1.6\left(\frac{EI}{E_{m}R_{c}^{3}}\right)^{0.25}\right]$；其余情况下，取 $\lambda=1.22$。

5.4.4 弯压强度验算

1）施工阶段

波纹钢埋置式结构设计时应限制施工期间不同填土高度时作用在拱顶的施工设备轴载 A_{C}。由恒载和施工设备产生的弯矩和环向压力的组合效应（未乘系数）应不大于截面的塑性抗弯承载力（乘系数）。

施工阶段波纹钢埋置式结构截面的弯矩与环向压力的组合效应应满足下式：

$$\left(\frac{P}{P_{Pf}}\right)^{2}+\left|\frac{M}{M_{Pf}}\right|\leqslant1.0 \tag{15-133}$$

其中：

（1）P 为波纹钢埋置式结构截面所受环向压力，按下式计算：

$$P=\alpha_{D}T_{D}+\alpha_{C}T_{C} \tag{15-134}$$

式中：α_{D}——恒载分项系数，见5.4.1节3）；

T_{D}——恒载引起的波纹钢埋置式结构环向压力，按5.4.2节2）计算；

α_{C}——施工荷载分项系数，见5.4.1节3）；

T_{C}——施工机械引起的波纹钢埋置式结构环向压力，按5.4.2节3）的同样方法计算，但轮载采用施工机械的轮载，扩散深度采用施工过程中的填土厚度。

当拱顶填土厚度 $H_{c}<0.2D_{h}$ 时，应取 $P=0$。

（2）P_{Pf} 为波纹钢埋置式结构截面可承担的极限压力，按下式计算：

$$P_{pf}=\phi_{hc}Af_{y} \tag{15-135}$$

式中：ϕ_{hc}——施工阶段波纹钢埋置式结构材料抵抗塑性铰的抗力系数，见表5-64；

A——波纹钢埋置式结构单位长度横截面面积（mm^{2}/mm），对于采用螺栓拼装的波纹钢板，应扣除螺栓孔截面面积；

f_{y}——波纹钢埋置式结构材料屈服强度（MPa）。

（3）M 为施工阶段波纹钢埋置式结构截面所受弯矩（图5-38），按下式计算。

$$\left.\begin{aligned}M&=M_{1}+M_{B}+M_{C}\\M_{1}&=k_{M1}R_{B}\gamma D_{h}^{3}\\M_{B}&=-k_{M2}R_{B}\gamma D_{h}^{2}H_{C}\\M_{C}&=k_{M3}R_{L}D_{h}L_{C}\end{aligned}\right\} \tag{15-136}$$

式中：M_{1}——回填至拱顶高程时回填土产生的波纹钢埋置式结构跨中截面的弯矩；

M_B——施工阶段拱顶以上 H_c 高度的填土产生的波纹钢埋置式结构跨中截面的弯矩，为负值；

M_C——施工机械引起的结构跨中截面的弯矩；

L_C——施工过程中作用于结构上的施工机械等效荷载值(kN/m)，$L_C = A_C/k_4$。其中，A_C 为施工过程中的车辆轴重，参数 k_4 按照表 5-66 线性插值；

γ——结构性回填材料的重度(kN/m³)。

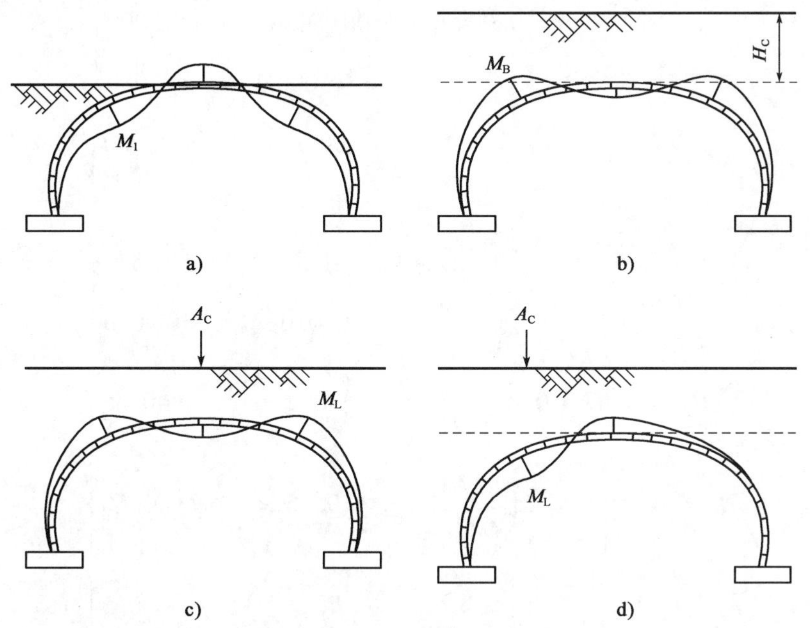

图 5-38　施工阶段的弯矩

注：M_1 = 回填至拱顶时产生的弯矩；M_B = 拱顶以上填土产生的弯矩；M_L = 活载产生的弯矩。

k_4 值　　表 5-66

覆土厚度(m)	k_4(m)			
	每轴双轮	每轴四轮	每轴八轮	有减载板时（不考虑车轴类型）
0.30	1.28	1.51	2.57	3.90
0.45	1.42	1.69	2.67	4.00
0.60	1.65	1.95	2.81	4.08
0.90	2.34	2.61	3.22	4.23
1.50	3.69	3.75	4.03	4.47
2.10	4.41	4.40	4.51	4.65
3.00	4.82	4.82	4.82	4.82
4.50	6.62	6.62	6.62	6.62
6.00	8.42	8.42	8.42	8.42
9.00	12.02	12.02	12.02	12.02

注：控制弯矩的车轴类型规定如下：

每轴双轮：单轴两轮；

每轴四轮：单轴四轮、双轴每轴两轮；

每轴八轮：双轴每轴四轮、三轴每轴两轮或四轮、列车、履带车。

上述公式中，参数的计算需要根据柔度系数 N_F 来确定：

$$N_F = \frac{E_s(1\,000D_h)^3}{EI}$$

对于采用螺栓拼装的波纹钢板，截面惯性矩 I 应扣除螺栓孔截面。

其余参数计算公式如下：

$$\left.\begin{aligned} k_{M1} &= 0.004\,6 - 0.001\,0\lg N_F, N_F \leqslant 5\,000 \\ k_{M1} &= 0.000\,9, N_F > 5\,000 \end{aligned}\right\}$$

$$\left.\begin{aligned} k_{M2} &= 0.018 - 0.004\lg N_F, N_F \leqslant 5\,000 \\ k_{M2} &= 0.003\,2, N_F > 5\,000 \end{aligned}\right\}$$

$$\left.\begin{aligned} k_{M3} &= 0.120 - 0.018\lg N_F, N_F \leqslant 100\,000 \\ k_{M3} &= 0.030, N_F > 100\,000 \end{aligned}\right\}$$

$$\left.\begin{aligned} R_B &= 0.67 + 0.87\left(\frac{D_v}{2D_h} - 0.2\right), 0.2 \leqslant \frac{D_v}{2D_h} \leqslant 0.35 \\ R_B &= 0.80 + 1.33\left(\frac{D_v}{2D_h} - 0.35\right), 0.35 < \frac{D_v}{2D_h} \leqslant 0.50 \\ R_B &= \frac{D_v}{D_h}, \frac{D_v}{2D_h} > 0.5 \end{aligned}\right\}$$

$$R_L = \frac{0.265 - 0.053\lg N_F}{(H_C/D_h)^{0.75}} \leqslant 1.0$$

（4）M_{Pf} 为波纹钢埋置式结构截面可承担的极限弯矩，按下式计算：

$$\left.\begin{aligned} M_{pf} &= \phi_h M_p \\ M_p &= Zf_y \end{aligned}\right\} \tag{5-137}$$

式中：ϕ_h——波纹钢埋置式结构材料抵抗塑性铰的抗力系数，见表 5-64；

M_P——波纹钢埋置式结构承受的最大塑性弯矩（kN·m/m）；

Z——波纹钢埋置式结构单位长度的塑性截面模量（mm^3/mm），对于采用螺栓拼装的波纹钢板，应扣除螺栓孔截面。

2）运营阶段

对于施工完成后的深波纹钢埋置式结构，承载能力极限状态下的弯矩和环向压力的组合效应应不大于截面的塑性抗弯承载力。按下式验算：

$$\left.\begin{aligned} &\left(\frac{T_f}{P_{Pf}}\right)^2 + \left|\frac{M_f}{M_{Pf}}\right| \leqslant 1.0 \\ &P_{Pf} = \phi_h A f_y \\ &M_f = \alpha_D M_1 + \alpha_D M_D + \alpha_L M_L(1+\mu) \end{aligned}\right\} \tag{5-138}$$

式中：T_f——承载能力极限状态基本组合下由恒载和活载引起的波纹钢埋置式结构的环向内力(kN/m)；

P_{Pf}——波纹钢埋置式结构截面可承担的极限压力；

M_f——运营阶段波纹钢埋置式结构截面所受弯矩(图5-39)；

M_{Pf}——波纹钢埋置式结构截面可承担的极限弯矩，同施工阶段；

ϕ_h——运营阶段波纹钢埋置式结构材料抵抗塑性铰的抗力系数，见表5-64；

A——波纹钢埋置式结构单位长度横截面面积(mm^2/mm)，对于采用螺栓拼装的波纹钢板，应扣除螺栓孔截面面积；

f_y——波纹钢埋置式结构材料屈服强度(MPa)。

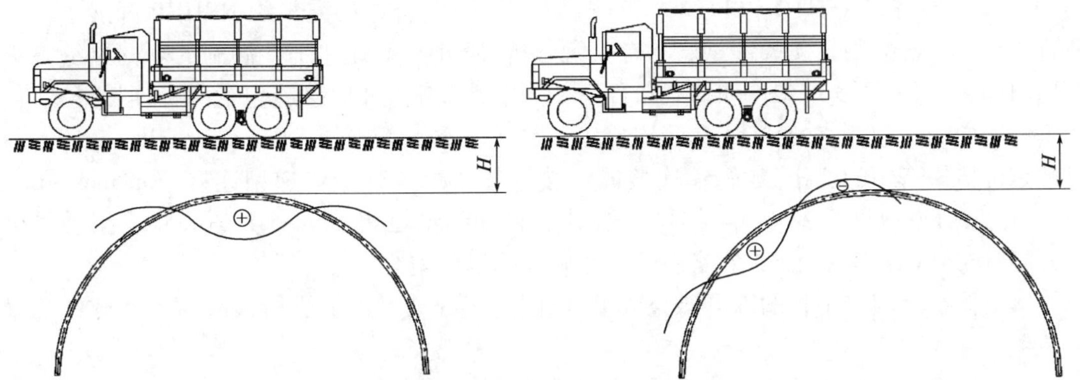

图5-39 活载作用下截面所受的弯矩

其中：

$$\left.\begin{aligned} M_1 &= k_{M1} R_B \gamma D_h^3 \\ M_D &= -k_{M2} R_B \gamma D_h^2 H_e \\ H_e &= \min(H, D_h/2) \\ M_L &= \frac{k_{M3} R_U D_h A_L}{k_4} \end{aligned}\right\} \tag{5-139}$$

式中：k_{M1}、k_{M2}、k_{M3}、R_B——计算同施工阶段；

A_L——跨径长度范围内布置的设计车辆荷载总轴重(kN)；

k_4——插值同施工阶段，但当填土厚度大于3.0m时，取$k_4=4.9$m。

R_U按下式计算：

$$R_U = \frac{0.265 - 0.053\lg N_F}{(H/D_h)^{0.75}} \leqslant 1.0$$

5.5 连接设计

5.5.1 环向接缝设计

埋置式结构的设计通常忽略管节连接接缝处的纵向、横向和环向应力。环向接缝的设计假定仅考虑其横截面上的平面荷载(弯矩和推力),而不考虑沿结构纵向不均匀荷载和/或不均匀地基(管基)引起的纵向弯矩和剪力。

然而,国外的大量观测表明,如果用于连接波纹钢管管节的环向接缝(管箍或法兰)强度不够,或构造不合理,由纵向地基刚度的变化引起的纵向内力可能会引起结构局部破坏,使得水或土壤向管内渗透,从而造成土壤支撑的损失,甚至引起结构坍塌。

设计应要求结构长度范围内的地基和管基具有较均匀的物理性质和厚度。但是经验表明,大多数结构施工时很难达到理想的现场条件,而且填筑过程中也很难避免纵向不均匀荷载的出现。因此,如果结构纵向地基刚度差异较大,或上部填土厚度变化较大,则应考虑纵向内力的影响对环向接缝进行设计。

2009 年 5 月,AASHTO 和 FHWA 联合委托美国公路合作研究组织 NCHRP 开展了一个专项研究,通过现场试验、实验室试验和有限元分析,研究了柔性和刚性涵洞的环向接缝在纵向不均匀的施工条件、支承条件和荷载条件下的力学性能❶。环向接缝包括两种连接形式:一种是不传递弯矩的连接,如套环或套管连接,称为“弯矩释放型连接”(moment-release joints);另一种是可传递弯矩的连接,如管箍连接或焊接连接,称为“弯矩传递型连接”(moment-transfer joints)。该研究项目于 2012 年 4 月完成,其成果和结论已提交 AASHTO 公路小组委员会审议,计划作为 AASHTO LRFD 公路桥梁设计规范的修订内容。

本节摘要介绍该项目的部分研究成果,供国内工程技术人员进行波纹钢埋置式结构设计时参考。

波纹钢埋置式结构的环向接缝设计应验算:

(1)弯矩释放型连接和弯矩传递型连接抵抗竖向剪力的能力。

(2)弯矩传递型连接抵抗纵向弯矩的能力。

(3)弯矩传递型连接抵抗轴力的能力(假定弯矩释放型连接不具备传递轴向拉力的能力)。

(4)弯矩释放型连接适应纵向转角的能力。

该项目着重研究了接缝处纵向弯矩的影响,并给出了弯矩、剪力和转角的简化计算公式和按弹性地基梁进行有限元分析的方法,而对轴向拉力则没有进行详细的研究。这里介绍弯矩、剪力和转角的简化计算方法。

波纹钢埋置式结构环向接缝的简化计算考虑图 5-40 所示的设计模型。

(1)波纹钢埋置式结构拱顶填土产生的乘系数的竖向土压力 W_E(kN/m)按下式计算:

$$W_E = \alpha_D \mathrm{VAF} \gamma_s OD H \tag{5-140}$$

式中:α_D——土压力荷载系数;

VAF——竖向土拱系数,对于波纹钢管,取 1.0;

γ_s——拱顶填土的重度(kN/m^3);

OD——波纹钢管的外部直径(m);

H——波纹钢管起拱线以上的填土厚度(m)。

❶I. D. Moore; D. Becerril García; H. Sezen; T. Sheldon, Structural Design of Culvert Joints, NCHRP Web-Only Document 190, Contractor's Final Report for NCHRP Project 15-38, Transportation Research Board, Washington D. C.

 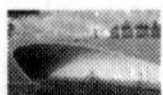

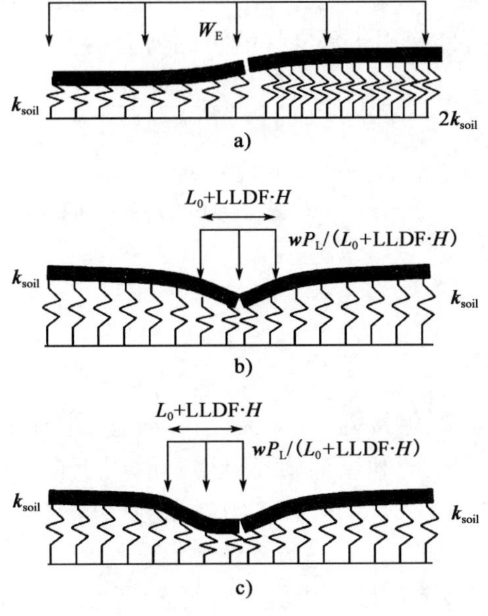

图 5-40　计算柔性管环向接缝处的剪力、弯矩和转角的简化模型

a)均布土荷载作用于两节位于不同刚度土壤上的管上;b)地面活载位于接缝中心,引起最大转角;

c)地面活载位于接缝一侧,引起最大剪力

(2)地面上乘系数的活载 P_L(kN,包括活载系数、动力增计值)通过填土的分布后,折算到直接作用于波纹钢管上的荷载的比值 w 按下式计算:

$$w = \frac{\min(OD, W_0 + \text{LLDF}H)}{W_0 + \text{LLDF}H} \tag{5-141}$$

式中:LLDF——活载分布系数;

W_0——活载传递到波纹钢管起拱线处的分布宽度(m)。

(3)对于弯矩传递型连接,作用于环向接缝上的剪力(kN)和弯矩(kN · m)设计值分别为:

$$V_{j-d} = 0.154\frac{W_E}{\lambda} + \frac{wP_L v}{L_0 + \text{LLDF}H} \tag{5-142}$$

$$M_{j-d} = 0.058\frac{W_E}{\lambda^2} + \frac{wP_L m}{L_0 + \text{LLDF}H} \tag{5-143}$$

式中:$v = \left|\frac{1 + e^{-\lambda L_H}(\sin\lambda L_H - \cos\lambda L_H)}{4\lambda}\right|$;

$m = \left|\frac{e^{\frac{-\lambda L_H}{2}}\sin\frac{\lambda L_H}{2}}{2\lambda^2}\right|$;

$\lambda = \sqrt[4]{\frac{k_{soil}OD}{4EI}}$;

k_{soil}——土壤的刚度(kN/m^3),对于波纹钢管的结构性回填,一般取 30 000kN/m^3;

EI——波纹钢管按弹性地基梁考虑的纵向整体抗弯刚度（kN·m²）。

（4）对于弯矩释放型连接，作用于环向接缝上的剪力（kN）和转角（rad）设计值分别为：

$$V_{\mathrm{j-d}} = 0.157\frac{W_{\mathrm{E}}}{\lambda} + \frac{wP_{\mathrm{L}}v}{L_0 + \mathrm{LLDF}H} \tag{5-144}$$

$$\theta_{\mathrm{j-d}} = 0.0918\frac{W_{\mathrm{E}}\lambda}{k_{\mathrm{soil}}OD} + \frac{wP_{\mathrm{L}}r}{L_0 + \mathrm{LLDF}H} \tag{5-145}$$

式中：$r = \left|\frac{4\lambda}{k_{\mathrm{soil}}OD}e^{\frac{-\lambda L_{\mathrm{H}}}{2}}\sin\frac{\lambda L_{\mathrm{H}}}{2}\right|$。

5.5.2 纵向接缝设计

纵向接缝一般有卷边接缝、铆接缝、点焊接缝和螺栓接缝四种类型。卷边接缝通常用于螺旋形或螺旋带肋波纹钢管，铆接缝和点焊接缝早期一般用于直径较小的波纹钢管的纵向和环向接缝。工程中应用最多的是螺栓接缝，即采用高强螺栓将波纹钢结构板拼装成各种形状的结构。

波纹钢埋置式结构纵向接缝的破坏机理非常复杂，不仅取决于连接形式和材料强度，还与安装工艺有关。国外规范均采用由试验得出的或制造商发布的纵向接缝极限强度（承载力）来进行设计。

一般来说，对于圆形或接近圆形的闭口截面或单圆弧拱形结构，纵向接缝主要承受环向压力，设计应满足：

$$\phi_{\mathrm{j}}R_{\mathrm{bs}} \geqslant T_{\mathrm{f}} \tag{5-146}$$

式中：ϕ_{j}——接缝抗力系数，见表5-64；

R_{bs}——纵向接缝极限抗压强度（kN/m），不同国家规范采用的不同类型纵向接缝的极限抗压强度参见第5.2节；

T_{f}——承载能力极限状态下由恒载和活载引起的环向压力（kN/m）。

对于其他非圆形截面或多圆弧拱形结构，施工阶段或运营阶段纵向接缝还可能承受弯矩，设计除应满足上述要求外，还应按下式验算接缝的抗弯承载力：

$$\phi_{\mathrm{j}}R_{\mathrm{bm}} \geqslant M_{\mathrm{f}} \tag{5-147}$$

式中：ϕ_{j}——接缝抗力系数，见表5-64；

R_{bm}——纵向接缝极限抗弯强度（kN·m/m），一般由试验确定，或咨询制造商；

M_{f}——承载能力极限状态下由恒载和活载引起的最大截面弯矩（kN·m/m），可按第5.4.4节计算，或通过有限元分析计算。

目前，国内的波纹钢埋置式结构产品标准如《公路涵洞通道用波纹钢管（板）》（JT/T 791—2010）或《公路桥涵用波形钢板》（JT/T 710—2008）均没有给出详细的拼装连接形式和纵向接缝强度，国内的制造商也缺乏这方面的试验研究，而未发布权威的数据资料。同时，波纹钢埋置式结构的设计施工标准尚在研究中。因此，现阶段工程应用中埋置式结构的纵向接缝设计可以选用以下方法的一种：

（1）参考国外的相关数据按本节方法设计，但要注意考虑材料强度（钢材和连接件）、连接构造（如螺栓规格和布置）以及制造和安装工艺方面的差异。

(2)根据现场试验或制造商提供的接缝强度试验数据按本节方法设计。

(3)采用第5.5.3节参考钢结构规范中平板螺栓连接的方法设计,并进行试验验证。

(4)用有限元方法建立三维精细模型进行独立分析,并考虑材料非线性、几何非线性和接触非线性效应。

5.5.3 参考钢结构设计规范进行纵向栓接接缝设计

波纹钢埋置式结构采用高强螺栓连接时,纵向接缝验算可参考《钢结构设计规范》(GB 50017—2003)中的相关规定。由于现有的《钢结构设计规范》(GB 50017—2003)仅给出了平面钢板螺栓连接的承载力计算公式,而波纹钢板连接部位的局部受力性能和破坏机理与平面钢板连接有所不同,因此应进行适当折减。此外,目前国内外有关波纹钢板螺栓连接的相关研究尚不多见,相关文献也比较少,因此按平面钢板连接计算并经折减后的承载力还应通过试验进行验证。

需要说明的是,波纹钢板纵向接缝处的受力和破坏机理十分复杂,国外规范几乎无一例外地采用第5.5.2节所述的基于试验数据的设计方法。国内的研究表明,与美国钢结构设计规范对比,我国高强度螺栓摩擦型连接做法更趋保守,若能参照美国规范设计摩擦型螺栓则能明显减少螺栓用量❶。《钢结构设计规范》(GB 50017—2003)中规定的承压计算公式与AASHTO桥梁设计规范中的公式相比是非常保守的,两者相差1.6倍。根据《钢结构设计规范》(GB 50017—2003)计算的高强螺栓连接强度比澳大利亚规范AS/NZS 2041规定的接缝强度小一半左右❷,第九章的算例也证明了这一点。因此,随着波纹钢埋置式结构在国内的推广应用,有必要开展波纹钢板连接强度的试验研究,给出常用波纹剖面的波纹钢板不同连接形式(栓接、铆接、卷边连接等)的接缝强度设计值,并纳入相应的产品标准,以方便设计。

1)设计方法

一般来说,对于圆形或接近圆形的闭口截面或单圆弧拱形结构,纵向接缝主要承受环向压力(取恒载和活载内力的代数和)。该环向压力可视为螺栓群承受的剪力,按采用的螺栓类型验算抗剪承载力。

对于同时承受弯矩的纵向接缝,需要把截面弯矩转化为最外侧螺栓的拉力,按同时承受剪力和杆轴方向拉力的螺栓进行验算。最外侧螺栓的拉力按下式计算:

$$N_t = \frac{My}{\sum_{i=1}^{n} y_i^2} \tag{5-148}$$

式中:M——高强螺栓群所承受的截面弯矩(kN·m);

y_i——第i个螺栓中心距螺栓群形心的距离(m);

y——最外侧螺栓中心距螺栓群形心的距离(m);

n——每延米接缝上的螺栓个数;

N_t——最外侧螺栓承受的拉力(kN)。

❶蔡志芳,王林,中美钢结构规范高强螺栓连接设计比较,《低温建筑技术》2008年第6期(总第126期),第95-96页。

❷方亚非,温学钧,埋置式波纹钢板管结构的计算方法比较,《城市道桥与防洪》2007年5月第5期,第126-129页。

本节介绍的钢结构设计规范螺栓连接的承载力计算方法适用于平面钢板。对于平板连接件,其螺母与连接板的接触方式为面—面接触。一方面,在拧紧螺母之后能实现螺母与板面的紧密贴合,这样就能在螺母与板件接触面上可靠地传递螺栓预紧力,从而压紧板件,在螺杆与孔壁接触之前传递板件中的拉力;另一方面,随着连接件中拉力的增大,连接板的拉力对螺杆形成的力偶也随之增大,该力偶必然会导致螺栓的倾斜和板件的翘曲,而螺母与板面贴合紧密能改善螺栓的倾斜和板件的翘曲。相反,对于波纹板连接件,螺母与板面的接触区域较小,两者不能实现紧密贴合,实际上是螺帽端面的边缘部分首先与连接板接触,存在较大的应力集中现象。因此,波纹板连接件的承载力小于平板连接件。

根据国内有限元分析和试验研究❶,按本节方法验算接缝的承载力时,考虑波纹钢板与平面钢板在连接效率方面的差异,所有承载力均应乘以 0.9 的折减系数。

此外,对于多排螺栓连接,承载力计算时还应按第 5.5.3 节 4)考虑螺栓群的折减。

2)承压型高强螺栓

(1)高强螺栓在螺纹处的有效截面面积见表 5-67。承压型高强螺栓的抗拉、抗剪、承压强度设计值见表 5-68。

高强螺栓在螺纹处的有效截面面积(mm^2)　　表 5-67

螺栓规格	M12	M16	M20	M22	M24	M27	M30
A_{eff}	84.3	157	245	303	353	459	561

承压型高强螺栓的抗拉、抗剪、承压强度设计值(MPa)　　表 5-68

螺栓的性能等级、构件钢材的牌号和连接类型			抗拉强度 f_t^b	抗剪强度 f_v^b	承压强度 f_c^b
承压型连接	高强度螺栓连接副	8.8s	400	250	—
		10.9s	500	310	—
	连接处构件	Q235	—	—	470
		Q345	—	—	590
		Q390	—	—	615
		Q420	—	—	655

(2)在受剪连接中,承压型高强度螺栓的抗剪承载力设计值应取受剪和承压承载力设计值中的较小值。

受剪承载力设计值可按下式计算:

$$N_v^b = n_v A_{eff} f_v^b \tag{5-149}$$

式中:n_v——每只螺栓受剪面数量;

A_{eff}——高强螺栓在螺纹处的有效截面面积(mm^2),见表 5-67;

f_v^b——高强螺栓抗剪强度设计值(MPa),见表 5-68。

承压承载力设计值可按下式计算:

❶张永浩,金属波纹板螺栓连接受力性能分析与试验研究(硕士学位论文).南京:东南大学,2010。

$$N_c^b = d\sum tf_c^b \tag{5-150}$$

式中：d——螺栓杆直径（mm）；

Σt——在不同受力方向中一个受力方向承压构件总厚度的较小值（mm）；

f_c^b——高强螺栓承压强度设计值（MPa），见表5-68。

（3）在螺栓杆轴方向受拉的连接中，每个承压型高强螺栓的抗拉承载力设计值应按下式计算：

$$N_t^b = A_{eff} f_t^b \tag{5-151}$$

式中：A_{eff}——高强螺栓在螺纹处的有效截面面积（mm^2），见表5-67；

f_t^b——高强螺栓的抗拉强度设计值，见表5-68。

（4）同时承受剪力和杆轴方向拉力的承压型高强螺栓，应符合下式的要求：

$$\sqrt{\left(\frac{N_v}{N_v^b}\right)^2 + \left(\frac{N_t}{N_t^b}\right)^2} \leqslant 1 \tag{5-152}$$

$$N_v \leqslant \frac{N_c^b}{1.2} \tag{5-153}$$

式中：N_v、N_t——一个高强度螺栓所承受的剪力和拉力；

N_v^b、N_t^b、N_c^b——一个高强度螺栓的抗剪、抗拉和承压承载力设计值。

3）摩擦型高强螺栓

高强度螺栓摩擦型连接应按下列规定计算。

（1）在螺栓杆轴方向受拉的连接中，每个高强度螺栓的抗拉承载力设计值取：

$$N_t^b = 0.8P \tag{5-154}$$

式中：P——一个高强度螺栓的预拉力，按表5-69采用。

一个高强度螺栓的预拉力 P（kN） 表5-69

螺栓的性能等级	螺栓公称直径（mm）					
	M16	M20	M22	M24	M27	M30
8.8级	80	125	150	175	230	280
10.9级	100	155	190	225	290	355

（2）在受剪连接中，每个高强度螺栓的抗剪承载力设计值 N_v^b 应按下式计算：

$$N_v^b = k_1 k_2 n_f \mu P \tag{5-155}$$

式中：k_1——系数，对冷弯薄壁型钢结构（板厚≤6mm）时取0.8，其他情况取0.9；

k_2——孔型系数，标准孔取1.0，大圆孔取0.85，内力与槽孔长向垂直时取0.7，内力与槽孔长向平行时取0.6；

n_f——传力摩擦面数目；

μ——摩擦面的抗滑移系数，按表5-70、表5-71采用。

钢材摩擦面的抗滑移系数μ　　表 5-70

在连接处构件接触面的处理方法		构件的钢号			
		Q235 钢	Q345 钢	Q390 钢	Q420 钢
普通钢结构	喷硬质石英砂或铸钢棱角砂	0.45	0.45	0.45	0.45
	抛丸(喷砂)	0.35	0.40	0.40	0.40
	抛丸(喷砂)后生赤锈	0.45	0.45	0.45	0.45
	钢丝刷清除浮锈或未经处理的干净轧制表面	0.30	0.35	0.35	0.40
冷弯薄壁型钢结构	抛丸(喷砂)	0.35	0.40	—	—
	热轧钢材轧制面清除浮锈	0.30	0.35	—	—
	冷轧钢材轧制面清除浮锈	0.25	—	—	—

注:1. 钢丝刷除锈方向应与受力方向垂直。
2. 当连接构件采用不同钢号时,μ 按相应较低的取值。
3. 采用其他方法处理时,其处理工艺及抗滑移系数值均需要试验确定。

涂层连接面的抗滑移系数μ　　表 5-71

表面处理要求	涂装方法及涂层厚度	涂层类别	抗滑系数μ
抛丸除锈,达到 Sa2 1/2 级	喷涂或手工涂刷,50 ~ 75μm	醇酸铁红	0.15
		聚氨酯富锌	
		环氧富锌	
	喷涂或手工涂刷,50 ~ 75μm	无机富锌	0.35
		水性无机富锌	
	喷涂,30 ~ 60μm	锌加底漆(ZINGA)	0.45
	喷涂,80 ~ 120μm	防滑防锈硅酸锌漆(HES-2)	

注:当设计要求使用其他涂层(热喷铝、镀锌等)时,其钢材表面处理要求、涂层厚度及抗滑移系数均需由试验确定。

(3)当高强度螺栓摩擦型连接同时承受摩擦面间的剪力和螺栓杆轴方向的外拉力时,其承载力应按下式计算:

$$\frac{N_v}{N_v^b}+\frac{N_t}{N_t^b}\leqslant 1 \tag{5-156}$$

式中:N_v、N_t——一个高强度螺栓所承受的剪力和拉力;

N_v^b、N_t^b——一个高强度螺栓的抗剪、抗拉承载力设计值。

4)螺栓群的承载力折减

规范关于螺栓群的抗剪连接计算假定每个螺栓是均匀受力的,但试验证明当处于弹性工作阶段时,螺栓群承担的剪力是不均匀的,两端的螺栓受力最大,向中间依次逐渐减小。连接长度越长,不均匀受力的情况就越明显。进入塑性阶段后,各螺栓受力逐渐趋向均匀,但当受力较大时,两端的螺栓可能先行破坏,随后由于有效螺栓数量的减少而造成各螺栓依次破坏,最后使整个接头失效。

为了防止这种现象产生,钢结构设计规范规定:在构件节点或拼接接头的一端,当螺栓沿受力方向连接长度 l_1 大于 $15d_0$ 时,螺栓承载力设计值应乘以折减系数 η:

$$\eta = 1.1 - \frac{l_1}{150d_0} \geqslant 0.7$$

当 l_1 大于 $60d_0$ 时，$\eta = 0.7$。d_0 为相应的标准孔孔径，一般为螺栓直径 +2mm。

5）螺栓间距要求

高强螺栓孔距和边距应符合表5-72的规定。

高强螺栓的孔距和边距 表5-72

<table>
<tr><th>名称</th><th colspan="3">位置和方向</th><th>最大容许间距（两者较小值）</th><th>最小容许间距</th></tr>
<tr><td rowspan="5">中心间距</td><td colspan="3">外排（垂直内力方向或顺内力方向）</td><td>$8d_0$或$12t$</td><td rowspan="5">$3d_0$</td></tr>
<tr><td rowspan="3">中间排</td><td colspan="2">垂直内力方向</td><td>$16d_0$或$24t$</td></tr>
<tr><td rowspan="2">顺内力方向</td><td>构件受压力</td><td>$12d_0$或$18t$</td></tr>
<tr><td>构件受拉力</td><td>$16d_0$或$24t$</td></tr>
<tr><td colspan="3">沿对角线方向</td><td>—</td></tr>
<tr><td rowspan="3">中心至构件边缘距离</td><td colspan="3">顺力方向</td><td rowspan="3">$4d_0$或$8t$</td><td>$2d_0$</td></tr>
<tr><td colspan="3">切割边或自动手工气割边</td><td rowspan="2">$1.5d_0$</td></tr>
<tr><td colspan="3">轧制边、自动气割边或锯割边</td></tr>
</table>

注：1. d_0为高强度螺栓连接板的孔径，对槽孔为短向尺寸；t为外层较薄构件的厚度。
2. 钢板边缘与刚性构件（如角钢、槽钢等）相连的高强度螺栓的最大间距，可按中间排的数值采用。

5.6 地基与基础设计

5.6.1 地基设计

波纹钢埋置式结构地基设计应关注结构全长范围内拱底（或基础）以下及起拱线两侧一定范围内（图5-41）地基土壤的力学特性、承载力和沉降要求。

波纹钢埋置式结构全长范围内的地基应具有足够的强度、稳定性和均匀性，但其强度和刚度不应大于两侧支撑回填的地基强度和刚度，以避免产生负土拱作用引起对结构不利的下拉力。沿结构长度方向，根据地质条件和填土荷载的变化情况，可采用不同的地基设计。

1）地基沉降

地基设计时应进行地基固结和沉降分析。对于有沉降发生的地基，应使得结构（开口结构或闭口结构）的沉降略大于两侧A区的沉降，沉降差应不大于25mm。

对于开口结构，两侧基础之间的沉降差应满足下式：

$$\Delta \leqslant 0.01 \times \frac{S^2}{R} \tag{5-157}$$

式中：Δ——两侧基础之间的沉降差；

S——开口结构的跨径；

R——开口结构的矢高。

开口结构每侧基础底部沿结构长度方向的地基如果发生不均匀沉降，应考虑基础的开裂、抗剪承载力和纵坡影响。闭口结构地基预期沉降量较大或填方较高时，结构底部宜设置预拱度，参见第5.9.6节。

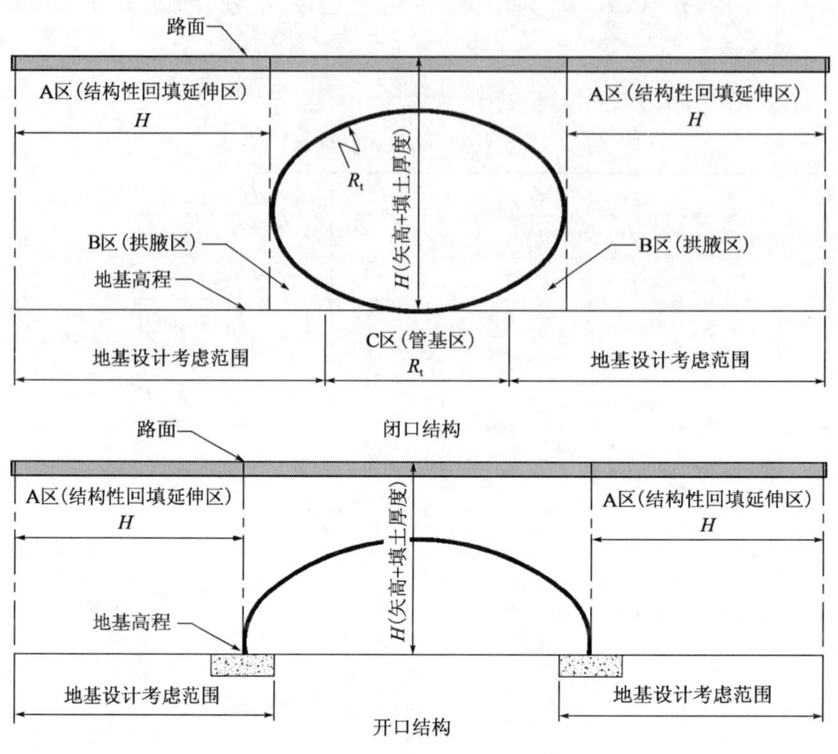

图5-41　地基设计考虑范围

2)地基承载力

对于闭口结构，应按下式验算拱腋处的地基承载力：

$$\frac{T}{R_s} \leqslant \sigma \tag{5-158}$$

式中：σ——拱腋处的地基承载力；

T——管壁恒载推力与活载推力之和；

R_s——结构拱腋处的半径。

对于闭口结构，拱腋部位的地基承载力不满足要求时，应按图5-42进行加固。

对于开口结构，应按5.6.3节计算基础反力后，按相应的地基规范验算地基承载力。

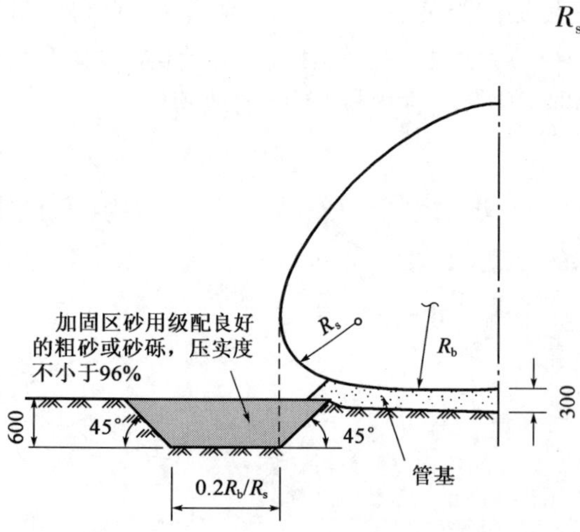

图5-42　闭口结构拱腋地基的加固(尺寸单位：mm)

3)地基处理

波纹钢埋置式结构在图5-41所示的考虑范围内的地基应具有较为均匀的力学特性。

开挖地基时，开挖宽度要符合闭口结构管基的最小厚度与宽度要求，以保证提供足够的

空间组装波纹钢管及进行周边结构性回填材料的回填压实。

不同地基的处理方法参见第7.1.2节。

5.6.2 闭口结构的管基

除非天然地基符合管基的材料性能要求，一般不得在天然地基上直接安放闭口结构，而需要在管底一定范围内铺筑一定厚度的砂垫层。对于软土地基，应预先对其进行处理，再填筑管基。对于岩石地基，应挖除一定深度和宽度，换填后铺筑管基。在寒冷地区，应对换填深度及管基材料的最大粒径和粉黏粒含量进行控制。

管基材料宜采用级配良好的天然砂砾，最大粒径不宜超过50mm，0.074mm以下粉黏粒含量不得超过3%，工后沉降不得大于200mm。

管基砂垫层的厚度一般不小于波高的2倍，且不小于150mm。

管基宽度：对于圆管和管拱，一般不小于$D_h/2$；对于水平椭圆形管，不小于$D_h/3$（D_h为直径或跨径）。

闭口结构$D_h>3600$mm时，管基纵向和横向都应铺筑成与结构拱底相贴合的形状。管基（特别是顶部一个波高厚度范围内）材料应保持松散，不必压实，以便拱底的波纹均匀坐入管基。

5.6.3 开口结构的基础

波纹钢埋置式开口结构的基础设计与其他结构基础一样，需要对结构所在位置的地基进行地基勘察，并了解结构设计原理和岩土工程相关知识。

开口结构的基础（拱座）可采用钢筋混凝土或圬工结构扩大基础，也可采用钢结构扩大基础。拱座支承面的宽度应不小于波形钢板的波幅尺寸。

开口结构的基础应能与结构一起产生共同的沉降，从而减轻拱板上的荷载，促进土壤的成拱作用，因此不建议使用桩基础。

对于过水结构，基础的埋深应考虑最大冲刷深度，并采取措施避免底部冲刷。

1）恒载计算

对于圆弧拱（基础顶面与起拱线齐平）或小圆弧拱（基础顶面位于起拱线之上），每侧基础顶面作用的恒载DL按下式计算（图5-43）：

$$DL = [\gamma(H''S - A) + P]/2 \tag{5-159}$$

式中：DL——每侧基础顶面作用的恒载（kN/m）；

γ——土的重度（kN/m^3）；

H''——基础顶面至路面高度（m）；

A——开口结构过水面积（m^2）；

P——结构每延米自重（kN/m），通常忽略不计。

对于多圆弧拱或基础顶面位于起拱线之下的开口截面，计算基础顶面恒载时，通常忽略起拱线与基础顶面之间土体的重量。因此上式中的H''取为起拱线至路面高度，S为最大跨径（两侧起拱点之间距离），A则为起拱线以上过水面积（图5-44）。

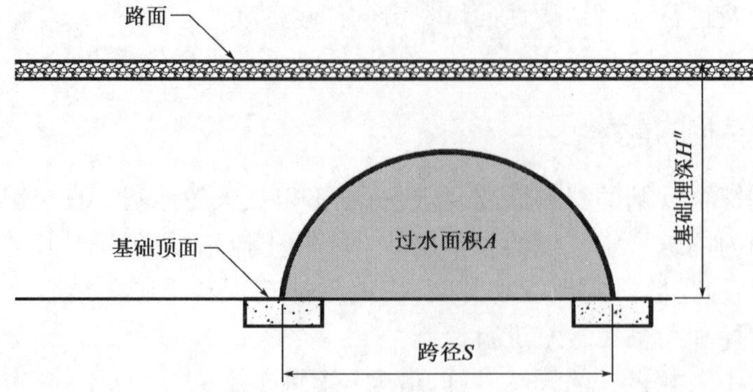

图 5-43　基础顶面恒载计算图(圆弧拱)

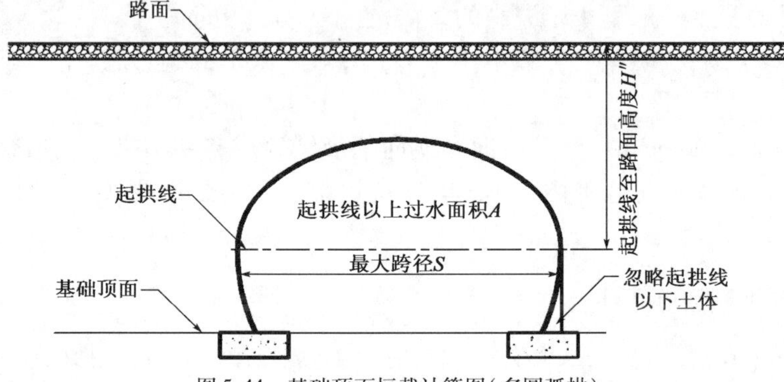

图 5-44　基础顶面恒载计算图(多圆弧拱)

2)活载计算

作用于基础顶面的公路活载,应按第 5.4.1 节 2)第(2)条所述进行分布,详见图 5-45。

单车道活载时,作用于基础顶面的活载 LL 按下式计算:

$$LL = \frac{140}{2.4 + H''} \tag{5-160}$$

双车道活载重叠时,作用于基础顶面的活载 LL 按下式计算:

$$LL = \frac{280}{2.4 + H''} \tag{5-161}$$

图 5-45 所示计算图式是按车辆行驶方向上两个 140kN 后轮作用在结构上方考虑的,如果结构跨径大于 8.4m,还应考虑前一个车轮(或更多车轮)轮载的分布。

对于其他特殊车辆或施工荷载,应用同样的方法计算轮载的分布。

3)基础反力

作用于基础顶面的总荷载为恒载与活载的代数和。对于埋置式结构的基础设计,不考虑活载的冲击系数。

对于半圆弧拱,基础顶面的反力即为作用于基础顶面的总荷载,即:

$$V = DL + LL \tag{5-162}$$

对于非半圆拱,一般拱脚与竖直面成一夹角(θ 角,向内或向外),这时基础顶面的反力为(参见图 5-46):

$$R_H = V\sin\theta \tag{5-163}$$

$$R_V = V\cos\theta \tag{5-164}$$

式中：V——起拱线处的竖向反力，即 $DL + LL$；

R_H——基础顶面反力的水平分量；

R_V——基础顶面反力的竖向分量。

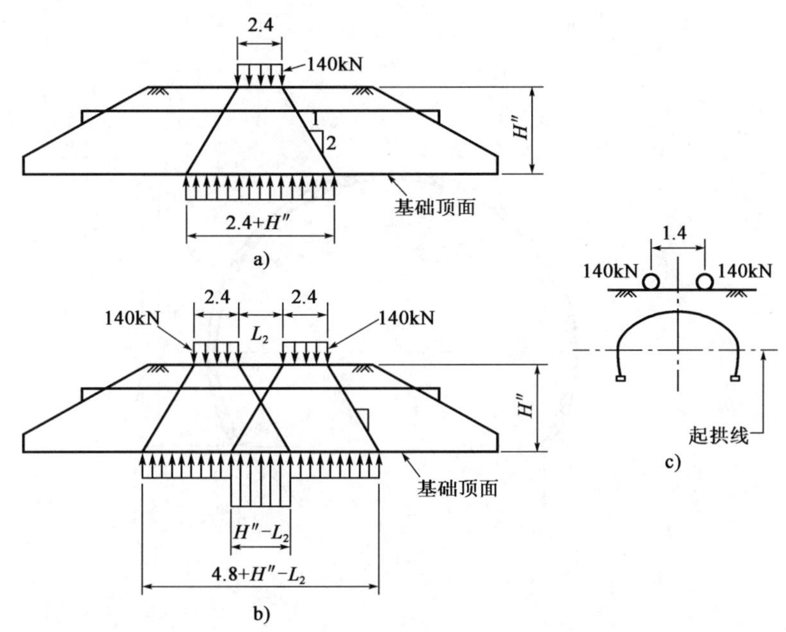

图5-45　基础顶面汽车荷载分布图（尺寸单位：m）

a）侧视图（单车道）；b）侧视图（双车道，荷载重叠）；c）端视图

4）基础设计

基础设计应根据基础反力选择基础形式和尺寸，验算地基承载力、抗倾覆及抗滑稳定性、沉降及冲刷等。对于公路波纹钢埋置式桥涵，基础设计按《公路桥涵地基与基础设计规范》（JTG D63—2007）执行。

不应采用过大的扩大基础或桩基础。应尽量避免基础邻近土体相对于基础发生沉降，这种沉降会对结构产生向下的拉力。

基础设计应注意以下几点：

（1）采用筑堤法施工时，应考虑起拱线以外基础顶面以上土体的附加恒载（图5-47）。

（2）基础的水平反力通常可由基础与支承土壤之间的摩擦力克服。如果摩擦力不足以抵抗水平反力，基础底面可设置竖向的剪力键。水平反力很大时，可在基础之间设置支撑梁。

（3）通常假定在拱内产生水平力的主动土压力由径向的环压力抵消。这些压力在恒载反力中考虑。

（4）基础应低于冲刷深度，否则应采取防冲刷措施。

（5）基础底部可以允许有少量沉降，因此如果采用拱底铺砌，应在铺砌与基础之间留有施工缝。

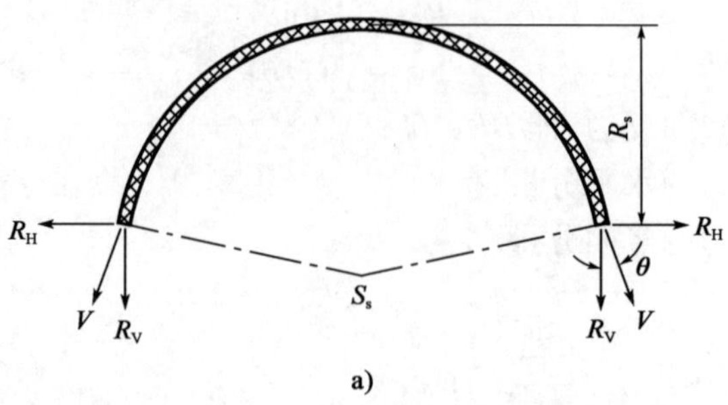

a)

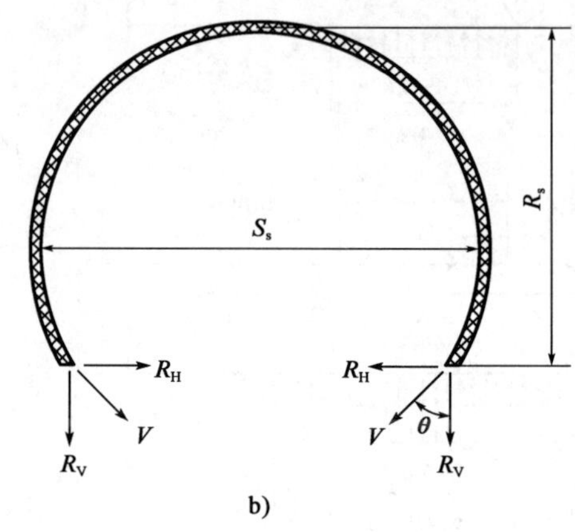

b)

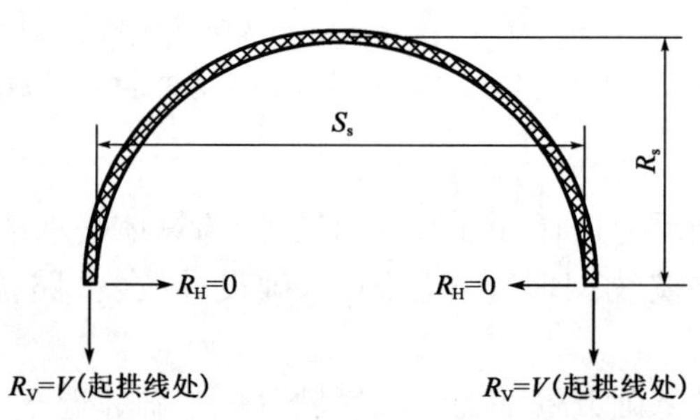

c)

图 5-46 基础反力

a) $R_s < S_s/2$; b) $R_s > S_s/2$; c) $R_s \approx S_s/2$

5) 波纹钢结构板与基础的连接

波纹钢结构板与混凝土基础之间通过预埋不平衡槽钢用螺栓连接,浇筑混凝土基础时应将不平衡槽钢及其锚栓一同埋入,不平衡槽钢底面应与拱脚处切线垂直。

波纹钢结构板与钢基础之间宜采用螺栓连接。

波纹钢结构板与基础的连接形式及尺寸要求参见第 3.3.4 节。

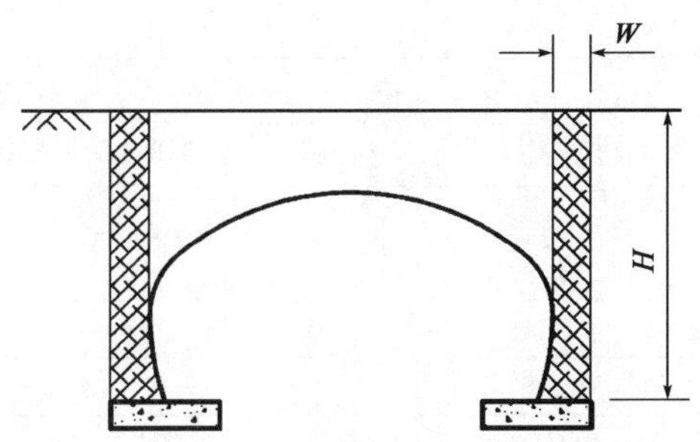

图 5-47 作用于基础上的附加恒载(筑堤法施工)

5.7 回 填 设 计

波纹钢埋置式结构作为一种柔性结构,必须依赖周围土壤的支撑来发挥结构的承载力并维持截面形状。因此,结构性回填区的设计是这类结构不可或缺的一项重要内容。

回填设计包括:

(1)结构性回填材料的选用。

(2)结构性回填区范围的确定。

(3)结构性回填区的填筑和压实方法。

5.7.1 结构性回填材料的选用

通常结构性回填区应选用级配良好的颗粒材料。材料的选取与结构形状、活载、填土厚度及其他现场条件有关。设计时应考虑回填材料的类型、级配、压实度、含水率等要素。

结构性回填材料的分类参见第 5.3.3 节,施工参见第 7.3.1 节。结构性回填材料的适用范围和技术要求参见表 5-73。

结构性回填材料的选用建议 表 5-73

土壤类型	与 ASTM D 2487 对应的土壤类别	跨径范围(m)			
		$D_h \leqslant 3.0$	$3.0 < D_h \leqslant 8.0$	$8.0 < D_h \leqslant 12.0$	$D_h > 12.0$
Ⅰ	GW,GP	√	√	√	√
	SW,SP	√	√	√	√
	GW-GM,GP-GM	√	√	√	√
	SW-SM,SP-SM	√	√	√	√
	GW-GC,GP-GC	√	√	√	×
Ⅱ	GM	√	√	×	×
	SM	√	√	×	×
	GC	√	√	×	×
	SC	√	√	×	×
细粒土(通过 75μm 筛分)最大含量(%)		20	12	10	10
级配系数 C_c		0.5~3.0	0.7~3.0	1~3	1~3

续上表

土壤类型	与 ASTM D 2487 对应的土壤类别	跨径范围(m)			
		$D_h \leqslant 3.0$	$3.0 < D_h \leqslant 8.0$	$8.0 < D_h \leqslant 12.0$	$D_h > 12.0$
最小均匀系数 C_u		2	3	4(砾石)	4(砾石)
				6(砂)	6(砂)
最大线性收缩率(%)		10	8	7	6
最大塑性指数(%)		15	12	10	8

注:1. 如果细粒土含量不大于5%,塑性指数可不受本表限制。

2. 对于管沟法施工或要求采用自由排水填料时,也可采用单一粒径的颗粒材料,但仅当4.75mm 筛分通过率小于40%时,级配系数 C_c 和最小均匀系数 C_u 可不受本表限制。

根据当地的施工经验,如果回填空间受限,在设计人员与岩土工程师认可的情况下,也可使用可流动填料替代结构性回填材料,如:现浇素混凝土、胶结砂、砂浆、受控低强度材料(CLSM)。如果使用这些材料,设计应考虑材料硬化前对结构产生的上举力。可流动填料的配比参见第5.3.4节,施工及上举力的计算参见第7.3.1节4)。

5.7.2 结构性回填区的范围

结构性回填区一般指结构起拱线两侧最小填土宽度 b 范围内,自基础顶面(开口结构)或拱底(闭口结构)至拱冠以上最小填土厚度 h_b 范围内所包络的一个矩形或倒梯形区域。最小填土厚度及最小填土宽度分别参见第5.9.1和5.9.2节。结构性回填区材料的稳定性和承载力对于结构的性能非常重要。如果结构性回填区相对于结构发生沉降,则会对结构产生下拉力,并导致侧向支撑的丧失。

不同类型波纹钢埋置式结构的结构性回填区的范围参见图5-48。

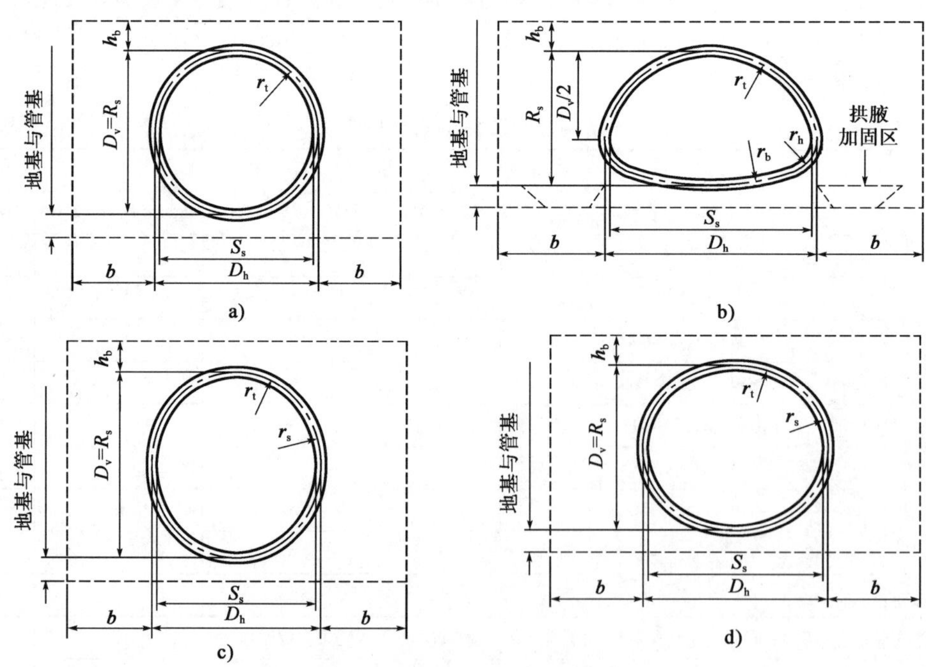

图 5-48

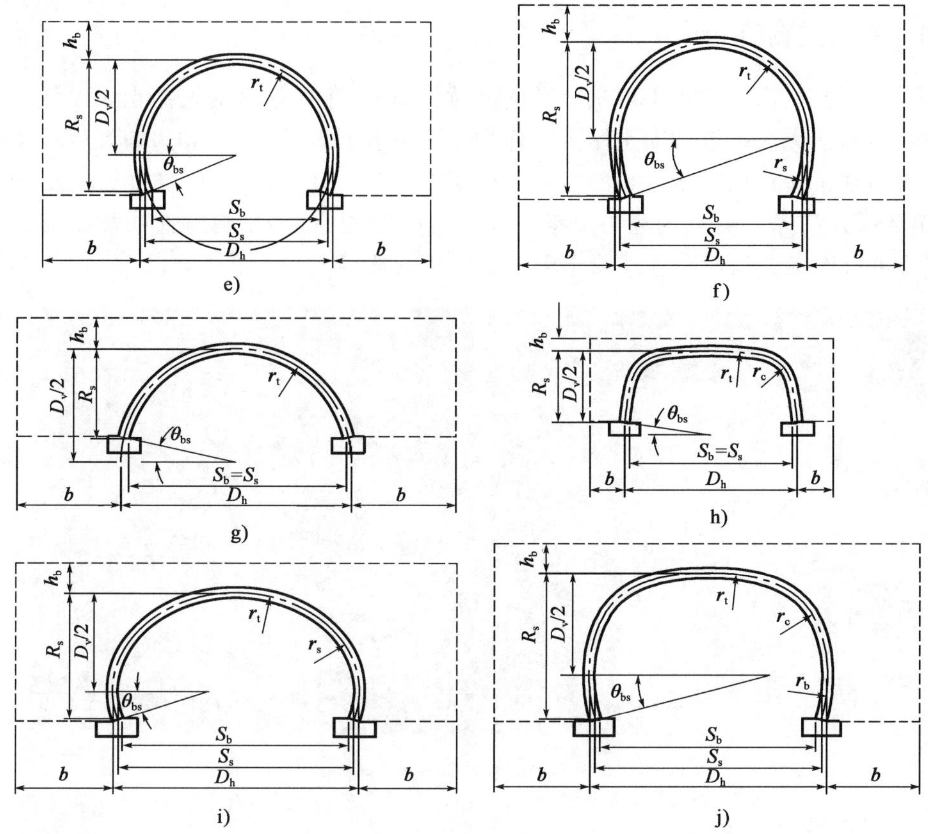

图 5-48　结构性回填区的范围

a)圆管形;b)管拱形;c)竖直椭圆形;d)水平椭圆形;e)马蹄形拱;f)椭圆形拱;g)单圆弧拱;h)箱形结构;i)双圆弧拱;j)三圆弧拱

结构性回填区向外延伸到距起拱线水平距离 H、向上延伸到路面的范围(H 为结构矢高与填土厚度之和)称为结构性回填影响区。该影响区如果相对于结构性回填区发生沉降,同样会对结构性回填区产生下拉力。

5.7.3　结构性回填区的填筑和压实

结构性回填区的铺筑和压实方法及要求参见第 7.3.1 节。

5.8　端部处理

波纹钢埋置式结构的端部设计要考虑因斜交、削竹式洞口或斜切式洞口引起的不平衡土荷载,还要注意避免拱底的上举力或因管涌或其他侵蚀引起的结构性回填支撑的损失。必要时,波纹钢埋置式结构洞口附近或周围应通过以下措施进行防护:

(1)用黏土护面、铺砌、抛石等措施对边坡或沟底进行防护。

(2)用端墙或领圈对削竹式或斜切式洞口进行加固。

(3)对闭口水力结构,采用隔水墙或裙墙限制水力渗透从而控制上拔力和冲刷。

(4)对斜交结构,通过将路堤进行歪斜处理改善洞口土压力的平衡。

5.8.1 削竹式洞口

对于削竹式洞口，由于结构不再具有环的连续性，被切削的端部应按挡土墙设计。一般来说，单靠波纹钢截面无法抵抗侧向土压力的作用，特别是结构矢高较大和边坡坡度较缓时。因此，削竹式洞口通常用钢筋混凝土领圈或钢领圈进行加固[第5.8.3节，也可参见第3.7.3节和5.2.2节3）第(7)条]，必要时还可以参考加筋土挡墙的原理，在洞口管壁背面设置拉筋或钢丝网（图5-49）连接到预埋在管外填土中的水泥桩或锚锭上。

图5-49 削竹式洞口外用钢丝网锚固

5.8.2 斜交涵洞

如果采用直立式或削竹式洞口的涵洞与路线斜交，可将洞口附近的边坡做歪斜处理，边坡坡顶适当加宽形成一个平坦或坡度较缓的平台，以避免洞口两侧回填的不平衡（图5-50）。平台自涵洞中心线向一侧延伸的距离约为1.5×（矢高+填土厚度）+跨径/2。如果采用部分削竹式洞口或有水力作用时，洞口应采用混凝土领圈进行加固。图5-51给出了斜交涵洞洞口处理的细节。

5.8.3 钢筋混凝土领圈

钢筋混凝土领圈是沿波纹钢埋置式结构洞口切割面现浇施工的圈梁，通过螺栓与洞口管壁连接。当与隔水墙、裙墙、边坡防护配合使用时，通常与这些构造浇筑成整体。

钢筋混凝土领圈可按以下建议采用：

(1) $D_h \leq 900$mm时，一般不需要领圈。水力需要时，可对路堤边坡进行必要的防护。

(2) $900 < D_h \leq 4\,500$mm时，如果洞口周围的边坡采用150mm厚钢筋混凝土板进行防护，可不采用领圈；否则，应按表5-74确定是否需要采用领圈。领圈可采用图5-52所示的典型设计。

(3) $4\,500 < D_h \leq 15\,000$mm时，应按表5-74确定是否需要采用领圈。领圈可采用图5-52所示的典型设计。

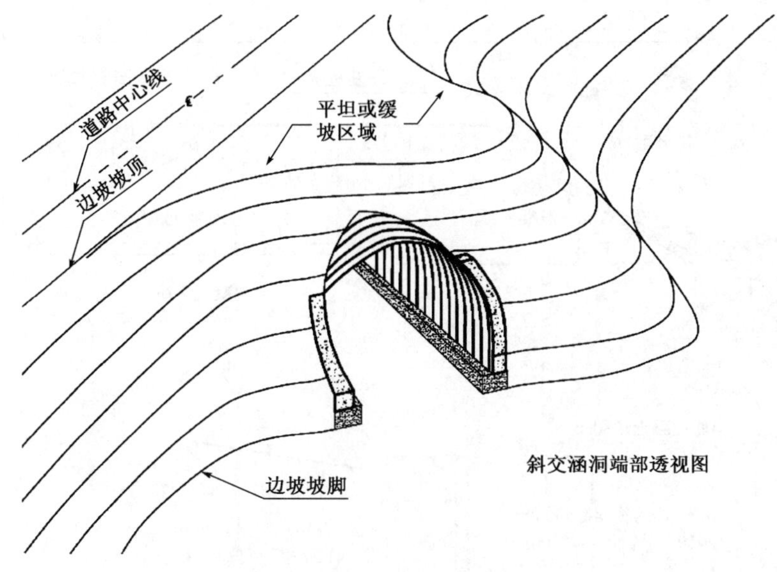

图 5-50 斜交涵洞端部歪斜处理

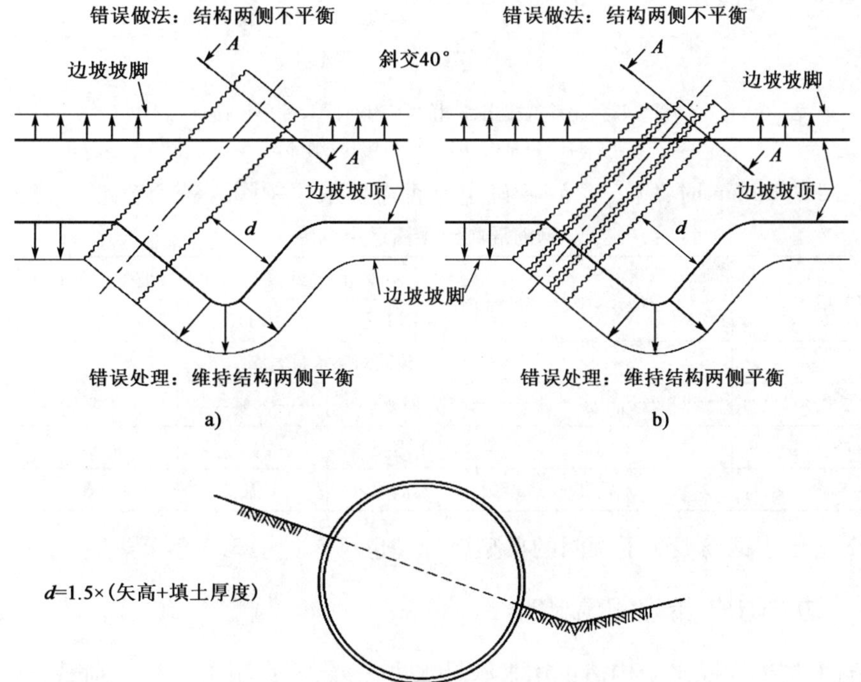

图 5-51 斜交涵洞端部处理细节

a）单个结构；b）多个结构；c）A-A 截面

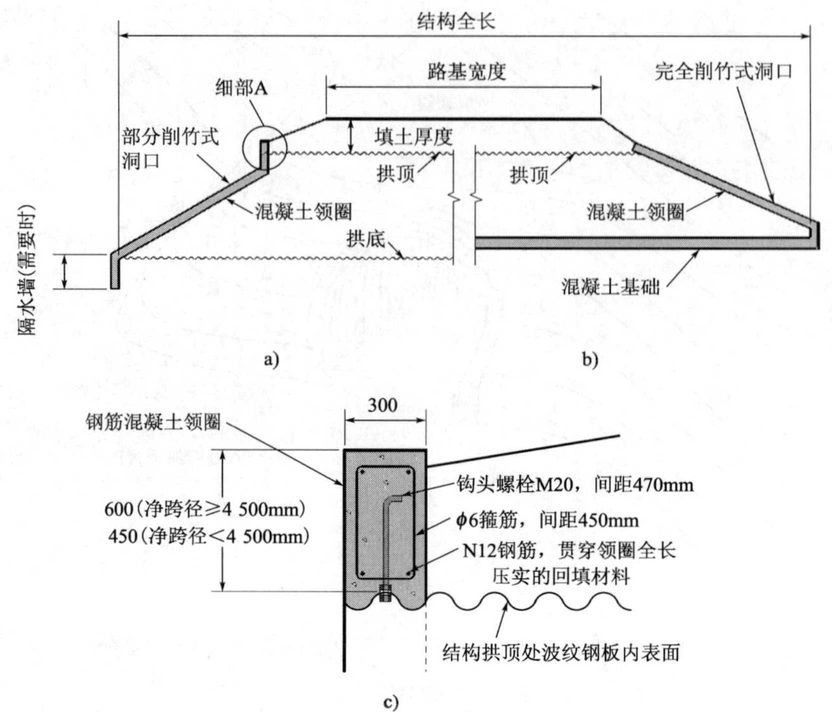

图 5-52　钢筋混凝土领圈的典型设计(尺寸单位:mm)

a)闭口结构;b)开口结构;c)细部 A

(4)D_h > 15 000mm 时,应按表 5-74 确定是否需要采用领圈。领圈应进行独立设计。

钢筋混凝土领圈适用范围　　表 5-74

斜交角度(°)	直立式洞口	削竹式或斜切式洞口坡度(竖向:水平)			
		1:1	1:1.5	1:2	比 1:2 更平缓
>35	建议对路堤进行歪斜处理				
16 ~ 35	需要	需要	需要	需要	需要
5 ~ 15	不需要	不需要	需要	需要	需要
0 ~ 5	不需要	不需要	不需要	不需要	需要

图 5-52 给出了钢筋混凝土领圈的典型设计。也可参见第 3.6.3 节。

5.8.4　边坡防护、端墙和隔水墙

边坡防护、端墙和隔水墙构造可用来满足水力需要,或克服不平衡土荷载,或用来区分道路沿线的排水结构。

边坡防护的设计应保护结构端部免受不利的水力影响。设计应考虑涵洞两端的流速、设计流量的持续时间及地基和路堤的土壤类别。边坡防护的范围应考虑结构进口与出口处的涡流和紊流。

边坡防护的方法包括采用石笼网、防护石、大体积混凝土、钢筋混凝土等。

结构的斜交角度大于 35°时,可采用端墙来抵抗不平衡土荷载,否则就应采取第 5.8.2 节

所述的歪斜处理方法。

对于 $D_h \geqslant 900$mm 的多管结构，一般应考虑采用端墙。对于 $D_h < 900$mm 的结构，通常采用边坡防护就足够了。

对于所有过水结构，上游洞口均应考虑设置隔水墙，必要时，下游洞口也需要采用。隔水墙通常采用钢筋混凝土结构，根据现场条件，其高度一般不小于600mm(图5-53)。

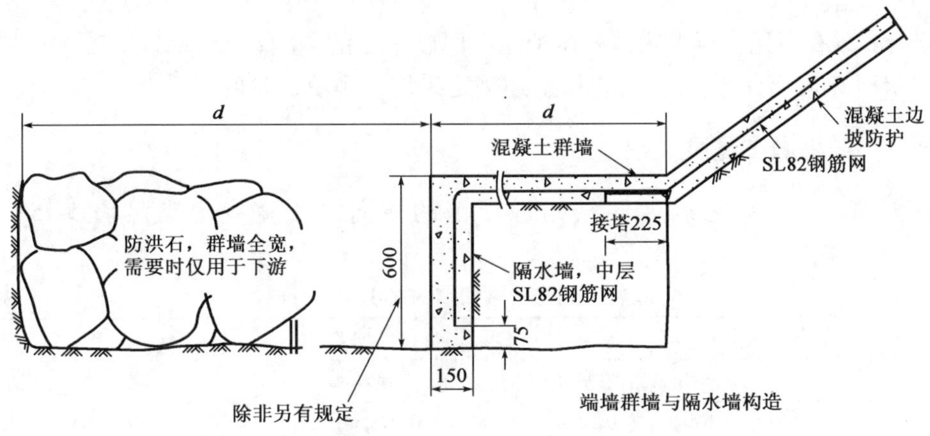

图5-53 隔水墙构造

注:1. d 取决于洪水流速。

2. SL82 表示直径8mm 钢筋网，间距200mm×200mm。

5.9 构造要求

5.9.1 最小填土厚度

规定最小填土厚度的目的是为了确保土与结构之间的相互作用，并避免活载直接作用于结构。通过下列与结构几何尺寸有关的公式来确定拱顶最小填土厚度：

(1)承受公路荷载的埋置式结构：

$$H_{\min} = \max\left\{0.6, \frac{D_h}{6}\left(\frac{D_h}{D_v}\right)^{1/2}, 0.4\left(\frac{D_h}{D_v}\right)^2\right\} \tag{5-165}$$

(2)承受铁路荷载的埋置式结构：

$$H_{\min} = \max\left\{0.7, \frac{D_h}{6}\left(\frac{D_h}{D_v}\right)^{1/2}, 0.4\left(\frac{D_h}{D_v}\right)^2\right\} \tag{5-166}$$

式中：$H_{\min}$——最小填土厚度(m)，参见图1-4；

D_h、D_v——分别为波纹钢埋置式结构的有效跨径和有效矢高(自波纹截面中性轴起算)(m)，对于不同类型的结构，其取值方法参见图1-3。

(3)建筑、机场、堆料、矿井下或施工期间承受特种荷载的埋置式结构：

最小填土厚度应按相应的设计荷载计算确定，且不小于按(1)或(2)计算的最小填土厚度。施工前应按实际使用的施工机具验算确定是否需要额外的填土厚度,或控制施工荷载。

(4)以上规定适用于波纹钢整体管(管拱)和浅波纹结构板结构。对于深波纹结构板结构,其最小填土厚度应取按相同尺寸的浅波纹结构计算的最小填土厚度与1 500mm两者的较小值。

(5)以上规定不适用于箱形结构。箱形结构受力较为复杂,可参考第5.2节的国外规定,并建议进行有限元分析。

(6)大多数有限元分析无法精确模拟填土厚度很小的结构在局部车轮荷载作用下的破坏情况,因此建议进行有限元分析时也按上述规定采用最小填土厚度。

5.9.2 最小填土宽度

对于单管结构,起拱线两侧结构性回填的横向最小宽度应满足表5-75要求。参见图5-48。

单管两侧结构性回填的最小宽度(m) 表5-75

回填条件	结构类型						
	除箱形结构以外的所有波纹钢埋置式结构					箱形结构	
	$D_h \leq 0.6$	$0.6 < D_h \leq 3.0$	$3.0 < D_h \leq 8.0$	$8.0 < D_h \leq 12.0$	$D_h > 12.0$	$D_h \leq 8.0$	$D_h > 8.0$
岩石或优质土,管沟法施工,压实填料	0.6	0.8	1.0	1.2	1.2	1.0	1.2
岩石,管沟法施工,可流动填料	0.15	0.2	0.3	0.75	0.75	0.3	0.75
软弱地基,管沟法施工,压实填料	0.6	$D_h/2$,且≥0.6	$D_h/2$,且≥1.5	$D_h/2$,且≥3.0	$D_h/2$,且≥5.0*	1.0	$D_h/2$*
筑堤法施工,压实填料	0.6	$D_h/3$,且≥0.8	$D_h/3$,且≥1.5	$D_h/3$,且≥3.0	$D_h/3$,且≥5.0*	1.0	$D_h/5$*

注:1. 拱顶半径与拱侧半径之比大于5时,按箱形结构取值。

2. 管沟法施工压实回填时的最小宽度由压实机械的安全走行条件控制。最小宽度可视现场设备情况调整,但不得小于表列值。

3. 压实填料指满足级配和压实度要求的结构性回填材料,可流动填料指用级配材料、粉煤灰、水泥和水拌和的、具有与结构性回填材料相当的抗压强度、采取与湿混凝土类似的方法浇筑并机械振捣压实的受控低强度材料(CLSM)。

4. 优质土指性能相当于或优于结构性回填材料的天然地基土,软弱地基指管沟壁土壤性能低于结构性回填材料,必要时应进行换填。

5. 对于 $D_h > 15.0$m 的结构,设计时应通过有限元分析模拟结构性回填区以外的土壤对结构的影响,如果模拟分析得到的跨径和矢高的变化率超过2%,则应对结构性回填区以外的土壤进行换填处理。

6. 对于竖直椭圆形结构,表中 D_h 取 D_v。

7. * 表示建议不小于矢高与 $D_v/2$ 之间的较小值。

对于多管结构,结构性回填区包括相邻结构之间以及最外侧结构以外单管最小宽度范围内的填土,相邻结构之间的最小净距应满足第 5.9.2 节要求。最高拱顶以上的结构性回填应满足第 5.9.1 节最小填土厚度要求。

5.9.3 多管结构之间的最小净距

当两个或更多结构平行布置时,它们之间的间距必须足以允许适当的回填,尤其是在拱腋与压实区域。最小间距要求取决于结构的形状与尺寸以及回填材料的类型。

采用级配材料作为结构性回填材料时,结构之间的最小净距应满足图 5-54 的要求。因地形限制或采用管沟法施工,最小净距不能满足要求时,可考虑采用可流动填料。

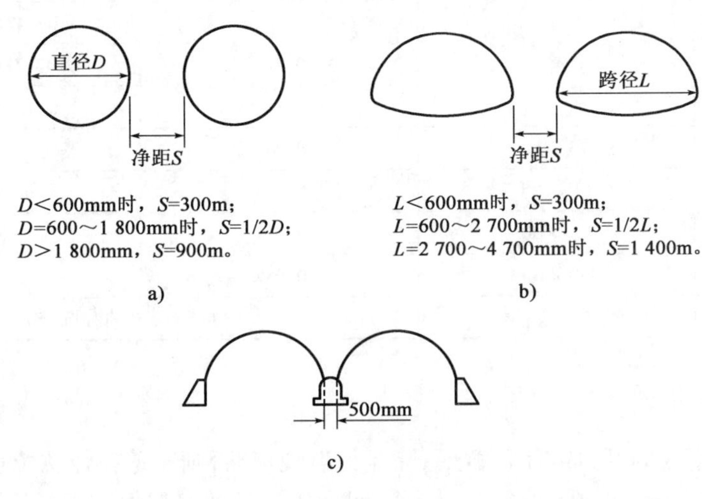

图 5-54 结构之间的最小净距

a 管;b)管拱;c)拱

澳大利亚和新西兰规范 AS/NZS 2041.1—2011 根据结构性回填材料的类型和结构尺寸规定的结构之间最小净距(表 5-76)也可供设计时参考。

AS/NZS 2041.1—2011 规定的结构之间最小净距(m) 表 5-76

结构性回填材料	结构类型						
	箱形结构以外的所有波纹钢埋置式结构					箱形结构	
	$D_h \leq 0.6$	$0.6 < D_h \leq 3.0$	$3.0 < D_h \leq 8.0$	$8.0 < D_h \leq 12.0$	$D_h > 12.0$	$D_h \leq 8.0$	$D_h > 8.0$
压实填料	0.6	0.8	1.0	1.2	有限元分析确定	1.0	有限元分析确定
可流动填料	0.15	0.2	0.3	0.75		0.3	

注:1. 表列数据应根据不同的施工方法(如预拼装)和现场条件(如软弱地基)视需要进行调整。

2. 地震荷载控制设计时,表列最小净距应适当放大。

3. 极限状态设计或有限元分析时应考虑净距对结构压曲的影响。

5.9.4 最大柔度

柔度 FF 与波纹形状和板材厚度有关,按下式计算:

$$FF = \frac{D^2}{EI} \tag{5-167}$$

式中：D——直径或跨径(mm)；

E——弹性模量(MPa)；

I——管壁的惯性矩(mm^4/mm)。

波纹钢管或板件在运输和安装过程中的最大柔度 FF 应满足表5-77要求，否则应采取适当的措施控制结构形状。

波纹钢管或板件运输和安装过程中的最大柔度 表5-77

类别	波形[波距(mm)×波高(mm)]	最大柔度 FF(mm/N)	
		筑堤法施工	管沟法施工
圆管	68×13	0.247	0.247($D \leqslant 1\,000$mm)
			0.343($1200 \leqslant D \leqslant 1800$mm)
			0.457($D \geqslant 2\,000$mm)
	75×25	0.247	0.343
	125×25	0.188	0.188
	150×50	0.114	0.114
	380×140	0.057	0.057
矢跨比不大于2/3的非圆管		1.5×等代直径圆管的 FF	

5.9.5 曲率半径

对于多圆弧组成的开口或闭口截面，除非另有规定，否则管壁在任意位置处的曲率半径 R 都不应小于 $0.2R_c$，R_c 为拱顶处的曲率半径。纵向连接处的对偶件的半径比不应超过8。

5.9.6 预拱度

对于闭口结构，填方较高时，应综合考虑水力线坡度和拱底处地基的预期最大变形，确定是否需要设置预拱度(图5-55)，以免底部积水或形成倒坡。

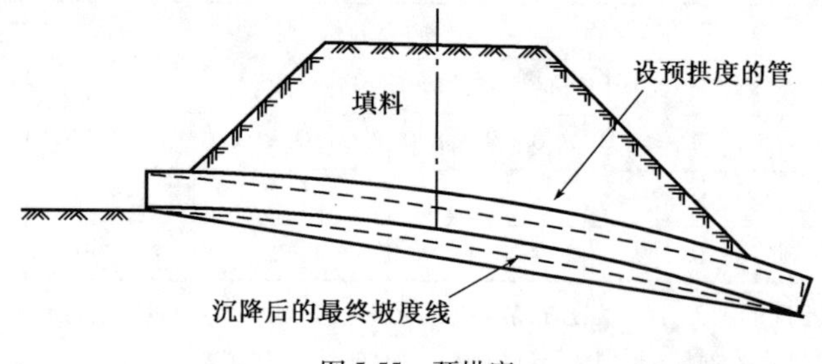

图5-55 预拱度

需要设置预拱度时，预拱量的大小应通过计算确定，一般为洞身长度的0.5%～1%。设计图应给出详细的设计高程，涵洞中心的高程应不高于进水口的高程。

第6章　耐久性设计

6.1　耐久性影响因素

6.1.1　土壤

土壤的侵蚀性可分为四种类型,见表6-1。

土 壤 的 侵 蚀 性　　表6-1

土壤类型	土壤描述	透气性	排水	颜色	地下水位
Ⅰ(轻微侵蚀)	1.砂或砂质壤土; 2.轻质粉沙壤土; 3.完全氧化至深部的多孔壤土或黏性壤土	好	好	颜色均匀	非常低
Ⅱ(中度侵蚀)	1.砂质壤土; 2.粉沙壤土; 3.黏性壤土	一般	一般	有轻微斑点	低
Ⅲ(重度侵蚀)	1.黏性壤土; 2.黏土	差	差	黏重质地,有一些斑点	表面以下0.6~0.9m
Ⅳ(严重侵蚀)	1.腐殖土; 2.泥沼质土; 3.海涂; 4.黏土和有机土	极差	极差	蓝灰色斑点	表面;或有极度不渗透性

土壤对波纹钢埋置式结构耐久性的影响因素包括土壤电阻率、酸度(pH值)、含水率、可溶盐类和氧气含量(透气性)等。

(1)土壤电阻率:是单位长度土壤电阻的平均值。电阻率越高,其中金属结构的耐久性就越强。表6-2是常见类型土壤的标准电阻率。

常见类型土壤的标准电阻率　　表6-2

土 壤 类 别	电阻率(Ω·cm)
黏土	750~2 000
壤土	2 000~10 000
砾石	10 000~30 000
砂	30 000~50 000
岩石	50 000~∞

(2)土壤的酸度:酸性土壤(pH 值较低)主要集中在降雨量大的区域,往往容易发生侵蚀。大多数土壤的 pH 值为 6 ~ 8。

(3)含水率:可快速排干水分的颗粒土壤能增强耐久性。相反,水分含量超过 20% 的土壤则更有侵蚀性。由于黏土含量高的土壤容易保水的时间更长,因而比充分排干的土壤更具侵蚀性。

(4)可溶盐类:土壤水分也包括各种从土壤本身流失的溶解性固体,而通过降低其电阻率可促进侵蚀。相反,许多土壤化学品可在埋入的金属表面形成不溶性碳酸盐,这种物质可减少土壤一侧的侵蚀。高含量氯化物和硫酸盐会使土壤更具侵蚀性。

(5)透气性:砂质壤土具有良好的透气性,便于水分的排干,因而可增强耐久性。

6.1.2 水

pH 值在 4.5 ~ 9.5 范围内的静止天然水体中,钢的耐久性变化不大,这是因为侵蚀产物在钢表面的 pH 值维持在 9.5。但是,动态水流会带走这些产物并提高溶解气体的指标。溶解氧气和二氧化碳指标的提高会加快侵蚀。碳酸钙含量较高的硬水往往会在金属管道的表面产生一层具有保护性的水垢,但水中的二氧化碳会阻碍水垢的形成。可溶性盐类会降低氧气溶解度并中和酸度,从而提高耐久性,但如果可溶性盐类发生电离并降低电阻率,则会增加侵蚀性。

现场研究表明,波纹钢埋置式结构对侵蚀最为敏感的部分是底拱,因为其与水流接触的时间更长,并且在某些情况下还会受到磨蚀。

6.1.3 磨蚀

磨蚀对波纹钢埋置式结构耐久性的影响主要是对涂层产生局部破坏。

通常情况下,雨水管的坡度往往较为缓和,不容易发生严重的磨蚀问题。但是,许多涵洞的坡度较陡,且推移质往往包含尺寸较大的岩石或沙子,所以流速较大(≥5m/s)时,会发生严重的磨蚀。

磨蚀:表 6-3 基于推移质的类型和预期最大流速示出了四种磨蚀等级[1]。

磨蚀等级 表 6-3

磨蚀等级	推移质描述	预期流速(m/s)
1(无磨蚀)	无推移质(如雨水管、蓄水系统、开口结构)	—
2(轻微磨蚀)	少量砂、砾推移质	0 ~ 1.5
3(中度磨蚀)	中等砂、砾推移质	1.5 ~ 4.5
4(严重磨蚀)	大量砂、砾和岩石推移质	>4.5

流动的推移质会磨损较软的镀锌层。磨蚀的预期流速应根据磨蚀频率和持续时间来确定。一般应考虑两年一次的暴雨频率或年平均流量。设计中选择较低频率的流量条件会延长计算使用寿命,但也会增加结构底部磨蚀破坏的风险。对于没有金属底拱的结构(开口结构),磨蚀风险相对较低。

---

[1] Pipe Selection Guide, Available from National Corrugated Steel Pipe Association, Washington, DC.

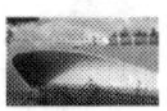

6.2 耐久性研究

波纹钢埋置式结构一般都采用镀锌钢材由工厂制作加工。镀锌钢结构在一般的环境条件中具有较长的使用寿命,但是对于复杂的使用环境,尤其是对于波纹钢埋置式过水结构,大气、水和土壤的腐蚀性对于结构的耐久性有着直接、关键的影响。自1974年以来,国外开始研究采用聚合物涂层提高波纹钢埋置式结构的耐久性。近年来,聚合物涂层已广泛应用于结构板波纹钢管和深波纹埋置式结构。

国外一般使用估计材料使用寿命(EMSL)方法来评估结构的耐久性。这种方法通过建立数学模型来估算金属结构在土壤、水和大气中的厚度损失。本节介绍加拿大波纹钢管学会CSPI(Corrugated Steel Pipe Institute)在波纹钢埋置式结构耐久性研究方面的一些成果,供国内从事这类产品的研究、生产和应用的技术人员参考。

6.2.1 估计材料使用寿命(EMSL)方法

加拿大CHBDC规范(Canadian Highway Bridge Design Code)没有规定耐久性计算的方法,但给出了最低防腐要求并在条文说明中讨论了采用涂层、阴极保护、结构性回填和通过增加结构厚度来提高耐久性的措施。

CHBDC建议采用美国加利福尼亚方法❶和参数,并采用英属哥伦比亚大学UBC研究的金属损失模型❷计算耐久性。

美国AASHTO LRFD桥梁设计规范也对金属损失模型进行了研究❸,英国道路桥梁设计手册也采用金属损失模型作为分析波纹钢埋置式结构耐久性的手段❹。

金属损失模型是通过计算镀锌钢板在腐蚀环境下的厚度损失来评估耐久性的一种方法(图6-1)。结构设计时,应在结构计算所需的板厚基础上增加这个厚度损失,作为"腐蚀裕度"。

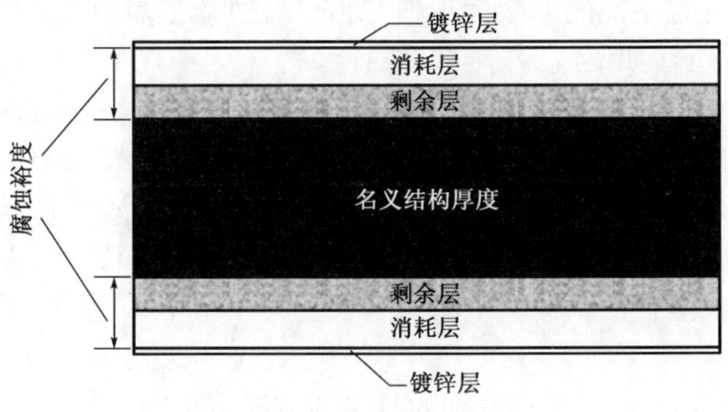

图6-1 EMSL方法的机理

❶California Test 643, Method for Estimating the Service Life of Steel Culverts(www.dot.ca.gov).

❷Durability of Buried Galvanized Steel Structures in British Columbia, Tom Galtung Dosvig, University of BritishColumbia, April 1995.

❸NCHRP REPORT 675, LRFD Metal Loss and Service-Life Strength Reduction Factors for Metal-Reinforced Systems.

❹UK Design Manual for Roads and Bridges BD 12/01 Volume 2, Section 2, Part 6 Design of Corrugated Steel BuriedStructures with Spans Greater than 0.9 Metres and up to 8.0 Metres.

图6-1中,名义结构厚度是结构在不压曲的情况下抵抗外荷载所需的壁厚。腐蚀裕度由消耗层(腐蚀直接造成的厚度损失)、剩余层(未受腐蚀损失的部分)组成。设计方法假定腐蚀以均匀的速度发展,并不考虑出现腐蚀损斑的特殊情形。由于腐蚀损斑的渗透对剩余截面的影响很小,波纹钢结构的使用寿命只与剩余截面的抗拉承载力有关,而与最大损斑深度无关。该方法认为金属损失在结构表面某一深度均匀分布,该深度比平均损斑深度大,但小于最大损斑深度。

波纹钢埋置式结构的钢材表面暴露于水、土壤或空气中。因此,对于管壁的两侧需要考虑不同的腐蚀模型。一般来说,埋置式结构通常一侧有水另一侧有土,或两侧均为土壤。某些极端条件,比如硫酸盐还原菌(SRB)或高腐蚀性化学物质会引起严重的腐蚀。腐蚀模型通常不考虑这些极端条件下的腐蚀速率,而是包含一些环境限制避免这些极端情况的出现。

腐蚀裕度是在设计使用寿命内金属损失的一个平均值。通过在抵抗恒载和活载所需的名义结构厚度基础上加上腐蚀裕度,就可以保证结构在设计使用寿命期间满足设计要求。在结构表面或某些部位增加保护性涂层可以减小腐蚀裕度的要求。换句话来说,假定通过增加保护性涂层可以使得结构在某一时间段内不发生金属损失,这个时间段称为附加寿命。

腐蚀裕度应针对结构所暴露的环境条件(水、土壤和大气)分别计算。结构的内侧和外侧都可能发生腐蚀,每侧采用一种最不利的环境条件来计算所需的总腐蚀裕度。例如,对于埋置式过水结构,通常内侧采用水腐蚀裕度,外侧采用土壤腐蚀裕度。

6.2.2 水侧腐蚀

水侧腐蚀是波纹钢埋置式结构需要考虑的一种最复杂的环境条件。对于水侧腐蚀,设计应考虑水中的化学成分(pH值、电阻率、氯化物、硫酸盐及硬度)和流速(曝气和磨蚀)。

(1)pH值:pH值是衡量水中酸碱度的一个指标。在酸溶液中,$pH<7$,反之在碱溶液中,$pH>7$。$pH=7$则认为是中性的。酸性越强,对金属的腐蚀就越强。碱性环境一般对钢材没有腐蚀性,但对其他材料(如铝或锌)具有腐蚀性。

(2)电阻率($\Omega\cdot cm$):电阻率是表示水的电阻特性的一个物理指标。电阻率与水中溶解性总固体或盐离子的浓度有关。关于水的电阻率的取值,可参考ASTM D-1125。

(3)氯化物(Cl):氯化物是高溶解性成分,通常在除冰盐、海水和蒸发池中大量存在。氯离子也是湿的水的电阻率降低的重要因素。由于其对电阻率的影响、去钝化效应及吸湿特性(曝气环境下),氯化物会促使未保护钢材的腐蚀。关于水中氯化物含量的测定可参考ASTM D-512。

(4)硫酸盐(SO_4^{2-}):自然环境中存在大量的硫酸盐,在受污染的空气、土壤和水中也含有硫酸盐。硫酸盐会降低水的pH值(酸雨)。硫酸盐会降低电阻率,并在缺氧条件下产生硫酸盐还原菌,两者均会促使未保护钢材的腐蚀。关于水中可溶性硫酸盐的测定可参考ASTM D-516。

(5)硬度:水的硬度一般用溶解于水中的碳酸钙($CaCO_3$)的含量来表示,用来确定水对酸性中和的能力。天然软水中$CaCO_3$的含量较低,而硬水富含$CaCO_3$,会中和酸性物质,从而在镀锌钢材表面形成一层保护性垢。关于水硬度的测定可参考ASTM D-1126。

(6)曝气、流速:水中氧气含量较高会加速金属的氧化,流动的水则阻止表面保护性氧化膜的形成,因而会加速金属的腐蚀。流速较大往往还伴随着磨蚀等级的提高。

表 6-4 给出了一些国家对镀锌波纹钢管水侧腐蚀的一般规定,供设计参考。前三行选自英国道路桥梁设计手册,第四行选自新墨西哥交通厅,第五行来自加拿大 CSPI。英国道路桥梁设计手册提供了腐蚀裕度的计算公式,但没有考虑水的条件。经验表明,如果水的硬度小于 80ppm,或水的电阻率大于 8 000Ω · cm,镀锌结构的寿命将显著缩短。此外,对于中等砂、砾推移质,如果流速超过 4.5m/s,或严重磨蚀条件下,建议镀锌结构采用补充涂层。

镀锌波纹钢管水侧腐蚀的规定 表 6-4

来源	pH 值	氯化物(ppm②)	硫酸盐(ppm)	硬度(ppm)	电阻率①(Ω · cm)	腐蚀损失或设计寿命
英国—无腐蚀	6.0 ~ 9.0	≤50	≤240	N/A	N/A (>2 000)	镀锌—4μm/年 钢—$22.5t^{0.67}$ μm/年
英国—腐蚀	5.0 ~ 6.0	50 ~ 250	240 ~ 600	N/A	N/A (667 ~ 2 000)	镀锌—14μm/年 钢—$40t^{0.80}$ μm/年
英国—严重腐蚀	<5.0 或 >9.0	>250	>600	N/A	N/A (<667)	建议采用补充涂层
新墨西哥交通厅	6.0 ~ 8.5	<250	<250	N/A	>1 000	50 年
CSPI	5.8 ~ 9.8	<150	<200	>80	2 000 ~ 8 000	25 ~ 100 年(随壁厚与环境变化)

注:N/A 表示未提供。

①英国规范中未提供电阻率值,括号内数值系基于规定的化学物质限值推算。

②1ppm = 10^{-6}mg/L。

表 6-5 给出了通过用硬度参数和电阻率上限修订的英国模型推导的污水腐蚀等级。该表基于五项指标将腐蚀等级分为三类。划分类别时,应基于最不利的环境条件。例如,如果氯离子含量为 125ppm,可溶硫酸盐含量为 10ppm,则腐蚀等级应为"腐蚀"。

水和污水的腐蚀等级 表 6-5

腐蚀等级	pH 值	氯化物(ppm)	可溶硫酸盐(ppm)	硬度(ppm)	电阻率(Ω · cm)
无腐蚀	6.0 ~ 9.0	≤50	≤240	>80	2 000 ~ 8 000
腐蚀	5.0 ~ 6.0	50 ~ 250	240 ~ 600	>80	2 000 ~ 8 000
严重腐蚀	<5.0 或 >9.0	>250	>600	<80	<2 000 或 >8 000

对于无腐蚀和腐蚀等级,镀锌层和钢材的腐蚀速率可采用表 6-6 所示的公式计算。对于严重腐蚀环境,不建议直接采用镀锌钢材。

无腐蚀和腐蚀水中锌和钢材的腐蚀速率 表 6-6

锌的腐蚀速率(μm/年)		牺牲的钢材厚度 M(μm)	
无腐蚀	腐蚀	无腐蚀	腐蚀
4	14	$M = 22.5(t-16)^{0.67}$	$M = 40.0(t-4.57)^{0.80}$

注:t = 设计使用寿命(年)。表列公式假定单侧镀锌层厚度为 64μm(涂层质量 915g/m²)。

表6-7给出了不同设计使用寿命时钢的计算腐蚀裕度。注意这里假定镀锌钢材的内表面处于长期浸没状态。对于某些季节性过水结构,表列腐蚀裕度偏于保守。对于处于饱和土中的结构,如果土侧的饱和土含氧量不高,应按土侧腐蚀考虑。

水侧钢的计算腐蚀裕度 表6-7

设计使用寿命(年)	钢的计算腐蚀裕度(μm)①	
	无腐蚀	腐蚀
25	98	447
50	239	847
75	346	1203
75②	66	145

注:①钢的腐蚀裕度为在按结构受力要求计算得到的壁厚基础上增加的附加厚度。
②该行数据基于第3级(中等)磨蚀条件下采用聚合物补充涂层时按75年设计寿命计算。

6.2.3 土侧腐蚀

国外大部分土侧腐蚀研究的模型基于国家标准局NBS(National Bureau of Standards)对埋置于不同土壤条件下超过50年的钢和镀锌试件金属损失的研究数据。国外学者建立了大量的模型研究钢结构在土中的腐蚀。表6-8汇总了一些模型的计算公式。

国外文献中有关腐蚀损失模型的汇总 表6-8

序号	腐蚀损失 X(μm)	说　明
1	$X=25t^{0.65}$	NBS镀锌钢材的平均损失
2	$X=50t^{0.65}$	NBS镀锌钢材的最大损失
3	$X=40t^{0.80}$	NBS碳钢的平均损失
4	$X=80t^{0.80}$	NBS碳钢的最大损失
5	$X=25t^{0.65}$	25%饱和度下电化学试验得到的最大损失(Darbin,1988)
6	$X=2.8t^{0.65}$	25%饱和度下电化学试验得到的最小损失(Darbin,1988)
7	$X=50t^{0.60}$	50%和100%饱和度下电化学试验得到的最大损失(Darbin,1988)
8	$X=5.5t^{0.60}$	50%和100%饱和度下电化学试验得到的最小损失(Darbin,1988)
9	$X=80t^{0.80}$	普通碳素钢在良好回填下的名义牺牲厚度要求
10	$X=13t$	普通碳素钢在优质回填下的名义牺牲厚度要求
11	$X=28(t_f-10)$	边际质量回填下的名义牺牲厚度要求。假定镀锌层厚86μm,t_f为小于50年的设计寿命
12	$X=28(t_f-10)$	加州规定,适用于"中性或碱性"回填(最小电阻率>1 000Ω·cm,pH>7),86μm镀锌层
13	$X=33(t_f-10)$	加州规定,适用于"酸性"回填(最小电阻率>1 000Ω·cm,pH<7),86μm镀锌层
14	$X=71(t_f-6)$	加州规定,适用于"腐蚀性"回填(最小电阻率<1 000Ω·cm),86μm镀锌层
15	$X=13(t_f-30)$	加州规定,适用于"级配颗粒"回填(洁净、天然排水砂砾,细粒含量不超过5%,最小电阻率>1 000Ω·cm),86μm镀锌层
16	$X=12(t-10.5)$	AASHTO模型,假定镀锌层厚64μm
17	$X=22.5(t-16)^{0.67}$	英国规范,适用于无腐蚀土壤;64μm镀锌层
18	$X=40.0(t-4.6)^{0.80}$	英国规范,适用于腐蚀性土壤;64μm镀锌层

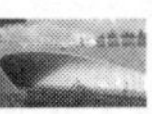

表6-8所列各种模型基于不同的假定。第1和2种模型采用指数公式考虑了镀锌层的有利影响，第10～16种模型则用简化的线性模型并考虑了镀锌层初始腐蚀的延迟，模型17和18则同时考虑了初始腐蚀的延迟和腐蚀速率的指数特性。大部分模型适用于镀锌钢材，而模型3、4、9和10则是根据无涂层的钢材推导，因而用于镀锌钢材时需要进行修正。

CSPI建议采用较为保守的AASHTO方法（模型16），并与用于无腐蚀土壤的英国规范方法（模型17）进行了比较。表6-9给出了这两种方法计算的损失速率，表6-10给出了对于给定设计寿命按这两种方法算得的腐蚀裕度。

锌和碳钢土侧损失速率 表6-9

材料	阶段	AASHTO标准（μm/侧/年）	英国标准（无腐蚀）（μm/侧/年）
镀锌层	前2年	15	4
	2年后	4	4
碳钢	镀锌层消耗完后	12	$M=22.5t_s^{0.67}$

注：M为英国规范规定的镀锌层消耗完后钢材的腐蚀裕度，单位为μm/侧；t_s为镀锌层消耗完后的附加设计使用寿命，对于每侧64μm的镀锌厚度，t_s=设计寿命－16年。

计算得到的土侧钢材腐蚀裕度（每侧） 表6-10

设计寿命（年）	AASHTO标准（μm/侧）	英国标准（无腐蚀）（μm/侧）
25	174	98
50	474	239
75	774	346

结构性回填材料的选择除应满足结构受力需要的物理特性外，还应满足特定的化学特性要求，以尽量减小对结构的腐蚀。表6-11列举了不同规范对结构性回填材料化学特性的要求。

不同规范对结构性回填材料化学特性的要求 表6-11

填料化学特性	试验方法		镀锌钢材要求	
	AASHTO	ASTM	英国标准	AASHTO
pH值	T289-91	G-51	6～9	5～10
电阻率（Ω·cm）	T288-91	G-57	>3 000	>3 000
氯化物（ppm）	T291-91	D-512	<50	<100
硫酸盐（ppm）	T290-91	D-516	<240	<200
有机物含量	T267-86	NA	<1%	<1%

土壤的pH值是衡量土壤侵蚀性的一个重要指标。土壤酸性越强，对金属的腐蚀性越高。碱性环境一般对钢材没有腐蚀性，但对其他材料（如铝或锌）具有腐蚀性。表6-11所列的试验方法包括了采用传统pH仪表和探针测定土壤pH值的程序。

土壤的电阻率是衡量土壤电化学腐蚀能力的一个指标。电阻率越低，通常腐蚀速率就越高。表6-11所列试验方法包含现场或通过试样进行电阻率测定的设备和方法。

氯离子通常会使得电阻率降低，促使无涂层钢材的腐蚀。通常认为硫酸盐与氯离子相比更温和一些，但硫酸盐可能会通过硫酸盐还原菌转化为高腐蚀性的硫化物，从而对金属造成腐蚀。土壤中硫化物的析出和量化是一个非常复杂的过程，AASHTO T290—1991 描述了一种化学滴定的方法来测定可溶性硫酸盐的含量。

回填土中的有机物会促进厌氧土壤的形成，从而为硫酸盐还原菌的滋生提供条件，并在金属表面形成蚀损斑。从结构受力的需要出发，回填土中的有机物含量也应予以控制。一般要求回填土中有机物的含量不得超过总重的1%。

图6-2示出了洁净填料中的镀锌钢材土侧腐蚀裕度与设计寿命之间的关系。其中7条实线分别代表上述表中的7种模型，2条虚线则分别代表AASHTO和英国规范建议的模型。

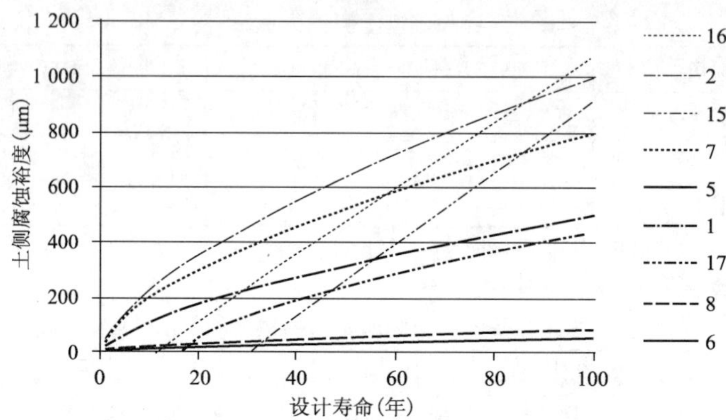

图6-2 洁净填料中镀锌钢材土侧腐蚀裕度与设计寿命之间的关系

加州交通厅曾针对不同的土壤环境下镀锌钢材土侧腐蚀裕度与设计寿命之间的关系进行了研究，其结果见图6-3。由图可见，结构性回填土如果含有腐蚀性物质，同样设计寿命情况下，其土侧腐蚀裕度要求可能要增大2~7倍。

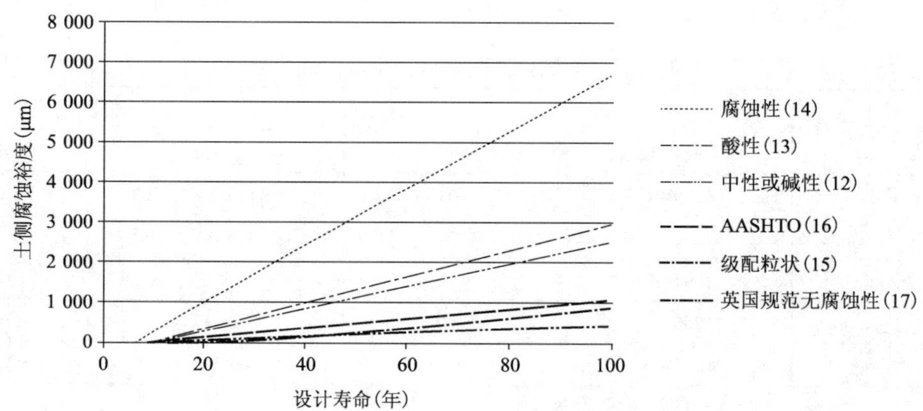

图6-3 不同土壤环境下镀锌钢材土侧腐蚀裕度与设计寿命之间的关系

6.2.4 大气腐蚀

经验表明，对于处于良好的水和土壤条件中的波纹钢埋置式结构，通常不必过多关注大气腐蚀。但是，对于长期处于工业气体环境中或沿海地区空气中盐分较高环境中的波纹钢结构，

需要考虑大气腐蚀。例如,距海边24m处的钢腐蚀速度为距海边240m处的大约12倍。试验表明,若Q235钢板在我国拉萨市大气腐蚀速率为1,则青海察尔汉盐湖大气腐蚀速率为4.3,广州城市为23.9,湛江海边为29.4,相差近30倍。

国际标准ISO 9223❶根据湿度等级TOW(每年表面潮湿的小时数,T1-T5)、二氧化硫等级(P0-P3)、氯化物等级(S0-S3)将大气腐蚀划分成五个等级(C1-C5)。其中TOW对大气腐蚀的影响最大。

为了研究世界不同地区大气腐蚀的发生过程和特点,ISO在14个国家的52个试验站进行了一项ISOCORRAG国际腐蚀试验计划,其中包括金属在周围介质中的暴露试验。根据ISOCORRAG研究成果❷,表6-12列出了不同环境下锌和钢的腐蚀速率,并根据不同的设计寿命算出了大气腐蚀裕度。

不同环境下大气腐蚀裕度 表6-12

大气腐蚀等级		C1	C2	C3	C4	C5
钢的腐蚀速率(μm/年)		≤0.3	0.3~4.9	4.9~10	10~16	16~39
锌的腐蚀速率(μm/年)		≤0.05	0.05~0.4	0.4~1.1	1.1~2.2	2.4~4.4
钢材的腐蚀裕度(μm)	25年	0	0	0	0	0~410
	50年	0	0	0	0~330	330~1400
	75年	0	0	0~170	170~730	730~2400
	100年	0	0	0~420	420~1100	1100~3300

我国国家标准《大气环境腐蚀性分类》(GB/T 15957—1995)根据大气中腐蚀性物质的成分和含量将腐蚀性气体划分为A、B、C、D四个类别(表6-13),根据碳钢在不同大气环境下暴露第一年的腐蚀速率(mm/年),将腐蚀环境类型分为六大类,规定了普通碳钢在不同大气环境下的腐蚀类型及其与相对湿度、空气中腐蚀性物质含量的对应关系(表6-14)。

腐蚀性气体分类(GB/T 15957—1995) 表6-13

腐蚀性物质名称	腐蚀性物质含量(mg/m^3)			
	A	B	C	D
二氧化碳	<2 000	>2 000	—	—
二氧化硫	<0.5	0.5~10	10~200	200~1 000
氟化氢	<0.05	0.05~5	5~10	10~100
硫化氢	<0.01	0.01~5	5~100	>100
氮的氧化物	<0.1	0.1~5	5~25	25~100
氯	<0.1	0.1~1	1~5	5~10
氯化氢	<0.05	0.05~5	5~10	10~100

注:当大气中同时含有多种腐蚀性气体时,腐蚀级别应取级高的一种或几种为基准。

❶ISO 9223:1992 Corrosion of metals and alloys-Corrosivity of atmospheres-Classification.

❷ISOCORRAG International Atmospheric Exposure Program: Summary of Results, 2010 ASTM International, WestConshocken, PA.

大气腐蚀等级与腐蚀速率(GB/T 15957—1995) 表6-14

腐蚀类型		腐蚀速率(mm/年)	腐蚀环境		
等级	名称		气体分类	年平均相对湿度(%)	大气环境
Ⅰ	无腐蚀	<0.001	A	<60	乡村大气
Ⅱ	弱腐蚀	0.001~0.025	A	60~75	乡村大气、城市大气
			B	<60	
Ⅲ	轻腐蚀	0.025~0.050	A	>75	乡村大气、城市大气和工业大气
			B	60~75	
			C	<60	
Ⅳ	中腐蚀	0.05~0.20	B	>75	城市大气、工业大气和海洋大气
			C	60~75	
			D	<60	
Ⅴ	较强腐蚀	0.20~1.00	C	>75	工业大气
			D	60~75	
Ⅵ	强腐蚀	1~5	D	>75	工业大气

注:在特殊场合与额外腐蚀负荷作用下,应将腐蚀类型提高等级,如:

1. 机械负荷:

(1)风沙大的地区,因风携带颗粒(砂子等)使钢结构发生磨蚀的情况。

(2)钢结构上用于(人或车辆)通行或有机械重负载并定期移动的表面。

2. 经常有吸潮性物质沉积于钢结构表面的情况。

6.3 涂层与内衬

波纹钢埋置式结构通常与大气、水和土壤直接接触,而且内壁往往需要承受推移质的磨蚀,因此防腐和耐磨是这类结构应用的必要保障。镀锌钢是波纹钢埋置式结构最常使用的材料,而其他金属涂层和补充性非金属涂层也常用于增强结构的耐久性。波纹钢埋置式结构还常常使用混凝土或钢或塑料内衬来提高过水能力和耐磨性能。

6.3.1 金属涂层

用非耐候钢制造的波纹钢埋置式结构出厂前应敷涂以下任意一种涂层:

1)镀锌涂层

镀锌是指在金属、合金或者其他材料的表面镀一层锌保护层以起美观、防腐等作用的表面处理技术。现在主要采用的方法是热浸镀锌。

热浸锌是将除锈后的钢构件浸入600℃左右高温熔化的锌液中,使钢构件表面附着锌层,锌层厚度对4mm以下薄板不得小于65μm,对厚板不小于86μm。锌在液态下分三个步骤形成热浸锌层:铁基表面被锌液溶解形成锌—铁合金层;合金层中的锌离子进一步向基体扩散形成锌—铁互溶层;合金层表面包裹着锌层。

热浸镀锌具有以下性能特点:

(1)具有较厚、致密的纯锌层覆盖在钢材表面上,可以避免基材与腐蚀环境的接触。

(2)在一般大气中,锌层表面形成一层很薄而密实的氧化锌层表面,它很难溶于水,故对基材起着一定保护作用。如果氧化锌与大气中其他成分生成不溶性锌盐后,则防腐蚀作用更理想。

(3)锌—铁合金层结合致密,在海洋性盐雾大气及工业性大气中表现出特有的抗腐蚀性。

(4)由于结合牢固,锌—铁互溶,具有较强的耐磨性。

(5)由于锌具有良好的延展性,其合金层与基材附着牢固,因此热镀锌后可进行冷冲、轧制、拉丝、弯曲等各种成型工序,不损伤镀层。

(6)钢结构热浸锌后,相当于一次退火处理,能有效改善基材的机械性能,消除钢件成型焊接时的应力,有利于对钢构件进行车削加工。

该材料一般在高速的连续涂装线上完成,以保证涂层质量和分布具有高度的一致性。热浸镀锌应采用《锌锭》(GB/T 470—2008)规定的1号锌或0号锌,钢表面处理的最低等级为Sa2.5,热浸镀锌层技术质量应符合表6-15的规定。

热浸镀锌质量要求 表6-15

项目	要求
单面镀锌层厚度	板厚<4.0mm时,≥65μm;板厚≥4.0mm时,≥86μm
附着量	波纹钢管、波纹钢结构板、法兰盘和管箍(双面):板厚<4.0mm时,≥915g/m²;板厚≥4.0mm时,≥1 220g/m²
	螺栓、螺母与其他连接件(单面):≥350g/m²
镀锌层附着性	镀锌层应与金属结合牢固,经锤击试验不剥离、不凸起
外观质量	镀锌层应均匀完整、颜色一致,无漏镀缺陷,表面光滑,不允许有流挂、滴瘤或结块
镀锌层均匀性	镀锌层应均匀,无金属铜的红色沉积物
镀锌层耐盐雾性	耐盐雾性试验后,基材不应出现腐蚀现象

2)铝—锌合金涂层

铝—锌合金涂层在国外应用较为广泛,其原理是铝微粒在混合体涂层间构成网状骨架,阻止了先于铝腐蚀的锌的腐蚀生成物($ZnCl_2$、ZnO)的聚积和流失,反过来锌的腐蚀生成物把铝的网状构架中的小孔堵塞,且铝的氧化物(Al_2O_3)比较致密,这两种因素使将进入涂层更深层次的介质大大减少,从而提高基体结构的耐腐蚀性能。

国内锌—铝合金涂层目前还没有相应的标准支持,因此在钢结构防腐领域应用较少。

美国材料与试验协会标准ASTM A929规定了两种铝—锌合金涂层:Zn-5Al-MM(含5% Al、95% Zn,还有微量的稀土元素)和55Al-Zn(含52%~58%的Al、最大2%的Si,其余为Zn),并给出了最小涂层质量和厚度(表6-16)。

波纹钢埋置式结构一般采用55Al-Zn涂层,可在高速生产线上多点电喷涂装。一般要求钢板表面的涂层质量不小于214g/m²,且单面的涂层厚度不小于30μm。

铝—锌合金涂层质量要求 表6-16

涂层种类	最小双面涂层质量(g/m²)		最小双面涂层厚度(μm)	
	多点电喷	单点电喷	多点电喷	单点电喷
Zn-5Al-MM	640	550	93	80
55Al-Zn	210	180	56	48

3)纯铝涂层

美国材料与试验协会标准 ASTM A929 规定了两种铝涂层:Al-Type 2(含最大 3% 的铁、0.35% 的硅、0.5% 的镁,其他不超过 0.2% 的稀土元素,其余为铝)和 Al-Type 1(含 5% ~11% 的硅,其余为铝),并给出了最小涂层质量和厚度(表 6-17)。

纯铝涂层质量要求 表 6-17

涂层种类	最小双面涂层质量(g/m^2)		最小双面涂层厚度(μm)	
	多点电喷	单点电喷	多点电喷	单点电喷
Al-Type 2	305	275	95	86
Al-Type1	305	275	101	91

波纹钢埋置式结构一般采用 Al-Type 2 涂层,可在与镀锌产品相同类型的生产线上多点电喷涂装,并以卷或定尺管段的形式提供。一般要求钢板表面的涂层质量不小于 $305/m^2$,且单面的涂层厚度不小于 50μm。

6.3.2 非金属涂层

为了延长使用寿命,波纹钢埋置式结构还可增加敷涂以下任意一种非金属涂层:

1)沥青涂层

沥青涂层作为增强防腐性能的补充措施,广泛用于一般腐蚀环境下的波纹钢埋置式结构,一般采用涂装或喷涂方法敷涂。

采用涂装时,涂装材料的品种、规格、性能等应符合《公路桥梁钢结构防腐涂装技术条件》(JT/T 722—2008)的规定。涂装的总厚度应不小于 1.3mm,表面应均匀光滑、连续,无肉眼可分辨的小孔、孔隙、裂缝、脱皮及其他缺陷。

采用喷涂时,内外壁分两遍均匀喷涂沥青漆或乳化沥青。沥青涂层的厚度应不小于 1mm,涂层应均匀光滑、连续,无肉眼可分辨的孔隙、裂缝、脱皮及其他缺陷。

2)聚合物涂层

聚合物涂层在波纹钢管上的首次应用始于 20 世纪 70 年代,它能有效地提升波纹钢管的耐腐蚀和耐磨能力。聚合物涂层是一层坚固的、粗糙的薄膜,在波纹钢管成型前附着在波纹钢板的内壁和外壁,提供腐蚀和磨蚀的一层屏障。薄膜通常由两层组成,总厚度一般为 250μm。关于聚合物涂层的详细介绍,可参见 ASTM A742❶ 和 CSA G401❷。

国外的波纹钢管制造商、交通主管部门、工程企业针对聚合物涂层开展了大量的实验室试验和现场试验。这些研究验证了带聚合物涂层的波纹钢埋置式结构的使用寿命超过 80 年的结论❸。

聚合物涂层的有效寿命即为其阻止金属基层向腐蚀性环境大量暴露所需的时间。表 6-18 给出了国外制造商通过研究建议的聚合物涂层应用的环境限制。

---

❶ASTM A742, Polymer Precoated Sheet forSewers and Drains.

❷CSA G401, Corrugated Steel Pipe Products.

❸Ault"Performance of Polymer Coated Corrugated Steel Pipe"2003 Transportation ResearchBoard, Washington, D. C.

带聚合物涂层的钢材应用的环境限制(用于水和土中)　　表6-18

环境参数	环境限制建议		
	50年设计寿命	75年设计寿命	100年设计寿命
pH值	3~12	4~9	5~9
电阻率(Ω·cm)	>250	>750	>1 500

磨蚀或化学侵蚀是涂层破坏的另一个因素。研究表明聚合物涂层根据磨蚀条件能提供大于80年的有效寿命。表6-19给出了三种不同磨蚀等级下聚合物涂层的附加寿命。

聚合物涂层的有效附加寿命　　表6-19

磨蚀等级	聚合物涂层的有效附加寿命(年)
1级(无磨蚀)	>80
2级(轻微磨蚀)	>80
3级(中度磨蚀)	70
4级(严重磨蚀)	不建议使用

近年来,国内部分制造商开始研究通过高频高压技术对镀锌钢板表面热熔一层高密度聚乙烯(HDPE)膜,以增强其耐腐蚀性和抗磨性能(图6-4)。

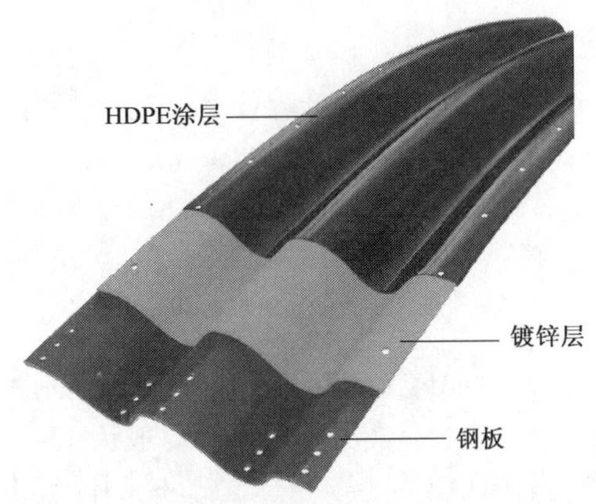

图6-4　HDPE涂层

HDPE膜内、外层厚度一般均为0.5mm,或内层根据实际情况加厚至0.7mm、1.0mm、1.25mm、1.5mm、2.0mm、3.0mm。热熔HDPE涂层质量应符合表6-20的规定。

热熔HDPE涂层质量要求　　表6-20

项目	要求
均匀性	热熔HDPE涂层应均匀光滑、连续,无肉眼可分辨的小孔、空洞、孔隙、裂缝、脱皮及其他有害缺陷
附着性	热熔HDPE涂层附着良好,对于热熔HDPE层经剥离试验后,热熔HDPE层不断裂,无剥离,剥离强度大于30N/cm
耐磨性	热熔HDPE涂层按《塑料　滚动磨损试验方法》(GB/T 5478—2008)试验规定的方法,经1 000转磨损试验后塑料层未磨穿

续上表

项目	要　求
耐冲击性	经按《塑料薄膜和薄片　抗冲击性能试验方法　自由落镖法　第1部分:梯级法》(GB/T 9639.1—2008)试验后,除冲击部位外,热熔 HDPE 层无碎裂、开裂或脱落现象
耐化学药品性	经《塑料　耐液体化学试剂性能的测定》(GB/T 11547—2008)试验后,热熔 HDPE 涂层无起泡、软化、丧失黏结等现象
耐盐雾性	经《色漆和清漆　耐中性盐雾性能的测定》(GB/T 1771—2007)试验后,除划痕部位任何一侧0.5mm内,热熔 HDPE 涂层无起泡、剥离、生锈等现象
耐候性	经《色漆和清漆　人工气候老化和人工辐射暴露　滤过的氙弧辐射》(GB/T 1865—2009)试验后,热熔 HDPE 涂层不允许产生裂缝、破损等损伤现象
耐湿热性	经《漆膜耐湿热测定法》(GB/T 1740—2007)试验后,除划痕部位任何一侧 0.5mm 内,热熔 HDPE 涂层无起泡、剥离、生锈等现象
塑料层拉伸强度	大于 10MPa
塑料层断裂伸长率	大于 300%
直角撕裂强度	大于 100N/mm

3)芳族聚酸胺纤维黏合沥青涂层

芳族聚酸胺纤维黏合沥青涂层是在镀锌阶段锌涂层尚处于熔化时加入芳族聚酸胺纤维,它可以提高与沥青的黏结力。技术信息可参考 ASTM A885。

6.3.3　内部衬砌

1)混凝土内衬

混凝土内部衬砌一般用于结构的修复,也可用于新建波纹钢埋置式结构作为补充耐磨层。波纹钢管安装且填土完成后,可在内壁底部(对于圆管一般为1/4 圆周或1/3 圆周,对于管拱一般不小于40%周长)浇筑或全周喷射一层致密和高强度的混凝土构成内部衬砌。前者称为拱底铺砌,一般混凝土厚度为波峰以上 75mm;后者称为全周铺砌(图6-5),一般混凝土厚度在波峰以上不小于3.2mm。混凝土内衬表面耐磨性能好,可以延长结构的使用寿命,且内表面光滑,可改善水力特性。此外,用于隧道或通道时,还可避免内壁意外或人为划伤。

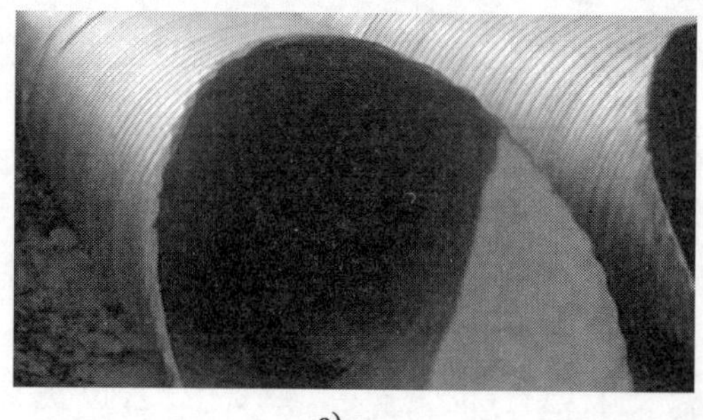

a)

b)

图6-5　混凝土全周铺砌混凝土拱底铺砌

较为刚性的混凝土内衬对于柔性的波纹钢埋置式结构的受力性能并不有利。波纹钢埋置式结构往往要适应较大的不均匀变形,如施工和运营阶段由于外荷载和土压力的作用引起截面形状的变化,以及沿管体纵向可能会出现不均匀沉降。这些不均匀变形往往会使得混凝土内衬出现局部开裂、剥落,甚至损伤内部涂层。特别是混凝土底部铺砌用于圆管时,由于管身结构圆周方向的刚度变得不均匀,容易引起局部应力集中,影响波纹钢管环向压力的分布,从而使得实际受力状况与设计假定不相符。因此,实际应用中对于混凝土内衬应谨慎对待。

如果确有必要采用混凝土内衬,内衬的施工应在结构上部填土完成后、结构的初始变形和沉降已经发生后(一般建议在结构安装后6个月)进行。混凝土内衬一般包括:

(1)40MPa 纤维加强混凝土,纯聚丙烯纤维含量 0.9kg/m^3。

(2)最小混凝土厚度:波谷以上 150mm 或波峰以上 75mm。

(3)最小钢筋用量:钢筋或钢筋网不小于 500mm^2/m。

混凝土内衬的细部构造可参考图 6-6。

2)沥青内衬

某些工程应用中也可使用沥青或聚合改性沥青替代混凝土衬砌(拱底或全周)。采用沥青衬砌时,一般厚度在波峰以上不小于 3.2mm。聚合改性沥青可用于拱底衬砌,一般厚度在波峰以上不小于 1.3mm。

3)塑料内衬

波纹钢闭口埋置式结构安装完成后、正式使用前,可在内壁一定范围内铺装一层由耐磨工程塑料模压成型的塑料衬垫(图 6-7),以提高其过水能力,保护内壁涂层。

塑料衬垫一般由波纹钢厂家配套生产,分块模压,现场拼装。塑料衬垫外侧形状紧密贴合波纹钢管,内侧为与管径吻合的平顺弧形,衬垫与波纹钢管采用螺栓连接,衬垫之间预留施工缝,缝内填沥青麻絮,衬垫顶面边缘可设置倒角。

4)钢内衬

双壁钢管(钢内衬)(图 6-8)是由全圆截面制成的内表光滑的波纹钢管,各管段的光滑钢内衬和螺旋波纹外壳于螺旋卷边接缝处首尾相连,形成一个整体。里面的钢内衬改善了钢管的水力特性。

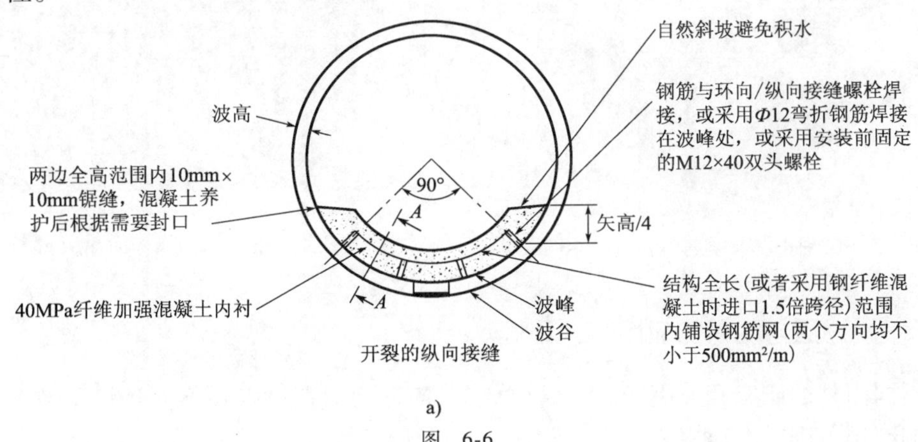

a)

图 6-6

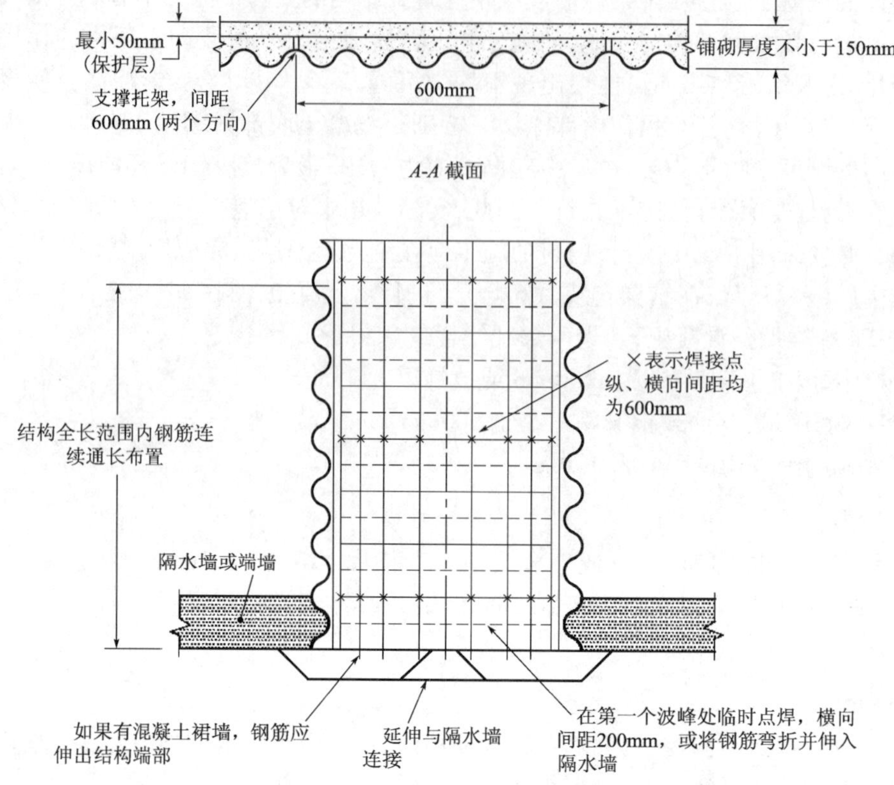

图 6-6　混凝土内衬的细部构造

a)典型截面;b)平面

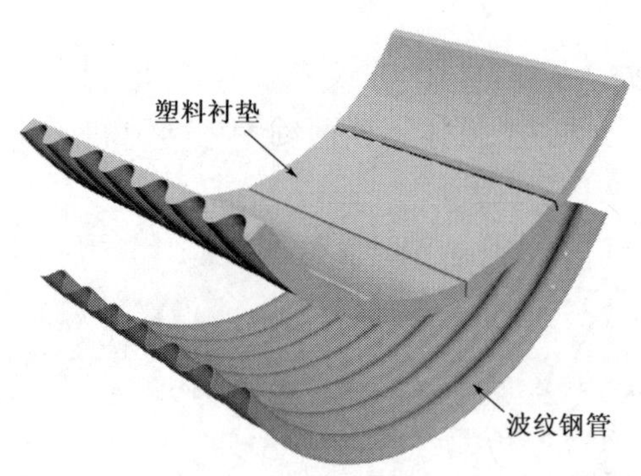

图 6-7　塑料衬垫

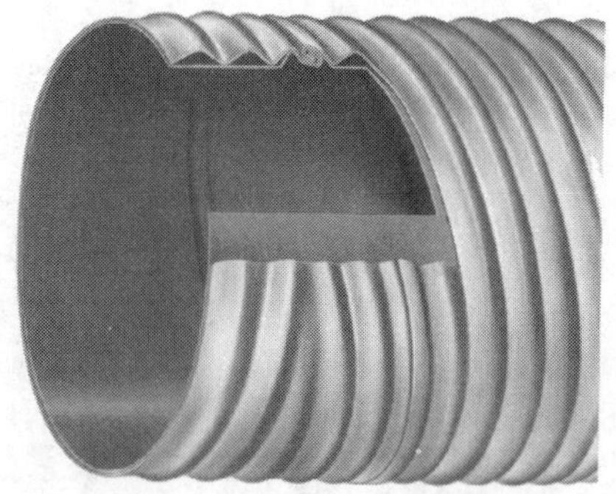

图 6-8　双壁钢管(钢内衬)

6.3.4　涂层与内衬的应用

根据国内外的研究和应用经验,这里总结了各种涂层和衬砌在不同环境下波纹钢埋置式结构中的应用范围,详见表 6-21、表 6-22。

常见涂层和衬砌的适用范围 表 6-21

涂层	水侧						土侧保护要求
	腐蚀等级			磨蚀等级			
	一般条件	轻微腐蚀	腐蚀	1、2 级	3 级	4 级	
锌涂层	√	√		√			
纯铝涂层(2 类)	√	√		√			
沥青涂层	√	√	√	√			√
沥青涂层 + 铺砌	√	√	√	√	√		√
聚合沥青拱底铺砌	√	√		√	√		
聚合物涂层	√	√	√	√	√		√
聚合物涂层 + 铺砌	√	√	√	√	√	√	√
聚合物涂层 + 聚合沥青铺砌	√	√	√	√	√	√	√
芳族聚酸胺纤维黏合沥青涂层	√	√	√	√			√
芳族聚酸胺纤维黏合沥青涂层 + 沥青铺砌	√	√	√	√	√		√
高强混凝土衬砌	√	√		√	√		
混凝土拱底铺砌	√	√		√	√	√	

常见涂层和衬砌的适用范围 表 6-22

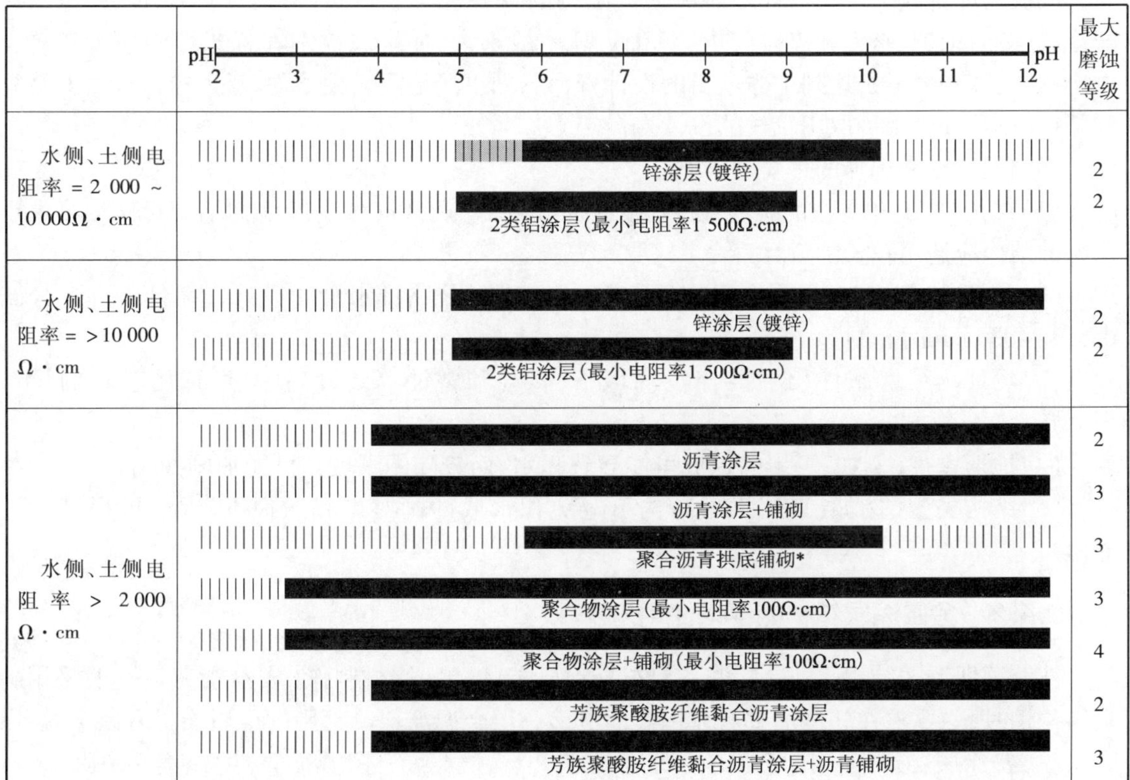

注：* 对于全涂层产品，使用沥青涂层的范围。

6.4 设计寿命与使用寿命

6.4.1 设计寿命

波纹钢埋置式结构的设计寿命一般由业主确定，根据结构的服务对象和用途会有所不同。一般可参考表 6-23。

常用波纹钢埋置式结构的设计寿命　　表 6-23

服务对象和用途	设计寿命(年)
高速公路、一级公路	100
主干铁路	100
维护、修复、更换困难的结构(如高填方)	100
低等级公路或地方公路	50
支线铁路	50
市政排水和雨水管理系统	25 ~ 50
矿区结构、农村公路、林区公路、短期铁路	5 ~ 25
临时结构	0.5 ~ 2

波纹钢埋置式结构的设计寿命应根据结构的重要性等级，综合考虑整体经济性(包括初期修建成本，维护、修复和更换成本等)确定。一般来说，如果波纹钢埋置式结构易于修复和更换，其设计寿命不必达到主体项目的设计寿命。如果场地耐久性条件较好，或预计后期修复和更换成本较高，则可取用较长的设计寿命。

影响设计寿命选择的主要因素有：

(1)维护、修复和更换的难易程度(例如：同等条件下，10m 填土厚度的结构相比最小填土厚度的结构应选用较长的设计寿命)。

(2)破坏的风险和后果(例如：直径 600mm 的农村公路排水管的设计寿命低于高速公路中直径 4000mm 的涵洞)。

(3)场地耐久性条件(例如：淹没环境下、腐蚀和磨蚀等级较高时，可选用较短的设计寿命)。

(4)地形条件(例如：平坦的纵坡可能导致积水，而较陡的纵坡则可能加剧冲刷)。

(5)结构类型(例如：采用拱形结构可避免积水或冲刷对拱底的损害，因而可提高设计寿命)。

6.4.2 金属涂层结构的平均使用寿命

波纹钢埋置式结构除非采用具有良好防腐性能的特殊钢材制作(成本较高)，一般采用碳素结构钢时，均要求在轧制加工后在钢表面电镀一层金属涂层。常用的金属涂层有以下几种：

(1)锌涂层：最常使用的金属涂层。加工工艺、涂层厚度及附着量等要求见第 6.3.1 节。

(2)铝—锌合金涂层：工艺要求与锌涂层相似，钢板表面的附着量不小于 $214g/m^2$，且每个

表面的涂层厚度不小于 30μm。

(3)铝涂层：工艺要求与锌涂层相似，钢板表面的附着量不小于 305g/m²，且每个表面的涂层厚度不小于 50μm。

美国国家标准技术协会 NIST(前身为美国国家标准局)针对厚度为 1.3～4.2mm 的镀锌钢板在不同的侵蚀环境下，根据其样品的重量损失和蚀损情况，推导出了波纹钢管涵洞和雨水管平均使用寿命计算公式和曲线(图 6-9)。

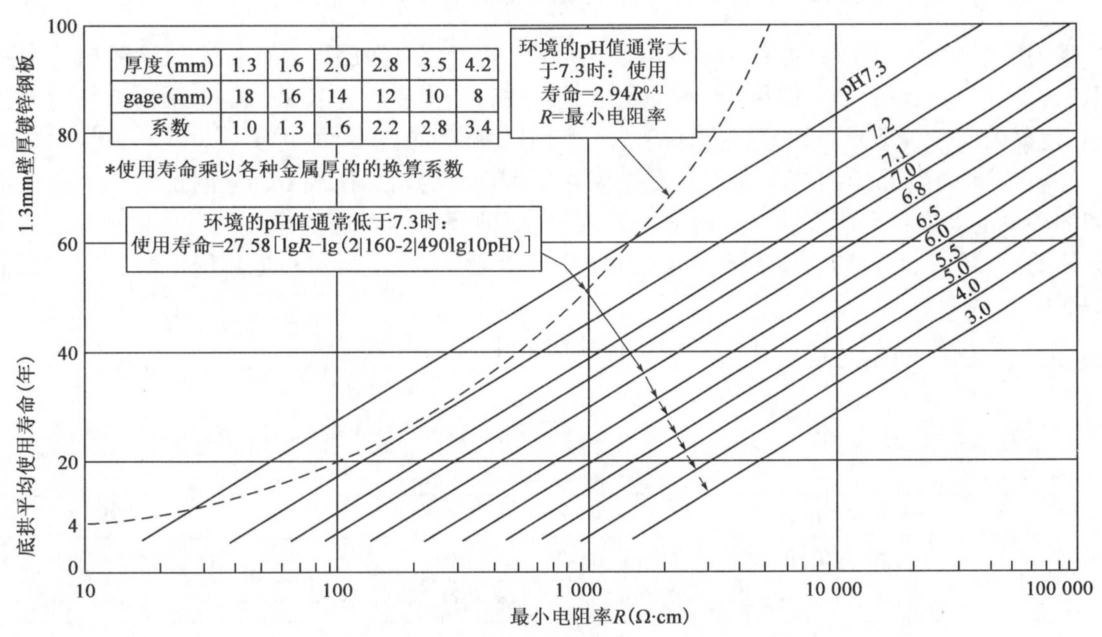

图 6-9 波纹钢管的平均使用寿命计算图

1.3mm 厚镀锌钢板的平均使用寿命计算公式：

$$\left.\begin{aligned}\text{Years} &= 27.58[\lg R - \lg(2\,160 - 2\,490\ \lg\text{pH})],\ \text{pH} \leqslant 7.3 \\ \text{Years} &= 2.94R^{0.41},\ \text{pH} > 7.3\end{aligned}\right\} \tag{6-1}$$

式中：Years——平均使用寿命(年)；

pH——现场环境的平均 pH 值(无量纲)；

R——现场土壤的最小电阻率(Ω · cm)。

采用大于 1.3mm 厚度的镀锌钢板时，其平均使用寿命乘以表 6-24 的换算系数。

使用寿命换算系数 表 6-24

钢板厚度(mm)	1.3	1.6	2.0	2.8	3.5	4.2
使用寿命换算系数	1.0	1.3	1.6	2.2	2.8	3.4

式(6-1)也可用于计算采用波纹钢板件拼装的桥涵结构的平均使用寿命。

对于过水涵洞或雨水管，应分别计算管内和管外的使用寿命。

图 6-9 的用法：

(1)根据现场土壤的电阻率在横坐标轴上定位。

(2)竖向移动与土壤 pH 值对应的斜线相交。如果 pH 值大于 7.3,则使用虚线。

(3)水平移动与纵坐标轴相交读取 1.3mm 壁厚镀锌钢板土侧的使用寿命。

(4)用水的电阻率和 pH 值重复以上过程,读取水侧的使用寿命。

(5)对于 1.3mm 壁厚镀锌钢板,使用寿命为两者较小值。

(6)对于其他壁厚,乘以换算系数。

6.4.3 补充非金属涂层和内衬的附加使用寿命

为进一步延长波纹钢埋置式结构的使用寿命,可在金属涂层的表面补充敷涂一层非金属涂层(沥青或聚合物),对于冲刷严重的闭口截面桥涵结构还可在底拱一定范围内增加内部衬砌(混凝土或工程塑料),以减轻推移质的磨蚀,提高过水能力。

表 6-25 列出了 CSPI 推荐的补充非金属涂层和内衬的附加使用寿命。附加使用寿命在不同的环境范围内将有所不同。应根据环境条件(磨蚀等级、pH 值和电阻率)和相关经验,选择具体的附加值。最有利的环境条件应采用上限值,而磨损程度最大和最具侵蚀性的环境则采用下限值。

非金属涂层和内衬的附加使用寿命(CSPI) 表 6-25

涂　　层	水侧		土侧
	附加寿命(年)	最大磨蚀等级	附加寿命
沥青涂层	2 ~ 20	2	25 ~ 50
沥青涂层 + 内衬	10 ~ 30	3	25 ~ 50
聚合物涂层	25 ~ 100	3	50 ~ 100
聚合物涂层 + 内衬	30 ~ 100	3	50 ~ 100
底拱采用聚合沥青涂层	15 ~ 40	3	—
底拱采用混凝土或塑料内衬	25 ~ 75	4	—

注:内部衬砌的耐磨性取决于衬砌材料。

表 6-26 列出了 NCSPA 推荐的补充非金属涂层和内衬的附加使用寿命。

非金属涂层和内衬的附加使用寿命(NCSPA)(年) 表 6-26

涂　　层	水侧		
	磨蚀 1 级和 2 级	磨蚀 3 级	磨蚀 4 级
沥青涂层	10	不建议	不建议
沥青涂层 + 铺砌	30	30	30
聚合沥青拱底铺砌	45	35	不建议
聚合物涂层	> 80	70	不建议
聚合物涂层 + 铺砌	> 80	> 80	30
聚合物涂层 + 聚合沥青铺砌	> 80	> 80	30
芳族聚酸胺纤维黏合沥青涂层	40	不建议	不建议
芳族聚酸胺纤维黏合沥青涂层 + 沥青铺砌	50	40	不建议
高强混凝土衬砌	75	50	不建议
混凝土拱底铺砌	> 80	> 80	50

补充非金属涂层的工艺要求见第6.2.5节2)。

采用喷涂混凝土作为内部衬砌时,一般采用高强混凝土,厚度75～100mm,纵向每隔5～6m设置一道锯缝,内部宜设置150mm×150mm的钢丝网。

采用工程塑料作为内部衬砌时,一般宜采用超高分子量聚乙烯,由工厂根据波纹形状和结构尺寸分块预制,现场用螺栓与结构密贴安装。

6.5 耐久性设计

在对超过50 000个波纹钢埋置式结构的应用和大量耐久性试验、观测和研究的基础上,许多国家总结了波纹钢埋置式结构的耐久性设计方法。本节介绍澳大利亚和新西兰规范AS/NZS 2041.1:2011中的相关规定,可用于指导我国波纹钢埋置式结构的耐久性设计。

6.5.1 耐久性设计方案

耐久性设计时,应根据结构的使用环境(腐蚀和磨蚀),按表6-27选择使用涂层和/或内衬。

波纹钢埋置式结构涂层与内衬的选择 表6-27

涂层(内衬)类型与使用条件	无腐蚀/一般条件	轻微腐蚀	腐蚀	无磨蚀/轻微磨蚀	中度磨蚀	严重磨蚀
1. 锌涂层,有底拱,正常流时结构与水接触	√	√	×	√	×	×
2. 锌涂层+混凝土拱底铺砌	√	√	×	√	√	√
3. 锌涂层,无底拱,正常流时结构与水无接触	√	√	×	√	√	√
4. 锌涂层+聚合物涂层	√	√	√	√	√	×
5. 锌涂层+聚合物涂层+混凝土拱底铺砌	√	√	√	√	√	√

注:1. 表中术语定义如下:

(1)无腐蚀:5≤pH≤12,电阻率≥10 000Ω·cm。

(2)一般条件:5≤pH≤8,2 000≤电阻率≤10 000Ω·cm。

(3)轻微腐蚀:5≤pH≤8,1 500≤电阻率≤2 000Ω·cm。

(4)腐蚀:5≤pH≤10,电阻率>1 500Ω·cm。表列第4或5种涂层(内衬)可适用于3≤pH≤12,电阻率>100Ω·cm。

(5)磨蚀等级参见第6.1.3节。

2. 表中√表示适用,×表示不适用。

6.5.2 耐久性设计方法

如前所述,波纹钢埋置式结构可通过增加基材的壁厚或使用保护性涂层或内衬来延长其使用寿命,因此耐久性设计的根本目的在于确定结构在使用环境下的耐久性裕度(即需要增加的壁厚）及选择适当的保护性措施，以达到设计寿命。

考虑结构的重要性和建设、维护和更换的成本，可采用两种耐久性设计方法：简化方法和详细方法（表6-28）。

耐久性设计方法 表6-28

重要性描述	跨径（mm）	设计方法
结构破坏对人身安全的影响较小，对经济、社会和环境产生的后果不严重（小型结构、易于更换）	$D_h<600$	简化方法
	$600 \leqslant D_h<800$	简化方法或详细方法
结构破坏对人身安全有一定影响，对经济、社会和环境产生的后果较严重（一般结构）	$D_h<600$	经验认可时可采用简化方法
	$600 \leqslant D_h<3\,600$	简化方法或详细方法
	$D_h \geqslant 3\,600$	详细方法
其他（大型结构、分离式立交、电力或油气管道等特殊结构）	所有尺寸	详细方法

对于大型项目或多管结构，建议采用详细方法。

6.5.3 简化方法

（1）符合下列条件时，不需要设计耐久性裕度：

①符合第6.3.1节1）要求的镀锌波纹钢埋置式结构；

②结构跨径或矢高小于1.5m且易于更换；

③设计寿命不大于30年；

④没有长期积水（积水时间不超过2月/年）；

⑤结构不位于入海口或距海岸20km以内的含盐水或空气中；

⑥所在区域没有矿井或工业腐蚀性径流；

⑦填料干燥且可自由穿流；

⑧现场土壤和填料pH值在5~8之间；

⑨现场土壤不含盐分或硫酸盐；

⑩磨蚀等级为1级（无磨蚀）或2级（轻微磨蚀）。

（2）符合下列条件时，可考虑1mm耐久性裕度：

①符合第6.3.1节1）要求的镀锌波纹钢埋置式结构；

②结构跨径不大于3.0m且更换成本不高；

③设计寿命不大于50年；

④没有长期积水（积水时间不超过2月/年）；

⑤结构不位于入海口或距海岸20km以内的含盐水或空气中；

⑥所在区域没有矿井或工业腐蚀性径流；

⑦填料干燥且可自由穿流；

⑧现场土壤和填料pH值在5~8之间；

⑨现场土壤不含盐分或硫酸盐；

⑩磨蚀等级为1级（无磨蚀）或2级（轻微磨蚀）。

简化方法一般用于现场安装条件已知良好但没有进行详细试验的情况。土壤的 pH 值可通过简易方法测定。不符合上述条件或不确定现场安装条件时,应采用详细方法。

6.5.4 详细方法

(1)结构性回填采用级配土壤、可流动填料或水泥改良土时,土侧的腐蚀损失按以下规定计算:

①对于 pH 值和电阻率符合表 6-29 要求的级配填料(无腐蚀性环境),按表 6-29 计算土侧的腐蚀损失。

无腐蚀性环境下镀锌层及钢材的腐蚀速率　　表 6-29

结构性回填材料的电阻率(Ω·cm)	结构性回填材料的 pH 值范围	锌涂层腐蚀速率(μm/年)	钢材腐蚀速率(μm/年)
≥10 000	5～12	前2年15,随后4	12
2 000～10 000	6～10		
500～2 000	5～10	—	—

注:1. 本表不适用于积水或淤泥环境。
2. 现场条件(电阻率和 pH 值)接近表列极限值时,应测定氯离子和硫离子浓度。氯离子浓度不大于 200mg/kg、硫离子浓度不大于 1 000mg/kg 时,腐蚀速率可按本表取值。
3. 矿区应用时,某些可溶性金属的含量可能会增强腐蚀性。
4. 水泥改良土与可流动填料通常 pH 值达到 9,在不良排水条件下电阻率低于 1 000Ω·cm,排水条件下可高于 2 000Ω·cm。水泥含量中等或较高时,其 pH 值还可能远大于 9。采用这类填料时应测定 pH 值和电阻率。
5. 对于循环使用的材料,应监测重金属。
6. 软水对锌涂层有显著影响,但对聚合物涂层的寿命没有影响。表列腐蚀速率适用于碳酸钙($CaCO_3$)含量低于 50ppm 的天然水,否则应采用拱底防护或补充涂层。

②如果级配填料的 pH 值和电阻率接近表 6-29 的限值,则可能属于腐蚀性填料,需要测定氯离子和硫离子浓度。氯离子浓度不大于 200mg/kg、硫离子浓度不大于 1 000mg/kg 时,可按表 6-29 计算土侧的腐蚀损失;如果氯离子浓度大于 200mg/kg,或/和硫离子浓度大于 1 000mg/kg,则应按表 6-30、表 6-31 计算土侧的腐蚀损失(注:一般来说,随着盐分含量水平的升高,土壤电阻率会相应降低)。

腐蚀性环境下镀锌层的平均腐蚀速率　　表 6-30

土壤 pH 值	锌涂层的平均腐蚀速率(μm/年)	
	排水土壤	不排水土壤
<4	>6.5	>20
4～4.9	2.6～5.2	6.7～13.3
5～7.9	2.2～4.3	5.5～11.0
8～9	3.3～6.5	6.1～12.1
>9	>8.6	>17.2
土壤电阻率(Ω·cm)	所有土壤	
<500	>3.5	
500～1 000	1.5～3.5	

续上表

土壤 pH 值	锌涂层的平均腐蚀速率(μm/年)	
	排水土壤	不排水土壤
1 000 ~ 2 000	1.3 ~ 1.5	
2 000 ~ 5 000	0.9 ~ 1.5	
> 5 000	< 0.9	

注:1. 腐蚀速率应分别按 pH 值和电阻率计算后取最大值,两者不可相加。
2. 对于海岸附近的结构,建议采用额外的保护性涂层。
3. 在全浸没条件下,氧气水平较低,表列腐蚀速率可适当折减。
4. 在海浪溅洒区域,腐蚀速率可能超出表中沿海条件下的值。

腐蚀性环境下基材的平均腐蚀速率(不含镀锌层) 表 6-31

土 壤 条 件				钢材的平均腐蚀速率(μm/年)	
pH 值	氯离子含量		电阻率(Ω · cm)	排水土壤	不排水土壤
	土中(%)	水中(ppm)			
> 5	< 0.5	< 1 000	> 5 000	< 10	< 10
4 ~ 5	0.5 ~ 2	1 000 ~ 10 000	2 000 ~ 5 000	< 10	10 ~ 20
3 ~ 3.9	2 ~ 5	10 000 ~ 20 000	1 000 ~ 2 000	10 ~ 20	20 ~ 40
< 3	> 5	> 20 000	< 1 000	10 ~ 40	40 ~ 300

注:表中给出了一系列的极限值,腐蚀速率应取 pH 值、氯离子含量和电阻率最不利情况下的值。

③如果级配填料的 pH 值和电阻率超出表 6-29 的限值,则认为是高腐蚀性填料,建议用符合表 6-29 要求的填料替换。

④如果结构性回填材料周围的天然土壤具有腐蚀性,应采取措施避免腐蚀性元素渗入从而对结构产生侵蚀,否则应在设计寿命中考虑天然土壤条件。

(2)不同国家对锌涂层的工艺和厚度要求有不同的规定。AS/NZS 2041.1:2011 规定的锌涂层最小厚度见表 6-32。设计时也可参考表 6-15。

锌涂层的最小厚度 表 6-32

结 构 类 型	基材壁厚 t(mm)	锌涂层最小厚度(μm)
螺旋波纹钢整体管	$t \leq 2.0$	45.5
	$t > 2.0$	47.6
波纹钢结构板结构	$t \leq 1.5$	45
	$1.5 < t \leq 3.0$	55
	$3.0 < t \leq 6.0$	70
	$t > 6.0$	85

(3)如果结构要承受磨蚀、积水或涓流作用,或者内壁要承受侵蚀,建议参考附近其他波纹钢埋置式结构的使用情况,并考虑恒流水位和流量、洪水流速与频率以及河床是否有泥沙底积,确定是否需要在拱底增设内衬。

(4)结构在常水位以上部分内壁的大气腐蚀损失通常可忽略不计,但极端环境下需要考虑大气腐蚀,参见第 6.2.4 节。

(5)如果按以上方法计算得到的腐蚀损失过大(即要求的耐久性裕度过大),可综合考虑成本因素,确定是否使用补充非金属涂层和内衬提高结构的使用寿命。AS/NZS 2041.1：2011规定了使用补充聚合物涂层时结构的估计使用寿命(表6-33),设计时也可参考第6.4.3节。

锌涂层+聚合物涂层钢结构的估计使用寿命　表6-33

估计使用寿命(年)	现场环境条件	最大磨蚀等级
100	$5.0 \leqslant pH \leqslant 9.0$ 电阻率>1 500Ω·cm	3
75	$4.0 \leqslant pH \leqslant 9.0$ 电阻率≥750Ω·cm	
50	$3.0 \leqslant pH \leqslant 12.0$ 电阻率≥250Ω·cm	

6.5.5　耐久性设计示例

1)已知

结构:直径1 500mm螺旋形波纹钢管涵洞。

现场:涵洞位于煤矿运输道路上,每年至少一半时间有含砾流水通过,无积水,但天然土壤中潜在有害物质的补给率测定为中到高。

设计寿命:30年。

流速:≤3m/s,有推移质。

天然土壤:pH=5,电阻率=1 500Ω·cm,Cl^-≤200mg/L,SO_4^{2-}≤1 000mg/L。

结构性回填:不排水填料,pH=6.5,电阻率=4 000Ω·cm,Cl_2≤200mg/L,SO_4≤1 000mg/L。

涵洞内水:pH=5,电阻率=1 500Ω·cm,Cl_2≤200mg/L,SO_4≤1 000mg/L,$CaCO_3$>50mg/L。

基材壁厚:结构设计基材壁厚2.6mm。

2)要求

进行耐久性设计。

3)设计

(1)选择设计方案。

虽然结构性回填材料符合表6-27的一般条件,但由于是矿区道路涵洞,天然土壤中潜在有害物质的渗透会对结构耐久性产生影响,因此按天然土壤考虑设计方案。

天然土壤pH=5,电阻率=1 500Ω·cm,由表6-27,其腐蚀等级属于轻微腐蚀到腐蚀。涵洞内有砾砂推移质,流速3.0m/s,由表6-3,磨蚀等级为中度磨蚀(3级)。

由表6-27,可考虑采用以下两种方案分别计算,经经济比较后确定:

①锌涂层+混凝土拱底铺砌。

②锌涂层＋聚合物涂层。

（2）方案①设计计算（锌涂层＋混凝土拱底铺砌）。

天然土壤属于腐蚀性土壤，按表6-27，方案①不适用；但结构性回填材料属于轻微腐蚀等级，方案①适用。

根据表6-28，本涵洞属于一般结构，可采用简化方法或详细方法设计。但简化方法只适用于1级和2级磨蚀，因此本涵洞只能按详细方法设计。

由表6-30，对于pH＝6.5（5～7.9）的不排水条件，锌涂层的平均腐蚀速率为5.5～11.0μm/年；对于电阻率＝4 000Ω·cm（2 000～5 000），锌涂层的平均腐蚀速率为0.9～1.5μm/年。采用最不利情况下的11.0μm/年。

由表6-32，对于螺旋形波纹钢管，壁厚2.6mm（＞2.0mm），锌涂层最小厚度为47.6μm。表6-15中对于4.0mm以下的薄钢板，锌涂层厚度最小为65μm。这里偏安全取47.6μm计算（也可按设计实际采用的锌涂层厚度计算），则锌涂层的设计寿命＝47.6/11.0＝4.3年。

由表6-31，对于不排水土壤，pH＝6.5时，钢材的平均腐蚀速率＜10μm/年；电阻率＝4 000Ω·cm（2 000～5 000）时，钢材的平均腐蚀速率为10～20μm/年；Cl^-≤200ppm（＜1000）时，钢材的平均腐蚀速率＜10μm/年。取最不利的20μm/年。

结构的设计寿命为30年，则钢材的设计寿命＝30－4.3＝25.7年。因此在设计寿命终止时总的钢材厚度损失为25.7×20＝51.4μm＝0.514mm，此即为耐久性裕度。

因此，按方案①设计时，考虑耐久性裕度的结构基材总厚度应为2.6＋0.514＝3.114mm。

（3）方案②设计计算（锌涂层＋聚合物涂层）。

天然土壤和结构性回填材料的pH值和电阻率均符合表6-27的要求。

根据表6-28，本涵洞属于一般结构，可采用简化方法或详细方法设计。但简化方法只适用于1级和2级磨蚀，因此本涵洞只能按详细方法设计。

由表6-33，采用锌涂层＋聚合物涂层时，对于pH＝6.5（5～9），电阻率＝4000Ω－cm（＞1500），结构的估计使用寿命为100年。参考表6-25，磨蚀等级为3，采用锌涂层＋聚合物涂层时，水侧的附加寿命为25～100年。参考表6-26，磨蚀等级为3，采用锌涂层＋聚合物涂层时，水侧的附加寿命为70年。

结构的设计寿命为30年，因此不需要增加耐久性裕度，即结构基材厚度2.6mm满足要求（锌涂层和聚合物涂层应满足相应的工艺和厚度要求）。

第7章　安装与施工

波纹钢埋置式结构属于柔性结构,必须依赖土与结构之间的相互作用发挥其承载能力。第五章介绍的设计方法建立在合理的施工程序和要求基础上。本章着重介绍公路波纹钢埋置式结构的安装和施工,包括地基处理、结构安装、回填压实等基本程序。对于采用管沟法施工的波纹钢管(如雨水管),可参考加拿大波纹钢管学会(CSPI)的《Modern Sewer Design》一书。读者还可参考美国材料与试验学会(ASTM)的有关规定(ASTM A796、A798、A807 等)。

第五章中给出了公路和铁路荷载作用下波纹钢埋置式结构的最低要求,这些要求主要基于多年的实际经验和基本设计标准。必须强调的是,实际施工过程中可能出现更大的活载,最低要求可能远远不够。因此,当有大型施工设备(其轮载或总荷载超过结构的设计荷载)经过或接近结构时,还必须采取其他必要的保护措施。

7.1　地基处理与基础施工

回填料的重量和活载产生的压力会传递到结构侧面的填料和下方的土层。结构下方的支撑土层(一般指地基)必须足以提供纵向和横向的支撑。

与结构底部接触的部分地基称作管基。根据结构的尺寸和类型,管基可以是平面或呈特定形状。

7.1.1　基坑开挖

基坑开挖应清除植被、松散沉积物和粒径大于75mm 的岩石,当基坑底部含有软弱土层、岩石或承载力差异较大的土层时,应先进行地基处理。

基坑尺寸和高程:在便于施工的前提下,闭口结构还应满足管基最小厚度与最小宽度要求,开口结构还应满足基础埋深和承载力要求。

挖至高程的土质基坑不得长期暴露、扰动或浸泡,并应及时检查基坑尺寸、高程、基底承载力。符合要求后,应立即进行管基填筑或基础施工。

7.1.2　地基处理

1)一般土质地基

对于工厂预制的圆管或小跨径管拱,一般可直接放置在级配良好的地基上。随后,在第一期回填时将结构拱腋下方的土壤夯实(图7-1)。

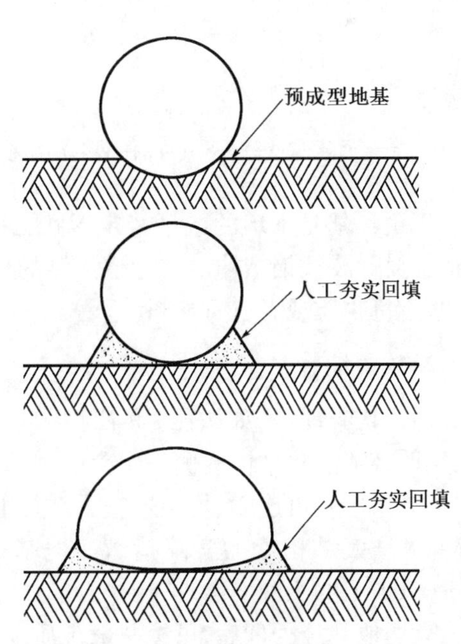

图7-1　一般土质地基圆管或小跨径管拱的标准回填

管拱及其他闭口大跨结构(底拱半径超过 3.7m)的管基应做成与结构底部近似的形状，或者做成略微的 V 形[图 7-2b)]，这样可以为相对平坦的结构提供更均匀的支撑。管基的成形宽度应确保在结构的剩余拱腋下可快速压实回填料，最小宽度为 3m 或结构拱顶半径的一半，取两者中的较小值。

图 7-2a)示出了管拱的成形管基。注意管拱拱腋下方和旁边的土壤必须具有较好的质量，并经过充分夯实，且其厚度应足以传递和承受可能在该位置产生的较大反力。

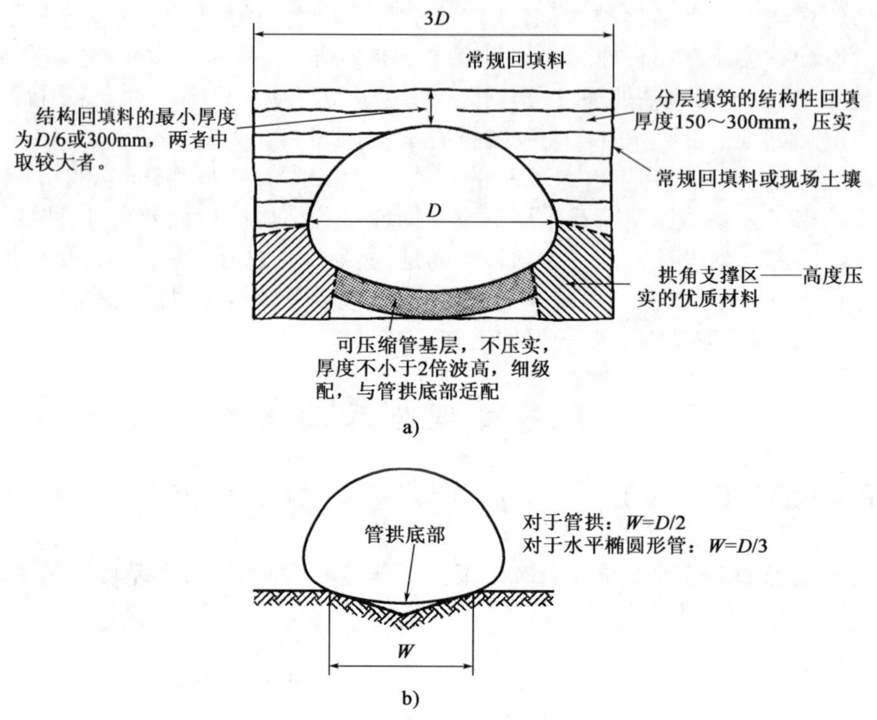

图 7-2　一般土质地基大跨管拱或椭圆形管的标准回填

a)大跨管拱或椭圆形结构的标准回填；b)大跨管拱或椭圆形结构的标准 V 形管基

无论管基是平坦的或呈特定形状，其上层 50 ~ 100mm 的范围必须采用相对松散的材料，保证能放置波纹钢结构。与管道接触的材料不应含有直径超过 75mm 的砾石、冻块、高塑性黏土块、有机物质或者有毒材料。

2)软弱地基

由于软弱地基(如淤泥)无法均匀承重，并可能造成结构放置不平或路基修筑后结构移位，因此必须清除结构两侧一定范围内承载能力差或承载力不均匀的材料，并换填合适的夯实填料，确保地基可连续、均匀地支承结构上作用的压力。否则，这些软弱材料会因回填荷载而沉降，并增大结构上的实际荷载。地基处理可参考《公路桥涵地基与基础设计规范》(JTG D63—2007)进行。

软弱地基经处理后，可按一般土质地基制备管基。图 7-3 说明了软土基础的处理方法。

软弱地基一般不宜作为开口结构的持力层。

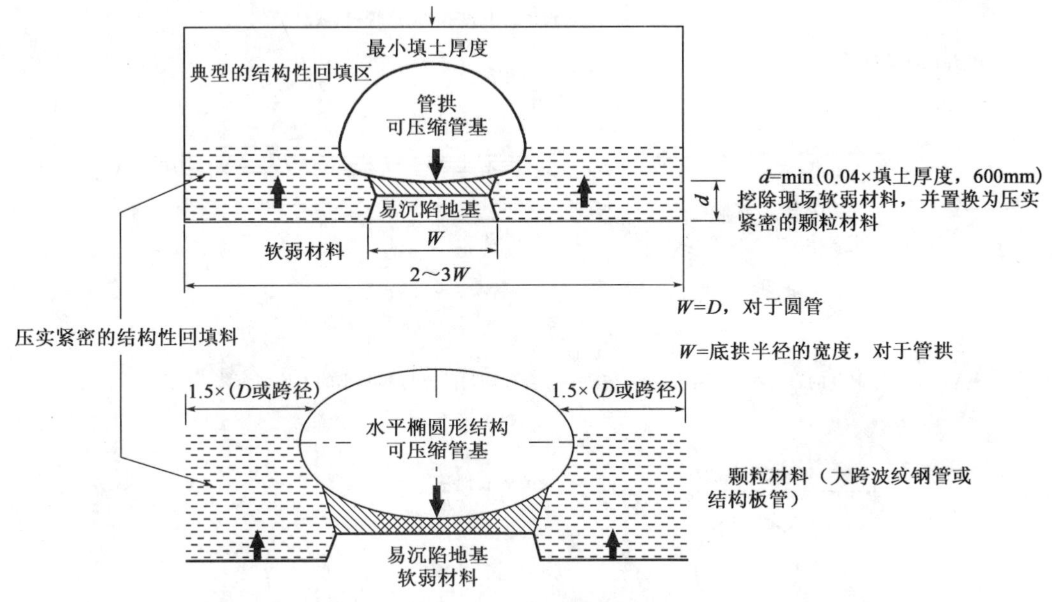

图 7-3 软弱地基的处理

注:底拱半径较大的结构可采用易沉陷地基处理法。通过选择性开挖,有可能形成相对(非实际)运动(如箭头所示),从而提高土壤—结构的相互作用。

3)岩石地基

闭口结构:由于集中荷载会引起结构局部变形,因此闭口结构不得直接置于岩石地基上。在准备管基之前务必清除大块岩石或岩架,并替换为合适的夯实填料。另外,如果管基从岩石过渡为可压缩土壤,要特别注意提供合理均匀的纵向支撑。图 7-4 说明了岩石地基和过渡区的处理方法。

开口结构:承载力满足设计要求时可作为拱座基础的支撑。

4)预拱度

对于高填方或可能沉降的地基,地基处理时应考虑设置预拱度。预拱度的值为涵洞中心处结构底拱的设计高程与连接两端(进、出口)的直线计算的高程之差。设置预拱度的目的是确保沉降发生后形成合适的流线,避免因涵洞中间沉降而造成积水,或因沉淀削减其过水能力。

一般来说,可以将管道上游半段的管基设置为接近水平,将下游半段安置在比设计纵坡更陡的坡度上,从而获得足够的预拱度。路堤中心处荷载较大,相应的沉降也较大,这样固结完成后即可形成所需的顺坡。特殊情况下可以利用土工技术预测需要的预拱量。一般来说,预拱度可取为结构洞身长度的5‰。对于高填方下的结构,应通过计算确定预拱曲线。图7-5 示出了高填方涵洞的预拱度。

7.1.3 基础施工

开口结构基础的施工按普通桥梁扩大基础施工要求进行。

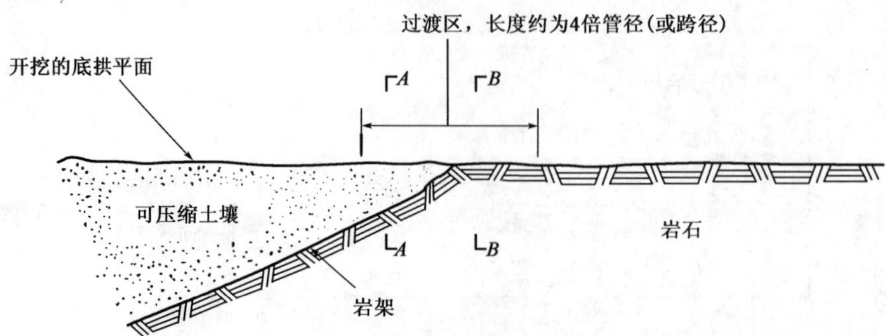

管基从压缩土过渡到岩石。
应挖除过渡部分的岩石和可压缩土，为结构提供合理均匀的支撑和最小的不均匀沉降。

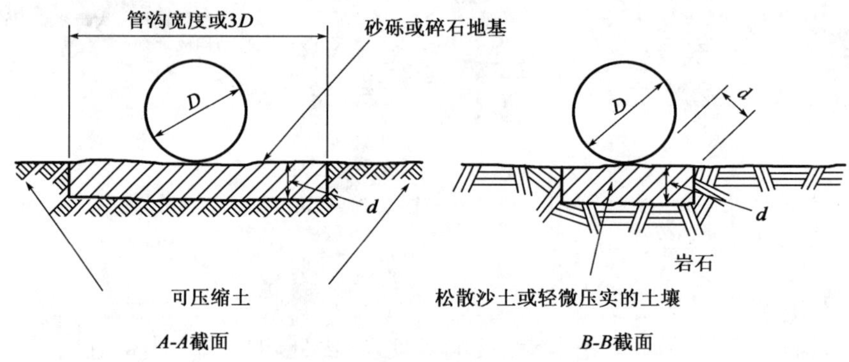

图 7-4　岩石地基和过渡区

注：d = 管顶填土高度的 4%，最小 200mm，最大 600mm。B-B 截面适用于所有连续岩石基础。

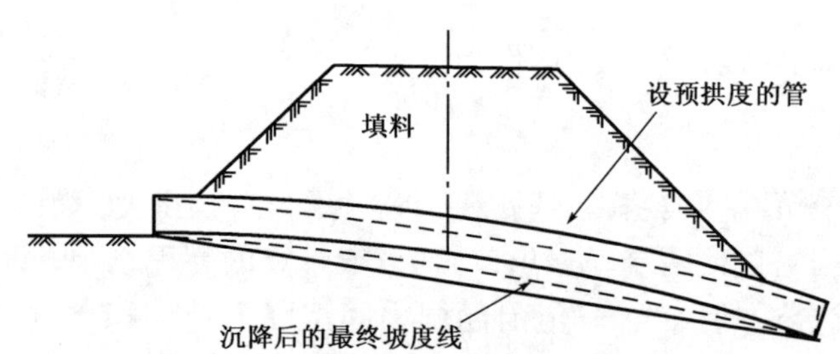

图 7-5　高填方涵洞考虑沉降的预拱度

大跨结构的质量相对较轻，且通常有较大的矢高尺寸。一般来说，大跨结构作用在基础上的压力比作用在旁边结构回填材料上的压力小。基础承载力的要求一般与支撑侧面填料且不发生过度沉降的需要有关。如果发生相对沉降，最好是结构的沉降量略大于侧面填料的沉降，以免因负土拱而产生增大的荷载。

对于拱结构，基础设计必须考虑理想的相对沉降条件。如果地基土壤条件较差，侧面填料下方的支撑不足，可以使用较大的基础。谨慎使用桩基础。

7.2 结构安装

7.2.1 装卸与运输

波纹钢管或管拱宜采用吊索吊运装卸,或在采取适当保护措施前提下滚动装卸,以免破坏涂层。装卸过程中应避免撞击岩石或坚硬物体。严禁采用直接拖拽或倾倒的方式进行装卸。

采用吊索吊运波纹钢管时,宜事先在1/4管节长度处用织物包裹的钢丝绳顺波纹绑扎钢管。吊运过程中应保持钢管水平,吊索与钢管之间的夹角不宜小于45°(图7-6)。不要在波纹钢管上焊接或栓接吊耳作为吊点。

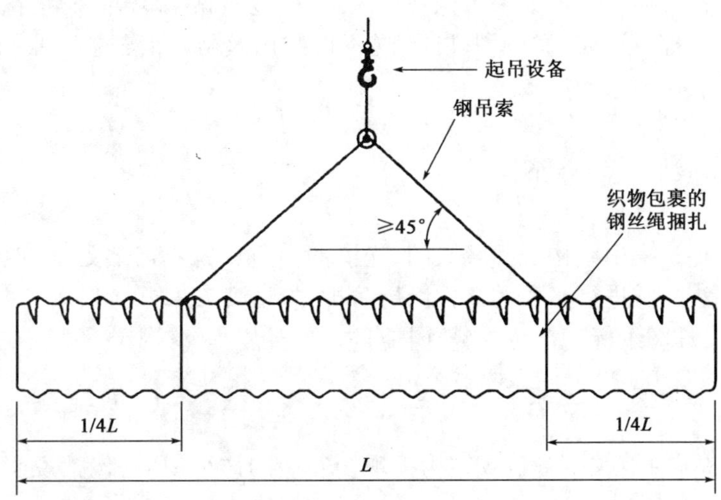

图7-6 波纹钢管的吊运

结构板结构安装所需的所有板材、螺栓和螺母都嵌套成捆进行装运。装运的货物还包括各板材组装顺序和位置的详细安装说明书。

每捆货物都按照大小进行分类,从而保证已工作的起重机、叉车或其他施工设备能够完全满足卸载需要。搬运过程中应小心注意,保证板材干净且不受到野蛮处理的损伤。

根据板材半径及其在结构中的位置,在卸载时对板材进行预先分选。

波纹钢管或波纹钢结构板可采用套叠方式运输。运输过程中应采取措施防止翻滚和碰撞。

7.2.2 材料检验与涂层修补

波纹钢管和波纹钢板件及配件出厂前应严格按《公路涵洞通道用波纹钢管(板)》(JT/T 791—2010)进行验收,并附有产品质量合格证书。

工地现场应事先规划好波纹钢管(结构板)和配件的保管位置、各种施工机械设备的工作位置和进出路线等。

波纹钢管和波纹钢板件及配件运抵现场后,应逐件与设计图纸对照检查,包括钢板厚度、涂层厚度、表面质量、波形几何尺寸等。损坏、变形的波纹钢管(结构板)必须及时更换,涂层脱落面积超过总面积的0.1%或25 000mm^{2}时必须进行修补。

一般来说,小范围涂层脱落(不超过总面积的0.1%)而暴露的基材会因邻近锌涂层的电池作用而引起的腐蚀而得到保护。研究表明,虽然腐蚀速率很大程度上取决于环境条件,但在适合于使用镀锌钢材的环境中,这种电池作用的保护至少可覆盖5mm的直径。在常规制造条件下,仅在边缘部分需要提高锌对钢材表面的保护,而且暴露区域并不会引起加速退化。这些较小的区域可通过有机富锌涂料或其他适当的涂层来提供额外的保护。

对于涂层脱落的部位,或镀锌后发生焊接的部位,应小心地用钢丝刷清除浮垢,并立即敷涂环氧富锌底漆[参考《富锌底漆》(HG/T 3668—2009)]进行修补。

在潮湿的酸性或含盐环境中,镀锌钢材表面形成的粉白或浅灰色沉淀物一般对锌涂层没有损害,也不会影响镀锌质量。但如果结构在通风条件较差或潮湿环境下储存,表面有中等或重度的沉淀堆积,或有棕色沉淀物,可用硬毛刷(不得用钢丝刷)和浸透下列一种溶液的湿布对表面进行清洁,然后用清水冲洗干净:

(1)10%的醋酸溶液。

(2)420g/L的铬酸加0.5%硝酸。

(3)200g/L铬酸。

一般情况下,储存过程中结构表面轻微的、光滑的白色铁锈不需要处理,但如果是安装过程中产生的,则需要清除并进行必要的二次涂层防护,参见第7.2.4节1)。

检查合格后按设计图纸标记部位,必要时应进行预拼装。

7.2.3 安装

制造商应随产品提供波纹钢管节或结构板现场安装的详细说明,包括说明安放和拼装过程的图纸和图式。

1)螺旋形波纹钢管

螺旋形波纹钢管采用工厂咬口方式连接时,咬口应确保管体强度和防渗,咬口间最小间距和相应的最少螺旋波纹数量应符合表7-1的规定。

螺旋形波纹钢管咬口连接要求 表7-1

波距(mm)×波高(mm)	咬口最小间距(mm)	咬口间螺旋波纹最少数量(个)
68×13	610	6
125×25	750	6

螺旋形波纹钢管采用管箍连接时,应根据结构用途和管端是否再加工选择管箍形式、垫圈和连接件[参见第3.4.2节1)]。管箍应采用与要连接的管相同的材料和涂层厚度。管箍与管之间应正确就位并完全匹配,每边与管端搭接长度应相等。安装期间应检查管节之间的缝隙并确保不大于25mm,紧固时应保证其整个宽度和长度范围内与管紧密贴合。管箍环向搭接不小于50mm。

澳大利亚标准AS/NZS 2041.4: 2010根据不同波形和管径给出了管箍最小尺寸及配件要求(表7-2),也可供参考。

管 箍 最 小 尺 寸　　表7-2

波距(mm)×波高(mm)	管直径(mm)	管箍最小宽度(mm)	管箍最小厚度(mm)	最小螺栓个数(个/接缝)	环向浅凹排数(排)	每排浅凹个数(个)
波纹管箍						
68×13 75×25 125×25	150～200	200	1.2	2	—	—
	300～900	300	1.6	2	—	—
	1 050～3 600	600	1.6	3	—	—
半波纹管箍						
68×13 75×25 125×25	300～3 600	355	1.6	2	—	—
浅凹形管箍						
68×13	300～1 200	300	1.2	2	2	9
	1 250～1 800	450	1.6	3	4	9
75×25	900～1 200	300	1.6	2	2	7
	1 250～2 100	450	1.6	3	4	7
	2 150～3 600	600	1.6	3	4	7
125×25	1 200～2 100	450	1.6	3	4	4
	2 150～3 600	600	1.6	3	4	4

连接件应具有足够强度,并进行镀锌处理。连接件与管箍焊接部位破坏的涂层应进行修补(参见第7.2.2节)。

回填前应检查管的内径,其与规定直径的差应不大于±1%或6mm(取较大值)。如果超过此限值,则应采取措施纠正变形。

2)环形波纹钢管

环形波纹钢圆管(内径不大于2 000mm)整体采用轴向法兰盘连接时,法兰盘和管节焊接及焊接质量应符合《铁路钢桥制造规范》(TB 10212—2009)的要求。法兰盘圆周边均匀布设单排螺栓孔,孔位、孔距根据设计确定。互相拼接的两个法兰盘的连接孔应一一对应。

环形波纹钢圆管(内径750～1500mm)轴向采用左右(或上下)半圆管节翻边连接时,螺栓孔应一一对应,纵向采用单排均布。

环形波纹钢圆管采用管箍进行轴向拼接时,参见7.2.3节1)。

3)波纹钢结构板结构

根据场地条件和结构的大小或形状,可以采用各种不同的组装方法。在结构板组装过程中,保持设计造型非常重要。

闭口结构可以在场外或现场拼装,一般从底拱开始,再到侧面,最后到拱顶,对称拼装。不同半径的板件拼装前必须准确标记,防止错误搭接。

开口结构拼装前,应认真检查拱座基础上的不平衡槽钢的线形、坡度、尺寸,并确保对称槽钢上的预冲孔完全对齐,然后由侧面向拱顶对称拼装。开口结构现场拼装通常必须配备脚手架或临时支撑。也可采用场外预拼装，再用起吊设备吊装就位。

板件之间应采用搭接，并用高强度螺栓连接，不得采用焊接。板件环向搭接的重叠部分边缘至最外缘螺栓孔距离应不小于50mm，轴向搭接螺栓孔边缘距离视波距大小而定。螺栓孔位和数量根据设计的弧长、波形参数等计算确定。

首先，使用尽可能少的螺栓组装结构，螺母的弯曲表面应始终背靠板材。沿纵向和圆周接缝，在每个板材中心附近，仅需使用三个或四个未拧紧的螺栓。

利用部分栓接将结构部件组装成形后，插入剩余螺栓并用手拧紧。确保始终从接缝中心开始向板材角方向操作。当螺栓松开时，螺栓孔最易对齐。

所有螺栓固定到位后，从结构一端开始逐步均匀地紧固螺母。重复这一操作，直至确保所有螺栓都紧固到位。

拼装应按安装图纸或施工作业书进行。对于大跨结构，必要时可以利用撑杆或缆索来维持设计截面的形状，但须在回填至2点和10点钟位置时全部拆除。

波纹钢结构板的搭接应结合紧密，在同一位置不得重叠4张以上的波纹钢板。在连接处可用衬垫或填充物来减小空隙。

如果板材完全对齐，装配有动力扳钳的扭矩无需过大。使用高扭矩时最好选择合适的板材。螺栓不宜过紧，扭矩宜为(310 ±90)N · m，全部螺栓都要用均等的扭矩来拼装。

钢板拼装完毕后，应在纵向和横向连接处各自随机选取螺栓总数的5%，用扭矩计量器检查螺栓扭矩。若所检查螺栓中超过10%的螺栓扭矩不满足要求，则必须松开全部螺栓重新进行拼装。超过扭矩要求的螺栓必须更换，不得重复使用。

结构板拼装完成、螺栓扭紧后的结构长度与设计长度之间的差不得大于±1%（大多数情况下，拼装后的结构长度略大于设计长度）。回填开始前，拼装完成、螺栓扭紧后结构的截面大小与设计形状之间的误差不得大于±1%，否则应拧开螺栓校正形状后重新拼装。

7.2.4 二次涂层和防水

1）二次涂层

如果结构防腐设计除了镀锌还需要敷涂保护性涂层，可在内外管壁均匀喷涂沥青漆或乳化沥青两遍，要求涂层厚度不小于1mm。沥青晾干后方可开始回填。

2）接缝密封

如果结构有水密性要求，通常使用接缝密封剂胶带。接缝密封剂胶带的宽度应足够遮盖搭接板上全部螺栓孔，厚度应能有效填满搭接板之间所有的空隙。

安装密封剂胶带的流程如下：

(1)用胶带滚过所有接缝并经过波纹处，胶带不得拉伸。

(2)在放置搭接板之前必须除掉全部衬纸。

(3)三块搭接板相交的位置应加铺一定厚度的短胶带，以填补横缝重叠产生的空隙。

(4)在螺栓孔处，用浸泡机油的热铲或锋利工具戳穿胶带，以便插入螺栓。

(5)至少扭紧螺栓两遍达到所需扭矩。

7.3 回　填

7.3.1 结构性回填区

1)结构性回填材料的选择

结构性回填材料应满足第5.3.3节规定,尽量使用具有良好结构特性的颗粒状材料,且不得含有巨型卵石或岩块。结构周围300mm范围内不得含有粒径超过75mm的石子。冻融深度范围内管壁附近不得使用易冻土壤。黏性土壤很难达到较好的压实效果,不建议作为结构性回填材料。如果确实需要使用黏性土壤,必须在其具有最佳含水率时进行压实,并参考岩土工程学相关建议。

可用于结构回填料的材料优先顺序如下:

(1)级配良好的砂和砾石(尽可能选择锐利、粗糙或有棱角砂和砾石)。

(2)均匀的砂或砾石。

(3)混合土壤(大跨结构不推荐)。

(4)经认可的稳定土。

可流动填料(CLSM)可具有与结构性回填材料相当的强度和刚度,在以下情况下可以用来替换结构性回填材料:

(1)施工工期要求非常紧迫时。

(2)管沟开挖难度较大,因而宽度受限,造成结构拱腋周围压实困难时。

(3)多管结构之间净距不满足第5.9.3节要求时。

(4)现场天然土壤不满足第5.3.3节要求或耐久性要求时。

CLSM一般仅用于管沟法施工时空间受限的情况下,且不得用作管基。

2)压实度

经验和研究表明,回填料的临界密度应在标准普式密度的85%以下。为了获得较好性能,回填料的压实密度应超过临界密度。一般要求每层结构性回填材料的压实密度应至少达到规定标准普氏密度的95%。

压实过程中,填料的含水率应控制在最佳含水率的±3%以内,如果填料的0.425mm筛分通过率大于20%,则应控制在±2%以内。

采用可流动填料时,应采取与混凝土类似的方法浇筑并机械振捣密实。

3)结构性回填施工

回填布料时,回填高度达到结构矢高的3/4前,运料机械必须平行于结构纵向行驶(图7-7)。严禁用铲车垂直于管身铲运,或运料车垂直于管身直接倾倒(图7-8)。

闭口结构拱腋下方或多管结构之间的楔形区域的填料必须与结构紧密接触,一般采用手工作业,也可采用水密法并用振荡器振实(图7-9)。手工作业时,手夯锤的质量应不低于9kg,夯实面不超过150mm×150mm。使用水密法时,应注意防止结构浮动或材料冻结。

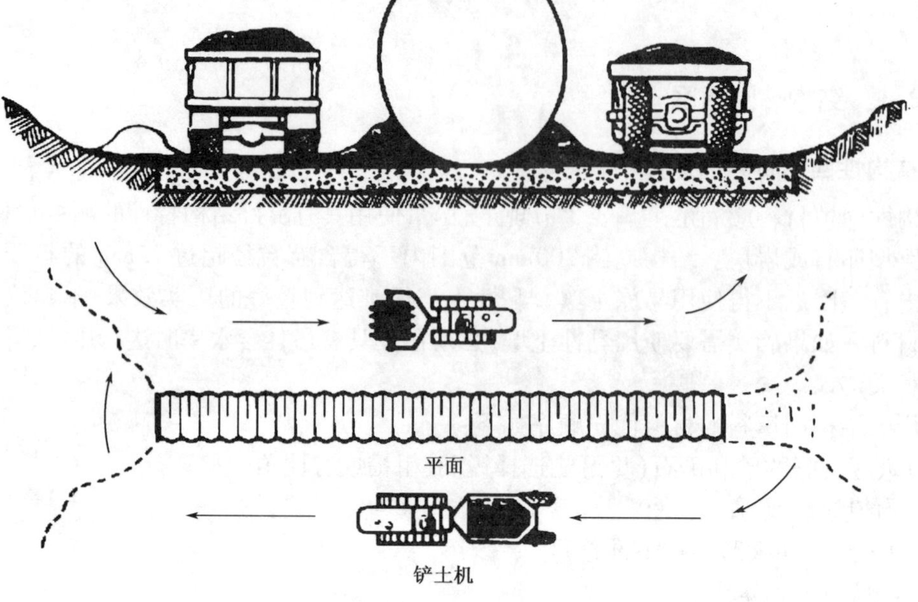

图 7-7　正确的布料方法

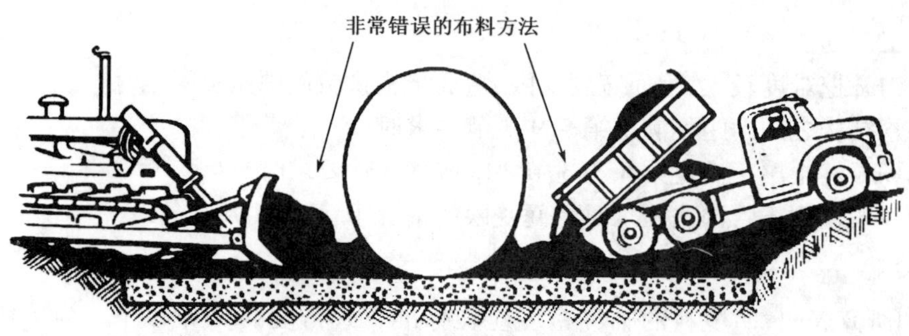

图 7-8　错误的布料方法

图 7-9　拱腋下方手工作业

为确保起拱线以上部分回填的排水，如果结构有端墙且在回填前建造，回填料宜由端墙附近逐渐向中心推进进行铺设；如果结构无端墙或端墙在回填后建造，宜最先铺设中部，并形成

尽可能窄的斜坡，两侧对称逐层压实，直到达到拱结构的顶部，然后向端部均匀地延伸斜坡来实现剩余回填料的铺设和压实（图 7-10）。

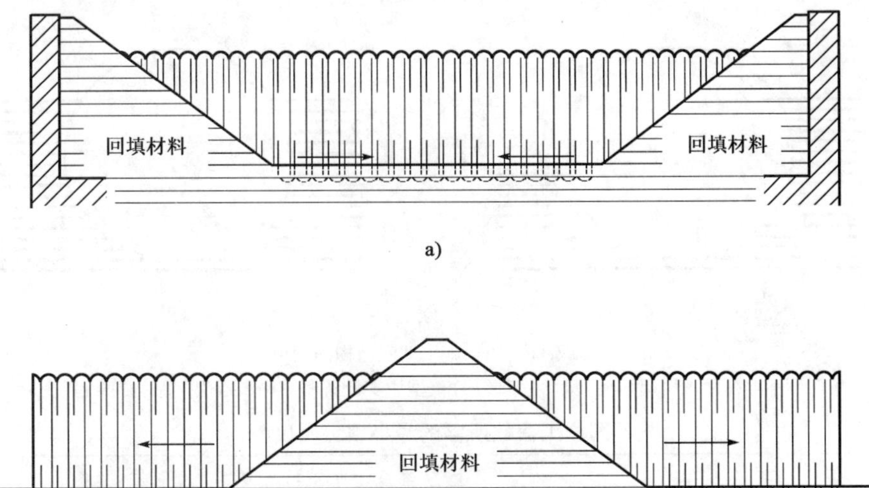

图 7-10　根据有无端墙建议的回填顺序

a）回填时有端墙；b）回填时无端墙

结构两侧结构性回填应分层摊铺，逐层压实，顶面水平，压实前每层厚度不宜大于 200mm（如果结构性回填材料主要为 2.36mm、筛分通过率大于 50% 的砂，则不宜大于 150mm；如果结构性回填材料为均匀的碎石，则不宜大于 300mm，前提是现场压实试验表明能达到设计要求的压实度），达到设计要求的压实度后再摊铺下一层。结构两侧的回填施工宜尽量同时对称进行，或者从结构的一侧到另一侧交替铺设填料。交替施工时，两侧的高度差应不大于单层厚度。结构两侧不均衡回填会造成结构向一侧"滚动"变形［图 7-11a）］。

填筑过程中应随时观测截面形状变化，由不对称的土压力引起的结构变形超过设计形状的 2% 时，应立即采取措施消除，校正截面形状后再行填筑。

回填压实过程中，应按设计要求严格控制施工机具和压实设备的载重。一般来说，拱腋下方采用木杆或小型气动设备夯实，结构外侧 600mm 范围内采用手持式振动设备夯实，结构外侧 600 ~ 2 000mm 范围内可采用沟槽压路机压实，而重型压实设备则只能在结构外侧 2 000mm 以外使用。重型压实机械离结构太近会造成结构拱顶"鼓起"变形［图 7-11b）］。

大部分类型的机动夯都可用于除最狭窄区域以外的所有区域。如果空间允许，羊足碾、橡胶轮胎型和其他类型的夯击式压路机可以用于压实结构周围的回填料。如果使用压路机，结构相邻的填料应使用手持式动力设备夯实。一般而言，光轮压路机不适合压实填料。振动压路机是压实颗粒状回填料的最佳选择，但一般不适合压实黏土或其他塑性土。

压实结构侧面时，压实机械应与结构的长度方向平行行驶；压实结构上方回填土时，应垂直于结构长度方向行驶。

设计的最小填土厚度主要基于广泛的研究、经验和基本设计原则。但是在施工阶段，由于施工设备产生的活载往往远远大于设计活载，最小填土厚度可能不足以对结构提供保护。如果重型施工设备的车轮荷载超过了设计荷载，并且该施工设备必须在结构上或附近驶过，那么必须提供足够的额外填土厚度，以防结构受损。不同施工荷载所需的最小填土厚度见表7-3。

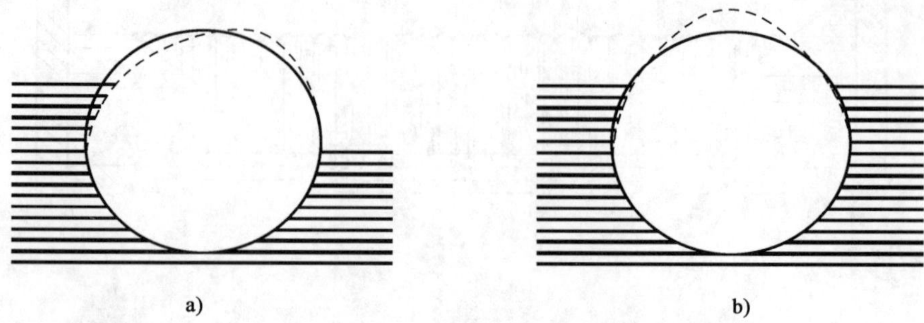

图7-11　回填施工期间结构的变形

a 两侧不均衡回填引起结构“滚动”变形；b）重型压实设备离结构太近引起结构“鼓起”变形

不同施工荷载所需的最小填土厚度（m）　　表7-3

跨径（mm）	轴载（t）			
	8～23	23～34	34～50	50～68
300～1 000	0.6	0.8	0.9	0.9
1 200～1 800	0.9	0.9	1.0	1.2
2 000～3 000	0.9	1.0	1.2	1.2
3 200～3 600	1.0	1.2	1.4	1.4

回填施工的关键点总结如下：

（1）使用优质的回填材料。

（2）确保拱腋下回填良好，压实充分。

（3）保证回填有足够的宽度。

（4）每层填料铺设得薄而均匀。

（5）结构两侧对称回填，均衡压实。

（6）每一层压实后方可铺下一层。

（7）需要时，监控设计形状并修改回填程序。

（8）达到最小填土厚度之前，在无充分保护的情况下，结构上禁止重型设备通行。

回填施工全过程应严防施工机具碰撞结构。

4）可流动填料的特殊考虑

可流动填料一般预先拌和好再运抵施工现场，运输过程中要尽量减小离析；也可采用移动配料设备进行拌和。可流动填料应采用运拌管道直接浇筑到结构周围的管沟内，并使用机械振捣设备振捣密实，特别是拱腋周围。

可流动填料一般不得用作管基，除非结构两侧的土柱非常坚硬，可确保发生正土拱效应。通常，在拱腋周围、结构两侧和之上浇筑的可流动填料的刚度应与设计要求的压实后的结构性回填材料的刚度相等。如果管沟壁材料的强度等于或大于压实后的结构性回填材料的强度，管沟宽度可适当减小，并采用较高强度的可流动填料。

可流动填料通常需要 1 ~4h 才能达到支撑结构的足够刚度,其达到承受活载的足够强度的时间应根据可流动填料供货方提供的数据确定。

可流动填料应分层浇筑,层厚取决于结构尺寸、回填区的范围、结构抵抗上浮所承受的荷载及浇筑进度。回填面积较大时,应尽量减小层厚,以避免结构上浮。

可流动填料浇筑过程中应采取适当措施维持管沟壁的稳定。浇筑第一层时,一般应在结构两侧与管沟壁之间用楔体防止结构滚动或上浮(图 7-12)。

应进行浮力计算以确定合理的层厚,层厚的计算可参考图 7-13。

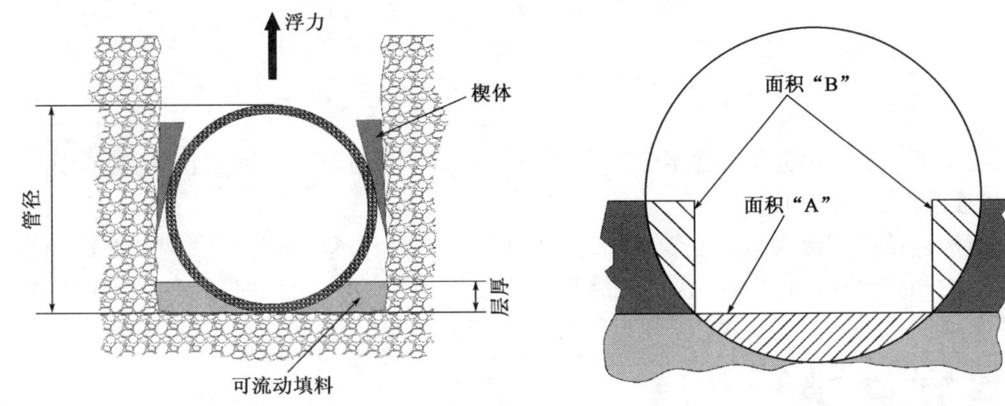

图 7-12 可流动填料的浇筑

图 7-13 可流动填料层厚的计算

浇筑第一层时的浮力等于结构取代的可流动填料的质量减去结构的重量,或者偏安全取图 7-13 中面积“A”所代表的填料质量。该浮力可通过楔体与结构及管沟壁之间的摩擦力来抵抗。通过限制面积“A”的大小即可求得第一层的层厚。

根据排水条件和温度情况,可流动填料一般经过大约 1h 即可初凝。第一层初凝后,即可接着浇筑第二层。由于第二层可流动填料无法在第一层与管底之间流动产生上浮力,第二层作用于结构外侧的浮力仅相当于面积“B”所代表的填料质量。因此,如果第一层浮力满足要求,只要面积“B”小于面积“A”,则第二层可满足要求。

重复以上过程即可求出每层的层厚。当可流动填料顶面达到或高于结构中心高度时,后续的填料可一次性浇筑,因为此时填料对结构产生的力不再是上浮力,而是向下的压力。

施工全程应密切监测结构形状和位置的变化,并及时采取措施进行控制。

如果结构拱顶以上必须使用较厚的可流动填料,设计时应考虑施工期间土拱作用的折减,并检查是否有足够的安全储备。

5)非圆形管的特殊考虑

对于管拱和椭圆形管,需特别注意拱腋附近的回填材料和压实情况。拱冠上方的垂直荷载会传递到拱腋处的土壤上。因此拱腋附近的回填材料必须具备足够的承载力,否则应按第 5.6.1 节 3)进行加固处理。对于高填或深挖处的结构,拱腋回填区域可能需要进行专门设计,在这些情况下建议使用圆管。

6)开口结构的特殊考虑

开口结构回填过程中可能发生两种位移(图 7-14):如果结构两侧的回填料不平衡,或一侧压实过大,拱结构就会偏离较大荷载的一侧,导致“滚动”;如果两侧均衡回填但重型压实机械离结构太近,拱顶可能会上拱变形,造成“鼓起”。半圆形拱和中高拱尤其如此。

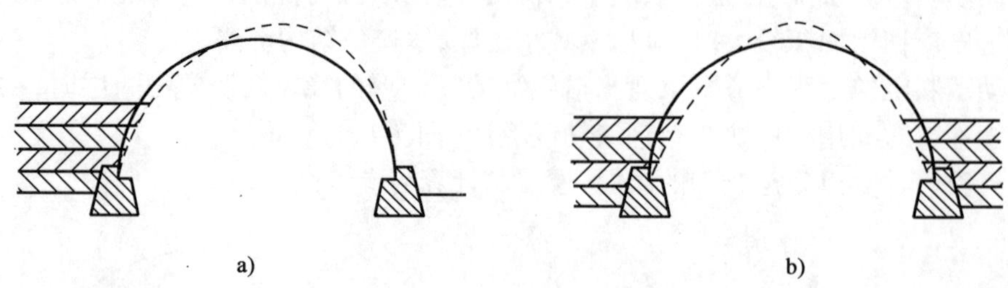

图 7-14　开口结构回填时的变形

a)滚动;b)鼓起

开口结构理想的回填方法是使用符合拱形状、每层厚度均匀的材料盖住结构,并完全夯实,但往往难以做到(图 7-15)。

开口结构回填前应确保结构安装对称,并认真检查拱脚与基础的连接。两侧的回填布料和压实应尽量同时对称进行,并严密监测结构变形。出现“滚动”变形时,通过调整两侧填土高度和压实度进行调整。出现拱顶“鼓起”时,可在拱顶区域均匀分布沙包加载减小变形,拱顶加载的大小以恢复变形为准,并及时调整。

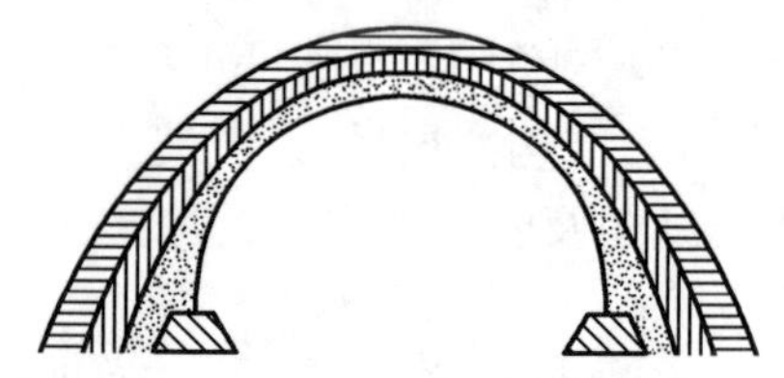

图 7-15　开口结构理想的回填方法

7)大跨结构的特殊考虑

大跨结构板结构的基本回填要求与小跨结构类似,但其尺寸必须有利于土壤的铺设和压实,从而充分发挥土壤—结构的相互作用。

大跨结构的形状控制尤其重要。使用的设备和施工程序应保证结构不会产生过度变形。回填过程中应定期检查结构形状,以确认使用的施工方法符合要求。形状变化的允许幅度一般由制造商规定。

制造商应指派一名合格的施工检查员在整个结构回填过程中协助工程师。检查员应就所有回填材料和方法的合格性对工程师提出建议,并对回填形状实施监控。

结构回填材料应均匀水平地分层铺填和压实,厚度不超过 200mm,并且应保证结构两侧的铺填一致。每一层的压实密度不低于 95%(标准普氏密度)。压实度要求允许的例外有:底拱下方区域;高拱和倒梨形紧邻大半径侧板的 300 ~ 450mm 宽土壤;以及施工设备初次跨过结构前或过程中拱顶的第一级平整层。

8)箱形结构的特殊考虑

与大跨结构相比,箱形结构刚度较大,这使得回填材料易于铺填和压实。箱形结构两侧以外各 1m、自拱脚到拱顶以上最小填土高度范围内属于结构性回填区,其间的颗粒状回填材料应分层均匀铺填,每层厚度不超过 200mm,压实密度不低于标准普氏密度的 95% 。两侧的回填料高度差在任意横截面均不超过 400mm。

重型振动压实设备不得在结构壁 1m 范围内或与其距离过近,以免造成变形。回填材料在任何时候均不得倾倒在结构壁附近,否则会改变结构的形状或造成偏移。

回填过程中必须定期检查形状。侧面填料高度超过矢高的3/4后，使用轻型设备在结构顶部以垂直于结构纵轴的方向铺填和压实回填料。禁止任何超过设计活载的设备通过结构。

箱形结构的安装和回填过程中应有制造商代表负责监督和指导，施工过程中应进行压实试验。

加劲肋端部应铺设无纺土工布，以防回填料进入洞身和加劲肋之间的空腔内（图7-16）。

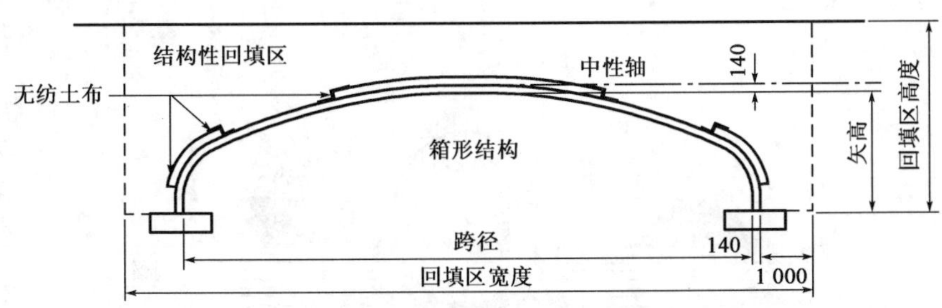

图7-16 箱形结构的回填（尺寸单位：mm）

7.3.2 结构性回填影响区

结构顶部最小填土厚度以内的范围应按结构性回填区的要求施工。

结构顶部最小填土厚度应符合《公路桥涵施工技术规范》（JTG/T F50—2011）第22.3.7条表22.3.7的要求，并进行结构承载力验算后，方可允许车辆通行。

压实土层时应使压实机械垂直于结构物长度方向行驶，在最小填土厚度范围内，应禁止压实机械以外的重型机械在结构物上方通行，不得堆放重物。

结构顶部及周围20m范围内，不允许强夯。

结构性回填影响区以外可按一般路堤或挖方施工。

7.4 形状控制与保护措施

7.4.1 形状控制

波纹钢埋置式结构回填前和回填过程中都必须检查截面的形状变化，并将变形控制在许可范围内。

1）回填前截面形状

对于采用波形钢板拼装的开口或闭口结构，拼装完成后其截面大小与设计形状之间的误差不得大于1%，否则应拧开螺栓校正形状后重新拼装。

2）回填中截面形状

波纹钢埋置式结构回填过程中应分阶段监测截面的形状变化，任何方向上的截面变形不得超过回填完成后容许变形的1.25倍，前提是回填完成后截面变形满足误差要求［见

第7.4.1节3)]。

对于跨径大于2 000mm的结构,应每隔 $R_s/5$(但不超过1 000mm)检查一次截面尺寸(至少应检查 S_s 和 R_s,S_s 为跨径,R_s 为矢高)。

如果检查发现变形超过容许值,应立即中止施工,查明原因,修正回填和压实方法,将变形量减小到规定范围以内。

使用铅垂法监控变形非常方便有效(图7-17)。回填前,从拱肩位置悬挂铅垂,使垂球与底拱上对应的标记点保持一定距离。

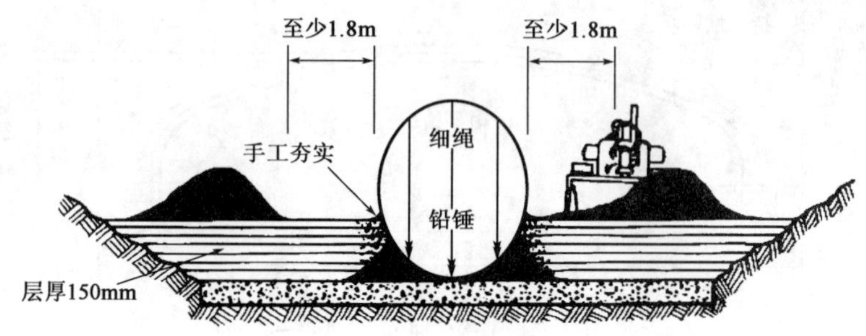

图7-17 用铅垂法监控回填

当垂球点向上移动时,即表示有鼓起。使设备远离结构或压实时保持警惕即可纠正。除非结构侧面半径较大(如竖直椭圆形、中高拱形和梨形),否则鼓起现象不太可能加剧。

当垂球点横向移动时,即表示有滚动。在垂球移向的一侧补充填料或压实即可纠正。比如,如果出现向右滚动,则可在右侧铺设更高的填料进行纠正。

仔细监控铅垂并采取迅速的补救措施可防止因鼓起或滚动造成结构变形。

如果变形程度超过建议值,应移除并更换回填料。除非变形程度过大,否则钢结构通常可恢复至其安装形状。

对于削竹式洞口或斜交结构的端部节段,填土时其受力类似于悬臂式挡土墙,可能无法承受重型设备和压实产生的横向压力。如果需在端部附近使用重型设备,则应在回填开始前安装临时水平支撑。

波纹钢埋置式结构施工过程中采用撑杆或拉索调节截面形状时,应在回填结束时予以拆除。

3)回填后截面形状

对于螺旋形波纹钢管(或管拱):

(1)垂直于纵轴的截面上任意方向的尺寸与设计尺寸之差不得大于±5%。

(2)垂直于纵轴的截面上任意两个方向上的尺寸之差不得大于10%。

对于栓接结构板结构:

(1)对于跨径大于6 000mm的马蹄形拱、椭圆拱和圆弧拱,最终形状与设计形状之差不得超过±2%。

(2)对于其他所有结构,最终形状与回填前的截面形状之差不得超过±2%,除非最终形状与设计形状之差不超过±2%。

遵循第5.9.4节规定的最大柔度及本章规定的安装与施工方法有助于控制结构施工过

程中的形状。内部净空对形状变化较敏感时(例如用于通道),以上容许误差应适当减小,留有足够的裕度,以考虑制造、安装与回填期间的误差累积,并尽量将接缝螺栓设在内部波峰处。

4)纵向线形

波纹钢埋置式结构的纵向线形应满足表7-4的规定。

纵向线形控制标准 表7-4

项目		规定值或允许偏差
轴线偏位(mm)		50
流水面高程(mm)		±20
相邻管节底面错台(mm)	跨径≤1m	3
	跨径>1m	5

7.4.2 保护措施

为了防止在钢板连接处或螺栓孔位置发生渗水,在钢板连接处和螺栓孔位置应采用专业密封胶进行防水处理。必要时在上部土层内埋设防水膜。

如果钢板件必须在可能发生较强腐蚀、损伤等风险的环境下施工时,应加大钢板厚度或增强防腐措施。

若将钢板结构物与现有的混凝土结构物等刚性受力体连接施工时,应对结构物连接处的应力进行验算,采用适当的方式设置连接或加固。

7.5 端部处理与冲刷防护

领圈、边坡防护、端墙、裙墙、隔水墙和其他端部构造及所有防冲刷构造都必须按设计要求施工。

7.5.1 端部处理

端部处理可有效地修饰和加强波纹钢结构的洞口,一般在回填完成后现浇施工。

领圈和边坡防护一般采用钢筋混凝土结构,且使用低坍落度的混凝土。通常,领圈通过镀锌的钩头螺栓与波纹钢结构板锚固在一起,螺栓孔间距一般为500mm。削竹式或斜切式洞口领圈浇筑时可能需要采取临时支撑以维持截面形状。边坡防护一般采用100mm厚钢筋网混凝土,钢筋直径7~8mm,钢筋网间距200mm×200mm。边坡防护一般与领圈同时浇筑。

领圈和端墙也可在结构回填期间施工,但达到足够强度前(一般需要7d),回填应远离洞口。

对领圈和边坡防护进行粗磨再抛光,去除表面的孔洞和凸点,然后对边坡防护进行轻微拉毛,而领圈保持光滑,这样可达到满意的美观效果。

其他的边坡防护措施包括采用石笼网、砌石护坡、乱石护坡及沙袋防护等。

7.5.2 冲刷防护

隔水墙常常用于涵洞洞口防止冲刷。

如果闭口结构抗冲刷采用拱底铺砌，通常在管身内壁拱底 1/4 ~ 1/3 周长范围内浇筑 100mm 厚（波峰以上）钢筋网混凝土护壁，钢筋直径 6mm，间距 200mm。拱底铺砌最好在回填和压实完成后一段时间（建议 6 个月）施工，这时结构的变形和沉降大部分已经完成，不至于因结构截面刚度变化而引起次内力和混凝土剥落。

结构安装期间应事先预埋连接波纹钢结构与混凝土铺砌内钢筋的螺栓。

施工前应排干管内积水，清除拱底淤积的杂物。沿周边和纵向每隔一定间距（不大于 1 200mm）在接缝螺栓头上焊接 20mm 螺母，以固定钢筋网。结构上游和下游端部钢筋应弯折并伸入隔水墙。

混凝土 28d 强度不小于 32MPa，尽量采用较低的水灰比，以便能修整成拱底的曲率。钢筋网的最小保护层厚度为 50mm。沿纵向每隔 600mm 设置 10mm 深的断缝，以避免收缩裂缝。隔断水流至少 48h，以便混凝土铺砌养护硬化。

如果闭口结构采用塑料衬垫作为抗冲刷方案，应选用工厂预制的与结构尺寸相匹配的超高分子量聚乙烯工程塑料衬垫，按设计要求和产品说明安装。

7.6 施工监督和控制

波纹钢埋置式结构施工期间，业主应指派一名具有相关知识的监理监督施工进程，并指派一名检查员负责保证安装工作完全符合规范或设计要求。

（1）对于小型波纹钢管涵洞（150 ~ 1 600mm），应在地基、管基、拱腋、起拱线和最小填土厚度等施工阶段进行检查。一般而言，小型结构无须作施工记录。

（2）对于较大的波纹钢管（1 800 ~ 3 000mm）和结构板波纹钢管，应在组装和安装的各个阶段进行检查。每个阶段都应提供由授权检查员授权的批准文件资料。阶段检查意味着，承包商必须检查施工进度具体节点的工作并书面授权进行下一阶段施工。图 7-18 所示为标准的阶段检查顺序。

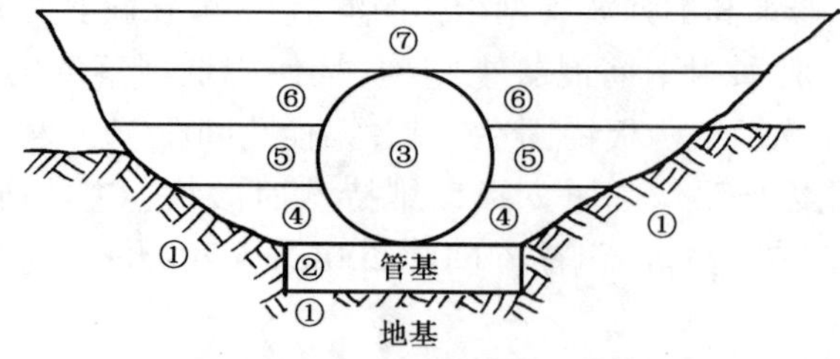

图 7-18 大型波纹钢埋置式结构施工检查标准文件

（3）对于跨径超过 3m 的大跨结构，应派遣具备相关知识的现场检查人员进行持续检查，其经授权可对施工程序或设备进行验收或拒收。大跨结构施工检查应进行记录，其检查和控制力度应与传统的桥梁施工相同。

建议将表 7-5 作为最终检查证书的附件，竣工图应以填筑完成后至少六个月后所做的横

截面测量和挠度测量为依据。

波纹钢埋置式结构施工控制表　　表7-5

业主＿＿＿＿＿＿＿＿地点＿＿＿＿＿＿＿＿

监理工程师和/或授权代表＿＿＿＿＿＿＿＿＿＿＿＿＿＿＿＿

合同公司和监督员＿＿＿＿＿＿＿＿＿＿＿＿＿＿＿＿

＿＿＿＿＿＿＿＿＿＿＿＿＿＿＿＿

设计工程师＿＿＿＿＿＿＿＿＿＿＿＿＿＿＿＿

岩土评估＿＿＿＿＿＿＿＿＿＿＿＿＿＿＿＿

阶段检查	检查日期	处理—阶段批准日期和时间	下一阶段授权
1. 基础			
2. 管基			
3. 安装			
4. 回填拱腋			
5. 回填至拱脚线			
6. 回填至拱冠			
7. 回填至最小填土厚度			

备注：

第8章 检查、维护与修复

8.1 检　查

波纹钢埋置式结构应定期检查以保证其正常工作。检查工作可以每年或每半年进行一次,过水结构必须在暴雨之后。检查下水道、涵洞和其他埋置式结构时,可以采取目测的方法,并以静物照片或录像的形式加以记录。检查结果应妥善保存,并由管理部门进行专业评估。检查可以划分为两个基本类别,即环境评估和结构评估。

8.1.1 环境评估

环境评估包括土侧侵蚀、水侧侵蚀、水侧磨蚀和堵塞状况的评估。

(1)土侧侵蚀:通过在结构外侧挖掘沟槽或通过结构进水口和出水口端露出的突出部分来进行检查。检查包括肉眼检查是否存在爆裂、红锈、点蚀和穿孔。在记录水分、可溶盐类和氧含量时,还需记录土壤侵蚀性,包括 pH 值和电阻率。

(2)水侧侵蚀:主要通过肉眼检查爆裂、红锈、点蚀和穿孔。同时还需记录水侵蚀性,包括 pH 值和电阻率。

(3)水侧磨蚀:通过肉眼检查和评估结构纵坡、流速和上游推移质(岩石或沙)。

(4)堵塞状况:由沉淀物或碎屑堆积造成的堵塞可通过肉眼轻易评估和手工测量。

8.1.2 结构评估

结构评估包括形状监测、接缝分离、管壁卷边、螺栓孔撕裂、纵向接缝承压损坏、过度变形、底拱抬高、管端抬高和管端变形的评估。

应认真记录维护和修理操作,正确记录安装日期、产品说明和配置、随后的检查与维修日期。

1)形状监测

一般通过肉眼检查结构形状,仅在观察到严重变形时才会开展实际测量。几何测量通常只针对指定横截面选定的弦长和偏距,而不是跨径和矢高。这些尺寸与截面的曲率有关。结构的性能主要通过变形稳定性来判断,过于平坦的截面对突弹跳变不稳定性很敏感。结构能忍受的平坦程度很难确定。一般用中距高度折减的限制来界定变形的严重程度和所需的补救措施。通常测量实际形状与设计形状的变化,因为竣工尺寸很少测量。由于是柔性结构,其在施工过程中可能与设计形状有差异,而后续很少甚至不会发生变形。安装结束后,应立即进行竣工测量。只有对结构进行持续监控才能确认变形是否已稳定。

在摄影监控过程中,使用专业设备,按照固定程序,对物体进行拍摄,然后从摄影图像中获

取测量数值。这些测量数值和外部提供的信息用于确定(以类比或分析方式)三维物体空间中参考点的位置。摄影测量法在监控大型或难以接近的结构时非常有用。

2)管壁卷边

卷边可以看作是局部压屈的结果,在局部压屈过程中,金属壳屈曲成大量相对较短的波状。如果管壁发生较大的弯曲变形,管壁部分的受压区域会出现卷边现象。卷边通常发生在曲率半径相对较小的管壁段,这说明管壁段后方土壤的密度不足以抵御过大的弯曲变形。

当整个管壁段受到过大推力但由压实良好的回填料支撑时,卷边也可能发生。虽然此类卷边的发生率极低,但在相对沉降的基础上,利用优质且压实良好的回填料修筑的圆形管道结构中,就曾发生过卷边。结构长期的地基沉降会引起负拱,因此,随着时间推移,管壁承受越来越大的推力,直至超过管壁的压屈最大限度,即便管壁的支撑良好。

整个管壁截面屈曲成小段波状有可取之处。通过减小管的轴向刚度和增大管的轴向变形可产生正拱,从而有效减小管内的轴向推力。其结果就是,无论是否发生卷边,只要与时间相关的地基沉降停止,管就可以保持稳定的状态。

如果波纹钢埋置式结构的唯一损坏迹象仅是几个管段发生卷边,那么在绝大多数情况下无须过于担忧结构的完整性。

3)螺栓孔撕裂

螺栓孔开裂或撕裂通常出现在纵向接缝内。由于管壁总是承受压力,螺栓孔撕裂通常不会遍布管壁整个截面。

螺栓孔撕裂在管拱中很常见,最常出现在管壁顶板与侧板之间的纵向接缝上,在其他波纹钢埋置式结构中也偶有发生,但不常见。螺栓孔撕裂不一定是由完工后结构管壁的过度变形所造成,在组装过程中,当匹配不当的板材强制安装时,在纵向接缝处也可能出现螺栓孔撕裂。

国外研究表明,纵向接缝处板的正确搭接方式应使得波谷处的螺栓离可见的板端边缘最近(图8-1),并建议在易撕裂管拱的顶板和角板之间纵向接缝处,螺栓的方向按图8-2布置。

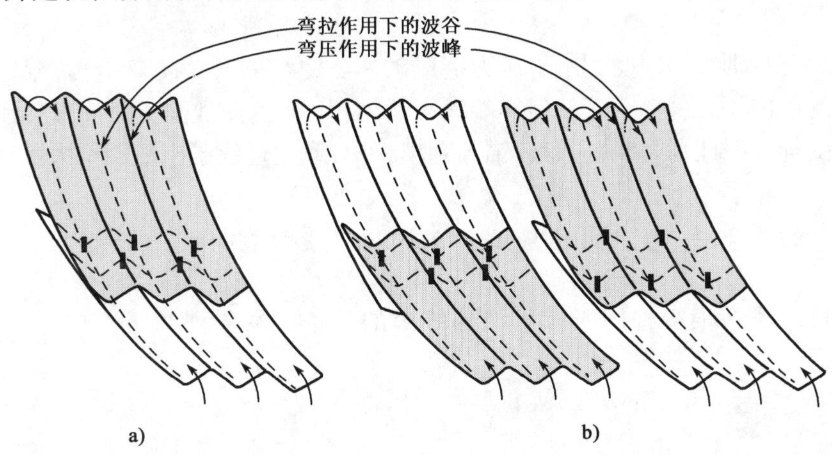

图8-1 错误的和正确的螺栓孔布置

a)错误的螺栓布置;b)理想的螺栓布置

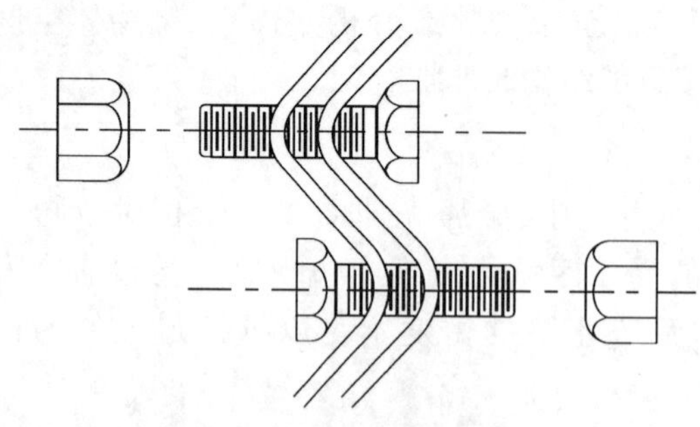

图 8-2　螺栓方向

4) 纵缝受压破坏

直接位于螺栓下的管壁发生压曲时，纵缝上可能出现承压破坏。这种破坏形式主要发生在管壁推力过大和需要阻止的弯曲变形过大的情况下。

虽然在螺栓连接强度的实验室试验中可观察到纵缝承压破坏，但在实际应用中却极其罕见。

5) 过度变形

管壁的过度变形是由于回填料无法限制其运动造成的。过度变形并不总是在结构修建完成以后发生。由于结构具有柔性，其在回填施工的初始阶段就可能发生过度变形。倘若在施工中无法阻止或纠正变形，这种变形就会在建造过程中持续存在。在施工中被锁定的变形对结构完整性不一定会造成破坏，特别是在变形稳定后。另一方面，如果变形发生在结构完工以后，则预示着结构可能即将坍塌。

必须记录好竣工结构的形状，以便日后查明观察到的变形是否于近期出现，还是在结构施工后就一直存在。如果没有竣工结构相关的记录，则应在首次发现变形后，定期记录形状的变化情况。如果变形不明显并且没有出现重大变化，那么该结构可能是安全的。

6) 底拱上举

对于有大半径或平坦的底拱板的波纹钢埋置式结构，拱腋下的压力比底拱板下的压力大得多。如果地基的承载力不足，结构在拱腋下比在底拱下的沉降更为明显。这将会引起过水面积的损失，还会造成结构坍塌。

7) 管端上抬

管端上抬主要发生于波纹钢埋置式过水结构中。这类问题主要由管基沿长度方向的不均匀沉降和浮力效应共同引起。

8) 洞口扭曲

斜切的端部特别容易因受到水平压力造成破坏。完整的管是闭口结构，相比不完整的环能承受更大的侧向压力。由于管的斜切端没有封闭，其很容易因重型设备掉落到上面或因侧向土压力而受损。因此，斜切端应有效锚固到填料中，或通过混凝土领圈增大刚度。

8.2　维　　护

市面上可以找到很多种用于排水结构维护的设备。本节列举了一些最常用的设备和技术。

8.2.1　真空泵

真空泵一般安装在车辆上，通常用于清除集水井和管道内的沉淀物。设备通常需配备一个容量为 900 ~ 1 350L 的污水储存槽和一个真空泵，真空泵有一根直径为 250mm 的软管，其上

还配备有可粉碎结块沉淀物的锯齿状金属端。两人组成的分队可利用设备在 5 ~10min 内清理完一口集水井。该系统可清除石块、砖块、树叶、垃圾和其他沉淀物,其正常作业深度可达 6m。

8.2.2 喷水车

喷水车一般安装在专用车辆上,并配备有高压泵以及 900 ~1 350L 的水供应。该设备有一根 75mm 直径的柔性软管,设置有将水流引到前方的金属喷嘴,一般主要用于疏松管道和管沟内的碎片。喷嘴还可以反角度喷射出伞状射流,射流可将喷嘴向前推进,也可将碎片强速喷射到后面的集水井中。卷绕软管,喷射作用会迫使所有碎片冲入集水井中,随后被真空泵设备清除掉。该柔性软管的正常长度约为 60m。由于喷射式推进器能提供巨大能量,该方法不能用于清理容易受到侵蚀的管沟壁。

8.2.3 铲斗链

铲斗链主要用于清除大型管道和沟槽(直径或宽度超过 1 200mm)内的沉积物和碎片。该设备使用的是由汽油机驱动的绞车卷筒,配备 300m 长的 12mm 粗钢丝绳。设备的离合器和变速器组件能使卷筒向前或向后方旋转,亦或空转。加长的铲车带有一个蛤壳式底部,在打开后可倾倒清除后的材料。

铲斗链有各种尺寸规格。该机器通常有三个车轮,安装在拖车上,以便在场地与场地之间前后运动。清洁一段管道或沟槽需要使用两台机器。机器安装在相邻的窨井上,铲斗固定在每部机器的缆绳上,并穿过该部分前后拉动,直至系统清洁干净。一般来说,铲斗链顺着水流方向运动,并且在每次到达下游窨井时,会被提到地面并清空。

8.2.4 消防冲洗器

消防冲洗器包含了各种不同的配件,如旋转式喷嘴和旋转式切割机,可以连接在消防软管的端部。当设备缓慢通过管道时,可以有效地清除掉管壁上的轻物质。消防栓或卡车均可供水。

8.2.5 下水道喷射冲洗器

下水道喷射冲洗器为标准的车载式,包含了一个容量至少为 4 500L 的大水箱、一个能产生 6 900kPa 及以上压力的三动式水泵、一个驱动水泵的汽油发动机以及一个可容纳 150m 长且内径为 25mm 的高压软管绞盘和一个液压泵,用来清除松散物质。为了有效清洁管道,通常需要至少 4 100kPa 的喷嘴压力。所有物质都被喷射冲洗在喷嘴前。这款灵活性极高的机器可以用于有轻微油污和砂砾石渗透的区域,也可以用于普通清洁。

8.3 修　　复

本节讨论因各种原因受损(如因腐蚀、磨蚀引起的漏水,过量变形引起的螺栓孔撕裂、结构性破坏等)的波纹钢埋置式结构洞身的修复或重建。修复技术包括使用传统材料和现代技术通过滑动衬砌、翻衬、混凝土(砂浆)衬砌等对结构进行重衬或修补。

波纹钢埋置式结构的修复规模有时看似庞大,但与重建相比,修复工作往往具有非常高的成本效益。一般来说,修复完毕的波纹钢结构能获得全新的完整使用寿命,且耗费成本低,还可省去更换带来的不便。

确定修复方案前需要对现有结构进行完整的检查和评估(参见第 8.1 节),分析结构损坏的原因。需要考虑的因素包括:

(1)结构的类型、截面尺寸和长度。

(2)填土高度。

(3)损坏类型和程度。

(4)原有结构的过水能力及维护状况。

(5)流域特征、交通状况及进出口端的自然条件。

(6)设计寿命与已使用年限。

(7)修复与重建成本比较。

8.3.1 波纹钢管与管拱

波纹钢管与管拱的修复主要针对以下三类情况:

(1)接缝缺陷。

(2)底拱磨损(退化)。

(3)截面变形(扭曲)。

以上三类情况可能单独出现,也可能同时发生,因此应针对整个结构进行综合评估。在恢复结构的强度和过水能力的前提下,还要评估修复方法和修改方案对整体结构的影响。

对于波纹钢管和管拱过水结构(如涵洞),最常见也是最重要的问题是周边土壤和内部水中化学物质对接缝和底拱的侵蚀,长期的侵蚀会直接削弱管壁的厚度,从而减小其强度,甚至引起局部变形。

详细的修复方法参见第 8.3.4 节。

1)接缝缺陷

波纹钢管的修复一般仅需要在底拱范围内提供新的磨耗层,不需要进行结构维修。但是如果存在结构缺陷,则必须进行修复。应首先使结构恢复其结构性能,然后再开始常规的修复程序。

波纹钢管和管拱纵向处于变化的土壤条件下,且承受不同的外部荷载,这些可能会使得环向接缝张开(如果使用了合适的管箍,这种情况较少出现),从而使得涵洞内的水渗出到周边的结构性回填内。土壤浸泡后强度降低,在地下水共同作用下又会携带回填土的细粒成分渗入涵洞,从而在结构性回填内形成空洞。频繁的渗入和渗出会不断恶化,同时,冬季浸水的土壤还会因冻融循环对结构产生附加的外力。

这种情况通常会引起路肩的塌陷或柔性路面的开裂和凹陷。如不及时修复,涵洞周围的土壤会逐渐掏空流失,失去支撑的结构会发生严重的变形甚至坍塌。

修复工作量和复杂性取决于现场条件和接缝的损坏程度。现场条件包括地形情况、填土高度、地下水位、涵洞水头等。修复措施包括开挖后外部维修、灌浆、内部密封等。

(1)开挖后外部维修

根据涵洞的尺寸、使用年限、使用状况、填土厚度及其上部的交通情况,适合时可开挖路堤,从涵洞外部修复张开或损坏的接缝。可采用不同类型的外部领圈进行修复。这种方法适用于填土不高的涵洞因土壤条件引起的接缝破坏。

(2)灌浆

压力灌浆和重力灌浆常用于填塞结构周围回填中出现的空洞,适用于几乎所有类型的管道,特别是供水管和雨水管。这些空洞可能是由于管涌及其他地表水相关因素引起的,也可能是由于接缝张开使得地下水携带泥沙渗入涵洞引起的。用于灌浆修复的技术和材料都很成熟,也可直接用于涵洞的修复。但是对于较长的地下公用设施管道,特别是地面有建筑或其他类型的结构物时,灌浆修复可能并不经济。

(3)内部密封

这种方法是在结构内部安装伸缩式管箍(图8-3),配合环形垫圈[参见第3.4.2节1)]来衔接和密封张开的接缝,并通过压力灌浆来填充接缝背后的空洞。伸缩式管箍应能承受结构荷载和外部水压力。

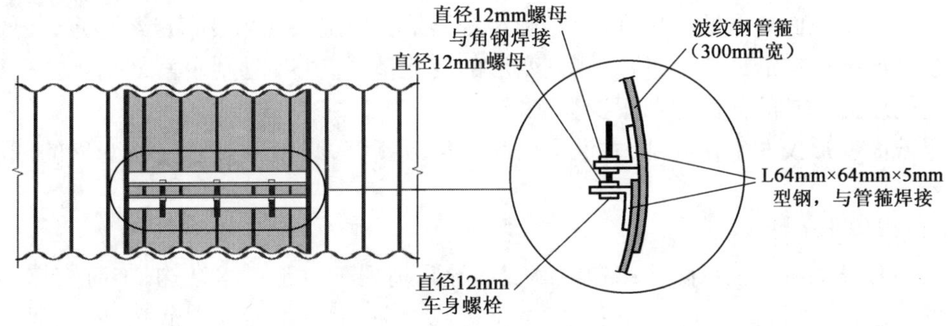

图8-3 内部伸缩式管箍

2)底拱磨损

底拱磨损是波纹钢管和管拱最常见的问题之一,通常由腐蚀和磨蚀共同造成。正因如此,波纹钢管涵洞要使用镀锌钢材,而且必要时还要使用沥青或其他保护性涂层。但这些涂层并不能长久地经受砂石的磨蚀和冲击,而常常因刮擦或碰撞而脱落。磨蚀会破坏钢材表面因腐蚀形成的保护性氧化层,从而加剧其腐蚀。长期不断的这种作用会削弱底拱的壁厚,进而影响结构的强度,直至造成严重的变形甚至坍塌。因此,对波纹钢埋置式闭口结构底拱严重磨损的修复属于结构性维修,必须恢复结构的整体性。

底拱修复有很多方法,可归纳为以下三类:

①底拱铺砌——恢复或更换损坏的底拱。

②加装钢装甲板——辅助抵抗磨蚀和冲击。

③管拱改造成拱形结构——除去底拱。

(1)底拱铺砌

钢筋混凝土铺砌是解决波纹钢管底拱腐蚀和磨损的最有效的方法之一。可采用预拌混凝土,也可采用喷射混凝土。应配置足够的钢筋并有效锚固,以恢复底拱对环向推力的抗力。

(2)钢装甲板

山区涵洞往往会遭受急流携带的砂石或巨砾的严重磨蚀和猛烈冲击,某些情况下传统的甚至特殊的混凝土铺砌都难以提供足够的耐久性。国外有些公路部门采用钢装甲板与底拱贴合来提供更强的保护。

(3)管拱改造成拱

对于某些承受无法控制的磨蚀和冲击的涵洞,一种做法是将其改造成拱形结构,即除去底拱并在两拱侧下重建混凝土基础。这种做法难度和风险很大,因为需要足够安全的措施支撑原有结构,使其在底拱拆除后不至于坍塌。需要抵抗的水平和竖向土压力取决于结构尺寸和填土厚度。两侧的基础应能抵抗恒载和活载。底拱区域一般要求进行铺砌。

这种方法仅在不得已时谨慎使用。

3)截面变形

作为一种柔性结构,波纹钢管或管拱靠周围填土的支撑维持其截面形状。因此,在沿环向不均匀或不对称土压力作用下,结构就有可能发生截面扭曲,无论是在施工阶段还是运营阶段。

对于已发生截面变形的结构,应及时确定变形是否稳定。如果变形已经稳定,一般不需要进行修复。如果还在继续变形,应观测其变形的变化情况,并及时制定修复措施。一般来说,由不均匀土压力引起的截面扭曲很少会稳定。

如果截面变形仅发生在局部,并没有引起开裂或撕裂,则可以仅修复已变形的截面,其余截面可不必修复。

(1)临时支撑

安装临时撑架或支柱可防止结构继续变形导致坍塌。对于过水结构,临时支撑不仅要承受预期的荷载,还要防止在水流作用下发生位移或松动,以及可能会引起堵塞,从而加剧水压力,或引起水位上升妨碍施工,或带来更多的问题。有条件时应尽量在上游设置拦污栅。

具体参见第 8.3.4 节 7)第(1)条。

(2)开挖回填

对于因填土不对称或压实不均匀引起的截面不对称变形,可挖除结构周边的土壤再重新回填。尽管截面变形大多发生在结构上半部分,但一般需要开挖至起拱线以下才能恢复结构形状。应检查挖除的回填土是否可用于重新回填(符合结构性回填土的要求)。

开挖回填一般用于施工阶段对截面变形的矫正。对于运营期间发生的截面变形,应详细分析变形原因,往往需要配合其他手段进行修复。

(3)截面重构

如果结构顶部填土不高,其上交通可中断,开挖成本不大,且截面变形主要发生在拱顶部分,则可以挖除上部填土,在结构内部用液压千斤顶恢复截面形状(可能需要一定的预变形量以抵消回填压实引起的弹性变形),必要时通过内部伸缩式管箍或用隧道衬砌钢板或在拱顶现浇混凝土板进行补强。特别注意千斤顶的位置和方向,两端都必须设置枕梁,以免顶力过大造成结构局部屈曲。修复方案必须经过详细设计和评估,对修复过程中可能发生的风险制订预案。

如果结构顶部填土很高,开挖成本过大,或因不能中断交通而无法开挖,而且截面变形仅

发生在局部,可按以下步骤进行管内修复:

①用切割吹管切掉已变形的波纹截面。切割区域前后一般应通过临时支撑或内部伸缩式管箍进行临时补强。

②移除变形区域后方的回填土。掏孔的大小和形状应保证后期的灌浆不仅要填充空洞,还要提供足够的附加强度并有利于分担结构承受的土荷载。

③用重构的或新的波纹截面焊接到切割区域。

④必要时用内部伸缩式管箍加强接缝。

⑤通过压力灌浆填充之前在结构外侧形成的空洞。

截面重构通过调整或再成型对变形的截面进行修复,虽然理论上可行,但实际上难度很大。应全面评估结构的整体状况,包括引起或允许变形发生的土与结构的相互作用情况。结构的类型、尺寸以及变形的种类、部位及程度直接决定着能否通过截面重构来修复。例如,拱冠的对称挠度可能意味着结构底部支承不足或顶部回填不够;顶部不对称的变形可能是因为底部一侧土壤支撑不足或结构两侧压实不均匀。因此,必须全面分析产生变形的原因,修复方案不仅包括截面的重构,还应解决可能存在的管基问题。

(4)衬砌板环

美国一些州和加拿大的公路部门通常采用隧道衬砌板来修复截面扭曲的涵洞。钢衬砌板做成与涵洞截面形状匹配的弧形,且具有足够的刚度(图 8-4)。

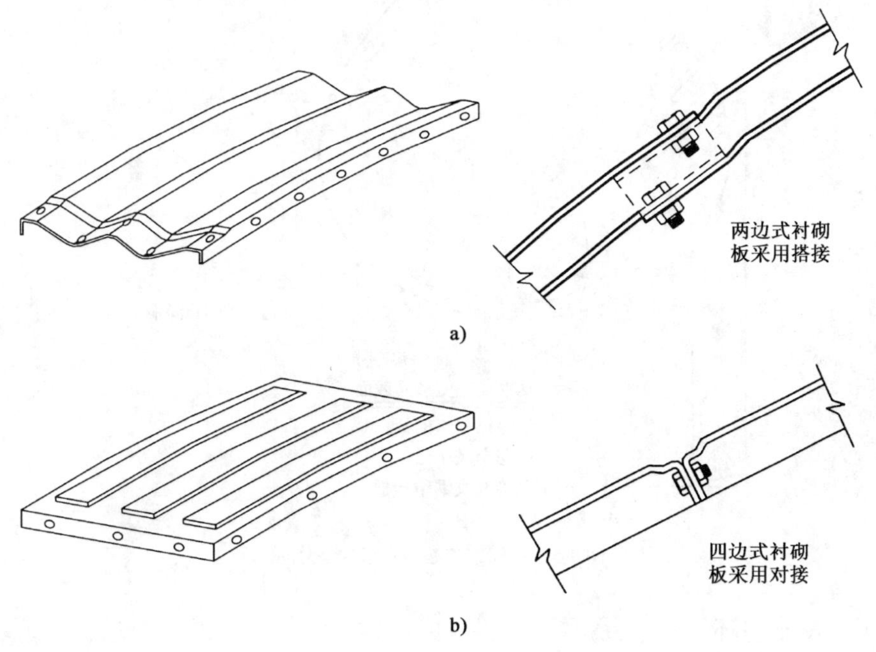

图 8-4 常用隧道衬砌板

a)两边式衬砌板;b)四边式衬砌板

①用衬砌板环加固

如果涵洞的变形不太严重,一般可安装一个或几个完整的衬砌板环来加固变形的截面。加固程序如下:

a. 在涵洞底拱上安装底部衬砌板。将衬砌板安放在与涵洞焊接的钢轨座上，并用锚固螺栓连接。其间留有 150 ~ 200mm 的间隔以便灌浆；

b. 灌浆。在涵洞底拱与底衬砌板之间的间隔内灌浆；

c. 成环。对称安装其余的衬砌板形成一个完整的环，顶部用螺栓紧固。衬砌板肩部应留有孔或管件以便灌浆。拱顶应安装螺栓间隙保持装置，以防后续灌浆期间衬砌板上浮；

d. 将衬砌板环外边缘密封以防灌浆流失；

e. 灌浆，完全填充衬砌板环与原有涵洞之间的环形空间。

②用衬砌板环替换扭曲截面

如果涵洞截面变形严重，可以用衬砌板环替换已扭曲的截面（图 8-5）。流程如下：

a. 按上述第①种方法分别在已变形截面的前后两侧安装完整的隧道衬砌板环；

b. 涵洞与两个环之间灌浆完成并固化结硬达到所需强度后，切除两衬砌板环之间严重变形的截面；

c. 挖除待修复区域的土壤，为衬砌板环留出空间；

d. 按上述第①种方法安装衬砌板环，并与先前安装的两个环相连接；

e. 衬砌板环背后的区域灌浆密实。

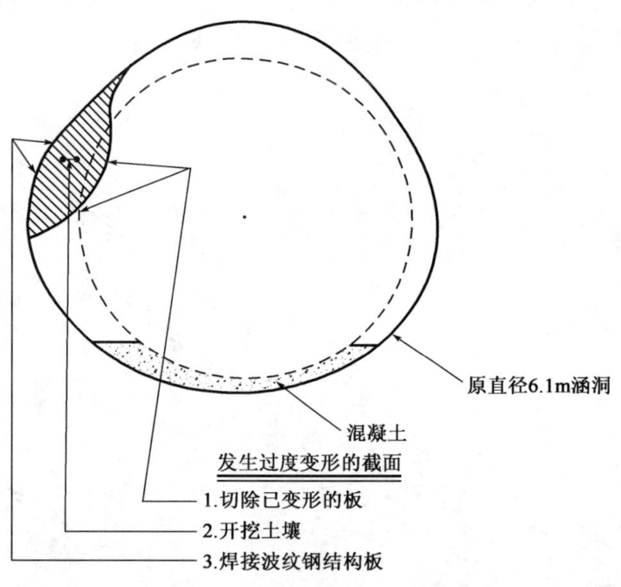

图 8-5　波纹钢管截面变形的修复

（5）喷射混凝土整环

如果截面变形或开裂较为普遍且不局限于某些特定部位，此时适合于采用喷射混凝土整环对结构整圈进行修复（图 8-6）。这种方法不需要太多的准备工作，而且在冬季也可进行。喷射混凝土环的厚度一般为 150mm。一般先在底拱部分浇筑抗压强度 30MPa 的混凝土铺砌，其余部分用抗压强度为 65MPa 的钢纤维混凝土喷射，无须配置钢筋。混合料中一般掺入硅粉减小回弹损失。

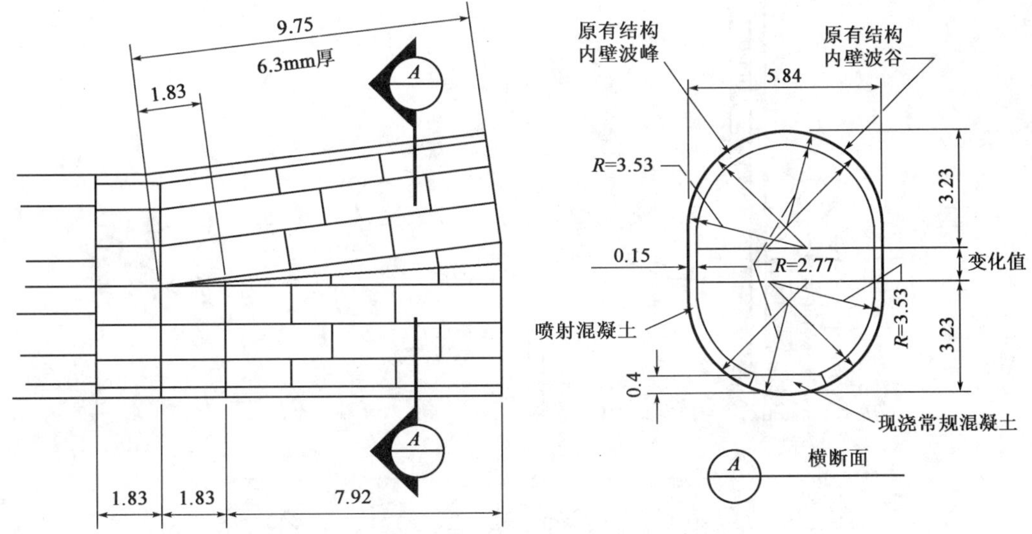

图8-6 用喷射混凝土环修复变形的涵洞(尺寸单位:m)

8.3.2 波纹钢结构板结构

波纹钢结构板结构同样是柔性结构,因此会遇到波纹钢管与管拱同样的问题。此外,由于这类结构采用波纹钢结构板通过螺栓拼装而成,施工或使用过程中还可能出现其特有的问题。归纳起来,波纹钢结构板结构的修复主要针对以下四类情况:

①纵向接缝缺陷。

②环向接缝缺陷。

③底拱磨损(退化)。

④截面变形(扭曲)。

1)纵向接缝缺陷

波纹钢结构板结构纵向接缝可能会由于结构板的拼装不当或不均匀土压力而发生错位或开裂。如不及时修复,会导致截面扭曲甚至坍塌。

(1)纵缝翘起

结构板拼装不当可能使得纵缝板端向外凸起,在土压力作用下形成应力集中,从而引起螺栓屈服或螺栓孔撕裂。这种情况一般可通过开挖路堤、焊接板内裂缝、重新调整结构板拼装位置并更换失效螺栓来进行修复。

(2)纵缝开裂

很多因素都可导致波纹钢结构板结构的纵缝开裂,但最主要的原因还在于拼装时板端搭接不当。经验表明,最靠近看得见的一端的螺栓应设置在波纹的波谷处(图8-1),无论从结构内部还是从外部看。下面简要介绍了纵缝开裂的几种修复方法。

①反转搭接。有些结构可以拆除纵向接缝,将搭接的上下层颠倒,然后再重新拼装。

②加强钢筋。美国许多公路部门通过在接缝处垂直于纵缝方向焊接直径16mm的钢筋来修复波纹钢结构板涵洞的纵缝开裂(图8-7)。

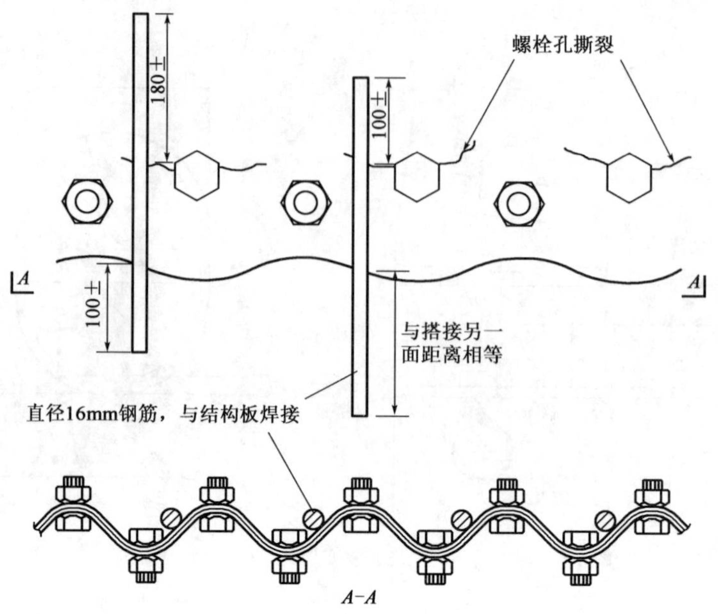

图 8-7　焊接钢筋修复纵缝开裂

这种方法比较经济,也易于施工,基本流程如下:

a. 确定搭接处裂缝长度或撕裂长度。用染料渗透的方法确定需要维修的最大长度,如果不确定,则整个截面都要修复;

b. 清洁待修区域。磨除需要焊接钢筋的结构板上的镀锌层;

c. 放置钢筋。采用直径 16mm 光圆钢筋,长度不小于 380mm,与搭接的两块板良好接触,相邻钢筋交错放置;

d. 钢筋与两块板点焊。焊缝长约 25mm,间距约 50mm。对于相对较薄的板(厚度 2.5 ~ 7.0mm)应避免过度焊接,以免过热引起局部变形或穿孔。

③喷射混凝土衬砌。加拿大亚伯达省交通厅曾在 1985 年冬季用喷射钢纤维混凝土衬砌加固了四座出现纵缝开裂的波纹钢结构板涵洞,涵洞直径 2.4 ~4m。详见第 8.3.4 节 4)。

2)环向接缝缺陷

与整体式波纹钢管一样,环向接缝不承受环向压力,因而较少出现问题,通常只有在严重的不均匀沉降、截面发生扭曲、结构性回填或地基破坏时才会发生。

环向接缝破坏可参考 8.3.1 节 1)的方法进行修复。

3)底拱磨损

与波纹钢管和管拱一样,波纹钢结构板结构的底拱通常要承受腐蚀和磨蚀的双重作用。如果设计与施工时没有进行有效的防护,则会引起底拱的磨损、严重冲刷和底切,最终导致截面扭曲直至结构坍塌。波纹钢结构板结构的底拱磨损可采取第 8.3.1 节 2)描述的方法修复。

4)截面变形

与波纹钢管和管拱一样,波纹钢结构板结构在不均匀或不对称土压力作用下可能会发生

扭曲变形。根据变形程度应及时采取修复措施,避免进一步恶化。修复方法参见第8.3.1节3)　。

8.3.3　波纹钢拱与箱形结构

虽然波纹钢拱与箱形埋置式结构一般比同等跨径的结构板结构的截面刚度大些,但依然属于柔性结构。拱形结构依靠刚性基础发挥其拱作用抵抗水平和竖向推力,箱形结构则通过框架作用抵抗外荷载。箱形结构可以是单室,也可以是多室。箱形结构一般具有良好的抗扭性能,但在抗弯方面较弱。

作为柔性结构,波纹钢拱与箱形结构同样可能会发生与波纹钢管、管拱和结构板结构类似的破坏,这些问题的修复前面已经讨论。本节介绍这类结构独有的一些问题和修复措施。

1)基础托换

波纹钢拱的基础通常为素混凝土或钢筋混凝土扩大基础,一般具有足够大的尺寸,正确的设计可保证其承载能力和不会开裂。但是如果基础没有埋入冲刷线以下足够深度,可能会遭受冲刷和底切,引起沉降、转动、扭曲,从而可能对整个结构造成破坏。

基础托换是对原有基础进行加固、调整或更换,以改善基础工作状态的一类技术措施。常用的托换技术有:

(1)将拟托换的基础上的荷载传递到桩(或沉井)上。设置桩的方法有:千斤顶压入法、打入法及钻孔灌注法等。可以采用较粗的定向排列的群桩,也可采用较细的不定向排列的木桩。

(2)从原结构物基底向下挖坑达到合适的地基持力层,然后用混凝土填充形成墩,使荷载传递给墩;或者将基础扩大,以减小基底压力。这些方法适用于地下水位以上的基础。

基础托换施工要严格控制质量,保证原有基础与托换部分连接,使荷载能有效传递。同时,施工需分段进行,以避免原有建筑结构的应力变化过大,使安全得到确实保证。有时将基础托换与地基处理措施(如化学灌浆)结合进行,可以得到较好的效果。

2)河床修复

采用拱形结构跨越河流和沟渠时,天然河床如果没有铺砌,可能会因砂石和杂物的淤积造成河床抬高,或因急流和洪水而发生冲刷。应加强河道的维护和清理,发生冲刷时可通过抛石、铺砌等措施加固河床。

8.3.4　常用修复方法

1)滑动衬砌

本节讨论采用波纹钢管或波纹钢结构板来替换旧桥或失效的涵洞。这些旧桥涵包括预制或现浇的混凝土结构、混凝土管、钢管或塑料管以及各种类型的现有桥梁结构。通常将波纹钢衬管插入或组装入失效结构的内部,同时将衬管和原有结构之间的环形空隙灌满水泥浆。这种修复技术通常被称为滑动衬砌。

(1)衬管设计

根据原结构的断面形状和尺寸,采用尺寸略小的波纹钢管、管拱或结构板结构作为衬管。现有结构的精确测量对于确定能够安装的衬管最大尺寸十分重要。根据调查结果确定使用波纹钢结构的类型、形状、尺寸、波纹参数、壁厚、长度、涂层及连接形式。尽量选取较大的孔径，以减小对交通和水流的影响，并减少后期填充的工程量。

如果现有结构是环形波纹管或者因过度变形导致其水力粗糙，那么使用螺旋形波纹钢管可能具有水力优势。如果需要保持最大的过水能力，则推荐使用光滑的带有衬砌的波纹钢管，如螺旋带肋钢管、双壁波纹钢管、水泥砂浆衬管和沥青衬管。涂层的使用也可为结构提供所需的剩余设计寿命（参见第 6 章耐久性设计）。

（2）衬管安装

波纹钢结构的质量较轻，因此容易搬运和安装。衬管一般通过铺设在原有结构底部的滑轨逐节推送就位安装。滑轨可以采用钢材或经压力处理的木材，并具有足够承载力保证衬管平顺滑行，且不受螺栓头、波形以及外露钢筋的阻碍（图 8-8）。当管径较小、节段较短时，也可不铺设滑轨，直接用液压车和牵引车推送。当管径较大、管长较长时，可分段推送至指定位置再安装。应合理确定分段长度，较长的分段可以节省推送次数，但较短分段更易操作且不易下挠变形。

图 8-8　原有结构底部铺设滑轨

铺设滑轨前，应阻断原有结构的水流或交通，清除内部杂物，并在其洞口以外一定范围内清理出足够的施工场地，保证良好的工作环境。

衬管底部与现有结构之间要维持一个最小 50mm 空隙，以方便正确灌浆。衬管周围与原有结构之间放置木块以限制偏移（图 8-9），木块在节段两端绕衬管周围放置。用调节螺栓将滑动衬管固定在指定位置，并在衬管竖向对称中心线上每隔一定间距设置竖向支撑，防止衬管在灌浆期间漂浮。调节螺栓通常由以下部件组成：直径为 19mm 的螺杆、全车纹螺母或焊接于衬砌板外侧的角钢。通常情况下，螺栓中到中的间距为 1 500 ~ 3 000mm，到顶部中心线每边的角度大约为 40°。对混凝土箱形结构进行滑动衬砌修复时，需要三套调节螺栓，分别位于衬管的顶部及每侧拱脚线上。灌浆口焊接到衬管壁上，其位置和间距由工程师确定。关于滑动衬砌安装的典型细节，参见图 8-10、图 8-11。

图 8-9　衬管端部周围用木块定位

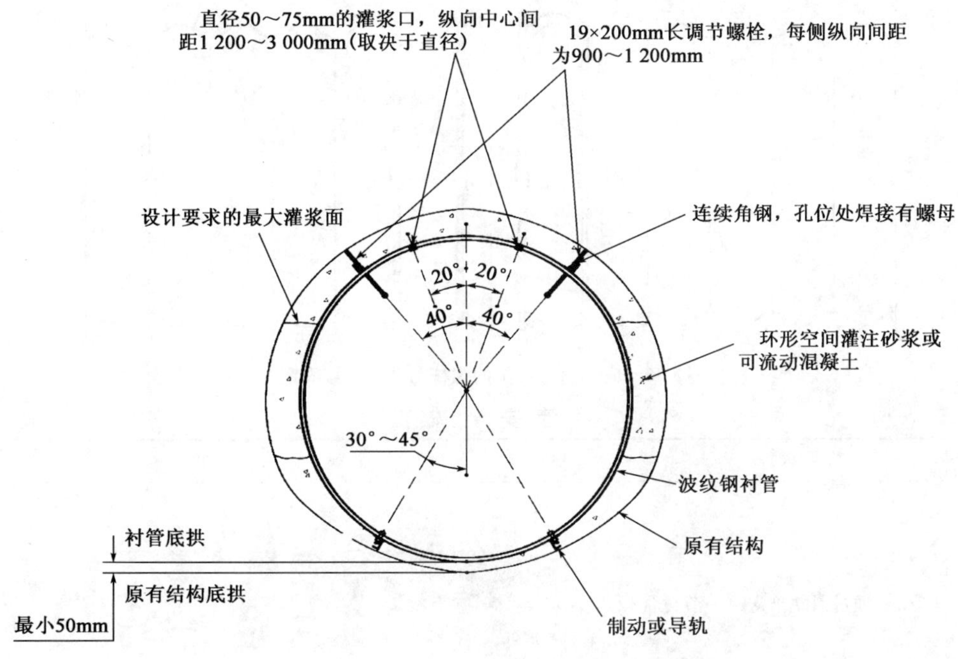

图 8-10　圆管中安装的波纹钢管滑动衬砌的典型截面

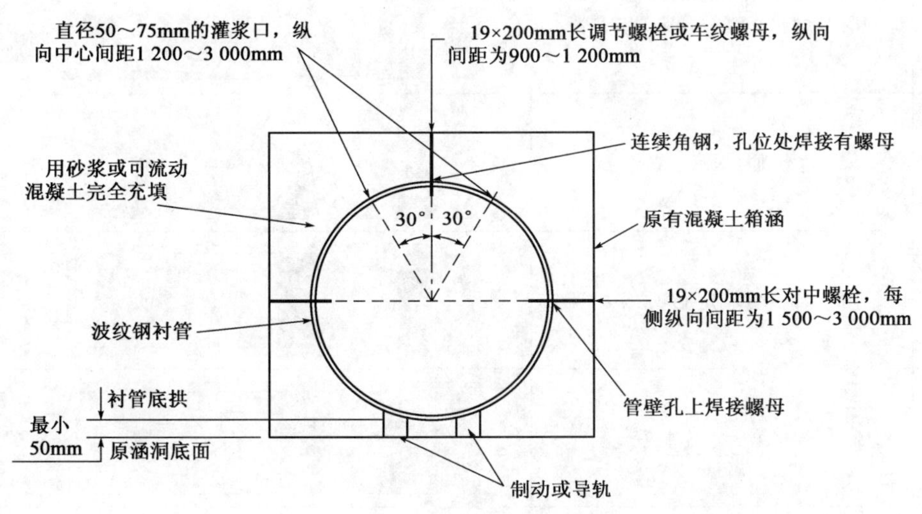

图 8-11　混凝土箱涵中安装的波纹钢管滑动衬砌的典型截面

衬管各节段之间可采用各种类型的管箍或法兰配合垫圈连接(参见第 3.5.2 节)，不建议使用焊接。如果衬管与现有结构之间有足够间隙，可使用图 8-12 所示的螺纹杆和凸耳式管箍；如果衬管外部没有足够的间隙，则推荐使用图 8-3 所示的内部伸缩式管箍。衬管安装流程见表 8-1。

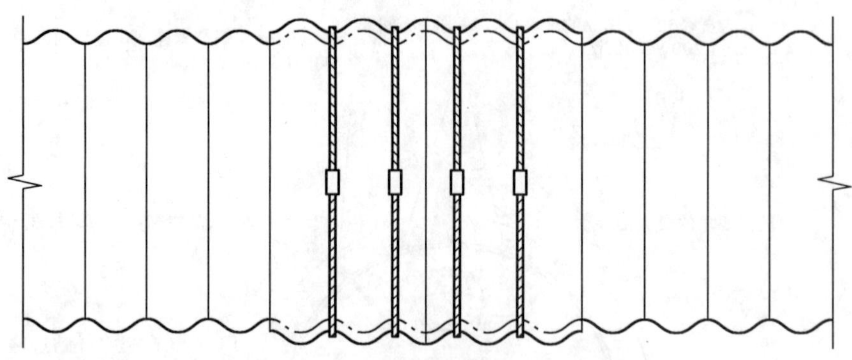

图 8-12　管箍通过周围的螺杆与凸耳连接固定

衬管安装流程　　表 8-1

阶　段	内　容	示 意 图
1	通过滑轨推送第一节衬管	原有结构 衬管
2	用木块、调节螺栓定位第一节衬管	
3	通过滑轨推送第二节衬管	
4	用木块、调节螺栓定位第二节衬管	
5	连接第一、二节衬管	
6	重复第 1 ~ 5 步骤，直至安装完全部节段	
7	安装竖向支撑防止灌浆时衬管上浮	竖向支撑

(3)灌浆

灌浆材料应采用28d抗压强度不小于2.1MPa的无收缩混合料。混合料中通常允许采用无腐蚀性的粉煤灰和无氯添加剂。灌浆混合料通常由以下成分组成:一份水泥和五份细集料(按体积计),且每袋水泥中加4.5kg粉煤灰。

衬管安装完成后,衬管两端与原有结构之间的空隙内都必须放置隔舱板。结构较长需要分段修复时,每安装一段衬管后端部与原有结构空隙内都必须用隔舱板封闭。通常采用水泥砂浆混合料对衬管周围的环形空间进行灌浆,沿衬管长度方向从最低的一端开始通过一定间距的灌浆口将混合料逐步泵入。衬管长度较小时,也可通过隔舱板上的开孔泵入。在洞口处应放置一截小口径的PVC管作为出浆孔,用于排出灌浆时挤出的空气,且观察灌浆是否完成。PVC管的一端伸入波纹结构与旧桥涵的间隙,另一端略微伸出洞口(图8-13)。必须小心控制灌浆压力和流速,防止衬管破坏和过大浮力。灌浆应分层灌注,以限制浮力和屈曲压力。务必遵循逐步灌浆程序,并利用检视孔确保灌浆完全填满环形空隙。有时也可通过衬管之上路面的开孔灌浆。

如果管径小于1m,可在衬管顶设置灌浆孔,一次浇筑。如果管径大于1m,应在管周均设置灌浆孔(图8-14),从下向上分阶段灌注,以保证浇筑填充充分和管两侧压力均匀。一般至少分为三个阶段,每阶段一天,以便灌浆材料有足够时间硬化。浇筑时应重点观测衬管是否上浮、偏移或压曲,一旦出现以上情况应立即停止浇筑。

图8-13　PVC管出浆孔

如果使用了内部扩展式管箍,灌浆材料初凝后应将它们取出。

在最后一次灌浆前拆除竖向支撑,但要确保此时混凝土已浇筑至衬管的起拱线以上。灌浆完成后将出浆孔封口并拆除或切断调整螺栓(图8-15)。

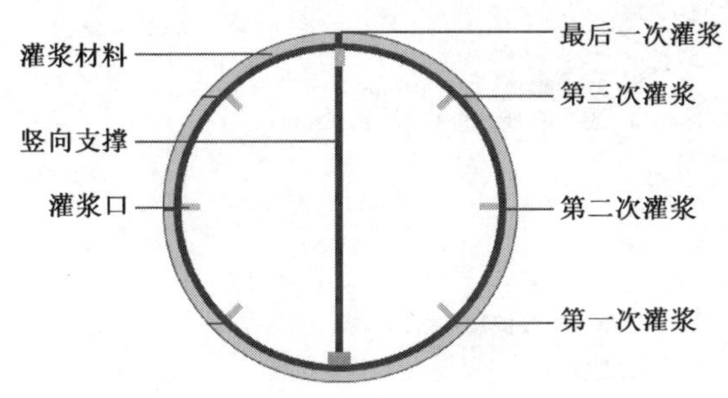

图8-14　分阶段灌浆

图8-15　喷浆封口

2)底拱加固

对于波纹钢埋置式闭口过水结构(如波纹钢管和结构板管涵洞),其底拱通常比其他部位更容易受到侵蚀和磨蚀。如果检查发现仅底拱发生退化,可采用新的波纹钢板通过金属焊补修复底拱,或将较厚的扁钢装甲板贴附到底拱的侧面或底部(图 8-16)。

对于直径较大足以容许工作人员进入的波纹钢管,可在管内浇筑混凝土底板或衬砌(一般素混凝土即可满足中等条件下的磨蚀)。如果情况更严重,也可采用钢筋混凝土铺砌(图 8-17)。更多细节可参考美国材料与试验协会规范 ASTM A979/A979M。

图 8-16 钢装甲板底拱

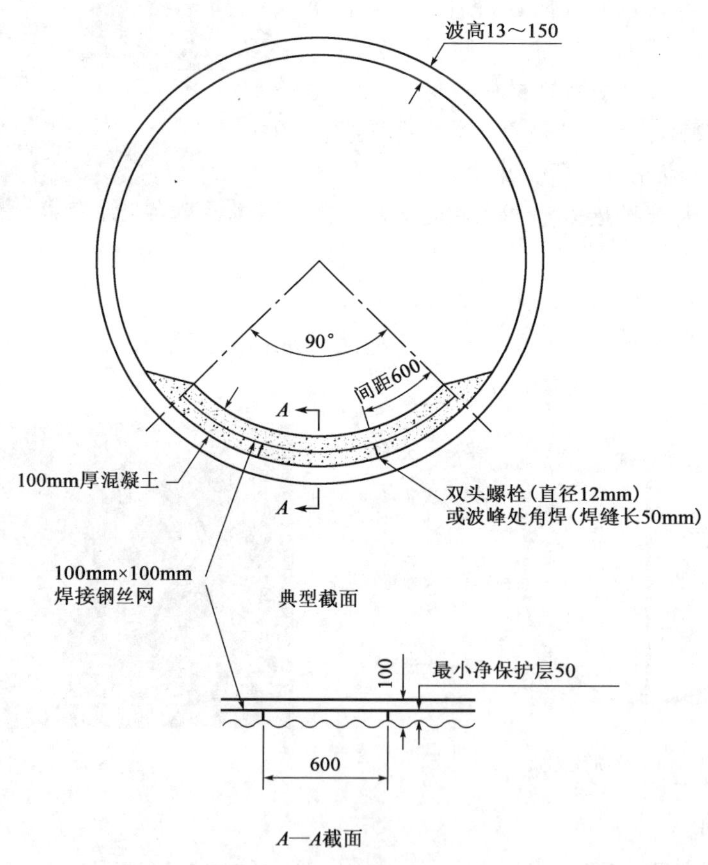

图 8-17 钢筋混凝土底拱铺砌(尺寸单位:mm)

3）翻衬

翻衬是采用浸渍树脂的聚酯纤维毡管通过水压或气压在结构内部扩张后紧贴内壁形成连续衬砌的一种修复方法，始于20世纪80年代初，是当前公认的适用范围广、施工简便、辅助设施少、社会效益好、应用较广泛的方法。

毡管内侧覆盖有一层聚氨酯膜，可提供腐蚀和磨蚀保护，同时有利于减小粗糙系数，从而改善过水能力。毡管外侧用热固型聚酯树脂浸渍，通过水的加热和再循环实现固化并与结构内壁紧密贴合。这种连续内衬可有效消除水的渗入和渗出。

毡管用水压或气压翻衬（直径较大的管道的翻衬通常采用气压法），可适应现有管道的几何形状，如圆形、椭圆形和管拱。衬里厚度一般为4～20mm，施工管径为200～3 000mm，一次施工最大长度为900m，最大施工压力为1.72MPa，内衬层使用温度可达95℃。翻衬法通常适用于下水道、饮用水管道、油气输送管道以及化学工业的部分工艺管道等，也可用于波纹钢埋置式结构，其继续使用寿命可达30年以上。由于其本身的柔性，特别适用于纵向为曲线或截面不规则的闭口结构，或者因地下水、土壤状况使得露天开挖有风险或成本过大的情况。

毡管应根据被衬砌结构的截面尺寸和长度及所需的厚度进行定制。毡管可预先浸渍聚酯树脂，然后用冷冻车运抵现场，也可在现场浸渍。现场浸渍一般用于结构较长及截面尺寸较大的情况，因为此时未固化的软管较重难以搬运。必须注意在确保翻衬操作可不间断进行之前，浸渍聚酯树脂的软管必须保持冷却。

应保证有足够填满结构的水用来翻衬。市区结构的翻衬可借助消防龙头，野外结构可能需要临时水箱或水库。

翻衬的一般流程如图8-18所示。按此流程，一个四人小组一天可完成一个涵洞的翻衬。

（1）原有结构的清理和检查

原有结构必须阻断水源并清除杂物。可使用高速水枪进行清洁，必要时使用吊铲抓斗等设备，小管径结构可采用旋转式清理机。清洁完成后，应对结构进行仔细检查，找出需要在连续翻衬之前解决的问题。

（2）准备工作

开始翻衬操作前，应做好以下准备工作：

①紧固或更换松动的螺栓或破损的结构板。

②局部修复严重腐蚀或损坏的底拱。

③用石块或混凝土填充土壤中的大型空洞。

④带沥青涂层的结构必须用塑料隔层防止与树脂之间的化学反应。这时可将内壁清洁晾干，再涂刷一层环氧漆。

（3）设备安装

本阶段安装翻衬管、锅炉热交换机及其吸入和排放管线。竖向翻衬管附着在用脚手架搭建的塔架上，产生翻衬所需的水头并完全填充结构。塔架的高度根据需翻衬的结构的直径、埋深和毡管的厚度确定。如毡管直径200mm、厚度6mm时，最大翻衬水头为11.6m；毡管直径600mm、厚度9mm时，最小翻衬水头为3.7m。

翻衬管的上端连接在脚手架上的一个金属环上，下端与一根90°金属弯管连接。毡管随后与该弯管连接。如果净空不够,也可取消翻衬管,直接将毡管与脚手架平台上的金属环连接,这时需要提高毡管的强度。

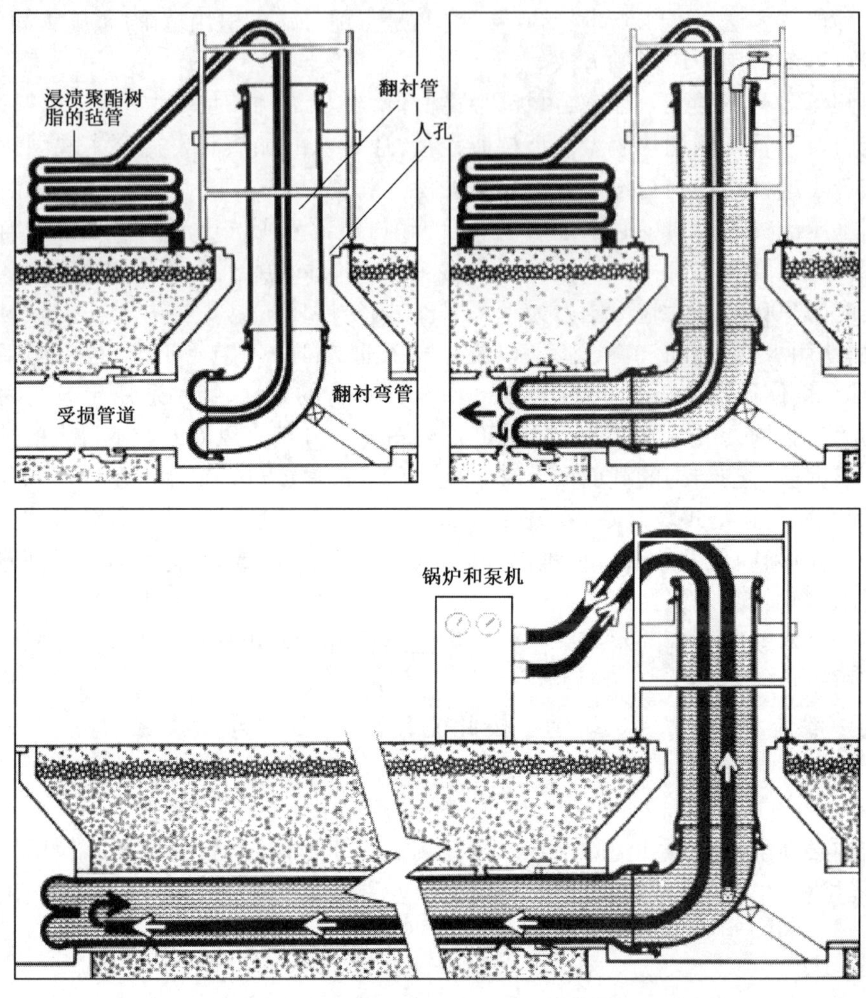

图 8-18 翻衬法示意图

(4)翻衬

毡管外侧涂刷聚氨酯并插入翻衬管,然后将毡管的端部向外翻出并夹在翻衬管底部外侧,这样将毡管浸渍树脂的一面朝向结构的内侧。毡管夹住后,将翻衬管放入结构内,从翻衬管顶部灌入冷水。随着水的注入,较高的翻衬管产生的水头压力使得毡管外翻并沿结构移动,逐渐填充整个结构内部。毡管移动的速度由水头压力和一根系在毡管尾端的拉绳控制。然后将一根凿孔的热水管附着在毡管尾端。

(5)固化

一旦毡管在结构内完全膨胀开,将毡管内的冷水从翻衬管的顶端抽出,用安放在卡车上的锅炉热交换机通过凿孔的热水管注入 65 ~95℃热水,使得热固性聚酯纤维和聚氨酯树脂固化结硬并与结构内壁紧密贴合。水温通过插在结构端部的热电偶监控。由于结构和土壤的散热特性可能相差较大,会使得结构内循环水与地面毡管口处的水温差别较大,因此循环水的温度

不能作为判断固化程度的唯一指标。树脂固化后,热水缓慢降温,通过毡管出口端切出的一个小孔排出。

(6)切除端部

排水完成后,用硬质合金旋转刀锯切除伸出结构洞口的硬化毡管。

(7)核查

最后一步是对翻衬后的结构进行核查,确保翻衬质量。

4)喷射混凝土衬砌

喷射混凝土衬砌是指采用喷射机械将水泥砂浆或混凝土高速喷射到结构表面形成衬砌。干的材料通过喷枪的喷嘴时,喷嘴处的阀门负责加水且将水量控制在一定范围内。一般情况下要求使用较低的水灰比。水泥和集料通过机械或人工混合,然后过筛,以除去不能通过喷枪的较大块状物。

喷射混凝土通过适当的制备后强度很高,且耐风化和化学侵蚀,因为它允许更低的水灰比。采用喷射混凝土衬砌现有结构时,一般厚度为50~100mm(视具体情况而定),且不需配置钢筋。若配置钢筋,则含筋量应不小于衬砌面积的0.4%。

喷射钢纤维混凝土衬砌已在波纹钢埋置式桥梁的修复中得到成功的应用。一般衬砌最大厚度为150mm,可以覆盖横截面的整周,也可仅限于管壁的损坏区域。

如果整周都采用喷射混凝土,一般管壁和喷浆混凝土之间不需要设置剪力键,但如果设置,必然会增大结构的强度和刚度。

部分喷射混凝土环可用于修复局部损坏,如螺栓孔开裂的截面。采用部分环时,必须在管道和喷浆混凝土之间设置剪力键,如使用常用于组合梁的剪力钉,或当镀锌板上的镀锌层已局部脱落之后机械焊接到管道上,也可采用2.7mm厚镀锌钢板制作的U形支架用射钉枪将其钉在管道上(图8-19)。

尽管钢纤维混凝土可以承受相当大的拉应力,但仍建议配置钢筋网(尤其是部分环)。使用喷射钢纤维混凝土修复波纹钢埋置式结构在许多案例中都被证明是经济有效的,这主要是因为它不需要脚手架,而且施工简便。由于喷射混凝土环的厚度很薄,所以它不会明显减小管道尺寸。只要将需要喷射混凝土的管壁截面充分加热,即使在寒冷的天气条件下,也可进行喷射混凝土的修复。

可参考下列规范:

(1)《锚杆喷射混凝土支护技术规范》(GB 50086—2001)。

(2)《喷射混凝土用速凝剂》(JC 477—2005)。

(3)《混凝土外加剂应用技术规范》(GB 50119—2013)。

(4)《水利水电工程锚喷支护技术规范》(SL 377—2007)。

(5)《喷射混凝土施工技术规程》(YBJ 226—1991)。

5)水泥砂浆衬砌

水泥砂浆衬砌特别适合直径较小不方便进入的管道修复,也可用于涵洞修复。这种方法已在直径100~6 700mm的铸铁、钢、混凝土、圬工及波纹钢管道中得到成功应用,其优势在于可消除渗漏、减小粗糙系数,从而提高过水能力、增强防腐性能。

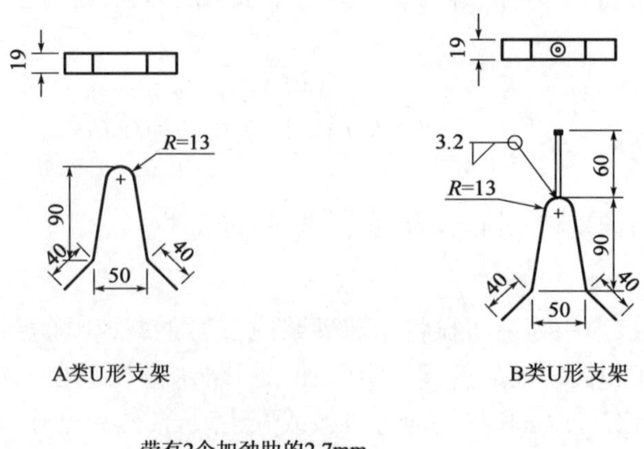

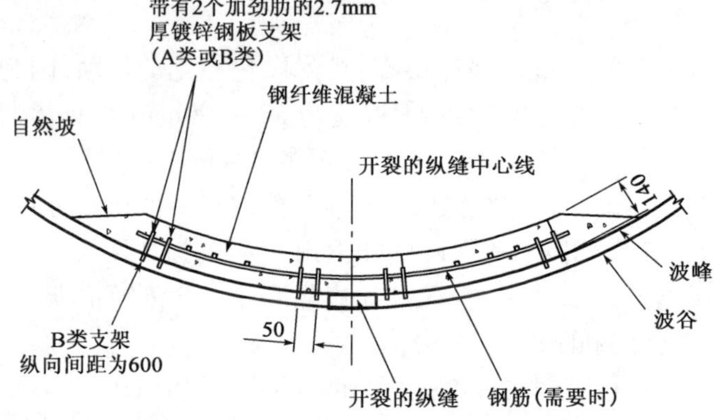

图 8-19 局部喷射混凝土环(尺寸单位:mm)

水泥砂浆衬砌一般要求达到最小 12mm 的厚度(自波峰起算),涂覆操作应采取连续不间断方式。最常用的做法是:采用能够将砂浆投射到管壁上而又不产生回弹的离心分离机,但投射速度要足够快,以使砂浆密实地涂覆于管材上(图 8-20)。

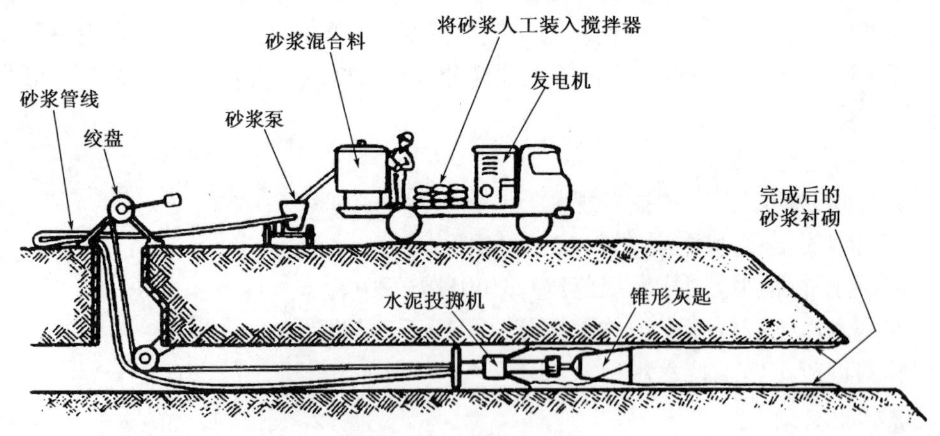

图 8-20 水泥砂浆衬砌

需要说明的是,国外某些公路部门发现,这种方法用于波纹钢涵洞修复时,会存在水泥砂浆与原有结构连接不牢固、开裂、剥离的问题,因此应谨慎使用。

6)专用管道修复系统

本节简要介绍 Link-Pipe PVC 修复套筒,它是加拿大 Link-Pipe 公司开发的专用管道修复系统中的系列产品之一,适用于 600 ~ 2 700mm 直径的各种地下管线(包括涵洞)的局部修复和整管修复,也可用于非圆截面,如 INSTA – LINER 产品适用于箱形涵洞的修复。

Link-Pipe 公司是一家专业从事非开挖工程的公司,从 1978 年开始从事非开挖管道局部修复施工。Link-Pipe 公司的非开挖产品已在亚洲、澳洲、欧洲、中东、北美等地区广泛使用。

Link-Pipe PVC 修复套筒通常由通过槽口相互连接的六片 PVC 弧形节段组成(图 8-21),安装完成后相互锁紧形成完整环形。套筒外包裹一层聚乙烯闭孔发泡垫圈,当套筒贴紧涵洞内壁后能提供紧密的密封。

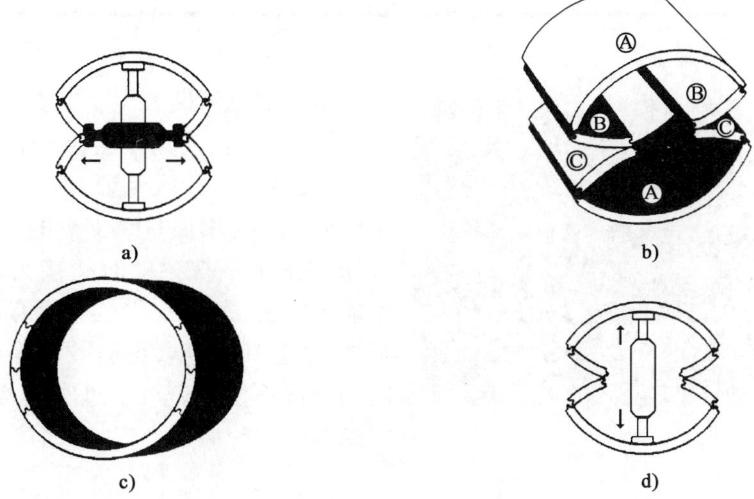

图 8-21 Link-Pipe PVC 修复套筒

a)竖向千斤顶撑开,横向千斤顶就位;b)Link-Pipe PVC 修复套筒;c)套筒完全撑开后;d)竖向千斤顶就位

Link-Pipe PVC 修复套筒安装流程(图 8-22)如下:

(1)在涵洞的损坏部位安放垫圈。

(2)将折叠的 PVC 套筒放进垫圈内。

(3)在套筒的中心位置安放竖向液压千斤顶,将套筒上部节段撑起使垫圈顶住涵洞顶部内壁。

(4)在两侧节段襟翼之间放置水平千斤顶,并撑开使侧面节段咬合紧密。

(5)释放并移除千斤顶,此时垫圈向内膨胀形成环向压力裹紧套筒。

(6)必要时可对衬砌背后的空洞灌浆。

7)其他修复方法

(1)临时支撑

确保管道的过度变形不会导致突然坍塌的一种最有效最方便的措施是在管中设置临时支架或支撑(图 8-23)。这些支撑可以是横截面大约为 200mm × 200mm 的圆木柱或是圆截面的空心钢管支架(施工中用的脚手架)。这些支撑通常竖直放置于管的拱冠之下,且上下都有纵向底梁(通常为木枕梁)。必要时,竖向支撑可以与横向支撑联合使用。

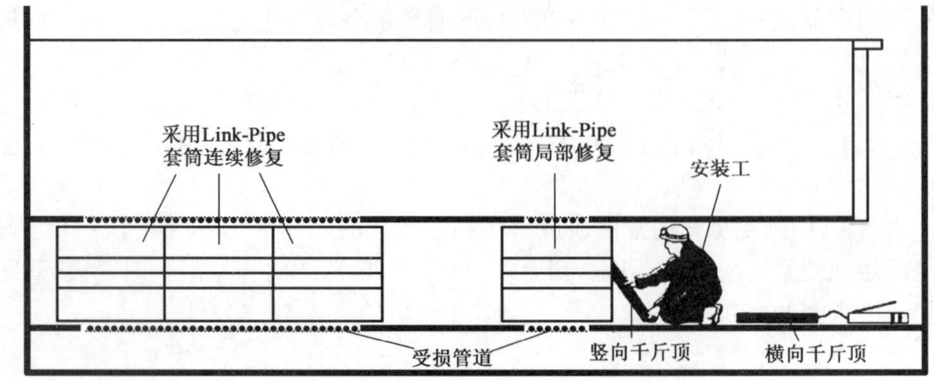

图 8-22　Link-Pipe PVC 修复套筒的安装

图 8-23　临时支撑

竖向支撑的最大优点是能够防止结构的灾难性破坏,其主要缺点是会阻碍流量(尤其在涵洞中)。支撑的设计应保证有足够的安全余量能够承受分摊的土壤质量。支撑的间距通常为 1.0 ~ 1.5m。上下端枕梁的对接接头应交错分布。枕梁应足够长,每个枕梁至少应有两个支撑。用螺钉调节支撑的长度,可有效地确保支撑与管道之间的连接不松动。对于过水结构,需采取措施确保结构内的碎屑不会聚集从而导致堵塞。

(2)局部修补

市场上有大量的修补化合物。可采用桥梁和路面修补使用的环氧树脂化合物。低收缩砂浆、素混凝土和钢筋混凝土以及聚合沥青都可作为候选材料用于堵塞泄露、孔洞或者修复底拱。这些方法对混凝土管和钢管都适用。但采用焊接和机械紧固件修复仅适用于钢管。

(3)管内局部浇筑混凝土

如前所述,波纹钢埋置式结构(尤其是管拱)最常遇到的困扰是在底拱附近的纵向接缝上出现螺栓孔撕裂。这类问题说明拱腋区域后面的填料较为松散。因此,最适合的修复方法之一就是使用某种技术加固松散的填料,但实际应用中很难实现。目前应用比较成功的最佳修复方法是:在管内拱腋处局部浇筑混凝土,一方面可加固管壁,使之在有螺栓孔撕裂的截面上传递剪力,另一方面可加强拱腋处管壁的抗弯刚度。

在局部磨掉镀锌钢板的镀锌层后,通过机械焊接在管道上的剪力钉,可确保管壁和混凝土有效接触。

通常,拱腋处管壁发生的弯曲使管道外侧受拉。除了螺栓孔撕裂的附近区域,管壁本身一般能承受这个拉力。但是,在螺栓孔撕裂附近,应贴近管壁放置钢筋网。钢筋网应不仅可以承受管壁过度变形造成的拉力,还可以传递螺栓孔撕裂处作用于管壁的剪力。

混凝土可分两层浇筑:第一层可浇筑至水平施工缝;而第二层需要近乎竖直的模板,可在

之后浇筑。为了达到更好的效果,拱腋区域可采用喷射混凝土浇筑的方式。

如果将两个拱腋部位浇筑的混凝土进一步延伸以覆盖底拱,则演变成第8.3.2节和8.3.4节所述的底拱加固方法。这种修复方式特别适用于存在螺栓孔撕裂和底拱轻微上举的管拱。底拱区域混凝土接近顶面处应布置钢筋网,以承受因底拱进一步上举产生的拉力。注意这种修补方法不适合底拱上举力过大的情况。

上述修补方法的明显缺点是会缩小管道尺寸,从而减小过水面积。但是如果仅在拱腋处浇筑混凝土,则管道尺寸的缩减很小。

(4)管外局部浇筑混凝土

如果管壁损坏仅限于管道顶部且填土厚度较小,可将管道上部的回填土清除,并在管外添加一层混凝土进行修复。混凝土层可通过交错排列的剪力钉(板梁式桥梁中常用)与管道形成组合截面。必要时,可局部磨除镀锌层,将剪力钉机械焊接到管道上。

第9章 设计实例

9.1 实例1:直径3 600mm的圆管涵洞(填土厚度8.0m,考虑抗震)

已知:

圆形波纹钢管:内径为3 600mm;

填土厚度:$H=8.0$m;

回填土类型:Ⅰ类;

回填土压实度:标准普氏密度的90%~95%;

回填土重度:$\gamma=20$kN/m^3;

回填土割线模量:$E_S=12$MPa;

活载:汽车Ⅰ级荷载;

地震动水平加速度峰值:$A_H=0.2g$;

波纹钢板材料:Q235,屈服强度$f_y=235$MPa;

采用波纹剖面:波距×波高=125mm×25mm。

求:

波纹钢板壁厚。

几何数据:

$D_h=3.625$m,$D_v=3.625$m(中性轴);

拱冠半径:$R_c=1\ 812$mm(中性轴)。

9.1.1 保护层最小厚度(H_{min})

取下列各值中的最大值:

(1)0.6m;

(2)$\frac{D_h}{6}\left(\frac{D_h}{D_v}\right)^{0.5}=0.60$(m);

(3)$0.4\left(\frac{D_h}{D_v}\right)^2=0.40$(m)。

$H_{min}=0.60$m,$H_{min}<H=8.0$m。

9.1.2 恒载推力(T_D)

$$T_D = 0.5(1.0 - 0.1C_s)A_f W$$

$$\frac{D_h}{D_v} = 3.625/3.625 = 1.0$$

$$\frac{H}{D_h} = 8.0/3.625 = 2.207$$

由表5-65内插得$A_f = 1.25$。

$$C_s = \frac{1\,000 E_s D_v}{EA}$$

其中$E = 200\,000\text{MPa}$,$E_s = 12\text{MPa}$。

假定采用4.0mm板厚,初始板面积$A_0 = 4.395\text{mm}^2/\text{mm}$,初始惯性矩$I_0 = 356.97\text{mm}^4/\text{mm}$。

假定使用每波纹2个螺栓,螺栓等级为10.9s,螺栓型号为M20。

假定环向由2片板拼装而成,有2条纵缝。

考虑螺栓孔对波纹钢板截面造成的折减效应:由于每波纹2个螺栓,则螺栓在波峰波谷均为1个,又因有2条纵缝,则最不利环向截面有$1 \times 2 = 2$个螺栓。

因此折减板面积$A = A_0 - \dfrac{2 \times d \times t}{C}$,其中$d$为螺栓直径,此处为20mm;$t$为波纹钢板壁厚,此处为4mm;$C$为埋置式结构横截面周长,此处为11 388mm。

得出$A = 4.395 - \dfrac{2 \times 20 \times 4}{11\,388} = 4.38(\text{mm}^2/\text{mm})$。

由于惯性矩单位为面积单位的二次方,可近似计算折减后的惯性矩如下:

$$I = \left(\frac{A}{A_0}\right)^2 \times I_0 = (4.38/4.395)^2 \times 356.97 = 354.69(\text{mm}^4/\text{mm})$$

求得$C_S = 0.0496$。

$$W = \gamma(HD_h + \text{起拱线和拱冠之间的填土面积})$$

起拱线和拱冠之间的填土面积$B = 1.41\text{m}^2$。

$$W = 20(8.0 \times 3.625 + 1.41) = 608.2(\text{kN/m})$$

因此,$T_D = 0.5 \times (1.0 - 0.1 \times 0.0496) \times 1.25 \times 608.2 = 378.24(\text{kN/m})$

$$T_D = 378.24\text{kN/m}$$

9.1.3 活载推力(T_L)

计算公式:

$$T_L = \min(0.5D_h\sigma_L m_f, 0.5l_t\sigma_L m_f)$$

根据图5-33所示的汽车荷载计算图式,在跨径长度范围($D_h = 3.625\text{m}$)内,在管道上方路面上安置最大总荷载所需的公路I级荷载车轴。本例中,在结构上布置4和5号轴,施加最大的总荷载($P = 280\text{kN}$)。

(1)单车道($m_f = 1.0$):

$$l_t = a + 2H = 1.4 + 0.2 + 2 \times 8 = 17.6(\text{m})$$

$$w = b + H = 1.8 + 0.6 + 8 = 10.4(\text{m})$$

$$\sigma_L = \frac{280}{17.6 \times 10.4} = 1.53(\text{kPa})$$

$$\sigma_L m_f = 1.53 \times 1.0 = 1.53(\text{kPa})$$

(2)双车道($m_f = 1.0$)：

$$l_t(17.6\text{m}) > D_h(3.625\text{m}), D_h \text{ 控制}$$

$$w = (1.8 + 1.3 + 1.8 + 0.6) + 8 = 13.5(\text{m})$$

$$\sigma_L = \frac{2 \times 280}{17.6 \times 13.5} = 2.36(\text{kPa})$$

$$\sigma_L m_f = 2.36 \times 1.0 = 2.36(\text{kPa})(\text{控制方程})$$

$$T_L = \min(0.5 D_h \sigma_L m_f, 0.5 l_t \sigma_L m_f) = 0.5 \times 3.625 \times 2.36 = 4.27(\text{kN/m})$$

$$T_L = 4.27\text{kN/m}$$

9.1.4 乘系数的总推力(T_f)

计算公式：

$$T_f = \alpha_D T_D + \alpha_L T_L$$

其中 $\alpha_D = 1.2$, $\alpha_L = 1.4$,因此 $T_f = 1.2 \times 378.24 + 1.4 \times 4.27 = 459.87(\text{kN/m})$。

$$T_f = 459.87\text{kN/m}$$

9.1.5 地震推力

$$T_E = T_D A_V$$

$$T_f = \alpha_D T_D + \alpha_E T_E$$

$$A_V = 2/3 A_H = 2/3 \times 0.2 = 0.133$$

$$T_D = 378.24\text{kN/m}$$

$$T_E = 378.24 \times 0.133 = 50.43(\text{kN/m})$$

$$\alpha_D = 1.2, \alpha_E = 1.0$$

$$T_f = 1.2 \times 378.24 + 1.0 \times 50.43 = 504.32(\text{kN/m})$$

因此,取较大的 T_f,即 $T_f = 504.32\text{kN/m}$。

9.1.6 承载能力极限状态下的抗压应力(σ)

板厚为4.0mm、面积为4.38mm^2/mm时,$\sigma = T_f/A = 504.32/4.38 = 115.12(\text{MPa})$。

9.1.7 管壁抗压强度(f_b)

上部区域的界定：

(1) $\theta_o = 1.6 + 0.2\lg\left(\frac{EI}{E_m R_c^3}\right)$ (rad)，其中：

$$E_m = E_s\left\{1 - \left[\frac{R_c}{R_c + 1\,000(H + H')}\right]^2\right\}$$

$$E_s = 12.0\text{MPa}, R_c = 1\,812\text{mm}, H = 8.0\text{m}, H' = D_v/4 = 0.91\text{m}$$

壁厚 $t = 4.0$mm 时，$I = 354.69\text{mm}^4/\text{mm}$，可求得 $E_m = 11.657$MPa，$\theta_0 = 57.4°$。

(2) $\lambda = 1.22\left[1.0 + 1.6\left(\frac{EI}{E_m R_c^3}\right)^{0.25}\right]$，可求得 $\lambda = 1.569\,0$。

(3) $K = \lambda\left(\frac{EI}{E_m R^3}\right)^{0.25}$，可求得 $K = 0.280\,5$。

(4) $\rho = \left[1\,000\frac{(H + H')}{R_c}\right]^{0.5} \leqslant 1.0$，可求得 $\rho = 1.0$。

(5) $R_e = \frac{r}{K}\left(\frac{6Ep}{F_y}\right)^{0.5}$，板厚度为 4.0mm 时，$r = 9.00$mm，可求得 $R_e = 2\,291.98$mm。

(6) $F_m = 1.0$（单管）。

(7) $R_c < R_e$。

$$f_b = \phi_t F_m\left[F_y - \frac{(F_y KR)^2}{12Er^2\rho}\right]$$

$$f_b = 129.22\text{MPa} > \sigma = 115.12\text{MPa}$$

因此，上部区域 $R_c = 1\,812$mm 采用 4.0mm 的板厚可满足整体应力要求。

(8) 检查下部区域拱压缩作用下的壁强度。

$$\lambda = 1.22, E_m = E_s = 12\text{MPa}, \rho = 1.0$$

$$R_1 = 1\,812\text{mm}$$

$$K = \lambda\left(\frac{EI}{E_m R^3}\right)^{0.25}$$

$$R_e = \frac{r}{K}\left(\frac{6E\rho}{F_y}\right)^{0.5}\ (\text{mm})$$

$$f_b = \phi_t F_m\left[F_y - \frac{(F_y KR)^2}{12Er^2\rho}\right]\ (\text{MPa})$$

这些公式均基于 $R_1 \leqslant R_e$ 的前提。

可求得 $k = 0.216\,6$，$R_e = 2\,969$mm，$f_b = 152.97$MPa。

因此，$\sigma = 115.12 < f_b = 152.97$，基于当前下部区域中的半径取值，4.0mm 的板厚可满足整体应力要求。

9.1.8 施工过程中的强度要求

$$\left(\frac{P}{P_{pf}}\right)^2 + \left|\frac{M}{M_{pf}}\right| \leqslant 1$$

其中：

$$P = T_D + T_C \text{ 且 } H_c < H_{min} \text{ 时}, P = 0$$

$$P_{pf} = \varphi_{hc} A F_y$$

$$M = M_1 + M_B + M_C$$

$$M_{pf} = \varphi_{hc} M_p$$

式中：$M_1 = k_{M1} R_B \gamma D_h^3$；

$M_B = -k_{M2} R_B \gamma D_h^2 H_c$；

$M_C = k_{M3} R_L D_h L_c$。

其中：

$$N_F \leqslant 5\,000 \text{ 时}, k_{M1} = 0.004\,6 - 0.001\,0 \lg N_F$$

$$N_F > 5\,000 \text{ 时}, k_{M1} = 0.000\,9$$

$$N_F \leqslant 5\,000 \text{ 时}, k_{M2} = 0.018 - 0.004 \lg N_F$$

$$N_F > 5\,000 \text{ 时}, k_{M2} = 0.003\,2$$

$$N_F \leqslant 100\,000 \text{ 时}, k_{M3} = 0.120 - 0.018 \lg N_F$$

$$N_F > 100\,000 \text{ 时}, k_{M3} = 0.030$$

$$0.2 \leqslant D_v/2D_h \leqslant 0.35 \text{ 时}, R_B = 0.67 + 0.87[(D_v/2D_h) - 0.2]$$

$$0.35 < D_v/2D_h \leqslant 0.50 \text{ 时}, R_B = 0.80 + 1.33[(D_v/2D_h) - 0.35]$$

$$D_v/2D_h > 0.50 \text{ 时}, R_B = D_v/D_h$$

$$R_L = \frac{0.265 - 0.053 \lg N_F}{\left(\frac{H_c}{D_h}\right)^{0.75}} \leqslant 1.0$$

$$L_C = \frac{A_C}{K_4}$$

$$\left|\frac{M}{M_{pf}}\right| = \text{比率 } \frac{M}{M_{pf}} \text{ 的绝对值}$$

$$N_F = \frac{E_s\,(1\,000 D_h)^3}{EI}$$

假定 $H_c = 0.6$m 时开始使用压路机，因此，$H_c \leqslant H_{min}$ 时 $P = 0$。

假定施工轴载使用12t 振动压路机，其振动轮的激振力 A_C 为 260kN，表 5-66 中要确定施工机械的每轴轮数，考虑振动压路机最接近每轴 8 轮的情况，因此查表 5-66 知 $k_4 = 2.8$ ($H_c = 0.6$m)。

振动轮的线荷载 $L_C = \frac{A_C}{k_4} = 92.86$kN/m。

$$M = M_1 + M_B + M_C$$

计算弹性数 N_F：

$$N_F = \frac{E_s\ (1\ 000D_h)^3}{EI}$$

由于 $E_s = 12\text{MPa}, D_h = 3.625\text{m}, I = 354.69\text{mm}^4/\text{mm}$，可求得 $N_F = 8\ 058$。

$k_{M1} = 0.000\ 9(N_F > 5\ 000)$；

$k_{M2} = 0.003\ 2(N_F > 5\ 000)$；

$k_{M3} = 0.049\ 7(N_F \leqslant 100\ 000$ 时)。

$D_v/2D_h = 0.5$，所以 $0.35 < D_v/2D_h \leqslant 0.50$ 时，$R_B = 0.80 + 1.33[(D_v/2D_h) - 0.35] = 0.999\ 5$。

由 $M_1 = k_{M1}R_B\gamma D_h^3$，可求得 $M_1 = 0.857\text{kN}\cdot\text{m/m}$。

由 $M_B = -k_{M2}R_B\gamma D_h^2 H_c$，可求得 $M_B = -0.504\text{kN}\cdot\text{m/m}$。

由 $R_L = \dfrac{0.265 - 0.053\ \lg N_F}{\left(\dfrac{H_c}{D_h}\right)^{0.75}} \leqslant 1.0$，可求得 $R_L = 0.223\ 4$。

由 $L_c = 92.86\text{kN/m}$，$M_C = k_{M3}R_L D_h L_c$，可求得 $M_C = 3.736\text{kN}\cdot\text{m/m}$。

$$M = M_1 + M_B + M_C = 0.857 + (-0.504) + 3.736 = 4.089(\text{kN}\cdot\text{m/m})$$

$$M_{pf} = \varphi_{hc}M_p$$

$$\varphi_{hc} = 0.9$$

$M_p = Zf_y$，其中 $Z = A_C y_C + A_T y_T$，A_C、A_T 分别为截面中性轴上下部分的面积，y_C、y_T 分别为 A_C、A_T 形心距中性轴的距离，f_y 为波纹钢板材料的屈服强度。

初始截面 $A_{C0} = A_{T0} = A_0/2 = 4.395/2 = 2.20(\text{mm}^2/\text{mm})$。

初始距离 $y_{C0} = y_{T0} = 8.09\text{mm/mm}$。

考虑螺栓孔对波纹钢板截面的削弱后，$A_C = A_T = A/2 = 4.94/2 = 2.19(\text{mm}^2/\text{mm})$

$$y_C = y_T = \left(\frac{A}{A_0}\right)^{0.5} \times y_{c0} = \left(\frac{4.38}{4.395}\right)^{0.5} \times 8.09 = 8.08(\text{mm/mm})$$

因此 $$Z = A_C y_C + A_T y_T = 2 \times 2.19 \times 8.08 = 35.38(\text{mm}^3/\text{mm})$$

$$M_p = Zf_y = 35.38 \times 235/1\ 000 = 8.32\ (\text{kN}\cdot\text{m/m})$$

$$M_{pf} = \varphi_{hc}M_p = 0.9 \times 8.32 = 7.48\ (\text{kN}\cdot\text{m/m})$$

验证 $\left(\dfrac{P}{P_{pf}}\right)^2 + \left|\dfrac{M}{M_{pf}}\right| \leqslant 1$：

由于 $P = 0$，$\left(\dfrac{P}{P_{pf}}\right)^2 = 0$，且 $\left|\dfrac{M}{M_{pf}}\right| = \left|\dfrac{4.089}{7.48}\right| = 0.546 < 1.0$，因此，$\left(\dfrac{P}{P_{pf}}\right)^2 + \left|\dfrac{M}{M_{pf}}\right| = 0 + 0.546 = 0.546 < 1$。

因此，假定施工过程中填土至拱顶以上 0.6m 厚度后开始使用 12t 压路机可满足要求。采用同样的方法可检查其他适用的施工轴荷载和填土厚度。

9.1.9 运营过程中的强度要求

T_f 根据前文计算值取 504.32kN/m。

$P_{Pf} = \varphi_h A f_y$，其中 $\varphi_h = 0.85$，$A = 4.38\text{mm}^2/\text{mm}$，$f_y = 235\text{MPa}$，因此 $P_{Pf} = \varphi_h A f_y = 0.85 \times 4.38 \times 235 = 875.07(\text{kN/m})$。

$$M_f = |\alpha_D M_1 + \alpha_D M_D| + \alpha_L M_L$$

$$M_1 = k_{M1} R_B \gamma D_h^3$$

$$M_1 = 0.857\text{kN} \cdot \text{m/m}$$

$$M_D = -k_{M2} R_B \gamma D_h^2 H_e$$

$$H_e = \min(H, D_h/2) = \min(8, 3.625/2) = \min(8, 1.81) = 1.81\text{m}$$

$$M_D = -0.003\,2 \times 0.999\,5 \times 20 \times 3.625^2 \times 1.81 = -1.524\ (\text{kN} \cdot \text{m/m})$$

$$M_L = k_{M3} R_U D_h A_L / k_4$$

$$R_U = (0.265 - 0.053\ \lg N_F)/(H/D_h)^{0.75}$$

$$= [0.265 - 0.053\ \lg 8\,058)/(8/3.625)^{0.75}$$

$$= 0.032$$

$$A_L = 140\text{kN}, k_4 = 4.9$$

$$M_L = 0.049\,7 \times 0.032 \times 3.625 \times 140/4.9 = 0.165\ (\text{kN} \cdot \text{m/m})$$

$$M_f = |1.2 \times 0.857 + 1.2 \times (-1.524)| + 1.4 \times 0.165 = 1.031\ (\text{kN} \cdot \text{m/m})$$

$$M_{Pf} = \varphi_h M_p = 0.85 \times 8.32 = 7.07\ (\text{kN} \cdot \text{m/m})$$

验证 $\left(\frac{T_f}{P_{Pf}}\right)^2 + \left|\frac{M_f}{M_{Pf}}\right| \leqslant 1.0$：

$$\left(\frac{T_f}{P_{Pf}}\right)^2 + \left|\frac{M_f}{M_{Pf}}\right| = \left(\frac{504.32}{875.07}\right)^2 + \left|\frac{1.031}{7.07}\right| = 0.478 < 1.0$$

因此，运营过程中 4.0mm 的厚度可满足 8m 填土高度和汽车荷载的要求。

9.1.10 验算螺栓连接的纵缝强度

1) 采用美制螺栓并使用 CHBDC 方法

125mm × 25mm 的波纹钢板在国外多用于整体管，不考虑纵向接缝强度。

2) 采用摩擦型高强螺栓

假设使用摩擦型高强螺栓，螺栓等级 10.9S，螺栓型号为 M20，每波长内有 $n = 2$ 个螺栓，纵向螺栓沿涵洞径向的间距 $e = 50\text{mm}$。

由于中国钢结构的内力荷载计算不考虑荷载系数，因此：

施工阶段内力为 $P = T_D + T_C = 0\text{kN/m}$，$M = M_1 + M_B + M_C = 4.089\ (\text{kN} \cdot \text{m/m})$；

运营阶段内力为 $T_f = T_D + T_L = 428.67\text{kN/m}$，$M_f = M_1 + M_D + M_L = 0.831\ (\text{kN} \cdot \text{m/m})$。

 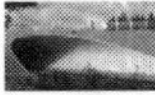

因此只需验算施工阶段和运营阶段的纵向接缝强度。

取一个波长节段进行计算：

(1)施工阶段：

一个波长的弯矩 $M=4.089\times125/1\,000=0.511(\mathrm{kN\cdot m})$。

弯矩 M 对螺栓群中的某个螺栓产生的拉力 $N_t=\dfrac{My_i}{\sum y_i^2}$，按每波纹2个螺栓布置，最远螺栓距螺栓群中性轴的距离 $y_i=e/2=50/2=25(\mathrm{mm})$，$\sum y_i^2=2\times25^2=1\,250(\mathrm{mm})$。

最大拉力 $N_t=\dfrac{My_i}{\sum y_i^2}=\dfrac{0.511\times1\,000\times25}{1\,250}=10.22(\mathrm{kN})$。

一个波长的剪力 $N_v=P=0$。

受剪承载力 $N_v^b=k_1k_2n_f\mu P_b$，此处板厚 $t=4\mathrm{mm}$，螺栓孔为标准孔，因此 $k_1=0.8$，$k_2=1$，$n_f=1$。

热浸镀锌钢板的摩擦因数 $\mu=0.33$，查表5-69得预拉力 $P_b=155\mathrm{kN}$。

$$N_v^b=0.8\times1\times1\times0.33\times155=40.92(\mathrm{kN})$$

承受最大拉力的螺栓的受拉承载力 $N_t^b=0.8P_b=0.8\times155=124(\mathrm{kN})$。

考虑波纹钢板螺栓连接的承载力要低于平板螺栓连接，将承载力均取折减系数 $\varphi_b=0.9$。

验证 $\dfrac{N_v}{\varphi_b N_v^b}+\dfrac{N_t}{\varphi_b N_t^b}\leqslant1$：

$$\frac{N_v}{\varphi_b N_v^b}+\frac{N_t}{\varphi_b N_t^b}=\frac{0}{0.9\times40.92}+\frac{10.22}{0.9\times124}=0.09<1$$，满足要求。

(2)运营阶段：

一个波长的弯矩 $M_f=0.831\times125/1\,000=0.104(\mathrm{kN\cdot m})$。

弯矩 M_f 产生的拉力 $N_t=\dfrac{M_f y_i}{\sum y_i^2}=\dfrac{0.104\times1\,000\times25}{1\,250}=2.08(\mathrm{kN})$。

一个波长中每个螺栓的剪力 $N_v=T_f\times$波长$/n=428.67\times125/1\,000/2=26.79(\mathrm{kN})$。

受剪承载力 $N_v^b=40.92\mathrm{kN}$。

承受最大拉力的螺栓的受拉承载力 $N_t^b=0.8P_b=124\mathrm{kN}$。

考虑波纹钢板螺栓连接的承载力要低于平板螺栓连接，将承载力均取折减系数 $\phi_b=0.9$。

验证 $\dfrac{N_v}{\varphi_b N_v^b}+\dfrac{N_t}{\varphi_b N_t^b}\leqslant1$：

$$\frac{N_v}{\varphi_b N_v^b}+\frac{N_t}{\varphi_b N_t^b}=\frac{26.79}{0.9\times40.92}+\frac{2.08}{0.9\times124}=0.75<1$$，满足要求。

因此每波纹2个直径20mm的摩擦型高强螺栓的纵向接缝满足施工和运营阶段的强度要求。

3）采用承压型高强螺栓

假设使用承压型高强螺栓，螺栓等级、型号与布置和摩擦型螺栓相同。

（1）施工阶段：

轴力 $N_t = 10.22\text{kN}$。

剪力 $N_v = P = 0$。

受拉承载力 $N_t^b = A_{eff} f_t^b = 245 \times 500/1\,000 = 122.5(\text{kN})$，其中查表5-67和5-68知直径20mm螺栓的有效截面面积 $A_{eff} = 245\text{mm}^2$，抗拉强度 $f_t^b = 500\text{MPa}$。

受剪承载力 $N_v^b = n_v \dfrac{\pi d^2}{4} f_v^b = 1 \times \dfrac{3.14 \times 20^2}{4} \times 310/1\,000 = 97.39(\text{kN})$，其中螺栓受剪面数目 $n_v = 1$，螺栓直径 $d = 20\text{mm}$，查表5-68知10.9s的承压型螺栓的抗剪强度 $f_v^b = 310\text{MPa}$。

承压承载力 $N_c^b = d \sum t f_c^b = 20 \times 4 \times 470/1\,000 = 37.6(\text{kN})$，其中螺栓直径 $d = 20\text{mm}$，一个受力方向上承压构件总厚度 $\sum t = 4\text{mm}$，查表5-68知Q235的波纹钢板的承压强度 $f_c^b = 470\text{MPa}$。

验证 $\sqrt{\left(\dfrac{N_v}{\varphi_b N_v^b}\right)^2 + \left(\dfrac{N_t}{\varphi_b N_t^b}\right)^2} \leqslant 1$：

$$\sqrt{\left(\frac{N_v}{\varphi_b N_v^b}\right)^2 + \left(\frac{N_t}{\varphi_b N_t^b}\right)^2} = \sqrt{\left(\frac{0}{0.9 \times 97.39}\right)^2 + \left(\frac{10.22}{0.9 \times 122.5}\right)^2} = 0.09 < 1$$，满足要求。

验证 $N_v \leqslant \varphi_b N_c^b/1.2$：

$N_v = 0 < \varphi_b N_c^b/1.2 = 0.9 \times 37.6/1.2 = 28.2\text{kN}$，满足要求。

（2）运营阶段：

轴力 $N_t = 2.08\text{kN}$；

剪力 $N_v = 26.79\text{kN}$；

受拉承载力 $N_t^b = 122.5\text{MPa}$；

受剪承载力 $N_v^b = 97.39\text{kN}$；

承压承载力 $N_c^b = 37.6\text{MPa}$。

验证 $\sqrt{\left(\dfrac{N_v}{\varphi_b N_v^b}\right)^2 + \left(\dfrac{N_t}{\varphi_b N_t^b}\right)^2} \leqslant 1$：

$$\sqrt{\left(\frac{N_v}{\varphi_b N_v^b}\right)^2 + \left(\frac{N_t}{\varphi_b N_t^b}\right)^2} = \sqrt{\left(\frac{26.79}{0.9 \times 97.39}\right)^2 + \left(\frac{2.08}{0.9 \times 122.5}\right)^2} = 0.31 < 1$$，满足要求。

验证 $N_v \leqslant \varphi_b N_c^b/1.2$：

$N_v = 26.79 < \varphi_b N_c^b/1.2 = 0.9 \times 37.6/1.2 = 28.2(\text{kN})$，满足要求。

因此每波纹2个直径20mm的承压型高强螺栓的纵向接缝满足施工和运营阶段的强度要求。

9.1.11 板厚度差

不考虑。

9.1.12 波纹钢管的曲率半径

不考虑。

9.2 实例2:8 970mm×6 070mm水平椭圆形通道（填土厚度3.0m）

已知：

水平椭圆形结构:跨径×矢高=8 970mm×6 070mm,断面面积=42.23m²(表3-28);

填土厚度:$H=3.0\text{m}$;

采用波纹剖面:波距×波高=150mm×50mm;

$D_h=9\ 020\text{mm}$,$D_v=6\ 120\text{mm}$(中性轴);

拱顶半径 $R_c=5\ 765\text{mm}$(中性轴);

拱侧半径 $R_2=2\ 235\text{mm}$(中性轴);

拱底半径 $R_3=5\ 765\text{mm}$(中性轴);

回填土类型: Ⅰ类;

回填土压实度:标准普氏密度的90%~95%;

回填土重度:$\gamma=20\text{kN/m}^3$;

回填土割线模量:$E_s=12\text{MPa}$;

活载:汽车Ⅰ级荷载;

波纹钢板材料:Q235钢板,屈服强度 $f_y=235\text{MPa}$。

求波纹钢板壁厚。

9.2.1 验算最小填土厚度($H_{\min}$)

取下列各值中的最大值:

(1)0.6m;

(2) $\frac{D_h}{6}\left(\frac{D_h}{D_v}\right)^{0.5}=1.825(\text{m})$;

(3) $0.4\left(\frac{D_h}{D_v}\right)^2=0.869(\text{m})$。

得出 $H_{\min}=1.825\text{m}$,$H=3.0\text{m}>H_{\min}$,因此满足要求。

9.2.2 恒载推力(T_D)

计算公式:

$$T_D = 0.5(1.0 - 0.1C_s)A_f W$$

$$D_h/D_v = 9\,020/6\,120 = 1.474$$

$$H/D_h = 3.0/9.020 = 0.333$$

由表5-65内插得 $A_f = 1.094$。

$$C_s = \frac{1\,000E_s D_v}{EA}$$

式中 $E = 200\,000\text{MPa}$,$E_s = 12\text{MPa}$。

假定采用6.0mm板厚,板面积 $A_0 = 7.46\text{mm}^2/\text{mm}$,惯性矩 $I_0 = 2\,230.13\text{mm}^4/\text{mm}$。

假定使用每波纹2个螺栓,螺栓等级为10.9s,螺栓型号为M20。

假定环向由6片板拼装而成,即有6条纵缝。

考虑螺栓孔对波纹钢板截面造成的折减效应:

由于每波纹2个螺栓,即波峰波谷处各1个,又因有6条纵缝,则最不利环向截面有1×6=6个螺栓。

因此折减板面积 $A = A_0 - \dfrac{6 \times d \times t}{C}$,其中 d 为螺栓直径,此处为20mm;t 为波纹钢板壁厚,此处为6mm;C 为埋置式结构横截面周长,此处为23 900mm。

得出 $A = 7.46 - \dfrac{6 \times 20 \times 6}{23\,900} = 7.43(\text{mm}^2/\text{mm})$。

由于惯性矩单位为面积单位的二次方,可近似计算折减后的惯性矩如下:

$$I = \left(\frac{A}{A_0}\right)^2 \times I_0 = (7.43/7.46)^2 \times 2\,230.13 = 2\,212.15(\text{mm}^4/\text{mm})$$

因此求得 $C_s = 0.049\,4$。

$$W = \gamma(HD_h + \text{起拱线和拱冠之间的填土面积})$$

起拱线和拱冠之间的填土面积=(跨径×矢高-断面面积)/2=(8.97×6.07-42.23)/2=6.11m^2

$$W = 20[3.0 \times 9.02 + 6.11] = 663.4(\text{kN/m})$$

因此 $T_D = 0.5 \times (1.0 - 0.1 \times 0.049\,4) \times 1.094 \times 663.4 = 361.1(\text{kN/m})$。

9.2.3 活载推力(T_L)

计算公式:

$$T_L = \min(0.5D_h\sigma_L m_f, 0.5l_t\sigma_L m_f)$$

根据图5-33所示的汽车荷载计算图式,在跨径长度范围($D_h = 9.020\text{m}$)内,结构上方路面上按总荷载最大的原则放置车轴。本例中,在结构上布置3、4和5号轴,施加最大的总荷载 $P = 120 + 140 + 140 = 400(\text{kN})$。

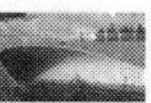

单车道($m_f=1.0$)时：

$$\sigma_L = \frac{轴载}{l_t w}$$

其中：

$$l_t = a + 2H = (7.0 + 1.4 + 0.2) + 2 \times 3 = 14.6(\mathrm{m})$$

$$w = b + H = 1.8 + 0.6 + 3 = 5.4(\mathrm{m})$$

$$\sigma_L = \frac{400}{14.6 \times 5.4} = 5.07(\mathrm{kPa})$$

$$\sigma_L m_f = 5.07 \times 1.0 = 5.07(\mathrm{kPa})$$

双车道($m_f=1.0$)时：

$$l_t = 14.6\mathrm{m} > D_h = 9.020\mathrm{m}$$

$$w = (1.8 + 1.3 + 1.8 + 0.6) + 3 = 8.5(\mathrm{m})$$

$$\sigma_L = \frac{2 \times 400}{14.6 \times 8.5} = 6.45(\mathrm{kPa})$$

$$\sigma_L m_f = 6.45 \times 1.0 = 6.45(\mathrm{kPa}) \quad (控制方程)$$

因此 $T_L = \min(0.5D_h\sigma_L m_f, 0.5l_t\sigma_L m_f) = 0.5 \times 9.020 \times 6.45 = 29.07(\mathrm{kN/m})$。

9.2.4 地震推力

不考虑。

9.2.5 乘有系数的总推力(T_f)

计算公式：

$$T_f = \alpha_D T_D + \alpha_L T_L$$

其中 $\alpha_D=1.2$，$\alpha_L=1.4$，因此 $T_f=1.2\times361.1+1.4\times29.07=474.0(\mathrm{kN/m})$。

9.2.6 承载能力极限状态下的压应力(σ)

板厚 t 为 6.0mm、面积 A 为 $7.43\mathrm{mm}^2/\mathrm{mm}$ 时，$\sigma = T_f/A = 471.57/7.43 = 63.47(\mathrm{MPa})$。

9.2.7 管壁抗压强度(f_b)

上部区域的界定：

(1) $\theta_o = 1.6 + 0.2\lg\left(\frac{EI}{E_m R_c^3}\right)(\mathrm{rad})$，其中：

$$E_m = E_s\left\{1 - \left[\frac{R_c}{R_c + 1\,000(H + H')}\right]^2\right\}$$

$$E_s = 12.0\mathrm{MPa}, R_c = 5765\mathrm{mm}, H = 3.0\mathrm{m}, H' = D_v/4 = 1.53\mathrm{m}$$

壁厚 $t=6.0$mm 时，$I=2212.15\mathrm{mm}^4/\mathrm{mm}$，那么可求得：$E_m=8.237\mathrm{MPa}$，$\theta_0=50.97°$。

(2) $\lambda = 1.22\left[1.0 + 1.6\left(\frac{EI}{E_m R_c^3}\right)^{0.25}\right]$，可求得 $\lambda = 1.4726$。

(3) $K = \lambda\left(\frac{EI}{E_m R^3}\right)^{0.25}$，可求得 $K = 0.1905$。

(4) $\rho = \left[1\,000\frac{(H + H')}{R_c}\right]^{0.5} \leqslant 1.0$，可求得 $\rho = 0.8864$。

(5) $R_e = \frac{r}{K}\left(\frac{6Ep}{f_y}\right)^{0.5}$，板厚度为6.0mm时，$r = 17.22$mm，可求得 $R_e = 6\,093$mm。

(6) $F_m = 1.0$（单管）。

(7) $R_c < R_e$。

$$f_b = \phi_t F_m\left[f_y - \frac{(f_y KR)^2}{12Er^2\rho}\right]$$

$$f_b = 103.8\text{MPa} > \sigma = 63.47\text{MPa}$$

因此，上部区域 $R_c = 5765$mm 采用6.0mm的板厚可满足整体应力要求。

(8) 检查下部区域管壁的抗压强度。

$$\lambda = 1.22, E_m = E_s = 12\text{MPa}, \rho = 0.8864$$

$$R_2 = 5\,765\text{mm(拱顶/拱底)}, R_3 = 2\,235\text{mm(拱侧)}$$

$$K = \lambda\left(\frac{EI}{E_m R^3}\right)^{0.25}$$

$$R_e = \frac{r}{K}\left(\frac{6E\rho}{f_y}\right)^{0.5} \text{(mm)}$$

$$f_b = \phi_t F_m\left[f_y - \frac{(f_y KR)^2}{12Er^2\rho}\right] \text{(MPa)}$$

这些公式均基于 $R \leqslant R_e$ 的前提。

可求得 K、R_e、f_b 值见表9-1。

K、R_e、f_b 值 表9-1

参　数	R_2（拱顶/拱底）	R_3（拱侧）
K	0.1437	0.2925
R_e	8 079mm	3 970mm
f_b	$R_2 < R_e$	$R_3 < R_e$
	$f_b = 140.1\text{MPa} > \sigma = 63.47\text{MPa}$	$f_b = 158.2\text{MPa} > \sigma = 63.47\text{MPa}$

因此，基于当前下部区域中的半径取值，6.0mm的板厚可满足整体应力要求。

9.2.8 施工过程中的强度要求

$$\left(\frac{P}{P_{pf}}\right)^2 + \left|\frac{M}{M_{pf}}\right| \leqslant 1$$

其中：

$$P = T_D + T_C \text{ 且 } H_c < H_{min} \text{ 时}, P = 0$$

$$P_{pf} = \varphi_{hc} A F_y$$

$$M = M_1 + M_B + M_C$$

$$M_{pf} = \varphi_{hc} M_p$$

式中：$M_1 = k_{M1} R_B \gamma D_h^3$；

$M_B = -k_{M2} R_B \gamma D_h^2 H_c$；

$M_C = k_{M3} R_L D_h L_c$。

其中：

$$N_F \leqslant 5\,000 \text{ 时}, k_{M1} = 0.004\,6 - 0.001\,0 \lg N_F$$

$$N_F > 5\,000 \text{ 时}, k_{M1} = 0.000\,9$$

$$N_F \leqslant 5\,000 \text{ 时}, k_{M2} = 0.018 - 0.004 \lg N_F$$

$$N_F > 5\,000 \text{ 时}, k_{M2} = 0.003\,2$$

$$N_F \leqslant 100\,000 \text{ 时}, k_{M3} = 0.120 - 0.018 \lg N_F$$

$$N_F > 100\,000 \text{ 时}, k_{M3} = 0.030$$

$$0.2 \leqslant D_v/2D_h \leqslant 0.35 \text{ 时}, R_B = 0.67 + 0.87[(D_v/2D_h) - 0.2]$$

$$0.35 < D_v/2D_h \leqslant 0.50 \text{ 时}, R_B = 0.80 + 1.33[(D_v/2D_h) - 0.35]$$

$$D_v/2D_h > 0.50 \text{ 时}, R_B = D_v/D_h$$

$$R_L = \frac{0.265 - 0.053 \lg N_F}{\left(\frac{H_c}{D_h}\right)^{0.75}} \leqslant 1.0$$

$$L_C = \frac{A_C}{K_4}$$

$$\left|\frac{M}{M_{pf}}\right| = \text{比率}\frac{M}{M_{pf}}\text{的绝对值}$$

$$N_F = E_s (1\,000 D_h)^3 / EI$$

假定 $H_c = 0.6$m 时开始使用压路机，因此，$H_c \leqslant H_{min}$时，$P = 0$。

假定施工轴载使用12t压路机，其振动轮的激振力 A_C 为260kN，表5-66中要确定施工机械的每轴轮数，考虑振动压路机最接近每轴8轮的情况，因此查表5-66知 $k_4 = 2.8(H_c = 0.6\text{m})$。

振动轮的线荷载 $L_C = \frac{A_C}{K_4} = 92.86$kN/m。

$$M = M_1 + M_B + M_C$$

计算弹性数 N_F：

$$N_F = E_s (1\,000 D_h)^3 / EI$$

由 $E_s = 12$MPa，$D_h = 9.020$m，$I = 2212.15$mm^4/mm，可求得 $N_F = 19\,904$。

$k_{M1}=0.0009(N_F>5000)$;

$k_{M2}=0.0032(N_F>5000)$;

$N_F\leqslant 100000$ 时,$k_{M3}=0.120-0.018\lg N_F=0.0426$。

$D_v/2D_h=0.339$,所以 $0.2\leqslant D_v/2D_h\leqslant 0.35$ 时,$R_B=0.67+0.87[(D_v/2D_h)-0.2]=0.7911$。

由 $M_1=k_{M1}R_B\gamma D_h^3$,可求得 $M_1=10.45\text{kN}\cdot\text{m/m}$。

由 $M_B=-k_{M2}R_B\gamma D_h^2H_c$,可求得 $M_B=-2.47\text{kN}\cdot\text{m/m}$。

由 $R_L=\dfrac{0.265-0.053\lg N_F}{\left(\dfrac{H_c}{D_h}\right)^{0.75}}\leqslant 1.0$,可求得 $R_L=0.2837$。

由 $L_c=92.86\text{kN/m}$,$M_C=k_{M3}R_LD_hL_c$,可求得 $M_C=10.13\text{kN}\cdot\text{m/m}$。

$$M=M_1+M_B+M_C=10.45+(-2.47)+10.13=18.11(\text{kN}\cdot\text{m/m})$$

$$M_{pf}=\varphi_{hc}M_p$$

$$\varphi_{hc}=0.9$$

$M_p=Zf_y$,其中 $Z=A_Cy_C+A_Ty_T$,A_C、A_T 分别为截面中性轴上下部分的面积,y_C、y_T 分别为 A_C、A_T 形心距中性轴的距离,f_y 为波纹钢板材料的屈服强度。

初始截面 $A_{C0}=A_{T0}=A_0/2=7.46/2=3.73(\text{mm}^2/\text{mm})$。

初始距离 $y_{C0}=y_{T0}=15.31\text{mm/mm}$。

考虑螺栓孔对波纹钢板截面的削弱后,$A_C=A_T=A/2=7.43/2=3.71(\text{mm}^2/\text{mm})$

$$y_C=y_T=\left(\frac{A}{A_0}\right)^{0.5}\times y_{c0}=\left(\frac{7.43}{7.46}\right)^{0.5}\times 15.31=15.28(\text{mm/mm})$$

因此 $Z=A_Cy_C+A_Ty_T=2\times 3.71\times 15.28=113.54(\text{mm}^3/\text{mm})$

$$M_p=Zf_y=113.54\times 235/1000=26.68\ (\text{kN}\cdot\text{m/m})$$

$$M_{pf}=\varphi_{hc}M_p=0.9\times 26.68=24.01\ (\text{kN}\cdot\text{m/m})$$

验证 $\left(\dfrac{P}{P_{pf}}\right)^2+\left|\dfrac{M}{M_{pf}}\right|\leqslant 1$:

由于 $P=0$,$\left(\dfrac{P}{P_{pf}}\right)^2=0$,且 $\left|\dfrac{M}{M_{pf}}\right|=\left|\dfrac{18.11}{24.01}\right|=0.75<1.0$,因此,$\left(\dfrac{P}{P_{pf}}\right)^2+\left|\dfrac{M}{M_{pf}}\right|=0+0.75=0.75<1$。

因此,假定施工过程中填土至拱顶以上 0.6m 厚度后开始使用 12t 压路机可满足要求。采用同样的方法可检查其他适用的施工轴荷载和填土厚度。

9.2.9 运营过程中的强度要求

T_f 根据前文计算值取 474.0kN/m。

$P_{Pf} = \varphi_h A f_y$，其中 $\varphi_h = 0.85$，$A = 7.43\text{mm}^2/\text{mm}$，$f_y = 235\text{MPa}$，因此 $P_{Pf} = \varphi_h A f_y = 0.85 \times 7.43 \times 235 = 1484.04(\text{kN/m})$。

$$M_f = |\alpha_D M_1 + \alpha_D M_D| + \alpha_L M_L$$

$$M_1 = k_{M1} R_B \gamma D_h^3$$

$$M_1 = 10.45\text{kN} \cdot \text{m}$$

$$M_D = -k_{M2} R_B \gamma D_h^2 H_e$$

$$H_e = \min(H, D_h/2) = \min(3, 9.020/2) = \min(3, 4.51) = 3(\text{m})$$

$$M_D = -0.003\,2 \times 0.791\,1 \times 20 \times 9.02^2 \times 3 = -12.36\ (\text{kN} \cdot \text{m})$$

$$M_L = \frac{k_{M3} R_U D_h A_L}{k_4}$$

$$\begin{aligned} R_U &= (0.265 - 0.053\ \lg N_F)/(H/D_h)^{0.75} \\ &= (0.265 - 0.053\ \lg 19\,904)/(3/9.020)^{0.75} \\ &= 0.085 \end{aligned}$$

$$A_L = 140\text{kN}\ ,\ k_4 = 4.9$$

$$M_L = 0.042\,6 \times 0.085 \times 9.020 \times 140/4.9 = 0.932\ (\text{kN} \cdot \text{m})$$

$$M_f = |1.2 \times 10.45 + 1.2 \times (-12.36)| + 1.4 \times 0.932 = 3.594\ (\text{kN} \cdot \text{m})$$

$$M_{Pf} = \varphi_h M_p = 0.85 \times 26.68 = 22.68\ (\text{kN} \cdot \text{m})$$

验证 $\left(\frac{T_f}{P_{Pf}}\right)^2 + \left|\frac{M_f}{M_{Pf}}\right| \leqslant 1.0$：

$$\left(\frac{T_f}{P_{Pf}}\right)^2 + \left|\frac{M_f}{M_{Pf}}\right| = \left(\frac{474.0}{1\,484.04}\right)^2 + \left|\frac{3.594}{22.68}\right| = 0.260 < 1.0$$

因此，运营过程中6.0mm的厚度可满足3m填土高度和汽车荷载的要求。

9.2.10 验算螺栓连接的纵缝强度

1）采用美制螺栓并使用CHBDC方法

使用CHBDC的方法计算接缝强度。

验证 $T_f < S_f$：

其中 $S_f = \varphi_j S_s$，$\varphi_j = 0.70$，查表5-54可知，壁厚为6mm的150mm×50mm的波纹钢板，当每波纹使用2个直径为19mm的螺栓时，其纵向接缝强度为 $S_s = 1\,840\text{kN/m}$，因此 $S_f = 0.7 \times 1\,840 = 1\,288(\text{kN/m})$。

$$T_f = 474.0 < S_f = 1\,288$$

因此，每波纹2个直径为19mm螺栓的纵向接缝满足CHBDC的要求。

2）采用摩擦型高强螺栓

假设使用摩擦型高强螺栓，螺栓等级10.9S，螺栓型号为M20，每波长内有 $n = 2$ 个螺栓，纵向螺栓沿涵洞径向的间距 $e = 50\text{mm}$。

螺栓布置见图 9-1。

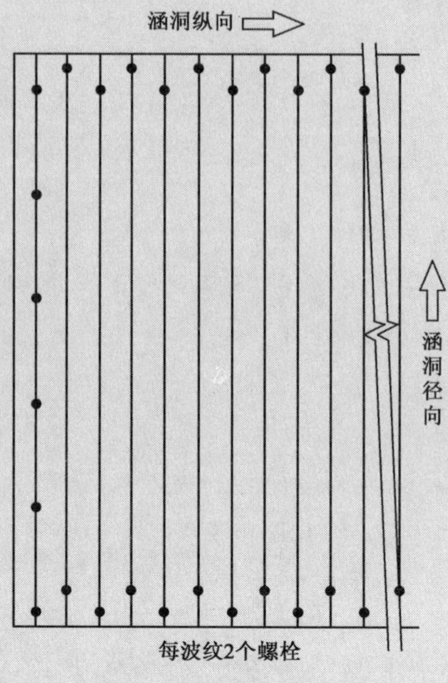

图 9-1　螺栓布置

由于中国钢结构的内力荷载计算不考虑荷载系数,因此:

施工阶段内力为 $P = T_D + T_C = 0\text{kN/m}, M = M_1 + M_B + M_C = 18.11(\text{kN}\cdot\text{m/m})$。

运营阶段内力为 $T_f = T_D + T_L = 388.1\text{kN/m}, M_f = M_1 + M_D + M_L = 2.84(\text{kN}\cdot\text{m/m})$。

需验算施工阶段和运营阶段的纵向接缝强度。

取一个波长节段进行计算:

(1)施工阶段:

一个波长的弯矩 $M = 18.11 \times 150/1\,000 = 2.716\ (\text{kN}\cdot\text{m})$。

弯矩 M 对螺栓群中的某个螺栓产生的拉力 $N_t = \dfrac{My_i}{\sum y_i^2}$,按每波纹 2 个螺栓布置,最远螺栓距螺栓群中性轴的距离 $y_i = e/2 = 50/2 = 25(\text{mm})$, $\sum y_i^2 = 2 \times 25^2 = 1\,250(\text{mm})$。

最大拉力 $N_t = \dfrac{My_i}{\sum y_i^2} = \dfrac{2.716 \times 1\,000 \times 25}{1\,250} = 54.31(\text{kN})$。

一个波长的剪力 $N_v = P = 0$。

受剪承载力 $N_v^b = k_1 k_2 n_f \mu P_b$,此处板厚 $t = 6\text{mm}$,螺栓孔为标准孔,因此 $k_1 = 0.8, k_2 = 1, n_f = 1$。

热浸镀锌钢板的摩擦系数 $\mu = 0.33$,查表 5-69 得预拉力 $P_b = 155\text{kN}$。

$$N_v^b = 0.8 \times 1 \times 1 \times 0.33 \times 155 = 40.92(\text{kN})$$

承受最大拉力的螺栓的受拉承载力 $N_t^b = 0.8P_b = 0.8 \times 155 = 124(\text{kN})$。

考虑波纹钢板螺栓连接的承载力要低于平板螺栓连接，将承载力均取折减系数 $\varphi_b=0.9$。

验证 $\dfrac{N_v}{\varphi_b N_v^b}+\dfrac{N_t}{\varphi_b N_t^b}\leqslant 1$：

$$\frac{N_v}{\varphi_b N_v^b}+\frac{N_t}{\varphi_b N_t^b}=\frac{0}{0.9\times 40.92}+\frac{54.31}{0.9\times 124}=0.49<1$$，满足要求。

(2)运营阶段：

一个波长的弯矩 $M_f=2.84\times150/1\,000=0.426(\text{kN}\cdot\text{m})$。

弯矩 M_f 产生的拉力 $N_t=\dfrac{M_f y_i}{\sum y_i^2}=\dfrac{0.426\times1\,000\times25}{1\,250}=8.52(\text{kN})$。

一个波长中每个螺栓的剪力 $N_v=T_f\times$波长$/n=388.1\times150/1\,000/2=29.11(\text{kN})$。

受剪承载力 $N_v^b=40.92\text{kN}$。

承受最大拉力的螺栓的受拉承载力 $N_t^b=0.8P_b=124(\text{kN})$。

考虑波纹钢板螺栓连接的承载力要低于平板螺栓连接，将承载力均取折减系数 $\varphi_b=0.9$。

验证 $\dfrac{N_v}{\varphi_b N_v^b}+\dfrac{N_t}{\varphi_b N_t^b}\leqslant 1$：

$$\frac{N_v}{\varphi_b N_v^b}+\frac{N_t}{\varphi_b N_t^b}=\frac{29.11}{0.9\times 40.92}+\frac{8.52}{0.9\times 124}=0.87<1$$，满足要求。

因此每波纹2个直径20mm的摩擦型高强螺栓的纵向接缝满足各个阶段的强度要求。

3)采用承压型高强螺栓

假设使用承压型高强螺栓，螺栓等级、型号与布置和摩擦型螺栓相同。

(1)施工阶段：

轴力 $N_t=54.31\text{kN}$。

剪力 $N_v=P=0$。

受拉承载力 $N_t^b=A_{eff}f_t^b=245\times500/1\,000=122.5(\text{kN})$，其中查表5-67和表5-68知直径20mm螺栓的有效截面面积 $A_{eff}=245\text{mm}^2$，抗拉强度 $f_t^b=500\text{MPa}$。

受剪承载力 $N_v^b=n_v\dfrac{\pi d^2}{4}f_v^b=1\times\dfrac{3.14\times20^2}{4}\times310/1\,000=97.39(\text{kN})$，其中螺栓受剪面数目 $n_v=1$，螺栓直径 $d=20\text{mm}$，查表5-68知10.9s的承压型螺栓的抗剪强度 $f_v^b=310\text{MPa}$。

承压承载力 $N_c^b=d\sum tf_c^b=20\times6\times470/1\,000=56.4(\text{kN})$，其中螺栓直径 $d=20\text{mm}$，一个受力方向上承压构件总厚度 $\sum t=6\text{mm}$，查表5-68知Q235的波纹钢板的承压强度 $f_c^b=470\text{MPa}$。

验证 $\sqrt{\left(\dfrac{N_v}{\varphi_b N_v^b}\right)^2+\left(\dfrac{N_t}{\varphi_b N_t^b}\right)^2}\leqslant 1$：

$$\sqrt{\left(\frac{N_v}{\varphi_b N_v^b}\right)^2+\left(\frac{N_t}{\varphi_b N_t^b}\right)^2}=\sqrt{\left(\frac{0}{0.9\times97.39}\right)^2+\left(\frac{54.31}{0.9\times122.5}\right)^2}=0.49<1$$，满足要求。

验证 $N_v\leqslant\varphi_b N_c^b/1.2$：

$N_v = 0 \leqslant \varphi_b N_c^b/1.2 = 0.9 \times 56.4/1.2 = 42.3(\text{kN})$，满足要求。

(2)运营阶段：

轴力 $N_t = 8.52\text{kN}$；

剪力 $N_v = 29.11\text{kN}$；

受拉承载力 $N_t^b = 122.5\text{MPa}$；

受剪承载力 $N_v^b = 97.39\text{kN}$；

承压承载力 $N_c^b = 56.4\text{MPa}$。

验证 $\sqrt{\left(\frac{N_v}{\varphi_b N_v^b}\right)^2 + \left(\frac{N_t}{\varphi_b N_t^b}\right)^2} \leqslant 1$：

$\sqrt{\left(\frac{N_v}{\varphi_b N_v^b}\right)^2 + \left(\frac{N_t}{\varphi_b N_t^b}\right)^2} = \sqrt{\left(\frac{29.11}{0.9 \times 97.39}\right)^2 + \left(\frac{8.52}{0.9 \times 122.5}\right)^2} = 0.34 < 1$，满足要求。

验证 $N_v \leqslant \varphi_b N_c^b/1.2$：

$N_v = 29.11 \leqslant \varphi_b N_c^b/1.2 = 0.9 \times 56.4/1.2 = 42.3(\text{kN})$，满足要求。

因此每波纹2个直径20mm的承压型高强螺栓的纵向接缝满足各个阶段的强度要求。

9.2.11 曲率半径

$R_{拱顶} = 5\,765\text{mm}$，$R_{侧面} = 2\,235\text{mm}$。

$R_{侧面} = 2\,235\text{mm} > 0.2R_{拱顶} = 0.2 \times 5765 = 1\,153(\text{mm})$。

多圆弧埋置式结构的各曲率半径差异满足要求。

9.3 实例3:6 250mm×3 910mm管拱涵洞(填土厚度2.0m)

已知：

管拱：跨径×矢高=6 250mm×3 910mm，断面面积=19.18m^2(表3-26)；

填土厚度：$H = 2.0\text{m}$；

采用波纹剖面：波距×波高=150mm×50mm；

活载：汽车Ⅰ级荷载；

回填土类型：Ⅰ类；

回填土压实度：标准普氏密度的90%～95%；

回填土重度：$\gamma = 20\text{kN/m}^3$；

回填土割线模量：$E_S = 12\text{MPa}$；

波纹钢板材料：Q235，屈服强度 $f_y = 235\text{MPa}$。

求：

波纹钢板的壁厚。

几何数据：

$D_h = 6\,250 + 50 = 6\,300(mm)$(中性轴);

$D_v = 2 \times (3\,910 + 50 - 1\,120) = 5\,680(mm)$(中性轴),其中 1 120mm 为拱底至起拱线的高度。

拱顶半径:$R_c = 3\,175mm$(中性轴);

拱腋半径:$R_2 = 840mm$(中性轴);

拱底半径:$R_3 = 9\,630mm$(中性轴)。

9.3.1 保护层最小厚度(H_{min})

取下列各值中的最大值:

(1)0.6m;

(2) $\frac{D_h}{6}\left(\frac{D_h}{D_v}\right)^{0.5} = 1.106(m)$;

(3) $0.4\left(\frac{D_h}{D_v}\right)^2 = 0.492(m)$。

$H_{min} = 1.106m$,$H_{min} < H = 2.0m$,满足要求。

9.3.2 恒载推力(T_D)

$$T_D = 0.5(1.0 - 0.1C_s)A_f W$$

由表 5-65 内插得:$A_f = 1.20$。

$$C_s = \frac{1\,000 E_s D_v}{EA}$$

其中 $E = 200\,000MPa$,$E_s = 12MPa$。

假定采用4.0mm 板厚,初始板面积 $A_0 = 4.965mm^2/mm$,初始惯性矩 $I_0 = 1\,458.63mm^4/mm$。

假定使用每波纹 2 个螺栓,螺栓等级为 10.9s,螺栓型号为 M20。

假定环向由 4 片板拼装而成,有 4 条纵缝。

考虑螺栓孔对波纹钢板截面造成的折减效应:

每波纹 2 个螺栓,即波峰波谷各 1 个,又因有 4 条纵缝,则最不利环向截面有 $1 \times 4 = 4$ 个螺栓。

因此折减板面积 $A = A_0 - \frac{4 \times d \times t}{C}$,其中 d 为螺栓直径,此处为 20mm;t 为波纹钢板壁厚,此处为 4mm;C 为埋置式结构横截面周长,此处为 16 587mm。

得出 $A = 4.965 - \frac{4 \times 20 \times 4}{16\,587} = 4.94(mm^2/mm)$。

由于惯性矩单位为面积单位的二次方,可近似计算折减后的惯性矩如下:

$$I = \left(\frac{A}{A_0}\right)^2 \times I_0 = (4.94/4.965)^2 \times 1458.63 = 1447.32(mm^4/mm)$$

求得 $C_s = 0.068\,9$。

$$W=\gamma(HD_h+\text{起拱线和拱冠之间的填土面积})$$

经几何计算得起拱线和拱冠之间的填土面积 $B=4.20\text{m}^2$。

$$W=20(2.0\times6.3+4.20)=336.1(\text{kN}\cdot\text{m})$$

因此，$T_D=0.5\times(1.0-0.1\times0.0689)\times1.2\times336.1=200.27(\text{kN/m})$

$$T_D=200.27\text{kN/m}$$

9.3.3 活载推力(T_L)

计算公式：

$$T_L = \min(0.5D_h\sigma_L m_f, 0.5l_t\sigma_L m_f)$$

根据图 5-33 所示的汽车荷载计算图式，在跨径长度范围($D_h=6.300\text{m}$)内，结构上方路面上按总荷载最大的原则放置车轴。本例中，在结构上安置 4、5 号轴，施加最大的总荷载 $P=140+140=280(\text{kN})$。

(1)1 车道，$m_f=1.0$：

$$l_t=a+2H=1.4+0.2+2\times2=5.6(\text{m})$$

$$w=b+H=1.8+0.6+2=4.4(\text{m})$$

$$\sigma_L=\frac{280}{5.6\times4.4}=11.36(\text{kPa})$$

$$\sigma_L m_f=11.36\times1.0=11.36(\text{kPa})$$

(2)2 车道，$m_f=1.0$：

$$l_t=5.6\text{m}<D_h=6.3\text{m}$$

$$w=(1.8+1.3+1.8+0.6)+2=7.5(\text{m})$$

$$\sigma_L=\frac{2\times280}{5.6\times7.5}=13.33(\text{kPa})$$

$$\sigma_L m_f=13.33\times1.0=13.33(\text{kPa})(\text{控制方程})$$

$$T_L=0.5\times(D_h\text{与}l_t\text{之间的较小者})\times\sigma_L m_f=0.5\times5.6\times13.33=37.33(\text{kN/m})$$

$$T_L=37.33\text{kN/m}$$

9.3.4 地震推力

不考虑。

9.3.5 乘有系数的总推力(T_f)

计算公式：

$$T_f=\alpha_D T_D+\alpha_L T_L$$

其中 $\alpha_D=1.2$，$\alpha_L=1.4$，因此 $T_f=1.2\times200.27+1.4\times37.33=292.59(\text{kN/m})$

$$T_f=292.59\text{kN/m}$$

9.3.6 承载能力极限状态下的抗压应力(σ)

板厚为 4.0mm、面积为 $4.94\text{mm}^2/\text{mm}$ 时，

$$\sigma = T_f/A = 292.59/4.94 = 59.16(\text{MPa})$$

$$\sigma = 59.16\text{MPa}$$

9.3.7 管壁抗压强度(f_b)

上部区域的界定:

(1) $\theta_o = 1.6 + 0.2lg\left(\frac{EI}{E_m R_c^3}\right)$ (rad),其中:

$$E_m = E_s\left\{1 - \left[\frac{R_c}{R_c + 1\,000(H + H')}\right]^2\right\}$$

$$E_s = 12.0\text{MPa}, R_c = 3\,175\text{mm}, H = 2.0\text{m}, H' = D_v/4 = 1.42(\text{m})$$

壁厚 $t = 4.0$mm 时,$I = 1\,447.32\text{mm}^4/\text{mm}$,那么可求得:$E_m = 9.219$MPa,$\theta_0 = 57.2°$。

(2) $\lambda = 1.22\left[1.0 + 1.6\left(\frac{EI}{E_m R_c^3}\right)^{0.25}\right]$,可求得 $\lambda = 1.565\,5$。

(3) $K = \lambda\left(\frac{EI}{E_m R^3}\right)^{0.25}$,可求得 $K = 0.277\,1$。

(4) $\rho = \left[1\,000\frac{(H + H')}{R_c}\right]^{0.5} \leqslant 1.0$,可求得 $\rho = 1.0$。

(5) $R_e = \frac{r}{K}\left(\frac{6Ep}{f_y}\right)^{0.5}$,板厚度为 4.0mm 时,$r = 17.11$mm,可求得 $R_e = 4\,412.42$mm。

(6) $F_m = 1.0$(单管)。

(7) $R_c < R_e$。

$$f_b = \phi_t F_m\left[f_y - \frac{(f_y KR)^2}{12Er^2\rho}\right]$$

$$f_b = 139.33\text{MPa} > \sigma = 59.16\text{MPa}$$

因此,上部区域 $R_c = 3\,175$mm 采用 4.0mm 的板厚可满足整体应力要求。

(8) 检查下部区域拱受压时的管壁强度。

$$\lambda = 1.22, E_m = E_s = 12\text{MPa}, \rho = 1.0$$

$$R_1 = 3\,175\text{mm}(\text{拱顶}), R_2 = 840\text{mm}(\text{拱腋}), R_3 = 9\,630\text{mm}(\text{拱底})$$

$$K = \lambda\left(\frac{EI}{E_m R^3}\right)^{0.25}$$

$$R_e = \frac{r}{K}\left(\frac{6E\rho}{f_y}\right)^{0.5}\ (\text{mm})$$

$$f_b = \phi_t F_m\left[f_y - \frac{(f_y KR)^2}{12Er^2\rho}\right]\ (\text{MPa})$$

这些公式均基于 $R \leqslant R_e$ 的前提。

可求得 K、R_e、f_b 的值见表 9-2。

K、R_e、f_b 值 表 9-2

参数	R_1（拱顶）	R_2（拱腋）	R_3（拱底）
K	0.277 1	0.548 0	0.087 9
R_e	4 412.42mm	2 230.95mm	13 899.50mm
f_b	$R_1 < R_c$ $f_b = 139.33\text{MPa}$	$R_2 < R_c$ $f_b = 174.67\text{MPa}$	$R_3 < R_c$ $f_b = 142.88\text{MPa}$

由表 9-2，$f_b > \sigma = 59.16\text{MPa}$

因此，基于当前下部区域中的半径取值，4.0mm 的板厚可满足整体应力要求。

9.3.8 施工过程中的强度要求

$$\left(\frac{P}{P_{pf}}\right)^2 + \left|\frac{M}{M_{pf}}\right| \leqslant 1$$

其中：

$$P = T_D + T_C \text{ 且 } H_c < H_{min} \text{ 时}, P = 0$$

$$P_{pf} = \varphi_{hc} A F_y$$

$$M = M_1 + M_B + M_C$$

$$M_{pf} = \varphi_{hc} M_p$$

式中：$M_1 = k_{M1} R_B \gamma D_h^3$；

$M_B = -k_{M2} R_B \gamma D_h^2 H_c$；

$M_C = k_{M3} R_L D_h L_c$。

$$N_F \leqslant 5\,000 \text{ 时}, k_{M1} = 0.004\,6 - 0.001\,0 \lg N_F$$

$$N_F > 5\,000 \text{ 时}, k_{M1} = 0.000\,9$$

$$N_F \leqslant 5\,000 \text{ 时}, k_{M2} = 0.018 - 0.004 \lg N_F$$

$$N_F > 5\,000 \text{ 时}, k_{M2} = 0.003\,2$$

$$N_F \leqslant 100\,000 \text{ 时}, k_{M3} = 0.120 - 0.018 \lg N_F$$

$$N_F > 100\,000 \text{ 时}, k_{M3} = 0.030$$

$$0.2 \leqslant D_v/2D_h \leqslant 0.35 \text{ 时}, R_B = 0.67 + 0.87[(D_v/2D_h) - 0.2]$$

$$0.35 < D_v/2D_h \leqslant 0.50 \text{ 时}, R_B = 0.80 + 1.33[(D_v/2D_h) - 0.35]$$

$$D_v/2D_h > 0.50 \text{ 时}, R_B = D_v/D_h$$

$$R_L = \frac{0.265 - 0.053 \lg N_F}{\left(\frac{H_c}{D_h}\right)^{0.75}} \leqslant 1.0$$

$$L_C = \frac{A_C}{K_4}$$

$$\left|\frac{M}{M_{pf}}\right| = \text{比率}\frac{M}{M_{pf}}\text{的绝对值}$$

$$N_F = \frac{E_s\ (1\,000D_h)^3}{EI}$$

假定 $H_c = 0.6$m 时开始使用压路机，因此，$H_c \leqslant H_{min}$时 $P = 0$。

假定施工轴载使用12t振动压路机，其振动轮的激振力 A_C 为260kN，表5-66 中要确定施工机械的每轴轮数，考虑振动压路机最接近每轴 8 轮的情况，因此查表 5. 66 知 $k_4 = 2.8$ ($H_c = 0.6$m)。

振动轮的线荷载 $L_C = \frac{A_C}{K_4} = 92.86$(kN/m)。

$$M = M_1 + M_B + M_C$$

计算弹性数 N_F：

$$N_F = \frac{E_s\ (1\,000D_h)^3}{EI}$$

$E_s = 12$MPa，$D_h = 6.30$m，$I = 2212.15$mm^4/mm，可求得 $N_F = 10\,366$。

$$k_{M1} = 0.000\,9 (N_F > 5\,000 \text{ 时})$$

$$k_{M2} = 0.003\,2 (N_F > 5\,000 \text{ 时})$$

$$k_{M3} = 0.047\,7 (N_F \leqslant 100\,000 \text{ 时})$$

$D_v/2D_h = 0.451$，所以 $0.35 < D_v/2D_h \leqslant 0.50$ 时，$R_B = 0.80 + 1.33[(D_v/2D_h) - 0.35] = 0.934\,1$。

由 $M_1 = k_{M1}R_B\gamma D_h^3$，可求得 $M_1 = 4.204$kN · m/m。

由 $M_B = -k_{M2}R_B\gamma D_h^2 H_c$，可求得 $M_B = -1.424$kN · m/m。

由 $R_L = \frac{0.265 - 0.053\lg N_F}{\left(\frac{H_c}{D_h}\right)^{0.75}} \leqslant 1.0$，可求得 $R_L = 0.304\,3$。

由 $L_c = 92.86$kN/m，$M_C = k_{M3}R_L D_h L_c$，得 $M_C = 8.50$kN · m/m。

$$M = M_1 + M_B + M_C = 4.204 + (-1.424) + 8.50 = 11.28 (\text{kN} \cdot \text{m/m})$$

$$M_{pf} = \varphi_{hc}M_p$$

$$\varphi_{hc} = 0.9$$

$M_p = Zf_y$，其中 $Z = A_C y_C + A_T y_T$，A_C、A_T 分别为截面中性轴上下部分的面积，y_C、y_T 分别为 A_C、A_T 形心距中性轴的距离，f_y 为波纹钢板材料的屈服强度。

初始截面 $A_{C0} = A_{T0} = A_0/2 = 4.965/2 = 2.48$(mm^2/mm)。

初始距离 $y_{C0} = y_{T0} = 15.17$mm/mm。

考虑螺栓孔对波纹钢板截面的削弱后，$A_C = A_T = A/2 = 4.94/2 = 2.47$(mm^2/mm)。

$$y_C = y_T = \left(\frac{A}{A_0}\right)^{0.5} \times y_{C0} = \left(\frac{4.965}{4.94}\right)^{0.5} \times 15.17 = 15.15(\mathrm{mm/mm})$$

因此 $Z = A_C y_C + A_T y_T = 2 \times 2.47 \times 15.15 = 74.90(\mathrm{mm^3/mm})$。

$$M_p = Zf_y = 74.90 \times 235/1\,000 = 17.60\ (\mathrm{kN \cdot m/m})$$

$$M_{pf} = \varphi_{hc} M_p = 0.9 \times 17.60 = 15.84\ (\mathrm{kN \cdot m/m})$$

验证 $\left(\frac{P}{P_{pf}}\right)^2 + \left|\frac{M}{M_{pf}}\right| \leq 1$：

由于 $P=0$，$\left(\frac{P}{P_{pf}}\right)^2 = 0$，且 $\left|\frac{M}{M_{pf}}\right| = \left|\frac{11.28}{15.84}\right| = 0.712 < 1.0$，因此 $\left(\frac{P}{P_{pf}}\right)^2 + \left|\frac{M}{M_{pf}}\right| = 0 + 0.712 = 0.712 < 1$。

因此，假定施工过程中填土至拱顶以上 0.6m 厚度后开始使用 12t 压路机可满足要求。采用同样的方法可检查其他适用的施工轴荷载和填土厚度。

9.3.9 运营过程中的强度要求

T_f 根据前文计算值取 292.59kN/m。

$P_{Pf} = \varphi_h A f_y$，其中 $\varphi_h = 0.85$，$A = 4.94\mathrm{mm^2/mm}$，$f_y = 235\mathrm{MPa}$，因此，$P_{Pf} = \varphi_h A f_y = 0.85 \times 4.94 \times 235 = 987.82(\mathrm{kN/m})$。

$$M_f = |\alpha_D M_1 + \alpha_D M_D| + \alpha_L M_L$$

$$M_1 = k_{M1} R_B \gamma D_h^3$$

$$M_1 = 4.204\mathrm{kN \cdot m/m}$$

$$M_D = -k_{M2} R_B \gamma D_h^2 H_e$$

$$H_e = \min(H, D_h/2) = \min(2, 6.3/2) = \min(2, 3.15) = 2\mathrm{m}$$

$$M_D = -0.003\,2 \times 0.934\,1 \times 20 \times 6.3^2 \times 2 = -4.745\ (\mathrm{kN \cdot m/m})$$

$$M_L = k_{M3} R_U D_h A_L / k_4$$

$$\begin{aligned} R_U &= (0.265 - 0.053\lg N_F)/(H/D_h)^{0.75} \\ &= (0.265 - 0.053\lg 10\,366)/(2/6.3)^{0.75} \\ &= 0.123 \end{aligned}$$

$$A_L = 140\mathrm{kN},\ k_4 = 4.9$$

$$M_L = 0.0477 \times 0.123 \times 6.3 \times 140/4.9 = 1.060(\mathrm{kN \cdot m/m})$$

$$M_f = |1.2 \times 4.204 + 1.2 \times (-4.745)| + 1.4 \times 1.060 = 2.133(\mathrm{kN \cdot m/m})$$

$$M_{Pf} = \varphi_h M_p = 0.85 \times 17.60 = 14.96(\mathrm{kN \cdot m/m})$$

验证 $\left(\frac{T_f}{P_{Pf}}\right)^2 + \left|\frac{M_f}{M_{Pf}}\right| \leq 1.0$：

$\left(\frac{T_f}{P_{Pf}}\right)^2 + \left|\frac{M_f}{M_{Pf}}\right| = \left(\frac{292.59}{987.82}\right)^2 + \left|\frac{2.133}{14.96}\right| = 0.230 < 1.0$，满足要求。

因此,运营过程中4.0mm的厚度可满足2m填土高度和汽车荷载的要求。

9.3.10 验算螺栓连接的纵缝强度

1)采用美制螺栓并使用CHBDC方法

使用CHBDC的方法计算接缝强度。

验证 $T_f < S_f$:

其中 $S_f = \varphi_j S_s$,$\varphi_j = 0.70$,查表5-54可知,壁厚为4mm的150mm×50mm的波纹钢板,当每波纹使用2个直径为19mm的螺栓时,其纵向接缝强度为 $S_s = 1\,120$kN/m,因此 $S_f = 0.7 \times 1\,120 = 784$(kN/m)。

$$T_f = 292.59 < S_f = 784$$

因此每波纹2个直径为19mm螺栓的纵向接缝满足CHBDC的要求。

2)采用摩擦型高强螺栓

假设使用摩擦型高强螺栓,螺栓等级10.9S,螺栓型号为M20,每波长内有 $n=2$ 个螺栓,纵向螺栓沿涵洞径向的间距 $e=50$mm。

由于中国钢结构的内力荷载计算不考虑荷载系数,因此:

施工阶段内力为 $P = T_D + T_C = 0$kN/m,$M = M_1 + M_B + M_C = 11.28$(kN·m/m)。

运营阶段内力为 $T_f = T_D + T_L = 237.6$(kN/m),$M_f = M_1 + M_D + M_L = 1.60$(kN·m/m)。

需验算施工阶段和运营阶段的纵向接缝强度。

取一个波长节段进行计算:

(1)施工阶段:

一个波长的弯矩 $M = 11.28 \times 150/1\,000 = 1.691$(kN·m)。

弯矩 M 对螺栓群中的某个螺栓产生的拉力 $N_t = \dfrac{My_i}{\sum y_i^2}$,按每波纹2个螺栓布置,最远螺栓距螺栓群中性轴的距离 $y_i = e/2 = 50/2 = 25$(mm),$\sum y_i^2 = 2 \times 25^2 = 1\,250$(mm)。

最大拉力 $N_t = \dfrac{My_i}{\sum y_i^2} = \dfrac{1.691 \times 1\,000 \times 25}{1\,250} = 33.83$(kN)。

一个波长的剪力 $N_v = P = 0$。

受剪承载力 $N_v^b = k_1 k_2 n_f \mu P_b$,此处板厚 $t = 4$mm,螺栓孔为标准孔,因此 $k_1 = 0.8$,$k_2 = 1$,$n_f = 1$。

热浸镀锌钢板的摩擦系数 $\mu = 0.33$,查表5-69得预拉力 $P_b = 155$kN。

$$N_v^b = 0.8 \times 1 \times 1 \times 0.33 \times 155 = 40.92\text{(kN)}$$

承受最大拉力的螺栓的受拉承载力 $N_t^b = 0.8P_b = 0.8 \times 155 = 124$(kN)。

考虑波纹钢板螺栓连接的承载力要低于平板螺栓连接,将承载力均取折减系数 $\varphi_b = 0.9$。

验证 $\dfrac{N_v}{\varphi_b N_v^b} + \dfrac{N_t}{\varphi_b N_t^b} \leqslant 1$:

$$\frac{N_v}{\varphi_b N_v^b}+\frac{N_t}{\varphi_b N_t^b}=\frac{0}{0.9\times 40.92}+\frac{33.83}{0.9\times 124}=0.30<1$$，满足要求。

(2)运营阶段：

一个波长的弯矩 $M_f=1.60\times 150/1\ 000=0.24(\mathrm{kN\cdot m})$。

弯矩 M_f 产生的拉力 $N_t=\frac{M_f y_i}{\sum y_i^2}=\frac{0.24\times 1\ 000\times 25}{1\ 250}=4.80(\mathrm{kN})$。

一个波长中每个螺栓的剪力 $N_v=T_f\times$波长$/n=237.60\times 150/1\ 000/2=17.82(\mathrm{kN})$。

受剪承载力 $N_v^b=40.92(\mathrm{kN})$。

承受最大拉力的螺栓的受拉承载力 $N_t^b=0.8P_b=124(\mathrm{kN})$。

考虑波纹钢板螺栓连接的承载力要低于平板螺栓连接，将承载力均取折减系数 $\varphi_b=0.9$。

验证 $\frac{N_v}{\varphi_b N_v^b}+\frac{N_t}{\varphi_b N_t^b}\leqslant 1$：

$$\frac{N_v}{\varphi_b N_v^b}+\frac{N_t}{\varphi_b N_t^b}=\frac{17.82}{0.9\times 40.92}+\frac{4.80}{0.9\times 124}=0.53<1$$，满足要求。

因此每波纹2个直径20mm的摩擦型高强螺栓的纵向接缝满足施工和运营阶段的强度要求。

3)采用承压型高强螺栓

假设使用承压型高强螺栓，螺栓等级、型号与布置和摩擦型螺栓相同。

(1)施工阶段：

轴力 $N_t=33.83\mathrm{kN}$。

剪力 $N_v=P=0$。

受拉承载力 $N_t^b=A_{\mathrm{eff}}f_t^b=245\times 500/1\ 000=122.5(\mathrm{kN})$，其中查表5-67和表5-68知直径20mm螺栓的有效截面面积 $A_{\mathrm{eff}}=245\mathrm{mm}^2$，抗拉强度 $f_t^b=500\mathrm{MPa}$。

受剪承载力 $N_v^b=n_v\frac{\pi d^2}{4}f_v^b=1\times\frac{3.14\times 20^2}{4}\times 310/1\ 000=97.39(\mathrm{kN})$，其中螺栓受剪面数目 $n_v=1$，螺栓直径 $d=20\mathrm{mm}$，查表5-68知10.9s的承压型螺栓的抗剪强度 $f_v^b=310\mathrm{MPa}$。

承压承载力 $N_c^b=d\sum tf_c^b=20\times 4\times 470/1\ 000=37.6(\mathrm{kN})$，其中螺栓直径 $d=20\mathrm{mm}$，一个受力方向上承压构件总厚度 $\sum t=4\mathrm{mm}$，查表5-68知Q235的波纹钢板的承压强度 $f_c^b=470\mathrm{MPa}$。

验证 $\sqrt{\left(\frac{N_v}{\varphi_b N_v^b}\right)^2+\left(\frac{N_t}{\varphi_b N_t^b}\right)^2}\leqslant 1$：

$$\sqrt{\left(\frac{N_v}{\varphi_b N_v^b}\right)^2+\left(\frac{N_t}{\varphi_b N_t^b}\right)^2}=\sqrt{\left(\frac{0}{0.9\times 97.39}\right)^2+\left(\frac{33.83}{0.9\times 122.5}\right)^2}=0.31<1$$，满足要求。

验证 $N_v\leqslant\varphi_b N_c^b/1.2$：

$N_v=0\leqslant\varphi_b N_c^b/1.2=0.9\times 37.6/1.2=28.2\mathrm{kN}$，满足要求。

(2)运营阶段:

轴力 $N_t=4.80\text{kN}$;

剪力 $N_v=17.82\text{kN}$;

受拉承载力 $N_t^b=122.5\text{MPa}$;

受剪承载力 $N_v^b=97.39\text{kN}$;

承压承载力 $N_c^b=37.6\text{MPa}$。

验证 $\sqrt{\left(\frac{N_v}{\varphi_b N_v^b}\right)^2+\left(\frac{N_t}{\varphi_b N_t^b}\right)^2}\leqslant 1$:

$$\sqrt{\left(\frac{N_v}{\varphi_b N_v^b}\right)^2+\left(\frac{N_t}{\varphi_b N_t^b}\right)^2}=\sqrt{\left(\frac{17.82}{0.9\times 97.39}\right)^2+\left(\frac{4.80}{0.9\times 122.5}\right)^2}=0.21<1$$,满足要求。

验证 $N_v\leqslant \varphi_b N_c^b/1.2$:

$N_v=17.82\leqslant \varphi_b N_c^b/1.2=0.9\times 37.6/1.2=28.2(\text{kN})$,满足要求。

因此每波纹2个承压型高强螺栓的纵向接缝满足施工和运营阶段的强度要求。

9.3.11 曲率半径

$$R_{拱顶}=3\,175\text{mm},R_{侧面}=840\text{mm},R_{拱底}=9\,630\text{mm}$$

$$R_{侧面}=840\text{mm}>0.2R_{拱顶}=0.2\times 3\,175=635\text{mm}$$

多圆弧埋置式结构的各曲率半径差异满足要求。

9.4 实例4:13 000mm×6 510mm拱形小桥(填土厚度3.0m)

已知:

深波纹结构板拱:跨径×矢高=13 000mm×6 510mm;

填土厚度:$H=3.0\text{m}$;

采用波纹剖面:波距×波高=400mm×150mm;

$D_h=(13\,000+150)/1\,000=13.15\text{m}$(中性轴);

$D_v=(13\,000+150)/1\,000=13.15\text{m}$(中性轴);

拱冠半径:$R_c=13\,000/2+150/2=6\,575\text{mm}$(中性轴);

回填土类型:I类;

回填土压实度:标准普氏密度的90%~95%;

回填土重度:$\gamma=20\text{kN/m}^3$;

回填土割线模量:$E_s=12\text{MPa}$;

活载:汽车I级荷载;

施工车辆轴载 =260kN(振动轮);

振动轮整体宽度 =2 151mm;

波纹钢板材料:Q345,屈服强度f_y =345MPa。

求:

确定波纹钢板的壁厚。

9.4.1 保护层最小厚度(H_{min})

对于浅波纹结构板结构,取下列各值中的最大值:

(1)0.6m;

(2) $\frac{D_h}{6}\left(\frac{D_h}{D_v}\right)^{0.5}=2.192(m)$;

(3) $0.4\left(\frac{D_h}{D_v}\right)^2=0.40(m)$。

对深波纹结构来说,H_{min}应从1.5m和浅波纹但管道尺寸相同的结构的最小填土厚度之间选取较小者。因此,应选择$H_{min}=1.50m$。$H_{min}<H=3.0m$。

9.4.2 恒载推力(T_D)

计算公式:

$$T_D=0.5(1.0-0.1C_s)A_fW$$

$$D_h/D_v=13.15/13.15=1.0$$

$$H/D_h=3.0/12.15=0.23$$

由表5-65内插得$A_f=1.264$。

$$C_s=\frac{1\,000E_sD_v}{EA}$$

其中$E=200\,000MPa$,$E_s=12MPa$。

假定采用5.0mm板厚,初始板面积$A_0=6.53mm^2/mm$,初始惯性矩$I_0=17\,497.11mm^4/mm$。

假定使用每波纹8个螺栓,螺栓等级为10.9s,螺栓型号为M20。

假定拱截面环向由6片板拼装而成,有6条纵缝。

考虑螺栓孔对波纹钢板截面造成的折减效应:

由于每波纹8个螺栓,则螺栓在波峰波谷均为4个,又因有6条纵缝,则最不利环向截面有4×6=24个螺栓。

因此折减板面积$A=A_0-\frac{24\times d\times t}{C}$,其中$d$为螺栓直径,此处为20mm;$t$为波纹钢板壁厚,此处为5mm;$C$为埋置式结构横截面周长,此处为20 656mm。

得出$A=6.53-\frac{24\times 20\times 5}{20\,656}=6.41(mm^2/mm)$。

由于惯性矩单位为面积单位的二次方，可近似计算折减后的惯性矩如下：

$$I = \left(\frac{A}{A_0}\right)^2 \times I_0 = (6.41/6.53)^2 \times 17\,497.11 = 16\,879.70(\mathrm{mm^4/mm})$$

因此求得 $C_s = 0.123\,1$。

$$W = \gamma(HD_h + 起拱线和拱冠之间的填土面积)$$

起拱线和拱冠之间的填土面积 $B = 18.55\mathrm{m^2}$。

$$W = 20 \times [3.0(13.15) + 18.55] = 1\,160.1(\mathrm{kN/m})$$

因此，$T_D = 0.5 \times [1.0 - 0.1 \times 0.1231] \times 1.264 \times 1160.1 = 724.2(\mathrm{kN/m})$。

9.4.3 活载推力(T_L)

计算公式：

$$T_L = \min(0.5D_h\sigma_L m_f, 0.5l_t\sigma_L m_f)$$

根据图5-33所示的汽车荷载计算图式，在跨径长度范围($D_h = 13.15\mathrm{m}$)内，结构上方路面上按总荷载最大的原则放置车轴。本例中，在结构上布置1～5号轴，施加最大的总荷载 $P = 30 + 120 + 120 + 140 + 140 = 550\mathrm{kN}$。

单车道($m_f = 1.0$)时：

$$\sigma_L = \frac{轴载}{l_t w}$$

其中：

$$l_t = a + 2H = (12.8 + 0.2) + 2 \times 3 = 19(\mathrm{m})$$

$$w = b + H = 1.8 + 0.6 + 3 = 5.4(\mathrm{m})$$

$$\sigma_L = \frac{550}{19 \times 5.4} = 5.36(\mathrm{kPa})$$

$$\sigma_L m_f = 5.36 \times 1.0 = 5.36(\mathrm{kPa})$$

双车道($m_f = 1.0$)时：

$$l_t = 19\mathrm{m} > D_h = 13.15\mathrm{m}, D_h 控制$$

$$w = (1.8 + 1.3 + 1.8 + 0.6) + 3 = 8.5(\mathrm{m})$$

$$\sigma_L = \frac{2 \times 550}{19 \times 8.5} = 6.81(\mathrm{kPa})$$

$$\sigma_L m_f = 6.81 \times 1.0 = 6.81(\mathrm{kPa})(控制方程)$$

$$T_L = \min(0.5D_h\sigma_L m_f, 0.5l_t\sigma_L m_f)$$

因此，$T_L = \min(0.5D_h\sigma_L m_f, 0.5l_t\sigma_L m_f) = 0.5 \times 13.15 \times 6.81 = 44.78(\mathrm{kN/m})$。

9.4.4 地震推力

不考虑。

9.4.5 乘有系数的总推力(T_f)

计算公式：

$$T_f = \alpha_D T_D + \alpha_L T_L$$

其中 $\alpha_D = 1.2, \alpha_L = 1.4$,因此,$T_f = 1.2 \times 724.2 + 1.4 \times 44.78 = 931.68$(kN/m)。

9.4.6 承载能力极限状态下的抗压应力(σ)

板厚为5.0mm、面积为6.41mm^2/mm 时,$\sigma = T_f/A = 931.68/6.41 = 145.33$(MPa)。

9.4.7 管壁抗压强度

上部区域的界定:

(1)$\theta_o = 1.6 + 0.2\lg\left(\frac{EI}{E_m R_c^3}\right)$(rad),其中:

$$E_m = E_s\left\{1 - \left[\frac{R_c}{R_c + 1\,000(H + H')}\right]^2\right\}$$

$$E_s = 12.0\text{MPa}, R_c = 6\,575\text{mm}, H = 3.0\text{m}, H' = D_v/4 = 3.29(\text{m})$$

壁厚 $t = 5.0$mm 时,$I = 16\,879.70$mm^4/mm,那么可求得:$E_m = 8.864$MPa,$\theta_0 = 58.8°$。

(2)$\lambda = 1.22\left[1.0 + 1.6\left(\frac{EI}{E_m R_c{}^3}\right)^{0.25}\right]$,可求得 $\lambda = 1.593\,5$。

(3)$K = \lambda\left(\frac{EI}{E_m R^3}\right)^{0.25}$,可求得 $K = 0.304\,9$。

(4)$\rho = \left[1\,000\frac{(H + H')}{R_c}\right]^{0.5} \leqslant 1.0$,可求得 $\rho = 0.977\,9$。

(5)$R_e = \frac{r}{K}\left(\frac{6Ep}{F_y}\right)^{0.5}$,板厚度为5.0mm 时,$r = 51.317$mm,可求得 $R_e = 9\,816.34$mm。

(6)$F_m = 1.0$(单管)。

(7)$R_c < R_e$。

$$f_b = \phi_t F_m\left[F_y - \frac{(F_y KR)^2}{12Er^2\rho}\right]$$

$$f_b = 214.09\text{MPa} > \sigma = 145.33\text{MPa}$$

因此,上部区域 $R_c = 6\,575$mm 采用5.0mm 的板厚可满足整体应力要求。

(8)检查下部区域拱压缩作用下的壁强度。

$$\lambda = 1.22, E_m = E_s = 12\text{MPa}, \rho = 0.977\,9$$

$$R_2 = 6\,575\text{mm}$$

$$K = \lambda\left(\frac{EI}{E_m R^3}\right)^{0.25}$$

$$R_e = \frac{r}{K}\left(\frac{6E\rho}{F_y}\right)^{0.5} \quad (\text{mm})$$

$$f_b = \phi_t F_m\left[F_y - \frac{(F_y KR)^2}{12Er^2\rho}\right] \quad (\text{MPa})$$

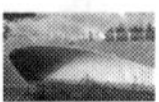

这些公式均基于 $R \leqslant R_e$ 的前提。

可求得 $k=0.2164$，$R_e=13829.7\text{mm}$，$f_b=244.8\text{MPa}$。

因此，$\sigma=145.33<f_b=244.8$，基于当前下部区域中的半径取值，5.0mm 的板厚可满足整体应力要求。

9.4.8 施工过程中的强度要求

$$\left(\frac{P}{P_{pf}}\right)^2+\left|\frac{M}{M_{pf}}\right| \leqslant 1$$

其中：

$$P=T_D+T_C \text{ 且 } H_c<H_{min} \text{ 时}, P=0$$

$$P_{pf}=\varphi_{hc}AF_y$$

$$M=M_1+M_B+M_C$$

$$M_{pf}=\varphi_{hc}M_p$$

式中：$M_1=k_{M1}R_B\gamma D_h^3$；

$M_B=-k_{M2}R_B\gamma D_h^2H_c$；

$M_C=k_{M3}R_LD_hL_c$。

其中：

$$N_F \leqslant 5000 \text{ 时}, k_{M1}=0.0046-0.0010\lg N_F$$

$$N_F>5000 \text{ 时}, k_{M1}=0.0009$$

$$N_F \leqslant 5000 \text{ 时}, k_{M2}=0.018-0.004\lg N_F$$

$$N_F>5000 \text{ 时}, k_{M2}=0.0032$$

$$N_F \leqslant 100000 \text{ 时}, k_{M3}=0.120-0.018\lg N_F$$

$$N_F>100000 \text{ 时}, k_{M3}=0.030$$

$$0.2 \leqslant D_v/2D_h \leqslant 0.35 \text{ 时}, R_B=0.67+0.87[(D_v/2D_h)-0.2]$$

$$0.35<D_v/2D_h \leqslant 0.50 \text{ 时}, R_B=0.80+1.33[(D_v/2D_h)-0.35]$$

$$D_v/2D_h>0.50 \text{ 时}, R_B=D_v/D_h$$

$$R_L=\frac{0.265-0.053\lg N_F}{\left(\frac{H_c}{D_h}\right)^{0.75}} \leqslant 1.0$$

$$L_C=\frac{A_C}{K_4}$$

$$\left|\frac{M}{M_{pf}}\right|=\text{比率}\frac{M}{M_{pf}}\text{的绝对值}$$

$$N_F=E_s(1000D_h)^3/EI$$

假定 $H_c=1.5\text{m}$ 时开始使用压路机，因此，$H_c \leqslant H_{min}$ 时 $P=0$。

假定施工轴载使用12t振动压路机，其振动轮的激振力A_C为260kN，表5-66中要确定施工机械的每轴轮数，考虑振动压路机最接近每轴8轮的情况，因此查表5-66知$k_4=4.1$（$H_c=1.5m$）。

振动轮的线荷载：$L_C=\frac{A_C}{K_4}=63.41kN/m$。

$$M = M_1 + M_B + M_C$$

计算弹性数N_F：

$$N_F = E_s(1\,000D_h)^3/EI$$

由$E_s=12MPa$，$D_h=13.15m$，$I=16\,818.57mm^4/mm$，可求得$N_F=8\,082$。

$k_{M1}=0.000\,9(N_F>5\,000)$；

$k_{M2}=0.003\,2(N_F>5\,000)$；

$N_F\leqslant 100\,000$时，$k_{M3}=0.120-0.018\lg N_F=0.049\,6$。

$D_v/2D_h=0.5$，所以$0.35<D_v/2D_h\leqslant 0.50$时，$R_B=0.80+1.33[(D_v/2D_h)-0.35]=0.999\,5$。

由$M_1=k_{M1}R_B\gamma D_h^3$，可求得$M_1=40.91kN\cdot m/m$。

由$M_B=-k_{M2}R_B\gamma D_h^2H_c$，可求得$M_B=-16.59kN\cdot m/m$。

由$R_L=\frac{0.265-0.053\lg N_F}{\left(\frac{H_c}{D_h}\right)^{0.75}}\leqslant 1.0$，可求得$R_L=0.295\,0$。

由$L_c=63.41kN/m$，$M_C=k_{M3}R_LD_hL_c$，可求得$M_C=12.22kN\cdot m/m$。$M=M_1+M_B+M_C=40.91+(-16.59)+12.22=36.54(kN\cdot m/m)$。

$$M_{pf}=\varphi_{hc}M_p$$
$$\varphi_{hc}=0.9$$

$M_p=Zf_y$，其中$Z=A_Cy_C+A_Ty_T$，A_C、A_T分别为截面中性轴上下部分的面积，y_C、y_T分别为A_C、A_T形心距中性轴的距离，f_y为波纹钢板材料的屈服强度。

初始截面$A_{C0}=A_{T0}=A_0/2=6.53/2=3.27(mm^2/mm)$。

初始距离$y_{C0}=y_{T0}=46.03mm/mm$。

考虑螺栓孔对波纹钢板截面的削弱后，$A_C=A_T=A/2=6.41/2=3.26(mm^2/mm)$。

$$y_C=y_T=\left(\frac{A}{A_0}\right)^{0.5}\times y_{c0}=\left(\frac{6.41}{6.53}\right)^{0.5}\times 46.03=45.62(mm/mm)$$

因此$Z=A_Cy_C+A_Ty_T=2\times 3.26\times 45.62=292.47(mm^3/mm)$。

$$M_p=Zf_y=292.47\times 345/1\,000=100.90(kN\cdot m/m)$$
$$M_{pf}=\varphi_{hc}M_p=0.9\times 100.90=90.81(kN\cdot m/m)$$

验证$\left(\frac{P}{P_{pf}}\right)^2+\left|\frac{M}{M_{pf}}\right|\leqslant 1$：

由于$P=0$，$\left(\frac{P}{P_{pf}}\right)^2=0$，$\left|\frac{M}{M_{pf}}\right|=\left|\frac{36.54}{90.81}\right|=0.40<1.0$，因此$\left(\frac{P}{P_{pf}}\right)^2+\left|\frac{M}{M_{pf}}\right|=0+0.40=0.40<1$。

因此，假定施工过程中填土至拱顶以上 1.5m 厚度后开始使用 12t 压路机可满足要求。采用同样的方法可检查其他适用的施工轴荷载和填土厚度。

9.4.9 运营过程中的强度要求

T_f 根据前文计算值取 931.68kN/m。

$P_{Pf}=\varphi_h A f_y$，其中 $\varphi_h=0.85$，$A=6.41\text{mm}^2/\text{mm}$，$f_y=345\text{MPa}$，因此 $P_{Pf}=\varphi_h A f_y=0.85\times6.41\times345=1\,879.94(\text{kN/m})$。

$$M_f=|\alpha_D M_1+\alpha_D M_D|+\alpha_L M_L$$

$$M_1=k_{M1}R_B\gamma D_h^3$$

$$M_1=40.91\text{kN}\cdot\text{m/m}$$

$$M_D=-k_{M2}R_B\gamma D_h^2 H_e$$

$$H_e=\min(H,D_h/2)=\min(3,13.15/2)=\min(3,6.58)=3(\text{m})$$

$$M_D=-0.003\,2\times0.999\,5\times20\times13.15^2\times3=-33.19(\text{kN}\cdot\text{m/m})$$

$$M_L=k_{M3}R_U D_h A_L/k_4$$

$$R_U=(0.265-0.053\lg N_F)/(H/D_h)^{0.75}$$

$$=(0.265-0.053\lg19\,904)/(3/13.15)^{0.75}$$

$$=0.175$$

$$A_L=140\text{kN},k_4=4.9$$

$$M_L=0.049\,6\times0.175\times13.15\times140/4.9=3.27(\text{kN}\cdot\text{m/m})$$

$$M_f=|1.2\times40.91+1.2\times(-33.19)|+1.4\times3.27=13.85(\text{kN}\cdot\text{m/m})$$

$$M_{Pf}=\varphi_h M_p=0.85\times100.90=85.77(\text{kN}\cdot\text{m/m})$$

验证 $\left(\dfrac{T_f}{P_{Pf}}\right)^2+\left|\dfrac{M_f}{M_{Pf}}\right|\leqslant1.0$：

$\left(\dfrac{T_f}{P_{Pf}}\right)^2+\left|\dfrac{M_f}{M_{Pf}}\right|=\left(\dfrac{931.68}{1\,879.94}\right)^2+\left|\dfrac{13.85}{85.77}\right|=0.407<1.0$，满足要求。

因此，运营过程中 5.0mm 的厚度可满足 3m 填土高度和汽车荷载的要求。

9.4.10 验算螺栓连接的纵缝强度

1）采用美制螺栓并使用 CHBDC 方法

使用 CHBDC 的方法计算接缝强度。

验证 $T_f<S_f$：

其中 $S_f=\varphi_j S_s$，$\varphi_j=0.70$，查表 5-56 可知，壁厚为 5mm 的 400mm×150mm 的波纹钢板，当每波纹使用 6 个直径为 19mm 的螺栓时，其纵向接缝强度为 $S_s=1\,735\text{kN/m}$，因此 $S_f=0.7\times1\,735=1\,215(\text{kN/m})$。

$T_f=931.66<S_f=1\,215$，满足要求。

因此,每波纹 6 个直径为 19mm 螺栓的纵向接缝满足 CHBDC 的要求。

2)摩擦型高强螺栓,螺栓用量与 CHBDC 相近

选用与 CHBDC 最接近的螺栓用量,即假设使用摩擦型高强螺栓,螺栓等级 10.9S,螺栓型号为 M20,每波长内有 $n=6$ 个螺栓,纵向螺栓沿涵洞径向的间距 $e=50\text{mm}$。

由于中国钢结构的内力荷载计算不考虑荷载系数,且考虑了每波纹 6 个螺栓对波纹管壁的折减效应后:

施工阶段内力为 $P=T_D+T_C=0\text{kN/m}$,$M=M_1+M_B+M_C=36.60(\text{kN}\cdot\text{m/m})$。

运营阶段内力为 $T_f=T_D+T_L=768.98(\text{kN/m})$,$M_f=M_1+M_D+M_L=11.02(\text{kN}\cdot\text{m/m})$。

因此只需验算施工阶段和运营阶段的纵向接缝强度。

取一个波长节段进行计算:

(1)施工阶段:

一个波长的弯矩 $M=36.60\times400/1\,000=14.64(\text{kN}\cdot\text{m})$。

弯矩 M 对螺栓群中的某个螺栓产生的拉力 $N_t=\dfrac{My_i}{\sum y_i^2}$,按每波纹 6 个螺栓布置,最远螺栓距螺栓群中性轴的距离 $y_i=e=50\text{mm}$,$\sum y_i^2=2\times50^2=5\,000(\text{mm})$。

最大拉力 $N_t=\dfrac{My_i}{\sum y_i^2}=\dfrac{14.64\times1\,000\times50}{5\,000}=146.38(\text{kN})$。

一个波长的剪力 $N_v=P=0$。

受剪承载力 $N_v^b=k_1k_2n_f\mu P_b$,此处板厚 $t=5\text{mm}$,螺栓孔为标准孔,因此 $k_1=0.8$,$k_2=1$,$n_f=1$。

热浸镀锌钢板的摩擦因数 $\mu=0.33$,查表 5-69 得预拉力 $P_b=155\text{kN}$。$N_v^b=0.8\times1\times1\times0.33\times155=40.92(\text{kN})$。

承受最大拉力的螺栓的受拉承载力 $N_t^b=0.8P_b=0.8\times155=124(\text{kN})$。

考虑波纹钢板螺栓连接的承载力要低于平板螺栓连接,将承载力均取折减系数 $\varphi_b=0.9$。

验证 $\dfrac{N_v}{\varphi_b N_v^b}+\dfrac{N_t}{\varphi_b N_t^b}\leqslant1$:

$$\frac{N_v}{\varphi_b N_v^b}+\frac{N_t}{\varphi_b N_t^b}=\frac{0}{0.9\times40.92}+\frac{146.38}{0.9\times124}=1.31>1$$,不满足要求。

(2)运营阶段:

一个波长的弯矩 $M_f=11.02\times400/1\,000=4.41(\text{kN}\cdot\text{m})$。

弯矩 M_f 产生的拉力 $N_t=\dfrac{M_f y_i}{\sum y_i^2}=\dfrac{4.41\times1\,000\times50}{5\,000}=44.06(\text{kN})$。

一个波长中每个螺栓的剪力 $N_v=T_f\times$波长$/n=768.98\times400/1\,000/6=51.27(\text{kN})$。

受剪承载力 $N_v^b=40.92\text{kN}$。

承受最大拉力的螺栓的受拉承载力 $N_t^b = 0.8P_b = 124(\text{kN})$。

考虑波纹钢板螺栓连接的承载力要低于平板螺栓连接，将承载力均取折减系数$\varphi_b = 0.9$。

验证$\frac{N_v}{\varphi_b N_v^b} + \frac{N_t}{\varphi_b N_t^b} \leqslant 1$：

$$\frac{N_v}{\varphi_b N_v^b} + \frac{N_t}{\varphi_b N_t^b} = \frac{51.27}{0.9 \times 40.92} + \frac{44.06}{0.9 \times 124} = 1.79 > 1$$，不满足要求。

因此每波纹 6 个直径为 20mm 的摩擦型高强螺栓的纵向接缝不满足施工和运营阶段的强度要求。

3) 采用承压型高强螺栓，螺栓用量与 CHBDC 相近

假设使用承压型高强螺栓，螺栓等级、型号与布置和 10.2 节的摩擦型螺栓相同。

(1)施工阶段：

轴力 $N_t = 146.38\text{kN}$。

剪力 $N_v = P = 0$。

受拉承载力 $N_t^b = A_{\text{eff}} f_t^b = 245 \times 500/1\,000 = 122.5(\text{kN})$，其中查表 5-67 和表 5-68 知 20mm 螺栓的有效截面面积 $A_{\text{eff}} = 245\text{mm}^2$，抗拉强度 $f_t^b = 500\text{MPa}$。

受剪承载力 $N_v^b = n_v \frac{\pi d^2}{4} f_v^b = 1 \times \frac{3.14 \times 20^2}{4} \times 310/1\,000 = 97.39(\text{kN})$，其中螺栓受剪面数目 $n_v = 1$，螺栓直径 $d = 20\text{mm}$，查表 5-68 知 10.9s 的承压型螺栓的抗剪强度 $f_v^b = 310\text{MPa}$。

承压承载力 $N_c^b = d \sum t f_c^b = 20 \times 5 \times 590/1\,000 = 59(\text{kN})$，其中螺栓直径 $d = 20\text{mm}$，一个受力方向上承压构件总厚度 $\sum t = 5\text{mm}$，查表 5-68 知 Q345 的波纹钢板的承压强度 $f_c^b = 590\text{MPa}$。

验证$\sqrt{\left(\frac{N_v}{\varphi_b N_v^b}\right)^2 + \left(\frac{N_t}{\varphi_b N_t^b}\right)^2} \leqslant 1$：

$$\sqrt{\left(\frac{N_v}{\varphi_b N_v^b}\right)^2 + \left(\frac{N_t}{\varphi_b N_t^b}\right)^2} = \sqrt{\left(\frac{0}{0.9 \times 97.39}\right)^2 + \left(\frac{146.38}{0.9 \times 122.5}\right)^2} = 1.33 > 1$$，不满足要求。

验证 $N_v \leqslant \varphi_b N_c^b / 1.2$：

$N_v = 0 < \varphi_b N_c^b / 1.2 = 0.9 \times 59/1.2 = 44.25(\text{kN})$，满足要求。

(2)运营阶段：

轴力 $N_t = 44.06\text{kN}$；

剪力 $N_v = 51.27\text{kN}$；

受拉承载力 $N_t^b = 122.5\text{MPa}$；

受剪承载力 $N_v^b = 97.39\text{kN}$；

承压承载力 $N_c^b = 59\text{MPa}$。

验证$\sqrt{\left(\frac{N_v}{\varphi_b N_v^b}\right)^2+\left(\frac{N_t}{\varphi_b N_t^b}\right)^2}\leqslant 1$：

$\sqrt{\left(\frac{N_v}{\varphi_b N_v^b}\right)^2+\left(\frac{N_t}{\varphi_b N_t^b}\right)^2}=\sqrt{\left(\frac{51.27}{0.9\times 97.39}\right)^2+\left(\frac{44.06}{0.9\times 122.5}\right)^2}=0.71<1$，满足要求。

验证$N_v\leqslant\varphi_b N_c^b/1.2$：

$N_v=51.27>\varphi_b N_c^b/1.2=0.9\times 59/1.2=44.25(\mathrm{kN})$，不满足要求。

因此每波纹6个直径为20mm的承压型高强螺栓的纵向接缝不满足施工和运营阶段的强度要求。

4）采用摩擦型高强螺栓，增加螺栓用量

按照10.2和10.3节的计算，应增加螺栓用量，考虑螺栓直径不变，每波纹内增加2个螺栓。

假设使用摩擦型高强螺栓，螺栓等级10.9S，螺栓型号为M20，每波长内有$n=8$个螺栓，纵向螺栓沿涵洞径向的间距$e=50\mathrm{mm}$。

由于中国钢结构的内力荷载计算不考虑荷载系数，因此：

施工阶段内力为$P=T_D+T_C=0(\mathrm{kN/m})$，$M=M_1+M_B+M_C=36.54(\mathrm{kN\cdot m/m})$。

运营阶段内力为$T_f=T_D+T_L=768.94(\mathrm{kN/m})$，$M_f=M_1+M_D+M_L=11.00(\mathrm{kN\cdot m/m})$。

因此只需验算施工阶段和运营阶段的纵向接缝强度。

取一个波长节段进行计算：

(1)施工阶段：

一个波长的弯矩$M=36.54\times 400/1\,000=14.61(\mathrm{kN\cdot m})$。

弯矩M对螺栓群中的某个螺栓产生的拉力$N_t=\frac{My_i}{\sum y_i^2}$，按每波纹8个螺栓布置，最远螺栓距螺栓群中性轴的距离$y_i=e+e/2=50+50/2=75(\mathrm{mm})$，则：

$$\sum y_i^2=2\times(25^2+75^2)=12\,500(\mathrm{mm})$$

最大拉力$N_t=\frac{My_i}{\sum y_i^2}=\frac{14.61\times 1\,000\times 75}{12\,500}=87.68(\mathrm{kN})$。

一个波长的剪力$N_v=P=0$。

受剪承载力$N_v^b=k_1k_2n_f\mu P_b$，此处板厚$t=5\mathrm{mm}$，螺栓孔为标准孔，因此$k_1=0.8$，$k_2=1$，$n_f=1$。

热浸镀锌钢板的摩擦系数$\mu=0.33$，查表5-69得预拉力$P_b=155\mathrm{kN}$。

$$N_v^b=0.8\times 1\times 1\times 0.33\times 155=40.92(\mathrm{kN})$$

承受最大拉力的螺栓的受拉承载力$N_t^b=0.8P_b=0.8\times 155=124(\mathrm{kN})$。

考虑波纹钢板螺栓连接的承载力要低于平板螺栓连接，将承载力均取折减系数$\varphi_b=0.9$。

验证$\frac{N_v}{\varphi_b N_v^b}+\frac{N_t}{\varphi_b N_t^b}\leqslant 1$：

$\frac{N_v}{\varphi_b N_v^b}+\frac{N_t}{\varphi_b N_t^b}=\frac{0}{0.9\times40.92}+\frac{87.68}{0.9\times124}=0.79<1$，满足要求。

(2)运营阶段：

一个波长的弯矩 $M_f=11.00\times400/1\,000=4.40(\text{kN}\cdot\text{m})$。

弯矩 M_f 产生的拉力 $N_t=\frac{M_f y_i}{\sum y_i^2}=\frac{4.40\times1\,000\times75}{12\,500}=26.40(\text{kN})$。

一个波长中每个螺栓的剪力 $N_v=T_f\times$波长$/n=768.94\times400/1\,000/8=38.45(\text{kN})$。

受剪承载力 $N_v^b=40.92\text{kN}$。

承受最大拉力的螺栓的受拉承载力 $N_t^b=0.8P_b=124(\text{kN})$。

考虑波纹钢板螺栓连接的承载力要低于平板螺栓连接，将承载力均取折减系数 $\varphi_b=0.9$。

验证 $\frac{N_v}{\varphi_b N_v^b}+\frac{N_t}{\varphi_b N_t^b}\leqslant1$：

$\frac{N_v}{\varphi_b N_v^b}+\frac{N_t}{\varphi_b N_t^b}=\frac{38.45}{0.9\times40.92}+\frac{26.40}{0.9\times124}=1.28>1$，不满足要求。

因此每波纹8个直径20mm的摩擦型高强螺栓的纵向接缝不满足运营阶段的强度要求。

5）采用承压型高强螺栓，增加螺栓用量

假设使用承压型高强螺栓，螺栓等级、型号与布置和摩擦型螺栓相同。

(1)施工阶段：

轴力 $N_t=87.68\text{kN}$。

剪力 $N_v=P=0$。

受拉承载力 $N_t^b=A_{eff}f_t^b=245\times500/1\,000=122.5(\text{kN})$，其中查表5-67和表5-68知直径20mm螺栓的有效截面面积 $A_{eff}=245\text{mm}^2$，抗拉强度 $f_t^b=500\text{MPa}$。

受剪承载力 $N_v^b=n_v\frac{\pi d^2}{4}f_v^b=1\times\frac{3.14\times20^2}{4}\times310/1\,000=97.39(\text{kN})$，其中螺栓受剪面数目 $n_v=1$，螺栓直径 $d=20\text{mm}$，查表5.68知10.9s的承压型螺栓的抗剪强度 $f_v^b=310\text{MPa}$。

承压承载力 $N_c^b=\text{d}\sum tf_c^b=20\times5\times590/1\,000=59(\text{kN})$，其中螺栓直径 $d=20\text{mm}$，一个受力方向上承压构件总厚度 $\sum t=5\text{mm}$，查表5-68知Q345的波纹钢板的承压强度 $f_c^b=590\text{MPa}$。

验证 $\sqrt{\left(\frac{N_v}{\varphi_b N_v^b}\right)^2+\left(\frac{N_t}{\varphi_b N_t^b}\right)^2}\leqslant1$：

$\sqrt{\left(\frac{N_v}{\varphi_b N_v^b}\right)^2+\left(\frac{N_t}{\varphi_b N_t^b}\right)^2}=\sqrt{\left(\frac{0}{0.9\times97.39}\right)^2+\left(\frac{87.68}{0.9\times122.5}\right)^2}=0.80<1$，满足要求。

验证 $N_v\leqslant\varphi_b N_c^b/1.2$：

$N_v=0<\varphi_b N_c^b/1.2=0.9\times59/1.2=44.25(\text{kN})$，满足要求。

(2)运营阶段:

轴力 $N_t = 26.40\text{kN}$;

剪力 $N_v = 38.45\text{kN}$;

受拉承载力 $N_t^b = 122.5\text{MPa}$;

受剪承载力 $N_v^b = 97.39\text{kN}$;

承压承载力 $N_c^b = 59\text{MPa}$。

验证 $\sqrt{\left(\dfrac{N_v}{\phi_b N_v^b}\right)^2 + \left(\dfrac{N_t}{\phi_b N_t^b}\right)^2} \leqslant 1$:

$$\sqrt{\left(\frac{N_v}{\phi_b N_v^b}\right)^2 + \left(\frac{N_t}{\phi_b N_t^b}\right)^2} = \sqrt{\left(\frac{38.45}{0.9 \times 97.39}\right)^2 + \left(\frac{26.40}{0.9 \times 122.5}\right)^2} = 0.50 < 1$$,满足要求。

验证 $N_v \leqslant \phi_b N_c^b / 1.2$:

$N_v = 38.45 < \phi_b N_c^b / 1.2 = 0.9 \times 59 / 1.2 = 44.25(\text{kN})$,满足要求。

因此每波纹 8 个直径 20mm 的承压型高强螺栓的纵向接缝满足各个阶段的强度要求。

以上计算表明,参考钢结构设计规范进行纵向螺栓接缝强度的计算比 CHBDC 的方法保守。

9.4.11 板厚度差

不考虑。

9.4.12 曲率半径

单半径拱不考虑。

参 考 文 献

[1] 中华人民共和国行业标准.JTG B01—2014 公路工程技术标准[S].北京:人民交通出版社,2014.

[2] 中华人民共和国行业标准.JTG D60—2004 公路桥涵设计通用规范[S].北京:人民交通出版社,2004.

[3] 中华人民共和国行业标准.JTG D61—2005 公路圬工桥涵设计规范[S].北京:人民交通出版社,2005.

[4] 中华人民共和国行业标准.JTG D62—2004 公路钢筋混凝土及预应力混凝土桥涵设计规范[S].北京:人民交通出版社,2004.

[5] 中华人民共和国行业标准.JTG D63—2007 公路桥涵地基与基础设计规范[S].北京:人民交通出版社,2007.

[6] 中华人民共和国行业标准.JTG/T D65-04—2007 公路涵洞设计细则[S].北京:人民交通出版社,2007.

[7] 中华人民共和国行业标准.JTG/T F50—2011 公路桥涵施工技术规范[S].北京:人民交通出版社,2011.

[8] 中华人民共和国行业标准.JT/T 791—2010 公路涵洞通道用波纹钢管(板)[S].北京:人民交通出版社,2010.

[9] 中华人民共和国行业标准.JTG F80/1—2004 公路工程质量检验评定标准 第一分册 土建工程[S].北京:人民交通出版社,2004.

[10] AASHTO. LRFD Bridge Design Specifications, 6th Edition, American Association of State Highway and Transportation Officials, 444 N. Capitol St., N. W., Ste. 249, Washington, D. C. 20001., 2012.

[11] ASTM, A796/A796M-03. Standard Practice for Structural design of Corrugated Steel Pipe, Pipe-Arches, and Arches for Storm and Sanitary Sewers and Other Buried Applications, American Society for Testing and Materials, 100 Barr Harbor Drive, PO Box C700, West Conshohocken, PA 19428-2959., 2003.

[12] CSA,CAN/CSA-S6-06. Canadian Highway Bridge Design Code, Canadian Standards Association-International, 178 Rexdale Boulevard, Toronto, Ontario, Canada M9W 1R3., 2006.

[13] CSA,CSA G401-07. Corrugated Steel Pipe Products, Canadian Standards Association, Consolidated Mailing List, 5060 Spectrum Way, Suite 100, Mississauga on L4W 5N6, Canada, 2007.

[14] Australia/New Zealand Standards. AS/NZS 2041. 1:2011, Buried Corrugated Metal Structures Part 1: Design Methods, Standards Australia Limited, GPO Box 476, Sydney, NSW 2001 / Standards New Zealand, Private Bag 2439, Wellington 6140, 2011.

[15] Australia/New Zealand Standards. AS/NZS 2041. 2:2011, Buried Corrugated Metal Structures Part 2: Installation, Standards Australia Limited, GPO Box 476, Sydney, NSW 2001 /

Standards New Zealand, Private Bag 2439, Wellington 6140, 2011.

[16] Australia/New Zealand Standards. AS/NZS 2041. 4:2010, Buried Corrugated Metal Structures Part 4: Helically Formed Sinusoidal Pipes, Standards Australia Limited, GPO Box 476, Sydney, NSW 2001 / Standards New Zealand, Private Bag 2439, Wellington 6140, 2010.

[17] Australia/New Zealand Standards, AS/NZS 2041. 6:2010, Buried Corrugated Metal Structures Part 6: Bolted Plate Structures, Standards Australia Limited, GPO Box 476, Sydney, NSW 2001 / Standards New Zealand, Private Bag 2439, Wellington 6140, 2010.

[18] NCSPA. Corrugated Steel Pipe Design Manual, National Corrugated Steel Pipe Association, 14070 Proton Road Suite 100 LB 9 Dallas, TX 75244, 2008.

[19] NCSPA. Installation Manual for Corrugated Steel Pipe, Pipe Arches, Structural Plate, National Corrugated Steel Pipe Association, 1255 23rd Street, NW, Suite 200 Washington, DC 20037-1174, 2008.

[20] NCSPA. CSP Durability Guide, National Corrugated Steel Pipe Association, 1255 Twenty-Third Street, NW, Suite 200 Washington, DC 20037, 2000.

[21] CSPI ,AISI. Handbook of Steel Drainage & Highway Construction Products, Corrugated Steel Pipe Institute, 652 Bishop Street North, Unit 2A Cambridge, Ontario, Canada N3H 4V6; American Iron and Steel Institute, 1101 17th Street, N. W. , Suite 1300 Washington, DC, USA 20036-4700, 2007.

[22] AISI. Modern Sewer Design, 4th Edition, American Iron and Steel Institute, 1101 17th Street, N. W. , Suite 1300 Washington, DC, USA 20036-4700, 1999.

[23] FHWA, FHWA-RD-94-096. Culvert Repair Practices Manual, Vol. 1, U. S. Department of Transportation, Federal Highway Administrator, Research and Development, Turner-Fairbank Highway Research Center, 6300 Georgetown Pike, McLean, Virginia 22101-2296, May 1995.

[24] FHWA, FHWA-RD-95-089. Culvert Repair Practices Manual, Vol. 2, U. S. Department of Transportation, Federal Highway Administrator, Research and Development, Turner-Fairbank Highway Research Center, 6300 Georgetown Pike, McLean, Virginia 22101-2296, May 1995.

[25] FHWA, FHWA-CFL/TD-05-003. Culvert Pipe Liner Guide and Specifications, U. S. Department of Transportation, Federal Highway Administrator, Central Federal Lands Highway Division, 12300 West Dakota Avenue, Lakewood, C. O. 80228, July 2005.

[26] Aftab A Mufti,Baidar Bakht, Leslie G,et al, Recent Advances in Bridge Engineering, JMBT Structures Research Inc. , Canada, June 2008.

[27] A P Moser,StevenFolkman. Buried Pipe Design, 3rd Edition, The McGraw-Hill Companies, Inc. , USA, 2008.

[28] I D Moore,D Becerril García,H Sezen,et al. Structural Design of Culvert Joints, NCHRP Web-Only Document 190, Contractor's Final Report for NCHRP Project 15-38, Transportation Research Board, Washington D. C.